国家社会科学基金重大项目"列宁主义在中国传播文献搜集、整理与研究（1917—1949）"
［项目编号：20&ZD015］阶段性成果

马克思主义在中国早期传播人物辞典

曾银慧　主编

魏法谱　孟瑶　郑之欣　副主编

田子渝　策划

中央编译出版社
Central Compilation & Translation Press

编委会

指导委员会 >>>

主　　任：夏立新
副 主 任：孙永祥　毛华兵
委　　员：万美容　龙静云　王世鹏　李　芳　李敬煊　何家伟
　　　　　殷　筱　高　鑫　郭明飞　梅　萍　邵莉莉　邵彦涛

学术委员会 >>>

顾　　问：李忠杰
主　　任：赵凌云　项水伦
副 主 任：田子渝　万美容
委　　员：丁俊萍　王　东　王　刚　王春玺　王炳林　冯　雷
（按姓氏笔画）
　　　　　李良明　杨金海　杨　琥　宋　俭　陈金龙　陈红娟
　　　　　林绪武　俞　敏　徐方平

编撰委员会 >>>

策　　划：田子渝
主　　编：曾银慧
副 主 编：魏法谱　孟　瑶　郑之欣
委　　员：文红玉　吕延勤　吕惠东　李天华　张远航　孟　飞
（按姓氏笔画）
　　　　　钟德涛　康文龙　谢从高　路　军　路　宽

序言之一

在中国共产党迎来建党104周年之际,由田子渝教授策划、曾银慧副教授等主持编纂的《马克思主义在中国早期传播人物辞典》就要由中央编译出版社出版了,我很荣幸受邀为这部力作写上几句话。

在中华民族近代以来的思想启蒙史上,马克思主义的传入犹如漫漫长夜里的曙光,照亮了黑暗中苦苦求索的中国人民寻求自身解放的道路。马克思主义传入中国,不仅为中国早期先进分子救亡图存提供了觉醒的思想武器,更为中国共产党的创建与发展奠定了深厚的理论根基。自此,中国革命有了科学理论的指引,中国向何处去有了明确的方向。在中国共产党的领导下,马克思主义的火种传遍中国大地,马克思主义基本原理同中国具体实际相结合、同中华优秀传统文化相结合,催生出改天换地的磅礴力量,激励中华儿女在实现民族独立和人民解放、国家富强和人民幸福的伟大征途上砥砺奋进、走向辉煌。

马克思主义在中国的早期传播史,既是中国早期先进分子追寻真理的奋斗史,也是马克思主义中国化的开篇序章。不断深化马克思主义在中国早期传播史的研究,对于今天我们深刻感悟马克思主义的真理力量和实践伟力,坚定道路自信、理论自信、制度自信、文化自信,不断开辟马克思主义中国化时代化新境界,巩固马克思主义在意识形态领域指导地位,具有十分重要的意义。

我高兴地看到,多年来,田子渝教授带领的编研团队以高度的政治责任感和严谨的治学精神,辛勤耕耘、默默奉献,在马克思主义传播史研究领域作了大量艰辛而卓有成效的工作,取得了一系列开创性的编研成果。如今,田先生领衔的老中青三代编研团队又将推出《马克思主义在中国早期传播人物辞典》,这是马克思主义传播史研究领域的一件大事、好事,令人欣喜,更令人钦佩。作为一名马克思主义文献工作者，我深知编纂历史人物辞典的艰辛和不易，也见证了编纂者们为这部辞典所付出的心血和汗水。

我记得早在2018年，在推进纪念马克思诞辰200周年相关活动的过程中，我看到湖北有关部门报送的关于"马克思主义在中国早期传播史料收集、整理与研究"项目情况的报告，其中将收集整理和研究马克思主义在中国早期传播历程中的人物，编纂《马克思主义在中国早期传播人物辞典》作为项目的重要内容，作了专门的规划。这些年来，在中共湖北省委宣传部的关心下，华中师范大学等单位为该项目提供了全方位的支持，从学术资源到研究平台，为编研团队创造了良好的研究环境。辞典主编曾银慧老师传承田子渝教授严谨治学的师德师风，带领年轻一代学者不顾酷暑严寒，放弃节假日休息，或奔走于国内相关的研究机构、图书馆、档案馆、博物馆，求教专家、查找文献、考证史料，或奋战在办公室、教室、家中，编写词条、研讨问题、审校文字，精益求精，反复打磨，终于完成了这部填补马克思主义在中国早期传播史研究领域学术空白的力作。借此，我谨对田子渝教授、曾银慧副教授以及编研团队长期以来的辛勤耕耘以及所取得的丰硕成果，致以崇高的敬意和诚挚的祝贺！

作为国内第一部专门收录、考证马克思主义在中国早期传播历史过程中所涉相关人物的工具书，《马克思主义在中国早期传播人物辞典》为新时期马克思主义中国化时代化理论体系建设提供了历史和文献支撑，具有重要的学术价值、史料价值和收藏价值。其特色主要体现在以下几个方面：

一是体现在全面性上。《马克思主义在中国早期传播人物辞典》广泛搜罗整理了自1899年《大同学》起至1927年大革命失败期间，近2000个马克思列宁主义在中国早期传播著述中的人物信息，不只选取了在历史舞台上光彩夺目之"大人物"，亦关注在传播过程中出现的形形色色之"小人物"，乃至那些在历史记载中鲜为人知的普通人物。有国内人物，也有国外人物。有正面人物，也有反面人物。收录范围和对象系统、全面、丰富，可以说是一部马克思主义传播史人物研究的集大成之作，生动展现了马克思主义在中国早期传播的历史图景和人物群像。

二是体现在客观性上。《马克思主义在中国早期传播人物辞典》坚持马克思主义唯物史观和正确的历史观，遵循习近平总书记关于历史人物评价的指导思想，将人物置于其所处的时代和社会历史条件下去分析，实事求是、科学公正地进行评价和介绍。对于那些在传播过程中起过积极作用，但后来因各种原因成为历史负面形象的人物，也给予了恰当的位置和应有的体现。

三是体现在严谨性上。《马克思主义在中国早期传播人物辞典》不是简单照搬现成的文献资料，而是以准确史实为依据，以权威史料为支撑，对收录的各类人物，广泛通过档案、报刊、回忆录、人物传记甚至实际走访等方式，综合各方面的史料和信息进行甄别核校，反复修改完善，确保了辞典的严肃性和科学性。

四是体现在实用性上。《马克思主义在中国早期传播人物辞典》突出重点、详略得当。一方面重点介绍和评价对社会主义、马克思主义的起源和传播产生影响的历史人物以及他们的地位和作用，另一方面十分重视考证相关人物的基本信息，例如人物在不同文献中的称呼、人物图像等。我注意到编者将原始著述中的上千位外国人物的不同译名一一整理出来，置于词条之中。此外，绝大部分的人物词条都附有照片（图片）。这在历史人物辞典中是不多见的，也是十分不容易的。极大地便利了读者的阅读与研究，也显著提升了这部辞典的学术价值和收藏价值。对马克思主义传播史研究者以及广大读者来说，是一部非常便捷、实用的参考工具书。

当然，历史人物辞典的编纂常常面临史料缺乏、考证困难等诸多挑战，《马克思主义在中国早期传播人物辞典》也不例外，加之时间和人力有限，难免会存在一些不足和疏漏。在收录范围的选定、文献史料的挖掘、词条表述的规范等方面，还有需要改进之处。我相信随着马克思主义在中国早期传播史研究的不断深化，《马克思主义在中国早期传播人物辞典》也会更加丰富、更加完善。衷心期待田子渝教授带领的编研团队，坚守初心、接续奋斗，不断深耕马克思主义传播史研究事业，创作更多的精品力作，为推进马克思主义中国化时代化作出更大的贡献。

魏海生

2025年6月

序言之二

1979年在五四运动60周年之际，我开始收集、研究武汉地区的新文化运动资料时，看到李汉俊、董必武、恽代英等武汉地区走出来的我国第一批新文化运动的精英宣传马克思主义的一些资料，由此又发现马克思主义在中国早期传播（简称"早期传播"）的原始史料十分缺失，特别是关于马克思主义传播的著作，没有人进行系统的收集、整理与研究，于是我开始有意识地收集这方面的资料。

四十余年我锲而不舍地收集到100多部原始文本。2017年1月22日中共湖北省委宣传部梁伟年部长来我家看望我时，翻阅了收集的《共产党宣言》《马克思主义浅说》《共产主义的ABC》《社会主义史》等百余本"早期传播"著作复印本，指出这些纸质文本是对"早期传播"最基础、最扎实的文化载体，提出整理出版"早期传播"著作，作为向中国共产党一百周年献礼的基础性文化成果。随后我们组建了一支研究团队，有校内外70多位学人参加，并申请到了"马克思主义在中国早期传播著作收集、整理研究"教育部社科重大招标项目，并被列入马克思主义理论研究和建设工程。团队到国内许多城市的图书馆、博物馆和档案馆，到日本、美国、欧洲以及港澳台地区广泛收集原始性著作，加上之前所掌握的资料共计有250余本，在此基础上出版了《马克思主义在中国早期传播著作丛编（1920—1927）》（简称《丛编》，2021）和《马克思主义在中国早期传播著作精粹（1920—1927）》（简称《精粹》，2022）。这两套书将177种、3300万字的原始著作影印出版，展示了"早期传播"的壮丽图景。

人物是传播的主体。在"早期传播"的著述中，出现了成百上千的各种各样的人物。如果不把这些人物搞清楚，将无法展示"早期传播"的全貌，于是我们在编纂这两套著作时，对其中的人物进行研究，编写了上千条人物词条。在这个过程中，我萌发了编《马克思主义在中国早期传播人物辞典》(简称《辞典》)的想法。团队骨干曾银慧博士早有此愿,2020年利用赴澳门大学查阅资料的契机我们商定启动此事,于是我们邀请魏法谱博士及一些博士、硕士生开始这项有意义的工作。《辞典》是在《丛编》《精粹》人物词条基础上开始的。这项有意义的工作,得到了中共中央党史和文献研究院原副院长魏海生的鼓励与指导,我们备受鼓舞。

编纂马克思主义在中国早期传播人物辞典在国内外是第一次,对我们是一项巨大的挑战,也是我们一次深入研究马克思主义在中国传播的机会。寒来暑往、秋收冬藏,近五载的努力,《辞典》终于要与读者见面了。看到案头上的书稿,心潮激荡,感触颇多。

《辞典》收集了从1899年《大同学》开始到1927年大革命失败的有关"早期传播"著述中的人物。由于"早期传播"著述涉及面颇广,所以这一时期人物众多,而《辞典》要求全,凡是在著述中出现的人物都是辑录的对象。上到远古,下到共产国际、国民革命;人物不分政治色彩,"有大人物,有小人物,还有那些说不上大也说不上小的人物,不大不小的人物。有正面人物,也有反面人物,还有一些说不上是正面还是反面,你很难界定的人物。"①对各类人物,我们广泛地利用已经通过甄别的档案、报刊和回忆录、人物传记资料等进行编写,如董必武、陈潭秋采用了在苏联的俄文个人档案。张子余采用他的"俄共(布)成员全俄普查表"(附有他于1925年12月26日用俄文写的自传)等资料。有的人物我们还到他的家乡和早年学习、工作的学校收集历史材料。这样编写的人物翔实可靠。有相当一部分人物不被当代人所知,或者知之甚少,如[日]远藤无水、[日]升曙梦、[日]布施胜治、[美]玛丽·埃德娜·托比亚斯·马尔西、[英]梅塔·斯特恩·利林塔尔、[英]哈

---

① 李忠杰:《加强和改进对党史近现代人物的研究——在"纪念袁振英诞辰115周年学术研究会"上的讲话》,《上海革命史资料与研究》第9辑,古籍出版社2009年版,第3—4页。

利·惠灵顿·列德莱、李季、张若名、张子余、衡石、晋青、李凤亭、许凯新、抱朴等等，《辞典》将他们从历史深处一一展现在读者面前。

不必讳言，长期以来在研究"早期传播"和中共创建史人物方面，存在有选择性研究人物的现象。有的人物在当时对传播社会主义、马克思主义起到了一定的作用，但由于他后来或成为历史的反面人物，或离开了共产党，学界就不去研究了，这样就无法全面展示"早期传播"的历史画面。我们遵循习近平总书记的"对历史人物的评价，应该放在其所处时代和社会的历史条件下去分析，不能离开对历史条件、历史过程的全面认识和对历史规律的科学把握，不能忽略历史必然性和历史偶然性的关系。不能把历史顺境中的成功简单归功于个人，也不能把历史逆境中的挫折简单归咎于个人。不能用今天的时代条件、发展水平、认识水平去衡量和要求前人，不能苛求前人干出只有后人才能干出的业绩来"①的思想，将这些人物统统辑录进去，并且将其置于他们所处的时代加以叙事。

近代的人物人生轨迹异常曲折复杂丰富，《辞典》不是人物传记，没有记录他们的一生，而是突显两个方面：一是突出对社会主义、马克思主义产生影响的人物；二是突出人物在传播社会主义、马克思主义方面的地位、作用。超出这个范畴就少写，甚至不写。比如现代著名的文艺理论家冯雪峰在政治、思想理论上主要贡献在土地革命之后，《辞典》只突出他于1927年翻译的《新俄文学的曙光期》《新俄罗斯的无产阶级文学》《新俄的演剧运动与跳舞》，以及传播苏俄革命文学和马克思主义文艺理论的突出成就。又如蒋光慈，以现代革命文学创作著称，《辞典》则将他翻译的《列宁主义之民族问题的原理》《民族与殖民地问题——列宁在第二次国际大会之演说》和为《妇女运动概论》写的序文收入，大革命后的文艺作品不录。

---

① 习近平：《在纪念毛泽东同志诞辰120周年座谈会上的讲话》，人民出版社2013年版，第11页。

对人物的评语是一件非常严肃和困难的事情。由于写评语的人的立场、水平的不同，评语也就不同。《辞典》坚持唯物史观的立场，主要参考《马克思恩格斯全集》（中文第1版和第2版）、《列宁全集》（中文第2版增订版）和《毛泽东选集》《毛泽东文集》《中国大百科全书》《中共党史人物词典》《马克思主义人物辞典》等权威著作和工具书作为主要依据，使人物评语的严肃性、科学性得到保证。

在"早期传播"中，外国人的译名十分复杂。当时译法没有统一规范，我国又处在由文言文向白话文的语言转型时期，翻译者普遍采取音译，但汉字的同音字繁多，加上有的"翻译者自定"，因而造成外国人名的译法五花八门，比如原始著述中的人物"加尔鸣科"，如果不仔细阅读原文，没有一定历史知识，就不知道他是"马克思"的译名。如果对原始著述中的中译名不作交待，当代、后代人阅读早期传播著述会造成很大困惑。为此，我们从繁多的原始著述中，将1500多位外国人物的不同译名一一置于词条中，如马克思的中译名有78种、恩格斯的有75种、列宁的有32种、拉萨尔的有32种、伯恩施坦的有27种、牛顿的有8种，等等。这样极大地方便读者、学人的阅读与研究，在辞典体例上增加了新的内容。

《辞典》还有一个突出的特点，就是90%的人物附有照片（图片），这样使人物不仅有文字介绍，还有鲜活的图像展现在读者面前。像如此大量人物照片（图片）展示在辞典里，在中外辞典上是罕见的。

由于时间有限、我们的水平有限，《辞典》的疏漏、错误之处，恳请读者、方家指谬，助推此项文化工作更上一层楼。

田子渝
2025年5月1日草于武昌沙湖求实斋

凡例

一、本辞典收录马克思列宁主义在中国早期传播（简称"早期传播"）的人物。时限上自1899年《大同学》第一次提到马克思、恩格斯为始，下迄1927年7月大革命失败为止。

二、选录范围为"早期传播"著述的作者、译者，及著述里面的重要人物。一般历史政治人物、神话人物不录，重点收录与"早期传播"有关的人物，主要记载其在"早期传播"中的传播地位、贡献、作用，其余信息略写或省略。由于"早期传播"史与中共创建史关系十分密切，中共创建史部分重要人物适当录入。本辞典共辑录1952条目。

三、本辞典力求每个词条附有人物图片，少数人物因搜集困难而图片暂缺。

四、人物条目统一按英文字母顺序排列，同一字母内按拼音字母排序。外国人物统一用现代通用名为词头。词头相同者，按生卒年先后排序。同音字按音调顺序排列。

五、条目括号内的数字表示生卒年，生卒年不详者，用"？"表示，生年有两种记载而一时无法定论者，用"／"标出。

六、籍贯一般用出生时旧地名，与今地名不同则注明今地名。

七、"早期传播"著述中的外国人物中译名繁多，给阅读带来极大不便。本辞典尽可能将原始文本中的同一人物不同译名进行辑录，统一按照拼音字母顺序排列。

八、词条使用规范简化汉字，词条中的每一句主语均为条目所示人物。

九、词条中的年份采用公元纪年。公元以前，括号内注明"公元前"，公元后则省略"公元"。

十、词条中确切数字，一般采用阿拉伯数字。

十一、词条中所有女性人物，都会在生卒年后注明性别，男性人物则略之。

十二、"早期传播"的原始著述庞杂多样，涉及人物众多，有少数人物因原始资料与相关资料奇缺，对其生平目前很难连贯记录，但本辞典仍录入已掌握的稀少史料，为学界深入研究提供参考，以期解开其生平之谜。

十三、资料来源。主要依据"早期传播"原始著述、《马克思恩格斯全集》（人民出版社第二版）、《马克思恩格斯文集》（人民出版社2009年版）、《马克思恩格斯选集》（人民出版社2012年版）、《列宁选集》（人民出版社2012年版）、《列宁专题文集》（人民出版社2009年版）、《毛泽东选集》（人民出版社1991年版）、《毛泽东文集》（人民出版社1993年版）、《中国共产党的一百年》（中共党史出版社2022年版）、《中国共产党简史》（人民出版社、中共党史出版社2021年版）、《马克思主义在中国早期传播著作丛编（1920—1927）》（湖北人民出版社2021年版）、《马克思主义在中国早期著作精粹（1920—1927）》（长江出版社2022年版）、《马藏》（科学出版社2021年版）等注释，《中国大百科全书》（中国大百科全书出版社2009年版）、《中国共产党历史大辞典总论·人物》（中共中央党校出版社1992年版）、《中国留学生大辞典》（南京大学出版社1999年版）、《民国人物大辞典》（河北人民出版社2007年增订版）、《中国共产党早期组织及其成员研究》（中共党史出版社2013年版）、《国际共运名人传》（北京出版社1988年版）、《马克思主义人物辞典》（中国广播电视出版社1989年版）、《宗教词典》（上海辞书出版社2009年版）等相关人物条目，以及历史档案、中共党史与地方党史、地方志、报刊资料、文史资料及相关人物传记、全集、文集、选集、年谱等。

目录

A

阿德勒 …………………………………………… 1
阿德勒 …………………………………………… 1
阿德勒 …………………………………………… 1
阿多尔诺 ………………………………………… 2
阿多拉茨基 ……………………………………… 2
阿尔伯特 ………………………………………… 3
阿尔达诺夫 ……………………………………… 3
阿尔迪戈 ………………………………………… 3
阿尔弗雷德 ……………………………………… 3
阿尔诺德 ………………………………………… 4
阿尔切夫斯基 …………………………………… 4
阿尔谢尼耶夫 …………………………………… 4
阿夫克森齐耶夫 ………………………………… 4
阿盖尔 …………………………………………… 5
阿格里帕 ………………………………………… 5
阿格利巴 ………………………………………… 5
阿加德 …………………………………………… 5
阿加廖夫 ………………………………………… 5
阿加西斯 ………………………………………… 6
阿克莱 …………………………………………… 6
阿克雪里罗得 …………………………………… 6
阿奎那 …………………………………………… 7
阿奎纳 …………………………………………… 7
阿勒曼 …………………………………………… 7
阿勒萨尼 ………………………………………… 8
阿礼国 …………………………………………… 8
阿里斯托芬 ……………………………………… 8
阿列克谢耶夫 …………………………………… 8
阿姆斯特朗 ……………………………………… 9
阿穆尔 …………………………………………… 9
阿内尔 …………………………………………… 9
阿涅利 …………………………………………… 9
阿什沃思 ………………………………………… 9

阿斯奎斯……………………………	10
阿斯莫洛夫…………………………	10
阿斯帕西娅…………………………	10
阿斯特罗夫…………………………	10
阿斯图拉罗…………………………	10
阿瓦涅索夫…………………………	11
埃克斯坦……………………………	11
埃米尔………………………………	11
埃施韦格……………………………	11
埃斯库罗斯…………………………	12
霭理士………………………………	12
艾伯特………………………………	12
艾伦…………………………………	12
艾伦…………………………………	13
艾略特………………………………	13
艾米莉………………………………	13
艾斯纳………………………………	13
艾威林………………………………	13
艾威林………………………………	14
艾希霍恩……………………………	14
艾希霍恩……………………………	14
艾泽曼………………………………	14
爱德华七世…………………………	15
爱德华四世…………………………	15
爱迪生………………………………	15
爱尔威………………………………	15
爱尔维修……………………………	15
爱伦堡………………………………	16
爱伦·凯……………………………	16
爱默生………………………………	16
爱因斯坦……………………………	16
安部矶雄……………………………	17
安川敬一郎…………………………	17
安德森………………………………	17
安德森………………………………	17
安东诺夫……………………………	18
安凡丹………………………………	18

安格联························· 18
安吉尔························· 18
安年科夫······················· 19
安年斯基······················· 19
安塞尔························· 19
安特奈里······················· 20
安泽尔························· 20
安重根························· 20
昂肯··························· 20
奥尔··························· 21
奥本海姆······················· 21
奥本海默······················· 21
奥波科夫······················· 21
奥勃洛摩夫····················· 22
奥多亚克······················· 22
奥尔巴赫······················· 22
奥尔良公爵夫人················· 22
奥尔洛夫······················· 22
奥尔西尼······················· 23
奥古斯都······················· 23
奥古斯都······················· 23
奥康纳························· 23
奥康纳························· 24
奥兰多························· 24
奥利维尔······················· 24
奥列诺夫······················· 24
奥日埃························· 25
奥维第乌斯····················· 25
奥哲尔························· 25

B

巴贝夫························· 26
巴布什金······················· 26
巴登亲王······················· 27
巴顿··························· 27

巴恩斯	27
巴尔贝斯	27
巴尔本	28
巴尔马晓夫	28
巴尔蒙特	28
巴尔特	28
巴甫洛夫	28
巴甫洛夫	29
巴甫洛维奇	29
巴赫	29
巴霍芬	29
巴克尔	30
巴克莱	30
巴克斯	30
巴枯宁	31
巴拉诺夫斯基	31
巴拉勺夫	32
巴兰诺夫斯基	32
巴兰斯	32
巴马特	32
巴塞尔曼	32
巴师夏	32
巴斯	33
巴特勒	33
巴希尔	33
巴扎尔	33
巴扎罗夫	33
白恩士	34
白拉克	34
白里安	34
白鹏飞	35
白芝浩	35
柏格森	35
柏拉图	35
柏烈伟	35
柏洛士	36
拜伦	36

条目	页码
班克罗夫特	36
班纳曼	37
邦德费尔德	37
包惠僧	37
保尔森	38
保罗	38
保罗	38
抱恨生	38
抱朴	39
鲍德温	39
鲍尔	39
鲍加耶夫斯基	39
鲍罗丁	40
鲍罗廷	40
鲍桑葵	40
鲍斯威尔	40
鲍威尔	40
鲍威尔	41
卑弥子	41
贝茨	41
贝蒂	41
贝多芬	42
贝恩斯	42
贝尔	42
贝尔	42
贝尔	42
贝尔福	43
贝尔特朗	43
贝克尔	43
贝克尔	44
贝克莱	44
贝拉米	44
贝勒斯	44
贝利希	45
贝洛克	45
贝热尼尼	45
贝萨里科	45

贝歇尔	46
贝赞特夫人	46
倍倍尔	46
本格	47
比昂松	47
比岑科	47
比尔	48
比罗	48
比奈	48
比斯利	48
比索拉蒂	49
彼得	49
彼得罗	49
彼得一世	49
俾斯麦	50
毕达哥拉斯	50
毕尔格尔斯	50
毕留科夫	50
毕舍	51
毕苏斯基	51
毕希纳	51
毕歇尔	52
毕勋	52
庇护七世	52
边沁	52
别连基	52
别林斯基	53
别洛鲁索夫	53
秉志	54
波别多诺斯采夫	54
波德莫尔	54
波尔	54
波格丹诺夫	55
波将金	55
波克罗夫斯基	55
波克罗夫斯基	56
波拉杰列夫	56

波拉克	56
波拿巴	56
波拿巴	56
波舒哀	57
波特	57
波特尔	57
波特列索夫	57
波提切利	58
波伊科特	58
伯恩施太因	58
伯恩施坦	58
伯尔	59
伯尔	59
伯格尔	59
伯克	60
伯利克利	60
伯梅	60
伯内斯	60
伯特	60
勃朗	61
勃朗特	61
勃洛克	61
博迪琼	62
博恩斯泰特	62
博尔德列夫	62
博尔夏特	62
博芬申	62
博加耶夫斯基	63
博克	63
博留	63
博纳	63
博奇卡廖娃	63
博西格	64
卜士奇	64
布阿吉尔贝尔	64
布登济格	64
布尔采夫	65

布尔德朗	65
布尔加柯夫	65
布格勒	65
布哈林	66
布赫曼	66
布拉德	66
布拉福特	67
布拉贡拉沃夫	67
布拉奇	67
布莱克	67
布莱克本	68
布莱克威尔	68
布莱克威尔	68
布兰德	68
布兰德斯	69
布兰亭	69
布朗基	69
布朗基	69
布朗斯基	70
布雷	70
布雷	70
布雷德劳	71
布利丹	71
布利特	71
布列什柯夫斯卡娅	71
布林德利	72
布留哈诺夫	72
布鲁克斯	72
布鲁诺	73
布鲁斯	73
布鲁西洛夫	73
布伦坦诺	74
布洛克	74
布施胜治	74

C

蔡尔康	75
蔡和森	75
蔡济民	76
蔡特金	76
蔡元培	77
曹汝霖	77
策勒	77
策列铁里	77
岑春煊	78
岑德彰	78
查理曼大帝	78
查理五世	79
查默斯	79
查苏利奇	79
柴尔德	80
柴可夫斯基	80
车尔尼雪夫斯基	80
陈伯华	81
陈达材	81
陈达生	81
陈大齐	81
陈调元	82
陈独秀	82
陈耿夫	83
陈公博	83
陈公培	83
陈恭受	84
陈炯明	84
陈魁亚	84
陈励茂	85
陈廉伯	85
陈篆	85
陈溥贤	85
陈其美	86

陈启天 …… 86
陈启修 …… 87
陈乔年 …… 87
陈秋霖 …… 88
陈茹玄 …… 88
陈石孚 …… 88
陈寿僧 …… 89
陈潭秋 …… 89
陈天华 …… 90
陈望道 …… 90
陈为人 …… 90
陈延年 …… 91
陈赞贤 …… 92
陈筑山 …… 92
谌小岑 …… 92
成舍我 …… 93
赤松克麿 …… 93
丑伦杰 …… 93
垂仁天皇 …… 94
慈禧 …… 94
崔孟博 …… 94
村井知至 …… 94
村田孜郎 …… 95

D

达·芬奇 …… 96
达·伽马 …… 96
达尔特 …… 96
达尔文 …… 97
达尔文 …… 97
达拉贡纳 …… 97
达兰贝尔 …… 97
达林 …… 98
达申斯基 …… 98

姓名	页码
达维多夫	98
大仓喜八郎	98
大杉荣	99
戴尔	99
戴洛瓦涅	99
戴季陶	100
戴维森	100
戴维斯	101
戴晓云	101
丹东	101
丹尼尔逊	101
但丁	101
岛田三郎	102
道光	102
道奇	102
道奇	103
德比伯爵	103
德宾科	103
德布兹	103
德川家康	103
德弗里斯	104
德拉克鲁瓦	104
德莱昂	104
德莱斯梅	105
德勒克吕兹	105
德雷福斯	105
德雷克斯勒尔	106
德林格尔	106
德洛约拉	106
德米多夫	106
德摩斯提尼	106
德沙内尔	106
德依奇	107
邓初民	107
邓家彦	108
邓尼吉斯	108
邓尼金	108

邓宁……108
邓培……108
邓如琢……109
邓小平……109
邓演达……110
邓颖超……110
邓中夏……111
狄慈根……111
狄德罗……111
狄更斯……112
迪尔……112
迪斯雷利……112
迪特曼……113
笛卡儿……113
蒂利特……113
丁尼生……113
丁在君……114
董必武……114
董锄平……115
董亦湘……115
杜勃罗留波夫……116
杜布瓦-雷蒙……116
杜尔哥……116
杜国庠……117
杜鹤宁……117
杜林……117
杜士珍……118
杜托夫……118
杜瓦尔……118
杜威……119
杜锡均……119
杜亚泉……119
多尔施……120

E

恩格斯……121

F

法朗士 …………………………………… 122
凡尔纳 …………………………………… 122
范鸿劼 …………………………………… 122
范其光 …………………………………… 123
范石生 …………………………………… 123
范寿康 …………………………………… 123
方本仁 …………………………………… 123
方化南 …………………………………… 124
方志敏 …………………………………… 124
芳川镰子 ………………………………… 124
菲狄亚斯 ………………………………… 125
菲尔绍 …………………………………… 125
菲格涅尔 ………………………………… 125
菲利普一世 ……………………………… 125
菲斯克 …………………………………… 126
斐迪南大公 ……………………………… 126
费边 ……………………………………… 126
费尔巴哈 ………………………………… 126
费尔登 …………………………………… 127
费觉天 …………………………………… 127
费兰德 …………………………………… 127
费里 ……………………………………… 128
费洛年科 ………………………………… 128
费希尔 …………………………………… 128
费希特 …………………………………… 128
费雪 ……………………………………… 129
费哲民 …………………………………… 129
芬斯顿 …………………………………… 129
丰臣秀吉 ………………………………… 129
冯国璋 …………………………………… 130
冯雪峰 …………………………………… 130
冯玉祥 …………………………………… 130
冯澐 ……………………………………… 131
冯自由 …………………………………… 131

弗赖……………………………………131
弗兰格尔…………………………131
弗兰格尔…………………………132
弗劳恩霍夫………………………132
弗雷德里克二世…………………132
弗雷泽……………………………132
弗里堡……………………………133
弗里德里希二世…………………133
弗里德里希三世…………………133
弗里曼……………………………133
弗罗萨尔…………………………133
弗洛伊德…………………………134
伏尔泰……………………………134
佛莱里格拉特……………………134
浮士德……………………………134
福岛安正…………………………135
福尔卡德…………………………135
福尔马尔…………………………135
福格尔施泰因……………………135
福格特……………………………135
福格特……………………………136
福井准造…………………………136
福克斯韦尔………………………137
福塞特……………………………137
福斯特……………………………137
福特………………………………137
福田德三…………………………137
福西特……………………………138
福煦………………………………138
富耶………………………………138
富兰克林…………………………138
富兰克林…………………………139
傅立叶……………………………139

G

盖布 …………………………………………… 140
盖得 …………………………………………… 140
盖弗尼茨 ……………………………………… 140
甘必大 ………………………………………… 141
甘地 …………………………………………… 141
甘乃光 ………………………………………… 141
甘粕正彦 ……………………………………… 141
冈察洛夫 ……………………………………… 142
刚毅 …………………………………………… 142
高彬 …………………………………………… 142
高尔察克 ……………………………………… 143
高尔顿 ………………………………………… 143
高尔基 ………………………………………… 143
高尔松 ………………………………………… 143
高凤 …………………………………………… 144
高君宇 ………………………………………… 144
高濑清 ………………………………………… 145
高畠素之 ……………………………………… 145
高一涵 ………………………………………… 146
高语罕 ………………………………………… 146
戈德涅夫 ……………………………………… 147
戈蒂埃 ………………………………………… 147
戈东诺夫 ……………………………………… 147
戈尔 …………………………………………… 148
戈尔德曼 ……………………………………… 148
戈列夫 ………………………………………… 148
戈森 …………………………………………… 148
哥尔特 ………………………………………… 149
哥伦布 ………………………………………… 149
歌德 …………………………………………… 149
格德斯 ………………………………………… 149
格格奇柯利 …………………………………… 150
格拉弗 ………………………………………… 150
格拉古兄弟 …………………………………… 150

格莱斯顿……………………………………151
格莱斯顿……………………………………151
格兰特………………………………………151
格雷…………………………………………151
格雷森………………………………………151
格雷西………………………………………152
格里高利七世………………………………152
格里姆凯……………………………………152
格列科………………………………………152
格斯勒………………………………………153
格温纳………………………………………153
格耶…………………………………………153
葛德文………………………………………153
葛健豪………………………………………154
葛兰西………………………………………154
根特…………………………………………154
耿丹…………………………………………154
耿济之………………………………………155
宫崎龙介……………………………………155
宫崎梦柳……………………………………155
宫崎滔天……………………………………156
龚帕斯………………………………………156
贡特尔………………………………………156
古德诺………………………………………157
古尔德………………………………………157
古尔德………………………………………157
古契柯夫……………………………………157
古热…………………………………………158
古约…………………………………………158
谷钟秀………………………………………158
顾孟余………………………………………159
顾维钧………………………………………159
顾正红………………………………………159
光绪帝………………………………………160
龟山天皇……………………………………160
郭秉文………………………………………160
郭茨…………………………………………160

郭尔尼禄夫……160
郭沫若……160
郭绍虞……161
郭瘦真……161
郭松龄……162
郭虞裳……162
郭质生……162
果戈理……163

H

哈茨费尔特伯爵夫人……164
哈茨霍恩……164
哈第……164
哈定……165
哈尔起林……165
哈夫迈耶……165
哈格里沃斯……165
哈里曼……165
哈里斯……165
哈里佐梅诺夫……166
哈姆雷特……166
哈奇森……166
哈赛尔曼……166
哈森克莱维尔……167
哈特曼……167
哈泽……167
海德拉姆……168
海德门……168
海克尔……168
海曼……168
海曼……169
海尼希……169
海涅……169
海伍德……169
海伊……170

海因岑	170
亥姆霍兹	170
韩德逊	171
韩玉山	171
汉密尔顿	171
汉普登	171
汉森	172
豪厄尔	172
豪普特曼	172
豪斯	172
何东	172
何公敢	173
何鲁之	173
何孟雄	173
何叔衡	174
何味辛	174
何震	175
河合义虎	175
河上肇	176
荷马	176
贺川丰彦	176
贺民范	177
赫德	177
赫德尔	177
赫尔巴特	178
赫尔岑	178
赫尔曼	178
赫弗里希	179
赫克托耳	179
赫拉克利特	179
赫拉斯科夫	179
赫斯	179
赫胥黎	180
黑格尔	180
黑斯廷斯	180
亨利八世	181
亨利七世	181

亨施 …………………………………… 181
亨特 …………………………………… 181
亨特利 ………………………………… 181
衡石 …………………………………… 181
洪堡 …………………………………… 182
洪秀全 ………………………………… 182
洪亚重 ………………………………… 182
侯绍裘 ………………………………… 182
侯士绾 ………………………………… 183
后一条天皇 …………………………… 183
后朱雀天皇 …………………………… 183
胡鄂公 ………………………………… 184
胡佛 …………………………………… 184
胡国伟 ………………………………… 184
胡汉民 ………………………………… 184
胡瑞燊 ………………………………… 185
胡萨尔 ………………………………… 185
胡适 …………………………………… 185
胡斯 …………………………………… 186
胡锡璋 ………………………………… 186
胡信之 ………………………………… 186
胡贻谷 ………………………………… 187
胡瑛 …………………………………… 187
胡愈之 ………………………………… 187
胡志明 ………………………………… 188
华莱士 ………………………………… 189
华盛顿 ………………………………… 189
怀特 …………………………………… 189
黄爱 …………………………………… 189
黄壁魂 ………………………………… 189
黄殿辰 ………………………………… 190
黄凤麟 ………………………………… 190
黄负生 ………………………………… 190
黄国梁 ………………………………… 190
黄介民 ………………………………… 191
黄静源 ………………………………… 192
黄凌霜 ………………………………… 192

黄日葵…… 192
黄兴…… 193
黄业兴…… 193
黄仲涵…… 193
惠特曼…… 193
霍布豪斯…… 194
霍布森…… 194
霍布森…… 194
霍布斯…… 194
霍多罗夫…… 195
霍尔…… 195
霍尔巴赫…… 195
霍尔德…… 195
霍尔姆…… 196
霍尔辛…… 196
霍夫曼…… 196
霍格伦…… 196
霍吉斯金…… 197
霍米亚科夫…… 197
霍纳…… 197
霍瓦特…… 197

J

基德…… 198
基督…… 198
基尔博姆…… 198
基尔希曼…… 199
基什金…… 199
基佐…… 199
吉卜林…… 200
吉德迈斯特…… 200
吉尔波…… 200
吉尔曼…… 200
吉芬…… 201
吉洛廷…… 201

戢翼翚	201
季别尔	201
季步高	202
季诺维也夫	202
济慈	202
加邦	203
加德纳	203
加尔申	203
加尔文	203
加拉罕	204
加里波第	204
加里宁	204
加里森	204
加利费侯爵	205
加利斯达尔	205
加伦	205
加马德	205
加米涅夫	205
加米涅娃	206
加藤高明	206
加香	206
嘉列狄	206
嘉琴科	207
贾德耀	207
江浩	207
江亢虎	207
江绍原	208
江伟藩	208
姜海士	208
蒋百里	208
蒋光慈	209
蒋介石	209
蒋维乔	210
焦启铠	210
杰尔查文	211
杰斐逊	211
杰克逊	211

杰克逊 ………………………………… 211
捷贾科夫 ……………………………… 211
捷列先科 ……………………………… 211
芥川龙之介 …………………………… 212
堺利彦 ………………………………… 212
金 ……………………………………… 212
金德林格 ……………………………… 212
金家凤 ………………………………… 213
金梁 …………………………………… 213
金斯莱 ………………………………… 213
金万谦 ………………………………… 214
金尾德太郎 …………………………… 214
近藤荣藏 ……………………………… 214
近卫文麿 ……………………………… 214
晋季诺夫 ……………………………… 215
井口隆香 ……………………………… 215
久松义典 ……………………………… 215
居里夫人 ……………………………… 216
居维叶 ………………………………… 216
居正 …………………………………… 216

K

卡贝 …………………………………… 217
卡茨 …………………………………… 217
卡尔 …………………………………… 217
卡尔波夫 ……………………………… 218
卡尔松 ………………………………… 218
卡尔韦尔 ……………………………… 218
卡菲罗 ………………………………… 218
卡芬雅克 ……………………………… 219
卡佛 …………………………………… 219
卡拉科佐夫 …………………………… 219
卡莱尔 ………………………………… 219
卡兰萨 ………………………………… 220
卡雷舍夫 ……………………………… 220

卡列金 …… 220
卡列林 …… 220
卡梅伦 …… 221
卡内基 …… 221
卡诺 …… 221
卡诺 …… 221
卡彭特 …… 222
卡珀斯 …… 222
卡普 …… 222
卡萨斯 …… 222
卡特赖特 …… 222
卡特林 …… 223
卡托（老卡托）…… 223
卡文迪什 …… 223
开尔文 …… 223
开普勒 …… 223
凯恩斯 …… 224
凯里 …… 224
凯利 …… 224
凯末尔 …… 225
凯斯勒尔 …… 225
凯特莱特 …… 225
凯特勒 …… 225
恺撒 …… 226
坎贝尔 …… 226
坎南 …… 226
坎宁安 …… 226
康德 …… 226
康德拉托夫 …… 227
康拉德 …… 227
康诺利 …… 227
康帕内拉 …… 227
康西德兰特 …… 228
康有为 …… 228
考茨基 …… 228
考尔 …… 229
考夫曼 …… 229

柯尔	229
柯尔培尔	230
柯卡普	230
柯乐洪	230
柯伦泰	231
柯罗连科	231
柯庆施	231
柯瓦列夫斯卡娅	232
科布顿	232
科尔	232
科尔尼洛夫	232
科根	233
科里	233
科鲁梅拉	233
科姆	233
科诺瓦洛夫	233
科瓦列夫斯基	234
科兹洛夫斯基	234
克尔	234
克拉夫	235
克拉克	235
克拉克	235
克拉斯诺夫	235
克拉斯诺晓科夫	236
克拉苏	236
克拉辛	236
克莱顿	236
克莱恩	237
克莱夫	237
克朗普顿	237
克雷连柯	237
克里默	237
克里斯藤森	238
克里索斯托姆	238
克利福德	238
克利斯提尼	238
克列孟梭	238

克列斯廷斯基……239
克林兹……239
克鲁宾斯基……239
克鲁克斯……240
克鲁克斯……240
克鲁泡特金……240
克鲁普斯卡娅……241
克伦斯基……241
克伦斯基……241
克伦威尔……242
克罗格……242
克罗齐……242
克洛茨……243
克尼斯……243
克努特……243
克斯特纳……243
克谢诺丰托夫……243
孔德……244
孔狄亚克……244
孔多塞……244
孔子……245
库德里亚夫采夫……245
库恩……245
库尔曼……245
库尔奈……245
库尔斯基……246
库克……246
库伦……246
库诺……246
库诺……247
库瓦耶夫……247
库西宁……247
库兹涅佐娃……247
邝摩汉……248
奎尔奇……248
魁奈……249

L

拉波波特	250
拉伯克	250
拉布里奥拉	250
拉布里奥拉	251
拉德诺	251
拉狄克	251
拉尔金	252
拉法格	252
拉法格	252
拉斐尔	252
拉甫罗夫	253
拉加代尔	253
拉柯夫斯基	253
拉科维察	254
拉克	254
拉林	254
拉马克	254
拉美特利	255
拉蒙德	255
拉蒙特	255
拉姆赛	255
拉普拉斯	255
拉萨尔	256
拉斯基	256
拉斯金	257
拉特瑙	257
拉瓦锡	257
拉维莱	257
拉维斯泰因	258
拉维特	258
拉希德	258
拉扎里	258
拉扎列夫	259
腊斯特	259

莱昂内……259
莱布尼茨……259
莱恩……260
莱尔……260
莱金……260
莱克维斯……260
莱蒙托夫……261
莱塞普斯……261
莱塔勒尔……261
莱维……261
莱温斯基……261
莱辛……262
莱兴海姆……262
莱因施……262
莱因斯坦……262
赖尔……263
赖特才……263
兰茨贝格……263
兰金……263
兰克斯特……263
兰利……264
兰普雷希特……264
兰塞姆……264
兰斯堡……264
兰斯伯里……265
兰特佐……265
兰辛……265
蓝公武……266
朗格……266
朗星……266
劳合·乔治……266
老子……267
乐志华……267
勒柏辛斯基……267
勒德伯……267
勒德洛……268
勒鲁……268

雷博	268
雷德格雷夫	269
雷克洛斯	269
雷殷	269
黎元洪	269
李伯尔	269
李卜克内西	270
李卜克内西	271
李卜克内西	271
李春蕃	272
李春涛	272
李达	273
李大钊	273
李凤亭	274
李根源	274
李汉俊	274
李鸿章	275
李焕章	275
李璜	275
李季	276
李济深	276
李继桢	276
李嘉图	277
李景林	277
李可夫	277
李劳工	278
李立三	278
李烈钧	278
李梅羹	279
李培天	280
李培学	280
李普曼	280
李启汉	280
李求实	281
李石曾	281
李书渠	281
李斯特	282

李泰国 ················ 282
李提摩太 ············· 282
李维诺夫 ············· 283
李慰农 ··············· 283
李沃夫 ··············· 284
李燮和 ··············· 284
李彦青 ··············· 284
李震瀛 ··············· 284
李征五 ··············· 285
李之龙 ··············· 285
李中 ················· 286
李中来 ··············· 286
李仲武 ··············· 286
李众华 ··············· 287
李准 ················· 287
李宗仁 ··············· 287
里博 ················· 287
里彻 ················· 288
里德 ················· 288
里德 ················· 288
里夫斯 ··············· 288
里塞尔 ··············· 289
里希特 ··············· 289
里希特 ··············· 289
里亚布申斯基 ········· 289
理查森 ··············· 290
利奥波德 ············· 290
利奥十三 ············· 290
利夫曼 ··············· 290
利利娜 ··············· 291
利林塔尔 ············· 291
利维 ················· 291
利文斯通 ············· 291
连年坎普夫 ··········· 292
梁冰弦 ··············· 292
梁启超 ··············· 292
梁士诒 ··············· 293

梁漱溟	293
梁赞诺夫	294
廖仲恺	294
列宾	295
列德莱	295
列尔	295
列宁	295
列诺得尔	296
林伯渠	296
林德哈根	297
林房雄	297
林癸未夫	297
林虎	298
林焕	298
林晋亭	298
林可彝	298
林肯	299
林奈	299
林沛	299
林赛	299
林甦	300
林素园	300
林祥谦	300
林修梅	300
林育南	301
林育英	301
林云陔	302
林植夫	303
凌楚藩	303
刘伯垂	303
刘昌群	304
刘大白	304
刘华	304
刘揆一	305
刘谦	305
刘清扬	305
刘仁静	306

刘少奇 ……………………………… 306
刘师复 ……………………………… 307
刘师培 ……………………………… 307
刘石心 ……………………………… 307
刘文海 ……………………………… 308
刘文松 ……………………………… 308
刘岳峙 ……………………………… 309
刘泽荣 ……………………………… 309
刘子通 ……………………………… 309
龙勃罗梭 …………………………… 310
龙格 ………………………………… 310
龙济光 ……………………………… 310
卢贝兹 ……………………………… 311
卢格 ………………………………… 311
卢卡斯 ……………………………… 311
卢那察尔斯基 ……………………… 312
卢森堡 ……………………………… 312
卢梭 ………………………………… 313
卢歇尔 ……………………………… 313
鲁巴诺维奇 ………………………… 314
鲁比诺 ……………………………… 314
鲁滨孙 ……………………………… 314
鲁德涅夫 …………………………… 314
鲁登道夫 …………………………… 314
鲁迪尼 ……………………………… 315
鲁迅 ………………………………… 315
陆辅舟 ……………………………… 315
陆荣廷 ……………………………… 315
陆徵祥 ……………………………… 315
陆志韦 ……………………………… 316
陆宗舆 ……………………………… 316
路德 ………………………………… 316
路维杜尔 …………………………… 316
路易 ………………………………… 317
路易莎 ……………………………… 317
路易十八 …………………………… 317
路易十四 …………………………… 317

路易十五	317
路易斯	318
伦纳	318
伦施	318
罗宾斯	318
罗伯蒂	318
罗伯斯比尔	319
罗得斯	319
罗海臣	319
罗家伦	319
罗将柯	320
罗杰斯	320
罗兰	320
罗兰	321
罗列尔	321
罗曼诺夫	321
罗曼斯	321
罗绮园	321
罗斯	322
罗斯	322
罗斯伯里	322
罗斯柴尔德	322
罗斯福	322
罗素	323
罗素	323
罗素夫人	323
罗雪尔	323
罗耶	324
罗亦农	324
罗易	324
罗章龙	325
洛贝尔图斯-亚格措夫	326
洛克	326
洛克菲勒	326
洛朗	327
洛里亚	327
洛帕廷	327

洛普欣……327
洛思罗普……328
洛斯基尔……328
洛索夫……328
洛佐夫斯基……328
吕勒……328
吕一鸣……329

M

麻振武……330
马布利……330
马超俊……330
马尔蒂斯……331
马尔丁诺夫……331
马尔可夫……331
马尔萨斯……331
马尔萨斯……332
马尔托夫……332
马尔西……332
马焕新……333
马君武……333
马克·吐温……334
马克拉柯夫……334
马克思……334
马克思……334
马雷斯……335
马林……335
马隆……336
马马耶夫……336
马尼洛夫……336
马努伊洛夫……336
马萨里克……337
马斯洛夫……337
马素……337
马特……337
马歇尔……338

马雅可夫斯基	338
马炎文	338
马耶夫斯基	338
马寅初	338
马育航	339
马约罗夫	339
马哲民	339
马志尼	340
迈尔	340
迈耶尔	340
麦金利	340
麦卡杜	341
麦凯尔	341
麦克库洛赫	341
麦克伦南	341
麦克马洪	342
麦克唐纳	342
麦克唐纳	342
麦耶	343
麦哲伦	343
曼德维尔	343
曼恩	343
曼纳海姆	343
曼宁	344
曼塔舍夫	344
毛奇	344
毛泽东	344
毛泽民	345
茅原华山	346
梅岑佐夫	346
梅尔海姆	346
梅兰希通	346
梅利尼昌斯基	346
梅利诺	347
梅列日科夫斯基	347
梅林	347
梅隆	348

梅契尼可夫…………………………………348
梅特涅…………………………………………348
美舍利亚科夫………………………………348
美夜须姬………………………………………349
门格尔…………………………………………349
蒙森……………………………………………349
孟德尔…………………………………………349
孟德斯鸠………………………………………350
孟子……………………………………………350
米尔巴赫………………………………………350
米格内特………………………………………350
米海洛夫斯基…………………………………351
米开朗琪罗……………………………………351
米勒兰…………………………………………351
米留科夫………………………………………352
米柳亭…………………………………………352
米柳亭…………………………………………352
闽周……………………………………………352
明仁斯基………………………………………353
摩尔……………………………………………353
摩尔顿…………………………………………353
摩尔根…………………………………………353
摩根……………………………………………353
摩莱里…………………………………………354
摩莱肖特………………………………………354
摩西……………………………………………354
莫迪利亚尼……………………………………354
莫尔……………………………………………355
莫尔……………………………………………355
莫尔加利………………………………………355
莫雷尔…………………………………………355
莫里哀…………………………………………356
莫里斯…………………………………………356
莫里斯…………………………………………356
莫里斯…………………………………………356
莫罗佐夫………………………………………357
莫尼……………………………………………357

莫泊桑……………………357
莫塞利……………………357
莫斯特……………………358
莫扎特……………………358
墨索里尼…………………358
墨子………………………358
慕瑞………………………359
缪伯英……………………359
缪勒………………………359
缪勒………………………360
木下尚江…………………360
穆方………………………360
穆罕默德…………………360
穆济波……………………361
穆拉维约夫………………361
穆拉维约夫………………361
穆勒………………………361
穆勒………………………362
穆勒………………………362
穆藕初……………………362

N

拿破仑……………………363
纳乌莫夫…………………363
内尔曼……………………363
内马克……………………364
内斯比特…………………364
尼布甲尼撒………………364
尼采………………………364
尼古拉二世………………365
尼古拉四世………………365
尼古拉一世………………365
尼基京……………………365
尼克尔森…………………365
尼克尔斯基………………366

倪忧天·····················366
鸟羽田藏···················366
聂士成·····················367
涅克拉索夫·················367
涅克拉索夫·················367
涅美茨·····················367
涅恰耶夫···················368
牛顿·······················368
纽马奇·····················368
纽曼·······················368
纽文胡斯···················369
诺比林·····················369
诺克斯·····················369
诺斯克·····················369
诺斯克利夫子爵·············370
诺维科夫···················370
诺伊斯·····················370

O

欧里庇得斯·················371
区声白·····················371
欧文·······················372

P

帕尔乌斯···················373
帕克赫斯特·················373
帕麦斯顿子爵···············373
帕内尔·····················374
帕尼娜·····················374
帕平·······················374
帕斯基·····················375
帕托·······················375
帕西·······················375
潘公展·····················376

潘克赫斯特	376
潘涅库克	376
庞巴维克	377
庞蒂	377
庞人铨	378
培根	378
佩德罗	378
佩尔采尔	379
佩尔洛夫蒂埃	379
佩魁尔	379
佩列韦尔泽夫	379
佩罗夫斯卡娅	380
佩特	380
佩特留拉	380
配第	381
彭迪	381
彭汉章	381
彭璜	381
彭湃	382
彭述之	382
彭一湖	383
蓬巴杜	383
皮埃尔	383
皮博迪	384
皮达可夫	384
皮尔尼亚克	384
皮尔森	384
皮尼奥	385
皮斯	385
片山潜	385
朴镇淳	385
蒲尔藤蒲尔	386
蒲鲁东	386
普恩加莱	386
普尔	387
普吉特	387
普拉克西特勒斯	387

普拉廷…………………………………… 387
普雷尔…………………………………… 388
普利什凯维奇…………………………… 388
普利斯特利……………………………… 388
普列奥布拉任斯基……………………… 389
普列汉诺夫……………………………… 389
普列维…………………………………… 390
普林尼（老）…………………………… 390
普林尼（小）…………………………… 390
普林西普………………………………… 390
普鲁塔可………………………………… 391
普罗柯波维奇…………………………… 391
普罗提诺………………………………… 391
普平……………………………………… 391
普希金…………………………………… 392
溥仪……………………………………… 392

Q

齐燮元…………………………………… 393
契尔施基………………………………… 393
契诃夫…………………………………… 393
契切林…………………………………… 394
钱介磐…………………………………… 394
钱智修…………………………………… 395
乔利……………………………………… 395
乔利蒂…………………………………… 395
乔治……………………………………… 395
乔治·桑………………………………… 396
乔治五世………………………………… 396
切尔诺夫………………………………… 396
秦良玉…………………………………… 397
秦梦虎…………………………………… 397
秦平……………………………………… 397
琼斯……………………………………… 398
丘吉尔…………………………………… 398

瞿鲁巴⋯⋯⋯⋯⋯⋯⋯⋯⋯⋯⋯⋯⋯⋯⋯ 398
瞿秋白⋯⋯⋯⋯⋯⋯⋯⋯⋯⋯⋯⋯⋯⋯⋯ 398

R

饶勒斯⋯⋯⋯⋯⋯⋯⋯⋯⋯⋯⋯⋯⋯⋯⋯ 400
热里雅鲍夫⋯⋯⋯⋯⋯⋯⋯⋯⋯⋯⋯⋯⋯ 400
任弼时⋯⋯⋯⋯⋯⋯⋯⋯⋯⋯⋯⋯⋯⋯⋯ 401
任卓宣⋯⋯⋯⋯⋯⋯⋯⋯⋯⋯⋯⋯⋯⋯⋯ 401
日班科夫⋯⋯⋯⋯⋯⋯⋯⋯⋯⋯⋯⋯⋯⋯ 402
日置益⋯⋯⋯⋯⋯⋯⋯⋯⋯⋯⋯⋯⋯⋯⋯ 402
茹奥⋯⋯⋯⋯⋯⋯⋯⋯⋯⋯⋯⋯⋯⋯⋯⋯ 402
阮啸仙⋯⋯⋯⋯⋯⋯⋯⋯⋯⋯⋯⋯⋯⋯⋯ 403

S

撒拉⋯⋯⋯⋯⋯⋯⋯⋯⋯⋯⋯⋯⋯⋯⋯⋯ 404
萨尔贡⋯⋯⋯⋯⋯⋯⋯⋯⋯⋯⋯⋯⋯⋯⋯ 404
萨尔贡二世⋯⋯⋯⋯⋯⋯⋯⋯⋯⋯⋯⋯⋯ 404
萨法洛夫⋯⋯⋯⋯⋯⋯⋯⋯⋯⋯⋯⋯⋯⋯ 404
萨孟武⋯⋯⋯⋯⋯⋯⋯⋯⋯⋯⋯⋯⋯⋯⋯ 405
萨姆纳⋯⋯⋯⋯⋯⋯⋯⋯⋯⋯⋯⋯⋯⋯⋯ 405
萨瑟兰⋯⋯⋯⋯⋯⋯⋯⋯⋯⋯⋯⋯⋯⋯⋯ 405
萨文柯夫⋯⋯⋯⋯⋯⋯⋯⋯⋯⋯⋯⋯⋯⋯ 405
萨伊⋯⋯⋯⋯⋯⋯⋯⋯⋯⋯⋯⋯⋯⋯⋯⋯ 406
萨佐诺夫⋯⋯⋯⋯⋯⋯⋯⋯⋯⋯⋯⋯⋯⋯ 406
塞茨⋯⋯⋯⋯⋯⋯⋯⋯⋯⋯⋯⋯⋯⋯⋯⋯ 406
塞登⋯⋯⋯⋯⋯⋯⋯⋯⋯⋯⋯⋯⋯⋯⋯⋯ 406
塞尔策⋯⋯⋯⋯⋯⋯⋯⋯⋯⋯⋯⋯⋯⋯⋯ 407
塞肯多夫⋯⋯⋯⋯⋯⋯⋯⋯⋯⋯⋯⋯⋯⋯ 407
塞拉蒂⋯⋯⋯⋯⋯⋯⋯⋯⋯⋯⋯⋯⋯⋯⋯ 407
塞利格曼⋯⋯⋯⋯⋯⋯⋯⋯⋯⋯⋯⋯⋯⋯ 407
塞涅卡⋯⋯⋯⋯⋯⋯⋯⋯⋯⋯⋯⋯⋯⋯⋯ 408
塞奇⋯⋯⋯⋯⋯⋯⋯⋯⋯⋯⋯⋯⋯⋯⋯⋯ 408
塞万提斯⋯⋯⋯⋯⋯⋯⋯⋯⋯⋯⋯⋯⋯⋯ 408

桑巴……408
桑巴特……409
桑田熊藏……409
色诺芬……409
森户辰男……409
僧格林沁……410
沙赫特……410
沙克尔顿……410
沙培尔……410
沙森巴赫……410
莎士比亚……411
山川菊荣……411
山川均……411
山路爱山……412
山崎今朝弥……412
邵力子……412
邵飘萍……413
邵元冲……413
舍尔比利埃……414
舍尔古诺夫……414
舍伐利埃……414
舍夫勒……415
舍拉……415
申加廖夫……415
神武天皇……416
沈性仁……416
沈玄庐……416
沈雁冰……417
沈怡……417
沈泽民……417
沈仲九……418
升曙梦……418
圣福若瑟……419
圣茹斯特……419
圣西门……419
胜田主计……420
盛宣怀……420

施存统……420
施蒂纳……421
施尔德尔……421
施罗德……422
施略普尼柯夫……422
施米特……422
施密特……422
施穆勒……423
施仁荣……423
施泰因……423
施泰因豪森……424
施陶斯……424
施特雷泽曼……424
施廷内斯……424
施托尔希……425
施瓦布……425
施韦泽……425
施洋……426
石井菊次郎……426
石原修……427
史蒂文森……427
史蒂文森……427
史蒂文斯……427
史丁纳……427
史密斯……428
史密斯……428
史密斯……428
史文彬……428
矢野龙溪……429
室伏高信……429
叔本华……429
舒尔曼……430
舒米亚茨基……430
舒新城……431
司徒拔……431
司徒卢威……431
司徒卢威……432

司托夫人……432
斯宾诺莎……432
斯宾塞……433
斯大林……433
斯蒂尔……433
斯蒂芬森……434
斯柯别列夫……434
斯科罗帕茨基……434
斯科特……435
斯科特……435
斯克尔顿……435
斯克良斯基……435
斯克沃尔佐夫……436
斯克沃尔佐夫……436
斯库尔克拉夫特……436
斯穆茨……437
斯诺登……437
斯帕戈……437
斯潘……438
斯皮里多诺娃……438
斯皮斯……438
斯切克洛夫……438
斯塔尔……439
斯塔尔夫人……439
斯塔姆勒……439
斯坦博利斯基……440
斯坦顿……440
斯坦顿……440
斯陶宁……441
斯特德……441
斯特德……441
斯特伦……441
斯通……442
斯图尔格赫……442
斯图亚特……442
斯托克……442
斯托雷平……443

43

斯托帕尼……443
斯托扬诺维奇……443
斯维尔德洛夫……443
斯温胡武德……444
寺内正毅……444
宋教仁……444
苏格拉底……445
苏汉诺夫……445
苏潘……445
苏新甫……446
速津姬……446
孙百刚……446
孙棣三……446
孙伏园……446
孙中山……447
梭伦……448
所罗门……448
索菲娅……448
索科宾……448
索柯尔尼柯夫……448
索雷尔……449
索洛维约夫……449
索洛维约夫……449

T

泰戈尔……450
泰勒……450
泰纳……450
谭平山……451
谭其茝……451
谭寿林……452
谭嗣同……452
谭植棠……453
汤澄波……453
汤姆森……454

汤普森……454
汤普森……454
汤因比……454
唐伯焜……455
唐才常……455
唐恩……455
唐廷枢……456
陶孟和……456
陶行知……457
特拉赫滕贝格……457
特赖奇克……457
特里罗戈夫……458
特列波夫……458
特鲁尔斯特拉……458
梯也尔……458
梯叶里……459
田诚……459
田岛锦治……459
田所辉明……459
童炳荣……459
图克……460
图拉蒂……460
屠格涅夫……460
土耳其皇……460
土田杏村……461
托德……461
托尔克……461
托尔斯泰……461
托伦……462
托洛茨基……462
托洛茨基夫人……463
托马斯……463
托马斯……463
陀思妥耶夫斯基……464

W

洼田文三	465
瓦尔德克－卢梭	465
瓦尔登	465
瓦尔加	465
瓦尔特斯豪森	466
瓦尔特斯豪森	466
瓦尔维尔	466
瓦格纳	466
瓦利谢夫斯基	467
瓦尼	467
瓦特	467
瓦扬	467
宛希俨	468
汪精卫	468
汪瑞闿	469
汪寿华	469
王德威尔得	469
王尔德	470
王光辉	470
王光祈	470
王国源	471
王尽美	471
王敬轩	472
王俊	472
王克敏	472
王乐平	472
王天培	473
王惟俭	473
王文俊	473
王一飞	474
王右木	474
王云五	475
王长保	476
王正廷	476

王淄尘 …… 476
威尔科克斯 …… 477
威尔斯 …… 477
威尔希尔 …… 477
威尔逊 …… 477
威尔逊 …… 478
威廉二世 …… 478
威廉斯基-西比里亚科夫 …… 478
威廉四世 …… 478
威廉五世 …… 479
威廉一世 …… 479
威斯曼 …… 479
威斯特华伦 …… 479
韦拔群 …… 480
韦伯 …… 480
韦列夏金 …… 481
韦奇伍德 …… 481
韦斯顿 …… 481
韦斯特马克 …… 481
维尔霍夫斯基 …… 482
维尔杰列夫斯基 …… 482
威尔施泰特 …… 482
维尔特 …… 482
维赫利亚耶夫 …… 483
维吉尔 …… 483
维经斯基 …… 483
维科 …… 484
维克斯蒂德 …… 484
维纳维尔 …… 484
维诺库罗夫 …… 485
维特 …… 485
维维安尼 …… 485
魏邦平 …… 486
魏德迈 …… 486
魏格尔 …… 486
魏森格伦 …… 487
魏斯曼 …… 487

魏特林 487
魏野畤 487
温克里德 488
温特曼 488
温特沃斯 488
文公直 489
文翰 489
文廷式 489
翁桂清 489
翁同龢 489
沃德 490
沃德 490
沃尔夫 490
沃尔弗 490
沃尔弗 491
沃尔弗 491
沃尔弗海姆 491
沃龙佐夫 492
沃罗夫斯基 492
沃洛达尔斯基 492
沃洛戈茨基 493
沃斯通克拉夫特 493
乌尔卡尔特 493
乌兰德 494
乌里茨基 494
乌斯宾斯基 494
乌瓦罗夫 494
吴健彰 495
吴景濂 495
吴佩孚 495
吴隼 496
吴雨铭 496
吴稚晖 496
伍尔曼 497
武把 497
武者小路实笃 497

X

西川光次郎……498
西格勒……498
西吉斯蒙德……498
西科蒂……499
西门子……499
西门子……499
西尼耳……499
西皮亚金……500
西奇威克……500
西斯蒙第……500
西脇玉峰……500
希尔……500
希尔德布兰德……501
希尔德布兰德……501
希尔德布兰德……501
希尔奎特……501
希法亭……502
希罗多德……502
席尔马赫……502
席勒……503
狭穗彦王……503
狭穗姬命……503
霞飞……503
夏丏尊……504
夏重民……504
向警予……504
向忠发……505
项英……505
肖……506
萧伯纳……506
萧楚女……507
小川乡太郎……508
小林丑三郎……508
小山清次……508

谢彬	508
谢持	509
谢德曼	509
谢晋青	509
谢勒	510
谢列达	510
谢林	510
谢马什柯	511
谢麦斯科	511
谢苗诺夫	511
谢姆柯夫斯基	511
谢瀛洲	512
辛普森	512
新妻伊都	512
信夫淳平	512
幸德秋水	513
熊得山	513
熊希龄	514
休汉	514
休谟	514
休斯	515
修斯	515
徐白民	515
徐芳	516
徐其湘	516
徐绍桢	516
徐世昌	517
徐锡麟	517
徐彦之	517
徐则陵	517
许白昊	518
许伯纳	518
许新凯	518
雪莱	519
荀子	519

Y

雅各布斯	520
雅科比	520
雅罗斯拉夫斯基	520
雅内	521
亚当·斯密	521
亚当斯	522
亚当斯	522
亚当斯	522
亚尔莫林斯基	522
亚里士多德	523
亚历山大	523
亚历山大	523
亚历山大二世	523
亚历山大三世	524
亚历山大一世	524
亚历山德罗夫	524
亚历山德罗维奇	524
亚瑟	524
烟山专太郎	525
严复	525
盐泽昌贞	526
颜惠庆	526
燕妮	526
扬松	527
杨闇公	527
杨昌济	527
杨道腴	528
杨德甫	528
杨东莼	528
杨笃生	529
杨端六	529
杨虎	530
杨明斋	530
杨鲍安	531
杨其珊	531

杨嗣震	532
杨贤江	532
杨之华	533
姚作宾	533
耶德尔斯	534
耶克	534
野田卯太郎	534
业平	534
叶楚伧	534
叶德辉	535
叶塞妮娜	535
叶子新	535
伊壁鸠鲁	536
伊登	536
伊格列西亚斯	536
伊利	537
伊莎贝拉一世	537
伊什特万	537
伊斯梅尔帕夏	537
伊藤博文	538
伊藤野枝	538
易卜生	538
易礼容	539
奕䜣	539
因布里亚尼	539
尹宽	540
英格尔斯	540
英格拉姆	540
英诺森四世	540
尤列	541
尤登尼奇	541
尤尔	541
尤列涅夫	541
尤什凯维奇	542
尤斯蒂	542
尤维纳利斯	542
尤西比乌斯	542

于树德……543
余创之……543
余家菊……543
俞颂华……544
俞秀松……544
虞洽卿……545
与谢野晶子……545
羽仁元子……546
雨果……546
毓贤……546
袁溥之……546
袁让……547
袁世凯……547
袁玉冰……547
袁振英……548
袁祖铭……548
远藤无水……548
约翰（无地王）……549
约瑟夫……549
约瑟夫一世……549
岳维峻……549
越飞……549
恽代英……550
恽震……550

Z

载漪……551
曾琦……551
曾玉良……552
曾仲鸣……552
扎卡里亚斯……552
詹大悲……552
詹蒂莱……553
詹金逊……553
詹姆士……554

张伯简 …… 554
张伯伦 …… 554
张德惠 …… 555
张德彝 …… 555
张东荪 …… 555
张国恩 …… 555
张国焘 …… 556
张厚生 …… 556
张弧 …… 557
张謇 …… 557
张子余 …… 557
张介石 …… 558
张静江 …… 558
张君劢 …… 558
张冥飞 …… 559
张秋白 …… 559
张秋人 …… 559
张若名 …… 560
张绍曾 …… 561
张申府 …… 561
张太雷 …… 561
张维镛 …… 562
张慰慈 …… 562
张闻天 …… 563
张西曼 …… 563
张学良 …… 564
张永奎 …… 564
张元济 …… 565
张之洞 …… 565
张作霖 …… 565
章士钊 …… 566
章书谦 …… 566
章太炎 …… 566
章锡琛 …… 567
章宗祥 …… 567
赵必振 …… 567
赵秉钧 …… 568

赵恒惕	568
赵继贤	568
赵南公	568
赵世炎	569
赵醒侬	570
郑伯奇	570
郑超麟	571
郑次川	571
郑凯卿	572
郑佩刚	572
郑谦	572
郑太朴	573
郑振铎	573
郑志云	574
芝诺	574
志津野又郎	574
栉田民藏	575
周恩来	575
周凤岐	576
周佛海	576
周诠	577
周震鳞	577
周自齐	577
周作人	577
朱德	578
朱镜我	578
朱谦之	579
朱务善	579
朱应会	580
朱应祺	580
朱枕薪	581
朱执信	581
卓恺泽	581
兹拉托夫拉茨基	582
资耀华	582
紫式部	582
邹鲁	583

邹容……………………………………………… 583
祖巴托夫……………………………………… 583
左尔格………………………………………… 584
左拉…………………………………………… 584
左舜生………………………………………… 584
佐尔夫………………………………………… 584
佐里塔………………………………………… 585
佐藤信渊……………………………………… 585
佐野文夫……………………………………… 585
佐佐木吉三郎………………………………… 585

后记…………………………………………… 586

A

阿德勒（1852—1918）

【阿德勒】

即维克多·阿德勒（Victor Adler，1852—1918），中译名有"阿尔德""欧特洛""威克特尔·亚德拉""亚度拉"等。生于捷克布拉格。奥地利社会民主党创始人和领导人之一。19世纪80年代中期参加工人运动。1889年创办《工人报》。1889—1895年同恩格斯有书信联系。第一次世界大战时期成为中派人物，鼓吹阶级合作，反对工人阶级进行暴力革命。其著述被编入《维克多·阿德勒和奥古斯特·倍倍尔，卡尔·考茨基等人通信集》（德文版）。

阿德勒（1873—1937）

【阿德勒】

即马克斯·阿德勒（Max Adler，1873—1937），生于奥匈帝国维也纳。奥地利法学家，政治家，社会哲学家。试图将马克思主义理论与康德理论联系起来的新康德主义潮流的领导者之一。著有《马克思主义国家观》等。

阿德勒（1879—1960）

【阿德勒】

即弗里德里希·沃尔夫冈·弗里茨·阿德勒（Friedrich Wolfgang Fritz Adler，1879—1960），中译名有"阿德拉""阿德列""包爱罗""傅黎德立阿特尔""亚德拉""亚登""亚度拉""亚尔的尔"等。生于奥匈帝国维也纳。奥地利社会民主党创始人维克多·阿德勒之子。奥地利社会民主党右翼领袖之一，奥地利马克思主义理论家，第二半国际和社会主义工人国际的组织者和领袖之一。1897年加

入奥地利社会民主党协会。1910年任瑞士社会民主党日报《人民报》主编。1916年10月21日因刺杀奥地利首相卡尔·施图尔克伯爵而被判死刑,后减刑。1918年11月因第一次世界大战结束而获释。1921年2月主持"第二半国际"成立大会,曾长期担任书记。著有《世界元素的发现》《恩格斯和自然科学》等。

阿多尔诺(1903—1969)

【阿多尔诺】

即泰奥多·W.阿多尔诺(Theodor Wistuqrund Adorno,1903—1969),中译名有"阿多诺""地洛特儿"等。生于德国法兰克福。德国社会学家,哲学家,音乐家。法兰克福学派的成员之一,其社会批判思想让他取得了突出的学术地位。著有《启蒙辩证法》《最小道德法》《否定辩证法》等。

阿多拉茨基(1878—1945)

【阿多拉茨基】

即弗拉基米尔·维克托罗维奇·阿多拉茨基(Владимир Викторович Адоратский,1878—1945),中译名有"阿多那斯基"等。生于俄国喀山。苏联马克思主义宣传家,历史学家,哲学家。1904年加入俄国社会民主工党的布尔什维克派,历任中央档案局副局长、列宁研究所副所长、苏联科学院院士等职。20世纪20年代参加编辑俄文版的《马克思恩格斯全集》和《列宁全集》,并撰写大量关于马克思主义国家与法律理论以及马克思主义哲学和历史的著作。其撰写的《马克思主义辩证法底几个规律》一文,由石夫节译,于1923年3月1日在旅欧中国少年共产党的机关刊物《少年》第7号上发表。该文阐释了马克思辩证法的五个规律,是马克思主义在中国早期仍传播史上一篇详细传播马克思主义辩证法的文献,1924年8月《新青年》季刊第3期转载此文。著有《辩证唯物主义:马克思列宁主义的理论基础》《列宁著作中的马克思主义辩证法》《卡尔·马克思的科学共产主义》等。

【阿尔伯特】

即路易斯·菲利普·阿尔伯特（Louis Philippe Albert, 1838—1894），生于法国巴黎。路易·菲利普一世的孙子。1848年2月24—26日成为法国国王菲利普七世，但未被正式承认，后逃亡德国。

阿尔伯特（1838—1894）

【阿尔达诺夫】

即马尔克·亚历山德罗维奇·阿尔达诺夫（Марк Александрович Алданов, 1886—1957），本名马尔克·亚历山德罗维奇·兰达乌（Марк Александрович Ландау），中译名有"阿尔大诺夫"等。生于俄国基辅（今属乌克兰）。俄国作家，哲学家，化学家。1910年毕业于基辅大学法律系和化学系。1919年加入俄国劳动人民社会党，被派往国外。1919年侨居巴黎。1922—1924年旅居柏林。1940年法国沦陷后移居纽约，参与创办《新杂志》。著有《世界末日》《第九热月》《魔鬼桥》等。

阿尔达诺夫（1886—1957）

【阿尔迪戈】

即罗伯托·费利斯·阿尔迪戈（Roberto Felice Ardigò, 1828—1920），中译名有"亚尔戈敌"等。生于意大利卡斯泰尔迪多内。意大利心理学家，哲学家，教育家，实证主义的代表人物。著有《实证主义者的道德》等。

阿尔迪戈（1828—1920）

【阿尔弗雷德】

即阿尔弗雷德大帝（Alfred the Great, 849—899），中译名有"阿夫列得""爱弗来德"等。生于威塞克斯王国伯克郡。英格兰盎格鲁-撒克逊时期威塞克斯王朝的国王。英国历史上第一位称呼自己为"盎格鲁-撒克逊之王"的君主。他结束了"七国时代"的割据纷争，阻挡了维京人的侵略，使英格兰人民形成统一的民族意识，被后世尊称为阿尔弗雷德大帝，是英国唯一被授予"大帝"名号的君主，也被尊称为"英国国父"。

阿尔弗雷德（849—899）

3

阿尔诺德
（1839/1837？—1912）

【阿尔诺德】

即若尔日·阿尔诺德（Georges Arnold，1839/1837？—1912），中译名有"亚尔洛"等。生于法国里尔。蒲鲁东主义者，法国巴黎公社领导人之一。1870年9月4日巴黎革命爆发后，从事政治活动，在工人群众中享有较高威望，曾当选为国民自卫军第64营营长。1871年2月当选为由20人组成的国民自卫军中央临时委员会委员，3月18日率领第18区国民自卫军参加起义，4月20日当选为公社军事委员会委员。5月21—27日"五月流血周"期间，为保卫公社英勇战斗。巴黎公社失败后，被流放到新喀里多尼亚岛。

阿尔切夫斯基（1835—1901）

【阿尔切夫斯基】

即阿列克谢·基里洛维奇·阿尔切夫斯基（Алексей Кириллович Алчевский，1835—1901），中译名有"亚侧夫斯奇"等。生于俄国苏梅（今属乌克兰）。俄国企业家，实业家。曾创办哈尔科夫银行和哈尔科夫土地银行，为常任董事长。19世纪初欧洲爆发的工业危机蔓延到俄国后，因破产自杀。

阿尔谢尼耶夫（1872—1930）

【阿尔谢尼耶夫】

即弗拉基米尔·克拉夫季耶维奇·阿尔谢尼耶夫（Владимир Клавдиевич Арсеньев，1872—1930），中译名有"阿森尼夫"等。生于俄国圣彼得堡。俄国探险家，作家。苏联国内战争期间任远东共和国少数民族的人民委员。著有《在乌苏里的莽林中》等。

阿夫克森齐耶夫（1878—1943）

【阿夫克森齐耶夫】

即尼古拉·德米特里耶维奇·阿夫克森齐耶夫（Николай Дмитриевич Авксентьев，1878—1943），中译名有"阿夫高生脱耶夫""阿夫克生特耶夫""亚扶克塞采夫""亚夫克生提埃夫"等。生于俄国奔萨省（今奔萨州和莫尔多瓦共和国的大部分）。俄国社会革命党领袖之一。1907年任临时政府内务部部长。第一次世界大战期间成为社会沙文主义者。苏俄国内战争期间参加反苏维埃政权的活动,后逃亡国外。著有《布尔什维克政变》《文化创造力》等。

【阿盖尔】

即阿盖尔公爵(Duke of Argyll),生卒年不详。中译名有"阿基尔公爵"等。马克思妻子燕妮的祖辈。

【阿格里帕】

阿格里帕(公元前63—前12)

即马库斯·维普萨尼乌斯·阿格里帕(Marcus Vipsanius Agrippa,公元前63—前12),中译名有"阿格里巴""亚格利泊"等。生于古罗马帝国。古罗马帝国元首奥古斯都的女婿。古罗马军事统帅,海军战略家,国务活动家,建筑师。在罗马内战中帮助奥古斯都扫除异己势力,统一罗马。

【阿格利巴】

阿格利巴(?—公元前493)

即梅涅尼·阿格利巴(Menenius Agrippa,?—公元前493),中译名有"墨能利亚阿格利拍"等。生于古罗马。古罗马贵族,罗马共和国执政官。

【阿加德】

即欧根·阿加德(Eugene Agahd),生卒年、出生地不详。中译名有"阿淦德""伊阿卡特"等。德国经济学家。在俄国华道胜银行工作15年,曾任总稽核。著有《大银行与世界市场》等。

【阿加廖夫】

阿加廖夫(1878—1945)

即阿列克谢·费奥多罗维奇·阿加廖夫(Алексей Фёдорович Агарёв,1878—1945),中译名有"阿嘎廖夫""阿格辽夫"等。生于俄国奔萨省(今奔萨州和莫尔多瓦共和国的大部分)。俄国革命家,苏联政治家。从学生时

5

代起从事革命活动。1902年加入俄国社会民主工党。1917年任远东共和国符拉迪沃斯托克（海参崴）市政局主席。1920年2月起数次秘密到上海，参与《上海俄文生活报》编辑工作。是年5月赴北京担任滨海州政府驻中国代表，8月出任远东共和国驻华代表团副团长、代理团长。

阿加西斯（1807—1873）

【阿加西斯】

即路易斯·阿加西斯（Louis Agassiz，1807—1873），中译名有"阿葛斯""爱格西"等。生于瑞士弗里堡州。居维叶的学生。瑞士动物学家，地质学家，达尔文主义的反对者。1847年移民美国，任哈佛大学动物学、地质学教授。创建了比较动物学博物馆。著有《鱼类化石研究》《冰川研究》等。

阿克莱（1732—1792）

【阿克莱】

即理查德·阿克莱（Richard Arkwright，1732—1792），中译名有"阿克拉氏""阿克来德""阿克莱德""阿克莱特""阿克乌得""挨苦来秃""奥克莱特""理查·阿克莱""鸦克礼特""亚克拉脱""亚克来特""亚克乌得提"等。生于英国普雷斯顿。英国企业家，设计者。制造了多种纺织机械。1786年被封为爵士，曾任德文郡郡首。

阿克雪里罗得（1850—1928）

【阿克雪里罗得】

即帕维尔·波里索维奇·阿克雪里罗得（Павел Борисович Аксельрод，1850—1928），中译名有"阿克塞尔路德""阿克色洛德""亚革塞罗特""亚格色罗德""亚克塞罗""亚克写尔洛德"等。生于俄国切尔尼戈夫省（今属乌克兰）。俄国孟什维克领袖之一。19世纪70年代参加民粹主义运动。1883年和普列汉诺夫等人在日内瓦组织劳动解放社。1900年任《火星报》编辑。在1903年俄国社会民主工党第二次代表大会上，支持马尔托夫，反对列宁提出的建党原则。

会后成为孟什维克的领导人之一。在斯托雷平反动时期是取消派。1912年参加"八月联盟",领导孟什维克的指挥中心"组织委员会"。第一次世界大战期间打着"中派"旗号,实际上是社会沙文主义者。十月革命后,反对苏维埃政权,鼓吹武装干涉苏维埃共和国。著有《德国社会民主党的结果》《我们党的过渡时刻》《俄国的工人阶级和革命运动》等。

【阿奎那】

阿奎那(1224—1274)

即托马斯·阿奎那(Thomas Aquinas,1224—1274),中译名有"阿圭诺的圣德麦""阿奎纳"等。生于意大利罗卡塞卡。西欧中世纪经院主义哲学家,神学家。他将理性引进神学,用"自然法则"来论证"君权神授"说,是基督教神学和神权政治理论的最高权威,经院哲学的集大成者。著有《神学大全》等。

【阿奎纳】

阿奎纳(约1225—1274)

即托马斯·阿奎纳(Thomas Aquinas,约1225—1274),中译名有"阿格那斯氏""阿圭诺的圣得麦""汤麦斯""亚奇拉"等。生于意大利洛卡塞卡。意大利经院哲学家,神学家。将理性引进神学,用"自然法则"来论证"君权神授"说,是基督教神学和神权政治理论的最高权威。著有《真理的争议问题》《神学大全》等。

【阿勒曼】

阿勒曼(1843—1935)

即让·阿勒曼(Jean Allemane,1843—1935),中译名有"阿勒芒""阿勒绵""阿利曼奴""阿列马""阿列马尼""阿列曼""阿列那""亚来孟""约翰·亚烈曼"等。生于法国上加龙省。法国社会主义者,法国工联主义的先驱。1871年参加巴黎公社,曾参加布鲁斯派,后分离出去,组织"革命社会主义工人党",为领导人之一。1905年法国统一社会党成立后,任常设执行委员会委员。1901年、1906

年和1910年三次当选法兰西第三共和国国民议会议员。

【阿勒萨尼】

阿勒萨尼（1896—1974）

即哈马德·本·阿卜杜拉·阿勒萨尼（Hamad bin Abdullah Al Thani，1896—1974），中译名有"阿卜杜拉""埃米尔亚卜达亚拿"等。生于卡塔尔多哈。卡塔尔第三任埃米尔谢赫·阿卜杜拉·本·贾西姆·阿勒萨尼的次子。卡塔尔第四任埃米尔。

【阿礼国】

阿礼国（1809—1897）

阿礼国（Rutherford Alcock，1809—1897），中译名有"阿尔科克""阿尔阔克""阿利国"等。生于伦敦。英国外交官。1844年起历任英国驻中国厦门、福州、上海、广州等埠领事，驻日公使、驻华公使等职。著有《大亨之都》等。

【阿里斯托芬】

阿里斯托芬
（约公元前445—前385）

阿里斯托芬（Aristophanes，约公元前445—前385），中译名有"亚里士多法尼""亚里司多法尼司""亚里斯多蕃""亚理斯多芬""亚利士多芬"等。生于古希腊雅典。古希腊喜剧作家，有"喜剧之父"之称。

【阿列克谢耶夫】

阿列克谢耶夫（1857—1918）

即米哈伊尔·瓦西里耶维奇·阿列克谢耶夫（Михаил Васильевич Алексеев，1857—1918），中译名有"布列哈诺夫""亚来克雪夫""亚力克锡夫""亚力色耶夫""亚历细夫"等。生于俄国特维尔省。俄国将军，俄国白卫军反革命首领之一。历任基辅军区参谋长、俄军西南方面军总参谋长、俄国武装力量总参谋长、俄军最高统帅。因参与指挥加利西亚战役和勃鲁西洛夫战役而闻名，十月革命后，与科尔尼洛夫组建白卫军，反对苏维埃政府。

【阿姆斯特朗】

威廉·乔治·阿姆斯特朗（William George Armstrong，1810—1900），中译名有"阿姆斯特郎""阿姆斯特龙""安斯特伦格"。生于英格兰纽卡斯尔。英国机械工程师，实业家，科学家，现代火炮的发明者。在泰恩赛德创立了阿姆斯特朗惠特沃斯制造业公司。

阿姆斯特朗（1810—1900）

【阿穆尔】

即乔纳森·奥格登·阿穆尔（Jonathan Ogden Armour，1863—1927），中译名有"欧登爱墨"等。生于美国威斯康星州。美国肉类加工业巨头。善于经营，其亚摩亚公司（Armour & Company）成为美国最大的食品公司。

阿穆尔（1863—1927）

【阿内尔】

即乔治·拜伦·路易斯·阿内尔（George Byron Louis Arner，1883—1952），生于美国俄亥俄州。美国政治人物。著有《社会主义要素》等。

【阿涅利】

即乔瓦尼·阿涅利（Giovanni Agnelli，1866—1945），中译名有"阿格奈里""亚格奈里"等。生于意大利比利亚尔佩罗萨。意大利企业家。1899年创立菲亚特汽车制造公司。

阿涅利（1866—1945）

【阿什沃思】

即亨利·阿什沃思（Henry Ashworth，1794—1880），中译名有"亚施活慈"等。生于英国兰开夏郡。英国工厂主，资产阶级政治活动家。自由贸易论者，反谷物法同盟创始人之一。与约翰·瓦茨（John Watts）合著了《理查德·科布登和反玉米法联盟回忆录》。

阿什沃思（1794—1880）

阿斯奎斯（1852—1928）

【阿斯奎斯】

即赫伯特·亨利·阿斯奎斯（Herbert Henry Asquith，1852—1928），中译名有"爱士葵斯""爱斯葵氏""爱斯克斯""罗米卑利卿阿士歧士"等。生于英国西约克郡。英国政治家，自由党领袖。历任英国内政大臣、财政大臣、首相等职。推行对外扩张、镇压工人运动和民族解放运动的政策。第一次世界大战结束后领导自由党。

阿斯莫洛夫（1828—1881）

【阿斯莫洛夫】

即瓦西里·伊万诺维奇·阿斯莫洛夫（Василий Иванович Асмолов，1828—1881），生于俄国库尔斯克省。俄国大烟草工厂主。1857年在顿河畔罗斯托夫创办烟草工厂。1912年同一些烟草工厂合并成立阿斯莫洛夫股份公司。

阿斯帕西娅

【阿斯帕西娅】

阿斯帕西娅，生卒年不详，女。中译名有"亚斯巴细亚"。古代希腊政治家伯里克利的情人。以美貌与智慧闻名于希腊半岛。

阿斯特罗夫（1868—1934）

【阿斯特罗夫】

即尼古拉·伊万诺维奇·阿斯特罗夫（Николай Иванович Астров，1868—1934），中译名有"阿斯杜洛夫""阿斯高洛夫"等。生于俄国莫斯科。俄国政治活动家，作家。1917年任莫斯科市长、临时政府成员。反对布尔什维克。20世纪20年代开始流亡国外。著有《回忆录》等。

阿斯图拉罗（1854—1917）

【阿斯图拉罗】

即阿方索·阿斯图拉罗（Alfonso Asturaro，1854—1917），中译名有"奥斯脚罗"等。生于意大利基亚瓦里。意大利社会学家，教育家。1886年起担任热那亚大学教授，热那亚社会科学学派的创始人。著有《社会学及其方法和发现》等。

阿瓦涅索夫（1884—1930）

【阿瓦涅索夫】

即瓦尔拉姆·亚历山德罗维奇·阿瓦涅索夫（Варлаам Александрович Аванесов，1884—1930），生于俄国卡尔斯州。苏联国务活动家。1903年加入俄国社会民主工党。参加了1905—1907年的北高加索革命和十月革命。十月革命后，历任全俄中央执行委员会委员、全俄肃反委员会会务委员、工农检查副人民委员、对外贸易副人民委员、最高国民经济委员会主席团委员、苏联中央执行委员会委员等职。

埃克斯坦（1875—1916）

【埃克斯坦】

即古斯塔夫·埃克斯坦（Gustav Eckstein，1875—1916），中译名有"爱克斯克""爱克斯台""格斯他夫·亿克斯他因"等。生于奥匈帝国维也纳。奥地利记者，社会主义经济学家，奥地利马克思主义理论家。早年在维也纳大学学习法律。1889年加入奥地利社会民主党，成为奥地利马克思主义的先驱之一。著有《实践中的马克思主义》《马克思主义的策略》等。

埃米尔（1859—1933）

【埃米尔】

即埃米尔·梅耶松（Émile Meyerson，1859—1933），生于波兰卢布林。波兰裔法国认识论者，化学家，科学哲学家。著有《一致性与现实》等。

埃施韦格（1777—1855）

【埃施韦格】

即路德维希·埃施韦格（Ludwig Eschwege，1777—1855），中译名有"耶士威"等。生于德国奥厄。德国地质学家。早年毕业于德国马尔堡大学。1803年到葡萄牙从事矿物学研究，被葡萄牙国王若昂六世授予圣本托德阿维斯军事勋章。1834年成为葡萄牙女王玛丽亚二世第二任丈夫。1901年到巴西，创立爱国工厂企业，从事采矿业。著有《巴西的地理绘画和可能的钻石母岩》等。

【埃斯库罗斯】

埃斯库罗斯(公元前525—前456)

埃斯库罗斯(Αἰσχύλος，公元前525—前456)，中译名有"阿斯奇拉""爱西拉司""伊士奇"等。生于希腊阿提卡。古希腊剧作家，古典悲剧作家。有"悲剧之父"的美誉。著有《被缚的普罗米修斯》《阿伽门农》《善好者》等。

【霭理士】

霭理士(1859—1939)

即哈夫洛克·霭理士(Havelock Ellis，1859—1939)，中译名有"埃利斯""霭理斯""爱列司"等。生于英国克罗伊登。英国性心理学家，思想家。终身从事人类性科学和性心理学研究，致力于探究性和人类精神世界之间的关系，是性心理学研究的先驱。著有《性心理学》等。

【艾伯特】

艾伯特(1871—1925)

即弗里德里希·艾伯特(Friedrich Ebert，1871—1925)，中译名有"哀博""埃伯尔特氏""埃伯特""爱白脱""爱柏尔得""爱倍尔""爱伯尔特""飞里度·白尔西""腓烈德力·埃俾尔""佛里德里夷奕伯尔脱""欧柏特""耶比托"等。生于德国海德堡。德国社会民主党右翼首领之一。历任德国社会民主党中央执行委员会书记、国会议员。1913年倍倍尔逝世后，任德国社会民主党主席。第一次世界大战期间领导党内社会沙文主义派，是该派与帝国政府合作的组织者之一。1919年2月11日被推选为魏玛共和国首任总统。

【艾伦】

艾伦(1770—1843)

即威廉·艾伦(William Allen，1770—1843)，中译名有"阿兰"。生于英国伦敦。英国科学家，慈善家，英国皇家学会会员。1811年创办《慈善家》杂志。在19世纪早期参与改革社会和刑罚的计划。1824年创办纽因顿女子学院。参加废除奴隶贸易协会，反对奴隶制。

艾伦(1848—1899)

【艾伦】

即查尔斯·格兰特·布莱尔芬迪·艾伦(Charles Grant Blairfindie Allen, 1848—1899), 中译名有"格泠德爱伦"等。生于加拿大金斯顿。加拿大科学作家, 小说家。著有《生理美学》《上帝观念的演变》等。

艾略特(1784—1863)

【艾略特】

即乔治·艾略特(George Elliot, 1784—1863), 中译名有"乔治伊利""乔治懿律""依丽亚"等。生于英国沃里克郡。英国贵族, 皇家海军军官, 殖民者。历任海军部秘书、海军委员会委员、好望角舰队总司令等职。1840年任东印度群岛和侵华军总司令, 侵犯厦门, 攻占定海, 北犯大沽, 与清大臣琦善谈判, 胁迫清政府议和。

【艾米莉】

即艾米莉·马克思(Emilie Marx, 1822—1888), 女。中译名有"爱美丽"等。生于德国特里尔。马克思的三妹。

艾斯纳(1867—1919)

【艾斯纳】

即库尔特·艾斯纳(Kurt Eisner, 1867—1919), 中译名有"埃斯涅尔""爱司涅尔""爱斯列尔""爱斯纳"等。生于德国柏林。德国政治家, 革命家, 记者。1890年任《法兰克福报》特约编辑。1898年加入德国社会民主党。1918年参加德国十一月革命。1919年2月被右翼组织图利协会的安东·阿尔科-瓦利刺杀身亡。

艾威林(1851—1898)

【艾威林】

即爱德华·艾威林(Edward Aveling, 1851—1898), 中译名有"阿卫灵""爱特哇阿勃林"等。生于英国伦敦。马克思三女儿爱琳娜·马克思-艾威林的丈夫。英国社会民主主义者, 作家, 政论家。1884年起为英国社会民主联盟盟员, 后为社会主义同盟创建人之一。19世纪80年代末至

90年代初是非熟练工人和失业工人群众运动的组织者之一，1889年、1891年和1893年三次当选为第二国际代表。曾与塞缪尔·摩尔合作将《资本论》第一卷译成英文，经恩格斯校订出版。

艾威林（1855—1898）

【艾威林】

即爱琳娜（杜西）·马克思-艾威林（Eleanor（Tussy）Marx-Aveling，1855—1898），女。中译名有"阿卫灵""马克思阿卫灵""马克思-艾威林""伊利安乐""意丽娜尔·马克斯"等。生于英国伦敦。马克思的三女儿。英国工人运动和国际工人运动的活动家，英国社会主义同盟创始人之一。

艾希霍恩（1779—1856）

【艾希霍恩】

即约翰·阿尔布雷希特·弗里德里希·艾希霍恩（Johann Albrecht Friedrich Eichhorn，1779—1856），中译名有"阿希福""埃喜荷恩""埃系霍恩""爱赫伦"等。生于普鲁士韦特海姆。普鲁士政治活动家，左派独立社会民主党人。历任普鲁士文化、教育和卫生大臣、普鲁士国务委员会成员、爱尔福特联邦议会众议院议员等职。著有《冯·施泰因男爵领导下的盟军中央政府》《致萨克森与普鲁士统一的反对者》等。

艾希霍恩（1781—1854）

【艾希霍恩】

即卡尔·弗里德里希·艾希霍恩（Karl Friedrich Eichhorn，1781—1854），中译名有"阿希福""埃赫红"等。生于德国耶拿。德国法学家。1817年任哥廷根大学教授。1831年任柏林大学教授。著有《德意志国家与国家研究》等。

【艾泽曼】

艾泽曼（Eisermann），生卒年、出生地不详。中译名有"埃色曼"等。职业木匠。卡尔·格律恩的拥护者，19世纪40年代为巴黎正义者同盟盟员。

【爱德华七世】

爱德华七世（Edward VII，1841—1910），中译名有"爱德华第七"等。生于英国伦敦。维多利亚女王和阿尔伯特亲王之子。曾在牛津大学、剑桥大学就读。1901年成为英国国王，被称为爱德华七世。

爱德华七世（1841—1910）

【爱德华四世】

爱德华四世（Edward IV，1442—1483），生于法国鲁昂。约克公爵理查·金雀花之子、爱德华三世第五子兰利的埃德蒙的曾孙。1461年任英格兰约克王朝首位国王。

爱德华四世（1442—1483）

【爱迪生】

即托马斯·阿尔瓦·爱迪生（Thomas Alva Edison，1847—1931），中译名有"爱狄生"等。生于美国俄亥俄州。美国发明家，物理学家，企业家。被誉为"世界发明大王"。

爱迪生（1847—1931）

【爱尔威】

即古斯达夫·爱尔威（Gustave Hervé，1871—1944），中译名有"埃尔文""爱尔勒""黑尔维""黑尔卫"等。生于法国布雷斯特。法国社会党人，新闻工作者，律师。最初接近无政府主义，后加入法国社会党，在党内持极左派立场。1906年创办《社会战争报》，宣传半无政府主义的反军国主义纲领。1907年在第二国际斯图加特代表大会上，主张用罢工和起义来反对一切战争。该观点曾受到列宁的批评。第一次世界大战期间成为社会沙文主义者。十月革命后，反对苏俄。1918年被开除出法国社会党。著有《马恩河之后》《危险中的帕特里》等。

爱尔威（1871—1944）

【爱尔维修】

即克劳德·阿德里安·爱尔维修（Claude Adrien Helvétius，1715—1771），中译名有"爱尔威秋斯""海尔威苏士""赫勒维齐""希佛歇"等。生于法国巴黎。法国

爱尔维修（1715—1771）

哲学家，机械唯物主义的代表人物，无神论者，法国革命资产阶级的思想家。著有《论精神》《论人的理智能力和教育》等。

【爱伦堡】

爱伦堡（1891—1967）

即伊里亚·格里戈里耶维奇·爱伦堡（Илья Григорьевич Эренбург，1891—1967），生于俄国基辅（今属乌克兰）。苏联记者，作家，翻译家。1908年移民法国。1917年返回苏联。早年反对布尔什维克。从1931年开始，其新闻和艺术作品的基调越来越亲苏联，相信"新人的光明未来"。作品《巴黎的陷落》《暴风雨》分别获1942年和1948年斯大林奖金，被誉为苏联"解冻文学"的开山巨作。主要作品有《诗集》《我活着》《蒲公英》《为俄罗斯祈祷》等，著有回忆录《人物、岁月、生活》等。

【爱伦·凯】

爱伦·凯（1849—1926）

即爱伦·凯（Ellen Key，1849—1926），女。中译名有"爱兰凯""爱伦开"。生于瑞典韦斯特维克。瑞典作家，妇女运动活动家。被誉为瑞典的"智慧女神"。一生主要从事写作和社会宣传活动，其中心内容是妇女解放和儿童的权利及教育问题。著有《儿童的世纪》《妇女运动》等。

【爱默生】

爱默生（1803—1882）

即拉尔夫·沃尔多·爱默生（Ralph Waldo Emerson，1803—1882），中译名有"埃麦孙""爱麦孙""耶乌沙"等。生于美国波士顿。美国思想家，文学家。被美国总统林肯称为"美国的孔子""美国文明之父"。代表作《论自然》被誉为新英格兰超验主义的圣经；《美国学者》被誉为"美国思想文化领域的独立宣言"。

【爱因斯坦】

即阿尔伯特·爱因斯坦（Albert Einstein，1879—1955），生

爱因斯坦（1879—1955）

于德国乌尔姆市。犹太人。美国理论物理学家，现代物理学的奠基人。主要贡献提出相对论和光量子理论。1921年诺贝尔物理学奖获得者。1933年10月17日希特勒担任德国总理的当天离开德国前往美国，加入美国籍。著有《我眼中的世界》等。其著述被翻译整理为《爱因斯坦文集》（3卷）在国内出版。

【安部矶雄】

安部矶雄（1865—1949）

安部矶雄（アベ イソオ，1865—1949），中译名有"安部碍雄"等。日本福冈县人。日本基督教社会主义者，政治家。1898年加入社会主义研究会，1901年与幸德秋水等创立日本社会民主党，被称为"日本社会主义之父"。其著述被整理为《安部矶雄著作集》（6卷）（日文版）。

【安川敬一郎】

安川敬一郎（1849—1934）

安川敬一郎（ヤスカワ ケイイチロウ，1849—1934），日本福冈县人。日本安川冈右卫门的养子。日本财阀，政治活动家。创办多家煤矿、铁道、纺织企业，创立明治专门学校（今日本九州工业大学），形成安川财阀。历任众议院议员、贵族院议员等职。

【安德森】

安德森（1836—1917）

即伊丽莎白·加勒特·安德森（Elizabeth Garrett Anderson，1836—1917），女。中译名有"安逗逊夫人""耶利撒别斯·加列特"等。生于英国伦敦。职业医生。英国政治人物。1865年成为英国第一位正式获得公开资格的女医生。1874年参与创办女子医院，后医院以其名命名。1908年当选为奥尔德堡市第一任女市长。

【安德森】

安德森（1877—1919）

即威廉·克劳福德·安德森（William Crawford Anderson，1877—1919），中译名有"安德孙"等。生于苏格兰阿伯丁郡。英国社会主义政治家。1900年加入英国独立工党。1910年任英国独立工党主席。

安东诺夫（1883—1938）

【安东诺夫】

即弗拉基米尔·亚历山德罗维奇·安东诺夫-奥弗申柯（Владимир Александрович Антонов-Овсеенко，1883—1938），中译名有"安脱诺夫"等。生于俄国切尔尼戈夫省（今属乌克兰）。俄国革命家，苏联军队领导人。1903年加入俄国社会民主工党。十月革命时任彼得格勒苏维埃军事革命委员会委员，攻打冬宫的总指挥。俄罗斯苏维埃联邦社会主义共和国成立后，历任苏维埃政权的陆海军人民委员兼彼得格勒军区司令员、苏联革命军事委员会红军政治部主任、苏联司法人民委员等职。著有《国内战争纪实》《在一九一七年》等。

安凡丹（1796—1864）

【安凡丹】

即巴泰勒米·普罗斯佩·安凡丹（Barthélemy-Prosper Enfantin，1796—1864），中译名有"安凡东""安芬顿""安富安钦""安汛敦""昂方坦""盎方坦""野列兹""尹芬汀"等。生于法国巴黎。法国空想社会主义者，同巴扎尔一起领导圣西门学派。自19世纪40年代起在资本主义企业中担任重要职务。著有《圣西门学说释义》等。

安格联（1869—1932）

【安格联】

即佛朗西斯·阿瑟·安格联（Francis Arthur Aglen，1869—1932），生于英国斯卡布勒。近代第三任中国海关总税务司。1927年任职期间，因拒绝执行国务总理顾维钧下达的海关附加税征收命令，被北京政府免职。

【安吉尔】

即诺曼·安吉尔（Norman Angell，1872—1967），中译名有"安智尔"等。生于英国林肯郡。英国作家，经济学家，

安吉尔（1872—1967）

英国民主控制联盟的主要创始人之一。历任英国皇家国际事务研究所理事会成员、世界反战反法西斯委员会执行官、国际联盟执行委员会成员等职。1933年获诺贝尔和平奖。著有《欧洲的视错觉》《莫大的错觉》《论国际政策的基础》《和平理论和巴尔干战争》《帝国的防务》等。

【安年科夫】

安年科夫（1812—1887）

即帕维尔·瓦西里耶维奇·安年科夫（Павел Васильевич Анненков，1812—1887），中译名有"阿加南夫""安尼柯夫""安年柯夫"等。生于俄国莫斯科。俄国作家，政论家，俄国自由派地主。曾多次游历西欧。1846年与马克思通信，讨论蒲鲁东的《贫困的哲学》一书。在其1847年发表的《巴黎来信》中，向俄国读者介绍了勒鲁、勃朗、卡贝、蒲鲁东等法国小资产阶级空想社会主义的代表人物。著有《亚历山大时代的亚历山大·谢尔盖耶维奇·普希金》等。

【安年斯基】

即尼古拉·费多罗维奇·安年斯基（Николай Фёдорович Анненский，1843—1912），中译名有"安嫩斯基""安能斯岐"等。生于俄国圣彼得堡。俄国政论家，经济学家。曾在喀山、圣彼得堡等地的统计部门工作。19世纪60年代后期开始参加民粹主义运动。1896—1900年任圣彼得堡市议会统计部门负责人，参与《圣彼得堡统计年鉴》编写工作。1904年任民粹主义杂志《俄国财富》编辑委员会主席。其土地国有化观点曾引起列宁的关注，列宁在1905—1906年中多次与之会面。著有《车尔尼雪夫斯基回忆录》等。

安年斯基（1843—1912）

【安塞尔】

安塞尔（1856—1938）

即爱德华·安塞尔（Edward Anseele，1856—1938），中译名有"安西尔""安锡尔""安锡雷""安写尔""安胥尔""野度乌度阿希陆"等。生于比利时根特。比利时社会运动活动家，合作社运动活动家，政论家，比利时工人党

创始人和领袖之一。历任第二国际执行局成员、比利时内阁公共工程大臣、交通大臣等职。

【安特奈里】

安特奈里,生卒年不详。法国人。法国洛桑学派的成员之一。1919年曾游历苏俄。

【安泽尔】

安泽尔(1851—1903)

即约翰·巴普蒂斯特·冯·安泽尔(Johann Baptist Von Anzer,1851—1903),中译名有"安察尔""安察耳""安治泰""安泽尔"等。生于巴伐利亚王国(今属德国)。德国天主教传教士。1880年到山东南部传教,后为天主教圣言会主教,积极协助德国侵占胶州湾。

【安重根】

安重根(1879—1910)

安重根(안중근,1879—1910),字应七,本贯顺兴安氏。朝鲜海州人。朝鲜抗日爱国志士。日俄战争后积极反对日本侵略,后投身爱国启蒙运动,致力于教育事业。1909年10月26日在中国哈尔滨成功刺杀了侵略朝鲜的元凶、前日本首相伊藤博文,当场被捕,于1910年3月26日在中国旅顺就义。2014年1月19日在中国哈尔滨开设安重根义士纪念馆。

【昂肯】

昂肯(1869—1945)

即赫尔曼·格哈特·卡尔·昂肯(Hermann Gerhardt Karl Oncken,1869—1945),中译名有"阿克恩"等。生于德国奥尔登堡。德国历史学家,作家。主要研究19世纪的历史思想史、政治思想史。1905年在芝加哥大学、1906年在吉森大学、1907—1923年在海德堡大学、1923—1928年在慕尼黑大学等校任教。著有《论中世纪奥尔登堡史料批判》《兰普雷希特的辩护》《德意志帝国与第一次世界大战的起源》(第2卷)等。

【奥尔】

奥尔（1846—1907）

即伊格纳茨·奥尔（Ignaz Auer，1846—1907），中译名有"奥艾尔""意格奈志·阿埃尔"等。生于德国多默尔斯塔德。伯恩施坦的秘书。职业鞍匠。德国社会民主党领导人，晚年为改良主义者。1866年加入德国社会民主工人党。长期担任德意志帝国国会议员，历任德国社会民主党（爱森纳赫派）书记、德国社会民主工党书记等职。著有《十年以后》等。

【奥本海姆】

奥本海姆（1809—1889）

即达哥贝尔特·奥本海姆（Dagobert Oppenheim，1809—1889），中译名有"阿白海"等。生于德国科隆。德国企业家，政论家，报纸出版商，艺术赞助人。是《莱茵报》理事之一。

【奥本海默】

奥本海默（1864—1943）

即弗兰茨·奥本海默（Franz Oppenheimer，1864—1943），中译名有"阿烹埃末""奥本哈姆""奥本海姆""奥文谢蒙"等。生于德国柏林。职业医生。德国社会学家，政治经济学家。1896年发表第一篇科学论文《定居合作社》，阐释奥本海默变换定律。一生倡导"自由社会主义"理论。著有《论国家》等。

【奥波科夫】

奥波科夫（1888—1928）

即格奥尔吉·伊波利托维奇·奥波科夫（Георгий Ипполитович Оппоков，1888—1928），中译名有"阿朴可夫""洛莫夫"等。生于俄国萨拉托夫。苏联国务活动家。历任苏维埃政府司法人民委员、最高国民经济委员会副主席、苏联国家计划委员会副主席、苏维埃监察委员会常务局委员等职。

【奥勃洛摩夫】

中译名有"阿蒲罗莫夫""奥布洛毛夫""奥都罗摩甫"等。俄国作家伊·亚·冈察洛夫的长篇小说《奥勃洛摩夫》的主人公。是一个怠惰成性、终日耽于幻想、对生活抱消极态度的地主。

【奥多亚克】

奥多亚克（435—493）

奥多亚克（Odoacer 或 Odovacar，435—493），又译作"奥多亚塞"。中译名有"奥德阿开""奥多瓦凯尔""鄂多亚克"等。出生地不详。西罗马皇帝的日耳曼雇佣兵首领。早年参加西罗马帝国军队，476 年被军队拥戴为王，是年 9 月废黜了西罗马帝国皇帝罗慕路斯·奥古斯都，夺得了意大利地区的统治权，终结西罗马帝国，成为意大利境内第一个"蛮族"王国的国王。493 年被东哥特王国国王狄奥多里克一世诱杀。

【奥尔巴赫】

奥尔巴赫（1812—1882）

即贝特霍尔德·奥尔巴赫（Berthold Auerbach，1812—1882），中译名有"阿巴契""奥尔巴哈"等。生于德国诺德施泰滕（今内卡河畔霍尔布）。德国作家。德国"倾向小说"的创始人，以撰写乡村生活故事而闻名。著有《黑森林村庄的故事》《在高地上》等。

【奥尔良公爵夫人】

奥尔良公爵夫人（1814—1858）

即海伦·路易丝·伊丽莎白（Helene Luise Elisabeth，1814—1858），女。生于德国路德维希城堡。法国国王路易·菲利浦一世的长子斐迪南的遗孀。

【奥尔洛夫】

奥尔洛夫（1848—1885）

即瓦西里·伊万诺维奇·奥尔洛夫（Василий Иванович Орлов，1848—1885），中译名有"奥耳诺夫"等。生于俄国卡卢加省。俄国统计学家。曾负责莫斯科省地方自治局的统计工作。

奥尔西尼(1819—1858)

【奥尔西尼】

即费利切·奥尔西尼(Felice Orsini,1819—1858),中译名有"阿斯尼"等。生于意大利梅尔多拉。意大利革命家,民主主义者和共和主义者,烧炭党领袖。1858年1月14日试图行刺法国皇帝拿破仑三世,失败后被捕入狱,在狱中写信给拿破仑三世,呼吁给予意大利民族主义者以帮助。

奥古斯都(1767—1820)

【奥古斯都】

即爱德华·奥古斯都(Edward Augustus,1767—1820),中译名有"康德""肯德公爵""肯特""斯特拉森公爵"等。生于英国伦敦。英国国王乔治三世的第四子、英国维多利亚女王(1819—1901)的父亲。1799年被封为肯特和斯特拉森公爵。

奥古斯都(约463—507)

【奥古斯都】

即拉维乌斯·罗慕路斯·奥古斯都(Flavius Romulus Augustus,约463—507),中译名有"奥古士都""罗姆勒司奥古司脱"等。生于意大利拉文纳。西罗马帝国的末代皇帝。476年9月被罗马军队统帅奥多亚克废黜,标志西罗马帝国灭亡,自此欧洲进入中世纪。

奥康纳(1796—1855)

【奥康纳】

即费格斯·爱德华·奥康纳(Feargus Edward O'Connor,1796—1855),中译名有"阿康列尔""阿克诺""奥康瑙尔""费嘉斯·欧孔拿""沃孔涅"等。生于爱尔兰考克郡。英国宪章运动领导人。早年参加爱尔兰独立运动。1832年当选英国下院议员,为宪章运动"暴力派"领袖。1837年创办《北极星》报,宣传暴力革命。1841年被监禁。1847年再度当选为下院议员,是唯一进入议会的宪章派人士,领导了1848年肯宁顿公地请愿运动。在宪章运动后期主张与资产阶级改革派合作,并进行了反对左翼宪章派的活动。著有《小农场管理的实际工作》等。

奥康纳（1804—1884）

【奥康纳】

即查尔斯·奥康纳（Charles O'Connor，1804—1884），中译名有"阿科洛""何孔诺"等。生于美国纽约。美国政治家，律师，美国民主党人。以其作为审判辩护人和1872年总统选举候选人而闻名。

【奥兰多】

奥兰多（1860—1952）

即维托里奥·埃曼努尔·奥兰多（Vittorio Emanuele Orlando，1860—1952），中译名有"阿兰多"等。生于意大利巴勒莫。意大利政治家，外交家，资产阶级自由派首领之一。1917—1919年任意大利内阁总理，曾率领意大利代表团出席巴黎和会。1919年6月辞职，1919—1920年任意大利议会议长。

【奥利维尔】

奥利维尔（1859—1943）

即西德尼·奥利维尔（Sydney Olivier，1859—1943），中译名有"阿利卫""俄里柏氏""薛特尼奥里巴"等。生于英格兰埃塞克斯郡。英国政治活动家，费边社重要成员。历任牙买加总督、印度事务大臣等职。1884年任费边社秘书。主张进行"道德革命"，建立以"爱"为基础的新"社会宗教"，以改造社会。

【奥列诺夫】

奥列诺夫（1876—1957）

即米哈伊尔·伊里奇·奥列诺夫（Михаил Ильич Оленов，1876—1957），生于俄国塔夫利达省。苏联经济学家，政论家，社会学家。1904年毕业于基辅大学。1923年起在列宁格勒国立大学执教。1925年任列宁格勒国立教育学院教授。发表《所谓的"马克思主义危机"》《人民的还是小资产阶级的社会主义？》等文章，捍卫马克思主义免受"批评者"的攻击。列宁对其贡献作出高度评价。著有《社会工作中的理想主义》《论资产阶级革命的类型》等。

【奥日埃】

即纪尧姆·维克多·埃米尔·奥日埃（Guillaume Victor Emile Augier，1820—1889），中译名有"阿吉尔"等。生于法国瓦朗斯。法国诗人，法国风俗喜剧的代表人物。1857年当选法兰西皇家科学院院士。著有《卡韦尔莱夫人》《弗阡巴特一家》等。

奥日埃（1820—1889）

【奥维第乌斯】

即普布留斯·奥维第乌斯·纳索（Publius Ovidius Naso，公元前43—17/18），中译名有"阿卫德""奥维德"等。生于古罗马苏尔莫（今意大利苏尔莫纳）。古罗马诗人，拉丁文学的经典诗人之一。作品有《爱情诗》《古代名媛》等。

奥维第乌斯（公元前43—17/18）

【奥哲尔】

即乔治·奥哲尔（George Odger，1820—1877），中译名有"澳球"等。生于英国德文郡。职业鞋匠。英国工联改良派领袖，英国工联伦敦理事会创建人之一。历任英国波兰独立全国同盟、土地和劳动同盟、工人代表同盟盟员、工联伦敦理事会书记等职。1864年9月28日参加圣马丁堂会议，任第一国际总委员会委员和主席。曾参加1865年的伦敦代表会议和1866年的日内瓦代表大会，加入改革同盟执行委员会，在争取英国选举改革的斗争期间与资产阶级勾结。1871年因反对巴黎公社和拒绝在总委员会的宣言《法兰西内战》上签名而退出总委员会。

奥哲尔（1820—1877）

B

巴贝夫（1760—1797）

【巴贝夫】

即格拉古·巴贝夫（Gracchus Babeuf，1760—1797），原名弗朗索瓦·诺埃尔（François Noël），中译名有"巴比""巴波夫""巴勃夫""巴布夫""巴普甫""伯波夫""革拉克斯·巴布夫""列拉沙哇诺野陆卫布""陆卫布""诺意陆威卜""排薄夫""排布弗""卫布"等。生于法国毕卡迪省。法国革命家，空想平均共产主义的代表人物。主张通过暴力革命消灭私有制，建立"平等共和国"，逐步实现社会绝对平等，设想在共和国内建立国民公社。1794年9月创办《自由新闻》（后更名为《人民论坛》）。1796年3月组织秘密团体平等会，企图通过武装起义推翻代表大资产阶级利益的"督政府"，建立劳动者政权，密谋暴露后于1797年被处决。他主张废除财产继承权和私有制，实行均等分配；认为消费品分配问题具有头等重要性，主张共产主义就是消费品分配的共产主义，其思想对19世纪的空想社会主义者影响甚大。著有《永久地籍册》等。

巴布什金（1873—1906）

【巴布什金】

即伊万·瓦西里耶维奇·巴布什金（Иван Васильевич Бабушкин，1873—1906），中译名有"巴布守金"等。生于俄国沃洛格达省。职业工人。俄国布尔什维克革命家。1893年参加革命。积极帮助列宁组织彼得堡工人阶级解放斗争协会和创办《火星报》。1905年任俄国社会民主工党伊尔库茨克和赤塔委员会委员。1906年在西伯利亚执行任务时被杀害。列宁称他是人民英雄、党的骄傲。

巴登亲王（1867—1929）

【巴登亲王】

即马克西米利西·亚历山大·弗里德里希·威廉（Maximilian Alexander Friedrich Wilhelm，1867—1929），中译名有"马格司""马克斯·冯""马克斯·冯·巴登""马克斯公"等。生于德意志巴登。弗里德里希二世的堂弟和继承人。德意志帝国第八任首相，巴登大公。

巴顿（1789—1852）

【巴顿】

即约翰·巴顿（John Barton，1789—1852），生于英国伦敦。英国经济学家，资产阶级古典政治经济学的代表人物。著有《论影响社会上劳动阶级状况的环境》等。

巴恩斯（1859—1940）

【巴恩斯】

即乔治·巴恩斯（George Barnes，1859—1940），中译名有"巴勒斯""巴纳士""鲍挈司"等。生于英国邓迪。英国社会主义者，英国工党创始人。历任英国政府退休部部长等职。1918年因反对英国工党离开劳埃德·乔治联盟，被驱逐出党，与英国工人联盟一起成立民族民主工党。著有《从车间到战争内阁》《国际劳工局史》等。

巴尔贝斯（1809—1870）

【巴尔贝斯】

即阿尔芒·巴尔贝斯（Armand Barbès，1809—1870），中译名有"巴尔伯"等。生于法国瓜德罗普。法国革命家，小资产阶级民主主义者，七月王朝时期秘密革命团体的领导人之一。因参加一八四八年法国五月十五日事件被判处无期徒刑，1854年被赦后流亡国外，不久脱离政治活动。

巴尔本（1640—1698）

【巴尔本】

即尼古拉斯·巴尔本（Nicholas Barbon，1640—1698），中译名有"巴邦"等。生于英国伦敦。英国资产阶级经济学家，货币国定说的先驱。认为物的价值是由物的有用性决定的。著有《贸易论》等。

【巴尔马晓夫】

巴尔马晓夫（1881—1902）

即斯捷潘·瓦列里安诺维奇·巴尔马晓夫（Степан Валерианович Балмашёв，1881—1902），生于俄国阿尔汉格尔斯克。俄国学生运动参加者，俄国社会革命党战斗组织的成员。1902年4月2日因枪杀俄国内务大臣西皮亚金而被处决。

【巴尔蒙特】

巴尔蒙特（1867—1942）

即康斯坦丁·德米特里耶维奇·巴尔蒙特（Константин Дмитриевич Бальмонт，1867—1942），中译名有"巴尔芒"等。生于俄国弗拉基米尔省舒亚。俄国诗人，评论家，翻译家。白银时代（指19世纪末20世纪初俄罗斯文学时代）诗歌领域最杰出的代表之一。著有《在北方的天空下》《在无穷之中》等。

【巴尔特】

即埃米尔·巴尔特（Emil Barth，1879—1941），中译名有"白鲁"等。生于德国海德堡。德国独立社会民主党领导人之一。1918年11—12月间任德国临时政府人民代表委员会委员。

巴尔特（1879—1941）

【巴甫洛夫】

巴甫洛夫（1849—1936）

即伊万·彼得罗维奇·巴甫洛夫（Иван Петрович Павлов，1849—1936），中译名有"巴符洛"等。生于俄国梁赞州。俄国生理学家，心理学家。高级神经活动生理学的奠基人，创立了条件反射理论。1904年因对消化系统的研究取得开拓性成就，获得诺贝尔生理学奖。其著述被翻译整理为《巴甫洛夫全集》（5卷）在国内出版。

巴甫洛夫（1897—1941）

【巴甫洛夫】

即德米特里·格里戈里耶维奇·巴甫洛夫（Дмитрий Григорьевич Павлов，1897—1941），中译名有"巴布洛夫""巴布甫"等。生于俄国科斯特罗马州。苏联陆军上将。毕业于伏龙芝军事学院，历任红军装甲指挥部指挥官、红军总军事委员会委员、白俄罗斯特别军区司令等职。

巴甫洛维奇（1871—1927）

【巴甫洛维奇】

原名米哈伊尔·拉扎列维奇·韦尔特曼（Михаил Лазаревич Вельтман，1871—1927），化名哈伊尔·巴甫洛维奇。中译名有"巴夫洛维奇""薄罗伊基""帕夫洛维奇"等。生于俄国敖德萨（今属乌克兰）。俄国历史学家，记者，编辑，东方学专家。1898年加入俄国社会民主工党。1907年移居巴黎进行文学和宣传工作。1917年俄国二月革命后回国。1918年加入俄共（布）。1921年当选为东方学会主席，任莫斯科东方学院第一任校长，为苏联东方学的发展做出杰出贡献。1926年任《马克思主义历史学家》杂志第一编委。著有《布尔战争证明了什么？》《帝国主义政策和世界大战的基本原理》《帝国主义之政策底基础》等。

巴赫（1685—1750）

【巴赫】

即约翰·塞巴斯蒂安·巴赫（Johann Sebastian Bach，1685—1750），中译名有"巴池"等。生于罗马艾森纳赫。德国作曲家、演奏家。作品有《卡农》《英国组曲》等。

巴霍芬（1815—1887）

【巴霍芬】

即约翰·雅各布·巴霍芬（Johann Jakob Bachofen，1815—1887），中译名有"巴荷芬""巴火防""巴霍分""巴学风""包芬"等。生于瑞士巴塞尔。瑞士语文学家、历史学家，法学家。曾就读于巴塞尔大学、柏林大学、剑桥大学、巴黎大学、牛津大学等名校，历任巴塞尔大学罗马法教授和巴塞尔刑事法庭法官。1861年出版成名作《母权——根据旧世界的宗教和法律性质的旧世界女权制度研究》。恩格斯称此书奠定了家庭史研究的基础。

巴克尔（1821—1861）

【巴克尔】

即亨利·托马斯·巴克尔（Henry Thomas Buckle，1821—1861），中译名有"巴哥儿""巴克耳""巴枯尔""拔可尔""白格尔氏""白格耳""白古比""白克""柏克""柏苦儿""伯古路""伯克尔""伯克尔氏""勃克鲁""布克氏""哈克尔""邈克尔""帕克尔""排克尔""嚇克尔"等。生于英国伦敦。英国实证主义史学家。自学成才，潜心研究，撰写（未完成）的《英国文明史》（2卷），呈现出19世纪西方人的历史观和文明观，奠定了文明史叙事范式的基础。此书有多种中译本，在新文化运动中曾轰动一时，对知识界产生积极影响。1923年在刘宜之的《唯物史观浅释》第四章中将英国文明史作为唯物史观的例证。

巴克莱（1685—1753）

【巴克莱】

即乔治·巴克莱（George Berkeley，1685—1753），中译名有"巴枯勒""柏克立"等。生于爱尔兰基尔肯尼郡。爱尔兰哲学家，近代经验主义与主观唯心主义重要代表人物。著有《视觉新论》《人类知识原理》等。

巴克斯（1854—1926）

【巴克斯】

即厄内斯特·贝尔福特·巴克斯（Ernest Belfort Bax，1854—1926），中译名有"巴格斯""白克斯""贝尔福拔克司摩"等。生于英国沃里克郡。英国社会党人，历史学家，哲学家。是英国社会主义同盟创始人之一，1916年被开除。宣传过马克思主义，同时阐释唯心主义。第一次世界大战时期成为社会沙文主义者。著有《社会主义的宗教》《社会主义的伦理学》等。

巴枯宁（1814—1876）

【巴枯宁】

即米哈伊尔·亚历山德罗维奇·巴枯宁（Михаил Александрович Бакунин，1814—1876），中译名有"巴格陵""巴姑宁""巴古宁""巴克宁""巴克恣""巴枯窜""巴苦宁""拔枯尼""罢苛零""罢可零""罢昆""霸苛您""霸苛烟""孛克林""美加意陆卫科意""米加野陆卫科意""拍格年""裴古宁""卫科意""卫他意"等。生于俄国特维尔省。俄国无政府主义和民粹主义创始人，理论家。1840年起侨居国外，曾参加德国一八四八年革命。1849年因参与领导德累斯顿起义被判死刑，后改为终身监禁。1851年被引渡给俄国沙皇政府，囚禁期间向沙皇写了《忏悔书》。1861年从西伯利亚流放地逃往伦敦。1868年参加第一国际活动后，在国际内部组织秘密团体——社会主义民主同盟，妄图夺取总委员会的领导权。1872年在海牙代表大会上被开除出第一国际。著有《德意志专制帝国》《国家制度和无政府状态》《上帝与国家》等，其著述被翻译整理为《巴枯宁言论》在国内出版。

巴拉诺夫斯基（1865—1919）

【巴拉诺夫斯基】

即米哈伊尔·伊万诺维奇·杜冈-巴拉诺夫斯基（Михаил Иванович Туган-Барановский，1865—1919），中译名有"巴拉诺斯克""巴拉诺维斯基""次干巴拉诺夫斯奇""排伦诺夫斯基""条干·巴拉诺斯基""透甘巴达诺斯开""图甘·巴尔诺夫斯奇""訾刚·吧拉诺斯基"等。生于俄国哈尔科夫省。俄国经济学家，历史学家，"合法马克思主义"的代表人物。20世纪初开始公开维护资本主义，修改马克思主义基本原理，成为"马克思的批评家"。著有《俄国工厂的过去和现在》《现代英国工业危机，其原因及其对人民生活的影响》《马克思主义的理论基础》《社会分配论》等。

【巴拉勺夫】

苏俄军人。在日本入侵西伯利亚地区的战争中阵亡。

【巴兰诺夫斯基】

即巴兰诺夫斯基（М. И. Барановский，1898—？），生于俄国哈尔科夫省。俄国编辑。1920年春为《上海俄文生活日报》的编辑和主要撰稿人，曾任罗斯塔、达尔塔通讯社上海分社经理。1922年在苏俄外交人民委员部工作。

巴兰斯（1839—1893）

【巴兰斯】

即约翰·巴兰斯（John Balance，1839—1893），中译名有"巴拉斯""巴兰士"等。生于爱尔兰格莱纳维，1865年移居新西兰。新西兰自由党的创始人。1891年任新西兰第14任总理。

巴马特（1882—1966）

【巴马特】

即西吉·巴马特（Sigi Bamatter，1882—1966），生于瑞士。共产国际活动家。曾担任青年国际（少共国际）在欧洲、美国的特使，长期居住苏联。

巴塞尔曼（1854—1917）

【巴塞尔曼】

即恩斯特·巴塞尔曼（Ernst Bassermann，1854—1917），中译名有"巴塞曼"等。生于德国巴登州。德国政治家。曾任德国国家自由党领袖和国会议员。

巴师夏（1801—1850）

【巴师夏】

即弗雷德里克·巴师夏（Frédéric Bastiat，1801—1850），中译名有"巴司捷特"等。生于法国阿基坦。法国资产阶级经济学家，阶级调和论的代表人物。被马克思称为"庸俗经济学辩护论的最浅薄的因而也是最成功的代表"。反对社会主义，宣传自由贸易思想。著有《经济荒谬》等。

【巴斯】

巴斯（1827—1894）

即弗朗西斯·玛丽·巴斯（Frances Mary Buss, 1827—1894），女。中译名有"弗朗西斯·巴斯"等。生于英国伦敦。英国妇女运动领袖。1850年创办北伦敦大学，是提倡女子中等教育的先驱者之一，被称为英国教育史上的"第一个女校长"。

【巴特勒】

巴特勒（1828—1906）

即约瑟芬·伊丽莎白·格雷·巴特勒（Josephine Elizabeth Grey Butler, 1828—1906），女。中译名有"育赛芬""育赞芬·蒲得拉"等。生于英格兰诺森伯兰郡。英国女权主义者，社会改革家。英国女权运动的先驱，一生为妇女选举权、妇女受教育权、废除儿童卖淫等权利而斗争。在废除《传染病法》运动中发挥了领导作用。著有《土著种族与战争》等。

【巴希尔】

巴希尔（约330—379）

即巴希尔（St. Basil the Great, 约330—379），中译名有"巴西略""巴兹尔""伯希尔"，又被称为"圣巴西略大帝"等。生于罗马帝国卡帕多奇亚（今位于土耳其中东部）。基督教神学家。著有《论圣灵》等。

【巴扎尔】

巴扎尔（1791—1832）

即圣-阿芒·巴扎尔（Saint-Armand Bazard, 1791—1832），中译名有"巴寨尔""鲍萨尔""陈拔撒""圣·亚们·巴杂尔""卫梭"等。生于法国巴黎。圣西门的门徒。圣西门学派理论家，法国烧炭党的创始人及领导人之一。著有《圣西门教义阐释》《论圣灵》等。

【巴扎罗夫】

巴扎罗夫（1874—1939）

即弗拉基米尔·亚历山德罗维奇·巴扎罗夫（Владимир Александрович Базаров, 1874—1939），中译名有"巴扎诺夫""巴札诺夫"等。生于俄国图拉。俄国哲学家，经济学家，俄国马赫主义代表人物之一。1904—1907年是布尔什维克主义者。斯托雷平反动时期背弃布尔什维克主义，宣传造神说和经验批判主义。1917年是孟什维克国际主义者，曾参加《新生活报》的编辑工作，反对十月革命。

【白恩士】

白恩士（1858—1943）

即约翰·白恩士（John Burns，1858—1943），笔名杰克。中译名有"柏恩斯""柏伦斯""伯恩斯""布斯""约翰比尔斯""约翰朋斯"等。生于英国伦敦。英国工人运动活动家，英国新工联领导人之一。1889年8月领导伦敦码头工人罢工。20世纪90年代转变为自由派工联主义立场，曾任自由党（辉格党）议员、内阁部长等职。

【白拉克】

白拉克（1842—1880）

即威廉·白拉克（Wilhelm Bracke，1842—1880），中译名有"剥拉克""布拉克""蒲拉克""蒲勒克"等。生于德国不伦瑞克。马克思和恩格斯的朋友和战友。德国社会民主党人，出版商，书商。1869年与威廉·李卜克内西、倍倍尔等创建德国社会民主工党（爱森纳赫派），为领导人。1871年创办不伦瑞克白拉克出版社。为全德工人联合会不伦瑞克支部创始人。曾参加过反对拉萨尔派的斗争。出版《不伦瑞克人民之友》《人民历书》等。

【白里安】

白里安（1862—1932）

即阿里斯蒂德·白里安（Aristide Briand，1862—1932），中译名有"阿里士奇胎布里烟""白利安""布里安""布良""蒲里安""蒲利亚"等。生于法国南特。法国国务活动家，外交家。19世纪80年代参加法国社会主义运动，曾任法国社会党总书记。1906年曾因参加资产阶级政府被社会党开除。曾11次出任法国总理，1926年为诺贝尔和平奖获得者。著有《论政教分离》《和平问题演说集》等。

【白鹏飞】

白鹏飞（1889—1948）

白鹏飞（1889—1948），字经天，号擎天。广西桂林人。民主人士，法学家，教育家。早年毕业于日本东京帝国大学，历任北京政法大学、北京大学、广西大学教授及北平大学法学院院长、省立广西大学校长、国民政府监察院委员、高等考试监试委员等职。著有《新政府总论》《新政府各论》《法学通论》等，其著述被整理为《白鹏飞法学文集》。

【白芝浩】

白芝浩（1826—1877）

即沃尔特·白芝浩（Walter Bagehot，1826—1877），中译名有"白哲特""柏高得""伯芝浩"等。生于英格兰兰波特。英国经济学家，新闻工作者。1860年起任《经济学家》杂志编辑。著有《英国宪法》《朗伯德街：货币市场描述》等。

【柏格森】

柏格森（1859—1941）

即亨利·路易斯·柏格森（Henri Louis Bergson，1859—1941），中译名有"柏尔森"等。生于法国巴黎。法国哲学家，作家。1927年为诺贝尔文学奖获得者。著有《创造进化论》《直觉意识的研究》《物质与记忆》等。

【柏拉图】

柏拉图（公元前427—前347）

柏拉图（Platon，公元前427—前347），中译名有"白拉多""柏拉围""柏剌图""柏勒图""伯拉顿""伯拉图""布拉图""布拉托""拘拉图""拍拉图""扑列拖""普拉图"等。生于古希腊雅典。古希腊哲学家，客观唯心主义的主要代表人物，奴隶主贵族的思想家，自然经济论的拥护者。著有《理想国》《斐多篇》等。

【柏烈伟】

即谢尔盖·亚历山德罗维奇·柏烈伟（Сергей Александрович

柏烈伟（1886—1971）

Полевой，1886—1971），中译名有"柏烈威""鲍立维""鲍威尔""伯列卫""波里伟"等。生于俄国波尔塔瓦省（今属乌克兰）。俄共（布）党员，苏联汉学家。1909—1913年就读于海参崴东方学院中国部，本科毕业后进入圣彼得堡大学东方学院读研究生，1915年通过硕士论文答辩。1917年11月抵达天津，以俄国侨民身份展开活动，先后任教于南开大学、北京大学等，积极宣传十月革命。为俄共（布）中央西伯利亚局工作，协助维经斯基与李大钊等共产主义者联系，曾为北京"革命委员会"成员，参与北方地区中国共产党的创建活动。1937年日本发动全面侵华战争后，柏烈伟一家在北平被日军逮捕，关押17个月后全家被释放，此后迁往美国。1971年在美国佛罗里达州去世。编有《新俄华辞典》等。

柏洛士（1845—1922）

【柏洛士】

即赫伯特·柏洛士（Herbert Burrows，1845—1922），中译名有"白劳斯"等。生于英国萨福克郡。英国宪章运动领袖阿莫斯之子。英国社会主义活动家。早年在剑桥大学学习。1880年成为亚里士多德学会的创始成员，加入社会与政治教育联盟，并成为男子选举权联盟的副主席，英国社会主义同盟创始人之一。1888年与安妮·贝桑特一起组织了伦敦媒体人罢工。

拜伦（1788—1824）

【拜伦】

即乔治·戈登·拜伦（George Gordon Byron，1788—1824），中译名有"摆伦""拜轮""勃衣伦""裴伦"等。生于英国伦敦。英国诗人，革命浪漫主义的代表人物。作品有《唐璜》，其作品被整理为《拜伦全集》（英文版）。

班克罗夫特（1800—1891）

【班克罗夫特】

即乔治·班克罗夫特（George Bancroft，1800—1891），中译名有"班克洛夫特"等。生于美国马萨诸塞州。美国外交官，历史学家，民族学家。哈佛大学毕业，留学德国。曾任美国海军部部长、美国驻英国、普鲁士和德意志帝国公使，被誉为"美国历史之父"。著有《美国史》（10卷本）。

班纳曼（1836—1908）

【班纳曼】

即亨利·坎贝尔·班纳曼（Henry Campbell-Bannerman，1836—1908），中译名有"巴那满"等。生于苏格兰格拉斯哥。英国自由党政治家。1905—1908年任英国首相。

邦德费尔德（1873—1953）

【邦德费尔德】

即玛格丽特·格蕾丝·邦德费尔德（Margaret Grace Bondfield，1873—1953），女。生于英格兰萨默赛特郡。英国政治家，工会及妇女权利社会活动家。曾任工会联盟议会的常务委员会首位女性主席、拉姆齐·麦克唐纳内阁的劳工大臣，为英国首位女性大臣。

包惠僧（1894—1979）

【包惠僧】

包惠僧（1894—1979），原名德芳、复贵、道亨，号悔生。笔名栖梧老人、鸣、雷等。湖北黄冈人。中国共产党早期党员，媒体人。1917年毕业于湖北省立第一师范学校，后为《汉口新闻报》《大汉报》的外勤记者，撰写大量新闻报道。1919年北京大学文学专业肄业。1920年10月与董必武等人筹建中共武汉早期组织，当选为负责人。1921年参加中国共产党第一次全国代表大会，历任中共武汉区委委员会委员长、中国劳动组合书记部武汉分部主任、黄埔军校政治部主任。在主持中共武汉地区党组织工作时，组织出版了一批传播马克思主义的著述，发表《武昌五局工人状况》《青年新剧社》《我对于武汉劳动界的调查和感想》《讨论社会主义并批评无政府党》《五一纪念过去和将来》等文章。八一南昌起义后，与中国共产党脱离组织关系。著有《包惠僧回忆录》等。

保尔森(1846—1908)

【保尔森】

即弗里德里希·保尔森(Friedrich Paulsen, 1846—1908),中译名有"包尔生""保尔逊""泡尔生"等。生于德国朗根霍恩。德国哲学家,伦理学家。早年毕业于柏林大学,后任柏林大学教授。其著作《伦理学原理》由蔡元培翻译,商务印书馆1910年出版。该书宣扬心物二元论,对青年毛泽东产生较大影响,他在该书上撰写了上万字的批语,反映了毛泽东早期进步哲学观。著有《伦理学体系》《康德传》等。

保罗(约3—约67)

【保罗】

保罗(Paûlos, 约3—约67),中译名有"保禄""鲍罗"等。生于小亚细亚大数城(今土耳其塔尔苏斯)。《圣经》中的人物,早期基督教会第一位神学家。首创向非犹太人转播基督的福音,被奉为外邦人的使徒。通过三次布道旅程,走遍罗马帝国,传扬基督,被基督教史学家公认为是对早期基督教会发展贡献最大的教徒。留有《保罗书信》。

保罗(1828—1902)

【保罗】

即查尔斯·基根·保罗(Charles Kegan Paul, 1828—1902),中译名有"波尔氏"等。生于英国萨默塞特郡。英国牧师,出版家,作家。1876年出版《威廉·葛德文:他的朋友和同时代人》(第一、二卷)。1877年创立 C. Kegan Paul&Co. 出版社。著有自传《回忆》等。

【抱恨生】

抱恨生,生卒年不详。浙江绍兴人。知名文化人。主要从事写作,曾编著政治读物,如《孙文主义之哲学的基础》《中山先生思想概要》等;以及勘读本,如《新式标点经史百家简编》《新式标点:曾文正公日记》《白话句解:唐诗三百首》等。

抱朴（1901？—?）

【抱朴】

抱朴（1901？—?），原名秦涤清，又名慧僧（生），别名抱扑。江苏无锡人。中国共产党早期党员，编辑。1920年入上海外国语学社学习俄语。1921年赴莫斯科东方劳动者共产主义大学学习，任旅莫支部党小组组长，精通俄语、世界语。因信仰无政府主义，被开除党籍。1923年秋回国，在东北学习、求职，历任长春《大东日报》编辑、哈尔滨法政大学教授等职。1924年底至1925年5月再度访问苏联。1925年9月在上海与巴金等组织成立无政府主义社团民众社，出版《民众》半月刊。1944年任国民政府驻苏大使馆二等秘书。1984年由美国回上海定居。著有《俄国革命论丛》《赤俄游记》《俄国革命之败》等。

鲍德温（1867—1947）

【鲍德温】

即斯坦利·鲍德温（Stanley Baldwin，1867—1947），中译名有"包尔温""鲍尔温"等。生于英格兰乌斯特郡。英国政治家，保守党党员。早年毕业于剑桥大学，历任英国国会议员、财政大臣等职，多次担任内阁首相。

鲍尔（1338—1381）

【鲍尔】

即约翰·鲍尔（John Ball，1338—1381），中译名有"波尔""约翰·保尔"等。生于英国科尔切斯特。英国牧师。1381年为英国农民起义的领袖。

鲍加耶夫斯基（1881—1918）

【鲍加耶夫斯基】

即米特罗范·彼得罗维奇·鲍加耶夫斯基（Митрофан Петрович Богаевский，1881—1918），中译名有"巴加厄夫斯岐""波卡耶夫斯基"等。生于俄国顿河哥萨克。俄国顿河反革命骨干分子。1917年6月—1918年1月是顿河哥萨克军阿塔曼卡列金将军的副手。1918年1月初参加反革命的顿河政府，同年被处决。

鲍罗丁（1833—1887）

【鲍罗丁】

即亚历山大·波菲里耶维奇·鲍罗丁（Александр Порфирьевич Бородин，1833—1887），中译名有"柏乐鼎"等。生于俄国圣彼得堡。俄国作曲家。代表作有《第二交响曲》《在中亚细亚草原上》等。

鲍罗廷（1884—1951）

【鲍罗廷】

即米哈伊尔·马尔科维奇·鲍罗廷（Михаил Маркович Бородин，1884—1951），原姓格鲁森贝格，曾用化名银行家、布朗、尼基福罗夫。生于俄国维捷布斯克省。苏联政府、共产国际驻中国代表。1903年加入俄国社会民主工党（布）。1923—1927年间，为苏联政府派驻中国国民政府代表，任国民党中央执行委员会政治顾问、国民政府顾问、共产国际执委会驻华代表。

鲍桑葵（1848—1923）

【鲍桑葵】

即伯纳德·鲍桑葵（Bernard Basanquet，1848—1923），中译名有"波生奇"等。生于英国诺森伯兰郡。英国哲学家，美学家，伦理学家，新黑格尔主义者。著有《美学史》《道德自我心理学》《国家的哲学理论》《美学三讲》《当代英国哲学》等。

鲍斯威尔（1740—1795）

【鲍斯威尔】

即詹姆斯·鲍斯威尔（James Boswell，1740—1795），中译名有"波兹卫尔"等。生于苏格兰爱丁堡。苏格兰作家，律师。著有《塞缪尔·约翰逊传》等。

鲍威尔（1809—1882）

【鲍威尔】

即布鲁诺·鲍威尔（Bruno Bauer，1809—1882），中译名有"包耶尔""鲍安尔""鲍亚""布鲁诺·波尔""婆爱尔"等。生于德国艾森贝格。马克思年轻时代的朋友。德国唯心主义哲学家，宗教和历史研究者，资产阶级激进主义者。

早期为黑格尔正统派的拥护者，1839年后成为青年黑格尔派的重要理论家，自我意识哲学的代表。1834年在柏林大学执教。1839年在波恩大学任非公聘神学教师，1842年春因批判圣经而被剥夺教职。同年为《莱茵报》撰稿人。1842年夏天起为"自由人"小组成员。一八四八年德国革命后为《新普鲁士报》（即《十字报》）的撰稿人。1866年后向德意志帝国首相俾斯麦妥协，成为民族自由党人。著有《符类福音作者的福音史批判》（3卷）等。

鲍威尔（1882—1938）

【鲍威尔】

即奥托·鲍威尔（Otto Bauer，1882—1938），中译名有"巴威尔""巴乌爱尔""伯坞厄尔""排郁"等。生于奥地利维也纳。犹太人。奥地利社会民主党和第二国际领导人之一，奥地利马克思主义理论家。1921年2月发起社会党国际工人联合会（第二半国际）。其著述被翻译整理为《鲍威尔文选》在国内出版。

卑弥子（约生于247、248年间）

【卑弥子】

今又译"卑弥呼"（ヒミコ，约生于247、248年间）。《魏书·倭人志》等中国历史书籍记载为邪马臺国女王，实为日本古神道的巫女、祭司，魏明帝册封其为"亲魏倭王"。

贝茨（1825—1892）

【贝茨】

即亨利·沃尔特·贝茨（Henry Walter Bates，1825—1892），中译名有"贝兹""伯枝""培芝""彭志"等。生于英国莱斯特。英国昆虫学家，博物学家，探险家。著有《亚马逊河上的博物学家》等。

贝蒂（1886—1947）

【贝蒂】

即贝西·贝蒂（Bessie Beatty，1886—1947），女。中译名有"妣妲女士"等。生于美国洛杉矶。美国记者，编辑，剧作家，电台主持人。1917年访问俄国、日本和中国。著有《俄罗斯的红心》等。

贝多芬（1770—1827）

【贝多芬】

即路德维希·凡·贝多芬（Ludwig Van Beethoven，1770—1827），中译名有"毕桑温"等。生于德国波恩。德国著名作曲家，钢琴家。维也纳古典乐派代表人物之一，被尊称为"乐圣"。代表作有降E大调第3交响曲《英雄》、c小调第五交响曲《命运》、F大调第六交响曲《田园》、A大调第七交响曲、d小调第九交响曲《合唱》(《欢乐颂》主旋律）等。其作品被整理为《贝多芬钢琴与大提琴奏鸣曲全集》在国内出版。

【贝恩斯】

即约翰·贝恩斯（John Baynes，1758—1787），中译名有"柏涅司""摆列斯""培恩斯"等。生于英国约克郡。英国律师，作家。1777年入读剑桥大学。1780年加入伦敦宪法协会，成为狂热的辉格党人。

贝尔（1792—1876）

【贝尔】

即卡尔·恩斯特·冯·贝尔（Karl Ernst Von Baer，1792—1876），中译名有"伯亚"等。生于爱沙尼亚杰尔温。俄国自然科学家，地理学家，胚胎学的创始人。1827年首先发现了存在于哺乳动物卵巢中的卵子。著有《关于动物的发展》等。

贝尔（1859—1930）

【贝尔】

即理查德·贝尔（Richard Bell，1859—1930），中译名有"柏尔"等。生于英国威尔士。英国政治家，社会主义者。1900年参加英国劳工代表委员会（1906年改称英国工党），并以该会成员身份当选为国会议员，为英国最早的两名工党议员之一。

【贝尔】

即麦克斯·贝尔（Max Beer，1864—1943），中译名有

贝尔（1864—1943）

"俺·伯亚""柏尔""毕耳""麻客斯白亚"等。生于奥匈帝国加利西亚省（今属波兰）。德国社会主义史学家，记者，经济学家。历任《前进报》记者、《钟声》杂志编辑等职。1926年11月，其文章《马克斯底根本概念》被译为中文发表在《人民周刊》第29期。1927年应苏联马克思恩格斯研究院院长梁赞诺夫之邀前往莫斯科工作。著有《卡尔·马克思的生活和教学》《社会主义史》等。

贝尔福（1848—1930）

【贝尔福】

即阿瑟·詹姆斯·贝尔福（Arthur James Balfour，1848—1930），中译名有"巴尔福"等。生于英国东洛锡安。英国保守党政治家。1902—1905年任英国首相。第一次世界大战中任海军大臣和外交大臣、爱尔兰事务大臣等职。1917年11月2日颁布了《贝尔福宣言》，提出在巴勒斯坦建立一个犹太家园的计划。1922年被封为第一代贝尔福伯爵。

贝尔特朗（1856—1943）

【贝尔特朗】

即路易·贝尔特朗（Louis Bertrand，1856—1943），中译名有"伯居兰德"等。生于比利时布鲁塞尔。比利时政治家，比利时工人党创始人之一。历任第二国际执行局成员、秘书等职。著有《比利时社会主义者对殖民主义的批评》等。

贝克尔（1809—1886）

【贝克尔】

即约翰·菲利浦·贝克尔（Johann Philipp Becker，1809—1886），中译名有"倍克""别加""约翰·飞腊布·壁架"等。生于德国弗兰肯塔尔，1848年加入瑞士籍。职业制刷工。德国工人运动和国际工人运动活动家。19世纪30年代起参加革命运动，参加1849年巴登普法尔茨起义，指挥巴登民兵作战。一八四八年德国革命失败后，从民主共和主义者转变为马克思和恩格斯的拥护者。1866年、1877年分别担任《先驱》《先驱者》编辑。

43

【贝克尔】

即伯恩哈德·贝克尔（Bernhard Becker，1826—1882），中译名有"柏格尔""柏伦哈德""倍克""卞哈倍克""伯恩哈特""裴客""卫加""卫希契陆""卫兹契陆兹"等。生于德国图林根州。德国政论家，历史学家，拉萨尔派重要成员。1863年参加全德工人联合会后担任该党第二任主席。1870年加入社会民主工党（爱森纳赫派）。1872年参加第一国际海牙代表大会。1874年以后脱离工人运动。

【贝克莱】

贝克莱（1685—1753）

即乔治·贝克莱（George Berkeley，1685—1753），中译名有"巴克莱""巴克礼""巴克利""巴枯勒""柏克莱""柏克雷""柏克列""勃尔克莱"等。生于爱尔兰基尔肯尼。英国主教，哲学家，主观唯心主义者。否认物质即"有形实体"的客观存在，认为物是"感觉的组合"。其哲学是经验批判主义和其他一些资产阶级哲学派别的理论来源之一，与约翰·洛克和大卫·休谟一起被认为是英国近代经验主义哲学的三大代表人物。著有《视觉新论》《人类知识原理》等。

【贝拉米】

贝拉米（1850—1898）

即爱德华·贝拉米（Edward Bellamy，1850—1898），中译名有"爱槐德蓓勒梅""白兰米""柏拉迷""柏辣弥""贝拉""彼拉弥""俾拉迷""毕拉宓""伯拉美""伯拉米""伯勒梅""布朗""拍拉密""卫拉米""野度哇度"等。生于美国马萨诸塞州。美国作家，记者。1888年出版《回顾》（旧译《回头看》）等，宣传空想社会主义，一度为畅销书。该书曾有中译本，于1891年12月在《万国公报》连载。1894年以《百年一觉》的书名出版。

【贝勒斯】

贝勒斯（1654—1725）

即约翰·贝勒斯（John Bellers，1654—1725），中译名有"柏拉斯""柏烈斯""约翰倍纳"等。生于英国伦敦。英国经济学家，教育理论家。强调劳动对于财富形成的意义，曾提出一些空想的社会改革方案。马克思在《资本论》中引用了其"穷人的劳动是富人的矿井"的论点。著有《关于发展所有有用行业和农业工业大学的建议》《论生理病的改善》等。

【贝利希】

即伯纳特·贝利希（Bernard Palissy，1510—1589），中译名有"帕里西"等。生于法国拉卡佩尔比龙。法国陶艺家，科学家，雨格诺（新教）教徒。他制作的陶器以鲜艳的色彩和花鸟虫鱼的装饰而闻名。科学实验法的先锋，指出化石是风化后的动植物遗体。死于巴士底狱。

贝利希（1510—1589）

【贝洛克】

即约瑟夫·希莱尔·皮埃尔·勒内·贝洛克（Joseph Hilaire Pierre René Belloc，1870—1953），中译名有"柏洛克"等。生于法国拉赛尔。拥有英法双重国籍。英法作家，历史学家，政治活动家。历任牛津联盟主席、《土地与水》杂志编辑。著有《奴役国家》等。

贝洛克（1870—1953）

【贝热尼尼】

即阿戈斯蒂诺·贝热尼尼（Agostino Berenini，1858—1939），中译名有"白玉尼"等。生于意大利帕尔马。意大利政治家，教育家。历任意大利公共教育部部长、帕尔马大学校长等职。

贝热尼尼（1858—1939）

【贝萨里科】

即帕维尔·卡波维奇·贝萨里科（Павел Карпович Бессалько，1887—1920），中译名有"毕沙里珂"等。生于俄国叶卡捷琳诺斯拉夫（今俄罗斯第聂伯罗彼得罗夫斯克）。俄国作家，俄国无产阶级散文的奠基人之一。著有《无产阶级文化问题》等。

贝萨里科（1887—1920）

【贝歇尔】

贝歇尔（1635—1682）

即约翰·约阿希姆·贝歇尔（Johann Joachim Becher, 1635—1682），中译名有"伯且士"等。生于德国施派尔。德国医生，化学家，探险家，重商主义者。1666年兼任神圣罗马帝国皇帝利奥波德一世的经济顾问。1670年成为利奥波德一世的专职经济顾问。著有《政治讨论》等。

【贝赞特夫人】

贝赞特夫人（1847—1933）

即安妮·伍德·贝赞特（Annie Wood Besant, 1847—1933），女。中译名有"阿意卑沙""安妮比姗夫人""白山夫人""卑沙托""贝山特夫人""伯山"等。生于英国伦敦。英国社会主义者，作家。一度为费边社重要成员，后来全身心研习神智学，曾长期担任神智学会的国际主席，印度自治运动的组织者。1917年当选为印度国民大会党主席，同年任印度妇女协会主席。著有《社会主义制度下的工业》《自传》《四大宗教》等。

【倍倍尔】

倍倍尔（1840—1913）

即奥古斯特·倍倍尔（August Bebel, 1840—1913），中译名有"阿格士·卑俾尔""白白尔""白北尔""百拜尔""柏白尔""柏百尔""柏柏尔""柏伯尔""卑贝尔""贝佩儿""倍贝鲁""倍别尔""倍里路""必卑尔""别比鲁""别黑路""伯百图""伯伯尔""黑别尔""黑别路""裴柏而""裴伯""裴伯而""裴伯尔""裴耳""裴裴路""撒倍罗""卫海陆""卫威陆"等。生于德国科隆。马克思和恩格斯的朋友和战友。职业旋工。德国工人运动和国际工人运动的活动家。1869年8月与卡尔·李卜克内西等组建德国社会民主工党（爱森纳赫派）。1875年5月与全德工人联合会成立德国社会主义工人党（后改名德国社会民主党）。其著作《妇女与社会主义》成为中国无产阶级指导妇女运动的思想武器，在马克思主义在中国早期传播史中，李大钊、陈独秀、李汉俊等发表妇女运动的文章,均受其影响。1920年9月1日李汉俊在《新青年》第8卷第1号翻译发表《女子将来的地位》,是我国传播《妇女与社会主义》一书的开始,该译文来自其第三篇《女子将来的地位》的一部分,宣传妇女解放的根本途径。著作最后的"未来属于社会主义,而首先属于工人和妇女"的战斗口号,给正在进行反帝反封建的中国人民尤其是广大妇女指明了斗争方向,促使她们将妇女运动与国民革命紧密结合。该书完整中译本由沈端先(夏衍)翻译,以《妇人与社会》为名,1927年12月在开明书店出版,以后多次印刷。著有《我的一生》等。其著述被翻译整理为《倍倍尔文选》在国内出版。

本格(1823—1895)

【本格】

即尼古拉·赫里斯季安维奇·本格(Николай Христианович Бунге,1823—1895),中译名有"邦格""布恩兀"等。生于俄国基辅(今属乌克兰)。俄国政治家,经济学家。历任财政大臣和大臣会议主席等职。

比昂松(1832—1910)

【比昂松】

即比昂斯滕·比昂松(Bjornstjerne Martinus Bjornson,1832—1910),中译名有"乔生"等。生于挪威科威克纳。挪威作家,戏剧家。1903年获得诺贝尔文学奖。作品有《破产》《主编》《挑战的手套》《人力难及》《上帝之道》等。其戏剧作品被整理为《比昂逊戏剧集》在国内出版。

比岑科(1875—1938)

【比岑科】

即阿娜斯塔西娅·阿列克谢耶夫娜·比岑科(Анастасия Алексеевна Биценко,1875—1938),女。中译名有"比张谷""皮脱姗柯"等。生于俄国叶卡捷琳诺斯拉夫省(今俄罗斯第聂伯罗彼得罗夫斯克)。俄国革命家。1902年加入俄国社会革命党。十月革命后曾任彼得格勒军事革命委员会和苏联中央执行委员会委员等职。

比尔（1420—1495）

【比尔】

即加布里埃尔·比尔（Gabriel Biel，1420—1495），中译名有"伽伯列·俾尔"等。生于德国斯皮尔。德国哲学家，经济学家，中世纪晚期最杰出的神学家之一。

比罗（1886—1948）

【比罗】

即比罗·米哈伊（Mihály Biró，1886—1948），生于匈牙利布达佩斯。匈牙利无产阶级画家。早年是伦敦阿什比手工艺协会的学徒，接触到英国工艺美术运动的社会主义和乌托邦理想，投身于社会民主主义事业。1910—1919年间，为匈牙利社会民主党（1919年与匈牙利共产党合并，成立匈牙利社会党）设计了广为人知的强壮工人抡起大锤的红色男人石板画，成为1923年5月北京工人周刊社编辑的《京汉工人流血记》封面图像的原型。1919年3月匈牙利苏维埃共和国诞生，比罗用画笔歌颂新生的红色政权，其作品成为匈牙利苏维埃共和国红军的标识。同年8月红色政权在法国等侵略军的攻击下失败，他被迫流亡国外。1920年创作了揭露鞭挞霍尔蒂政权暴行的彩色石版画。1947年回到匈牙利。

比奈（1857—1911）

【比奈】

即阿尔弗雷德·比奈（Alfred Binet，1857—1911），生于法国尼斯。法国实验心理学家，智力测验的创始人。著有《推理心理学》《个性的变化》《智力疲劳》《论暗示》《智力实验研究》《智力发展研究法》等。

比斯利（1831—1915）

【比斯利】

即爱德华·斯宾塞·比斯利（Edward Spencer Beesly，1831—1915），中译名有"卑斯列""毕士烈""施本思"等。生于英国伍斯特郡。英国政治活动家，历史学家，实证论者。1859年任伦敦大学历史学教授。在英国宣传法国实证论哲学家奥·孔德的思想，并把孔德的著作翻译成英文。1864年9月28日在第一国际圣马丁堂大会上，被推选为大会主席。著有《卡蒂琳、克洛迪乌斯和提比略》《工人阶级的社会未来：1868年5月7日工会主义者会议演讲》等。

比索拉蒂（1857—1920）

【比索拉蒂】

即利奥尼达·比索拉蒂（Leonida Bissolati，1857—1920），中译名有"比梭拉梯"等。生于意大利克雷莫纳。意大利社会党创建人和右翼改良派领袖之一。第一次世界大战期间成为社会沙文主义者，主张意大利站在协约国方面参战，此举遭到列宁谴责。

彼得（公元1年—约67年）

【彼得】

彼得（公元1年—约67年），《圣经》人物。原名"西门"，耶稣给他起名彼得，意思是"磐石"，即为西门彼得，后世尊为"圣彼得"。中译名有"伯多禄"等。生于加利利的伯塞大。耶稣十二使徒之一。初期为基督教教会领袖之一，在罗马暴君尼禄执政期间被倒钉在十字架上殉道。公元321年罗马帝国封基督教为国教，罗马教皇尊称他为第一任教宗。著有《彼得前书》《彼得后书》等。

彼得罗（1395—1455）

【彼得罗】

即奎多·迪·彼得罗（Guido di Pietro，1395—1455），中译名有"安格罗""安吉利科"等。生于意大利维基奥。意大利佛罗伦萨画派画家。拥有"稀世罕见的天才"赞誉。代表作有《钉十字架》《科尔托纳的圣母报领》等。

彼得一世（1672—1725）

【彼得一世】

即彼得·阿列克谢耶维奇·罗曼诺夫（Пётр Алексеевич Романов，1672—1725），中译名有"大彼得"等。生于俄国莫斯科。沙皇阿列克谢一世之子。俄国罗曼诺夫王朝第四代沙皇，世称"彼得大帝"。

俾斯麦(1815—1898)

【俾斯麦】

即奥托·冯·俾斯麦（Otto Von Bismarck，1815—1898），中译名有"卑士麦""卑斯麻克""卑斯马克""卑斯麦""比士麦""比斯麦""比斯麦克""俾士马克""俾士麦""俾士麦克""俾斯马克""毕士麻克""毕士马克""毕士麦""毕士麦克""毕斯麦""希司啊路他"等。生于普鲁士萨克森省。普鲁士和德国国务活动家，外交家，普鲁士容克的代表。1857年任驻彼得堡大使。1862年任驻巴黎大使。1871—1890年任德意志帝国首任宰相，主张强权政治，有"铁血宰相"之称。执政期间，颁布《反社会党人非常法》。著有回忆录《思考与回忆》等。

毕达哥拉斯（公元前580—前500）

【毕达哥拉斯】

毕达哥拉斯（Pythagoras，公元前580—前500），中译名有"毕太哥托司"等。生于古希腊萨摩斯岛。古希腊数学家，哲学家，毕达哥拉斯派创始人，奴隶主贵族的思想家。

毕尔格尔斯（1820—1878）

【毕尔格尔斯】

即约翰·亨利希·乔治·毕尔格尔斯（Johann Heinrich Georg Bürgers，1820—1878），中译名有"拨尔格斯"等。生于德国科隆。德国政论家，新闻工作者。1842—1843年为《莱茵报》撰稿人。曾任《新莱茵报》编辑、共产主义者同盟科隆支部成员等职。1850年起担任共产主义者同盟中央委员会委员，因科隆共产党人案件被判处六年徒刑。19世纪60—70年代为德国民族自由党人。

毕留科夫（1860—1931）

【毕留科夫】

即帕维尔·伊万诺维奇·毕留科夫（Павел Иванович Бирюков，1860—1931），中译名有"皮陆加夫"等。生于俄国科斯特罗马省。俄国文学学者。被誉为对列夫·托尔斯泰最有影响力的传记作家、朋友、追随者。著有《托尔斯泰传》等。

【毕舍】

毕舍（1796—1865）

即菲力浦·约瑟夫·本杰明·毕舍（Philippe Joseph Benjamin Buchez，1796—1865），中译名有"比攸喜""布舍""布歇嗣""步社""普瑟"等。生于法国莫尔达尼。医学博士。法国政治活动家，历史学家，社会学家。1821年开始受到圣西门思想影响，七月革命后是基督教社会主义的思想家。1848年任制宪国民议会主席。与 M. 鲁 - 拉夫涅合编《法国革命史》，著有《政治特质》等。

【毕苏斯基】

毕苏斯基（1867—1935）

即约瑟夫·克莱门斯·毕苏斯基（Józef Klemens Piłsudski，1867—1935），中译名有"比尔都茨基""毕尔苏特斯基""皮尔苏刺基""皮尔苏德斯奇""辟尔苏斯基"等。生于俄罗斯帝国维尔诺（今属立陶宛维尔纽斯）。波兰政治家，军事将领。1893年加入波兰社会党，从事反对沙俄统治的民族解放运动。第一次世界大战期间组建"波兰军团"，与俄军作战。1918年宣布波兰独立，担任国家元首，在协约国的支持下，与苏俄交恶，参加反对苏俄的国内战争。在国内实行多项改革，如八小时工作制、免费教育、女性选举权等，获得民众的支持。1926年发动政变，建立"伊纳奇"政权，成为军事独裁者。著有回忆录《1920年》等。

【毕希纳】

毕希纳（1824—1899）

即路德维希·毕希纳（Ludwig Büchner，1824—1899），中译名有"柏嬉娜""毕卜尼禄""毕西讷""毕希勒""柄枯泥耳""啤休那博士""剖希纳儿"等。生于德国达姆施塔特。职业医生。德国哲学家，庸俗唯物主义和无神论的代表人物，现代药理学的奠基人。是一八四八年德国革命的参加者，属于小资产阶级民主派的左翼分子。1867年为第一国际第二次代表大会（洛桑）代表。其著述被翻译整理为《毕希纳文集》在国内出版。

B

毕歇尔（1847—1930）

【毕歇尔】

即卡尔·毕歇尔（Karl Bücher，1847—1930），中译名有"比由霞氏""毕夏""毕幼霞""布赫儿""布希亚""卡尔·布赫儿"等。生于德国黑森州。德国经济学家，国民经济史学家，政治经济学中新历史学派的代表人物，欧洲新闻学的奠基人之一。历任莱比锡大学新闻学教授、经济学与统计学教授等职。著有《国民经济成立论》《报业的开端》等。

毕勋（1857—1933）

【毕勋】

即斯杰凡·让·马里·毕勋（Stephen Jean-Marie Pichon，1857—1933），中译名有"皮逊"等。生于法国科多尔省。法国国务活动家，外交家。历任驻华公使、法国内阁外交部部长等职。上海的毕勋路（今汾阳路）即以其名命名。

庇护七世（1742—1823）

【庇护七世】

即巴尔纳巴·尼可罗·玛丽亚·路易·基亚拉蒙蒂（Count Barnaba Niccolò Maria Luigi Chiaramonti，1742—1823），中译名有"罗马法王""罗马教皇""罗马教宗"等。生于教皇国切塞纳。意大利籍教皇。

边沁（1748—1832）

【边沁】

即耶利米·边沁（Jeremy Bentham，1748—1832），中译名有"边沙牟""边他母""宾沙""海沙姆""裴恒敦""遮列美·边沁"等。生于英国伦敦。英国社会学家，哲学家，经济学家。功利主义理论的主要代表，主张效用原则是社会生活的基础。著有《政府片论》《政治经济学手册》《道德和立法原理导论》等。

【别连基】

即谢苗·纳坦诺维奇·别连基（Семён Натанович

Беленький，1899—1938），化名米哈伊尔·沃林（Михаил Волин）。苏联汉学家，历史学家，政治学家。1925—1927年任中国国民政府顾问、塔斯社驻广州记者，编辑俄文版《广州》杂志。1926年节译毛泽东的《中国社会各阶级的分析》发表在《广州》（俄文版）第8—9合刊上，共13页。这是毛泽东第一篇被翻译成外文的文章。该杂志还发表沃林的《中国农业经济的基本问题》《广东农民运动简史》。1927年与约克尔合编英文两卷本《广东农民运动》。他回国后，曾任中国研究所所长。1928年6月在中国共产党第六次全国代表大会上，参与了决议草案中有关土地纲领的起草工作。

别林斯基（1811—1848）

【别林斯基】

即维萨里昂·格里戈里耶维奇·别林斯基（Виссарион Григорьевич Белинский，1811—1848），中译名有"白林斯基""柏林斯基""柏伦斯基""倍灵楚""倍灵楷""比林斯基""伯陵斯奇"等。生于芬兰大公国赫尔辛芬兰堡。俄国革命民主主义者，文艺批评家和政论家，唯物主义哲学家。曾主持《莫斯科观察家》《现代人》《祖国纪事》等杂志，一生宣传革命民主主义，与农奴制作斗争，是俄国文学批判与文学理论的奠基人。列宁称赞他是俄国"解放运动中平民知识分子完全取代贵族的先驱者"。其著述被翻译整理为《别林斯基选集》（6卷）在国内出版。

【别洛鲁索夫】

即阿列克谢·斯坦尼斯拉沃维奇·别洛鲁索夫（Алексей Станиславович Белоруссов，1859—1919），中译名有"比洛拉梭夫"等。俄国资产阶级政论家，右翼民粹派分子。1894年在圣彼得堡参加民意党。1917年反对俄国二月革命。十月革命胜利后，反对苏俄政府，曾任高尔察克政府的立宪会议选举委员会主席。

秉志（1886—1965）

【秉志】

秉志（1886—1965），原名翟秉志、翟际潜，号农山，原姓翟佳氏。满族。祖籍吉林，生于河南开封。近现代动物学家，教育家，中国近代生物学的主要开拓者和奠基人之一。曾任中央研究院院士。早年京师大学堂毕业后留学美国。1918年获美国康奈尔大学博士学位。1920年回国，历任南京高等师范学校、东南大学、厦门大学、中央大学、复旦大学等校教授。与胡先骕创办中国科学社水生生物研究所和静生生物调查所。创办中国最早的综合性学术刊物《科学》杂志。其著述被整理为《秉志文存》（3卷）。

波别多诺斯采夫（1827—1907）

【波别多诺斯采夫】

即康斯坦丁·彼得罗维奇·波别多诺斯采夫（Константин Петрович Победоносцев，1827—1907），中译名有"朴皮德诺斯却夫"等。生于俄国莫斯科。俄国保守派政治家，法学家。曾为亚历山大三世政府的保守党领袖、亚历山大三世的顾问。1880—1905年任东正教最高会议检察长等职。著有《民法教程》等。

波德莫尔（1856—1910）

【波德莫尔】

即弗兰克·波德莫尔（Frank Podmore，1856—1910），中译名有"波德默""卜德穆""弗兰坡麦"等。生于英国博勒姆伍德。英国作家，费边社主要创始人。1884年提议成立以古罗马共和国著名军事家费边·马克西姆斯之名命名的社会主义团体费边社。著有《失业劳工的政府组织》《现代唯心主义》等。

波尔（1462—1487）

【波尔】

即约翰·德·拉·波尔（John de la Pole，1462—1487），生于英格兰王国。第一代林肯伯爵，玫瑰战争中约克派贵族的领导人物。

波格丹诺夫（1873—1928）

【波格丹诺夫】

即亚历山大·亚历山德罗维奇·波格丹诺夫（本名马林诺夫斯基）(Александр Александрович Малиновский, 1873—1928)。中译名有"波达诺夫""波格达诺夫""波格旦诺夫""仆格达诺夫""蒲格达诺夫"等。生于俄国格罗德诺省。俄国社会民主党人，哲学家，社会学家，经济学家。19世纪90年代参加俄国社会民主主义小组。1903年加入俄国社会民主工党(布尔什维克)。1905年当选为党中央委员，历任《前进报》《无产者报》《新生活报》编辑等职。1905年俄国革命失败后，成为"前进集团"的首领并领导召回派，在哲学上转向马赫主义，遭到列宁的批判。第一次世界大战期间持国际主义立场。十月革命后从事高等教育工作，任共产主义科学院院士等职。著有《经济科学大纲》《经验一元论》《生动经验的哲学》等。

波将金（1739—1791）

【波将金】

即格里戈里·亚历山德罗维奇·波将金（Григорий Александрович Потёмкин, 1739—1791），中译名有"波顿金"等。生于俄国斯摩棱斯克省。女皇叶卡捷琳娜二世的宠臣和亲信。俄国国务和军事活动家，俄罗斯帝国公爵，陆军元帅。1762年宫廷政变的组织者，曾任克里米亚总督。

波克罗夫斯基（1865—1930）

【波克罗夫斯基】

即尼古拉·尼古拉耶维奇·波克罗夫斯基（Николай Николаевич Покровский, 1865—1930），中译名有"颇克罗夫斯基"等。生于俄国圣彼得堡。俄国国务活动家。1914年起为国务会议成员，沙皇政府最后一任外交部部长。

波克罗夫斯基(1868—1932)

【波克罗夫斯基】

即米哈伊尔·尼古拉耶维奇·波克罗夫斯基（Михаил Николаевич Покровский，1868—1932），中译名有"伯格罗夫斯基""颇克罗夫斯基"等。生于俄国莫斯科。俄国历史学家，苏俄政治活动家。1891年毕业于莫斯科大学历史系。1905年加入俄国社会民主工党。1917年8月参加莫斯科武装起义，任莫斯科苏维埃主席。1918年参加《布列斯特—里托夫斯克和约》谈判。1928年被授予列宁勋章。长期担任苏维埃政府副教育人民委员。

【波拉杰列夫】

波拉杰列夫（Paradyelof），中译名有"巴拿台洛夫"等。俄国将军。

波拉克(1868—1943)

【波拉克】

即亨利·波拉克（Henry Polak，1868—1943），中译名有"扑拉克"等。犹太裔荷兰人。生于荷兰阿姆斯特丹。荷兰政治家，荷兰社会民主党的创始人之一。1890年参加荷兰社会民主联盟。1893年任荷兰社会主义杂志《新时代》编辑。次年创建荷兰钻石工人总工会并担任主席。1905年建立荷兰工会联合会，并出任主席。

波拿巴(1768—1844)

【波拿巴】

即约瑟夫·波拿巴（Joseph Buonaparte，1768—1844），中译名有"爵塞夫""约塞夫"等。生于法国科西嘉。法兰西第一帝国皇帝拿破仑的长兄。法国政治家，律师，外交官。那不勒斯国王、西班牙国王。在滑铁卢战败后，移民美国。

波拿巴(1808—1873)

【波拿巴】

即路易-拿破仑·波拿巴（Louis-Napoléon Bonaparte，1808—1873），中译名有"鲁伊班纳""路易拿破仑""拿破仑第三""拿破仑第三世""拿破仑三世"等。生于法国巴黎。路易·波拿巴之子、拿破仑一世之侄。法兰西第二帝国皇帝。普法战争中战败被俘投降，法兰西第二帝国随之被法兰西第三共和国取代。1873年1月9日在英国去世。

波舒哀（1627—1704）

【波舒哀】

即雅克-贝尼涅·波舒哀（Jacques-Bénigne Bossuet，1627—1704），中译名有"白须埃""包绥""博须埃"等。生于法国第戎。法国主教，神学家。因讲道及演说而闻名，拥有"莫城之鹰"的别名。著有《哲学入门》《世界史叙说》等。

波特（1858—1943）

【波特】

即比阿特丽丝·波特（Beatrice Potter，1858—1943），女。中译名有"白韬""比阿特丽丝·韦伯""比亚德里士·威志布""扑特""威勃夫人"等。生于英格兰格洛斯特。英国经济学家，社会活动家。1892年与社会学家西德尼·詹姆斯·韦伯结为伉俪。与其丈夫合著有《工会主义史》《工业民主》等。

波特尔（1802—1883）

【波特尔】

即埃德蒙·波特尔（Edmund Potter，1802—1883），中译名有"蒲特尔"等。生于英国曼彻斯特。英国工厂主，政治活动家。19世纪60年代任英国曼彻斯特商会会长。

波特列索夫（1869—1934）

【波特列索夫】

即亚历山大·尼古拉耶维奇·波特列索夫（Александр Николаевич Потресов，1869—1934），笔名斯塔罗韦尔。中译名有"比得列梭夫""彼得列梭夫""彼德列索夫"等。生于俄国莫斯科。俄国孟什维克领袖之一。1896年为彼得堡"工人阶级解放斗争协会"成员。1900年参加《火星报》《曙光》编辑工作。1903年为孟什维克成员。第一次世界大战期间成为社会沙文主义者。十月革命后侨居国外。

波提切利（1445—1510）

【波提切利】

即桑德罗·波提切利（Sandro Botticelli，1445—1510），中译名有"波台伊捷里"等。生于意大利佛罗伦萨。意大利文艺复兴时期佛罗伦萨画派最重要的画家之一。代表作有《春》《圣母颂》《三博士来朝》等。

波伊科特（1832—1897）

【波伊科特】

即查尔斯·坎宁安·波伊科特（Charles Cunningham Boycott，1832—1897），中译名有"波哀考脱"等。生于英格兰诺福克郡。英国驻爱尔兰军官，土地代理人。1880年作物歉收，农民生活极为困苦，他却拒减佃农地租，随后又收回部分租地，从而激起众怒。在爱尔兰土地同盟的倡议下，全郡居民采取了一次联合行动，与他断绝一切来往，使他空前孤立，其名"Boycott"后成为"抵制"的代用语。

伯恩施太因（1805—1892）

【伯恩施太因】

即亨利希·伯恩施太因（Heinrich Börnstein，1805—1892），中译名有"伯恩斯台"等。生于德国汉堡。德国政治活动家，作家。1844年在巴黎出版《前进报》双周刊，是当时欧洲最激进的杂志，马克思曾是该杂志作者之一。

伯恩施坦（1850—1932）

【伯恩施坦】

即爱德华·伯恩施坦（Eduard Bernstein，1850—1932），笔名列奥。中译名有"埃打德·伯伦斯泰因""巴司敦""巴斯靼因""白云斯德荫""柏尔斯泰""柏鲁斯泰伊""柏伦斯泰因""柏伦斯坦""栢伦斯坦""卞斯天""卞斯天君""伯恩思敦""伯恩斯坦""伯仑斯太恩""伯伦施泰因""伯伦斯泰""伯伦斯坦""伯伦泰因""伯论斯坦""伯斯坦恩""卡斯夫""卡斯天""拉伯尔塔斯""盘司敦""裴林虚采""佩舒泰""朋斯汀"等。生于德国柏林。职业银行雇员。德国社会民主党和第二国际右派领袖，修正主义主要代表人物，政论家。1872年起为德国社会民主工党党员，哥达合并代表大会代表。1880年结识马克思和恩格斯，曾得到马克思、恩格斯的赏识。1896—1898年发表一系列标题为"社会主义的问题"的文章，引发了德国社会民主党中关于修正主义的争论。恩格斯逝世后，他攻击马克思主义，对马克思主义的核心理论进行了全面、系统的"修正"，成为修正主义的主要代表人物。第一次世界大战期间支持本国政府的侵略政策。十月革命胜利后，敌视苏维埃政权。其著述被翻译整理为《伯恩施坦文选》在国内出版。

伯尔（1756—1836）

【伯尔】

即阿龙·伯尔（Aaron Burr，1756—1836），中译名有"白尔"等。生于美国新泽西州。美国政治家。曾是美国独立战争英雄，共和党成员。1791年任美国参议院议员。1801—1805年任美国第3任副总统。

伯尔（1831—1902）

【伯尔】

即阿道夫·伯尔（Adolf Beer，1831—1902），生于捷克普罗斯捷约夫。奥地利历史学家。毕业于维也纳大学。1857年任奥拉迪亚大学教授，1868年任皇家理工学院历史系主任。著有《世界贸易史》等。

伯格尔（1860—1929）

【伯格尔】

即维克多·伯格尔（Victor Berger，1860—1929），中译名有"柏格尔""柏克尔""伯杰"等。生于奥匈帝国雷巴赫（今属罗马尼亚）。奥地利裔美国社会主义政治家，记者，美国社会民主党和社会党的创始人之一。曾长期担任美国国会众议院议员，是最早提出八小时工作制、童工劳动法、养老金制度和由联邦政府救济农民的人之一。1892年创办《威斯康星前进报》，1901年创办《密尔沃基领袖报》。第一次世界大战期间持和平主义立场。

伯克（1729—1797）

【伯克】

即埃德蒙·伯克（Edmund Burke，1729—1797），中译名有"巴克""罢克"等。生于爱尔兰都柏林。英国哲学家，政治思想家，作家。被称为"英国保守主义之父"。1766—1794年任英国下议院议员。批判法国大革命，支持美国独立战争。马克思在《资本论》中对其展开批评。著有《与美国和解》《对法国大革命的反思》等。

伯利克利（约公元前495—前429）

【伯利克利】

伯利克利（Pericles，约公元前495—前429），中译名有"比利格来司""伯里克理斯""陪利克列斯"等。生于古希腊雅典。雅典政治家。古希腊奴隶主民主政治的杰出领袖，创造了雅典最辉煌的时代，涌现了苏格拉底、柏拉图等一批知名思想家。

【伯梅】

即特劳戈特·伯梅（Traugott Böhme，1884—1954），中译名有"博姆"等。生于德国叙德哈尔茨。德国教育家。曾在苏联国民教育局、德国民主共和国国民教育部工作。

伯内斯（1891—1995）

【伯内斯】

即爱德华·路易·伯内斯（Edward Louis Bernays，1891—1995），中译名有"柏莱斯"等。生于奥地利维也纳，1892年移居美国。美国公共关系学家。最早提出公共关系的概念，被称为"现代公共关系之父"。1923年任纽约大学教授。著有《公众舆论的形成》《舆论的结晶》《公共关系学》等。

伯特（1837—1922）

【伯特】

即托马斯·伯特（Thomas Burt，1837—1922），中译名有"柏特""蒲得""汤麦司"等。生于英国诺桑伯兰郡。职业矿工。英国自由党左翼人物。1865年任诺森伯兰矿工协会秘书。1900年英国劳工代表委员会（1906年改称英国工党）成立后当选英国国会议员，为英国最早的两名工党议员之一。

勃朗（1811—1882）

【勃朗】

即路易·勃朗（Louis Blanc，1811—1882），中译名有"巴兰格""白兰克""白浪""卜南敦""卜南克""不郎克""布兰氏""布朗""布拿""类蒲兰""列拉""鲁易伯兰""鲁意布兰""路易·布兰""路易柏郎""路易卜兰""路易布拉""路易布兰""路易布朗""路易婆伦""路易普兰""路意蒲兰""罗斯勃兰""蒲郎"等。法国人，生于西班牙马德里。法国小资产阶级社会主义者，新闻工作者，历史学家，政治活动家。1848年为临时政府成员和卢森堡委员会主席，采取同资产阶级妥协的立场。1838年创办《政治、社会和文学进步评论》杂志。1848年8月流亡英国，后为伦敦的法国布朗基派流亡者协会的领导人。1871年任法国国民议会议员，反对巴黎公社。著有《劳动组织》《法国大革命史》等。

勃朗特（1816—1855）

【勃朗特】

即夏洛蒂·勃朗特（Charlotte Bronte，1816—1855），女。中译名有"濮伦德"等。生于英国西约克郡。英国作家。与两个妹妹艾米莉·勃朗特和安妮·勃朗特一起被称为英国文学史上的"勃朗特三姐妹"。作品有《简·爱》《维莱特》等。

勃洛克（1880—1921）

【勃洛克】

即亚历山大·亚历山德罗维奇·勃洛克（Александр Александрович Блок，1880—1921），中译名有"勃洛定"等。生于俄国圣彼得堡。俄国作家，象征主义的重要代表人物之一。为歌颂十月革命，创作《十二个》《西徐亚人》《知识分子与革命》等作品。其作品被翻译整理为《勃洛克诗选》在国内出版。

61

博迪琼（1827—1891）

【博迪琼】

即芭芭拉·博迪琼（Barbara Bodichon，1827—1891），女。中译名有"巴达逊夫人""巴他逊夫人""怕他逊"等。生于英国苏塞克斯。英国教育家，艺术家，19世纪女权运动的领导人之一。1858年创办《英国妇女杂志》，呼吁女权斗争。著有《英格兰妇女法律概要》等。

【博恩斯泰特】

即卡尔·奥古斯特·乌尔里希·阿达尔贝特·冯·博恩斯泰特（Carl August Ulrich Adelbert von Bornstedt，1808—1851），中译名有"波恩司特""波恩斯特"等。生于德国施滕达尔。德国政论家，小资产阶级民主主义者。1847年任《德意志—布鲁塞尔报》创办人和编辑。一八四八年德国革命后成为巴黎德意志民主协会领导人。

博尔德列夫（1875—1933）

【博尔德列夫】

即瓦西里·格奥尔基耶维奇·博尔德列夫（Василий Георгиевич Болдырев，1875—1933），中译名有"保尔底来夫"等。生于俄国萨马拉省。俄国将军。十月革命后参加苏维埃政权，曾任西西伯利亚工业经济研究所研究员等职。

博尔夏特（1868—1932）

【博尔夏特】

即朱利安·博尔夏特（Julian Borschardt，1868—1932），中译名有"波里谢特""博洽德"等。生于普鲁士布隆伯格。德国马克思主义学者，作家，编辑。其著作《通俗资本论》是在中国较早诠释马克思《资本论》的简明读本，为中国民众理解马克思政治经济学，传播马克思主义做出贡献。著有《通俗资本论》《德国经济史》等。

博芬申（1864—1939）

【博芬申】

即鲁道夫·威廉·阿尔伯特·博芬申（Rudolf Wilhelm Albert Bovenschen，1864—1939），中译名有"博文兴"等。

生于德国波森省奥斯特洛沃。《柏林日报》记者。

博加耶夫斯基（1873—1934）

【博加耶夫斯基】

即阿夫里坎·彼得罗维奇·博加耶夫斯基（Африкан Петрович Богаевский，1873—1934），生于俄国罗斯托夫州。俄国白卫军将领。1920年任南俄政府主席。

博克（1785—1867）

【博克】

即奥古斯特·博克（August Boeckh，1785—1867），生于德国卡尔斯鲁厄。德国古典学者，古文物研究者。1807年任海德堡大学教授。1811年任柏林大学教授。著有《雅典的公共经济》等。

博留（1843—1916）

【博留】

即皮埃尔·保罗·勒罗伊-博留（Pierre Paul Leroy-Beaulieu，1843—1916），中译名有"娄洛波留""蒲鲁克"等。生于法国索米尔。法国经济学，法国正统政治经济学的主要代表人。1872年任巴黎政治学院金融学教授。1880年任法兰西学院政治经济学系主任。常为《时报》《国家评论》《当代评论》撰稿。著有《世纪问题》《政治经济概要》《现代与国家经济》等。

博纳（1852—1941）

【博纳】

即詹姆斯·博纳（James Bonar，1852—1941），中译名有"波那氏"等。生于苏格兰帕斯。苏格兰政治经济学家，历史学家。1874年毕业于格拉斯哥大学。曾任皇家造币厂渥太华分部副经理，1919年退休。著有《政治经济学原理》等。

博奇卡廖娃（1889—1920）

【博奇卡廖娃】

即玛丽亚·列昂季耶夫娜·博奇卡廖娃（Мария Леонтьевна Бочкарёва，1889—1920），女。中译名有"玛丽"等。生于俄国诺夫哥罗德省。俄国女兵。在第一次世界大战中组建死亡女营,成为俄罗斯第一位女军官。

【博西格】

博西格(1829—1878)

即奥古斯特·朱利乌斯·阿尔伯特·博西格(August Julius Albert Borsig,1829—1878),中译名有"波尔奇虚"等。生于德国柏林。德国企业家。1837年创立柏林机械工程学院。

【卜士奇】

卜士奇(1902—1964)

卜士奇(1902—1964),原名卜道明,字士畸,曾用名卞士吉、卜世畸、卜士琦、卜世奇。湖南益阳人。中国共产党早期党员。湖南长沙船山中学毕业。1920年被湖南省俄罗斯研究会介绍到上海外国语学社学习。1921年由李汉俊推荐,与刘少奇、任弼时等到苏联,入莫斯科东方劳动者共产主义大学学习。1921年冬由社会主义青年团转党,曾担任中国社会主义青年团中央局委员。1924年夏赴广州,参加北伐战争,担任加仑、鲍罗廷的俄文翻译。曾任团中央临时中央局委员、秘书,团中央驻粤委员,一度代理(仅挂名)黄埔军校政治部主任。1928年脱离中国共产党,在国民党外交部任职。1949年10月去台湾,曾任台北国际关系研究所董事长。

【布阿吉尔贝尔】

布阿吉尔贝尔(1646—1714)

即皮埃尔·勒·佩桑特·德·布阿吉尔贝尔(Pierre Le Pesant de Boisguillebert,1646—1714),中译名有"波纠白耳""博伊吉尔伯特"等。生于法国鲁昂。法国经济学家,统计学家,重农学派的先驱,法国资产阶级古典政治经济学的创始人。著有《法国详情》《谷物论》《论财富、货币和赋税的性质》等。

【布登济格】

布登济格(1893—1976)

即海尔曼·卡尔·罗伯特·布登济格(Hermann Karl Robert Buddensieg,1893—1976),中译名有"布登息格"等。生

于德国爱森纳赫。德国作家，编辑，翻译家。以改编波兰和立陶宛作品而闻名。著有《神秘疾病》等。

【布尔采夫】

布尔采夫（1862—1942）

即弗拉基米尔·李沃维奇·布尔采夫（Владимир Львович Бурцев，1862—1942），中译名有"波提契夫"等。生于俄国亚历山大堡（今舍甫琴科堡）。俄国政论家，出版家，俄国民意党人。曾出版《自由俄罗斯》《民意报》《共同事业》《未来报》等刊物，因揭露沙皇秘密警察而获得"俄国革命的夏洛克·福尔摩斯"绰号。第一次世界大战期间是狂热的社会沙文主义者。十月革命后反对苏维埃政权，后流亡国外。

【布尔德朗】

布尔德朗（1858—1930）

即阿尔伯·布尔德朗（Albert Bourderon，1858—1930），中译名有"波德郎""蒲鲁特龙"等。生于法国卢瓦雷。职业制桶匠。法国社会党人，工团主义运动左翼领袖之一。1915年参加齐美尔瓦尔德代表会议，持中派立场。

【布尔加柯夫】

布尔加柯夫（1871—1944）

即谢尔盖·尼古拉耶维奇·布尔加柯夫（Сергей Николаевич Булгаков，1871—1944），中译名有"布尔加科夫""浦勒嘉夸夫"等。生于俄国基辅（今属乌克兰）。俄国经济学家，哲学家，合法马克思主义者。修正马克思关于土地问题的学说，试图把马克思主义同康德的批判认识论结合起来。后转向宗教哲学和基督教。1905—1907年革命失败后加入俄国立宪民主派，为《路标》文集撰稿。著有《论资本主义生产条件下的市场》《资本主义和农业》《经济哲学》等。

【布格勒】

布格勒（1870—1940）

即塞勒斯汀·查尔斯·阿尔弗雷德·布格勒（Célestin Charles Alfred Bouglé，1870—1940），中译名有"博格列"

等。生于法国圣布里厄。法国哲学家，编辑。1896年任《社会学年鉴》编辑。1899年获得巴黎高等师范学院博士学位。1935年任巴黎高等师范学院院长。著有《种姓制度论文》等。

布哈林（1888—1938）

【布哈林】

即尼古拉·伊万诺维奇·布哈林（Николай Иванович Бухарин，1888—1938），中译名有"布察连""布吉林""布恰林""布氏""布哇凌""蒲哈林"等。生于俄国莫斯科。联共（布）和共产国际的领导人之一，马克思主义理论家，经济学家。列宁赞誉他是苏联共产党"最宝贵的和最大的理论家"。1906年加入了俄国社会民主工党，并在该党分裂后加入布尔什维克。十月革命胜利后，是苏联党和国家主要领导人之一，担任过共产国际执行委员会主席。对中国共产党早期历史产生十分重要的影响，参与指导中共建党和革命。其著作中文版《共产党底计划》《马克思主义者列宁》《农民问题》《共产主义的ABC》《唯物史观论》从理论上通俗阐释马克思列宁主义，在中国影响巨大，成为指导中国民主革命的主要经典之一。其著作被翻译整理为《布哈林文选》（3册）、《布哈林文集》《布哈林专辑》等在国内出版。

布赫曼（1878—1961）

【布赫曼】

即富兰克林·纳撒尼尔·丹尼尔·布赫曼（Franklin Nathaniel Daniel Buchman，1878—1961），以弗兰克·布赫曼（Frank Buchman）闻名于世。中译名有"勃克孟"等。生于美国宾夕法尼亚州。美国基督教组织牛津集团创始人。1938年领导道德重整运动，创办了美国信义会。

【布拉德】

即阿瑟·布拉德（Arthur Bullard，1879—1929），中译名有"蒲拉特"等。生于美国密苏里州。美国记者。曾任职于美国公共信息委员会，《展望》《我们的世界》杂志的编辑。

布拉德（1879—1929）

布拉福特（1851—1943）

【布拉福特】

即罗伯特·皮尔·格兰维尔·布拉福特（Robert Peel Glanville Blatchford，1851—1943），中译名有"布拉奇福德""布拉哲佛"等。生于英国肯特郡。英国社会主义活动家，记者，作家。1885年开始为《星期日纪事报》撰稿。1890年创立费边社曼彻斯特分会。1891年创办英国独立工人运动早期著名的《号角报》（即《格拉林报》），发表了一系列关于社会主义的文章。著有《快乐的英格兰》《英国人的英国》等。

布拉贡拉沃夫（1896—1938）

【布拉贡拉沃夫】

即格奥尔吉·伊万诺维奇·布拉贡拉沃夫（Георгий Иванович Благонравов，1896—1938），生于俄国梁赞省。俄国革命家，政治家。1917年加入俄国社会民主工党（布），后被任命为彼得·保罗要塞的政委，参加十月革命。曾在全俄肃反委员会、国家政治保卫总局任职。

布拉奇（1856—1940）

【布拉奇】

即哈里奥特·斯坦顿·布拉奇（Harriot Stanton Blatch，1856—1940），女。中译名有"勃拉希"等。生于美国纽约州。女权活动家伊丽莎白·卡迪·斯坦顿的女儿。美国作家，女权主义者。1907年创立自立妇女平等联盟（后更名为妇女政治联盟），参加妇女选举权运动。著有《动员妇女力量》等。

布莱克（1840—1912）

【布莱克】

即索菲亚·路易莎·杰克斯-布莱克（Sophia Louisa Jex-Blake，1840—1912），女。中译名有"布列克""嗟克斯·布列克"等。生于英国海斯廷斯。职业医生。英国教育家。1874年在伦敦开办女医学院。1877年获得伯尔尼大学医学博士学位。1886年在爱丁堡创建女子医学院。

67

布莱克本(1842—1903)

【布莱克本】

即海伦·布莱克本(Helen Blackburn,1842—1903),女。中译名有"布拉克"等。生于爱尔兰凯里郡。英国作家,妇女权利活动家。历任妇女参政会全国同盟秘书、《英国妇女评论》主编等职。著有《女工状况与工厂法》《妇女参政权:不列颠岛女权运动纪实》等。

布莱克威尔(1821—1910)

【布莱克威尔】

即伊丽莎白·布莱克威尔(Elizabeth Blackwell,1821—1910),女。中译名有"白拉凯尔"等。生于英国布里斯托尔。职业医生。美国教育家。1849年成为美国第一位获得医学学位的女性。1857年为纽约妇女和儿童医院创始人。美国女子医学教育界的先锋,在女权运动中做出突出贡献。著有《健康的宗教》《父母关于子女道德教育的建议》《性中的人为因素》等。

布莱克威尔(1857—1950)

【布莱克威尔】

即爱丽丝·斯通·布莱克威尔(Alice Stone Blackwell,1857—1950),女。中译名有"布拉克威尔"等。生于美国新泽西州。美国记者,女权主义者,激进社会主义者。历任《妇女杂志》编辑、新英格兰和马萨诸塞州妇女选举权协会主席及美国全国妇女选举权协会秘书等职。

布兰德(1855—1914)

【布兰德】

即休伯特·布兰德(Hubert Bland,1855—1914),中译名有"布德兰"等。生于英国伦敦。英国早期社会主义者。1884年参加创建费边社,与其妻子内斯比特联合编辑该社期刊《今日》。1885年参加英国社会民主联盟。1892年为《曼彻斯特周日纪事报》的专栏作家。著有《展望》《给女儿的信》等。

布兰德斯（1842—1927）

【布兰德斯】

即格奥尔格·布兰德斯（George Brandes，1842—1927），中译名有"班德""勃兰特""勃兰提斯""勃兰雪""勃兰兑斯""布兰兑斯""蒲郎德司""蒲郎司""蒲罗斯"等。生于丹麦哥本哈根。丹麦文学史家，文学批评家。著有《19世纪文学主流》（6卷本）等。

布兰亭（1860—1925）

【布兰亭】

即卡尔·亚尔马·布兰亭（Karl Hjalmar Branting，1860—1925），中译名有"白伦丁""勃兰丁""布兰庭""写尔麻·布兰汀"等。生于瑞典斯德哥尔摩。瑞典政治活动家，瑞典社会民主党和第二国际创建人和领袖之一。历任瑞典总理、外交部部长、财政部部长等职。第一次世界大战期间成为社会沙文主义者。

布朗基（1798—1854）

【布朗基】

即日罗姆·阿道夫·布朗基（Jérôme-Adolphe Blanqui，1798—1854），中译名有"阿笃儿夫·勃兰克以""布兰基""布兰克""富伦克""列拉契""菩崙开""亚德夫·布兰期"等。生于法国尼斯。法国革命家路易·奥古斯都·布朗基的哥哥。法国古典经济学家。著有《商业和工业史纲要》《欧洲政治经济学史》等。

布朗基（1805—1881）

【布朗基】

即路易·奥古斯特·布朗基（Louis Auguste Blanqui，1805—1881），中译名有"阿格斯·布兰期""奥古斯特·布朗基""白浪氏""波仑葛""剥朗克""勃兰葛""勃兰基""卜兰起""布兰克""布郎""布朗葵""布浪葵""路易布兰""路易渥契斯托列拉契""欧旧斯特·勃兰克以""蒲朗基""渥契斯托列拉契"等。生于法国普格德尼。法国革命家，空想共产主义者。1830年七月革命和1848年法国二月革命的参加者，秘密四季社的领导人。

1848—1849年革命时期是法国无产阶级运动的领袖。其著述经翻译后汇编为《布朗基文选》在国内出版。

【布朗斯基】

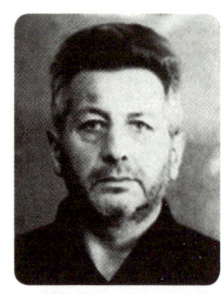

布朗斯基（1882—1938）

即美契斯拉夫·亨利霍维奇·布朗斯基（Мечислав Генрихович Бронский，1882—1938），中译名有"布龙斯基"等。生于波兰罗兹。波兰社会民主党人，后加入俄共（布），政治活动家。1902年加入波兰王国和立陶宛社会民主党，曾在波兰和瑞士做该党内工作。第一次世界大战期间，坚持无产阶级国际主义立场，反对帝国主义战争。1916年代表波兰社会民主党参加在瑞士昆塔尔举行的国际社会党第二次代表会议。十月革命后，历任苏维埃俄国工商业副人民委员、苏维埃俄国驻奥地利全权代表兼商务代办、苏联财政人民委员部和对外贸易人民委员部部务委员等职。

【布雷】

布雷（1809—1895）

即约翰·弗朗西斯·布雷（John Francis Bray，1809—1895），中译名有"布勒""约翰弗兰雪斯勃雷"等。生于美国华盛顿。职业印刷工人。罗·欧文的信徒。英国经济学家，空想社会主义者。阐发了"劳动货币"理论。19世纪60年代参与美国社会主义运动，起草一些政治小册子，其《对劳动的迫害及其救治方法》一文被马克思在1847年批判蒲鲁东的《哲学的贫困》中详细引用。著有《与第一原则相关的政府和社会》《乌托邦之旅》等。

【布雷】

布雷（1811—1884）

即查尔斯·布雷（Charles Bray，1811—1884），中译名有"布勒""布列""菩利""蒲尼"等。生于英国考文垂。英国丝带制造商，空想社会主义者。1808年创办《考文垂先驱报》。1843年领导建立考文垂劳工和工匠合作社，推行欧文式的社会主义。著有《身体教育：致工人阶级的讲话》等。

布雷德劳（1833—1891）

【布雷德劳】

即查尔斯·布雷德劳（Charles Bradlaugh，1833—1891），中译名有"布拉德拉夫"等。生于英国伦敦。英国政治活动家，无神论者。1858年任伦敦世俗协会主席。1860年任《国家改革者》编辑。曾为英国自由党议员。

布利丹（约1300—约1358）

【布利丹】

即让·布利丹（Jean Buridan，约1300—约1358），中译名有"巴立丹""布里丹"等。生于法国阿图瓦贝顿。法国哲学家，唯名论者。1328年任巴黎大学校长。认为意志自由特别是选择自由的问题在逻辑上是不可解决的。著有《方言总和》《后果》等。

布利特（1891—1967）

【布利特】

即威廉·克里斯蒂安·布利特（William Christian Bullitt，1891—1967），中译名有"巴利特""勃烈脱""布里特""富兰西斯""蒲立德"等。生于美国宾夕法尼亚州。美国外交官，记者，作家。1917年任美国国务院中欧情报局局长。1919年作为美国巴黎和会代表团团员参加巴黎和会。2月巴黎和会期间，美国总统威尔逊和英国首相劳合-乔治密谋，派布利特作特使访问苏俄，与列宁、苏俄外交委员会谈判，拟定《美国政府代表布利特和协约国苏俄政府共同制定和平建议草案》。事后美国、英国政府拒绝此草案。20世纪30—40年代任美国驻苏联、法国大使。作品有讽刺小说《没完》等。

布列什柯夫斯卡娅（1844—1934）

【布列什柯夫斯卡娅】

即叶卡捷琳娜·康斯坦丁诺夫娜·布列什柯·布列什柯夫斯卡娅（Екатерина Константиновна Брешко-Брешковская，1844—1934），女。中译名有"波兰歇古卜斯加耶""勃来希柯夫斯喀亚""勃莱希柯夫斯基""布勒斯可夫斯加牙""布利细谷夫斯嘉""布利修谷夫加耶女史""布列司可夫斯加亚""布

列斯科斯克鸦""布列希科斯加亚""布列希奇苛夫斯加亚老母""布细科夫卡农""加塞林·贝雷希古夫斯基""喀雪林勃来希柯夫斯喀亚""卡特里湟布勒时可夫斯基""婆利萧斯""普勒司可夫斯卡亚"等。生于俄国切尔尼戈夫省（今属乌克兰）。俄国社会革命党的组织者和领导人之一。小资产阶级刊物称她为"俄罗斯革命的祖母"。十月革命胜利后，反对苏维埃政权。1919年前往美国，后定居法国，继续反对苏联。

布林德利（1716—1772）

【布林德利】

即詹姆斯·布林德利（James Brindley，1716—1772），中译名有"布里德黎""布灵德列"等。生于英国德比郡。英国工程师，发明家。1759年建造从沃斯利到曼彻斯特的布里奇沃特运河，被公认为英国第一条具有经济意义的运河，故有英国"运河建设先驱"之称。

布留哈诺夫（1878—1942）

【布留哈诺夫】

即尼古拉·巴甫洛维奇·布留哈诺夫（Николай Павлович Брюханов，1878—1942），中译名有"卑尔若卡洛夫"等。生于俄国辛比尔斯克省。苏联政治家。1902年加入俄国社会民主工党。历任苏联中央执行会委员、粮食人民委员、财政人民委员、苏联人民委员会农业产量核定委员会副主席等职。

布鲁克斯（1846—1938）

【布鲁克斯】

即约翰·格雷厄姆·布鲁克斯（John Graham Brooks，1846—1938），中译名有"不洛克"等。生于美国新罕布什尔州。美国社会学家，政治改革家，作家。主张对掠夺性垄断进行监管，采取渐进的社会改革立法措施，以缓解工人阶级所面临的最突出问题。著有《社会动荡：劳工和社会主义运动研究》《美国工团主义》等。

布鲁诺（1548—1600）

【布鲁诺】

即乔尔丹诺·布鲁诺（Giordano Bruno，1548—1600），中译名有"白鲁诺"等。生于意大利那不勒斯。意大利唯物主义哲学家，自然科学家。因勇敢地批判经院哲学和神学，反对地心说，阐发泛神论、辩证的世界观，捍卫和发展哥白尼的太阳中心说，被宗教裁判所判为"异端"，烧死在罗马鲜花广场。著有《论无限宇宙和世界》《诺亚方舟》等。

布鲁斯（1844—1912）

【布鲁斯】

即保尔·路易·玛丽·布鲁斯（Paul Louis Marie Brousse，1844—1912），中译名有"巴威尔·布尔斯""勃洛斯""卜露斯""布鲁士""贺陆列陆斯""列陆斯""列露斯""蒲罗斯""普鲁夫"等。生于法国蒙彼利埃。职业医生。法国工人党创始人之一，社会改良主义思想家。早年当过律师。1871年参加巴黎公社。侨居国外期间结识米·亚·巴枯宁，追随无政府主义。1872年加入第一国际，因拒绝选派代表出席第一国际海牙代表大会而被开除。1880年回到法国，参与创建法国工人党，在党内反对马克思主义派，成为"可能派"的思想家和领袖之一。1905年加入法国社会党。1906年当选为法国众议院议员。

布鲁西洛夫（1853—1926）

【布鲁西洛夫】

即阿列克谢·阿列克谢耶维奇·布鲁西洛夫（Алексей Алексеевич Брусилов，1853—1926），中译名有"布鲁西洛""布罗西诺夫"等。生于俄国第比利斯（今为格鲁吉亚共和国首都）。俄国、苏联军事家。毕业于俄国贵胄军官学校、骑兵军官学校，历任骑兵军官学校校长、步兵军军长、华沙军区司令助理等职。1912年晋升俄国骑兵上将。在俄国临时政府时任俄军最高军事统帅。1920年参加苏俄红军，曾任共和国武装力量总司令下属特别会议主席、马和养马业总军事监察长、工农红军骑兵监、苏联革命军事委员会特别事务协理军官等职。著有《我的回忆》等。

布伦坦诺（1844—1931）

【布伦坦诺】

即路约·布伦坦诺（Lujo Brentano，1844—1931），中译名有"白兰当""布棱塔诺""布林达罗""布林达乌氏""布伦达诺""布伦他洛""列卜他耶""蒲连达诺""蒲云德脑""普来塔卯""普冷他诺""普能德诺"等。生于德国阿沙芬堡。德国资产阶级庸俗经济学家，讲坛社会主义者。历任布雷斯劳大学、斯特拉斯堡大学、维也纳大学、莱比锡大学以及慕尼黑大学教授等职。著有《格根瓦特之死》等。

【布洛克】

即汉·布洛克，生卒年不详，中译名有"密林克"等。1905年任《前进报》第三任主编。

布施胜治（1886—1953）

【布施胜治】

布施胜治（フセカツジ，1886—1953），中译名有"布施"等。日本新泻县人。日本大正、昭和时期的媒体人。毕业于东京外国语学校俄语系。1916年进入《日日新闻》（今《每日新闻》）社，长期担任莫斯科、欧美特派员，成为负有盛名的"苏联通"。1920年6月3日与日本记者中平亮采访列宁。采访报道于6月10日刊出，6月26日《意志报》（俄国社会革命党报纸）加以援引。1920年8月回国后，担任《日日新闻》副主编、主编。1924年7月至1928年6月为《日日新闻》驻华记者。1918—1926年所著的《述俄国过激派领袖李宁》《劳农俄国的新政策——李宁采取资本制度的用意》《〈劳农政府之经济政策〉苏俄之极东政策》等文被译成中文，刊载在《东方杂志》《时事月刊》《国闻周报》等刊物。著有《工农俄国归来》《苏俄的东方政策》《列宁的俄罗斯与孙文的中国》《支那国民革命与冯玉祥》《斯大林传》等。

C

蔡尔康（1851—1921）

【蔡尔康】

蔡尔康（1851—1921），字子茀、紫诠，别署铸铁庵主、楼馨仙史等。江苏嘉定（今属上海市）人。近代媒体人。1876年因多次应试未能中举，投身报界，先后任《申报》《字林沪报》《万国公报》等报主笔、《新闻报》主编。1892年受聘同文书会。1899年与英国传教士李提摩太合作翻译《大同学》，是公认的"马克思"中译名首次出现的中译本。著有《纪闻类编》等，编有《申报馆书目》等。

蔡和森（1895—1931）

【蔡和森】

蔡和森（1895—1931），原姓蔡林，名和仙、林彬，字润寰，号泽膺。湖南湘乡（今双峰）人。中国共产党早期领导人之一，杰出的无产阶级革命家，理论家。1913年就读湖南省立第一师范学校。1918年同毛泽东等人一起组织进步团体新民学会，创办《湘江评论》。1919年投身五四运动。1920年春赴法勤工俭学，其间接触马克思主义，"猛看猛译"科学社会主义，公开表示信奉唯物史观，主张在中国建立共产党，实行无产阶级专政，走苏俄的社会主义道路。1921年与周恩来等在法国组织中国共产主义青年团旅欧支部。同年10月回国，历任中国共产党第二、三、四、五、六届中央委员，第三、四届中央局委员，第五、六届中央政治局委员、常委等职。长期主持党的宣传工作，任《向导》主编，发表了大量运用马克思主义剖析时政的文章。其所著的《社会进化史》于1924年出版，并与李达的《现代社会学》、瞿秋白的《现代社会学》共同成为我国运用唯物史观阐释人类社会历史、社会学的奠基之作。其著述被整理为《蔡和森文集》。

蔡济民（1886—1919）

【蔡济民】

蔡济民（1886—1919），原名国桢，字幼襄（又作幼香）。湖北黄陂人。民主革命家，辛亥武昌起义领导者之一。1910年加入日知会、群冶学社、共进会、军队同盟会等革命团体。1911年任湖北同盟会支部参议部部长。武昌起义时，率本标士兵首攻都督署。胜利后，主持谋略处，率师保卫汉口。后历任湖北军政府军务部参议长、军务司司长等职，被授陆军中将。1913年参加二次革命。失败后，潜赴日本，加入中华革命党。1917年任鄂西靖国军总司令。1919年1月被护法军阀方化南、唐克明杀害。作品有诗歌《书愤》等。

蔡特金（1857—1933）

【蔡特金】

即克拉拉·蔡特金（Clara Zetkin，1857—1933），女。中译名有"采脱金""赤得金""崔特董""古拉拉则德金""克拉拉""克莱拉柴脱金""枯拉拉·崔特董""路脱菲塞尔女士""罗扎""齐特金""切特金""徐特金""泽特金""栉琼""滋特金"等。生于德国萨克森。德国工人运动和国际工人运动活动家，德国共产党创建人之一，国际社会主义妇女运动领袖之一。1881年加入德国社会民主党。1889年参加"法国大革命一百周年"纪念大会，并发表题为《为了妇女解放》的专题演说，提出了妇女经济独立、男女同工同酬、改变现行社会制度的主张。有"国际妇女运动之母"之誉。第一次世界大战期间持国际主义立场，反对社会沙文主义。著有《女工和当代妇女问题》《反对法西斯主义和帝国主义战争》《回忆列宁》《卡尔·马克思及其生平》等。

【蔡元培】

蔡元培（1868—1940）

蔡元培（1868—1940），字鹤卿、仲申、民友，号孑民。化名蔡振、周子余。浙江山阴（今绍兴）人。清光绪进士，近现代民主革命家，教育家，思想家，中国同盟会会员。1916年12月任北京大学校长。采用"思想自由，兼容并包"的办学方针，提倡学术民主，支持新文化运动。第一次世界大战后，鲜明提出"劳工神圣"口号，宣传社会主义。1920年为《社会主义史》中文版撰写序言，将社会主义思潮与中国儒家思潮、井田制相联系，一一介绍各派社会主义后，指出其中有些方法值得国民"效法"。其著述被整理为《蔡元培全集》（18卷）。

【曹汝霖】

曹汝霖（1877—1966）

曹汝霖（1877—1966），字润田。祖籍浙江，上海人。民国时期政治人物，新交通系首领。早年留学日本。因在交通总长任内负责将部分权益出让给日本的谈判，被斥为亲日派、卖国贼。1919年五四运动爆发后被免职。著有《一生之回忆》等。

【策勒】

策勒（1814—1908）

即爱德华·策勒（Eduard Zeller，1814—1908），中译名有"策勒尔""宰勒儿"等。生于德国符腾堡州。德国哲学家，神学家。1849年任马堡大学神学教授，1862年任海德堡大学哲学教授。著有《古希腊哲学史》等。

【策列铁里】

策列铁里（1881—1959）

即伊拉克利·格奥尔吉耶维奇·策列铁里（Ираклий Георгиевич Церетели，1881—1959），中译名有"采莱吉里""莱勒得里""蔡特立""策勒忒里""察里调利""崔莱特利""捷勒得里""捷勒德里""捷勒特里""截列特利""齐勒德里""载列推里""泽勒达里斯""周来脱利"等。生于俄国库塔伊西（今属格鲁吉亚）。俄国孟什维克领袖之一。曾主编格鲁吉亚社民派杂志《犁路》。1917年俄国二月革命后，历任彼得格勒苏维埃执行委员、临时政府邮电部部长、内务部部长等职。十月革命后为格鲁吉亚孟什维克反革命政府首脑之一。

岑春煊（1861—1933）

【岑春煊】

岑春煊（1861—1933），字云阶，号炯堂老人，曾用名云霭、春泽。广西西林人。近代政治人物。清末任布政使、巡抚、总督，与直隶总督袁世凯并称"南岑北袁"。护国运动中被推举为护国军都司令，任军务院副抚军长，代行抚军长职。1918年排挤孙中山，自任广东护法军政府主席总裁，主导南北议和。1920年粤桂战争后军政府解散，通电辞职。其著述被整理为《岑春煊文集》《岑春煊集》（全六册）。

岑德彰（1899—？）

【岑德彰】

岑德彰（1899—？），壮族。广西西林人。法学家，翻译家。早年毕业于美国哥伦比亚大学，获硕士学位。历任上海圣约翰大学教授、上海光华大学商学院院长、国民政府行政院参事等职。译著有《资本主义与社会主义》《货币论》《奥本海国际法》《国际法典》《上海租界略史》等。

查理曼大帝（742—814）

【查理曼大帝】

查理曼大帝（Charlemagne，742—814），中译名有"查理大帝""伽列曼大帝""加尔大帝""加尔满帝""加路路大帝""卡尔大帝""卡落落大帝""沙立曼""沙立曼大帝""沙日曼帝""捨利曼""西耶勒满帝""希耶列马""霞列曼尼""夏勒曼大帝"等。生于法兰克王国埃斯塔勒市。法兰克国王，皇帝。西欧中世纪初期强大的统治者，在近40年的统治期内，先后进行了50多次对外扩张远征，逐渐成为西欧大部分地区的统治者，建立了查理曼帝国。法国空想社会主义者圣西门自称是查理曼大帝的后裔，并以此为荣。

【查理五世】

查理五世（1500—1558）

查理五世（Charles V，1500—1558），中译名有"查利五世""却利皇帝五世"等。生于神圣罗马帝国根特（今属比利时）。德意志神圣罗马帝国皇帝，称查理五世；曾为西班牙国王，称查理一世。哈布斯堡王朝极盛时代的君主，16世纪欧洲最强大的君主，历任神圣罗马帝国皇帝、尼德兰君主、德意志国王、西班牙国王（称卡洛斯一世）。

【查默斯】

查默斯（1780—1874）

即托马斯·查默斯（Thomas Chalmers，1780—1874），中译名有"却麦尔斯"等。生于英国安斯特拉瑟。英国经济学家，牧师。马克思称他为"新教大主教""最狂热的马尔萨斯主义者之一"。著有《国家资源的范围和稳定性调查》《政治经济学》《大城镇的基督教和公民经济》（第三卷）等。

【查苏利奇】

查苏利奇（1849—1919）

即维拉·伊万诺芙娜·查苏利奇（Вера Ивановна Засулич，1849—1919），女。中译名有"查斯里""察斯里起""察斯利器""撒苏利奇""萨索里池""沙士丽支""韦拉沙嫂丽支""韦露沙士丽支""乌野拉沙斯利兹"等。生于俄国斯摩棱斯克省。俄国民粹运动、社会民主主义运动的活动家，俄国劳动解放社的创始人之一。1868年参加民粹派运动，与涅恰耶夫结识。次年因涅恰耶夫案被捕流放。1875年参加基辅民粹主义组织"暴动者"。1877年参加土地与自由社。1878年刺杀圣彼得堡市长特列波夫，被判无罪。1879年加入土地平分社，后转向马克思主义。1880年侨居国外。1881年2月给马克思写信，请教像俄国存在农村公社的社会发展道路的问题。3月8日马克思回信，明确指出俄国在一定条件下可以越过资本主义社会发展阶段直接进入社会主义的理论构想。马克思的在现代经济落后的俄国在一定条件下跨越"卡夫丁峡谷"可能性的理论，对中国革命产生极大的启发作用。1900 年起查苏利奇加入《火星报》《曙光》杂志编辑部,1903 年参加孟什维克,反对十月革命。著有《国际工人协会史纲》《论让·雅克·卢梭》等。

柴尔德(1630—1699)

【柴尔德】

即约赛亚·柴尔德(Josiah Child,1630—1699),中译名有"柴尔特"等。生于英国伦敦。英国经济学家,银行家,重商主义者。曾是东印度公司的股东和董事长。

柴可夫斯基(1851—1926)

【柴可夫斯基】

即尼古拉·瓦西里耶维奇·柴可夫斯基(Николай Васильевич Чайковский,1851—1926),中译名有"捷高夫斯基""截科夫斯基""齐确夫斯基""却可夫斯基"等。生于俄国维亚特卡。俄国民粹派分子,后为俄国社会革命党人,人民社会党人。十月革命后是外国武装干涉苏维埃政权的支持者和反苏维埃叛乱的策划者。

车尔尼雪夫斯基(1828—1889)

【车尔尼雪夫斯基】

尼古拉·加甫利洛维奇·车尔尼雪夫斯基(Николай Гаврилович Чернышевский,1828—1889),中译名有"车尔尼舍夫斯基""赤尔纳赛夫斯基""崔涅许斯克""阶尔尼阶弗斯克以""捷尔尼舍夫斯基""纠黎纠弗斯史以""契涅舍夫斯奇""洽尔乃西武""且尔里谢斯基""雀鲁尼雀夫斯堪""张涅夫斯""周尼闪夫斯基""周尼雪夫斯基"等。生于俄国萨拉托夫城。俄国革命民主主义者,空想社会主义者,哲学家,俄国社会民主主义先驱之一。著述很多,涉及哲学、经济学、教育学、美学、伦理学等领域。在哲学上批判贝克莱、康德、黑格尔等人的唯心主义观点,力图以唯物主义精神改造黑格尔的辩证法。其著述被翻译整理为《车尔尼雪夫斯基选集》《车尔尼雪夫斯基论文学》等在国内出版。

陈伯华（1889—1942）

【陈伯华】

陈伯华（1889—1942），原名宗岳，又名陈他华。广东海丰人。近代教育家。早年留学美国，1920年回国后历任海丰县教育局局长、广东教育委员会委员长、岭南大学教授等职。1930年创办明远中学。抗战时期，赴新加坡任华侨中学校长。1942年日军占领新加坡，遭杀害。

【陈达材】

陈达材，生卒年不详。广东人。新潮社社员。毕业于北京大学，《新潮》杂志编辑。新文化运动时期在《新潮》发表《物质文明》《文学之性质》《社会改制问题》等文章，传播先进文化，以启蒙思想、改造社会。在《广东群报》连载《苏维埃俄国底工人组织》一文，介绍苏俄革命经验。译文有《协约国与普鲁士政治理念之对抗》（美国韦罗贝演说）等。

【陈达生】

陈达生（？—1922），广东海丰人。陈炯明之侄。近代政治人物。海丰简易师范学校毕业。1906年2月与陈炯明、钟秀南、马育航、陈演生等创建反清组织——正气社。1907年2月2日与陈炯明、马育航等成立海丰同盟会。1909年创办《陆安自治报》（后改名为《海丰自治报》），任主笔。1911年5月随陈炯明加入了同盟会暗杀团。1916年春，随陈炯明回到广东参加讨袁斗争，共同组织惠州共和军。1920年任广东省公路处处长。1922年在香港被枪杀。

陈大齐（1886—1983）

【陈大齐】

陈大齐（1886—1983），字百年。浙江海盐人。近现代心理学家，中国近代心理学研究与教学的开创者之一。历任北京大学教授、北大代理校长、台湾政治大学校长等职。1917年在北京大学创建中国第一个心理学实验室，1918年出版中国高校第一本心理学教材《心理学大纲》。著有《现代心理学》《应用逻辑学》《哲学概论》等，编有《因明大疏蠡测》等。

陈调元（1886—1943）

【陈调元】

陈调元（1886—1943），字雪暄（又作雪轩）。直隶（今河北）安新人。民国时期军事将领。早年毕业于保定陆军军官学校。1927年3月任国民革命军第三十七军军长兼北路军总指挥，被选为武汉国民政府委员。不久，被蒋介石任命为安徽省政务委员会主席。

陈独秀（1879—1942）

【陈独秀】

陈独秀（1879—1942），原名乾生，字仲甫，号实庵。笔名仲、只眼、顽石、寸铁、TS、三爱等。安徽怀宁人。新文化运动的精神领袖，五四运动的总司令，马克思主义在中国早期主要传播者，中国共产党主要创始人之一，中国共产党早期领导人。1901—1915年曾五次到日本求学或避难。先后创办《爱国新报》《国民日日报》《安徽俗话报》。1914年7月协助章士钊办《甲寅》杂志，11月在该刊第一次使用"独秀"笔名发表文章《爱国心与自觉心》一文。1915年9月创办《新青年》（初为《青年杂志》），高举新文化运动大旗。1918年12月与李大钊创办《每周评论》。1919年五四运动爆发后，成为五四运动的擎旗手，思想上逐渐向马克思主义转变。1920年6月在上海新青年社编辑部与李汉俊、俞秀松等四位青年成立中国共产党第一个组织中共上海发起组（中共上海早期组织）。9月将《新青年》变成党的刊物，发表《对于时局的我见》《谈政治》，宣扬马克思主义，开辟"俄罗斯研究"专栏。同年创办《劳动界》《共产党》月刊。11月拟定《中国共产党宣言》。1921年中国共产党第一次全国代表大会后，担任中国共产党第一届至第五届中央委员会的最高领导人。其间编辑撰写《社会主义讨论集》《马克思学说》《陈独秀先生演讲录》《共产主义与共产党》《中国革命问题论文集》等大量著述，传播马克思主义，阐释中国共产党的政治主张。参与了第一次国共合作的建立，领导五卅运动和上海工人三次武装起义，并反对国民党新老右派的斗争和批判戴季陶主义。1927年

7月因共产国际要求负领导责任而离开中共中央最高领导岗位。1929年11月被中共中央开除党籍。抗日战争期间始终坚持抗战爱国立场。1942年在四川江津去世。其著述被整理为《陈独秀著作选编》(6卷)、《陈独秀文集》(4卷)等。

【陈耿夫】

陈耿夫(1874—1918),原名友亭。广东南海(今属佛山市)人。近代革命党人,记者。早年毕业于东京早稻田大学。1907年追随孙中山由日本到越南河内等地发起组织中国同盟会,他被推举为海防同盟会分会书记,支持革命党人在中越边境发起反清起义。在广州创办《民主报》宣传革命。1918年被桂系军阀秘密杀害。

陈公博(1890—1946)

【陈公博】

陈公博(1890—1946),广东南海(今属佛山市)人。中国共产党早期党员。1917年考入北京大学。1920年10月参与创办《广东群报》,推动马克思主义传播。1921年参与创建中共广州早期组织,为中国共产党第一次全国代表大会的代表。1922年6月被开除党籍。同年11月赴美国进入哥伦比亚大学,1924年2月撰写硕士论文《共产主义运动在中国》,附中国共产党早期几份文献,十分珍贵。抗日战争期间,投靠日本帝国主义,任伪国民政府主席兼行政院院长。1946年6月4月被处决。著有回忆录《寒风集》等。

陈公培(1901—1968)

【陈公培】

陈公培(1901—1968),原名善基、伯璋,曾用名吴明、无名。湖南长沙人。中国共产党最早的党员之一,政治活动家。金陵大学肄业。1919年在北京参加工读互助团。1920年6月与陈独秀、李汉俊等五人组建中共上海早期组织,同年7月赴法国勤工俭学。1921年春,加入巴黎共产主义小组,10月因参加占领里昂中法大学的斗争被押送回国。1921年底赴海南省,建立海南党组织,创建琼海师范学校并任校长。1924年入黄埔军校第二期学习,在校期间他发起组织火星社,参加两次东征。北伐战争时期,任国民革命军第四军政部副主任、武汉工人运动讲习所教员。1927年参加南昌起义,后与中国共产党失去联系。其著述被整理为《陈公培文集》。

【陈恭受】

陈恭受(1877—1952),字益南,法号慧诚。广东南海(今属佛山市)人。民国时期商人,政治人物。历任佛山商会会长、佛山商团团长等职。1924年与陈廉伯勾结成立广东商团总公所,并发动商团叛乱。抗日战争期间充当汉奸。1952年被处决。

【陈炯明】

陈炯明(1878—1933)

陈炯明(1878—1933),原名陈捷,字竞存,号赞三。广东海丰人。民国时期政治家,军事家。早年加入中国同盟会。五四时期一度采取亲苏俄路线,主张在中国"传播俄国革命种子""建立一崭新之社会主义中国"。1919年12月在福建漳州创办《闽星》半周刊、《闽星日刊》等报刊,传播无政府主义、社会民主主义、马克思主义,歌颂俄国十月革命、苏俄新政府。他在致列宁的信中,指出"布尔什维克将会给人类带来幸福。我将尽一切力量在世界上推行这一制度。我的使命不仅是改造主观,而且要改造整个东亚。"他在漳州进行社会主义实验,将漳州建成"小莫斯科"。曾任广东省省长兼粤军总司令,主张联省自治,反对孙中山北伐。1922年6月发动兵变,炮轰总统府,妄图谋害孙中山,后率部退守东江。1925年国民革命军两次东征,将其彻底打败。1925年10月10日美洲致公堂改组为中国致公党,他被推举为总理。其著述被整理为《陈炯明集》。

【陈魁亚】

陈魁亚(1897—1933)

陈魁亚(1897—1933),广东海丰人。中国共产党早期党员。1921年参加彭湃组织的社会主义研究社。1923年参加海丰农民运动。1925年任海丰县教育局局长。1927年4月领导普宁农民暴动,任中共普宁县委书记。后任东江苏维埃政府主席。1933年春,遭敌袭击牺牲。

【陈励茂】

生平不详。北京长辛店铁路工人。参加1923年京汉铁路工人大罢工。

【陈廉伯】

陈廉伯（1884—1944）

陈廉伯（1884—1944），字朴庵。广东南海（今属佛山市）人。民国时期商人,买办资本家。1912年任广州商团团长。1924年任广东省商团军联防总部总长,参与发动反对孙中山革命政府的商团叛乱。

【陈箓】

陈箓（1877—1939）

陈箓（1877—1939），字任先,号止室。福建闽侯人。近现代政治人物。1903年赴法留学,是中国第一位在法国获得法律学士学位的留学生。1912年任北京政府外务部政务司司长。巴黎和会时期任代理外交总长。1920—1927年任北京政府驻法国全权公使,曾两次任国际联盟中国代表。抗日战争期间任汪伪政权外交部部长。1939年在上海被国民党军统局人员暗杀。著有《蒙事随笔》《止室笔记》等。

【陈溥贤】

陈溥贤（1891—1957）

陈溥贤（1891—1957），谱名溥贤,字明溥,号博生。笔名渊泉、食力等。福建闽侯人。李大钊同学。媒体人,政治活动家,马克思主义早期传播者。1902年留学日本,1913—1916年就读于日本早稻田大学,是中国留日学生总会杂志《民彝》编委会成员之一,1916年任中国经济财政学会责任会员。1916年回国后,与李大钊一起参与编辑《晨钟》（后改名《晨报》）。1918年12月任《晨报》特派记者赴日本东京。此时正是日本社会主义运动复苏时期,他深受影响,倾向于社会主义,在《晨报》上介绍日本社会主义运动,宣传马克思主义。1919年初任《晨报》副刊主编,连载介绍马克思的小传。5月刊登译文《马克思的唯物史观》(河上肇著),是我国第一篇比较系统介绍马克思唯物史观的文章。1920年5月《晨报》与《新青年》《星期评论》联合,在京沪两地同时出版"劳动节"专刊,掀起传播马克思主义,歌颂劳工神圣的高潮。1920年9月翻译出版《马克思经济学说》,是我国较早诠释《资本论》的著作之一,产生深远影响。后历任《晨报》栏目"国际周刊"主编、《晨报》社社长、《民言报》主笔、国民党《中央日报》社长、国民参政会参政员、国民政府立法委员等职。1957年在台湾病逝。译著有《马克思的唯物史观》《马克思经济学说》等。

陈其美(1878—1916)

【陈其美】

陈其美(1878—1916),字英士。浙江湖州人。中国同盟会元老,青帮代表人物。1909年创办《中国公报》《民声丛报》,宣传革命。曾协助于右任创办《民立报》。辛亥革命后历任沪军都督、上海讨袁军总司令、中华革命党总务部部长等职。1916年5月18日被暗杀。其著述被整理为《陈英士先生纪念文集》《陈英士生平事略》等。

陈启天(1893—1984)

【陈启天】

陈启天(1893—1984),幼名翊林,谱名声翊,学名国权,辛亥革命时名为春森,大学学名为启天,字修平。笔名明志、致远。湖北黄陂人。民国时期教育社会学家,政治活动家,中国青年党领袖之一,国家主义派代表人物。1915年夏毕业于武昌中华大学。1919年加入少年中国学会。1924年参与创办《醒狮》周报。1925年加入中国青年党。他在《醒狮》上鼓吹国家主义,反对马克思主义,反对中国共产党。历任中华书局新书部编辑、《中华教育界》杂志主编等职。晚年随国民党退居台湾。著有《新社会哲学论》《中国政治哲学概论》《国家主义运动史》等。

陈启修（1886—1960）

【陈启修】

陈启修（1886—1960），又名豹隐，字惺农、莘农。笔名勺水、罗江、辛修、华农等。四川中江人。中国共产党早期党员，马克思主义经济学家。1905年东渡日本。1913年入东京帝国大学。留日期间接触马克思主义。1917年底回国任北京大学法科教授兼政治门研究所主任。1919年在《新青年》第6卷第5期"马克思研究"专栏发表《马克思的唯物史观与贞操问题》。1920年在北京大学开设《马克思主义经济学概论》课程，讲授马克思的经济学理论。同年9月，在北京大学政治系的现代政治讲座中，介绍十月革命后苏俄的具体情况，分析世界工人运动以及中国劳工运动的状况。1921年11月，在北京大学马克思学说研究会中，发表《社会主义底发生的考察和实行条件底讨论与他在现代中国的感应性及可能性》的演讲。1923年10月赴欧洲和苏联，在苏联先后加入国民党和中国共产党。大革命时期，历任广州黄埔军校教官、农民讲习所教员、武汉《中央日报》主笔等。大革命失败后流亡日本，其间翻译河上肇的《经济学大纲》。1930年3月由上海昆仑书店出版其翻译的《资本论》第1卷第1分册，为我国《资本论》宣传的先驱。其著述被整理为《陈豹隐全集》。

陈乔年（1902—1928）

【陈乔年】

陈乔年（1902—1928），又名遐乔。化名罗热、何忍、秋水，笔名罗丝、克拉辛等。安徽安庆人。陈独秀次子。中国共产党早期领导人之一。1919年底赴法勤工俭学。初期信仰无政府主义，1921年转变为马克思主义者。1922年6月加入旅欧中国少年共产党，同年转入中国共产党。次年3月入莫斯科东方劳动者共产主义大学学习。1925年7

月回国，历任中共北京地委组织部部长、中共北方区委组织部部长等职。1925年负责《政治生活》等刊物的发行。1927年在中国共产党第五次全国代表大会上当选中央委员。1928年6月6日英勇就义。

【陈秋霖】

陈秋霖（1894—1925）

陈秋霖（1894—1925），原名陈沛霖。笔名独尊。广东惠阳人。陈逸川之弟、陈孚木之兄。媒体人。1919年12月任漳州《闽星》半周刊编辑，次年1月任《闽星日报》总编辑。介绍社会主义、马克思主义、俄国十月革命和中国新文化运动等情况，同时鼓吹无政府主义。1920年冬在广州创办《星报》，参加陈公博、谭平山主办的《广东群报》的编辑工作。1922年主持《广东群报》工作。后代替陈炯明主办《香港新闻报》，于1924年7月改名为《中国新闻报》，刊载《我们的宣言》，声明拥护孙中山，与陈炯明脱离关系；刊出致陈炯明公开信，劝陈早日悔改，勿与国人为敌。此事被港人称为"报变"。后任国民党机关报《民国日报》主编，兼国民政府监察院监察委员。1925年8月20日与廖仲恺同时被国民党右派杀害。

【陈茹玄】

陈茹玄（1894—1955）

陈茹玄（1894—1955），字逸凡。广东兴宁人。法学家，教育家。1912年赴美入美国伊利诺大学、哥伦比亚大学学习宪法及国际法，获法学硕士学位。1921年回国，任上海总商会月报编辑，兼《政学丛刊》总编辑。历任北京师范大学教授、东南大学校长、国民政府建设委员会秘书长等职。1924年主编《东南丛衡》周刊。1932年被选为国民政府立法委员，主持起草《五五宪法》。著有《陈茹玄政论集》《联邦政治》《续编中国宪法史》等。

【陈石孚】

陈石孚（1899—1979），原名陈德缄，字石孚，号屺云。四

陈石孚（1899—1979）

川中江人。媒体人，教育家，翻译家。《中国评论》创办人之一，为中国政治学会发起人之一。历任中央政治学校教授、国立政治大学教务长、清华大学法学院院长、《中央日报》总主笔等职。早年就读清华大学。精通英文，曾翻译塞利格曼的《经济史观》，于1920年10月由商务印书馆出版。

【陈寿僧】

即陈绶荪（1898—1983），湖南澧县人。近现代政治人物，经济学者。1917年赴日本留学，毕业于日本东京文理科大学。1931年回国。先后在国民政府铁道部、交通部从事编辑和行政管理工作。1948年任湖南大学商学院教授。1951年加入中国民主建国会。1953年调任中南财经学院，曾任图书馆馆长。译著有《新经济学》《欧洲经济史纲》《社会问题辞典》等。

陈潭秋（1896—1943）

【陈潭秋】

陈潭秋（1896—1943），名澄，字云先，化名徐杰。湖北黄冈人。中国共产党创始人之一，伟大的无产阶级革命家。1916年考入国立武昌高等师范学校英语部。1919年参加五四运动，结识董必武。1920年10月经董必武介绍，参加中共武汉早期组织。1921年7月赴上海参加中国共产党第一次全国代表大会。同年9月任中国劳动组合书记部武汉分部负责人，历任中共武昌地方执行委员会委员长、国民党湖北省执行委员会组织部部长、中共湖北区执委会委员兼组织部部长、宣传部部长、中国共产党第五届中央候补委员等职。创办湖北人民通讯处、主编《武汉星期评论》，在《新青年》《大汉报》《武汉星期评论》上发表《汉口苦力状况》《"五一"底略史》《私有制度下的教育运动》等文章。其著述被整理为《陈潭秋文集》。

C

陈天华（1875—1905）

【陈天华】

陈天华（1875—1905），原名显宿，字星台、过庭，别号思黄。湖南新化人。华兴会会员，中国同盟会成员。1905年8月任《民报》编辑。所著《猛回头》《警世钟》成为当时宣传革命的号角，为抗议日本政府颁布的《清国留学生取缔规则》，唤醒民众起到了重要作用。于同年12月在日本横滨投海殉国。其著述被整理为《陈天华集》。

陈望道（1891—1977）

【陈望道】

陈望道（1891—1977），原名参一。笔名（陈）佛突、陈雪帆、南山、张华、一介、焦风、晓风、龙贡公等。浙江义乌人。中国共产党早期党员，翻译家，教育家，语言学家。《共产党宣言》第一个完整中译本的翻译者，此书深刻地影响了李大钊、陈独秀、毛泽东、周恩来等第一代马克思主义者，先后由人民出版社、新青年社、平民书社、上海书店、国光书店、长江书店等一再印刷发行，到1927年重印近20版。1920年8月参加中共上海早期组织，12月起负责《新青年》的编辑工作。中国共产党成立后，任中共上海地方委员会书记，因与陈独秀意见不合而退党。后长期从事教育工作，1952年任复旦大学校长，历时15年。1957年经毛泽东批准回到党内，曾为中国共产党第十次全国代表大会代表。译著有《空想的与科学的社会主义》《社会学纲要》《劳动组合主义论》等，其著作被整理为《陈望道全集》（10卷）。

陈为人（1899—1937）

【陈为人】

陈为人（1899—1937），原名陈蔚英。笔名为人、陈涛等。湖南江华人。中国共产党早期党员，中国共产党档案事业的奠基人。早年就读衡阳县省立第三师范学校。1920年8月参加上海社会主义青年团，9月入外国语学社。同时参加《劳动界》的编撰工作，撰有《我们的劳（动力）哪里去了？》《今日劳工的责任》《劳工要有两种心》等文章，传播马克思主义的劳工理论。1920年底赴苏俄入莫斯科东方劳动者共产主义大学学习。1921年冬由团转党，参加组建中国共产党旅苏俄支部。回国后投身工人运动，历任中共北方职工运动委员会书记、中共北方区委组织部部长兼职工委员会书记。1924年到上海，参与《向导》编辑工作，撰写《为"二七"纪念告国人》《国民党左右派之争》等30余篇文章。1926年参与《政治生活》印刷出版工作。1927年4月参加中国共产党第五次全国代表大会。大革命失败后，被派往东北，筹组中共满洲省委，任第一任中共满洲省委书记兼宣传部部长。1932年下半年，受党中央派遣，负责中共中央文库的管理工作，他以顽强的革命毅力，克服难以想象的困难，用生命保卫了党中央文库的安全，把中共中央文库近2万件党的机密档案和历史文献全部完整保存并安全地交给了党。1937年3月病逝。中国共产党第七次全国代表大会上被追认为革命烈士。

陈延年（1898—1927）

【陈延年】

陈延年（1898—1927），又名遐延。化名林木、陈东，笔名年、人等。安徽安庆人。陈独秀长子。中国共产党早期领导人之一。1919年底赴法勤工俭学，参加无政府主义组织工余社，主编《工余》杂志。1921年后转变为马克思主义者。1922年6月与赵世炎、周恩来等创建旅欧中国少年共产党，为执行委员，编辑《少年》杂志，发表《一个无政府党人和一个共产党人的对话》《其么是无政府党人的道德？》等文，对无政府主义、国家主义进行斗争。1922年秋加入法国共产党，不久转入中国共产党。1923年入莫斯科东方劳动者共产主义大学学习。1924年回国，任中共广州区委秘书兼组织部部长。中国共产党第四次全国代表大会后，任中共广东区委书记。1927年四一二反革命政变后，奉命前往上海。在中国共产党第五次全国代表大会上当选为中央政治局候补委员，6月任中共江苏省委书记。1927年6月底壮烈牺牲。

陈赞贤（1896—1927）

【陈赞贤】

陈赞贤（1896—1927），字子襄。江西南康（今属赣州市）人。中国共产党早期党员，中国共产党工人运动活动者。五四时期领导南康学生反帝爱国运动。1925年加入中国共产党。1926年8月创建中共赣州支部，担任赣州总工会委员长，领导赣州革命斗争。1927年3月遇难。作品有诗歌《无题》等。

陈筑山（1884—1958）

【陈筑山】

陈筑山（1884—1958），字为藩，又名光燾。贵州贵阳人。近现代藏书家，社会活动家，教育家，作家，媒体人。历任中国公学代理校长、北平法政大学校长等职。中华平民教育促进会重要人物，蜚声世界的乡村建设"定县实验"创办人之一。早年毕业于日本早稻田大学，后入美国密歇根大学。1916年与李大钊创办进步刊物《晨钟报》，并任第二任总编辑，其间以"醉翁"笔名发表多篇评论文章。1917年8月13日辞去总编辑一职，再赴日本留学，其间翻译日本学者茂木久平所著的《西洋之社会运动者》，被《晨报》（1918年12月《晨钟报》改为《晨报》）连载，署名"筑山醉翁译"。1920年赴美国考察2年。1924年转向平民教育，创作平教会会歌《中华平民教育运动歌》。在平教会任职期间，编写用于北京法政大学、朝阳大学和民国大学的政治学基础教义《最新体系政治学纲要》，系统介绍西方政治学观点，推行平民教育实验。著有《哲学之故乡》《国族精神》《最新体系政治学纲要》等。

谌小岑（1897—1992）

【谌小岑】

谌小岑（1897—1992），又名伊勋，号晓岑。湖南安化人。天津觉悟社成员。1917年考入天津北洋大学。1919年参加天津五四运动，为天津学联会的骨干。1919年9月参加天津觉悟社。1920年和张太雷组织了天津第一个社会主义青年团小组，参与创办《女星》旬刊、《妇女日报》等报刊。

历任"华俄通信社"上海分社中文部主任、国民党中央党部工人部指导主任、国民党上海市党部监察委员等职。中华人民共和国成立后,先后在国家出版总署编译局、文化部出版局从事翻译工作。后任国务院参事、民革中央监察委员会常委等职。著有《谌小岑回忆张太雷》《忆"觉悟"》《觉悟社及其成员》等。

【成舍我】

成舍我(1898—1991)

成舍我(1898—1991),原名成勋,后改名成平。笔名丁一、一丁、小向、百忧、舍我、大衷。湖南湘乡人,生于南京。成思危的父亲。媒体人,教育家。早年就读北京大学。创办、编辑和主编《世界晚报》《世界日报》《民生报》《立报》《台湾立报》等。1919年在《每周评论》上摘译《共产党宣言》,还发表《近代社会主义与乌托邦社会主义的区别》《无产阶级政治》等传播马克思主义的文章。1991年4月1日病逝于台北。著有《献身报坛六十年》等,后人编有《成舍我先生纪念文集》。

【赤松克麿】

赤松克麿(1894—1955)

赤松克麿(アカマツ カツマロ,1894—1955),日本山口县人。日本大正、昭和时代的社会主义活动家。任众议院议员。早年就读东京帝国大学法学院政治学系,曾与林房熊翻译苏联经济理论家马林诺夫斯基(波格丹诺夫)的名著《政治经济学大纲》,中译本于1927年1月21日由新青年社出版,汉口长江书店为总代售处。著有《社会革命史论》《无产阶级与整治行动》《日本劳动运动发达史》《日本无产阶级政党史》等。

【丑伦杰】

丑伦杰,生卒年不详。湖南长沙人。近代政治人物。就读于长沙长郡中学,学生时代参加驱逐张敬尧的"驱张请愿团"。1924年任教于安徽宏毅学舍,后任湖南省银行副行长。

C

垂任天皇（公元前69—70）

【垂仁天皇】

垂仁天皇（スイニンテンノウ，公元前69—70），根据《古事记》记载，为日本第十一代天皇，在位时间为公元前29年—70年。景行天皇之父。主要事迹为建造伊势神宫，大规模开展农田灌溉，开启了相扑运动，采用埴轮代替人殉陪葬方式等。

慈禧（1835—1908）

【慈禧】

慈禧（1835—1908），女。叶赫那拉氏。清朝咸丰皇帝妃嫔、同治皇帝生母（西宫太后）。晚清实际统治者。在同治、光绪两朝初期，与慈安太后一起垂帘听政。1898年戊戌政变后再度垂帘，一生三次训政，对晚清统治达47年之久。

崔孟博（1903—1957）

【崔孟博】

崔孟博（1903—1957），又名崔物齐，化名山水、崔博。陕西西安人。中国共产党早期党员。1920年就读天津南开中学。1922年参加陕籍旅京学生的进步社团共进社，为《共进》半月刊撰写了近10篇宣传新文化、新思想和马克思主义的文章。1923年参加中国社会主义青年团，不久加入中国共产党。1926年赴日本留学，在东京翻译了日本社会主义者山川均的《资本主义的解剖》，其中译本于1927年在上海出版。1927年初回上海，后任广州黄埔军校政治教官，四一二反革命政变后返回陕西，7月中共陕西省委成立任省委委员、常委。

村井知至（1861—1944）

【村井知至】

村井知至（ムライトモヨシ，1861—1944），日本爱媛县人。基督教社会主义者，学者。1884年毕业于日本同志社英语学校。1889年就读美国安多弗神学院。1894年入美国爱荷华大学学习。1897年回国，次年与安部矶雄、片山潜、幸德秋水等组织社会主义研究社，担任会长。1899年任东京外语学校教授。同年出版《社会主义》一书。此书与《社会党》(1903)和《近世社会主义》(1903)一起被称为在中国最早有影响传播社会主义的三部著作。全书共有序言、绪言及正文10章，系统地介绍了自己理解的社会主义、社会主义定义，社会主义与道德、教育、美术、妇女、工会等及与基督教的关系。此书是中国第一部系统介绍马克思生平和学说的译著，阐释了剩余价值学说。它有三个中译本，分别是1902年11月30日至1903年1月29日的《翻译世界》连载本，1903年3月25日由广智书局发行的罗大维译本，及同年5月由文明书局发行的侯士绾译本。

【村田孜郎】

村田孜郎（ムラタ シロウ，？—1945），日本佐贺县人。日本记者。曾任《大阪每日新闻》上海支局局长。著有《中国左翼战线》等。

D

达·芬奇（1452—1519）

【达·芬奇】

即列奥纳多·达·芬奇（Leonardo da Vinci，1452—1519），中译名有"达文西""来阿奈尔特"等。生于佛罗伦萨共和国芬奇镇。意大利著名艺术家，工程师，科学家。他在绘画、雕塑、建筑、科学、音乐、数学、工程、文学、解剖学、地质学、天文学、植物学、古生物学和制图学等领域都有极高的造诣和成就。与米开朗基罗、拉斐尔一起被称为"文艺复兴艺术三杰"，被广泛认为是世界有史以来最伟大的画家之一，对后世艺术发展影响深远。代表作品有《蒙娜丽莎》《最后的晚餐》《哈默手稿》等。

达·伽马（约1469—1524）

【达·伽马】

即华斯哥·达·伽马（Vasco da Gama，约1469—1524），中译名有"巴斯果达卡麻""巴斯可达马""法司哥""华士古·达伽马""华士古·达嘉马""瓦士噶德卡码""维哥达嘉马"等。生于葡萄牙锡尼什。葡萄牙航海家，探险家。1497年7月8日率领航队从葡萄牙里斯本出发，经过欧洲绕好望角，于1498年5月20日抵达印度西南海岸最大的港口城市卡利卡特。1499年9月回到里斯本。他成为欧洲到印度航海路线的开拓者。

【达尔特】

即奥古斯丁·亚历山大·约瑟夫·达尔特（Augustin Alexandre Joseph Darthé，1769—1797），中译名有"达尔

蒂""达尔齐""达尔泰""达特""他陆托"等。生于法国加来海峡省。法国革命家。是法国大革命时期平等派核心成员，因参与平等派革命活动，于 1797 年 5 月与巴贝夫一起被当局处死。

达尔文（1731—1802）

【达尔文】

即伊拉兹马斯·达尔文（Erasmus Darwin，1731—1802），中译名有"伊拉斯玛斯"等。生于英国诺丁汉郡。英国科学家，发明家，哲学家，诗人，医生。著有《植物的爱》《植物园》等。

达尔文（1809—1882）

【达尔文】

即查尔斯·罗伯特·达尔文（Charles Robert Darwin，1809—1882），中译名有"达尔得文""达托乌伊""达文""丹允氏""他陆托""他陆乌因""他陆伊""远尔文"等。生于英国普雷斯顿。英国自然科学家，生物进化论的奠基人。1859 年出版《物种起源》，阐述进化论思想。恩格斯将其进化论与细胞学说、能量守恒转化定律列为 19 世纪自然科学的三大发现。

达拉贡纳（1876—1961）

【达拉贡纳】

即卢多维科·达拉贡纳（Ludovico D'Aragona，1876—1961），中译名有"达拉哥纳"等。生于意大利米兰省。意大利政治活动家，右派社会党人，工会运动改良派领袖之一。

达兰贝尔（1717—1783）

【达兰贝尔】

即让·勒龙德·达兰贝尔（Jean le Rond d'Alembert，1717—1783），中译名有"达郎贝尔""达朗伯""他浪柏"等。生于法国巴黎。法国哲学家，数学家，天文学家，百科全书学派学者。在数学上主要研究微分方程理论。在哲学上是不彻底的唯物主义者。著有《流体运动的特质》《振动的弦》等。

97

达林（1902—1985）

【达林】

即谢尔盖·阿列克谢耶维奇·达林（Сергей Алексеевич Далин，1902—1985），生于俄国科夫诺省（今属立陶宛）。早期国际共产主义运动活动家，教育家。1917年加入共产主义青年团，曾任共产国际远东书记处主席团委员。1921年任青年共产国际派驻远东代表。次年派来中国，以共产国际和青年共产国际代表的身份帮助中国社会主义青年团筹备成立大会，参加中国第一次劳动大会。1922年6月、1924年初、1926年三次来华，参加北伐。1926—1927年任莫斯科中山大学驻中国代表，后从事新闻和科研教学工作。著有《中国回忆录》等。

达申斯基（1866—1936）

【达申斯基】

即伊格纳齐·达申斯基（Ignacy Daszyński，1866—1936），中译名有"达思克辛斯哥""达星斯基""多斯寝斯基"等。生于奥匈帝国兹巴日（今属乌克兰）。波兰社会党领袖，政治活动家。历任立陶宛国务委员会众议院议员、卢布林政府总理、国防政府副总理、波兰社会党最高委员会成员、主席，瑟姆副元帅等职。著有《贵族和加利西亚的重生》《社会主义者能承认无产阶级专政吗？》等。

【达维多夫】

即列昂尼德·费多罗维奇·达维多夫（Леонид Фёдорович Давыдов，1866—1941），中译名有"大卫度"等。出生地不详。俄国银行投机家。曾任俄国圣彼得堡信用局局长等职。

大仓喜八郎（1837—1928）

【大仓喜八郎】

大仓喜八郎（オオクラ キハチロウ，1837—1928），日本新泻县人。日本明治、大正时期实业家，大仓财阀创业人。1873年创立大仓组商会，经营海外贸易。中日甲午战争中承揽军需品供应和军队输送而暴敛巨资。日俄战争中出资援助日军，获封男爵。1902年以中国汉阳铁工厂借款为契机，涉足我国矿山、木材、银行、纺织等行业，并在大连设支店。1906年任满铁创立委员。1912年向南京临时政府借款300万元。

大杉荣（1885—1923）

【大杉荣】

大杉荣（オオスギ サカエ，1885—1923），日本爱媛县人。日本明治、大正时期的思想家，社会活动家，无政府主义者。1906年毕业于东京外国语学校法语科，其间加入平民社，成为社会主义者，后因笔祸事件、赤旗事件等被捕。1907年曾在刘师培、张继等组织的社会主义讲习会讲演。1912年参加创办《近代思想》。1914年创办《平民新闻》《劳动新闻》，宣传社会主义。1918年创办《文明批评》等杂志。他以《劳动新闻》《工人运动》为据点，宣传无政府主义和"直接行动论"，成为日本无政府主义的中心人物，影响甚大。1920年参与发起成立社会主义同盟，曾来上海与陈独秀会晤。1922年参加柏林国际无政府主义大会。翌年在巴黎近郊举行的国际劳动节集会上发表演说时被捕，随后被驱逐回国。1923年关东大地震时，被东京宪兵队逮捕后，与妻子伊藤野枝一道遇害。其著述被整理编入《大杉荣全集》（全14卷）（日文版）。

戴尔（1739—1806）

【戴尔】

即大卫·戴尔（David Dale，1739—1806），中译名有"得尔""发玛·爹尔""特陆"等。生于苏格兰埃尔郡。罗伯特·欧文的岳父。苏格兰企业家。1800年与欧文创办新拉纳克纺织工厂。

戴洛瓦涅（1762—1817）

【戴洛瓦涅】

即安妮-约瑟夫·戴洛瓦涅·德·梅里古（Anne-Josèphe Théroigne de Méricourt，1762—1817），原名安妮-约瑟夫·泰尔瓦涅（Anne-Josèphe Terwagne），女。中译名有

"梅丽古尔""美利珂德"等。生于比利时朗德。法国政治人物,女权主义者。

【戴季陶】

戴季陶(1891—1949)

戴季陶(1891—1949),原名传贤、良弼,字选堂,号天仇、孝园。祖籍浙江吴兴,生于四川广汉。孙中山秘书。国民党政治活动家,理论家,媒体人。1920年6月创办《星期评论》,与《新青年》一起成为宣传社会主义、马克思主义的重要刊物。先后在《星期评论》《东方杂志》等期刊发表《俄国的近况与联合国的对俄政策》《俄国劳农政府通告的真义》《劳农政府治下之俄国》等文,介绍俄国革命和马克思主义理论,研究中国劳工问题。早年一度热衷于宣传社会主义、马克思主义,是中国最早研究马克思主义的人物之一。撰写《从经济上观察中国的乱原》《革命!何故?为何?》《文化运动与劳动运动》等文章,首次提出"无产阶级文化"概念。翻译《马克斯传》,主持翻译考茨基的《资本论解说》,对于宣传马克思经济学说产生过积极影响。大革命时期转变立场,坚决反共,其理论为戴季陶主义,遭到中国共产党严厉批判。其著述被整理为《戴季陶先生文存》《戴季陶集》等。

【戴维森】

戴维森(1872—1913)

即埃米莉·戴维森(Emily Davison,1872—1913),女。中译名有"德卑孙"等。生于英国格林尼治。英国女权运动家,女性平等政治权利的奠基人之一。早年就读伦敦皇家霍洛威学院和牛津圣休学院。1906年加入英国妇女社会政治联盟,投入妇女解放运动,为争取妇女选举权多次入狱和绝食。1913年6月4日在赛马场为女性争取选举权,不幸被马踏伤,四天后不治身亡,成为英国历史上为争取女性投票权牺牲的第一人。

戴维斯（1830—1921）

【戴维斯】

即莎拉·埃米莉·戴维斯（Sarah Emily Davies，1830—1921），女。中译名有"戴维思""德维斯""耶米·德维斯"等。生于英格兰南安普敦。英国女权主义者，女子争取高等教育权利运动的先驱。1869年创建英国历史上第一所女子寄宿学院希钦学院，后更名为格顿学院，隶属剑桥大学。学院招收女生，打破剑桥大学几百年的传统，具有划时代意义。

戴晓云（1898—1981）

【戴晓云】

戴晓云（1898—1981），又名述人，别名戴德清、谭哨云、周书侬。湖南衡阳人。中国共产党早期党员。1922年入党，历任中国社会主义青年团衡阳（州）地委书记、长沙地委书记、中共湖南区委委员、中共衡阳地委书记、中共湖南省委委员等职。1927年1月，陪同毛泽东参与湖南农民运动考察工作。

丹东（1759—1794）

【丹东】

即若尔日·雅克·丹东（Georges-Jacques Danton，1759—1794），中译名有"达托""丹敦""但当""但登"等。生于法国阿尔西镇。法国政治活动家，法学家，法国18世纪末资产阶级革命活动家，雅各宾派的右翼领袖。

丹尼尔逊（1844—1918）

【丹尼尔逊】

即尼古拉·弗兰策维奇·丹尼尔逊（Николай Францевич Даниельсон，1844—1918），笔名尼古拉-逊。中译名有"尼哥来恩""尼科来恩""尼可来恩"等。生于俄国莫斯科。俄国经济学家，政论家，民粹派思想家。19世纪末将马克思的《资本论》第一、二、三卷译成俄文。著有《随笔》等。

但丁（1265—1321）

【但丁】

即但丁·阿利格埃里（Dante Alighieri，1265—1321），中译名有"丹特""但德""但底""檀德"等。生于意大利佛罗伦萨。意大利诗人，意大利文艺复兴时代的开拓者之一，现代意大利语的奠基者。以代表作长诗《神曲》闻名于世。其作品被翻译整理为《但丁抒情诗选》《但丁精选集》等在国内出版。

岛田三郎（1852—1923）

【岛田三郎】

岛田三郎（シマダ サブロウー，1852—1923），日本江户（今东京）人。日本政治活动家。早年先后就读于布朗私塾、沼津军校、大学南校、大藏省附属英语学校等。1874年任《横滨每日新闻》主笔，1875年任元老院书记官，后转为文部省文部权大书记官。1882年参加立宪改进党，同情工人运动。1899年5月成为活版工同志恳话会会长。长期担任日本众议院议员。1894年任众议院副议长，1915年当选为议长。1901年10月其著作《世界之大问题——社会主义概评》由东京警醒社书店出版，该书介绍了西欧社会主义史，第三、四章介绍马克思生平与学说，指出马克思是"以科学说明社会主义者"。该书于1903年推出三个中译本，即1903年3月上海通社翻译的《世界之大问题》、1903年8月作新社图书局翻译的《社会主义概论》，及1903年侯明（江苏无锡人）翻译的《群义衡论》（据称该译本最接近岛田三郎原著）。著有《泰西通鉴》《开国始末》等。

道光（1782—1850）

【道光】

即爱新觉罗·旻宁（1782—1850），满族。北京人。嘉庆帝第二子。清朝皇帝。年号道光，庙号宣宗。

道奇（1827—1895）

【道奇】

即理查德·欧文·道奇（Richard Irving Dodge，1827—1895），中译名有"德治君"等。生于美国北卡罗来纳州。美国军官。

道奇(1860—1926)

【道奇】

即克利夫兰·霍德利·道奇(Cleveland Hoadley Dodge, 1860—1926),中译名有"多奇"等。生于美国纽约。美国企业家,慈善家。1875年就读普林斯顿大学。1909—1926年先后任菲尔普斯·道奇矿业公司副总裁、董事会主席。1912年伍德罗·威尔逊当选美国总统,聘其为顾问,因在第一次世界大战中的慈善工作而闻名。

德比伯爵(1841—1908)

【德比伯爵】

即弗雷德里克·阿瑟·斯坦利(Frederick Arthur Stanley, 1841—1908),中译名有"德巴侯爵"等。生于英国伦敦。英国第十六代德比伯爵,殖民者。1885—1886年任英国殖民大臣,1888—1893年任加拿大总督。

德宾科(1889—1938)

【德宾科】

即帕维尔·叶菲莫维奇·德宾科(Павел Ефимович Дыбенко,1889—1938),中译名有"达本可""堆平克"等。生于俄国切尔尼戈夫省(今属乌克兰)。苏联高级将领。历任波罗的海舰队中央委员会主席、陆海军事务委员会委员、海军人民委员等职。

德布兹(1855—1926)

【德布兹】

即尤金·维克多·德布兹(Eugene Victor Debs, 1855—1926),中译名有"达卜思""但蒲斯""德布施""德布士""豆伯斯"等。生于美国印第安纳州。美国社会主义运动家。1898年参与组建社会民主党。1901年成立美国社会党,为左翼领袖之一。曾五次代表美国社会党参选美国总统。第一次世界大战期间坚定持国际主义立场,反对帝国主义的战争,拥护十月革命。

德川家康(1543—1616)

【德川家康】

德川家康(トクガワ イエヤス,1543—1616),日本冈崎城

人（今爱知县冈崎市）。日本杰出的政治家，军事家。是日本战国时代、安土桃山时代的武将大名，继织田信长、丰臣秀吉之后统一日本，于1603年建立江户幕府（江户时代），任第一代征夷大将军。

【德弗里斯】

德弗里斯（1848—1935）

即雨果·德弗里斯（Hugo De Vries，1848—1935），中译名有"戴佛理氏""德·佛礼""德佛礼""德傅利""佛赉哀士""胡戈·德·弗里斯""图佛里"等。生于荷兰哈勒姆。荷兰植物学家，遗传学家。1900年春与德国的科伦斯和奥地利的切尔马克一起发现孟德尔在35年前发表的《植物杂交试验》论文，被称为"孟德尔定律的重新发现者"。1901—1903年出版《突变理论》，公布了多年来在月见草属植物中的研究成果，帮助验证达尔文进化论意义上的变异如何能够在物种间发生。著有《细胞内泛生》《植物育种》等。

【德拉克鲁瓦】

德拉克鲁瓦（1798—1863）

即欧仁·德拉克鲁瓦（Eugène Delacroix，1798—1863），中译名有"但拉克洛阿克士"等。生于法国圣毛里斯。法国浪漫主义画派的领袖。代表作有《自由引导人民》《十字军占领君士坦丁堡》等。

【德莱昂】

德莱昂（1852—1914）

即丹尼尔·德莱昂（Daniel De Leon，1852—1914），中译名有"达尼业尔·德·列昂""达涅尔·德伦""达纽耳列翁""德里昂""德列翁""德伦"等。生于荷领西印度群岛库拉索岛，1874年到美国。美国工人运动活动家。1905年参与成立世界产业工人协会（IWW）。与IWW分裂后于1908年创建美国工人国际工业联盟（WIIU）。著有《改革还是革命》《世界产业工人的序曲》等。

【德莱斯梅】

德莱斯梅（1828—1894）

即玛利亚·德莱斯梅（Maria Deraismes，1828—1894），女。中译名有"马利·德列贞"等。生于法国巴黎。法国作家，女权主义者。1869年创刊《妇女权利》。1870年与莱昂·理查尔创建法国妇女权利协会。1882年组建法国妇女权利联盟。著有《反对大仲马》《法国与进步》《自然权利》等。

【德勒克吕兹】

德勒克吕兹（1809—1871）

即路易斯·查尔斯·德勒克吕兹（Louis Charles Delescluze，1809—1871），中译名有"德理屈"等。生于法国德勒。法国小资产阶级民主革命者，编辑。1842年任《北方无党派报》总编辑。参加1848年法国二月革命，创办《民主与社会》杂志。1871年巴黎公社爆发，当选巴黎公社委员，任外交执行军事和社会公安等委员会委员，参与领导了巴黎公社起义，5月25日在巷战中身亡。著有回忆录《从巴黎到卡宴》等。

【德雷福斯】

德雷福斯（1859—1935）

即阿尔弗雷德·德雷福斯（Alfred Dreyfus，1859—1935），中译名有"德列呼耶"等。生于法国阿尔萨斯。犹太人。法国总参谋部军官。著名反犹事件——德雷福斯案的主角，1895年1月13日，法国军界不作任何调查，以犹太裔、法国总参谋部德雷福斯上尉将军事秘密出卖给德国驻法武官的间谍罪和叛国罪判处终身监禁。法国反动势力利用该事件煽动反犹太主义和沙文主义，攻击共和制和民主自由。事后，法国重要的军事情报不断泄露，说明德雷福斯的间谍罪不成立。1906年7月12日，最高法院重审案件，撤销原判，宣布德雷福斯无罪。德雷福斯案件在法国掀起了声势浩大的保卫民主和正义、反对军队领袖们专横跋扈行为的社会运动。

【德雷克斯勒尔】

即古斯塔夫·德雷克斯勒尔（Gustav Deschanel，1833—1890），中译名有"德勒希斯拉氏"等。出生地不详。德国教授。曾任格丁根农学院院长等职。1887年当选为德意志帝国国会议员。

德林格尔（1799—1890）

【德林格尔】

即约翰·约瑟夫·伊格纳茨·冯·德林格尔（Johann Joseph Ignaz von Döllinger，1799—1890），中译名有"多灵格"等。生于德国班贝克。德国天主教神学家，教会史学家，旧天主教运动的领袖。

德洛约拉（1549—1598）

【德洛约拉】

即马丁·加西亚·奥尼斯·德洛约拉（Martín García Óñez de Loyola，1549—1598），中译名有"奥尔尼斯·德洛约拉"等。生于西班牙阿兹佩希亚。1592—1598年任智利皇家总督。

德米多夫（1656—1725）

【德米多夫】

即尼基塔·德米多夫（Никита Демидов，1656—1725），原名尼基塔·杰米多维奇·安图费耶夫（Никита Демидович Антуфьев），中译名有"得米多夫""尼基塔·杰米多夫"等。生于俄国图拉州。俄国实业家。著名军工企业家族财团杰米多夫集团、德米多夫工业重镇的奠基者。

德摩斯提尼
（公元前384—前322）

【德摩斯提尼】

德摩斯提尼（Demosthenes，公元前384—前322），中译名有"德谟斯德内斯""德莫西宁斯"等。古希腊雄辩家，民主派政治家。

德沙内尔（1855—1922）

【德沙内尔】

即保罗·欧仁·路易·德沙内尔（Paul Eugène Louis Deschanel，1855—1922），中译名有"保罗·得沙涅

尔""德正奈"等。生于比利时斯哈尔贝克。法国国务活动家，政治家。历任众议院议长、议员、法国总统等职。

【德依奇】

德依奇（1858—1928）

即费里克斯·德依奇（Felix Deutsch，1858—1928），中译名有"斐利克斯·杜契"等。生于德国布雷斯劳。犹太裔德国实业家，AEG（德国爱迪生电气公司）联合创始人。著有《员工能从社会党人那里得到什么？》等。

【邓初民】

邓初民（1889—1981）

邓初民（1889—1981），字昌权，曾名希禹。笔名肥豚、田原等。湖北石首人。社会科学家，社会活动家，教育家，马克思主义理论宣传家。1912年考入武昌江汉大学。1913年5月赴日本入东京法政大学攻读政治学。1915年参与领导留日学生反对"二十一条"的爱国运动，组织成立中国留日学生总会，当选评议会会长，同李大钊等创办会刊《民彝》。1917年冬毕业回国。1922年参与组织山西学术研究会，创办《新觉路》半月刊。1925年到武汉任法科大学教务长，加入国民党，被选为湖北省党部执行委员兼青年部部长，参与领导湖北青年和学生运动。1926年9月任湖北省临时政务委员会委员，任慰问江西军民代表团团长。1927年历任国民党湖北党部执行委员、湖北省政府委员，省审判土豪劣绅委员会审判长等职，坚决反对国民党右派分裂和叛变革命的行为。大革命失败后，曾到沪参加中华革命党，被选入中央领导机构（后脱离该组织）。1928年与李达等创办《双十》月刊，任主编，宣传马克思主义政治学观点。1930年5月参与发起成立中国社会科学家联盟，1931年任社联主席。他在政治学上的最大贡献是运用马克思主义原理，建立新型的政治学体系。中华人民共和国成立后，历任全国政协常委、全国人大常委、中国民主同盟中央副主席、中国政治学会名誉会长等职。1962年加入中国共产党。著有《中国社会史教程》《新政治学大纲》《社会进化史纲》等。

【邓家彦】

邓家彦（1883—1966）

邓家彦（1883—1966），字孟硕。广西桂林人。媒体人，中国同盟会会员。1924年被选为国民党第一届中央执行委员会候补委员。曾创办《中华民报》。1914年夏留学美国，入哥伦比亚大学。1926年在上海参与创办《独立周刊》。其著述被整理为《钟伯毅、邓家彦口述自传》《邓家彦先生文集》。

【邓尼吉斯】

邓尼吉斯（1843—1911）

即海伦·冯·邓尼吉斯（Helen von Dönniges，1843—1911），女。中译名有"德尼格斯""董尼协士"等。生于德国柏林。巴伐利亚驻瑞士外交官的女儿、拉萨尔的恋人。德国作家，戏剧演员。著有《我与费迪南德·拉萨尔的关系》等。

【邓尼金】

邓尼金（1872—1947）

即安东·伊万诺维奇·邓尼金（Антон Иванович Деникин，1872—1947），中译名有"丹尼金""登尼京""迭尼肯""丁尼根""台尼金""特尼金""田尼庚"等。生于俄国华沙（时属沙俄统治）。俄国白卫军首领。十月革命后组织白卫军，自任总司令反对新生红色政权。1926年流亡法国，1945年移民美国。

【邓宁】

邓培（1883—1927）

即托马斯·约瑟夫·邓宁（Thomas Joseph Dunning，1799—1873），中译名有"当密""当宁"等。生于英国伦敦。英国工会活动家，政论家。

【邓培】

邓培（1883—1927），字少山，又名配安。化名唐凤鸣、邓少铭、钰云。广东三水人。中国工人运动早期活动家。1921年春建立京奉铁路唐山制造厂工会，任工会委员长。1921年7月建立唐山社会主义青年团。同年秋，由团转党。1922年1月参加远东各国共产党及民族革命团体代表大会，在大会上报告《中国的工会、铁路和冶金工人罢工的情况》。7月参加中国共产党第二次全国代表大会。8月任中共唐山地方委员会书记。10月23日组织发动开滦五矿工人大罢工，取得胜利。1923年6月参加中国共产党第三次全国代表大会，当选中央候补委员。1924年2月任京奉铁路总工会委员长。1927年4月22日遇难。

邓如琢（1888—1944）

【邓如琢】

邓如琢（1888—1944），字和璞。安徽阜阳人。近代军事人物。1926年任五省联军赣军总司令兼江西军务督办。

邓小平（1904—1997）

【邓小平】

邓小平（1904—1997），原名邓先圣，学名邓希贤。四川广安人。伟大的马克思主义者，无产阶级革命家，政治家，军事家，外交家，久经考验的共产主义战士，中国社会主义改革开放和现代化建设的总设计师，中国特色社会主义道路的开创者，邓小平理论的主要创立者。1919年秋考入重庆勤工俭学留法预备学校。1920年10月抵达法国，不久入诺曼底区巴耶男子中学学习。1922年夏加入旅欧中国少年共产党。1924年任旅欧共青团机关刊物《赤光》编辑，7月当选旅欧共青团执行委员会书记局委员。同年转为中国共产党党员。1926年1月到苏联先后进入莫斯科东方劳动者共产主义大学、莫斯科中山大学学习。1927年春回国。受中共派遣，到冯玉祥的国民联军所属西安中山军事学校工作，任政治处处长、学校中共组织书记。第一次国共合作破裂后，改名邓小平。1927年8月7日在武汉参加中共中央紧急会议。年底随中央机关迁往上海。1928—1929年任中共中央秘书长。其著述被整理为《邓小平文选》等。

邓演达(1895—1931)

【邓演达】

邓演达(1895—1931),字择生。广东归善(今惠阳)人。爱国民主人士,中国农工民主党创始人。早年参加中国同盟会和辛亥革命。1926年起历任黄埔军校教育长、国民革命军总司令部政治部主任兼武汉行营主任、国民党中央执行委员、中央政治委员会委员兼中央农民部部长、中央军事委员会总政治部主任等职。在大革命时期,坚决拥护执行孙中山三大政策,是国民党左派领袖。1930年建立国民党临时行动委员会,任总干事,策划武装反对蒋介石。1931年11月在南京被秘密杀害。其著述被整理为《邓演达先生遗著》。

邓颖超(1904—1992)

【邓颖超】

邓颖超(1904—1992),女。乳名玉爱,学名邓文淑。五四时期改名为颖超,化名逸豪。河南光山人,生于广西南宁。伟大的无产阶级革命家,政治活动家,坚定的马克思主义者,党和国家的卓越领导人,中国妇女运动的先驱。五四时期与周恩来、马骏等人发起爱国团体觉悟社,积极学习和传播马克思主义。先后发表《为什么》《经济压迫下的少女》《悼列宁》《怎样在新的革命浪潮中保护党》等。1922年11月任女权同盟会直隶支部评议委员,创办《特刊》。1923年4月参与筹建进步妇女组织女星社,编辑出版《女星》杂志。1924年创办并编辑《妇女日报》。先后创办天津女星第一补习学校、女星星期义务补习学校、妇女平民学校。1924年加入中国社会主义青年团,1925年由团转党。同年与周恩来结婚。1926年与蔡畅、何香凝等在广州开办妇女运动讲习所。历任中共广东区委委员兼妇女部部长、国民党第二届候补中央执行委员、中共中央妇委书记等职。其著述被整理为《邓颖超文集》《邓颖超自述》等。

邓中夏（1894—1933）

【邓中夏】

邓中夏（1894—1933），原名邓隆渤，又名邓康，字仲澥，笔名重远。湖南宜章人。中国共产党早期领导人，中国工人运动的早期领导人之一，青年运动先驱，马克思主义理论家。1917年考入北京大学。1920年3月与高君宇等发起组织北京大学马克思学说研究会，同年10月加入中共北京早期组织，11月为北京社会主义青年团发起人之一。1922年5月任中国劳动组合书记部主任。1923年8月任社会主义青年团中央执行委员会委员和临时中央局委员长。1925年5月任中华全国总工会秘书长兼宣传部部长。先后创办或参加《国民》《劳动音》《先驱》《中国青年》《布尔什维克》等革命刊物，发表《我们的力量》《论工人运动》《中国工人状况及我们运动之方针》等文章，宣传马克思主义，探索早期马克思主义中国化。1933年9月21日英勇就义。其著述被整理为《邓中夏文集》。

狄慈根（1828—1888）

【狄慈根】

即约瑟夫·狄慈根（Joseph Dietzgen，1828—1888），中译名有"霅慈根""狄更""狄更氏""狄衣根""迪茨根""敌赤艮""约瑟夫·德依族根"等。生于德国布兰肯堡。职业制革工人。德国社会民主工党人，哲学家。1852年为共产主义者同盟盟员，曾任国际会员，国际海牙代表大会代表。他独立地得出了辩证唯物主义若干原理，在研究、传播辩证唯物主义方面做出杰出贡献。马克思、恩格斯、列宁对狄慈根的哲学观点给予了高度评价。列宁赞扬"他是一个独立地达到了辩证唯物主义，即达到了马克思的哲学的工人"。同时，列宁也指出他在某些哲学问题上概念混乱。其著述被翻译整理为《狄慈根哲学著作选集》在国内出版。

【狄德罗】

即德尼·狄德罗（Denis Diderot，1713—1784），中译名

狄德罗（1713—1784）

有"代揩忒""狄德鲁""狄德洛""敌特罗""蝶洛""杜洛""提特罗"等。生于法国郎格勒。法国哲学家，启蒙思想家，机械唯物主义的代表人物，无神论者，法国革命资产阶级的代表，百科全书派领袖。18世纪主持编纂第一部法国《百科全书》。著有《对自然的解释》《达朗贝尔和狄德罗的谈话》《关于物质和运动的哲学原理》等。

【狄更斯】

狄更斯（1812—1870）

即查尔斯·约翰·赫法姆·狄更斯（Charles John Huffam Dickens，1812—1870），中译名有"狄根司""狄更""迭更司""迭更斯"等。生于英国朴次茅斯。英国作家。是19世纪批判现实主义作家之一。作品有《雾都孤儿》《小气财神》《大卫·科波菲尔》《双城记》等。其著述被翻译整理为《狄更斯全集》（24册）在国内出版。

【迪尔】

迪尔（1864—1943）

即卡尔·迪尔（Karl Diehl，1864—1943），中译名有"狄叶尔"等。生于德国法兰克福。德国经济学家。长期在海德堡大学和弗莱堡大学教授经济学和社会学。倾向无政府主义经济观点，批评马克思的价值论。著有《社会主义、共产主义和无政府主义》《评大卫·李嘉图的〈原理〉》等。

【迪斯雷利】

迪斯雷利（1804—1881）

即本杰明·迪斯雷利（Benjamin Disraeli，1804—1881），中译名有"德士列里""的斯列里""狄斯第里""狄斯雷里""几斯勒里""纪斯里""培根司斐勋爵"等。生于英国伦敦。英国政治活动家，著作家。1835年参加英国托利党。1876年被授予比肯斯菲尔德伯爵。历任英国财政大臣，内阁首相等职务。著有《西比尔》《恩迪米昂》等。

迪特曼（1874—1954）

【迪特曼】

即威廉·迪特曼（Wilhelm Dittmann，1874—1954），中译名有"的脱曼""迪特孟""笛得马""蒂特曼""几得曼"等。生于德国奥伊廷。职业木匠。德国独立社会民主党创始人之一。1894 年参加德国社会民主党。1899 年任党报编辑。1912 年当选为国会议员。反对第一次世界大战。1917 年成立德国独立社会民主党，并担任该党中央书记处书记。1918 年 11—12 月间任德国民主社会党右派组成的"德国民主共和国"人民代表委员会委员。著有《迪特曼回忆录》。

笛卡儿（1596—1650）

【笛卡儿】

即勒奈·笛卡儿（René Descartes，1596—1650），中译名有"戴楷尔""德加特""狄卡尔""笛卡尔"等。生于法国安德尔-卢瓦尔省。法国二元论哲学家，数学家，自然科学家。近代欧洲理性主义的肇始者，对理性主义哲学体系影响重大，是二元论者及理性主义者。发明解析几何，被誉为现代哲学和代数几何的创始人之一。著有《第一哲学沉思集》《哲学原理》《谈谈方法》等。其著述被翻译整理为《笛卡尔文集》在国内出版。

蒂利特（1860—1943）

【蒂利特】

即本·蒂利特（Ben Tillett，1860—1943），中译名有"的来脱""蒂莱""蒂勒""奇列脱""提雷"等。生于英国布甲斯托尔。英国政治家，社会主义者。1889 年为"新工会主义"的领导者。著有《一些俄罗斯印象》《码头工人工会简史》《伦敦运输工人罢工史》、自传《回忆与反思》等。

丁尼生（1809—1892）

【丁尼生】

即阿尔弗雷德·丁尼生（Alfred Tennyson，1809—1892），中译名有"狄爱森""拉意沙""推宜逊"等。生于英国林肯郡。英国维多利亚时代著名诗人。享有"桂冠诗人"之美誉。著有《国王的莫德》《田园诗》《提索努斯》等。

丁在君（1887—1936）

【丁在君】

丁在君（1887—1936），字在君，原名丁文江。江苏泰兴人。社会活动家，中国地质事业奠基人。1907—1911年在英国格拉斯哥大学攻读动物学及地质学，获得双学士学位。回国后历任工商部矿政司地质科科长、农商部地质研究所所长、农商部地质调查所所长、中国地质学会第二届会长、北京大学地质学教授等职。1922年同胡适等人创办《努力周报》，宣传"好人政府"。1923年与胡适等代表科学派，与张君劢等人生派（玄学派）展开论战。其论战成果收录在《科学与人生观》文集中，该书由汪孟邹编辑、上海亚东图书馆于1923年12月编印，陈独秀为该书作序，点评这场论战，批驳人生派的唯心主义基本观点，肯定科学派有一定的进步意义，但指出这两派都是从唯心主义论述科学与人生，是"五十步笑百步"，同样陷入唯心史观泥淖。其著述被整理为《丁文江文集》（全7卷）。

董必武（1886—1975）

【董必武】

董必武（1886—1975），名贤琮、用威，号璧伍、必武。湖北黄安（今红安）人。中国共产党创始人之一，伟大的无产阶级革命家，马克思主义法学家。长期担任中共中央领导人，中华人民共和国代理主席。早年接受传统儒家教育，辛亥武昌起义爆发后毅然割掉发辫，投身革命。民国初年为民主共和，两次入狱，两度亡命日本。1918年参加鄂西靖国军，反对北洋军阀。1919年1月28日鄂西靖国军总司令蔡济民不幸被护法的军阀杀害，他受同事委托，东赴上海，请孙中山主持公道。但孙中山除安慰之外，别无他法，令其大失所望，觉悟到沿着孙中山的利用军阀打军阀的老路行不通，开始苦思新的救国道路。此时结识李汉俊，李汉俊宣传十月革命，阐释马克思主义，使他深以为然，遂树立共产主义信仰。1920年与陈潭秋共同创建中共武汉早期组织。1921年7月参加中国共产党第一次全国代表大会。回汉后,历任中共汉口地委委员长、国民党中央候补执行委员会、国民党湖北省党部常委、湖北省政府农工厅厅长等职。先后创办《楚光日报》《汉口民国日报》,发表《十月革命与中国革命》等文,传播马克思主义。其著述被整理为《董必武文集》。

【董锄平】

董锄平（1894—1969）

董锄平（1894—1969）,原名方城。后改名楚屏、冰如、火如、丙丁等。湖北京山人。中国共产党早期党员,中国早期工人运动活动家,编辑。早年加入中国同盟会。1916年考入湖北省法政专科学校,其间加入恽代英领导的读书会,结识董必武、陈潭秋、李求实等人。五四运动时期,参加武汉学生运动。1920年到上海,入上海外国语学社,加入上海社会主义青年团,1921年参加中国共产党。同年被选送苏俄学习,至满洲里被张作霖逮捕,旋即被营救出狱,回到上海。担任中国劳动组合书记部机关报《劳动周刊》编辑,发表《从粤汉路罢工所得的两大教训》《兴妖作怪底上海》等文。大革命时期,到新加坡、吉隆坡、缅甸进行革命活动。1925年春至古巴担任《民声日报》总编辑,援助古巴海员罢工。1926年任湖北全省总工会工人运动讲习所教员。1927年1月参加收回汉口英租界伟大斗争,发表《汉口、九江"英租界"是我国心脏的恶瘤》。遗著有《夺回英租界斗争史》等。

【董亦湘】

董亦湘（1896—1939）

董亦湘（1896—1939）,原名椿寿、彦标、衡,字叔桐,号亦湘,苏联留学时取名奥林斯基·列夫·米哈依洛维奇。江苏武进（今常州）人。中国共产党早期党员,媒体人。1921年4月经沈雁冰介绍加入中国共产党,历任中共上海商务印书馆党小组组长及第一任党支部书记、中共上海区执委会委员、国民运动委员会委员等职。创建无锡第一个中国共产党支部。第一次国共合作时期，以个人名义加入国民党，先后任国民党上海执行部教育运动委员会委员、国民党江苏省党部执行委员等职。参加五卅运动。1925年10月中共中央派他和俞秀松等赴莫斯科中山大学学习。1925年12月由上海新文化书社出版其著作《唯物的人生观》，该书以唯物史观解释人类社会的发展变迁，对马克思主义唯物人生观进行哲学解读，是较早系统传播马克思主义唯物人生观的著作之一。他多次在《中国青年》、上海《民国日报》等报刊上发表文章，鼓舞诸多青年加入中国共产党。翻译考茨基的《伦理与唯物史观》，由新文化书社于1926年出版。

【杜勃罗留波夫】

即尼古拉·亚历山德罗维奇·杜勃罗留波夫（Николай Александрович Добролюбов，1836—1861），中译名有"托布鲁博"等。生于俄国下诺夫哥罗德。俄国政论家，作家，唯物主义哲学家，革命民主主义者，俄国社会民主主义先驱。曾在《教育杂志》《现代人杂志》《哨笛》等杂志任职。著有《黑暗王国的一线光明》等。

杜勃罗留波夫（1836—1861）

【杜布瓦-雷蒙】

即埃米尔·海因里希·杜布瓦-雷蒙（Emil Heinrich du Bois-Reymond，1818—1896），中译名有"宝薄李蒙""杜布瓦雷蒙""锐蒙"等。生于德国柏林。职业医生。德国生理学家，现代电生理学的奠基人之一。曾任柏林大学校长。达尔文主义的坚定拥护者。著有《动物电学研究》等。

杜布瓦-雷蒙（1818—1896）

杜尔哥（1727—1781）

【杜尔哥】

即安·罗伯特·雅克·杜尔哥（Anne Robert Jacques Turgot，1727—1781），中译名有"蒂尔戈""都尔各德""秋乌哥""图尔戈特"等。生于法国巴黎。魁奈的学生。法国国务活动家，经济学家，哲学家，重农学派的重要代表人物。

1774—1776 年任法国首席财政大臣。其著作《对财富形成和分配的反思》比亚当·斯密的《国富论》早出版 10 年。他反对政府干预经济部门，认识到分工的作用。著有《谷物商业自由》等。

【杜国庠】

杜国庠（1889—1961）

杜国庠（1889—1961），字守素，笔名林伯修、吴啸仙等。广东澄海（今汕头市澄海区）人。马克思主义哲学家，历史学家。早年留学日本，1919 年毕业于京都帝国大学政治经济科。回国后曾执教于北京大学等校。1924 年 1 月与邝摩汉、李春涛编辑出版纪念列宁专集《列宁纪念册》，并译述片山潜的《同志列宁》一文。1928 年加入中国共产党，参加发起组织中国社会科学家联盟，曾任左翼刊物《中国文化》主编。中华人民共和国成立后，任中国科学院哲学社会科学部学部委员和中国科学院广州分院院长。其著述被整理为《杜国庠文集》。

【杜鹤宁】

杜鹤宁（1876—1917）

即尼古拉·尼古拉耶维奇·杜鹤宁（Николай Николаевич Духонин，1876—1917），中译名有"杜柯林""杜克霍零"等。生于俄国斯摩棱斯克省。沙俄将军。1917 年 11 月 1 日宣布自己为俄国最高总司令。十月革命胜利后，拒绝执行苏维埃人民委员会关于停止前线军事行动以便开始停战谈判的命令。1917 年 11 月 20 日被起义士兵击毙。

【杜林】

杜林（1833—1921）

即欧根·卡尔·杜林（Eugen Karl Dühring，1833—1921），中译名有"都林格""兑林格""欧以肯·杜林"等。生于德国柏林。德国折中主义哲学家，庸俗经济学家，小资产阶级社会主义者，形而上学者。在哲学上把唯心主义、庸俗唯物主义和实证论结合在一起。1856 年毕业于柏林大学。1861 年获柏林大学博士学位。1863—1877 年在柏林大学执教。19世纪70年代撰写《国民经济学及社会主义批判史》《国民经济学和社会经济学教程》《哲学教程——严格的科学世界观和人生观》等，对马克思主义进行全面攻击，并在德国社会民主工党内进行分裂活动，妄图另组新党。恩格斯耗时两年撰写《反杜林论》，对其思想体系进行了系统批判。十月革命后攻击共产主义和苏维埃政权。著有《犹太问题作为种族、道德和文化问题》《机械原理》《国民与社会》等，著作中文版有《哲学教程》等。

【杜士珍】

杜士珍，生卒年不详，字杰峰。浙江上虞人。近代媒体人。早年进入杭州养正书塾，后留学日本。是《新世界学报》的主要撰稿人之一，发表译作《法国哲学思想之变迁》《德国哲学思想之变迁》《竞争之界说》等文章。1903年将日本介绍社会主义、马克思主义的《近世社会主义评论》前20章进行译撰，在《新世界学报》第2至6期连载。

杜托夫（1879—1921）

【杜托夫】

即亚历山大·伊里奇·杜托夫（Александр Ильич Дутов，1879—1921），中译名有"邓托夫""独道夫""杜吐夫"等。生于俄国奥伦堡州。俄军中将，俄国乌拉尔哥萨克反革命首领之一。历任临时政府的全俄哥萨克军联盟主席、奥伦堡哥萨克军军队统领、奥伦堡独立集团军司令等职。

杜瓦尔（1840—1871）

【杜瓦尔】

即艾米尔·维克多·杜瓦尔（Emile Victor Duval，1840—1871），中译名有"屠庵"等。生于法国巴黎。第一国际会员，巴黎公社活动家，布朗基的拥护者。1871年任国民自卫军中央委员会委员、巴黎公社委员会委员，为巴黎公社起义的指挥官之一。巴黎公社失败后被捕牺牲。

杜威（1859—1952）

【杜威】

即约翰·杜威（John Dewey，1859—1952），生于美国佛蒙特州。美国哲学家，教育家，心理学家，政治家，实用主义的主要代表。1919年5月—1921年7月在中国讲学，其内容被收入《杜威五大讲演》，于1920年由北京晨报社发行。其著述被翻译整理为《杜威全集》（39卷）在国内出版。

杜锡均（1880—1951）

【杜锡均】

杜锡均（1880—1951），字鸿宾。直隶（今河北）故城人。近代军事、政治人物。早年加入湖北新军，1906年被公派留学日本，1908年毕业于日本陆军士官学校第4期。回国后历任湖北省新军第8镇管带、第2协统领。1911年参与并策划武昌起义，1920年任汉黄镇守使。1923年镇压京汉铁路工人大罢工。

杜亚泉（1873—1933）

【杜亚泉】

杜亚泉（1873—1933），原名炜孙，字秋帆、号亚泉，笔名伧父、高劳等。浙江上虞人。近代出版家，翻译家，教育家。16岁考中秀才，21岁肄业于崇文书院。1898年应蔡元培之聘，任绍兴中西学堂教员。1900年秋到上海，创办中国近代首家私立科技大学——亚泉学馆，培养科技人才。同时创办中国最早的科学刊物——《亚泉杂志》半月刊，其后又编辑《文学初阶》，为中国最早的国文教科书。1904年秋进入商务印书馆编译所工作，历时28年。1911年起兼任《东方杂志》主编，为期9年。1920年辞去《东方杂志》主编兼职，专任理化部主任。在此期间，宣传新思潮、民主与科学，曾以高荣的笔名翻译日本幸德秋水的《社会主义精髓》，发表在《东方杂志》，1923年11月该书又以"东方文库"第26种由商务印书馆出版。该中译本是最早传入中国宣传社会主义、马克思主义系统的经典，产生持久影响。他主编的《东方杂志》，翻译、发表大量社会主义文章，介绍社会主义流派，成为我国早期宣传社会主义的纸媒之一。五四新文化运动时期，他与陈独秀的东西文化论争掀起了一场关于新旧思潮的大论战。一生著述颇丰，主编有《植物学大辞典》《动物学大辞典》等大型辞书，译著有《盖氏对数表》《动物学精义》《定性分析》《食物养生法》《社会主义精髓》《触司女参政运动小史》《战争哲学》等，其著述被整理为《杜亚泉文选》《杜亚泉文存》等。

【多尔施】

即欧根·勒温·多尔施（Eugen Lewin-Dorsch，1883—1941），中译名有"多尔奇""列文多尔芝"等。生于德国柏林。德国作家、民族学家。著有《列宁和托洛茨基》等。

E

恩格斯（1820—1895）

【恩格斯】

即弗里德里希·冯·恩格斯（Friedrich Von Engels，1820—1895），中译名有"安格尔""安格尔斯""安根尔士""安杰尔斯""安智儿""安祖斯""昂格尔""昂格尔斯""昂格士""昂格思""昂格斯""益哲尔斯""恩该尔""恩格儿""恩格儿斯""恩格尔""恩格尔思""恩格尔斯""恩格思""恩吉尔""恩结尔""恩克斯氏""恩琪尔斯""恩兀尔""非力特力嫣得尔""非力特力嫣及尔""非利多里炳烟改儿士""腓列德力·恩格思""弗勒得力淹格尔""弗勒特立克恩极尔斯""弗勒特立克思极尔斯""弗里德里希·恩格斯""弗里妥利士恩格尔""福利特加""福利特力嘘恩格儿""马格尔斯""烟改儿士""烟格尔士""焉尔克斯""嫣得尔""嫣尔克斯""嫣格尔斯""嫣及尔""严地尔斯""燕格士""燕吉尔斯""野科陆斯""野契陆斯""意契陆斯""因革尔""因革尔士""因格尔""因格尔斯""因格思""因格斯""阴垓""阴格儿""阴格尔""茵格尔斯""音盖尔""音葢尔""殷格尔""殷格尔斯""殷格司""殷杰""英盖尔""英革士""英格尔""英格尔斯""英哲儿""英哲尔士""英智尔""婴额鲁""永格尔""袁克斯"等。生于德国莱茵省巴门市（今伍珀塔尔市）。马克思主义创始人之一，世界无产阶级和劳动人民的伟大导师。

121

F

法朗士（1844—1924）

【法朗士】

即阿纳托尔·法朗士（Anatole France，1844—1924），本名蒂波·法朗索瓦，中译名有"弗兰士""佛朗司"等。生于法国巴黎。法国作家，社会活动家。在政治上拥护民主，反对沙文主义，欢迎俄国十月革命。1921年10月加入法国共产党，为《人民报》撰稿。1921年获得诺贝尔文学奖。其作品被翻译整理为《法朗士精选集》在国内出版。

凡尔纳（1828—1905）

【凡尔纳】

即儒勒·凡尔纳（Jules Verne，1828—1905），中译名有"查尔·欧耶尔勒"等。生于法国南特。法国小说家，近代科幻小说的先驱。著有《格兰特船长的儿女》《海底两万里》《神秘岛》《地心游记》等。其作品被翻译整理为《凡尔纳选集》在国内出版。

范鸿劼（1897—1927）

【范鸿劼】

范鸿劼（1897—1927），笔名大通、通、雁汀、汀、鸿、一鸿等。湖北鄂城（今鄂州市）人。中国共产党早期党员。1918年考入北京大学理工预科。1919年参加五四运动。1920年3月与邓中夏等发起北京大学马克思学说研究会，10月参加中共北京早期组织，深入工人群众，办夜校，宣传马克思主义，以提高工人群众的文化水平和阶级觉悟，推动工人运动的发展。1922年与李大钊、蔡元培等发起组织"非宗教运动大同盟"，掀起反对帝国主义文化侵略斗争高潮。五卅运动爆发时，与李大钊、赵世炎等发动北京市民声援运动。历任中共北方区委执行委员会委员长兼组织部部长等职。1926年5月后，任中共北方区委机关刊物《政治生活》主编，在刊物上发表《东方民族的觉醒》《一九二四年的苏维埃俄罗斯》《组织集中宣传集中》《革命的政治主张》等70余篇文章，宣传马克思主义，为革命运动大造舆论。1927年4月28日与李大钊一起被奉系军阀杀害。

范其光（1882—?）

【范其光】

范其光（1882—?），字冰澄。江苏江宁人。铁路工程师。早年赴俄留学。曾任吉长铁路、开徐铁路、道清铁路工程师。历任北京政府国务院蒙藏事务局佥事、蒙藏院佥事、北京政府外交部特派黑龙江交涉员等职。1919年任中国驻鄂木斯克总领事，后派署驻海参崴总领事。1924年归国后，历任中东铁路局理事、中东铁路管理局局长等职。

范石生（1887—1939）

【范石生】

范石生（1887—1939），字小泉，号小翁。云南河西人。滇军将领。参加重九起义。1924年广州商团叛乱，初持调和态度，后参加平定商团叛乱。

范寿康（1896—1983）

【范寿康】

范寿康（1896—1983），字允藏。浙江上虞人。近代教育家，哲学家。1932年任安徽大学文学院院长，1933—1938年任武汉大学哲学系主任。所译《马克思的唯物史观》(即《〈政治经济学批判〉序言》)发表于《东方杂志》1921年1月第18卷第1号。著有《马克思主义与唯物史观》，作为东方文库第25种由商务印书馆1923年12月出版。

方本仁（1880—1951）

【方本仁】

方本仁（1880—1951），字耀亭。湖北黄冈人。近代军事人物。历任江西军务善后督办、东南五省联军赣军总司令等职。北伐前夕投靠广州国民政府。1926年8月被任命为江西宣慰使兼国民革命军第十一军军长。

【方化南】

方化南（1879—1920），原名方宗杰，号俊卿。重庆云阳人。近代军事人物。历任蜀军第二团团长、靖国联军援鄂第一路军第一纵队司令官等职。早年入四川陆军学校。1919年春与湖北靖国军唐克明勾结，杀害湖北靖国军总司令蔡济民。

【方志敏】

方志敏（1899—1935）

方志敏（1899—1935），原名远镇，乳名正鹄，号慧生。化名李祥松、汪祖海、徐松柏。江西弋阳人。无产阶级革命家，军事家，杰出的农民运动领袖，土地革命战争时期赣东北和闽浙赣革命根据地的创建人。1919年考入南昌甲种工业学校，任南昌学生联合会负责人，为《新江西》编辑。1921年秋就读南伟烈大学，其间发起成立读书会和马克思主义研究小组。1922年1月创办南昌文化书社，发售《共产党宣言》《马格斯资本论入门》《唯物论浅说》《共产主义的ABC》等著作及《向导》《中国青年》《先驱》等报刊，广泛传播马克思主义。同年7月到上海，在《民国日报》担任校对工作。8月加入中国社会主义青年团，1924年转入中国共产党。1923年1月，与赵醒侬等人成立中国社会主义青年团南昌地方委员会，组织江西民权运动大同盟和马克思学说研究会。1925年冬，创办《寸铁》旬刊、旭光义务小学。1927年3月，到武昌中央农民运动讲习所任教，同年11月创建赣东北革命根据地和红十军。1934年10月组成红10军团，率部北上抗日。1935年1月被俘，8月6日英勇就义。其著述被整理为《方志敏文集》。

【芳川镰子】

芳川镰子（1890—1920）

芳川镰子（ヨシカワカマコ，1890—1920），女。日本德岛

县人。芳川显正第四女。1917年与司机仓持陆助因婚外情受阻自杀殉情未遂。受此牵连，芳川显正被迫辞去枢密院副议长职务。

【菲狄亚斯】

菲狄亚斯（Pheidias，公元前480—前430），中译名有"非地阿司""腓地"等。生于雅典。古希腊雕刻家，建筑师。

菲狄亚斯（公元前480—前430）

【菲尔绍】

即鲁道夫·路德维希·卡尔·菲尔绍（Rudolf Ludwig Karl Virchow，1821—1902），中译名有"凡尔州""韦路希欲乌氏""乌尔晓"等。生于德国希费尔拜因市。职业医生。德国病理学家，医学家，人类学家，公共卫生学家，古生物学家，政治家。著有《特殊病理学和治疗学手册》（6卷）等。

菲尔绍（1821—1902）

【菲格涅尔】

即薇拉·尼古拉耶芙娜·菲格涅尔（Вера Николаевна Фигнер，1852—1942），女。中译名有"菲克纳"等。生于俄国喀山省。俄国政治活动家。1879年参加俄国民意党活动，后成为该党执行委员会委员。1907年成为俄国社会革命党人。

菲格涅尔（1852—1942）

【菲利普一世】

即路易·菲利普一世（Louis Philippe I，1773—1850），中译名有"斐立魄""鲁伊福以利子卜""路易腓立""路易腓立白""路易费列帛"等。生于法国巴黎。波旁王朝复辟后被宣布为法国国王。在位期间镇压巴黎共和派起义、1831年和1834年里昂工人起义。一八四八年法国大革命爆发后，被迫退位。

菲利普一世（1773—1850）

菲斯克（1835—1872）

【菲斯克】

即吉姆·菲斯克（Jim Fisk，1835—1872），中译名有"菲司克"等。生于美国佛蒙特州。美国商人。19世纪60年代末因在华尔街不道德的商业行为而出名。

【斐迪南大公】

斐迪南大公（1863—1914）

即弗朗茨·斐迪南大公（Archduke Franz Ferdinand of Austria，1863—1914），生于奥匈帝国格拉茨。弗朗茨二世之孙、卡尔·路德维希大公长子、弗朗茨·约瑟夫一世之侄。奥匈帝国皇储。1914年6月28日斐迪南大公夫妇前往奥匈帝国吞并的波斯尼亚首府萨拉热窝视察，被塞尔维亚青年普林西普刺杀，成为第一次世界大战的导火线。

【费边】

费边（约公元前280—前203）

即昆图斯·费边·马克西姆斯·维尔鲁科苏斯（Quintus Fabius Maximus Verrucosus，约公元前280—前203），中译名有"法比斯""法比乌斯"等。古罗马军事统帅，执政官。特拉西梅湖战役（前217）罗马战败后，任独裁官，采取拖延战术，使用游击战术，与汉尼拔周旋而取胜，其战术曾被讥讽为"康克推多"（Cunctator，拉丁语意为"延宕者"或"拖延者"）。英国费边社的"缓进社会主义"即取名于此。

【费尔巴哈】

费尔巴哈（1804—1872）

即路德维希·安德列斯·费尔巴哈（Ludwig Andreas Feuerbach，1804—1872），中译名有"安特伊契·费巴哈""法爱尔巴活""费埃尔伯""费巴哈""费巴赫""费儿巴哈""费尔巴赫""费尔巴黑""佛爱巴黑""浮尔巴哈""福爱巴哈""福勃黑""福尔罢赫""福尔白起""福尔罗赫""路特维·科耶尔百哈"等。生于巴伐利亚公国兰茨胡特（今属德国）。德国唯物主义哲学家，德国古典哲学的代表人物。青年黑格尔派成员，对青年马克思有重大影响。

他对黑格尔的唯心论进行批判，提出一种机械论的唯物主义。马克思恩格斯批判地改造了费尔巴哈的哲学，吸取了其中唯物主义的"基本内核"；批判地改造黑格尔哲学，吸收其中辩证法的"合理内核"，创立了马克思主义哲学。其著述被翻译整理为《路德维希·费尔巴哈全集》在国内出版。

费尔登（1847—1922）

【费尔登】

即塞缪尔·费尔登（Samuel Fielden，1847—1922），中译名有"萨谟叶尔·菲尔登"等。生于英国约克郡，1869 年移居美国。美国社会主义者，无政府主义者，劳工活动家。1886 年芝加哥工人运动的组织者之一。

【费觉天】

费觉天（1894—1927），原名振国、秉铎。湖北黄梅人。马克思主义早期传播者。1915 年入北京大学法科。1920 年 10 月在上海《国民》月刊上发表《太平洋问题呵！布尔雪维克问题呵！》《〈资本论〉自叙》（即《资本论》第一卷德文版序言）等文。同年 12 月，与李大钊等创立社会主义研究会，主持《评论之评论》杂志。译著有《社会主义与近世科学》，商务印书馆 1923 年出版。1927 年 3 月出版其著作《阶级斗争原理》，是国内第一本对阶级斗争理论进行系统论述的专著，正面阐释了阶级斗争理论，主张进行社会革命，同时对马克思的阶级斗争和唯物史观也进行了批评。

费兰德（1809—1889）

【费兰德】

即威廉·巴斯菲尔德·费兰德（William Busfeild Ferrand，1809—1889），中译名有"斐兰德""威廉·费朗"等。生于英国宾利科廷利桥。英国保守派政治家。1847 年当选为英国北约克郡小镇纳尔斯伯勒代表。1863 年当选为德文波特议员。

费里（1856—1929）

【费里】

即恩里科·费里（Enrico Ferri，1856—1929），中译名有"安锐戈佛黎""恩里可弗里""恩利哥夫挨里""费律""佛尔礼""莺利古·芬尔里"等。生于意大利圣贝内代托波。意大利政治家，作家，记者，犯罪学家。著有《社会主义与犯罪》《社会主义与近世科学》《犯罪社会学》等。

费洛年科（1885—1960）

【费洛年科】

即马克西米利安·马克西米利安诺维奇·费洛年科（Максимилиан Максимилианович Филоненко，1885—1960），中译名有"菲诺伦哥"等。生于俄国阿特卡尔斯克。俄国社会革命党人。1918年在苏俄阿尔汉格尔斯克成立反对布尔什维克的临时政府。

费希尔（1862—1928）

【费希尔】

即安德鲁·费希尔（Andrew Fisher，1862—1928），中译名有"费协"等。生于苏格兰克罗斯豪斯。澳大利亚政治家。1907年成为澳大利亚工党领袖。1908—1915年曾三度任澳大利亚总理。

【费希特】

即约翰·哥特利布·费希特（Johann Gottlieb Fichte，1762—1814），中译名有"卜西拉""布依比第""菲希德""菲伊特""蜚地""斐希德""斐希特""费西特""费系特""福以府特""富歇脱""呼伊易的"等。生于普鲁士萨克森州。德国哲学家，德国古典哲学的代表人物，主观唯心主义者。常被认为是连接康德和黑格尔哲学间的过渡人物，其理论与康德、黑格尔、费尔巴哈的德国古典哲学是马克思主义哲学的主要思想来源之一。其著述被翻译整理为《费希特文集》（5卷）在国内出版。

费希特（1762—1814）

费雪（1867—1947）

【费雪】

即欧文·费雪（Irving Fisher，1867—1947），中译名有"费协""富奢氏"等。生于美国纽约州。美国经济学家，统计学家，发明家，社会运动家。著有《指数的形成》《利息理论》等。

费哲民（1893—1978）

【费哲民】

费哲民（1893—1978），小名子槎。笔名费子祥、费浚、禅心、子民、疾名、无邪子、毓林、思江等。浙江海宁人。近现代政治人物，编辑，学者。五四运动后参加工会活动，主编《新国民报》。1920年参加五四周年纪念大游行，9月间创办新文化图书馆和《自由杂志》，宣传进步思想。1921年加入国民党，负责编辑《广州晨报》《民治日报》副刊。1922年奉派留学日本，其间任国民党东京支部执行委员兼宣传主任，主编《国民评论》，拥护孙中山新三民主义政策。1925年6月代表中华留日学生总会、华侨联合会等团体回国，赴各省市宣传声援五卅运动。1926年加入孙文主义学会。1948年脱离国民党，移居上海。译著有《西洋政治史概论》，著有《回顾我的一生》等。

芬斯顿（1865—1917）

【芬斯顿】

即弗雷德里克·芬斯顿（Frederick Funston，1865—1917），中译名有"逢司顿"等。生于美国俄亥俄州。美国植物学家，军事将领，殖民者。19世纪末参加美菲战争。

丰臣秀吉（1537—1598）

【丰臣秀吉】

丰臣秀吉（トヨトミ ヒデヨシ，1537—1598），原名木下藤吉郎。日本尾张国爱知郡人（今日本爱知县）。日本政治家，安土桃山时代武将。传说他是尾张难民出身，1558年成为织田信长家臣，得到重用后改姓羽柴。织田信长死后，他平定各部，统一日本。1585年朝廷违例任其为"关白"，后又任命为太政大臣，授以丰臣之姓，被尊为"太阁"。他与织田信长、德川家康并称日本战国"三英杰"。秀吉统一日本后,对内实施中央集权制,测量土地,发展农业、手工业和商业。对外于1592年出兵征伐朝鲜。1598年自朝鲜撤军后不久,秀吉去世,托孤于德川家康。

【冯国璋】

冯国璋(1859—1919)

冯国璋(1859—1919),字华甫。直隶(今河北)河间人。北洋军阀直系首领,与王士珍、段祺瑞并称为"北洋三杰"。曾任中华民国副总统、代总统等职。

【冯雪峰】

冯雪峰(1903—1976)

冯雪峰(1903—1976),原名福春,笔名画室、洛阳等。浙江义乌人。现代诗人,文艺理论家。1921年参加由潘漠华发起组织、朱自清等为顾问的文学社团晨光社,并发表诗作。1922年春与潘漠华、汪静之及应修人结成湖畔诗社。在大革命时期,他翻译日本著名学者升曙梦的《新俄文学的曙光期》《新俄罗斯的无产阶级文学》《新俄的演剧运动与跳舞》,加深国人对苏俄革命文学和马克思主义文艺理论的了解。1927年6月加入中国共产党。1930—1933年底成为左翼文化战线的重要领导人之一。其著述被整理为《冯雪峰文集》。

【冯玉祥】

冯玉祥(1882—1948)

冯玉祥(1882—1948),原名基善,字焕章。原籍安徽巢县(今巢湖市),生于直隶青县(今河北沧州)。民主爱国政治家,军事家。1895年入清军。1911年参加滦州起义。历任第十六混成旅旅长、湘西镇守使、陕西督军、河南督军、陆军检阅使等职。1924年10月发动北京政变,旋组建国民军。1926年9月组建国民军联军,参加北伐。留有《冯玉祥回忆录》(上下)。

【冯漺】

冯漺，生卒年不详。京汉铁路南段段长。1923年镇压京汉铁路工人大罢工。

【冯自由】

冯自由（1882—1958）

冯自由（1882—1958），原名懋龙，字健华。祖籍广东南海，生于日本。民国时期政治活动人物，国民党右派。1905年参加中国同盟会。1911年参加辛亥革命。民国初年担任孙中山的机要秘书，其间宣传过社会主义。1919年在香港《香江晨报》连载《社会主义与中国》，引起社会关注，随即作修改和增补，于1920年3月结集出版，共三章，是我国第一本论述社会主义与中国的专著，核心是宣扬孙中山的社会主义思想。1925年底发起成立国民党同志俱乐部，反对孙中山的三大政策，从事分裂革命活动，成为国民党右派代表人物之一。留有回忆录《革命逸史》等。

【弗赖】

弗赖（1780—1845）

即伊丽莎白·弗赖（Elizabeth Fry，1780—1845），女。中译名有"弗来"等。生于英格兰诺维奇。英国监狱改革家，社会改革家，慈善家。英国19世纪第一位专注于解决女犯困境的著名女性监狱改革家，也是欧洲监狱改革运动的主要倡导人之一。

【弗兰格尔】

弗兰格尔（1784—1877）

即弗里德里希·亨利希·冯·弗兰格尔（Friedrich Heinrich von Wrangel，1784—1877），中译名有"佛兰复尔""乌兰格"等。生于德国施塔延（今波兰什切青）。普鲁士元帅。1848年11月动用武力驱散柏林普鲁士国民议会，结束德国1848年的三月革命。1856年被任命为陆军元帅。

弗兰格尔（1878—1928）

【弗兰格尔】

即彼得·尼古拉耶维奇·弗兰格尔（Пётр Николаевич Врангель，1878—1928），中译名有"胡兰吉""兰格尔""蓝格尔""罗安格尔""乌兰格尔""亚昌格尔"等。生于俄国科夫诺省（今属立陶宛扎拉赛）。俄国男爵。俄国军事将领。1902年参加俄国军队，任骑兵军长。1910年毕业于俄国总参学院。十月革命后参加邓尼金的白卫军，曾任骑兵军师长、军长、高加索白卫军司令等职。1920年4月接替邓尼金担任克里木白卫军总司令。同年11月，苏俄红军进攻克里木半岛，克里木白卫军被击溃，他流亡西欧。苏俄国内战争至此大体结束。1928年4月死于比利时布鲁塞尔。

弗劳恩霍夫（1787—1826）

【弗劳恩霍夫】

即约瑟夫·冯·弗劳恩霍夫（Joseph Von Fraunhofer，1787—1826），中译名有"佛拉乌因"等。生于德国斯特劳宾。德国物理学家，光学透镜制造商。制造了光学玻璃和消色差望远镜物镜，发明了分光镜，并开发了衍射光栅。1814年发现并研究了太阳光谱中的暗吸收线，现称"弗劳恩霍夫线"。著有《棱镜和衍射光谱》等。

弗雷德里克二世（1534—1588）

【弗雷德里克二世】

弗雷德里克二世（Frederick Ⅱ，1534—1588），中译名有"佛勒特里二世"等。生于丹麦哈泽斯莱乌。奥尔登堡王朝的丹麦和挪威国王。

弗雷泽（1854—1941）

【弗雷泽】

即詹姆斯·乔治·弗雷泽（James George Frazer，1854—1941），中译名有"弗雷沙"等。生于英国格拉斯哥。英国人类学家，民俗学家，古典学者。因著《金枝：比较宗教研究》而闻名。著有《图腾信仰与异族通婚》《〈旧约〉中的民间传说》等。

【弗里堡】

弗里堡（Fribourg），生平不详。中译名有"佛利布"等。法国蒲鲁东派人物。

【弗里德里希二世】

弗里德里希二世
（1712—1786）

即腓特烈二世（Friedrich II，1712—1786），中译名有"菲李特李许大帝""弗勒得立大王""弗里德里希大帝""弗里德里希二世""佛里得里芝二世""普王大腓列特力"等。生于普鲁士柏林。普鲁士霍亨索伦王朝的第三位普鲁士国王。著有《反马基雅维利》等。

【弗里德里希三世】

弗里德里希三世
（1831—1888）

即弗里德里希·威廉·尼古拉斯·卡尔（Friedrich Wilhelm Nikolaus Karl Ⅲ，1831—1888），中译名有"腓特烈·威廉三世"等。生于德国波茨坦。德意志帝国皇帝，普鲁士王国国王，称弗里德里希三世。被称为"百日皇帝"。

【弗里曼】

弗里曼（1823—1892）

即爱德华·奥古斯都·弗里曼（Edward Augustus Freeman，1823—1892），中译名有"佛利门""福利曼"等。生于英国斯塔福德郡。英国历史学家，建筑艺术家。1884年起任牛津大学教授。著有《诺曼征服史》（6卷）、《西西里史》《建筑史》等。

【弗罗萨尔】

弗罗萨尔（1889—1946）

即路易·奥斯卡尔·弗罗萨尔（Louis-Oscar Frossard，1889—1946），中译名有"弗罗塞""佛洛沙"等。生于法国贝尔福。法国社会主义者，共产国际活动家，新闻工作者。第一次世界大战期间任法国社会党总书记。1920年12月法国共产党（初为"共产国际法国支部"）成立，被选为总书记。主要著作有《从饶勒斯到列宁：一个战士的笔记和回忆》等。

弗洛伊德（1856—1939）

【弗洛伊德】

即西格蒙德·弗洛伊德（Sigmund Freud，1856—1939），生于奥匈帝国摩拉维亚省。奥地利精神病医师，心理学家，精神分析学派创始人。他开创潜意识研究的新领域，促进动力心理学、人格心理学和变态心理学的发展，奠定了现代医学模式的新基础，为20世纪西方人文学科提供了重要理论支柱。其著述被翻译整理为《弗洛伊德文集》（全5卷）在国内出版。

伏尔泰（1694—1778）

【伏尔泰】

原名弗朗索瓦·玛丽·阿鲁埃（François-Marie Arouet，1694—1778），伏尔泰是笔名。中译名有"伏德儿""佛尔特尔""服尔德""福尔特尔""福尔脱""福录特""福录特尔""福禄特尔""福神特尔""浮勒特""华尔特尔""窘路拉陆""威尔谛亚""勿劳特"等。生于法国巴黎。法国自然神论哲学家，历史学家，作家。18世纪资产阶级启蒙运动的主要代表人物，反对专制制度和天主教。其著述被翻译整理为《伏尔泰文集》在国内出版。

佛莱里格拉特（1810—1876）

【佛莱里格拉特】

即斐迪南·弗莱里格拉特（Ferdinand Freiligrath，1810—1876），中译名有"飞蝶来·伏来拉脱""弗莱里古纳得""弗莱利格拉特""伏来拉脱""佛莱利拉""复来里拉士"等。生于德国代特莫尔德。马克思好友。德国诗人，共产主义者同盟盟员。1848—1849年与马克思一起编辑《新莱茵报》。19世纪50年代脱离革命斗争，19世纪50—60年代为瑞士银行伦敦分行职员。著有《浪漫主义的格迪希特》《新政治与社会》等。

【浮士德】

中译名有"华士德"等。德国作家歌德创作的诗剧《浮士德》中的主角。

福岛安正（1852—1919）

【福岛安正】

福岛安正（フクシマ ヤスマサ，1852—1919），日本长野县人。日本陆军大将。素有"日本情报战之父"之称。1900年任西部都督部参谋长、侵华军司令官。1906年任参谋次长。1912年任关东都督。

【福尔卡德】

即欧仁·福尔卡德（Eugène Forcade，1820—1869），中译名有"福卡德"等。生于法国马赛。法国政论家，庸俗经济学家。曾任《两大陆评论》编辑。著有《东方原因史》等。

福尔卡德（1820—1869）

【福尔马尔】

即格奥尔格·冯·福尔马尔（Georg von Vollmar，1850—1922），笔名福·约尔格。中译名有"呼乌陆马陆""威尔马"等。生于德国慕尼黑。德国政治家，德国社会民主党右翼首领之一。1879—1882年就读苏黎世大学，其间参与《社会民主党》编辑工作。1891年在爱尔福特党代表大会上，宣扬改良主义观点，受到恩格斯等人批判。第一次世界大战期间持社会沙文主义立场。著有《论社会民主主义的下一个任务》等。

福尔马尔（1850—1922）

【福格尔施泰因】

即西奥多·福格尔施泰因（Theodor Vogelstein，1880—1957），中译名有"伏盖斯汀"等。生于波兰西波美拉尼亚省。德国经济学家，实业家，德国民主党的创始人之一。著有《英国经济的基本问题》《资本主义工业的金融组织和垄断组织的形式》《现代大工业中的资本主义组织形式》等。

福格特（1817—1895）

【福格特】

即卡尔·福格特（Karl Vogt，1817—1895），中译名有"佛

格特""福葛脱"等。生于黑森大公国吉森。德国自然科学家,庸俗唯物主义者,小资产阶级民主主义者。1848—1849年为法兰克福国民议会议员。1849年逃离德国,19世纪50—60年代成为路易·波拿巴雇用的密探。对无产阶级革命家进行诬蔑性攻击的积极参加者之一。马克思在《福格特先生》(1860)中揭露了他。著有《两栖动物解剖学》等。

【福格特】

即奥古斯特·福格特(August Vogt,约1830—1883),中译名有"福格脱"等。生于德国。马克思和恩格斯的好友。职业鞋匠。德国和美国工人运动活动家。1847年为共产主义者同盟盟员。参加一八四八年德国革命。1863年全德工人联合会成立后为会员,同李卜克内西一起反对拉萨尔主义。1866年为第一国际柏林支部成员。1867年侨居美国,是纽约德意志共产主义者俱乐部会员和第一国际在美国支部的组织者之一,第一国际总委员会驻美国的通讯书记。

【福井准造】

福井准造(1871—1937)

福井准造(フクイジュンゾウ,1871—1937),日本神奈川县人。日本政治家,工商人士。1891年毕业于日本庆应义塾大学。1908年当选日本国会议员。1899年由日本有斐阁出版社出版其著作《近世社会主义》,系统梳理社会主义思想发展史和各国社会主义运动概况。第二编第一章"加陆马科斯及其主义"用24页一万多字介绍马克思的生平与理论。第二节用17页第一次向中国读者详细解读马克思的巨著《资本论》。第四章第一次翻译《共产党宣言》的结束语。1903年出版了中译本,产生很大影响,被赞誉为"对社会主义思想和马克思主义在中国的早期传播有着非常重要的影响",与《社会党》(1903)和《社会主义》(1903)一起并列为早期介绍社会主义、马克思主义的三部重要著作。译著有《19世纪列国史》等。

福克斯韦尔（1849—1936）

【福克斯韦尔】

即赫伯特·索默顿·福克斯韦尔（Herbert Somerton Foxwell，1849—1936），中译名有"福克思威""福克斯威"等。生于英格兰萨默塞特郡。英国经济学家，藏书家。1872年毕业于伦敦大学。1907年为伦敦大学政治经济学联合教授。他专注于收藏1848年以前印刷的经济书籍，其图书馆是金史密斯经济文献图书馆的核心。著有《银行业的社会方面》《就业的不规范和价格的波动》等。

福塞特（1833—1884）

【福塞特】

即亨利·福塞特（Henry Fawcett，1833—1884），生于英格兰索尔兹伯里。英国学者，政治家，经济学家。1863年任剑桥大学政治经济学教授。1880年任英国邮政大臣。1883年任格拉斯哥大学校长。著有《英国劳工的经济状况》《劳动与工资》等。

福斯特（1881—1961）

【福斯特】

即威廉·泽布朗·福斯特（William Zebulon Foster，1881—1961），中译名有"福斯德"等。生于美国波士顿。美国工人运动活动家，美国共产党的创建人和卓越的领导人之一。历任美国共产党主席、全国委员会主席、共产国际执委会委员、主席团成员等职。著有《世界资本主义的末日》《美国共产党史》《世界工会运动史大纲》等。

福特（1863—1947）

【福特】

即亨利·福特（Henry Ford，1863—1947），中译名有"弗特"等。生于美国密歇根州。美国企业家。1903年创立福特汽车公司，成为当时最早也是最大的汽车企业家。

福田德三（1874—1930）

【福田德三】

福田德三（フクダトクゾウ，1874—1930），日本东京人。日本经济学家。日本近代经济学的开拓者，是黎明会的创始人

之一。其著述被整理为《福田德三著作集》(19卷)(日文版)。

福西特（1847—1929）

【福西特】

即米莉森特·加勒特·福西特（Millicent Garrett Fawcett，1847—1929），女。中译名有"法瑟""佛舍特""佛碎特""佛碎特夫人""荷色持夫人""霍色特"等。生于英国萨福克郡。英国作家，女权运动领导人。1871年创办剑桥大学纽纳姆学院，任英国妇女选举权同盟主席。第一次世界大战结束后，推动《全民代表法案》获得通过，使600万30岁以上的英国妇女获得选举权，不久再获与男性同等的投票权。她因致力于妇女平等权利运动，被授封女爵士。著有《珍妮特·唐卡斯特》《妇女之胜利及其展望》《政治经济学入门》等。

福煦（1851—1929）

【福煦】

即斐迪南·福煦（Ferdinand Foch，1851—1929），中译名有"马沙尔·福煦""武阿克"等。生于法国塔布。法国陆军统帅。第一次世界大战中任法军第九集团军司令、"北方"集团军群司令、法军总参谋长等职，战争后期任协约国联军总司令。对协约国最终战胜以德国为首的同盟国起到重大作用。

富耶（1838—1912）

【富耶】

即阿尔弗雷德·于勒·埃米尔·富耶（Alfred Jules Émile Fouillée，1838—1912），中译名有"菲勒氏"等。生于法国拉普泽。法国哲学家。其哲学立场是思辨折中主义。著有《社会与民主》《当代社会科学》等。

【富兰克林】

即本杰明·富兰克林（Benjamin Franklin，1706—1790），中译名有"樊克林""佛兰克林""佛朗克令""福兰克林"等。生于英属北美殖民地马萨诸塞州波士顿（今美国马萨

富兰克林（1706—1790）

诸塞州波士顿）。美国政治活动家，外交家，经济学家，作家，自然科学家，哲学家，美国启蒙运动的代表人物。18世纪中叶参加美国独立战争。1776年夏参加英国北美第二届大陆会议，为美国《独立宣言》的起草人之一。他最先有意识地用劳动时间来确定价值。1787年出席美国制宪会议，成为费城制宪会议最重要的委员之一。他赞成民主制度，反对奴役黑人，主张把人民应享有的权利列入宪法。著有《富兰克林自传》等。

富兰克林（1871—1939）

【富兰克林】

即菲利普·奥尔布赖特·斯莫尔·富兰克林（Philip Albright Small Franklin，1871—1939），中译名有"佛兰克令"等。生于美国马里兰州。1916—1936年为国际商业海运公司的总裁兼董事长。

傅立叶（1772—1837）

【傅立叶】

即沙尔·傅立叶（Charles Fourier，1772—1837），中译名有"卜厘陆""布利霭""弗里埃""弗里尔""弗利""佛礼儿""佛李尔""佛利耳""佛利耶""符礼""符里""符烈""福里尔""福里友""福利爱""福利尔""福利耶""甫利野""傅莱""傅理雅""傅立耶""傅利安""傅利叶""富里""富里尔氏""富里欧氏""富理哀""富丽亚""富利哀""富利挨""富利安""胡利叶""胡廉""加尔弗里尔""列厘陆""普利严""夏尔和利耶"等。生于法国贝桑松。法国空想社会主义者。1832年在凡尔赛附近组织了一个"法朗吉"理想协社，旋即失败。首次提出妇女解放程度是人类彻底解放的衡量。其主张被认为是马克思科学社会主义最重要的思想来源之一。其著述被翻译整理为《傅立叶选集》（全4卷）在国内出版。

G

盖布（1842—1879）

【盖布】

即威廉·莱奥波德·奥古斯特·盖布（Wilhelm Leopold August Geib，1842—1879），笔名威廉·利奥波德。中译名有"该伯""契野列"等，生于德国杜罗特。德国社会民主党人，汉堡书商。任德意志帝国国会议员。

盖得（1845—1922）

【盖得】

即茹尔·盖得（Jules Guesde，1845—1922），中译名有"盖司德""格德""格斯得""格斯德""格特氏""葛特""谷胥得""基特""戒尔给托""喀特""米尔·格德""米尔·颉德""契度""希野陆契度""夏尔开度""御尔德斯格"等。生于法国巴黎。法国工人运动和国际工人运动的活动家，第二国际领导人之一。初期为资产阶级共和党人。1870年为《人权报》编辑部秘书。1871年巴黎公社后流亡瑞士加入巴枯宁派，是日内瓦社会主义革命宣传和行动支部创始人之一。1872年流亡意大利，脱离巴枯宁派。1876年返回法国。次年创办《平等》周刊，宣传社会主义。1879年参加创立法国工人党。第一次世界大战时为社会沙文主义者。

盖弗尼茨（1864—1943）

【盖弗尼茨】

即格哈特·冯·舒尔茨－盖弗尼茨（Gerhart von Schulze-Gäevernitz，1864—1943），中译名有"该文宁""革味尼提""格弗尼茨""卡门尼兹""卡味尼提""克文林""叔尔策革瓦尼次氏"等。生于德国布雷斯劳（今波兰弗罗茨瓦夫）。德国经济学家，讲坛社会主义者。1896年任弗莱堡大学教授。著有《来自俄罗斯的经济研究》《世界经济的新建设》等。

甘必大（1838—1882）

【甘必大】

即莱昂·甘必大（Léon Gambetta，1838—1882），中译名有"冈本它""加伯他"等。生于法国卡奥尔。法国政治活动家，律师，资产阶级共和党人。1871年创办《法兰西共和国报》。历任国防政府成员、内阁总理、外交部部长等职。

甘地（1869—1948）

【甘地】

即莫罕达斯·卡拉姆昌德·甘地（Mohandas Karamchand Gandhi，1869—1948），中译名有"干地"等。生于印度波尔班达尔。印度民族解放运动和印度国民大会党领袖，甘地主义的创始人。被尊称为"圣雄甘地"。反对英国的殖民统治，提倡非暴力不合作的斗争理论。印度政府出版《甘地全集》（90卷），著述中文版有《甘地自传：我体验真理的故事》《甘地书信选集》等。

甘乃光（1897—1956）

【甘乃光】

甘乃光（1897—1956），号自明，字乃光。广西岑溪人。近现代政治学家，经济学家。历任国民党中央青年部部长、黄埔军校英文秘书兼政治教官、农民部部长、广州市市长等职，兼任广州农民运动讲习所教员、国立中山大学训育部副主任等职。大革命时期撰写《孙中山与列宁》，由中山大学政治训练宣传部出版。著有《先秦经济思想史》《农民运动初步》等。

甘粕正彦（1891—1945）

【甘粕正彦】

甘粕正彦（アマカスマサヒコ，1891—1945），中译名有"甘粕"等。日本宫城县人。日本军人，法西斯分子。1912

年毕业于日本陆军士官学校。1923 年任麹町宪兵分队长。1923 年 9 月将日本思想家、社会活动家大杉荣与妻子伊藤野枝及其外甥橘宗杀害弃尸，史称"甘粕事件"。1931 年被派往中国东北，参与策划"九一八"事变，组织特务机构"甘粕机关"，服役于关东军。1932 年后任伪满民政部警务司长（警察最高长官）。1939 年参与组建"满铁映画协会"并任理事长。1945 年日本投降后，在长春服毒自杀。

【冈察洛夫】

冈察洛夫（1812—1891）

即伊凡·亚历山德罗维奇·冈察洛夫（Ивáн Алексáндрович Гончарóв，1812—1891），中译名有"冈察罗夫"等。生于俄国辛比尔斯克（今乌里扬诺夫斯克）。俄国作家。1834 年毕业于莫斯科大学语文系。1859 年发表《奥勃洛摩夫》，塑造了农奴制崩溃前夕昏庸懒惰的地主典型。列宁常用"奥勃洛摩夫"批判俄国社会中养尊处优、昏庸懒惰的人物。其著述被翻译整理为《冈察洛夫精选集》在国内出版。

【刚毅】

刚毅（1837—1900）

刚毅（1837—1900），字子良。他塔拉氏，满族镶蓝旗人。晚清政治人物。曾任军机大臣兼礼部侍郎、兵部尚书、协办大学士。亲率义和团同八国联军开战，1900 年病故。八国联军占领北京后，要将他作为战犯严惩，清政府因已故未加以追究，但追夺其全部官职。

【高彬】

高彬（1893—1923）

高彬（1893—1923），天津人。京汉铁路工人大罢工领导者之一，革命烈士。曾任京汉铁路总工会郑州分会委员长。1923 年在京汉铁路工人大罢工中牺牲，1925 年 2 月 7 日被追认为"二七"烈士。

高尔察克(1873—1920)

【高尔察克】

即亚历山大·瓦西里耶维奇·高尔察克(Александр Васильевич Колчак,1873—1920),中译名有"高尔差克""高尔金""高尔卡克""高尔恰克""高尔却克""高尔扎克将军""高尔哲""哥尔察克""哥恰克""柯尔查克""柯尔加克""柯尔恰克""科尔赤""科尔恰克""可儿恰克""可加克""苦尔却克""恰尔察克"等。生于俄国圣彼得堡。俄军海军上将,俄国白卫军首领之一。1918年11月在西伯利亚、乌拉尔和远东建立反革命军事政府,自任"俄国最高执政"。1920年2月7日被苏维埃革命军事委员会处决。

高尔顿(1822—1911)

【高尔顿】

即弗朗西斯·高尔顿(Francis Galton,1822—1911),中译名有"法兰西斯""高尔登"等。生于英格兰伯明翰。英国统计学家,生物计量法的创始人,现代统计学先驱。著有《遗传的天才》《人类官能极其发展的研究》等。

高尔基(1868—1936)

【高尔基】

即马克西姆·高尔基(Максим Горький,1868—1936),原名阿列克塞·马克西莫维奇·彼什科夫(Алексей Максимович Пешков)。中译名有"彼西科夫""高基""戈理基""戈奇""哥尔基""葛尔基""葛里基"等。生于俄国诺夫格罗德。苏联作家,社会活动家,社会主义现实主义文学奠基人,苏联文学的创始人。作品有《童年》《在人间》《我的大学》《海燕》等,作品中文版有《高尔基全集》(20册)。

高尔松(1900—1986)

【高尔松】

高尔松(1900—1986),字继郇。笔名高希圣。江苏青浦(今属上海市)人。中国共产党早期党员,中国民主同盟会成员,政治学家,历史学家。早年就读上海青年会中学、

143

南洋公学中院。1919年积极参加五四运动。1923年先后参加中国国民党、中国共产党。四一二反革命政变后,被通缉后流亡日本,遂与党组织失去联系。1929年6月回国,在上海从事文化出版事业,出版《社会科学大纲》《社会主义大纲》《社会运动全史》《国际社会运动小史》《社会问题大纲》《社会科学大辞典》《经济科学大辞典》《经济学教程》《社会科学的基础知识》《现代社会学大纲》《世界无产政党发达史》等。与弟弟高尔柏合纂《帝国主义与中国》由上海新文化书社印行。中华人民共和国成立后,历任出版总署编审、古籍出版社、中华书局、商务印书馆编辑等职。编有《松柏文集》(40册)等。

高凤(1886—1926)

【高凤】

高凤(1886—1926),又名良能、伟度、高梅村,化名高凤。湖南华容人。旅欧中国少年共产党最早成员之一。早年毕业于湖南高级师范。1918年入北京高等法文专修馆学校。1919年参加五四运动,1920年底与蔡和森等赴法国勤工俭学。1922年6月参加并创建旅欧中国少年共产党。1923年2月出席该党临时代表大会,转为中共党员,3月同赵世炎、王若飞等赴莫斯科东方劳动者共产主义大学学习。1924年回国,初在中共北京区委工作,后到保定,担任中共保定市委书记。1926年9月因叛徒出卖被捕,10月被杀害。著有《今日之华容》《华容教育丑史》等。

高君宇(1896—1925)

【高君宇】

高君宇(1896—1925),原名高尚德,字锡三。山西静乐县人。中国共产党早期党员,理论家,中共北方党团主要负责人,中共山西党团的创始人。1916年考入北京大学。1919年参加五四运动,成为北京爱国运动的领袖。1920年3月在李大钊指导下,与罗章龙、邓中夏等发起北京马克思学说研究会,"以研究关于马克思派的著述为目的"。同年10月,参加中共北京早期组织。11月与邓中夏、刘仁静等成立北京社会主义青年团，任书记。1921年5月回到家乡山西，发起成立太原社会主义青年团。同年底赴苏俄参加远东共产党和各民族革命团体代表大会，被选为执委会委员。1921年7月参加中国共产党。1922年到广州出席中国社会主义青年团第一次代表大会，当选为第一届团中央执行委员。同年7月参加中国共产党第二次全国代表大会，被选为中国共产党第二届中央执行委员会委员，担任《向导》编辑。1924年参加中国国民党第一次全国代表大会，会后担任国民党北京特别党部总部总务股主任。同年5月受中共北京区委指派，回到山西组建了山西第一个党的组织——中共太原支部。1925年3月6日病逝于北京。《向导》周刊第106期发表纪念短文《悼我们的战士》。其著作被整理为《高君宇文集》。

高濑清（1901—1973）

【高濑清】

高濑清（タカセ キヨシ，1901—1973），日本岐阜县人。日本昭和时代的社会主义活动家。在日本第一次共产党事件中被捕入狱，出狱后转向社会民主党。著有《日本共产党成立史》等。

高畠素之（1886—1928）

【高畠素之】

高畠素之（タカバタケ モトユキ，1886—1928），中译名有"高昌素之"等。日本群马县人。日本社会主义思想家，马克思主义在日本最早传播者之一。1915年同堺利彦等创刊《新社会》，1918年以后主办《国家社会主义》等刊物。1920年1月由日本公文书院出版著作《社会问题总览》（3卷），对社会主义思想的缘起和意义，及各种派别的社会主义思想进行了介绍，阐释马克思主义唯物史观、剩余价值学说。1921年4月由中华书局出版了中文版，再版十多次，对马克思主义在中国的早期传播起到了积极作用。曾将《资本论》翻译成日文10卷本。后来转向国家社会主义，发表了许多反马克思主义的评论和著作。著述中译本有《社会主义与进化论》《马克斯学说概要》《社会问题详解》（3册）等。

【高一涵】

高一涵（1885—1968）

高一涵（1885—1968），原名永浩，别名涵庐、梦弼。笔名一涵。安徽六安人。中国共产党早期党员，教育家，社会学家，媒体人。1911年11月参加《安徽船报》社。1912年留学日本，就读明治大学政治经济科。1914年5月参加章士钊创办的《甲寅》，结识陈独秀等人。1915年2月参与反对"二十一条"的集会并成立留日学生总会，9月以后为《新青年》撰稿。1916年2月任职留日学生总会，并结识李大钊，交往甚密，共同编辑《民彝》。回国后任教北京大学。五四运动的积极参加者。参与创办《每周评论》，编辑《新青年》《努力周刊》。1926年由李大钊、高语罕介绍，加入中国共产党。同年北伐军到达武汉，经李大钊推荐，到武汉任中山大学教授、政治系主任、法科委员会主任兼国民革命军总政治部编译委员会主任等职。1927年4月李大钊遇难后，他在《中央日报》副刊第60号上发表《李大钊同志略传》。四一二反革命政变后，脱离党组织。著有《欧洲政治思想史》《政治学纲要》等，译著有《杜威实用主义》《杜威哲学》《经济思潮史》等，其著述被整理为《高一涵全集》（7卷）。

【高语罕】

高语罕（1887—1947）

高语罕（1887—1947），原名高超，号素心、世素。化名王灵皋、戈鲁阳、程始仁等。笔名淮阴、钓叟等。安徽省寿县人。中国共产党早期党员，政治家，教育家。1911年参加辛亥革命，任青年军秘书长。1912年赴日本留学。两年后回到上海，结识陈独秀，投稿《新青年》，发表《青年之敌》《青年语国家之前途》等文章。1919年在芜湖参加五四运动。1920年参加上海社会主义青年团、北京马克思学说研究会。1921年1月由亚东书馆出版《白话书信》，采用书信体的形式宣传新思想、新文化，宣传社会主义、马克思主义和十月革命，成为安徽地区传播马克思主义的先驱。5月组织芜湖学社，创办《芜湖》半月刊。1921年9月离开安徽到上海，不久加入中国共产党。1926年以共产党员身份参加中国国民党第二次全国代表大会，被选为中央监察委员。同年担任黄埔军校政治主任教官。1927年任《汉口民国日报》总主笔、国民革命军第二方面军共产党党团书记、中央军事政治学校政治教官、国民党安徽省党部负责人等职。1927年8月参加八一南昌起义，任革命委员会秘书。事后到澳门、上海等地进行文化活动。1930年（一说1929年）春参与托陈取消派被开除党籍。1938年9月移居四川江津，与陈独秀为伴，合译《大英百科全书》。1942年5月陈独秀逝世，高语罕帮助料理后事。著有《白话书信》、回忆录《九死一生记》等，其著述被编入《近代名人文集丛刊：高语罕集》。

戈德涅夫（1854—1919）

【戈德涅夫】

即伊万·瓦西里耶维奇·戈德涅夫（Иван Васильевич Годнев，1854—1919），中译名有"哥色纳夫"等。生于俄国科斯特罗马省。俄国政治活动家。1907年、1912年分别任俄国第三届、第四届国家杜马代表，为国家杜马临时委员会成员，后派往最高法院为政治委员。1917年任俄国临时政府国家监察长。十月革命后流亡国外。

戈蒂埃（1853—1937）

【戈蒂埃】

即埃米尔·让·马里·戈蒂埃（Émile Jean-Marie Gautier，1853—1937），中译名有"尔米勒茍体尔""茍体尔""古谛尔"等。生于法国雷恩。法国无政府主义者，记者。创造了"社会达尔文主义"一词。著有《社会达尔文主义》等。

戈东诺夫（1552—1605）

【戈东诺夫】

即鲍里斯·费奥多罗维奇·戈东诺夫（Борис Фёдорович Годунов，1552—1605），中译名有"博力斯哥多洛夫""博力斯哥多诺夫"等。生于俄国莫斯科。俄国政治人物。沙皇费奥多尔·伊万诺维奇的主要谋士，费奥多尔一世逝世后继承皇位。

戈尔（1885—1964）

【戈尔】

即威廉·奥姆斯比·戈尔（William Ormsby Gore，1885—1964），中译名有"柯埃"等。生于英国伦敦。英国政治家，学者，殖民者。曾任英国保守党议员、殖民地事务大臣。积极推行英国殖民地教育。著有《十五世纪的佛罗伦萨雕塑家》等。

戈尔德曼（1869—1940）

【戈尔德曼】

即埃玛·戈尔德曼（Emma Goldman，1869—1940），女。中译名有"哥尔特曼"等。生于俄国科夫诺（今属立陶宛）。俄裔美国无政府主义政治活动家，作家。1906年创办无政府主义刊物《大地》。1892—1917年多次入狱，出狱后被驱逐到俄国。1936年赴马德里参加西班牙内战。著有《我对俄罗斯的幻灭》《过我自己的生活》等。

戈列夫（1874—1937）

【戈列夫】

即鲍里斯·伊萨科维奇·戈列夫（Борис Исаакович Горев，1874—1937），原名鲍里斯·伊萨科维奇·戈尔德曼（Борис Исаакович Гольдман），中译名有"哥勒夫""哥列夫""郭列夫"等。生于俄国维尔纳。俄国政治家，哲学家，历史学家。1903年加入俄国社会民主工党，曾任俄国社会民主工党彼得堡委员会成员。1907年加入孟什维克。1920年退出政治活动，曾在马克思恩格斯研究院工作。著有《无产阶级之哲学——唯物论》，由瞿秋白翻译成中文，于1927年3月由新青年社出版，对中国普及马克思主义哲学起到积极作用。

【戈森】

即赫尔曼·海因里希·戈森（Hermann Heinrich Gossen，1810—1858），中译名有"哥森"等。生于德国迪伦。德国资产阶级庸俗经济学家，边际效用学派先驱，法官。长期从事经济研究，认为政治经济学的目的是帮助人们获得最大总和的享乐,并用数学方法探讨规律。把经济现象归结为单纯的心理因素。著有《人类交换规律的发展及由此产生的人类行为的规则》等。

【哥尔特】

哥尔特(1864—1927)

即赫尔曼·哥尔特(Herman Gorter,1864—1927),中译名有"高尔德""哥尔梯""郭尔泰""郭泰""柯尔推特""柯尔台尔""柯泰""廓尔德"等。以"郭泰"的译名为我国学界所熟知。生于荷兰沃尔默费尔。荷兰诗人,政论家,左派社会民主党人。第一次世界大战期间反对帝国主义战争,支持俄国十月革命。1918年成为左翼无政府工团主义组织的首领,后逐渐退出政治活动。所著《唯物史观解说》中译本于1921年5月由李达翻译,至1927年12月再版8次,在马克思主义在中国早期传播中产生较大影响。

【哥伦布】

哥伦布(约1451—1506)

即克里斯托弗·哥伦布(Christopher Columbus,约1451—1506),中译名有"哥仑布""科仑布""科崙布""科命布"等。生于意大利热那亚。意大利航海家,探险家。1492—1502年间四次横渡大西洋,开启欧洲人发现和征服美洲的时代。

【歌德】

歌德(1749—1832)

即约翰·沃尔弗冈·冯·歌德(Johann Wolfgang von Goethe,1749—1832),中译名有"尔此·歌德""皋斯""高塞""高特""高突""哥德""哥特""格代""格特""贵推""国耶的""喀德""欧戴"等。生于德国法兰克福。德国作家,思想家。"狂飙运动"的主要代表人物。其著述被翻译整理为《歌德全集》(14卷)在国内出版。

【格德斯】

格德斯(1879—1954)

即奥克兰·坎贝尔·格德斯(Auckland Campbell Geddes,

1879—1954），中译名有"奥克兰奇地""格迪斯"等。生于英国伦敦。英国学者，政治家，外交家。历任麦吉尔大学解剖学教授、贸易委员会主席、英国驻美国大使等职。

【格格奇柯利】

格格奇柯利（1881—1954）

即叶夫根尼·彼得罗维奇·格格奇柯利（Евгений Петрович Гегечкори，1881—1954），中译名有"格盖奇科里"等。生于俄国库塔伊西省（今属格鲁吉亚）。格鲁吉亚政治家，孟什维克党人。历任外高加索委员会主席、格鲁吉亚孟什维克政府的外交部部长等职。其主张形成了格格奇柯利政治派别。1918年格鲁吉亚民主共和国成立，任外交部部长，签署《格鲁吉亚独立宣言》。

【格拉弗】

格拉弗（1854—1939）

即让·格拉弗（Jean Grave，1854—1939），中译名有"格列佛""克拉夫"等。生于法国库兹河畔勒布勒伊。法国小资产阶级社会主义者，无政府主义理论家。20世纪初转向无政府工团主义，曾任法国无政府主义期刊《革命报》《新时报》的编辑。第一次世界大战期间成为社会沙文主义者。著有《无政府状态》《共和国自由运动》等。

【格拉古兄弟】

格拉古兄
（公元前162—前133）
格拉古弟
（公元前153—前121）

即提比里乌斯·塞姆普罗尼乌斯·格拉古（Tiberius Sempronius Gracchus，公元前162—前133）和其弟盖尤斯·塞姆乌斯·格拉古（Gaius Sempronius Gracchus 公元前153—前121），中译名有"格拉加斯""格拉珈斯""格拉克斯""那加斯"等。生于罗马共和国。古罗马政治家，平民派领袖。作为护民官发起一场旨在将贵族及大地主多占的地产分给平民的改革。由于改革触动了贵族尤其是元老阶层的利益，剥夺了部分元老院的特权，最终死于元老院的保守势力（权贵派）之手。

格莱斯顿（1805—1875）

【格莱斯顿】

即罗伯逊·格莱斯顿（Robertson Gladstone，1805—1875），生于英国利物浦。英国首相威廉·尤尔特·格莱斯顿之兄。英国商人，政治家。著有《德梅拉拉殖民地航行与居住日记》等。

格莱斯顿（1809—1898）

【格莱斯顿】

即威廉·尤尔特·格莱斯顿（William Ewart Gladstone，1809—1898），中译名有"格拉斯敦""格拉斯顿""格拉特斯笃""格兰斯敦""格兰斯顿""葛拉德士吞""葛兰斯敦""曷拉特士吞""苛拉芝路托""科列度斯托""克兰斯顿""苏兰斯顿"等。生于英国利物浦。英国国务活动家，托利党人，后为皮尔分子。19世纪下半叶为自由党领袖，曾四度出任英国首相。

格兰特（1822—1885）

【格兰特】

即尤利西斯·S.格兰特（Ulysses S.Grant，1822—1885），中译名有"格兰德""格兰顿""格兰多"等。生于美国俄亥俄州。美国军事家，政治家。美国第21、22届总统。著有《美国格兰特的个人回忆录》等。

【格雷】

即爱德华·格雷（Edward Grey，1862—1933），中译名有"爱德华枯莱""葛雷""古兰"等。生于英国伦敦。英国政治家。第一代格雷子爵，英国历史上任职时间最长的外交大臣。拥护"新自由主义"，第一次世界大战时期英国外交政策的主要策划者。著有《二十五年》《鸟的魅力》等。

格雷（1862—1933）

格雷森（1881—1920）

【格雷森】

即维克多·格雷森（Victor Grayson，1881—1920），中译名有"格烈孙"等。生于英国利物浦。英国新闻工作者，社会主义政治家。1907—1910年任英国下院议员。列宁称其

G

是"一个非常火热的社会主义者,但原则性不强,而且喜欢空谈"。

【格雷西】

格雷西(1859—1920)

即约翰·布鲁斯·格雷西(John Bruce Glasier,1859—1920),中译名有"格拉希尔""格莱泽""格列细"等。生于苏格兰格拉斯哥。苏格兰社会主义政治家。1900年任英国独立工党主席。1905年任《工党领袖》编辑。反对第一次世界大战。其著作《社会主义之意义》由刘建阳译、商务印书馆1923年出版。著有《威廉·莫里斯和社会主义运动的早期》、诗集《通往自由的道路》等。

【格里高利七世】

格里高利七世(1020—1085)

格里高利七世(Gregory Ⅶ,1020—1085),中译名有"葛来哥里七世"等。生于意大利索瓦纳。罗马第157任教皇。领导推动克吕尼运动,主张教皇权力至高无上。为了使天主教会摆脱神圣罗马帝国的控制,与神圣罗马帝国皇帝亨利四世进行坚决斗争。

【格里姆凯】

格里姆凯(1805—1879)

即安吉利娜·艾米莉·格里姆凯·韦尔德(Angelina Emily GrimkéWeld,1805—1879),女。中译名有"安嗟利卡·格林卡""格林卡"等。生于美国南卡罗莱纳州。美国废奴主义者,女权运动先驱。曾将女权运动与废奴运动结合起来。著有《对南方基督徒妇女的呼吁》《美国奴隶制》等。

【格列科】

格列科(1893—1955)

即拉杰罗·格列科(Ruggero Grieco,1893—1955),中译名有"格黎哥"等。生于意大利福贾。意大利工人运动活动家、演说家、政论家。1913年加入意大利社会党。1921年参与创建意大利共产党。1929年起任意大利共产党驻共产国际执行委员会常驻代表。

格斯勒（1875—1955）

【格斯勒】

即奥托·卡尔·格斯勒（Otto Karl Gessler，1875—1955），中译名有"格斯雷"等。生于德国路德维希堡。德国魏玛共和国政治家。历任里根斯堡、纽伦堡市长和国防部部长等职。

格温纳（1856—1931）

【格温纳】

即阿尔图尔·格温纳（Arthur Gwinner，1856—1931），中译名有"丰·圭因涅""克英诺"等。生于德国法兰克福。德国金融家。历任德意志银行经理、德意志银行和贴现公司的银行联合公司监事会副会长。

格耶（1879—1919）

【格耶】

即亚历山大·尤里耶维奇·格耶（Александр Юльевич Ге，1879—1919），原名亚历山大·尤里耶维奇·戈尔伯格（Александр Юльевич Голберг），中译名有"格易"等。生于德国柯尼斯堡（今俄罗斯加里宁格勒）。俄国媒体人，无政府主义者。曾任俄国无政府主义报纸《工人世界》编辑。十月革命后拥护苏维埃政权，曾任苏俄第三、四届全俄中央执行委员会委员。

葛德文（1756—1836）

【葛德文】

即威廉·葛德文（William Godwin，1756—1836），中译名有"高得文""高德文""戈德温""戈德允""哥德温""哥顿氏""哥陶文""葛蕴""古德荫""郭得威""郭德文""威廉戈登"等。生于英格兰剑桥郡。英国人权主义者玛丽·沃斯通克拉夫特的丈夫。英国政治家，作家，思想家。与边沁创立功利主义伦理思想体系。恩格斯曾评价，"葛德文的《政治上的公正》，作为从政治的和市民社会的观点对政治的批判，尽管有许多出色的地方（葛德文在这些地方接近共产主义），但还不能入选，因为你就要对政治作全面的批判……总的来说，葛德文的结论表明他是坚决反社会的。"著有《论政治上的公正及其对道德和幸福的影响》《事物的本来面目》等。

【葛健豪】

葛健豪（1865—1943）

葛健豪（1865—1943），女。原名兰英。湖南湘乡（今双峰）人。蔡和森之母。中国早期女权活动先驱，女子教育先驱，女革命家。1919年底赴法勤工俭学，参加留法学生革命活动，支持蔡和森等人在法国的建党活动。1923年回国，积极投身湖南妇女解放运动。1924年倡议恢复湖南女界联合会。1925年在长沙创办平民女子职业学校。1943年在家乡病逝，毛泽东撰祭文悼念。

【葛兰西】

葛兰西（1891—1937）

即安东尼奥·葛兰西（Antonio Gramsci，1891—1937），生于意大利撒丁岛。意大利共产党创始人之一，国际共产主义运动活动家，学者。1913年参加意大利社会党。1921年退出该党，创建意大利共产党。1922年参加共产国际第四次代表大会，当选共产国际执行委员会委员。1923年6月回国任意大利共产党中央总书记。著有《狱中札记》《狱中书信》等。

【根特】

即威廉·詹姆斯·根特（William James Ghent，1866—1942），中译名有"干特"等。生于美国印第安纳州。美国社会主义者，记者，作家。1904年加入美国社会党。曾任校际联会主义协会秘书等职。著有《我们仁慈的封建主义》《弥撒与阶级》等。

【耿丹】

耿丹（1892—1927）

耿丹（1892—1927），字仲钊。湖北安陆人。近代民主革命家，教育家，中国共产党早期党员。1911年参加共进会与文学社联合大会，筹划起义。武昌起义时率领陆军第三中学学生参战。1913年入英国伦敦大学，学习政治经济学,获得经济科博士学位。1919年任北京大学经济学讲师,结识陈独秀、李大钊。同年在《新青年》第7卷第1期发表《中国与新旧银行团》,揭露帝国主义经济侵略中国的本质。1920年底回鄂,结识李汉俊、董必武,参加武汉马克思学说研究会,任国立武昌高师教授兼教务主任、武昌商业专科学校教授。1926年11月加入中国共产党。武汉国民政府时期,历任国民革命军第十五军党代表兼政治部主任、国民党湖北省党部执行委员、国民革命军第十五军副军长等职。1927年8月被国民党右派杀害。1957年5月15日,被中央人民政府追认为革命烈士。

【耿济之】

耿济之(1899—1947)

耿济之(1899—1947),原名匡,字孟邕。笔名济之、蒙生。上海人。近现代文学家,翻译家。1917年就读北京俄文专修馆,1919年参加五四运动。1920年与郑振铎、叶圣陶等发起成立文学研究会,任《文学》旬刊编辑。与郑振铎共同翻译了俄文版《国际歌》。译著有《契科夫短篇小说集》《列夫·托尔斯泰短篇小说集》等。

【宫崎龙介】

宫崎龙介(1892—1971)

宫崎龙介(ミヤザキ リュウスケ,1892—1971),日本熊本县人。宫崎滔天长子。日本大正、昭和时期的社会活动家,新闻记者,律师。早年就读东京大学。曾协助孙中山等革命党人进行革命活动。编有《宫崎滔天全集》等。

【宫崎梦柳】

宫崎梦柳(ミヤザキ ムリュウ,1855—1889),本名宫崎富要。日本高知县人。日本明治时期新闻记者,小说家,翻译家。曾翻译美国和欧洲的政治小说,并在《自由报》《无图片报》《自由之光》上连载。著有《虚无党真实传记》等。

宫崎滔天（1871—1922）

【宫崎滔天】

宫崎滔天（ミヤザキ トウテン，1871—1922），本名寅藏（或作虎藏），号白浪庵滔天，世以号称。日本熊本县人。孙中山的日本友人。日本社会活动家，作家。早年入读早稻田大学，其间第一次接触自由民权运动思想，并开始关注亚洲革命运动。1897年在日本结识孙中山和陈少白，并将孙氏英文著作《伦敦蒙难记》译成日文，自此为中国革命运动提供帮助。1902年撰写自传《三十三年之梦》，介绍孙中山的革命活动，成为研究孙中山、辛亥革命和中日关系史的重要资料。1905年他成为中国同盟会第一批外籍会员，与革命党人黄兴、宋教仁、章炳麟等交往甚密。其住所成为中国同盟会机关报《民报》的最早发行所。其著述被整理为《宫崎滔天全集》（5卷）（日文版）。

龚帕斯（1850—1924）

【龚帕斯】

即塞缪尔·龚帕斯（Samuel Gompers，1850—1924），中译名有"冈珀斯""刚巴斯""刚伯思""刚伯斯""哥姆白斯""公巴斯氏""公伯斯氏""龚伯斯""康巴斯""孔巴司""萨米尔贡柏""沙模尔·孔巴斯""沙维美"等。生于英国伦敦，1863年移居美国。美国劳工领袖，工会运动活动家。1881年参与创建美国与加拿大有组织的行业工会和劳工会联合会，后改组为美国劳工联合会（AFL），当选为美国劳工联合会第一任主席，实行同资本家进行阶级合作的政策，反对工人阶级参加政治斗争。第一次世界大战期间成为社会沙文主义者，反对十月革命和苏俄。著有《劳工与雇主》《自传：生活和劳动七十年》等。

贡特尔（1849—1921）

【贡特尔】

弗兰茨·施陶丁格尔（Franz Staudinger，1849—1921）的笔名"萨迪·贡特尔（Sadi Gunter）"。中译名有"甘特""冈特""贡他""沙地古特""斯坦丁格"等。生于德国沃勒施滕。德国哲学家，新康德主义学派的代表人物。1871年获得哲学博士学位。从事消费者合作社运动，提出消费者合作社的思想，认为消费者合作社是解决社会问题的一种方式。著有《唯物史观与因果律及精神生活》等。

古德诺（1859—1939）

【古德诺】

即弗兰克·约翰逊·古德诺（Frank Johnson Goodnow, 1859—1939），生于美国纽约。美国政治学家，教育家。1882年毕业于哥伦比亚大学法学院，1884年留校任教，1891年晋升教授。1913—1914年任北洋政府法律顾问，起草中华民国新宪法。1915年因撰写备忘录而闻名，随后该文由林步随译成中文《共和与君主论》，鼓吹袁世凯称帝。著有《解析中国》《比较行政法》《政治与行政》等。

古尔德（1834—1924）

【古尔德】

即萨宾·巴林-古尔德（Sabine Baring-Gould, 1834—1924），中译名有"戈弥德"等。生于英国埃克塞特。英国圣公会牧师，作家，古文物学家。作品有歌曲集《西方歌曲和民谣》《前进，基督教士兵》，小说《在一个安静的村庄》《早期回忆录，1834—1864》《进一步回忆，1864—1894》等。

古尔德（1836—1892）

【古尔德】

即杰伊·古尔德（Jay Gould, 1836—1892），原名杰森·古尔德。中译名有"哥尔特"等。生于美国纽约州。美国铁路企业主，金融家。1869年对黄金市场的狙击导致了"黑色星期五"大恐慌。

古契柯夫（1862—1936）

【古契柯夫】

即亚历山大·伊万诺维奇·古契柯夫（Александр Иванович Гучков, 1862—1936），中译名有"高池科夫""古地夸夫""古几可夫""古克各夫""古梯谷夫"等。生于俄国莫斯科。俄国大资本家，十月党的组织者和领袖之一。1904—1905 年日俄战争期间领导俄国红十字会。1905 年俄国革命后，任沙俄政府国防委员会主席，同年 11 月发起组织俄国"十月党"（又称"十月十七日同盟"）。第一次世界大战期间，任中央军事工业委员会主席和国防特别会议委员。1907—1912 年任第三届国家杜马代表。1910—1911 年任杜马主席。1917 年俄国二月革命后，任第一届临时政府陆海军部长，同年 8 月任国务会议成员。同年 9 月积极参与策划科尔尼洛夫叛乱。十月革命后逃亡国外，成为所谓"民主会议"和"预备国会"的议员。积极参与建立白卫"志愿军"，策划武装反对苏维埃政权。1936 年死于法国巴黎。著有《1905—1917 年回忆录》等。

【古热】

古热（1748—1793）

即奥林普·德·古热（Olympe de Gouges，1748—1793），女。原名玛丽·古兹。中译名有"姑基"等。生于法国蒙托邦。法国女权主义者，政治活动家，剧作家。1791 年出版《女权与公民权宣言》（又名《女权宣言》），较早提出获得妇女权利的主张，向男性权力和男女不平等的观念发出挑战，倡导妇女享有平等权利。著有《幸运的沉船》等。

【古约】

古约（1854—1888）

即让·马利·古约（Jean-Marie Guyau，1854—1888），中译名有"高约""居友"等。生于法国拉瓦尔。法国哲学家，诗人。被称为"法国尼采"。著有《无义务的士气》《时间观念的起源》《未来的不知》等。

【谷钟秀】

谷钟秀（1874—1949）

谷钟秀（1874—1949），字九峰。直隶（今河北）定县人。近现代政治人物，媒体人。京师大学堂肄业。1901 年赴日本早稻田大学留学，其间结识孙中山，加入中国同盟会。回国后任直隶督署秘书。辛亥革命后，参加中华民国临时政府的筹建，历任南京临时参议院议员、宪法起草委员等职。1914年创办《中华新报》，参与创办泰东图书局并任总编辑。著有《中华民国开国史》《世界地理》等。

【顾孟余】

顾孟余（1888—1972）

顾孟余（1888—1972），原名兆熊，字梦渔，后改孟余。笔名公孙愈之。祖籍浙江上虞，生于直隶宛平（今北京市）。近现代政治活动家，教育家，国民党左派。1903年考入京师大学堂译学馆。1906年赴德留学，先后在莱比锡大学和柏林大学学习电机工程和政治经济学。1910年加入中国同盟会，翌年回国参加武昌起义。1916年12月任北京大学教授，历任北京大学文科德文系主任、法科经济系主任、教务长等职。1919年3月，参加攻读互助会。5月在《新青年》第6卷第5号发表《马克思学说》一文。1927年3月在中国国民党二届三中全会上被选为中央宣传部部长，任《中央日报》社长。4月与邓演达、谭平山、毛泽东等人组成中央土地委员会，推动农民运动。著有《国民党必须有阶级吗？》《中国农民问题》《为第五次会议再进一言》等。

【顾维钧】

顾维钧（1888—1985）

顾维钧（1888—1985），字少川。江苏嘉定（今属上海市）人。民国时期著名外交家。历任北京政府外交总长、财政总长、国务总理等职。曾代表中国政府出席巴黎和会和华盛顿会议。著有《顾维钧回忆录》等。

【顾正红】

顾正红（1905—1925）

顾正红（1905—1925），江苏滨海（今属盐城市）人。中国共产党早期党员。1924年参加中国共产党组织开办的补习学校，后加入中国共产党。1925年5月，在同日本资本家的罢工交涉中被枪杀，成为五卅运动的导火线。

G

光绪帝（1871—1908）

【光绪帝】

即爱新觉罗·载湉（1871—1908），满族。北京人。清朝第九位皇帝。年号光绪，庙号德宗。

【龟山天皇】

龟山天皇（1249—1305）

龟山天皇（カメヤマテンノウ，1249—1305），名恒仁。后嵯峨天皇的皇子。日本第90代天皇。倡导镰仓幕府的弘安改革，强调"德政"。1289年出家，法号金刚源，属于大觉寺系统的第一代天皇。出家后，将南禅寺作为离宫。

【郭秉文】

郭秉文（1879—1967）

郭秉文（1879—1967），字鸿声。江苏江浦（今属南京市）人。中国现代高等教育事业的先驱。被称为"东南大学之父"。1906年留学美国。1915年任南京高等师范学校教务主任。1921年任东南大学首任校长。1925年在该校驱逐校长风波中被免职。著有《中国教育制度沿革史》等。其著述被整理为《郭秉文教育文集》。

【郭茨】

即阿布拉姆·拉法伊洛维奇·郭茨（Абрам Рафаилович Гоц，1882—1940），中译名有"哥兹""戈茨""郭慈""浩兹"等。生于俄国莫斯科。俄国社会革命党领袖之一。1917年俄国二月革命后任彼得格勒苏维埃社会革命党党团领袖、第一届中央执行委员会副主席。十月革命后反对苏维埃政权。1922年被判刑，获释后从事经济工作。

郭茨（1882—1940）

【郭尔尼禄夫】

郭尔尼禄夫（Gernidov），生卒年不详。俄国人。白卫军首领。

郭沫若（1892—1978）

【郭沫若】

郭沫若（1892—1978），原名郭开贞，字鼎堂，号尚武，乳名文豹。笔名郭沫若、麦克昂、郭鼎堂、石沱、高汝鸿、羊易之等。四川乐山人。著名作家，马克思主义历史学家，古文字学家。1914年留学日本，在九州帝国大学学医。1921年发表第一本新诗集《女神》，为中国新诗的奠基之作。1925年5月翻译河上肇名著《社会組織と社会革命に関する若干の考察》，以《社会组织与社会革命》为名由上海商务印书馆出版。该书是当时日本社会主义理论著作中的先声之作，也促进他的思想开始转向马克思主义。1927年4月9日在武汉《中央日报》发表长达万字檄文《请看今日之蒋介石》，声讨蒋介石叛变革命的罪行。民众争相传阅，迅速投入反蒋斗争。1927年8月加入中国共产党。其著述被整理为《郭沫若全集》（38卷）。

郭绍虞（1893—1984）

【郭绍虞】

郭绍虞（1893—1984），名希汾，字绍虞。江苏苏州人。近现代编辑。五四运动时期深受《新青年》等进步杂志的影响，向《新潮》杂志投稿，为新潮社社员。1919年12月1日在《晨报副镌》发表《马克思年表》。1920年任《晨报》副刊特约编辑撰稿人。著有《宋诗话考》《中国文学批评史》等，其著述被整理为《照隅室古典文学论集》《照隅室杂著》等。

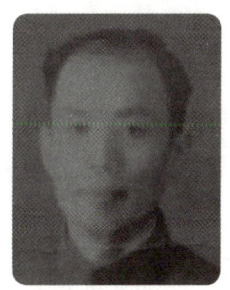

郭瘦真（1900—1980）

【郭瘦真】

郭瘦真（1900—1980），曾用名秋晃、俊仪、唯旷、汉民、汉鸣、郭真、文威、海真、素正、素心。广东省大埔县（今属梅州市）人。近现代政治人物，中国共产党早期党员。1920年夏参加广州马克思主义学习会。1923年加入社会主义青年团。同年秋加入国民党。1924年2月加入中国共产党，任中共广东区委宣传部、青年部干事、中共潮梅特委书记、东江工农军副总指挥、广州农民运动讲习所教务处干事等职。出版《大声》刊物，宣传俄国十月革命和马克思主义。1928年脱离中国共产党，留学比利时布津尔大学、法国巴黎大学。回国后，受聘为中央地政学院教授、地政研究所研究员,加入地政学会,兼任《地政月刊》编委。中华人民共和国成立后,任广东省人民政府参事室秘书、广东省政协文史研究馆馆员。1980年病逝于广州。著有《各国的土地分配》《土地法讲义》《欧洲各国土地制度探讨》等。

郭松龄(1883—1925)

【郭松龄】

郭松龄(1883—1925),字茂宸。祖籍山西汾阳县,奉天(今辽宁)沈阳人。奉系将领。1925年11月在直隶(今河北省)滦州起兵反奉,受日本关东军和奉军夹击,兵败被杀。

【郭虞裳】

郭虞裳(1891—1971),原名传治,字虞裳。上海人。近现代政治人物,媒体人。1914年9月考入东京私立法政学校政治经济科学习,与俞颂华同班。1917年7月毕业后回国。1919年7月27日继俞颂华出任《时事新报》副刊《学灯》主编,8月15日在《学灯》上新辟"新文艺"栏目,由宗白华主持。1919年11月赴英国留学。1924年任吴淞中国公学大学部教授兼学长秘书。1947年任国民政府第四届立法院立法委员。1949年随国民党退居台湾。著有《马克思的唯物史观》《社会主义之进化》《马克思社会主义之理论的体系》《马克思剩余价值论》等传播马克思主义的文章。

郭质生(1896—1979)

【郭质生】

俄文名弗谢伏罗德·谢尔盖耶维奇·科洛科洛夫(Всеволод Сергеевич Колоколов,1896—1979),中文名郭质生。生于新疆喀什。苏联汉学家,语言学家。曾任瞿秋白的俄文翻译,协助瞿秋白在苏联的采访。曾在伏龙芝军事学院、莫斯科东方学院和红色教授学院教授汉语。1929年协助瞿秋白制定《中国拉丁化字母方案》。译著有《红楼梦》《俄汉辞典》等。

果戈理（1809—1852）

【果戈理】

即尼古拉·瓦西里耶维奇·果戈理（Николай Васильевич Гоголь，1809—1852），原名尼古拉·瓦西里耶维奇·亚诺夫斯基，笔名果戈理，中译名有"高卢氏""歌歌儿""歌郭里""葛葛儿""葛葛里""古格尔""顾谷儿""柯柯尔"等。生于俄罗斯帝国波尔塔瓦省（今属乌克兰）。俄国作家，俄国批判现实主义文学的奠基人之一。其著述被翻译整理为《果戈理文集》（全7卷）在国内出版。

H

哈茨费尔特伯爵夫人
（1805—1881）

【哈茨费尔特伯爵夫人】

即索菲娅·冯·哈茨费尔特（Sophie von Hatzfeldt，1805—1881），女。中译名有"哈慈费尔德""哈士非而""哈斯赴野陆度伯爵夫人""哈兹菲尔德""海法德爵夫人""帕宰斐尔台伯爵夫人""索菲亚·哈茨费尔特伯爵夫人"等。生于德国下西里西亚。拉萨尔的密友。德国社会主义者。1846年与拉萨尔相识。拉萨尔耗时8年，为索菲娅打赢离婚官司。拉萨尔去世后，索菲娅出版他未发表的著作，积极参与德国社会主义运动。

哈茨霍恩（1872—1931）

【哈茨霍恩】

即弗农·哈茨霍恩（Vernon Hartshorn，1872—1931），中译名有"哈次赫伦""哈特肖恩"等。生于威尔士蒙茅斯郡。威尔士工会主义者，工党政治家。从1918年起担任国会议员。

哈第（1856—1915）

【哈第】

即詹姆斯·基尔·哈第（James Keir Hardie，1856—1915），中译名有"哈德""哈狄""哈笛""哈第""哈地""哈蝶""哈特""哈提氏""加伊路巴路志"等。生于苏格兰拉纳克郡。职业矿工。英国工人运动活动家，改良主义者，政论家。1888年为苏格兰工党的创始人和领袖之一。1900年参加创立工人代表委员会（1906年改组为工党）。第一次世界大战持和平主义立场，反对战争。著有《从农奴制到社会主义》等。

哈定（1865—1923）

【哈定】

即沃伦·甘梅利尔·哈定（Warren Gamaliel Harding, 1865—1923），中译名有"哈丁""哈尔德"等。生于美国俄亥俄州。美国共和党人。美国第34届总统。颁布《紧急关税法》《福德尼—麦坎伯关税法》，提高税率，对新兴工业实行特别保护。

【哈尔起林】

职业木匠。俄国早期无产阶级运动的指导者。

哈夫迈耶（1833—1922）

【哈夫迈耶】

即约翰·克雷格·哈夫迈耶（John Craig Havemeyer, 1833—1922），中译名有"哈夫美亚""汉夫默耶"等。生于美国纽约。美国企业家。是美国最大的糖业托拉斯老板、铁路公司及其他一些公司的股东。

哈格里沃斯（1720—1778）

【哈格里沃斯】

即詹姆斯·哈格里沃斯（James Hargreaves, 1720—1778），中译名有"哈格里扶""哈格里夫斯""哈格利符""哈古里布司""哈克里夫""极姆司哈枯列步司"等。生于英国兰开夏郡。职业纺织工人。第一台实用机械纺纱机（珍妮机）的发明者，这一发明揭开了英国工业革命的序幕。

哈里曼（1848—1909）

【哈里曼】

即爱德华·亨利·哈里曼（Edward Henry Harriman, 1848—1909），生于美国纽约州。美国金融家，铁路大亨。

哈里斯（1880—1930）

【哈里斯】

即詹姆斯·阿瑟·哈里斯（James Arthur Harris, 1880—1930），中译名有"阿沙·哈利斯"等。生于美国俄亥俄州。美国生物学家，植物学家。因制定哈里斯—本尼迪克特方程公式而闻名于世。1924—1930年任明尼苏达大学植物学系主任。著有《自然选择的测量》等。

哈里佐梅诺夫（1854—1917）

【哈里佐梅诺夫】

即谢尔盖·安德列耶维奇·哈里佐梅诺夫（Сергей Андреевич Харизоменов，1854—1917），中译名有"哈里次麦诺夫""哈里左麦诺夫""哈里佐勉诺夫"等。生于俄国弗拉基米尔。俄国地方自治局统计学家，经济学家。1876年毕业于莫斯科大学，1879年成为沃罗涅日议会议员。在《俄罗斯思想》《莫斯科法律公报》等期刊上发表许多关于统计和农民经济状况的文章。著有《弗拉基米尔省的工艺品》《萨拉托夫省统计资料集》等。

【哈姆雷特】

中译名有"罕姆雷特"等。莎士比亚名剧《哈姆雷特》的主人公。

哈奇森（1694—1746）

【哈奇森】

即弗朗西斯·哈奇森（Francis Hutcheson，1694—1746），中译名有"赫希生"等。生于爱尔兰圣菲尔德。英国道德学家，美学家，苏格兰18世纪启蒙运动的奠基人。著有《论美和德行两种观念的起源》《论激情和情感的性质和行为》等。

哈赛尔曼（1844—1916）

【哈赛尔曼】

即威廉·哈塞尔曼（Wilhelm Hasselmann，1844—1916），中译名有"哈色曼""哈斯陆马"等。生于德国不来梅。德国社会主义政治家，拉萨尔主义者。1871—1875年主编全德工人联合会机关报《新社会民主党人报》，攻击马克思、恩格斯，美化俾斯麦政府，吹捧拉萨尔。1875年倡导拉萨尔派和爱森纳赫派合并，组成德国社会民主党，担任德国社会民主党党报《新社会民主党》编辑，参与炮制《哥达纲领》。反社会党人非常法时期，与莫斯特共同领导无政府主义极左小集团，煽动工人从事冒险的"革命"行动。1880年初被开除出党。后侨居美国，脱离工人运动。

哈森克莱维尔（1837—1889）

【哈森克莱维尔】

即威廉·哈森克莱维尔（Wilhelm Hasenclever，1837—1889），中译名有"汉森格列卫"等。生于德国威斯特伐利亚省。职业制革商。德国记者，作家。1870年起任《社会民主党人报》编辑。1871—1876年任《新社会民主党人报》编辑。1871—1875年任全德工人联合会主席。1875—1876年任执行委员会两主席之一。1876—1878年同威廉·李卜克内西一起编辑《前进报》。长期担任德意志帝国国会议员。曾任德国社会主义工人党五人执行委员会委员之一。著有《论现在的报刊对工人阶级的影响》，作品有诗集《爱、生活、奋斗》等。

哈特曼（1842—1906）

【哈特曼】

即卡尔·罗伯特·爱德华·冯·哈特曼（Karl Robert Eduard von Hartmann，1842—1906），中译名有"哈德曼""哈德门"等。生于德国柏林。德国哲学家，普鲁士容克的思想家，美学家，现代非理性主义和唯意志论学派的先驱者之一。试图通过强调无意识思维的核心作用，来调和理性主义和非理性主义之间的冲突，终陷入虚无主义等极端哲学。著有《无意识哲学》《美学》《价值学纲要》等。

哈泽（1863—1919）

【哈泽】

即胡戈·哈泽（Hugo Haase，1863—1919），中译名有"哈阿兹""哈材""哈嗟""哈塞""哈赛""哈瑟""哈则氏"等。生于德国阿伦施泰因（今波兰奥尔什丁）。德国政治家，德国社会民主党中派首领之一。1887年加入德国社会民主党。1913年与艾伯特共同被选为党主席。1917年4月与考茨基一起组织德国独立社会民主党，任主席。1918年11—12月间任人民全权代表委员会主席之一，支持谢德曼为首的右派政府，反对共产党及马克思主义。1919年11月7日被暗杀。

海德拉姆（1847—1924）

【海德拉姆】

即斯图尔特·达克沃斯·海德拉姆（Stewart Duckworth Headlam，1847—1924），中译名有"海德兰""黑德兰"等。生于英国利物浦。英国圣公会牧师，基督教社会主义先驱。因以圣马修公会的创始人和典狱长的身份在审判时帮助奥斯卡·王尔德保释出狱而闻名。

海德门（1842—1921）

【海德门】

即亨利·迈尔斯·海德门（Henry Mayers Hyndman，1842—1921），中译名有"卑度马""哈英曼""哈英陀曼""海得满""海德曼""海伊度麦""海因德曼""亨特曼""秦特蛮""欣德曼""信德门""轩利·买耶士·哈因德曼"等。生于英国伦敦。英国社会党人，改良主义者。早年在剑桥大学学习，毕业后任《蓓尔美尔报》编辑。1880年阅读《资本论》后转向马克思主义。1881年6月创立民主联盟（1884年8月易名社会民主联盟），任主席，任该机关刊物《正义》周刊编辑。第二国际成立时，为法国"可能派"重要成员，曾任第二国际执行局成员。第一次世界大战时成为社会沙文主义者。1916年因发表维护帝国主义利益的言论而被开除出党。著有《革命的演变》《社会主义的历史基础》等。

海克尔（1834—1919）

【海克尔】

即恩斯特·亨利希·菲利普·奥古斯特·海克尔（Ernst Heinrich Philipp August Haeckel，1834—1919），中译名有"海凯尔""郝智尔""赫凯尔""赫克尔""黑凯尔""吓克尔"等。生于普鲁士波茨坦。德国动物学家，进化论者。达尔文进化论的捍卫者和传播者，提出人类进化血统的新概念。著有《自然创造史》《人类学》《宇宙之谜》等。

海曼（1868—1943）

【海曼】

即丽达·古斯塔瓦·海曼（Lida Gustava Heymann，1868—

1943），女。中译名有"赫满"等。生于德国汉堡。德国女权运动活动家，和平主义者。她将性别观念作为社会批判的核心组成部分，认为"女性原则"是一个没有战争的世界行动的激进和平主义基础。著有《女性和平主义》等。

【海曼】

即汉斯·吉德翁·海曼（Hans Gideon Heymann，1883—1918），中译名有"嘿曼氏""里孟"等。生于德国柏林。德国经济学家。列宁在《帝国主义是资本主义的最高阶段》中曾引用其观点。著有《德国大钢铁工业中的混合企业》等。

【海尼希】

即库尔特·海尼希（Kurt Heinig，1886—1956），中译名有"海尼喜氏""黑宁"等。生于德国莱比锡。德国经济学家，政论家，记者。1927年任德国社会民主党议会党团成员。著有《帝国的金融丑闻》等。

海尼希（1886—1956）

【海涅】

即亨利希·海涅（Heinrich Heine，1797—1856），中译名有"哈以纳""哈因烈·希尼""海礼""海列""汉讷""黑菜""黑纳""乌陆海摩哈贺陆托"等。生于德国杜塞尔多夫。马克思夫妇的亲密朋友。德国诗人，革命民主主义运动的先驱。其政治诗作猛烈批判普鲁士反动统治，成为一八四八年德国革命的先声，受到马克思恩格斯的高度赞扬。其著述被翻译整理为《海涅全集》（12卷）在国内出版。

海涅（1797—1856）

【海伍德】

即威廉·海伍德（William Haywood，1869—1928），绰号"大比尔"。中译名有"黑乌德""黑乌枝德"等。生于美国犹他州。职业矿工。美国劳工领袖，活动家，政治家。

海伍德（1869—1928）

1896年参加西部矿工联合会。1905年为美国世界产业工人联盟发起人和领袖之一，长期致力于工人运动。1919年加入美国共产党。1920年被美国当局逮捕。1921年移居苏联。著有《关于工会、社会主义、工团主义和革命的演讲和小册子》等。

【海伊】

海伊（1838—1905）

即约翰·米尔顿·海伊（John Milton Hay，1838—1905），中译名有"海约翰"等。生于美国印第安纳州。美国外交家，作家。1898年任美国国务卿，在对华事务方面，主张"门户开放，利益均沾"。作品有小说《养家糊口的人》等，与约翰·尼古拉合著英文版《亚伯拉罕·林肯：一段历史》（10卷）。

【海因岑】

海因岑（1809—1880）

即卡尔·彼得·海因岑（Karl Peter Heinzen，1809—1880），中译名有"海村"等。生于普鲁士北莱茵—威斯特法伦州，1848年1月移居美国。德裔美国作家，政论家，小资产阶级民主主义者。1845年因出版《普鲁士的官僚制度》被迫移居瑞士。1848年初前往纽约。同年巴登—普法尔茨起义，返回德国参加起义，起义失败后流亡瑞士、英国。1850年再次返回美国。著有《论妇女的权利和地位》《谋杀与自由》等。

【亥姆霍兹】

亥姆霍兹（1821—1894）

即海尔曼·路德维希·斐迪南·冯·亥姆霍兹（Hermann Ludwig Ferdinand von Helmholtz，1821—1894），中译名有"赫尔姆荷尔资"等。生于德国波茨坦。德国物理学家，哲学家，生理学家，能量守恒定律的提出者之一。1888年任夏洛特堡帝国物理学工程研究所第一任主席。著有《生理光学手册》《论力守恒》等。

韩德逊（1863—1935）

【韩德逊】

即阿瑟·韩德逊（Arthur Henderson，1863—1935），中译名有"扶斯曼斯德亨逊""韩德森""汉得森""汉德孙""亨达森""亨达孙""亨得逊""亨德阿逊氏""亨德生""亨德孙""亨德逊""享特生"等。生于苏格兰格拉斯哥。英国政治家，工党创始人之一。历任英国内政大臣、外交大臣、国际联盟安全和裁军委员会成员等职。1932年世界裁军会议的主要推动者和组织者，获1934年诺贝尔和平奖。

【韩玉山】

韩玉山（？—1925），籍贯不详。中国共产党早期党员，京汉铁路工人总工会郑州分会领导人。1925年8月20日在豫丰纱厂罢工与资本家斗争中被打成重伤致死，引发豫丰纱厂工人大罢工。

汉密尔顿（1755/1757？—1804）

【汉密尔顿】

即亚历山大·汉密尔顿（Alenander Hamilton，1755/1757？—1804），中译名有"汉墨里敦""瑕美尔敦"等。生于英属印度群岛尼维斯岛（今为圣基茨和尼维斯联邦）。美国开国元勋，经济学家，政治哲学家。是美国金融体系、美国海岸警卫队和《纽约邮报》的创始人，与本杰明·富兰克林、乔治·华盛顿、约翰·亚当斯、托马斯·杰斐逊、詹姆斯·麦迪逊、约翰·杰伊一起被称为美国建国国父。早年就读纽约皇家学院。历任华盛顿军事顾问、政府财政部部长、督查将军等职。美国1787年制宪会议制定的宪法起草者。合著《联邦党人》等。

汉普登（1595—1643）

【汉普登】

即约翰·汉普登（John Hampden，1595—1643），中译名有"汉伯发"等。生于英国伦敦。英国政治家，国会反对派领袖之一。1643年6月在第一次英国内战的查尔格罗夫菲尔德战役中受重伤身亡。

171

汉森（1894—1966）

【汉森】

即阿尔维德·吉尔伯特·汉森（Arvid Gilbert Hansen，1894—1966），中译名有"海萨是"等。生于挪威克里斯蒂安桑。挪威共产主义者，新闻工作者。1910年加入挪威工党。历任挪威共产党中央委员、政治局委员和中央委员书记处书记、共产国际主席团候补委员等职。

豪厄尔（1833—1910）

【豪厄尔】

即乔治·豪厄尔（George Howell，1833—1910），中译名有"豪威尔""霍凡尔"等。生于英国威灵顿。职业工人。英国工联领袖之一。曾参加宪章运动，历任工联伦敦理事会书记、第一国际总委员会委员、全国选举改革同盟常务书记、英国国会议员等职。著有《劳资之间的斗争》《新工联主义和旧工联》等。

豪普特曼（1862—1946）

【豪普特曼】

即格哈特·豪普特曼（Gerhart Hauptmann，1862—1946），中译名有"戈哈特·霍普特曼""好卜特满""郝卜特曼""霍布特曼"等。生于德国萨兹布隆（今属波兰）。德国剧作家，诗人。1912年获得诺贝尔文学奖。作品有《黎明之前》《沉钟》《蒂尔·欧伦斯皮格尔》等。

豪斯（1858—1938）

【豪斯】

即爱德华·曼德尔·豪斯（Edward Mandell House，1858—1938），中译名有"哈斯"等。生于美国休斯敦。美国外交家。是伍德罗·威尔逊总统的智囊人物，1919年巴黎和会时作为美国代表团的成员，积极协助威尔逊总统起草国际联盟盟约。

何东（1862—1956）

【何东】

何东（Robert Hotung，1862—1956），原名何启东，字晓生。香港人。企业家，爵士。香港开埠后的首富。

何公敢（1889—1977）

【何公敢】

何公敢（1889—1977），本名何崧龄。笔名炳焱、一卒。福建福清县（今福清市）人。爱国主义者，民主革命家。1902年赴日本留学，学习经济学。其间在东京参加中国同盟会。辛亥革命时，在苏州参加起义。旋回到家乡福州参加建于山起义。福建成立革命军政府后，被任命为"盐务使"负责管理福建盐务。不久再赴日本，入东京帝国大学，为河上肇入室弟子。1921年回国，受聘为厦门大学经济学教授兼任总务长。1922年在《学艺杂志》第4卷第1至3号上翻译河上肇的名著《唯物史观研究》（前三章）。此文后收录于1926年商务印书馆出版的《唯物史观研究》论文集中。1932年任福建省财政厅厅长。1933年11月参加"闽变"，失败后，流亡日本、香港，仍坚持学习《资本论》，并撰文结集在香港出版。中华人民共和国成立后，历任福建省司法厅厅长、省人大代表、全国政协委员、民盟福建省副主委等职务。译著有《财政总论》《标准汉译外国人名地名表》《公债》等。

何鲁之（1891—1968）

【何鲁之】

何鲁之（1891—1968），四川华阳人。国家主义派代表人物。1919年加入少年中国学会，同年秋入法国巴黎大学学习西洋史。1923年12月与曾琦、李璜等发起成立中国青年党，宣扬国家主义。回国后任教于成都大学、四川大学等校。著有《希腊史》《欧洲近古史》《欧洲中古史》等。

何孟雄（1898—1931）

【何孟雄】

何孟雄（1898—1931），原名定礼，字国正，号孟雄。笔名静、子静、江囚、之君、周子敬，化名廖慕群、刘元和、小山、白水。瑶族。湖南酃县（今炎陵县）人。中国共产党早期党员，无产阶级革命家，政治活动家。1918年秋到北京留法预备学校学习。1919年3月到北京大学旁听，同年5月参加五四运动，成为北京爱国运动的骨干。1920年3月参加北京马克思学说研究会，11月参加中共北京早期组织。1921年7月与共产党员缪伯英在北京结婚,被誉为"英雄夫妇"。同年底,中共北京地方执行委员会正式成立,当选首届北京地委书记,兼任组织委员。主要从事工人运动,任《工人周刊》的领导人之一。历任中共北京区委委员、京绥铁路总工会秘书、中共唐山地方执委会书记、中共汉口市委组织部部长、中共江苏省委常委、中共上海沪西、沪东、沪中区委书记等职。1931年2月7日与林育南、李求实等23位共产党员在上海龙华遇难。其著述被整理为《何孟雄文集》。

何叔衡(1876—1935)

【何叔衡】

何叔衡(1876—1935),原名启睿,字玉衡,号琥璜。湖南宁乡人。无产阶级革命家,中国共产党创始人之一,苏区"五老"之一,苏区检查、审判机关的创始人。1913年考入湖南省立第一师范讲习班。1918年与毛泽东、蔡和森等发起成立新民学会,任执行委员长。1921年夏参加中国共产党第一次全国代表大会。随后与毛泽东建立湖南党的地方组织,历任中共湘区委员会组织委员、船山学社社长、湖南自修大学和湘江学校校长等职。1926年7月,任湖南中山图书馆和《湖南民报》馆馆长。1927年5月长沙马日事变后,赴上海转入地下工作,创办中国共产党印刷机构聚成印刷公司,任经理。1928年6月赴莫斯科出席中国共产党第六次全国代表大会。1935年2月24日在突围战斗中壮烈牺牲。其部分著述被整理为纪念集《永远的叔衡》。

何味辛(1905—1986)

【何味辛】

何味辛(1905—1986),原名福良,后改名味辛、公超,因祖姓王,故又名王针生。笔名慧心、王立、王歧、于贞一。上海松江县人。中国共产党早期党员,编辑,作家。1921年进商务印书馆文书股工作。1923年参加中国社会主义青年团。1925年转为中国共产党党员。同年,被党组织派往上海编辑上海《民国日报》副刊《杭育》。在此期间,参加五卅运动。1925年6月4日调至《热血日报》，任编辑。大革命失败后，与党失去联系。此后长期从事儿童文学编辑工作，曾任《儿童世界》主编。1949年1月被重新认定为中共党员。以翻译高尔基等俄国革命文学与美国著名记者约翰·里德报道俄国十月革命的作品《震天动地的十天》（即《震撼世界的十天》）而闻名于世。

【何震】

何震（1886—？）

何震（1886—？），女。原名何班，后改名何震，又名何振，字志剑。在日本改名何殷震（亦作何殷振）。笔名小器、震述等。江苏扬州人。近代无政府主义者，女权主义者。1904年与刘师培结婚。1907年与刘师培赴日，创办女子复权会、《天义报》，其间加入中国同盟会。1907年6月—1908年3月，在《天义报》上发表《女子宣布书》《女子解放问题》《女子复仇论》《论女子当知共产主义》《女子非军备主义》《女子教育问题》《论中国女子所受之惨毒》等文。其《经济革命与女子革命》一文，文末以附录形式译载《共产党宣言》第二章中关于家庭和婚姻制度的论述，作者加按语"马氏等所主共产说，虽与无政府主义不同，而此所言则甚至当。彼等之意以为资本私有制度消灭，则一切私娼之制自不复存，而此制度之废，必俟经济革命以后，可谓探源之论矣！故附译其说，以备参考。"她对马克思主义"只有消灭私有制，才能最终消灭资本主义社会压迫妇女的社会根源"的论述表示赞同。《天义报》成为马克思主义妇女观在中国早期传播的先声。

【河合义虎】

河合义虎（1902—1923）

应为川合义虎（カワイヨシトラ，1902—1923），日语中"河"与"川"乃同一个发音，估计是译者将"川"误译为"河"。本名川江善虎，日本长野县人。职业矿山工人。日本大正时期工人运动活动家，日本早期共产主义活动家。1920年加入社会主义大同盟。1922年参加日本共产党。

175

1923年4月日本共产主义青年团创立，担任委员长。9月1日关东大地震时为掩护同事被捕，4日与其他10名革命者一起被近卫师团枪杀于龟户警察署附近，史称"龟户事件"。

【河上肇】

河上肇（1879—1946）

河上肇（カワカミ ハジメ，1879—1946），日本山口县人。日本近现代思想家，马克思主义传播者。1902年东京帝国大学法科大学政治学科毕业。1913—1915年赴欧留学，1914年被授予法学博士学位，开始接触马克思主义。1915年任京都帝国大学教授。1919年创办《社会问题研究》，宣传社会主义、马克思主义，标志着其由人道主义思想转向马克思主义。1920年发表的《近代经济思想史论》，诠释马克思主义的唯物史观、科学社会主义和劳动价值说。作为日本早期诠释马克思主义经济学的名著，该书促使其确立马克思主义经济学启蒙者的地位。1932年加入日本共产党。他对中国早期马克思主义传播影响巨大，我国第一代马克思主义者几乎均受到他的思想启蒙。据统计从1919—1927年间，他解读马克思主义的文章有40多篇，多部著作被译成中文，受到中国革命知识分子的热烈欢迎。著有《贫乏物语》《近世经济思想史论》《唯物史观研究》《〈资本论〉入门》等，其著述被整理为《河上肇全集》（日文版）。

【荷马】

荷马（约公元前9世纪—约公元前8世纪）

荷马（Homer，约公元前9世纪—约公元前8世纪），中译名有"何麦尔""霍麦"等。生于小亚细亚。传说中的古希腊盲诗人。著有《伊利亚特》《奥德赛》等。

【贺川丰彦】

贺川丰彦（1888—1960）

贺川丰彦（カガワ トヨヒコ，1888—1960），日本兵库县人。日本社会改革者，基督教传道者。曾领导日本劳工运动，1918年协助创立劳工联合会，1921年创办农民联盟，1928年建立反战同盟。著有《平民心理研究》《主观经济原理》《一粒麦子》等。

贺民范（1866—1950）

【贺民范】

贺民范（1866—1950），又名贺希明，字洪畴，号寿乾。湖南邵东人。中共湖南早期组织成员。1907年赴日本富士法政大学求学，其间参加中国同盟会。辛亥革命后，被选为湖南省临时省议会议员兼秘书长。曾任安化、岳阳、宁德等县知事。五四运动后，历任船山学社社长、船山中学校长等职。1920年9月15日湖南俄罗斯研究会在长沙成立，为公开负责人。1921年3月和毛泽东等人，与朝鲜爱国志士发起中韩互助社，任经济部中方主任。中国共产党第一次全国代表大会后，中共湖南支部成立，成为早期党员。他介绍刘少奇入团，并介绍刘少奇入上海外国语学社学习。同年10月和毛泽东等在长沙创立培养革命干部的新型学校湖南自修大学，担任第一任校长。1922年4月辞去校长一职。长沙"马日事变"被捕，出狱后退隐还乡，其间脱离了中国共产党。著有《七十自述》等。

赫德（1835—1911）

【赫德】

即罗伯特·赫德（Robert Hart，1835—1911），字鹭宾。生于英国阿尔马郡。近代中国海关总署署长。1854年来华，最初在英国驻宁波、广州领事馆任翻译。1859年6月进入中国海关任职。1861年起代理总税务司职务。1863年11月接任李泰国正式担任总税务司，直至1908年离职回英国。掌管晚清海关近半个世纪，成为对近代中国有影响的外国人物之一。著有《这些来自西尼姆之地》等。

赫德尔（1857—1878）

【赫德尔】

即马克斯·赫德尔（Max Hödel，1857—1878），中译名有"贺特陆""黑的路""花得而""霍德尔""吓的尔"等。生于德国莱比锡。德国莱比锡社会民主党协会成员。19世纪70年代被驱逐出该组织，转而信仰无政府主义。1878年5月11日行刺威廉一世未遂，同年8月16日被处死刑。

赫尔巴特（1776—1841）

【赫尔巴特】

即约翰·弗里德里希·赫尔巴特（Johann Friedrich Herbart, 1776—1841），中译名有"海尔巴脱""海亚摆脱""黑巴梯""黑把特"等。生于德国奥尔登堡。德国哲学家，心理学家，科学教育学创始人。在世界教育史上被称为"教育科学之父""现代教育学之父"。著有《普通教育学》《一般实践哲学》《心理学研究》等。

赫尔岑（1812—1870）

【赫尔岑】

即亚历山大·伊万诺维奇·赫尔岑（Александр Иванович Герцен，1812—1870），中译名有"爱尔此爱""格尔真""海瞻""汉尔采""核尔曾""赫辰""赫惨""赫尔俊""赫尔詹""赫律仁""赫善民""赫震""黑岑""黑尔点""贾拉瓜""歇路起痕""亚历山大海尔文""耶尔贞"等。生于俄国莫斯科。俄国革命民主主义者，唯物主义哲学家，作家。1829年进入莫斯科大学后，与奥加廖夫组织政治小组，研究和宣传空想社会主义。1833年毕业后，突遭沙皇政府逮捕，被流放6年。1840年回到莫斯科，不久再度被流放到诺夫哥罗德。赞成农业民粹主义、农业集体主义。唯农（民）论的倡导者，呼吁解放农奴。1847年流亡法国。1852年移居伦敦，在英国建立"自由俄国印刷所"，出版《北极星》定期文集、《钟声》报。列宁称赞他是"在俄国革命的准备上起了伟大作用的作家"。作品有《谁之罪》《克鲁波夫医生》《偷东西的喜鹊》等。作品中文版有《赫尔岑文学书简》《赫尔岑中短篇小说集》《赫尔岑自传》《往事与随想》（全三册）等。

赫尔曼（911—973）

【赫尔曼】

即赫尔佐格·冯·萨克森·赫尔曼（Herzog Von Sachsen Hermann，911—973），中译名有"黑尔曼"等。生于德国奥斯坦夫兰肯瑞希·萨克森。萨克森公爵。

赫弗里希（1872—1924）

【赫弗里希】

即卡尔·西奥多·赫弗里希（Karl Theodor Helfferich，1872—1924），中译名有"哈氏"等。生于德国诺伊施塔特。德国政治家，经济学家，财政专家。1916年任德意志帝国财政部部长。

【赫克托耳】

中译名有"赫克特""赫克托""赫克托尔""黑克托尔"等。荷马史诗《伊利亚特》中参加特洛伊战争的一个英雄。

赫拉克利特（约公元前540—前480）

【赫拉克利特】

赫拉克利特（Herakleitos，约公元前540—前480），中译名有"海来克里特""赫拉格立托司""赫拉克立托斯""赫拉克利塔司""吼腊克立伦斯""希拉克利泰"等。生于小亚细亚爱菲斯城。古希腊哲学家，自发的唯物主义者，辩证法的奠基人之一，爱菲斯学派的代表人物。著有《论自然》等。

赫拉斯科夫（1733—1807）

【赫拉斯科夫】

即米哈伊尔·马特维耶维奇·赫拉斯科夫（Михаил Матвеевич Херасков，1733—1807），中译名有"赫腊斯夸夫"等。生于俄国佩列亚斯拉夫（今属乌克兰）。俄国作家，俄国启蒙运动的主要人物。曾是莫斯科大学寄宿学校、莫斯科第一家剧院的创始人。作品有《威尼斯修女》《卡德摩斯与和谐》等。

赫斯（1812—1875）

【赫斯】

即莫泽斯·赫斯（Moses Hess，1812—1875），原名莫里茨·赫斯。中译名有"黑司""黑斯""摩遮士·歇斯"等。生于德国波恩。马克思的朋友。德国哲学家，"真正的社会主义"重要代表人物之一。1841年参与《莱茵报》工作。19世纪中叶与马克思、恩格斯发生思想分歧，马克思和恩格斯在《德意志意识形态》中专门批评其著作，从此分道扬镳。著有《罗马和耶路撒冷：最后一个民族问题》等。

【赫胥黎】

赫胥黎（1825—1895）

即托马斯·亨利·赫胥黎（Thomas Henry Huxley，1825—1895），中译名曾译有"哈克斯黎""哈克斯列""赫衰黎""黑庶甲""胡思礼"等。生于英国米德尔塞克斯郡。英国自然科学家，生物学家，达尔文的信徒及其学说的普及者。1893年出版《进化论与伦理学》，该书用达尔文关于生物进化的原理，来解释社会发展的规律和人们的相互关系，比达尔文的《物种起源》迈进了一大步。其核心观点就是"物竞天择，适者生存"。1898年中国近代思想启蒙翻译家严复将其节译，以《天演论》为书名正式出版，轰动一时。其著述被编入《托马斯·亨利·赫胥黎的生平和书信集》（英文版），其著述被翻译整理为《赫胥黎自述》在国内出版。

【黑格尔】

黑格尔（1770—1831）

即格奥尔格·威廉·弗里德里希·黑格尔（Georg Wilhelm Friedrich Hegel，1770—1831），中译名有"海格尔""海及尔""海极氏""海苛陆""海科陆派""海克尔""海哲尔""赫格儿""赫格尔""赫克尔""黑格儿""黑格兰""黑哲儿""黑知尔""黑智儿""里智儿""歇杰尔"等。德国客观唯心主义者，德国古典哲学的主要代表。其理论体系标志着19世纪德国唯心主义哲学运动达到顶峰。马克思恩格斯批判地改造黑格尔哲学，吸收其中辩证法的"合理内核"；批判地改造费尔巴哈的哲学，吸取其中的唯物主义的"基本内核"，创立了马克思主义哲学。其著述被翻译整理为《黑格尔全集》在国内出版。

【黑斯廷斯】

黑斯廷斯（1732—1818）

即沃伦·黑斯廷斯（Warren Hastings，1732—1818），中译名有"哈斯丁""黑斯丁司"等。生于英国牛津郡。英国殖民者。英国首任印度总督。

亨利八世（1491—1547）

【亨利八世】

亨利八世（Henry Ⅷ，1491—1547），中译名有"亨利第八"等。生于英格兰格林威治。英王亨利七世与伊丽莎白王后的次子。都铎王朝第二任君主，英国国王。

【亨利七世】

亨利七世（Henry Ⅶ，1457—1509），中译名有"亨利·都铎""亨利第七"等。生于威尔士彭布罗克郡。都铎王朝的建立者，英国国王。

亨利七世（1457－1509）

【亨施】

即奥古斯特·亨施（August Heinsch，1847—1878），中译名有"汉硕""硕"等。出生地不详。德国社会民主工党（爱森纳赫派）重要成员。

【亨特】

即罗伯特·亨特（Robert Hunter，1874—1942），中译名有"罕达"等。生于美国印第安纳州。美国社会学家，作家，高尔夫球场建筑师。著有《芝加哥的矿权条件》《贫困》等。

亨特（1874—1942）

【亨特利】

即托马斯·亨特利（Thomas Huntley，1802—1857），中译名有"韩得利"等。英国饼干制造商。

【衡石】

原名李石衡（？—1925），苏州吴江县（今苏州市吴江区）人。近现代翻译家，记者。早年留学日本，回国后一度积极翻译日本社会主义、马克思主义著述。1919—1920年在上海《民国日报》副刊《觉悟》上，从日文转译《社会主义的妇人观》《德漠克拉西的本义》《科学的社会主义》（即恩格斯的《社会主义从空想到科学的发展》）、《马克斯逸

H

181

话》等。曾任《民国日报》记者,为河南路商界联合会成员、河南路商界联合会义务夜校教员、教务长,上海吴江同乡会成员,上海新闻记者联欢会成员、庶务部干事,景平女学联合创始人。1925年6月五卅惨案发生,气愤成疾病逝于上海广益中医院。

【洪堡】

洪堡(1769—1859)

即弗里德里希·威廉·海因里希·亚历山大·冯·洪堡(Friedrich Wilhelm Heinrich Alexander von Humboldt,1769—1859),中译名有"芬波尔特""夫姆保尔脱""洪伯德""洪堡特""混波尔特""匈鲍尔特""亚历山大·福安·封坡特""亚历山大·科·封坡尔"等。生于德国柏林。德国自然科学家,探险家,近代气候学、地理学、地质学、生态学、地磁学创始人之一。著有《宇宙》(5卷)、《植物地理学论文集》等。

【洪秀全】

洪秀全(1814—1864)

洪秀全(1814—1864),广东花县人。清末农民起义领袖。1843年引进基督教教义,创立拜上帝会。1851年1月11日发动金田起义,建国号"太平天国",号称"天王"。1853年定都天京(今南京)。太平天国运动历时14年席卷大半个中国,达到中国旧式农民起义的最高峰。其著述被整理为《洪秀全全集》。

【洪亚重】

洪亚重(约1862—1900),广东海丰人。清末海丰农民起义领袖。1894年率领海陆丰一带农民在公平大障山誓师起义反清,失败后被毒害。

【侯绍裘】

侯绍裘(1896—1927)

侯绍裘(1896—1927),字黑樵,小名鏊。江苏松江(今属上海市)人。中国共产党早期革命活动家。1918年考入南洋公学（上海交通大学前身）。五四运动中参加声援活动，与同乡先后编辑发行了《问题周刊》《松江评论》，宣传科学民主、社会主义。1923年加入中国共产党。1925年领导上海学界投入五卅反帝运动，1926年受组织派遣，主持国民党江苏省党部工作，历任国民党江苏省党部执行委员会常务委员、宣传部副部长、国民党江苏省党部中共党团书记等职。在四一二反革命政变中遇难。

【侯士绾】

侯士绾（1881—1960），字皋生。江苏金匮（今无锡）人。近现代翻译家，铁路专家，爱国民主人士。1898年入上海南洋公学中院（中学部）。1902年中院政治专业毕业，东渡日本。1903年6月翻译日本社会主义者村井知至的代表作《社会主义》，由上海文明书局出版。此书与《社会党》（1903）和《近世社会主义》（1903）一起被称为在中国最早传播社会主义的最有影响力的三部著作。1904年夏受南洋公学公派至欧洲，先后在比利时鲁汶大学、列日地质冶金大学学习。1910年冬学成回国，历任京汉铁路工程师、机务处长等职。中华人民共和国成立后，参加无锡市政协工作。译著有《新史学》等。

后一条天皇（1008—1036）

【后一条天皇】

后一条天皇（ゴイチジョウテンノウ，1008—1036），生于日本平安京（今京都）。日本第68代天皇。在位时间为1016年3月10日—1036年5月15日。

后朱雀天皇（1009—1045）

【后朱雀天皇】

后朱雀天皇（ゴスザクテンノウ，1009—1045），讳敦良，中译名有"后朱雀帝"等。出生地不详。一条天皇的三子，同母兄为后一条天皇。日本第69代天皇。在位时面对国家财政匮乏现状，曾下达《庄园整理令》，但因权贵豪门反对而告终。

胡鄂公（1884—1951）

【胡鄂公】

胡鄂公（1884—1951），原名荣铭，字新三，号南湖，室名风云楼。湖北江陵人。近现代革命家，政治家，马克思主义今日派首领。1911年参加辛亥武昌起义。民国初年历任国会众议院议员、湖北财政厅厅长等职。1922年2月与熊得山、邝摩汉等人组建"中国共产主义同志会"。2月15日在北京创办《今日》杂志，1923年8月25日停刊，共出3卷10期。《今日》是中共创建时期唯一一份公开宣称是"研究马克思学说"的刊物，翻译发表《哥达纲领批判》《资本论》（节译）等。特别是传播马克思主义文艺理论，在媒体界独树一帜。1923年初春经瞿秋白等人协调，与熊得山等参加中国共产党，"中国共产主义同志会"取消。他长期从事情报工作。中华人民共和国成立前夕去台湾，1951年10月8日病逝。著有《马克思传》《反帝国主义概要》《无产阶级与文学》等。

胡佛（1874—1964）

【胡佛】

即赫伯特·克拉克·胡佛（Herbert Clark Hoover，1874—1964），中译名有"霍弗"等。生于美国爱荷华州。美国政治家。美国第36届总统。1917—1919年任美国食品管理局局长。

胡国伟（1898—1976）

【胡国伟】

胡国伟（1898—1976），别号公俊。笔名谷怀。广东开平人。近现代政治人物，中国青年党创始人之一。1923年12月与曾琦、李璜、何鲁之等在巴黎发起成立中国青年党，被推选为中央委员，主管训练部。创办《先声周刊》，成为青年党早期的机关报。在《醒狮》周报上发表多篇文章。

胡汉民（1879—1936）

【胡汉民】

胡汉民（1879—1936），幼名衍鹳，后改名衍鸿，字展堂，晚号不匮室主，汉民是其在《民报》上发表文章时所用的笔名。祖籍江西吉安，广东番禺（今属广州市）人。民主革命家，近现代社会主义、马克思主义传播者，国民党早期主要领导人之一。五四时期曾编著、翻译马克思主义著述，如《孟子与社会主义》《中国哲学史之惟物的研究》《从经济的基础观察家族制度》等。在《唯物史观批评之批评》中批判西方流行的非难唯物史观的七大观点。与戴季陶、李汉俊等合译《马克斯资本论解说》，单独翻译《唯物史观与伦理之研究》《社会主义史》等。大革命时期成为国民党右派，历任国民党中央执行委员、广州大元帅府代理大元帅兼广东省省长、南京国民政府主席等职。其著述被编入《中国近代思想家文库：胡汉民卷》，台湾地区编有《胡漢民先生文集》。

【胡瑞燊】

胡瑞燊，生卒年不详。广东顺德人。近现代政治人物。1920年毕业于顺德中学，后赴法勤工俭学。在法国结识曾琦等人，成为国家主义派成员。

胡萨尔（1882—1941）

【胡萨尔】

即胡萨尔·卡罗伊（Károly Husár，1882—1941），中译名有"卡罗密"等。生于奥匈帝国上奥地利州。匈牙利政治家，匈牙利基督教民族党领袖。1918年11月建立由资产阶级激进派、基督教民族党和社会民主党人组成的匈牙利民主共和国，被任命为匈牙利首相，11月代理国家元首职务。1919年1月任总统，3月辞职，7月流亡国外。

胡适（1891—1962）

【胡适】

胡适（1891—1962），原名嗣穈，字希疆，学名胡洪骍，后改为适、适之。笔名自胜生、铁儿、冬心、臧晖之主人、臧晖等。安徽绩溪人。新文化运动先驱之一，著名学者，思想家，文学家，教育家，中国自由主义的主要代表人物。早年留学美国，师从哲学家约翰·杜威。1917年夏回国，受聘北京大学教授。1918 年加入《新青年》编辑部,大力提倡新文学、白话文,宣扬个性解放、思想自由。1920 年在《每周评论》第 31 号上发表了《多研究些问题,少谈些"主义"》,挑起"问题与主义"论争,被李大钊等人批判。这场斗争实质是用实验主义还是用马克思主义解决中国问题,论争推动了马克思主义在中国的进一步传播。其著述被整理为《胡适全集》(44 卷)。

【胡斯】

胡斯(约 1369—1415)

即扬·胡斯(Jan Hus,约 1369—1415),中译名有"哈斯""许士"等。生于神圣罗马帝国胡西内茨市(今属捷克胡西内茨市)。捷克哲学家,改革家,波希米亚宗教改革的开创性人物。1409 年任布拉格理查大学校长。以献身教会改革和捷克民族主义的大义殉道而留名于世。

【胡锡璋】

胡锡璋,生卒年不详。字天然。笔名蜀魂。祖籍湖北麻城,四川简阳人。近代学者,翻译家。1905 年入日本明治大学专业部法律科,1908 年毕业。(一说 1906 年 7 月为日本早稻田大学中国留学生部预科庚班第一届毕业生。)1903 年 10 月翻译幸德秋水的名著《社会主义精髓》,由达识译社在东京出版。据记载 1907 年以蜀魂笔名翻译幸德秋水、堺利彦的日文版《共产党宣言》,译成《共产党宣言》第一种中译本,在东京出版,但没有见到实物。同年重译《社会主义神髓》。留日期间还翻译《社会主义概评》《社会主义》《无政府主义》等 20 余部日本早期宣扬社会主义的书籍。辛亥革命后创办四川成都法官养成所,培养法律人才。1912 年创立私立四川大学,任校长。后曾任倡导温和社会主义的大同党领袖。

【胡信之】

胡信之(1890—1925)

胡信之(1890—1925),满族。名寄韬。北京人。近代政治人物，媒体人。1924年9月参与创办《青岛公民报》，任总编。1925年在五卅运动中，报馆被奉系军阀封闭。7月29日在青岛牺牲。

【胡贻谷】

胡贻谷（1884—？）

胡贻谷（1884—？），又作胡颐毂，字任夫、玉峰。江苏元和县（今属苏州市）人。近现代政治人物，中华基督教青年会干事，学者。早年留学美国纽约协和神学院。1906年毕业于美国基督教会在中国建立的早期教会大学之一东吴大学堂（又称东吴大书院，今苏州大学的前身），长期在上海基督教青年会工作，曾任商务印书馆英文编辑室主任、东吴大学教授等职。1912年受英国传教士、广学会总干事李提摩太的委托翻译《社会主义史》（1909年第四版英文版），以《泰西民法志》为书名，由上海广学会藏版，商务印书馆代印。《社会主义史》先后由英国托马斯·柯卡普和爱德华·雷诺兹·皮斯撰写。此书是一部系统记载1831—1913年社会主义运动的源流、派别的著作，其中专门介绍马克思和恩格斯的生平及其思想。此书后来被李季再次翻译，在马克思主义在中国早期传播中影响巨大，成为包括毛泽东在内的先进青年们由激进民主主义者向马克思主义者转变的启蒙书之一。著有《谢庐隐先生传略》，译有《信仰的意义》《思想的方法》《奥古斯丁认罪篇》（原名《古圣明心》）等。

【胡瑛】

胡瑛（1886—1933）

胡瑛（1886—1933），原名祖懋，后改名瑛，字敬吾、经武，号宗琬。湖南桃源人。华兴会会员，中国同盟会会员。辛亥革命后历任山东都督、众议院议员等职。后与杨度等人发动"筹安会"，为袁世凯鼓吹帝制。

【胡愈之】

胡愈之（1896—1986），原名学愚，字子如。笔名胡芋之、

胡愈之（1896—1986）

化鲁、沙平、伏生、说难等。浙江上虞人。著名编辑，出版家，社会活动家。早年在商务印书馆当实习生，1920年参与创立文学研究会。1922—1924年在《东方杂志》上连续发表《罗素新俄观的反响》《红俄罗斯的最近》《诸名家的李宁观》《李宁和威尔逊》等文。1931年与邹韬奋共同主持《生活周刊》，创办并主编《世界知识》，任《东方杂志》主编。1933年加入中国共产党。1935年协助范长江创办国际新闻社。抗日战争胜利后，与陈嘉庚创办《南侨日报》，在新加坡领导建立中国民主同盟马来西亚支部。中华人民共和国成立后，历任《光明日报》总编辑、国家出版总署署长、文化部副部长、民盟中央副主席、全国人大常委、全国人大常委会副委员长、全国政协副主席等职。其著述被整理为《胡愈之文集》《胡愈之译文集》（2卷本）等。

胡志明（1890—1969）

【胡志明】

胡志明（1890—1969），原名阮生恭，学名阮必成，号爱国、秋翁、平山。在法国、中国时分别化名阮爱国、李瑞、王山、宋文初、胡光等，在苏联时化名 P.C. 林，1943年定名胡志明。越南南坛县人。越南无产阶级革命家，政治家，越南共产党的创始人，国际共产主义运动活动家，越南民主共和国的主要缔造者。曾任越南民主共和国（今越南社会主义共和国）主席、政府总理，越南劳动党（今越南共产党）中央委员会主席。1920年加入法国共产党。1923—1924年就读于莫斯科东方劳动者共产主义大学，从事马克思列宁主义和布尔什维克研究。1924年参加共产国际第五次代表大会，同年底赴广州开展革命活动。1925年在广州创立越南青年革命同志会。1938年底化名胡光，从苏联到达中国，参加中国共产党，学习革命经验。其著述被翻译整理为《胡志明选集》（3卷）在国内出版。

华莱士（1823—1913）

【华莱士】

即阿尔弗雷德·拉塞尔·华莱士（Alfred Russel Wallace，1823—1913），中译名有"华拉斯""华勒士""华伦西""瓦来斯""魏立新""亚陆列卜度乌亚列斯"等。生于英国威尔士蒙茅斯郡。英国生物地理学的创始人之一，降神术的拥护者。他长期研究生物界，独立产生进化论思想，于1858年在伦敦林奈学会上与达尔文同时发表了关于物种起源的论文，被学界称为"达尔文—华莱士学说"。他与达尔文建立了深厚的友谊，在他的鼓励下，达尔文于1859年11月出版《物种起源》。一生著作颇丰，代表作有《奇妙的世纪：成功和失败》《达尔文主义》《民主的反抗》等。

华盛顿（1732—1799）

【华盛顿】

即乔治·华盛顿（George Washington，1732—1799），中译名有"华圣顿""华盛吨"等。生于美国弗吉尼亚州。美国国务活动家，军事家。是美国独立战争大陆军总司令、美国首任总统，被称为"美国国父"。

【怀特】

中译名有"勃爱德"等。出生地不详。英国皇家童工调查委员会专员之一。1864年为《童工调查委员会第二号报告》负责人。

黄爱（1897—1922）

【黄爱】

黄爱（1897—1922），字正品，号建中。湖南常德人。革命烈士。1920年11月湖南劳工会创建，任驻会干事、教育部主任。1921年冬加入社会主义青年团。1922年1月在领导湖南第一纱厂工人进行年关斗争时，被军阀赵恒惕逮捕，1月17日牺牲。

【黄壁魂】

黄壁魂（1875—1923），女。广东番禺（今属广州市）人。

近代无政府主义者。曾先后赴英国、日本留学。归国后主要从事翻译工作。辛亥革命后接受无政府主义，在上海创办劳工神圣社。1920年冬任广东教育委员会秘书，组织广东女界联合会，被选为执行委员会委员。1921年春创办广东女子职业学校。1922年1月出席远东各国共产党及民族革命团体代表大会。著述有《女子剪发与人格关系》《我对于劳动者的希望》等。

【黄殿辰】

黄殿辰，生卒年不详。近代政治人物。历任河南郑州警察局局长之职。1923年破坏京汉铁路总工会的成立，镇压京汉铁路工人大罢工。

【黄凤麟】

黄凤麟，生卒年不详。又名黄正当。广东海丰人。1922年任赤山农会会长，后担任广东省农会执行委员，负责宣传工作。

【黄负生】

黄负生（1891—1922）

黄负生（1891—1922），原名黄风清。笔名"伏生"。祖籍安徽休宁，湖北武昌人。中共武汉早期组织成员。1915年结识恽代英。1917年10月与恽代英组织华中地区第一个进步团体互助社，投身新文化运动。1919年参加五四运动。1921年1月创办《武汉星期评论》，宣传民主新思潮、社会主义与马克思主义。1922年春参加中共武汉早期组织。中国共产党成立后，历任中共武汉地委、区委宣传委员等职。他将马克思主义基本观点运用于湖北实际，发表《汉口苦力状况》《军阀脚下底自治》《湖北工人的"五一节"》等文章。其著述被编入《黄负生先生纪念文集》。

【黄国梁】

黄国梁（1894—1927）

黄国梁（1894—1927），字胜亚，号彩莲。广东长乐县（今五华县）人。中国共产党早期党员。早年入广东省立第一甲种工业学校，其间受老师杨匏安的影响，学习马克思主义，积极参加学生运动，逐渐由一个民主主义者成长为马克思主义者。1922年加入中国共产党，成为五华县第一位中国共产党党员。1925年后任中共广东区委总务，负责区委的财经工作。1925年初任国光书店经理及其所属的国民印刷厂负责人。国光书店翻译出版了大量马克思主义及革命书籍、报刊，与新青年社、平民书社一并成为中共广东区委专门编辑、出版、发行党内书刊和进步文艺书刊的三大机构，是我国南方宣传马克思主义的喉舌。四一二反革命政变后，奉党的指示到广东兴宁县策动军队起义，不幸被捕，于1927年5月16日遇难。

【黄介民】

黄介民（1883—1956），谱名碧漠，号介民、界名。江西清江县人。近现代政治人物。1909年就读南京两江师范附属中学班。其间经彭素民介绍加入中国同盟会。辛亥革命时，与徐药群、邹绍庭、陈劭先等人筹组临江军政府，响应武昌起义。辛亥革命失败后，东渡日本，在东京明治大学研读政治经济。其间参加神州学会和留日学生总会，与李大钊共同创办和编辑《民彝》。1916年7月和陈其尤等人组织成立新亚同盟党，主张民族平等、国家平等、人类平等，反对日本帝国主义的侵略政策。1920年1月30日在上海与姚作宾等将新亚同盟党改名为大同党（"共产党"）。1921年6月姚作宾等以"共产党"代表身份参加共产国际第三次代表大会，遭到拒绝。中华人民共和国成立后，历任江西省第一届人大代表、省政协常务委员、省参事室副主任兼江西土改委员会委员、江西省监察厅副厅长、民革中央团结委员等职。著有《三十七年游戏梦》，其著述被整理为《黄介民手稿选集》。

黄静源(1900—1925)

【黄静源】

黄静源(1900—1925),又名黄家祝,乳名古生,别号执谦。湖南郴县(今郴州市)人。中国共产党早期党员。1921年冬经毛泽东介绍加入中国共产党。1924年春被中共湖南区委派到安源路矿从事工人运动,主办安源工人子弟学校第七校,并兼任安源路矿工人俱乐部株洲办事处主任。1925年1月25日任安源路矿工人俱乐部副主任,参加组织全矿工人罢工。9月被捕,10月16日英勇就义。

黄凌霜(1898—1982/1988?)

【黄凌霜】

黄凌霜(1898—1982/1988?),原名天俊,号凌霜,又名新宇、文山。笔名兼生、兼胜等。广东台山人。无政府主义代表人物,近代思想家,学者。早年就读北京大学,曾参加中共北京早期组织、中共广州早期组织。1919年5月在《新青年》第六卷第五号发表《马克思学说的批评》,反对无产阶级专政和社会主义分配原则,正式挑起无政府主义论战。1922年留学美国。回国后长期从事教育工作。译著有《哲学问题》等,著有《社会进化》《抗日战争建国与民族复兴》等,其著述被编入《中国近代思想家文库·黄文山卷》,台湾地区出版《黄文山文集》。

黄日葵(1899—1930)

【黄日葵】

黄日葵(1899—1930),号宗阳,又名黄一葵、黄野葵、黄潮音,化名陈亦农、文质。广西桂平人。广西地区第一位中国共产党党员。1916年赴日就读日本弘文书院,接触到社会主义、马克思主义。1918年5月在日本参加反对中国军阀政府与日本签订卖国的《中日陆军共同防敌军事协定》爱国运动。随后回国,立即投身反日救国活动,任上海《救国日报》编辑。同年9月进入北京大学文科预科班学习。参加平民教育团,与邓中夏等到人民大众中宣传新思想和马克思主义。1919年参加五四爱国运动。1920年3月参加李大钊发起的马克思学说研究会，10月加入中共北京早期组织，11月加入北京社会主义青年团，次年加入中国共产党。历任中共北京地委宣传委员、地委委员长，国民党中央党部青年部秘书，共青团广东区委学生运动委员会书记，中共南宁地委书记等职。曾任《国民》《少年中国》《少年世界》《桂光》等杂志的编辑，撰写、翻译《民主革命与工人》《第四阶级的妇人运动》《在中国近代思想史演进中的北大》等文章，宣传马克思主义与革命理论。1930年12月20日在上海病逝。译著有《俄国文学史》等，其著述被整理为《黄日葵文集》。

黄兴（1874—1916）

【黄兴】

黄兴（1874—1916），原名轸，字克强、廑午，号庆午、竞武。湖南长沙人。资产阶级革命家，华兴会、中国同盟会领袖之一，中华民国开国元勋。辛亥革命时期，与孙中山被时人并称"孙黄"。其著述被整理为《黄克强先生全集》《黄兴集》。

黄仲涵（1866—1924）

【黄业兴】

生平不详。道清铁路工会负责人。

【黄仲涵】

黄仲涵（1866—1924），字泰源。祖籍福建同安，印尼三宝垄市人。华侨企业家。以制糖起家，号称"糖业大王"，是20世纪初最有影响力的华商之一。

惠特曼（1819—1892）

【惠特曼】

即沃尔特·惠特曼（Walt Whitman，1819—1892），中译名有"何德孟""贺伊低托阿""霍脱门"等。生于美国纽约州。美国诗人，人文主义者。创造了诗歌的自由体。作品有《草叶集》等。

霍布豪斯（1864—1929）

【霍布豪斯】

即里奥纳德·特里劳尼·霍布豪斯（Leonard Trelawny Hobhouse，1864—1929），中译名有"哈浦浩"等。生于英国圣艾夫。英国政治思想家，哲学家，社会学家。1887年任教于牛津大学，1907年任教于伦敦大学。著有《知识理论》《发展与目的》等。

霍布森（1858—1940）

【霍布森】

即约翰·阿特金森·霍布森（John Atkinson Hobson，1858—1940），中译名有"哈布生""霍卜生""霍布孙"等。生于英国德比郡。英国社会经济学家，政治思想家，资产阶级改良主义者。早年毕业于牛津大学。他对帝国主义的基本经济和政治特点的阐释，对列宁的帝国主义理论有一定的参考价值。列宁指出："这位英国经济学家丝毫不想以马克思主义者自居，但是他在1902年的著作中却给帝国主义下了一个深刻得多的定义，对帝国主义的矛盾作了深刻得多的揭露。"同时也指出"霍布森所描写的东西，其实是英国牧师的谎言"。著有《帝国主义论》等。

霍布森（1864—1940）

【霍布森】

即塞缪尔·乔治·霍布森（Samuel George Hobson，1864—1940），中译名有"哈布孙""好博森""何培逊""火布逊""霍渤逊""霍卜生""霍布孙""霍布逊""霍蒲孙"等。生于英国贝斯布鲁克。约翰·阿特金森·霍布森的侄子。英国社会活动家，记者，基尔特社会主义理论的创始人之一。1892年参与英国独立工党的创立，为费边社委员。著有《国家基尔特：基尔特社会主义与赁银制度》《国家基尔特：一份关于工资制度及其出路的调查》等。

霍布斯（1588—1679）

【霍布斯】

即托马斯·霍布斯（Thomas Hobbes，1588—1679），中译名有"福菩斯""浩布思""赫柏斯""赫普斯""霍布士""霍布士"等。生于英国威尔特郡。英国哲学家,政治家,机械唯物主义的代表人物。其"自然状态"和国家起源说,对后来的政治哲学思想产生重要影响。著有《论公民》《论政体》《论人》《论社会》《利维坦》(又译《巨灵论》)等。

【霍多罗夫】

即阿布拉姆·叶夫谢耶维奇·霍多罗夫（Абрам Евсеевич Ходоров，1886—1949），生于俄国敖德萨（今属乌克兰）。苏联东方经济学家，苏联汉学家，记者。1919年任远东共和国远东通讯社驻中国首席记者，远东共和国驻华全权代表。著有《世界帝国主义和中国》等。

霍多罗夫（1886—1949）

【霍尔】

即查尔斯·霍尔（Charles Hall，1740—1825），中译名有"查尔斯郝尔""荷尔""黑尔"等。生于英格兰。英国医生，社会批评家，李嘉图社会主义者。提出土地改革和累进税制，其观点和经济理论，特别是关于剥削穷人的观点，对马克思主义的形成产生一定作用。著有《文明对欧洲国家人民的影响》等。

霍尔巴赫（1723—1789）

【霍尔巴赫】

即保尔·昂利·迪特里希·霍尔巴赫（Paul-Henri Dietrich baron'd Holbach，1723—1789），原名保尔·梯特里希（Paul Heinrich Dietrich）。中译名有"何尔巴哈""霍尔巴哈""霍勒巴黑""苟尔巴赫"等。生于巴伐利亚公国（今属德国）。法国哲学家，唯物主义者，启蒙思想家，法国百科全书派重要代表人物之一。著有《自然的体系》等。

【霍尔德】

即阿道夫·霍尔德（Adolf Held，1844—1880），中译名有"海陆度""赫尔德""亚度列·海陆度""耶鲁的路"等。

霍尔德（1844—1880）

霍尔姆（1849—1940）

生于德国维尔茨。德国经济学家，讲坛社会主义者，德国新历史学派代表人物。著有《凯里的社会科学与商业体系》《社会主义、社会民主主义和社会政治》等。

【霍尔姆】

即古斯塔夫·弗雷德里克·霍尔姆（Gustav Frederik Holm，1849—1940），中译名有"霍谟"等。生于丹麦哥本哈根。丹麦海军军官，北极探险家。

霍尔辛（1874—1937）

【霍尔辛】

即弗里德里希·奥托·霍尔辛（Friedrich Otto Hörsing，1874—1937），中译名有"赫尔辛""黑慈"等。生于东普鲁士梅梅尔（今立陶宛希林宁凯）。德国政治家，右翼社会民主党人。1920—1927年任萨克森最高行政官员。

霍夫曼（1869—1927）

【霍夫曼】

即麦克斯·霍夫曼（Max Hoffmann，1869—1927），中译名有"呵富曼""何夫曼""霍甫曼""霍甫曼将军"等。生于德国艾佛兹州霍姆堡。德国少将。作为德国军方代表与苏俄政府签订《布列斯特—里托夫斯克条约》。

霍格伦（1884—1956）

【霍格伦】

即卡尔·塞特·康斯坦丁·霍格伦（Carl Zeth Konstantin Höglund，1884—1956），中译名有"赫格伦""火格伦""霍格伦德"等。生于瑞典哥德堡。瑞典社会民主主义运动和青年社会主义运动的左翼领袖。1904年加入瑞典社会民主党。1922年被选为共产国际执行委员会委员。1921年由瑞典左派社会民主党易名瑞典共产党，担任主席。1924年被开除出党。1926年回到瑞典社会民主党。著有《强化的贫民窟》等。

霍吉斯金(1787—1869)

【霍吉斯金】

即托马斯·霍吉斯金(Thomas Hodgskin,1787—1869),中译名有"霍布顷斯""霍格司金""霍奇斯金""霍知斯琴""汤麦霍第司根"等。生于英国肯特州。英国经济学家,政论家,空想社会主义者。著有《大众政治经济学》《在德国北部旅行》(2卷)等。

霍米亚科夫(1804—1860)

【霍米亚科夫】

即阿列克谢·斯捷潘诺维奇·霍米亚科夫(Алексей Степанович Хомяков,1804—1860),中译名有"霍米可夫"等。生于俄国莫斯科。俄国宗教哲学家,作家,政论家,斯拉夫派创始人之一。著有《世界历史笔记》等。

霍纳(1785—1864)

【霍纳】

即伦纳德·霍纳(Leonard Horner,1785—1864),中译名有"勃拿""鹤列"等。生于苏格兰爱丁堡。英国地质学家,社会活动家。1821年为爱丁堡艺术学院(现为赫瑞瓦特大学)的创始人之一。致力于社会福利事业,维护工人利益。曾任英国工厂视察员。

霍瓦特(1858—1937)

【霍瓦特】

即德米特里·列奥尼德维奇·霍瓦特(Дмитрий Леонидович Хорват,1858—1937),中译名有"霍尔瓦特"等。生于俄国波尔塔瓦省(今属乌克兰)。俄罗斯中将。1903年任中东铁路管理局局长。俄国十月革命爆发后,策划组织逃亡到哈尔滨的沙俄残余分子成立"保卫祖国和宪法会议远东委员会"。1918年7月在格罗捷阔沃(今绥芬河站对岸的四站)成立霍氏"全俄临时政府",自任"临时摄政",组织反革命军队。11月任高尔察克临时政府的"远东全权代表"。1920年初中国军队进驻中东铁路后,被赶下台。后定居北京。

J

基德(1858—1916)

【基德】

即本杰明·基德(Benjamin Kidd,1858—1916),中译名曾有"便斜明""基得""吉多""极德""颉德""喀德""企德""器德"等。生于爱尔兰克莱尔郡。英国社会学家。因1894年出版的《社会进化》(又译《社会演化》)一书而闻名。他认为"社会和现代文明的进化"不是由理性或科学引起的,而是由"宗教信仰"的力量引起的。1899年2—5月《万国公报》第121—124期以"器德"为署名发表由李提摩太、蔡尔康译述的《大同学》的前四章,它是由基德《社会进化》一书节选、译述而来。《大同学》是目前公认的首次出现"马克思"这一译名的作品,著有《西方文明原理》等。

基督

【基督】

基督徒所信奉的救世主,生于罗马帝国犹太行省伯利恒(今属巴勒斯坦)。基督原意是"受膏者",因为古犹太人封立君王、祭司时要举行为受封者额头敷膏油的仪式,希伯来语发音为弥赛亚(māshīah),后逐渐具有"复国救主"之意。此后希腊文把它译为"christos",由此引出"基督"(Christ)。在基督教信仰中,指代基督教的创造人耶稣,耶稣是名,基督是号,合称"耶稣基督"。

基尔博姆(1885—1961)

【基尔博姆】

即卡尔·基尔博姆(Karl Kilbom,1885—1961),中译名有"起尔邦"等。生于瑞典乌普萨拉。职业工人。瑞典政治家，新闻工作者，瑞典青年运动领导人，共产国际活动家。1914年任瑞典社会主义青年同盟秘书。1916年任《警钟》杂志编辑。1917年参与左翼社会民主党的创立。1921年参与创建瑞典共产党。同年担任共产国际执行委员。著有自传《我一生的冒险》等。

【基尔希曼】

基尔希曼（1802—1884）

即尤利乌斯·海尔曼·冯·基尔希曼（Julius Hermann Von Kirchmann，1802—1884），中译名有"基尔许曼""启耳希曼"等。生于神圣罗马帝国沙夫施塔特（今属德国萨克森-安哈尔特州）。德国哲学家，法学家，政论家。国家社会主义理论家洛贝尔图斯的志同道合者，历任普鲁士国民议会议员、德国国会议员等职。著有《美学的现实基础》等。

【基什金】

基什金（1864—1930）

即尼古拉·米哈伊洛维奇·基什金（Николай Михайлович Кишкин，1864—1930），中译名有"葛西金""柯西金""岐斯琴"等。生于俄国莫斯科。俄国政治家，俄国立宪民主党领袖之一。1917年任俄国临时政府慈善部部长。

【基佐】

基佐（1787—1874）

即弗朗索瓦·皮埃尔·吉约姆·基佐（François Pierre Guillaume Guizot，1787—1874），中译名有"基左""季左迪""季左氏""岩布"等。生于法国尼姆。法国政治活动家，历史学家，奥尔良党人。1812年起任法国巴黎大学历史系教授。1830年法国建立起奥尔良王朝，他为立宪君主派领袖，历任内政大臣、教育大臣、外交大臣和首相等职。著有《欧洲文明史》（3卷）、《法国文明史》（4卷）、《现代社会的宗教》等。

吉卜林（1865—1936）

【吉卜林】

即约瑟夫·鲁德亚德·吉卜林（Joseph Rudyard Kipling，1865—1936），中译名有"古卜林""基普林""奇普陵"等。生于印度孟买。英国作家。1907年获得诺贝尔文学奖。其作品被翻译整理为《吉卜林短篇小说选》在国内出版。

吉德迈斯特（1823—1902）

【吉德迈斯特】

即奥托·吉德迈斯特（Otto Gildemeister，1823—1902），中译名有"基尔德梅斯特""吉尔美斯特"等。生于德国不来梅。德国记者，作家，翻译家，自由保守派政治家。1857年任德国参议员。1871—1886年四次任不来梅市长。

吉尔波（1885—1938）

【吉尔波】

即亨利·吉尔波（Henri Guilbeaux，1885—1938），中译名有"安利·基尔保"等。生于比利时韦尔维耶。法国社会党人，新闻工作者。第一次世界大战期间出版宣扬和平主义的《明日》杂志。1916年参加昆塔尔代表会议。从20世纪20年代初起在德国居住，任《人道报》记者。作为齐美尔瓦尔德左派出席1919年3月的共产国际第一次代表大会。

吉尔曼（1860—1935）

【吉尔曼】

即夏洛特·帕金斯·吉尔曼（Charlotte Perkins Gilman，1860—1935），女。中译名有"基尔慢""齐尔曼夫人"等。生于美国康涅狄格州。美国人文主义者，作家，优生学家，社会改革倡导者。1894年任《印象》杂志编辑，是19世纪末20世纪初最有影响力的女权主义者之一。1909—1916年她一手撰写和编辑自己的杂志《先驱者》，展示"激发思想""唤起希望、勇气和不耐烦"等主旨，并连载她的大部分小说。一生著述颇丰。代表作品有《黄色壁纸》《妇女与经济学》《夏洛特·帕金斯·吉尔曼的生活》等。

吉芬（1837—1910）

【吉芬】

即罗伯特·吉芬（Robert Giffen，1837—1910），中译名有"基丰"等。生于英国拉纳克郡。英国资产阶级经济学家，统计学家，财政问题专家。1868年任《经济学人》助理编辑。历任商业部统计局局长、英国贸易部统计司司长等职，英国统计学会和经济学会主席和创办人。著有《工人阶级的进步》《经济调查与研究》等。

吉洛廷（1738—1814）

【吉洛廷】

即约瑟夫·伊尼亚斯·吉洛廷（Joseph-Ignace Guillotin，1738—1814），中译名有"吉约丹""觉丹"等。生于法国桑特。职业医生。法国政治人物。1789年当选法国国民制宪议会代表。"斩首"刑罚的主要倡导者之一，后来实施斩首的断头台以吉洛廷的名字命名。为避免和断头台扯上关系，其后人更改了姓氏。

戢翼翚（1878—1908）

【戢翼翚】

戢翼翚（1878—1908），字元丞。湖北房县人。近代外交官，媒体人。甲午战争后应选赴日，任驻日公使馆译员，1896年回国应试，官费留学日本。1900年在日本创办《译书汇编》，是第一个中国留日学生创办的杂志，他翻译大量西学，其中《近世政治史》《社会主义与进化论比较——附社会党巨子所著书记》，成为最早介绍社会主义、马克思主义的作品之一。1901年在上海创办作新社，出版译作120余种，其中包括岛田三郎所著的《社会主义概论》。同时发刊《大陆报》，批判保皇派，宣传反清。1903年应招入京，任职外务部。1908年在武昌去世。

季别尔（1844—1888）

【季别尔】

即尼古拉·伊万诺维奇·季别尔（Николай Иванович Зибер，1844—1888），中译名有"吉柏尔"等。生于俄国苏达克。俄国经济学家，俄国最早的马克思主义传播者和

201

捍卫者之一，俄国第一批诠释马克思经济学著作的作家之一。1873年任基辅大学教授。其著述被整理编入《尼古拉·季别尔政治经济学选集》（俄文版）。

【季步高】

季步高（1906—1928）

季步高（1906—1928），名大纶，号凌云，笔名布高。浙江龙泉人。中国共产党早期党员。1925年考入黄埔军校第四期。历任中共广州市委书记、市委常委兼兵委书记、中共广东省委候补委员等职。

【季诺维也夫】

季诺维也夫（1883—1936）

即格里戈里·叶夫谢耶维奇·季诺维也夫（Григорий Евсеевич Зиновьев，1883—1936），原名奥夫塞尔·格申·阿罗诺夫·拉多梅斯尔斯基。中译名有"基诺维夫""纪洛夫""季诺维埃夫""季诺维夫""季诺维耶夫""齐罗越夫""齐诺维夫""齐诺委夫""齐诺卫爱夫""奇拿翠""奇诺弗夫""奇诺维哥夫""衹诺维叶夫""西罗委夫""辛诺维耶夫""徐拿维安夫""徐奴维夫"等。生于俄国洛佩夫尼茨基（今属乌克兰）。苏联革命家，政治家，苏联共产党早期领导人之一，共产国际主要领导人之一。1901年加入俄国社会民主工党。1902年入读瑞士伯尔尼大学。1903年见到列宁，后来成为列宁的重要助手。1903年秋被派往俄国南方同经济派作斗争。1907年被选为俄国社会民主工党中央委员会委员。列宁与波格丹诺夫决裂时，坚定地支持列宁。历任彼得格勒苏维埃主席、共产国际执行委员会主席等职。著有《国际劳动运动中之重要时事问题》《俄国共产党史》，中译本分别于1922年1月、1927年1月出版。

【济慈】

济慈（1795—1821）

即约翰·济慈（John Keats，1795—1821），中译名有"葛智""克兹"等。生于英国伦敦。英国诗人。与雪莱、拜伦齐名，被推崇为欧洲浪漫主义运动的代表。1815年就读于伦敦国王大学，1817年开始写作。其作品被翻译整理为《济慈诗选》在国内出版。

【加邦】

加邦（1870—1906）

即格奥尔基·阿波罗诺维奇·加邦（Георгий Аполлонович Гапон，1870—1906），中译名有"哥旁""爽朋"等。生于俄国波尔塔瓦省。俄国神父。俄国东正教会的牧师，沙皇保安机关告密者。1905年1月22日圣彼得堡10多万群众上街游行，反对沙皇统治。沙皇在宫廷布置重兵，加蓬煽动群众到冬宫请愿。沙皇尼古拉二世下令镇压，大批军警、骑兵向手无寸铁的群众开枪扫射，3000多人死伤，造成骇人听闻的"流血星期日"事件。有一种说法他是这次流血事件的告密者。1906年被革命党人以叛徒罪名将其处死。

【加德纳】

即罗伯特·加德纳（Robert Gardner，1781—1855），中译名有"高德列"等。生于苏格兰伦弗赖斯郡。英国棉纺织厂厂主。曾把工时从12小时缩短至11小时。

【加尔申】

加尔申（1855—1888）

即弗谢沃洛德·米哈伊洛维奇·加尔申（Всеволод Михайлович Гаршин，1855—1888），中译名有"加尔新""嘉尔新"等。生于俄国叶卡捷琳诺斯拉夫（今属乌克兰）。俄国作家，艺术评论家。作品有《四天》《红花》等。

【加尔文】

加尔文（1509—1564）

即约翰·加尔文（Jean Calvin，1509—1564），中译名有"葛尔文""加尔音""加文""卡尔文"等。生于法国皮卡迪。法国宗教改革运动的活动家，新教宗派加尔文宗的创始人。著有《基督教要义》等。

【加拉罕】

加拉罕（1889—1937）

即列夫·米哈伊洛维奇·加拉罕（Лев Михайлович Карахан，1889—1937），化名米哈伊诺夫。中译名有"加拉哈""喀拉罕""喀拉汉"等。生于俄国第比利斯（今为格鲁吉亚首都）。苏联革命家，外交官。1917年加入俄国社会民主工党（布）。1918年任苏俄政府外交部副人民委员。1919年7月25日、1920年9月27日两次代表苏俄政府发表对华宣言，宣布废除沙俄对中国的一切不平等条约，建议两国恢复外交关系并缔结友好条约。1921年7月到中国，1923年9月率苏联外交代表团再次来华。次年与北京政府签订了《中苏解决悬案大纲协定》，苏联与中华民国建立外交关系。随后任第一任苏联驻华大使，1926年8月回国。

【加里波第】

加里波第（1807—1882）

即朱泽培·加里波第（Giuseppe Garibaldi，1807—1882），中译名有"皋利波的""哥乌里蒲亚抵""加老波地""加里班的""加里波的""加利海陆兹""家利巴地""嘉尔巴提""卡巴底"等。生于法兰西第一帝国尼斯。意大利革命家，民主主义者，意大利民族解放运动的领袖。为意大利的统一和意大利王国的建立做出了贡献，指挥了许多战役，是意大利建国三杰之一。

【加里宁】

即米哈伊尔·伊万诺维奇·加里宁（Михаил Иванович Калинин，1875—1946），中译名有"加李宁""加利伦""加列宁""嘉里宁""康明冷夫"等。生于俄国特维尔省。苏联政治家，革命家。长期担任全俄苏维埃代表大会中央执行委员会主席。

加里宁（1875—1946）

【加里森】

即威廉·劳埃德·加里森（William Lloyd Garrison，1805—

加里森（1805—1879）

1879），中译名有"加里逊""加利逊"等。生于美国马萨诸塞州。美国废奴主义者，社会改革家。1828年任《国家慈善家》编辑。1830年任《普遍解放的天才》联合编辑。1831年创办《解放者报》，任主笔、总编。1833年创办美国反奴隶制协会。

【加利费侯爵】

加利费侯爵（1830—1909）

即加斯东·亚历山大·奥古斯特·加利费侯爵（Gaston Alexandre Auguste Marquis de Galliffet，1830—1909），中译名有"加列勿""加斯东"等。生于法国巴黎。法国将军，侯爵。1870—1871年普法战争期间在色当被俘，1871年3月被释放，参与镇压巴黎公社，指挥凡尔赛军骑兵旅，滥杀公社战士。1872年残酷镇压阿尔及利亚的阿拉伯人起义。

【加利斯达尔】

即威廉·加利斯达尔，中译名有"威廉加利士多尔"等。埃蒂耶纳·卡贝作品《伊加利亚旅行记》中的主人公。

【加伦】

加伦（1890—1938）

俄国名字布柳赫尔，即瓦西里·康斯坦丁诺维奇·布留赫尔（Василий Константинович Блюхер，1890—1938），中文名"嘉伦""加伦"等。生于俄国雅罗斯拉夫尔省。苏联高级军事将领。1924年来华，任国民政府和国民革命军总司令部总军事顾问团团长，参加中国北伐。1927年8月离开中国。1935年被苏联政府授予苏联元帅。

【加马德】

即路易·加马德（Louis Dramard，1848—1888），生于法国巴黎。法国社会活动家，记者。

【加米涅夫】

加米涅夫（1883—1936）

即列夫·波里索维奇·加米涅夫（Лев Борисович Каменев，

1883—1936），中译名有"卞麦涅夫""加列夫""加梅奈夫""加美列夫""加米聂夫""喀美纳夫""康门聂夫""康米聂夫""康米诺夫""克美诺夫"等。生于俄国莫斯科。苏联政治家。历任俄共（布）中央政治局委员、全俄苏维埃代表大会执行委员会第一届主席、苏联人民委员会副主席、劳动国防委员会主席等职。

【加米涅娃】

加米涅娃（1883—1941）

即奥尔加·达维多夫娜·加米涅娃（Ольга Давидовна Каменева，1883—1941），女。生于俄国赫尔松省。托洛茨基的妹妹、列夫·加米涅夫的第一任妻子。布尔什维克革命家，苏联政治家。十月革命后负责人民教育委员会剧院部，从1919年10月起任苏俄妇女事务部门负责人。

【加藤高明】

加藤高明（1860—1926）

加藤高明（カトウ タカアキ，1860—1926），日本尾张国（今爱知县）人。日本外交官，政治家。1906年起任日本外相，1924—1926年任日本首相。1914年力主日本参加第一次世界大战。1915年1月对袁世凯政府提出"二十一条"要求，乘机攫取中国权益。1926年病死于任内。

【加香】

加香（1869—1958）

即马塞尔·加香（Marcel Cachin，1869—1958），中译名有"加智"等。生于法国布列塔尼。法国政治家，马克思主义者。1918年任法国统一的社会党机关报《人道报》编辑。1920年为法国共产党创始人之一。1957年被授予列宁勋章。著有《科学与宗教》等。

【嘉列狄】

嘉列狄（Galendi），生卒年不详，俄国人。白卫军首领。

【嘉琴科】

即 А.П.嘉琴科（А.П. Дьяченко，1875—1952），中译名有"狄亚倩哥"等。出生地不详。俄国人。喀山铁路医生。1917年加入俄国社会民主工党（布）。

【贾德耀】

贾德耀（1880—1940）

贾德耀（1880—1940），字昆庭。安徽合肥人。民国时期军事将领。曾任保定陆军军官学校校长、北京政府陆军总长。1926年2月15日以陆军总长兼代内阁总理，同年4月20日辞职。

【江浩】

江浩（1880—1931）

江浩（1880—1931），原名江文浩，字注源、著源、著元、竹源等。直隶（今河北）玉田人。中国共产党早期党员。1908年东渡日本自费留学。在日本东京结识孙中山，加入中国同盟会，先后参与策动滦州起义、天津起义。中华民国成立后，任国会议员。1920年参加中共北京早期组织。1924年1月参加中国国民党第一次全国代表大会。会后到天津进行革命活动，是国民党直隶省党部负责人、中共天津地委组织部负责人。1926年在中国国民党第二次全国代表大会上当选为国民党中央候补监察委员。1928年入莫斯科中山大学特别班学习。1931年在符拉迪沃斯托克（海参崴）病逝。

【江亢虎】

江亢虎（1883—1954）

江亢虎（1883—1954），原名绍铨，号洪水、亢庐，别号康瓠。江西弋阳人。社会主义思想在中国早期传播者，中国社会党创始人。曾留学日本，归国后任《北洋官报》总纂。1911年在上海组织社会主义研究会，后改组为中国社会党，出版《社会星》，宣传无政府主义。1939年参加汪精卫的"和平运动"，加入汪伪政权，成为汉奸。著有《江亢虎文存初编》《洪水》等，其著述被编入《中国近代思想家文库·江亢虎卷》。

江绍原(1898—1983)

【江绍原】

江绍原(1898—1983),安徽旌德人。宗教学家,民俗学家,民间文艺学家。早年在美国芝加哥大学留学。1923年回国,先后任北京大学、中山大学、西北大学教授。1924年与鲁迅等发起创办《语丝》杂志。中华人民共和国成立后,任山西大学教授。晚年从事《易经》、文物考古研究。著有《乔达摩底死》《宗教的出生与长成》《中国礼俗迷信》等,其著述被整理为《江绍原民俗学论集》。

【江伟藩】

江伟藩(1893—?),又名纬蕃。陕西紫阳人。近现代政治人物。毕业于陕西公立法政专门学堂。1918年4月任广东护法军政府陆海军大元帅府参议。1920年秋被孙中山委派为陕西省国民党代表,参与筹备陕西省国民党临时支部。历任国民党陕西省党务指导委员、党务特派员等职。1924年以陕西代表的身份出席中国国民党第一次全国代表大会。1925年3月与冯自由等组织中华民国国民党同志俱乐部,从事反对国共合作和分裂国民党的活动,旋即被国民党中央开除党籍。

【姜海士】

姜海士,生卒年不详。京汉铁路总工会郑州分会负责人之一。参与领导1923年京汉铁路工人大罢工。

【蒋百里】

蒋百里(1882—1938)

蒋百里(1882—1938),名方震,号儋宁。笔名飞生。浙江海宁人。近现代军事理论家。早年留学日本,1920年任《改造》杂志编辑,加入马克思主义与基尔特社会主义论战中,主张在中国实行基尔特社会主义。著有《国防论》《欧洲文艺复兴史》等,其著述被整理为《蒋百里文集》。

蒋光慈(1901—1931)

【蒋光慈】

蒋光慈(1901—1931),原名如恒(儒恒),又名蒋光赤、蒋侠生。后改宣恒,自号侠僧,笔名光赤、光慈、华希理、维素、华维素、魏克特、敦夫、陈情等。安徽六安人。中国无产阶级革命文学先驱。1917年夏到安徽芜湖省立第五中学就读。五四运动后,主编校刊《自由花》,领导芜湖地区学生运动。1920年春就读上海外国语学校,加入上海社会主义青年团。次年,赴苏联莫斯科东方劳动者共产主义大学学习,同时开始文学创作。1922年转为中国共产党党员。1924年秋回国,于上海大学任教。1924年在《新青年》上发表《唯物史观对于人类社会发展的解释》《在伟大的墓之前》《列宁年谱》等文,并翻译《列宁主义之民族问题的原理》《民族与殖民地问题——列宁在第二次国际大会之演说》。1926年8月为杨之华编的《妇女运动概论》作序,称赞此书"将妇女运动与整个的社会运动联合一起,指明妇女运动与社会革命有不可分离的关系,的确对于现代妇女运动有莫大的贡献。"1927年11月其所著的中篇小说《短裤党》出版,以纪念上海工人武装起义,为中国无产阶级革命文学的最初成果之一。第一次国共合作破裂后,于1928年初与阿英(钱杏邨)等组织太阳社,创办春野书店,主编《太阳月刊》《拓荒者》等文学杂志,宣传革命文学。其著述被整理为《蒋光慈文集》。

蒋介石(1887—1975)

【蒋介石】

蒋介石(1887—1975),原名瑞元,又名周泰,学名志清,名中正,字介石。浙江奉化人。近现代著名政治家,军事家,国民党领导人之一。1907年加入中国同盟会。1924年第一次国共合作后任黄埔军校校长、国民革命军总司令。1926年制造了中山舰事件,主持了中国国民党二届二中全会,并通过了《整理党务案》,导致第一次国共合作分裂。1927年发动四一二反革命政变,镇压中国共产党人和革命群众。4月成立南京国民政府,后历任国民政府主席、行政院院长、国民政府军事委员会委员长、国民党总裁、三民主义青年团团长、第二次世界大战同盟国中国战区最高统帅、中华民国总统等职。1949年败退台湾。自撰或署名发表著作有《孙大总统广州蒙难记》《西安半月记》《中国之命运》,留有蒋介石日记,台湾地区出版《蒋介石全集》。

【蒋维乔】

蒋维乔(1873—1958)

蒋维乔(1873—1958),字竹庄,因主张"不主故常,而唯其是从之"而自号因是子。江苏武进(今常州)人。现代哲学家,教育家,佛学家。1908年为《辞源》主要编辑,1904年为《东方杂志》首任主编。早年就学于南菁书院。1903年入商务印书馆编译所,是商务印书馆出版的系列教科书的最早策划和编撰者之一,编辑中国首套现代统一教材"最新教科书"之《最新初小国文教科书》《高等小学教科书》等,对教育界影响甚大。与张元济、高梦旦、庄俞被称作商务印书馆"四大元勋"。辛亥革命时任南京临时政府教育部秘书长,后历任江苏教育厅厅长、东南大学校长、上海鸿英图书馆馆长等职。著有《因是子静坐法正续编》《中国近三百年哲学史》《中国佛教史》等,其部分著述被整理为《因是子文集》(稿本)。

【焦启铠】

焦启铠(1904—1932),又名起铠、其铠、介仁。陕西潼关人。中国共产党早期党员。1920年求学于西安教会圣公中学。1924年秋加入中国社会主义青年团,同年冬入黄埔军校学习。1925年加入中国共产党。1926年初黄埔军校第三期结业,留校参与编辑《革命军》。大革命失败后,调中共中央机关负责交通联络工作。1932年9月被杀害。撰有《列宁与列宁主义》《国民革命与工农阶级》等。

杰尔查文（1743—1816）

【杰尔查文】

即加甫里尔·罗曼诺维奇·杰尔查文（Гавриил Романович Державин，1743—1816），中译名有"陶泽夫"等。生于俄国喀山。俄国诗人。被普希金誉为"俄罗斯诗歌之父"。作品有《费丽察》《纪念梅谢尔斯基公爵之死》等。

杰斐逊（1743—1826）

【杰斐逊】

即托马斯·杰斐逊（Thomas Jefferson，1743—1826），中译名有"即佛生""节费孙""杰福森""捷夫亚逊""哲斐森"等。生于美国维吉尼亚州。美国政治家，思想家，外交家，律师，建筑师，哲学家。1776年为《美国独立宣言》主要起草人，美国开国元勋之一，美国第4、5届总统。

杰克逊（1767—1845）

【杰克逊】

即安德鲁·杰克逊（Andrew Jackson，1767—1845），中译名有"扬多利乌爵林""耶克孙"等。生于美国南卡罗莱那州。美国政治家。美国第11、12届总统，被称为"平民总统"。

捷贾科夫（1859—1925）

【杰克逊】

中译名有"脊克孙"等。生平不详。英国棉纺织厂厂主。

【捷贾科夫】

即尼古拉·伊万诺维奇·捷贾科夫（Николай Иванович Тезяков，1859—1925），中译名有"得萨科夫""忒遮科夫"等。生于俄国上谢尔吉。俄国卫生事业活动家。

捷列先科（1886—1956）

【捷列先科】

即米哈伊尔·伊万诺维奇·捷列先科（Михаил Иванович Терещенко，1886—1956），中译名有"德莱史岑夸""德勒倩哥""德勒西倩哥""德里斯臣哥""德列倩哥""台列西羌谷""铁列圣哥""脱莱称科""脱列斯兼柯"等。生于俄国基辅（今属乌克兰）。俄国最大的糖厂主。历任俄国临时政府财政部部长、外交部部长等职。

【芥川龙之介】

芥川龙之介（1892—1927）

芥川龙之介（アクタガワ リュウノスケ，1892—1927），日本东京人。日本小说家。作品有《罗生门》《地狱变》《桔子》等，反映了明治末期到大正年间战争和经济危机下日本小市民的虚脱心理状态。

【堺利彦】

堺利彦（1870—1933）

堺利彦（サカイ トシヒコ，1870—1933），号枯川，别名贝冢渋六。中译名有"界利彦""阳利彦"等。日本福冈县人。日本早期社会主义运动活动家。1903年与幸德秋水组织平民社，创办《平民新闻》，宣传社会主义思想。1904年11月与幸德秋水一起翻译《共产党宣言》日文第一版，成为陈望道翻译《共产党宣言》中文第一版的主要底本。1920年领导创立日本社会主义同盟。1922年参与创建日本共产党，并任书记。后脱党，另创日本无产大众党。翻译大量西方文献，向日本人介绍欧美社会主义思想及俄国革命的动向，也是将西洋乌托邦文学介绍到日本的第一人。著有《社会主义学说大要》《妇女问题》等。

【金】

即威尔福德·伊萨贝尔·金（Willford Isbell King，1880—1962），中译名有"铿恩"等。生于美国艾奥瓦州。美国统计学家，经济学家。1945年任宪法政府委员会主席。著有《美国人民的财富和收入》等。

【金德林格】

金德林格（1749—1819）

即约翰内斯·尼古拉斯·金德林格（Johannes Nikolaus Kindlinger，1749—1819），中译名有"金多林加"等。生于德国马丁斯塔尔。德国天主教神父,作家,档案管理者。著有《明斯特里舍·贝特拉格》(3卷)、《德国历史奇异新闻和文件集》等。

【金家凤】

金家凤(1903—1979)

金家凤(1903—1979),又名品三,字冠三。江苏吴县(今苏州市吴中区)人。中国共产党早期党员,上海社会主义青年团发起人之一。1920年就读上海外国语学社、北京大学(旁听)。1922年5月他以北京社会主义青年团代表的身份到广州出席中国社会主义青年团第一次全国代表大会、全国劳动者代表大会。1920年7月在上海《民国日报》副刊《觉悟》发表给主编邵力子的两封信《婚姻问题促进女子求学底疑问》《促进女子求学应从那里做起?》,阐释马克思主义的妇女观。著有《中国交通之发展及其趋向》等。

【金梁】

金梁(1878—1962)

金梁(1878—1962),满洲正白旗。号息侯、小肃,晚号瓜圃老人。浙江杭县(今属杭州市)人。近现代政治人物。1904年进士。辛亥革命后任奉天省(今辽宁省)政务厅厅长。擅长书法、篆籀。

【金斯莱】

金斯莱(1819—1875)

即查理·金斯莱(Charles Kingsley,1819—1875),中译名有"加列斯金古士来""金格斯赉""金古斯""金司勒""京斯来""经斯列""经斯烈""克痕格斯雷""克痕古是雷""契科斯列""钦搭司聊""钦搭四利""全斯里""兹耶列斯契科斯列"等。生于英国德文郡。英国基督教社会主义者,作家。早年毕业于剑桥大学。毕业后从事牧师工作。1861年任剑桥大学教授。曾任基督教社会主义领导人之一。作品有《发酵》《阿尔顿·洛克》《向西方》《水孩子》等。

【金万谦】

金万谦(김만겸,1886—1938),又名伊万·斯捷潘诺维奇·谢列布里亚科夫(Иван Стефанович Серебряков)。朝鲜庆原郡人,生于俄国符拉迪沃斯托克(海参崴)。朝鲜社会主义活动家,政治家。1905 年在俄国参加韩族会。1920 年作为共产国际东亚书记处成员,前往上海。同年与李东辉、朴镇淳在维经斯基的指导下成立高丽共产主义小组。1921 年成为高丽共产党上海支部书记。

金万谦(1886—1938)

【金尾德太郎】

矢野龙溪《新社会》小说中的主人公。

【近藤荣藏】

近藤荣藏(コンドウ エイゾウ,1883—1965),别名伊井敬。日本东京人。日本社会活动家,第三国际远东委员会日本代表。著有《共产国际的密使》等。

近藤荣藏(1883—1965)

【近卫文麿】

近卫文麿(コノエ フミマロ,1891—1945),中译名有"近卫文麻吕"等。日本东京人。日本军国主义者。1912 年进入东京帝国大学哲学科,因受马克思主义经济学家河上肇和哲学家西天几多郎的吸引,转入京都帝国大学师从河上肇,对社会主义、马克思主义产生共鸣,试图以社会主义引领、改变日本。1914 年在京都大学读书期间,翻译奥斯卡·王尔德的《社会主义下的人类灵魂》,撰写《社会主义论》等文章。1917 年毕业于京都大学法科。后转变立场,变成狂热的军国主义者。1937 年担任首相时,发动侵华战争。1945 年 8 月第二次世界大战结束后被定为战犯,拒绝审判,服毒自杀。著有《战后欧美见闻录》《上院与政治》等。

近卫文麿(1891—1945)

晋季诺夫(1880—1953)

【晋季诺夫】

即弗拉基米尔·米哈伊洛维奇·晋季诺夫（Владимир Михайлович Зензинов，1880—1953），中译名有"程基诺夫"等。生于俄国莫斯科。俄国社会革命党领袖之一。1906年加入社会革命党，1909年起为社会革命党中央委员，为机关报《人民事业报》编辑。第一次世界大战期间成为护国派分子。1917年任彼得格勒苏维埃执行委员会委员，主张同资产阶级结盟。十月革命后反对苏维埃政权，后流亡国外。

井口隆香(1888—1932)

【井口隆香】

井口隆香（イグチタカチカ，1888—1932），中译名"井口孝亲"等。出生地不详。日本社会学家。1917年东京大学法科毕业后，进入大阪朝日新闻社，因"白虹事件"于次年退社。1919年参加杂志《我等》的出版。翻译日文版《罗莎·卢森堡的书信（和她的生活）》，著有《自杀的社会学研究》等。

久松义典(1855—1905)

【久松义典】

久松义典（ヒサマツ ヨシノリ，1855—1905），号狷堂。日本三重县人。日本近代政治家，小说家，记者。早年在京都师范学校学习英文。1877年加入法律讲习所"鹦鸣社"。1882年到东京，从事记者工作，先后任《大阪新报》《大阪每日新闻》《朝野新闻》记者。1891年任《北海道每日新闻》主笔。1900年前后，开始宣传社会主义，著有《近世社会主义评论》《东洋社会党》《最近国家社会主义》《社会研究新论》《社会学问答》等。其《近世社会主义评论》是日本早期传播社会主义、马克思主义的著作，共有16篇48章内容。其中前20章由留日学生杜士珍翻译，1903年在上海《新世界学报》第2至6期连载。著有《社会研究新论》《社会学问答》等。

J

居里夫人（1867—1934）

【居里夫人】

即玛丽亚·斯克沃多夫斯卡-居里（Marie Skłodowska-Curie，1867—1934），女。中译名有"居梅礼""叩利夫人""马礼""玛丽居里夫人"等。生于波兰华沙。波兰裔法国籍物理学家，放射化学家。1903年、1911年两次获得诺贝尔物理学奖、化学奖。1907年任法国巴黎大学教授，开法国女子任职最高教育机关之先河。

居维叶（1769—1832）

【居维叶】

即乔治·居维叶（Georges Cuvier，1769—1832），中译名有"扣维""寇培耶"等。生于法国蒙贝利亚尔。博物学家弗雷德利克·居维叶（Frédéric Cuvier）之兄。法国动物学家，比较解剖学和古生物学的奠基人。著有《比较解剖学课程》《动物王国，根据其组织分布》等。

居正（1876—1951）

【居正】

居正（1876—1951），初名养浚，字之骏，号岳崧，留学日本时更名正号觉生，别号梅川居士。湖北广济（今武穴市）人。民国时期政治家，军事家，法学家。1905年入日本法政大学，同年参加中国同盟会。1908年赴新加坡主持《中兴日报》，赴缅甸主持《光华日报》。1914年在日本加入中华革命党，任党务部部长兼《民国》杂志总编，为孙中山得力干将。曾任国民党第一届中央执行委员，为西山会议派核心人物之一，从事分裂活动，公开"反共反苏"。遗著被编为《居觉生先生全集》。

K

【卡贝】

卡贝（1788—1856）

即埃蒂耶纳·卡贝（Étienne Cabet，1788—1856），中译名有"额卫""嘎背""加贝""加伯""加菩提""加威""加卫""嘉伯""贾贝""贾盾温""喀培""卡倍""卡壁""卡伯""卡欧氏""揩徘""凯白""克耶别""克以耶别""客比""扣亚别""欹雅北"等。生于法国第戎。法国法学家，政论家，空想社会主义者。和平共产主义的代表人物，人称"卡贝老爹"。在小说《伊加利亚旅行记》中提出"和平共产主义"，即通过建立共产制公社的实践来建立理想社会。马克思称他为"最受欢迎然而也是最肤浅的共产主义的代表人物"。著有《伊加利亚旅行记》《1830年法国革命史》等。

【卡茨】

即伊万·卡茨（Iwan Katz，1889—1956），中译名有"卡子"等。生于德国汉诺威。德国共产主义政治家。1906年参加德国社会主义青年组织。1907年参加德国社会民主党。1920年参加德国统一共产党，1924年当选为政治局委员。1925年组织极左反对派。1926年1月被开除出党。第二次世界大战后重新参加德国社会主义统一党，1948年退出该党。著有《德国共产党的定居、建设和住房计划》等。

【卡尔】

卡尔（1828—1885）

即腓特烈·卡尔（Friedrich Karl，1828—1885），中译名有

"查尔"等。生于德国柏林。普鲁士查尔斯王子的长子。普鲁士陆军元帅。

【卡尔波夫】

卡尔波夫（1864—1909）

即谢尔盖·格奥尔基耶维奇·卡尔波夫（Сергей Георгиевич Карпов，1864—1909），中译名有"卡波夫""卡颇夫"等。生于俄国波尔塔瓦省。俄国军人。历任俄国政治调查员、宪兵独立军上校、圣彼得堡安全部门的负责人等职。1909年12月被暗杀。

【卡尔松】

卡尔松（1865—1929）

即卡尔·纳塔涅尔·卡尔松（Carl Natanael Carleson，1865—1929），中译名有"喀列孙"等。生于瑞典斯德哥尔摩。瑞典左派社会民主党人，编辑。1892年任《火焰》周刊主编。第一次世界大战期间持国际主义立场。1915年加入齐美瓦尔得左派。1917年任《人民政治日报》编辑。1917年5月从瑞典社会民主工人党中分裂出来，成立瑞典社会民主左翼党，为领导人之一。1919年随瑞典社会民主左翼党加入共产国际。1921年瑞典社会民主左翼党改名为瑞典共产党。

【卡尔韦尔】

卡尔韦尔（1868—1927）

即理查德·卡尔韦尔（Richard Calwer，1868—1927），中译名有"卡尔威"等。生于德国埃斯林根。德国编辑，政治经济学家，德国社会民主党内改良主义和修正主义的代表人物。1892年任德国《慕尼黑邮报》编辑。1895年任《莱比锡人民报》编辑。著有《社会民主纲领》等。

【卡菲罗】

卡菲罗（1846—1892）

即卡洛·卡菲罗（Carlo Cafiero，1846—1892），中译名有"加尔罗·加飞意罗""卡非罗""卡费洛"等。生于意大利巴列塔。巴枯宁的坚定拥护者。意大利无政府主义者。19世纪70年代末改变其无政府主义立场。1879年以意大利文出版了马克思《资本论》第一卷简述。

【卡芬雅克】

卡芬雅克（1802—1857）

即路易·欧仁·卡芬雅克（Louis Eugène Cavaignac，1802—1857），中译名有"卡勃那克""卡尔维尼格""卡芬纳克""卡维桌"等。生于法国巴黎。法国将军，政治活动家，资产阶级共和党人。因屠杀工人、实行军事独裁而闻名，故有"卡芬雅克专政"之称。

【卡佛】

卡佛（1864—1943）

即乔治·华盛顿·卡佛（George Washington Carver，1864—1943），中译名有"卡味耳"等。生于美国密苏里州。美国教育家，农业化学家，植物学家。被称为"花生先生"，是第一个享誉全球的黑人科学家。

【卡拉科佐夫】

卡拉科佐夫（1840—1866）

德米特里·弗拉基米罗维奇·卡拉科佐夫（Дмитрий Владимирович Каракозов，1840—1866），中译名有"凯拉科左夫"等。生于俄国萨拉托夫省。俄国革命者，莫斯科青年组织的成员。1866年谋杀亚历山大二世未遂，被绞杀。

【卡莱尔】

卡莱尔（1795—1881）

即托马斯·卡莱尔（Thomas Carlyle，1795—1881），中译名有"加来尔""加莱尔""加里""加列伊诺""加乃尔""珈拉尔""喀莱尔""喀赖尔""托马斯喀拉尔"等。生于苏格兰埃克尔费镇。英国哲学家，历史学家，作家，托利党人。恩格斯在《英国状况——评托马斯·卡莱尔的"过去和现在"》（1844）一文中肯定卡莱尔对英国状况的剖析，指出他的整个思想方式是泛神论的，企图恢复宗教信仰，贵族式的英雄崇拜和劳动崇拜是错误的。著有《法国大革命》《论英雄、英雄崇拜和历史上的英雄业绩》《过去与现在》等。

卡兰萨（1859—1920）

【卡兰萨】

即维努斯蒂亚诺·卡兰萨（Venustiano Carranza，1859—1920），中译名有"卡兰杂"等。生于墨西哥科阿韦拉。墨西哥民主党人。1917年任墨西哥总统。

卡雷舍夫（1855—1905）

【卡雷舍夫】

即尼古拉·亚历山德罗维奇·卡雷舍夫（Николай Александрович Карышев，1855—1905），中译名有"卡尔依塞夫"等。生于俄国卡卢加省。俄罗斯经济学家，统计学家，地方自治活动家，社会活动家。著有《森林统计地图集》等。

卡列金（1861—1918）

【卡列金】

即阿列克谢·马克西莫维奇·卡列金（Алексей Максимович Каледин，1861—1918），中译名有"卡勒丁""卡勒定""卡黎丁""卡力金"等。生于俄国顿河哥萨克。俄国顿河哥萨克反革命首领之一，骑兵上将。十月革命后在顿河地区组织反革命武装叛乱，叛乱被击败后于1918年2月自杀。

【卡列林】

即弗拉基米尔·亚历山德罗维奇·卡列林（Владимир Александрович Карелин，1891—1938），中译名有"卡勒林"等。生于俄国斯摩棱斯克。俄国左派社会革命党组织者之一。1918年7月参与领导莫斯科左派社会革命党人的叛乱。1919年2月被捕，获释后逃往国外，继续进行反对苏联的活动。

卡列林（1891—1938）

卡梅伦（1834—1890）

【卡梅伦】

即安德鲁·卡梅伦（Andrew Cameron，1834—1890），中译名有"卡墨兰"等。生于英国特威德河畔贝里克。美国19世纪最有影响力的劳工领袖之一，美国全国劳工同盟的创建人之一。历任美国全国劳工同盟代表、国际工人协会总委员会美国通讯书记等职。1851年随父移居美国芝加哥。1870年以美国全国劳工同盟代表身份出席国际工人协会代表大会。

卡内基（1835—1919）

【卡内基】

即安德鲁·卡内基（Andrew Carnegie，1835—1919），中译名"加乃基""卡勒格氏""卡涅基"等。生于苏格兰法伊夫邓弗姆林。苏格兰裔美国实业家，慈善家，卡耐基钢铁公司的创始人。被誉为"钢铁大王""美国慈善事业之父"。1915年9月《青年杂志》（第二年易名《新青年》）封面刊登他的头像，杂志发表他的传记。著有《胜利的民主》《财富的福音》《自传》等。

卡诺（1801—1888）

【卡诺】

即拉扎尔·伊波利特·卡诺（Lazare Hippolyte Carnot，1801—1888），中译名有"加尔诺""加陆诺""加路诺""卡罗"等。生于法国圣奥梅尔。法国政治活动家，政论家，温和资产阶级共和主义党人。著有《老扎克男爵回忆录》（4卷）、《格雷瓜尔教派宗教史》《黑奴》等。

卡诺（1837—1894）

【卡诺】

即马里·弗朗索瓦·萨迪·卡诺（Marie François Sadi Carnot，1837—1894），中译名有"加尔诺"等。生于法国利摩日。法国政治家，国务活动家，资产阶级共和党人。1887年当选法兰西第三共和国第4届总统。1894年被意大利无政府主义者刺杀。

卡彭特（1844—1929）

【卡彭特】

即爱德华·卡彭特（Edward Carpenter，1844—1929），中译名有"爱德华加本达""加宾特尔""嘉本脱""卡盆特""卡彭特尔"等。生于英国苏塞克斯。英国社会主义者，哲学家，诗人，早期同性恋权利活动家。著有《文明：成因与治愈》《创造的艺术》等。

卡珀斯（1877—1946）

【卡珀斯】

即科尼利厄斯·乌博·阿里恩斯·卡珀斯（Cornelius Ubbo Ariëns Kappers，1877—1946），中译名有"卡佩斯""开博思"等。生于荷兰格罗宁根。荷兰神经病学家，解剖学家。著有《包括人类在内的脊椎动物神经系统的比较解剖学》等。

卡普（1858—1922）

【卡普】

即沃尔夫冈·卡普（Wolfgang Kapp，1858—1922），中译名有"卡卜"等。生于美国纽约，1870年迁居德国。德国政治活动家，容克和帝国主义军阀的代表人物。1920年发动"卡普政变"，企图推翻魏玛共和国。政变失败后逃亡瑞典。

卡萨斯（1474—1566）

【卡萨斯】

即巴托洛梅·德·拉斯·卡萨斯（Bartolomé de las Casas，1474—1566），疑中译名有"拉斯·喀萨斯"等。生于西班牙塞维利亚。西班牙历史学家，社会改革家。著有《印度群岛毁灭简述》《印第亚斯史》等。

卡特赖特（1743—1823）

【卡特赖特】

即埃德蒙·卡特赖特（Edmund Cartwright，1743—1823），中译名有"岚黎""加秃秃""嘉特来脱""卡得来特"等。生于英国诺丁汉。英国牧师，发明家，机械师。第一台获得专利的机械织布机的发明者。

卡特林（1796—1872）

【卡特林】

即乔治·卡特林（George Catlin，1796—1872），中译名有"加特林""凯特林"等。生于美国宾夕法尼亚州。美国冒险家，律师，画家，旅行家。专门研究西部美洲原住民的肖像画。著有《北美印第安人的礼仪、习俗和状况的信件和笔记》（2卷）等。

卡托（老卡托）
（公元前234—前149）

【卡托（老卡托）】

即马尔库斯·波尔基乌斯·加图（Marcus Porcius Cato，公元前234—前149），中译名有"加笃""卡妥"等。通称为老加图、监察官加图，以与其曾孙小加图区别。生于图斯库鲁姆（今属意大利）。罗马共和国时期的政治家，国务活动家，演说家。公元前195年任罗马共和国执政官。

卡文迪什（1720—1764）

【卡文迪什】

即威廉·卡文迪什（William Cavendish，1720—1764），中译名有"加文迭虚""卡文迪许"等。生于英国伦敦。英国政治家。第四代德文郡公爵。1764死于瘟疫。

开尔文（1824—1907）

【开尔文】

即开尔文男爵（Kelvin，1824—1907），原名威廉·汤姆森（William Thomson），中译名有"凯尔文""克尔云"等。生于爱尔兰贝尔法斯特。英国卓越的物理学家，工程师。被称为现代热力学之父。逝世后为纪念他对物理学的伟大贡献，特将他定的热力学温度单位确定为国际单位制中七个基本单位之一。著有《自然哲学论文》等。

开普勒（1571—1630）

【开普勒】

即约翰尼斯·开普勒（Johannes Kepler，1571—1630），中译名有"凯蒲儿""克浦勒"等。生于神圣罗马帝国符腾堡。德国天文学家，数学家，物理学家，自然哲学家。著有《宇宙的奥秘》等。

凯恩斯（1883—1946）

【凯恩斯】

即约翰·梅纳德·凯恩斯（John Maynard Keynes，1883—1946），中译名有"坎斯"等。生于英国剑桥。英国资产阶级经济学家，凯恩斯主义经济学的创始人。其创立的宏观经济学与弗洛伊德所创的精神分析法、爱因斯坦发现的相对论一起并称为20世纪人类知识界的三大革命。1919年凯恩斯曾以英国财政部首席代表身份参加巴黎和会。在参与谈判签订《凡尔赛和约》的过程中，凯恩斯认为英、法、美等战胜国拟定的和约草案很不公平，根本不可能确保战后的世界和平，特撰写了《和约的经济后果》，预测由于赔款压力过大，经济发展又受到压制，《凡尔赛和约》将激起德国强烈的复仇情绪，英法等战胜国最终将受到报复。列宁引证此书"特别有价值的经济材料"当中的一系列数据和观点，进一步剖析资本主义世界的危机，进而鼓励各国的革命政党利用这个危机来进行革命斗争。此书由陶孟和、沈性仁译，陈独秀校阅，以《欧洲和议后之经济》为名作为"新青年丛书"第一批八种于1920年11月由新青年社出版。其著述被翻译整理为《凯恩斯著作集》（5卷）在国内出版。

凯里（1793—1879）

【凯里】

即亨利·查理·凯里（Henry Charles Carey，1793—1879），中译名有"凯勒""克里氏""刻依亨利"等。生于美国费城。美国资产阶级庸俗经济学家，阶级调和论的创始人。著有《利益的和谐：农业、制造业和商业》等。

【凯利】

即爱德蒙·凯利（Edmond Kelly，1851—1909），中译名有"克里"等。生于法国布拉尼亚克，1868年随父母来到纽约。美国政治改革家，社会学家。1870年毕业于哥伦比亚学院。1875年获得英国剑桥大学文学学士，1877年获哥伦比亚大学法学学士。他认为资本主义是生产过剩、失业、罢工和浪费的原因，应该被社会主义取代。著有《进化与努力》《政府或人类进化》《工人实用计划》《消除流浪汉》《20世纪社会主义》等。

【凯末尔】

凯末尔（1881—1938）

即穆斯塔法·凯末尔·阿塔图尔克（Mustafa Kemal Atatürk，1881—1938），中译名有"基马尔""基玛尔""克马儿"等。生于土耳其萨洛尼卡（今希腊境内）。土耳其共和国首任总统。领导土耳其国民运动，在安卡拉建立独立政府，被尊为"土耳其之父"。

【凯斯勒尔】

即伊万·奥古斯托维奇·凯斯勒尔（Иван Августович Кейслер，1843—1897），中译名有"开斯拉"等。生于俄国里夫兰省采尔本（今属拉脱维亚）。俄国经济学家，历史学家。1868年毕业于多尔帕特大学。曾任《东方日报》《圣彼得堡先驱报》主编。著有《论俄国农民公有制的历史与批判》等。

【凯特莱特】

凯特莱特（1796—1874）

即兰伯特·阿道夫·雅克·凯特莱特（Lambert Adolphe Jacques Quetelet，1796—1874），中译名有"凯特勒""克莱托""寇德留"等。生于法国根特（今比利时根特）。比利时天文学家，数学家，统计学家，社会学家。著有《人及其能力发展论》等。

【凯特勒】

凯特勒（1811—1877）

即威廉·艾曼努尔·冯·凯特勒（Wilhelm Emmanuel von Ketteler，1811—1877），中译名有"巴罗望开泰来""克特列""梅慈""美因茨""契托列陆"等。生于德国明斯特。德国政治家，天主教神学家，天主教工人运动的创始人。1805年任美因茨主教。著有《工人问题和基督教》《教宗的现状》等。

恺撒（公元前 100—前 44）

【恺撒】

即盖乌斯·尤利乌斯·恺撒（Gaius Julius Caesar，公元前 100—前 44），中译名有"仇刘斯·凯撒""该撒""改撒""凯撒""凯萨""恺杂尔"等。生于罗马。罗马共和国末期杰出的军事统帅，政治家，国务活动家，著作家。罗马帝国的奠基者，史称"恺撒大帝"。著有《高卢战记》《内战记》等。

坎贝尔（1867—1956）

【坎贝尔】

即雷金纳德·约翰·坎贝尔（Reginald John Campbell，1867—1956），中译名有"坎柏尔"等。生于英国伦敦。英国公理会和圣公会教徒，神学家。1907年"新神学"运动的主要倡导者。著有《新神学》等。

坎南（1861—1935）

【坎南】

即埃德温·坎南（Edwin Cannan，1861—1935），中译名有"卡拿""耶笃文克兰"等。生于西班牙马德拉群岛。英国资产阶级经济学家，伦敦学派奠基人和代表人物。亚当·斯密《国富论》遗稿的发现者和编校者，1895—1926年任伦敦经济学院教授。著有《1776年至1848年英国政治经济学生产和分配理论史》《经济理论评论》等。

坎宁安（1849—1919）

【坎宁安】

即威廉·坎宁安（William Cunningham，1849—1919），中译名有"柯宁汉"等。生于苏格兰爱丁堡。英国经济学家，经济史学家，圣公会牧师。主张用历史的方法研究经济学，反对自由贸易。著有《英国工商业的发展》，是英国最早的系统经济史著作之一。

【康德】

即伊曼努尔·康德（Immanuel Kant，1724—1804），中译名有"奔特""加托""刊忒""堪德""康德·黑尔姆""康

康德（1724—1804）

特""抗特""拉德"等。生于普鲁士王国柯尼斯堡（今俄罗斯加里宁格勒）。德国古典哲学创始人，唯心主义者，德国启蒙运动重要思想家之一。其著的《纯粹理性批判》《实践理性批判》《判断力批判》标志着哲学研究的主要方向由本体论转向认识论，是西方哲学史上划时代的巨著。其著述被翻译整理为《康德著作全集》（9卷）在国内出版。

【康德拉托夫】

康德拉托夫，生卒年不详。中译名有"孔德拉托夫"等。俄国康德拉托夫和继承人公司的创办人。

康拉德（1857—1924）

【康拉德】

即约瑟夫·康拉德（Joseph Conrad，1857—1924），原名约瑟夫·特奥多·康拉德·科尔泽尼奥夫斯基。生于俄国别尔基切夫（今属乌克兰）。波兰裔英国作家。英国现代主义小说的先驱，被誉为英国现代八大作家之一。最擅长写海洋冒险小说，有"海洋小说大师"之称。作品有《黑暗的心》《吉姆爷》等。

康诺利（1868—1916）

【康诺利】

即詹姆斯·康诺利（James Connolly，1868—1916），中译名有"康内利"等。生于苏格兰爱丁堡。爱尔兰工人运动活动家，英国工党创始人之一。1896年参加爱尔兰社会主义共和党。1912年与詹姆斯·拉金创建爱尔兰工党。1916年4月组织发动复活节起义，宣布成立爱尔兰共和国。起义遭到镇压，5月12日被英军杀害。

康帕内拉（1568—1639）

【康帕内拉】

即托马索·康帕内拉（Tommaso Campanella，1568—1639），原名乔万尼·多米尼哥·康帕内拉，中译名有"加姆帕列拉""坎白列拉""康巴列拉""康巴拿拉""康拔列纳""抗帕勒拿""科秃比耶""托马斯·康帕内拉"等。生

于意大利卡拉布里亚省。意大利空想社会主义者，哲学家，作家。作品《太阳城》为空想社会主义的经典。

【康西德兰特】

康西德兰特（1808—1893）

即维克多·普罗斯珀·康西德兰特（Victor Prosper Considérant，1808—1893），中译名有"康斯德兰""空西宾朗""孔斯特兰""孔西得朗""孔西德兰""孔西德朗""维克特尔·孔施德兰""维克托康西邓特"等。生于法国萨兰莱班。傅立叶的学生和信徒。法国政论家，19世纪空想社会主义者。1869年加入第一国际，支持巴黎公社。著有《社会命运》等。

【康有为】

康有为（1858—1927）

康有为（1858—1927），又名祖诒，字广厦，号长素、明夷、更甡、西樵山人、游存叟、天游化人，晚年别署天游化人。广东南海（今属佛山市）人。近现代政治家，思想家，社会改革家，戊戌变法的主要参与者。其著述被整理为《康有为全集》（12集）。

【考茨基】

考茨基（1854—1938）

即卡尔·考茨基（Karl Kautsky，1854—1938），中译名有"高斯克""高子基""高租基""考次基""考次克""柯芝克氏""柯资基""柯子基氏""柯祖基"等。生于奥地利布拉格。德国历史学家，政论家，德国社会民主党主要理论家之一。1883年创办并编辑《新时代》杂志。曾写过一些宣传和解释马克思主义的著述，1910年后逐渐转到机会主义立场，成为中派领袖。第一次世界大战期间打着中派旗号支持帝国主义战争，反对十月革命与无产阶级专政，遭到列宁严厉批判。在马克思主义在中国早期传播史上，其诠释《资本论》的名著《马克思经济学说：通俗的叙述和阐释》有两种中译文，分别是《马克思经济学说》和《资本论解说》，著作系统、通俗地传播马克思主义经济理论。

考氏的《伦理与唯物史观》(董亦湘译)是阐释马克思主义伦理学的经典。《阶级争斗》(恽代英译)在当时产生了很大影响。其著作被翻译整理为《考茨基文选》在国内出版。

考尔(1841—1922)

【考尔】

即威廉明妮·西奥多·玛丽·考尔(Wilhelmine Theodore Marie Cauer, 1841—1922),女。中译名有"奥格斯布克""考耶尔"等。生于德国弗赖恩施泰因。德国记者,教育家,德国妇女选举运动的核心人物。1894年与安妮塔·奥格斯普尔格(Anita Augspurg)和玛丽·斯特里特(Marie Stritt)一起成立德国妇女协会联合会(FGWA)。1895年成为女权主义报纸《妇女运动》的负责人。著有《十九世纪的女人》等。

考夫曼(1864—1919)

【考夫曼】

即亚历山大·阿尔卡季耶维奇·考夫曼(Александр Аркадьевич Кауфман, 1864—1919),俄国人,生于德国柏林。俄国经济学家,统计学家,俄国立宪民主党的组织者和领袖之一。曾参与制定立宪民主党的土地改革草案。列宁在使用考夫曼的某些统计资料的同时,对他宣扬农民和地主之间的阶级调和观点给予尖锐批评。著有《论政治经济学基本概念的修正》《农业委员会郊区的需求》等。

柯尔(1889—1959)

【柯尔】

即乔治·道格拉斯·霍华德·柯尔(George Douglas Howard Cole, 1889—1959),中译名有"哥尔""科尔"等。生于英国剑桥郡。英国经济学家,历史学家,社会学家,基尔特社会主义创始者之一。1884年费边社成立,为其成员。曾担任《基尔特社会主义》主编,主张在资产阶级国家范围内实行"产业民主"或"产业自治",反对无产阶级革命和无产阶级专政。著有《基尔特社会主义》《劳工世界》《工业自治》《社会主义思想史》(5卷)等。

柯尔培尔（1619 – 1683）

【柯尔培尔】

即让·巴蒂斯特·柯尔培尔（Jean-Baptiste Colbert，1619 — 1683），中译名有"柯俾尔""柯尔贝尔""科尔伯"等。生于法国兰斯。法国国务活动家，重商主义者。1661年任法国路易十四时代的财政大臣，被伏尔泰赞誉为"治国良相"。他将重商主义付诸持久实践，创造性地扶植法国的制造业，被称为法国"工业之父"。

【柯卡普】

即托马斯·柯卡普（Thomas Kirkup，1844—1912），中译名有"卞隔普""甘格士""基克卜""卡尔他资布""揩耳揩伯""科嘎浦""克尔克普""克咯伯""克咯约""克卡仆""克卡朴""克揩白""柯察普""妥玛诗克珀"等。生于英格兰伍勒镇附近。英国社会主义者，费边社成员。早年毕业于英国爱丁堡大学，被授予文学博士名誉学位。后游学德国哥廷根、柏林和图宾根、瑞士日内瓦、法国巴黎，于1883年移居伦敦。为《不列颠大百科全书》第9版的撰稿人之一。所著《社会主义史》在中国影响巨大。1902年该书的第十章被最早译成中文。1912年该书的中文第4版以《泰西民法志》为书名由上海广学会出版。最有影响力的中文版是1920年由李季翻译、新青年社作为"新青年丛书第一种"出版的第5版，此书详细叙述各种社会主义学说发展史，客观地评价马克思主义，是促进毛泽东等一批激进民主主义者向马克思主义者转变的经典之一。著有《社会主义初步》等。

柯乐洪（1848—1914）

【柯乐洪】

即阿奇博尔德·罗斯·柯乐洪（Archibald Ross Colquhoun，1848—1914），中文名葛洪、高奋云。中译名有"加勒勾耗"等。生于南非开普敦。英国皇家地理学会会员。曾任《泰晤士报》驻远东记者，著有《行到中国》，1900年在伦敦出版。著有《横穿克里塞：从广州到曼德勒》。

柯伦泰(1872—1952)

【柯伦泰】

即亚历山德拉·米哈伊洛夫娜·柯伦泰（Александра Михайловна Коллонтай，1872—1952），女。中译名有"哥伦泰""郭冷苔""郭伦泰""柯龙台""柯龙泰""柯伦台""科仑泰""科洛特""恪伦台""亚历山大哥伦泰""亚历山大郭伦泰"等。生于俄国圣彼得堡。俄国共产主义者，外交官。历任驻挪威公使、驻墨西哥公使、驻瑞典公使，成为苏联最早正式担任驻外公使的女性之一。1922年进入苏联外交人民委员会。1943年后领大使衔。1944年主持苏联和芬兰的停战谈判，结束两国在第二次世界大战期间的敌对状态。1945年起出任苏联外交部顾问，荣获一枚列宁勋章和两枚劳动红旗勋章。著有《女性问题之社会基础》《共产主义与家庭》等。

【柯罗连科】

即谢尔盖·亚历山德罗维奇·柯罗连科（Сергей Александрович Короленко，?—1908），中译名有"科罗楞科氏""维奇"等。俄国统计学家，经济学家。著有《俄罗斯农业和工业经济形势概述》等。

柯庆施(1902—1965)

【柯庆施】

柯庆施（1902—1965），原名柯尚惠，又名思敬、怪君，号立本。安徽歙县人。中国共产党领导人之一。1920年经杨明斋、俞秀松介绍加入中国社会主义青年团。1920年11月出版的《新青年》八卷第三期上，刊登柯庆施写给陈独秀的有关讨论劳动专政问题的信。1922年前往莫斯科参加共产国际召开的远东各国共产党及民族革命团体代表大会。同年加入中国共产党。1924年由林伯渠介绍参加国民党。1924—1926年在符拉迪沃斯托克（海参崴）做党的工作。1927年任中共安徽省临委书记、中共上海闸北区委书记。中华人民共和国成立后，任中国共产党第八届中央委员，在八届五中全会上增选为中央政治局委员，长期担任

K

231

中共上海市委书记。

柯瓦列夫斯卡娅（1850—1891）

【柯瓦列夫斯卡娅】

即索菲亚·瓦西里耶芙娜·柯瓦列夫斯卡娅（Софья Васильевна Ковалевская，1850—1891），女。中译名有"索尼亚考华来斯加"等。生于俄国莫斯科。俄国女数学家，作家，政论家。世界上第一位女数学教授。著有《虚无主义者》《童年回忆录》《论偏微分方程理论》等。

【科布顿】

即理查德·科布顿（Richard Cobden，1804—1865），中译名有"高布登""哥布登氏""柯普登""科布登""可勃但""可布登""可布顿"等。生于英国苏塞克斯郡。英国政治家，和平运动成员，自由主义激进派代表。曾担任英国下院议员，积极推进反谷物法运动。反对英国发动第二次鸦片战争。著有《英国、爱尔兰和美国》《俄国》等。

科尔（1851—1925）

【科尔】

即亨利·万·科尔（Henri van Kol，1851—1925），中译名有"汪柯尔"等。生于荷兰埃因霍温。荷兰工人运动活动家，荷兰社会民主工党创始人和主要领导人之一。第二国际执行局成员。在第一次世界大战期间成为社会沙文主义者。

科尔尼洛夫（1870—1918）

【科尔尼洛夫】

即拉甫尔·格奥尔吉耶维奇·科尔尼洛夫（Лавр Георгиевич Корнилов，1870—1918），中译名有"高黎劳夫""哥儿尼罗夫""哥尔尼夫""哥尔尼鲁夫""哥尼洛夫""郭尼罗夫将军""郭尼洛夫""郭齐洛夫""柯里洛夫""柯尼克夫""柯尼洛夫""柯尼洛甫""柯尼诺夫""可尼洛夫""料尔尼罗夫""苏英科夫"等。生于俄国卡尔卡拉林斯克市。沙俄将军。参加第一次世界大战，任师长，俄国二月革命后历任彼得格勒军区司令、俄军最高总司令等职。1917年8—9月发动反革命叛乱，旋被镇压。1918年4月被击毙。

【科根】

即彼得·谢苗诺维奇·科根（Пётр Семёнович Коган，1872—1932），中译名有"郭冈"等。生于俄国维尔纳省利达（今属白俄罗斯）。俄国、苏联文学史学家，文学评论家，翻译家。历任莫斯科国立大学教授、国家艺术科学院院长等职。《苏联大百科全书》第一版的编辑。著有《西欧文学史概论》《俄国现代文学史论文集》（1—3卷）等。

科根（1872—1932）

【科里】

即赫伯特·艾斯沃斯·科里（Herbert Ellsworth Cory，1883—1947），中译名有"柯里"等。生于美国罗德岛州。美国哲学家。著有《和谐与有意识的进化》等。

【科鲁梅拉】

即卢修斯·朱尼乌斯·莫德拉图斯·科鲁梅拉（Lucius Junius Moderatus Columella，4—70），中译名有"科琉麦拉""科路美拉"等。生于西班牙加的斯。罗马帝国农业作家。著有《农业论》等。

科鲁梅拉（4—70）

【科姆】

即亚伯兰·科姆（Abram Combe，1785—1827），中译名有"卡谟""康不""库姆"等。生于苏格兰爱丁堡。罗伯特·欧文的合伙人。英国空想社会主义者，基督教社会改革家，早期合作社运动的主要人物。在苏格兰奥比斯顿领导最早的欧文主义社区。著有《新旧体系的隐喻素描》等。

【科诺瓦洛夫】

即亚历山大·伊万诺维奇·科诺瓦洛夫（Александр Иванович Коновалов，1875—1948），中译名有"哥奴伐罗

科诺瓦洛夫（1875—1948）

夫""哥诺瓦洛夫""郭诺凡洛夫""柯诺瓦洛夫""科洛维绿夫""科洛维诺夫""夸洛洛夫"等。生于俄国莫斯科。俄国企业家，政治活动家。进步党和第四届国家杜马中的"进步同盟"领袖。1917年俄国二月革命后加入俄国立宪民主党，出任临时政府贸易和工业部部长。十月革命中被监禁。

科瓦列夫斯基（1851—1916）

【科瓦列夫斯基】

即马克西姆·马克西莫维奇·科瓦列夫斯基（Максим Максимович Ковалевский，1851—1916），中译名有"马克思西姆可华列夫斯基""马克新·苛法勒夫斯基"等。生于俄国哈尔科夫省。俄国政治活动家，历史学家，法学家，社会学家，资产阶级自由主义者。1878年起任莫斯科大学国家法和法制史教授，《批判评论》编辑。1901年在巴黎创办俄国高等社会科学学校。1905年归国后任彼得堡大学教授，参与创立资产阶级"民主改革党"。1906年被选为第一届国家杜马代表，次年进入国务会议。1909年起出版《欧洲通报》。1914年当选为彼得堡科学院院士。著有《公社土地占有制及其解体的原因、进程和结果》《现代民主的起源》《资本主义产生以前欧洲经济的发展》等。

科兹洛夫斯基（1864—1940）

【科兹洛夫斯基】

即亚历山大·尼古拉耶维奇·科兹洛夫斯基（Александр Николаевич Козловский，1864—1940），中译名有"郭子洛夫斯基"等。生于俄国圣彼得堡。沙俄将军。1912年被授予少将军衔。1921年3月参与喀琅施塔得水兵暴动，暴动被镇压后逃往芬兰。

克尔（1860—1944）

【克尔】

即查尔斯·赫普·克尔（Charles Hope Kerr，1860—1944），中译名有"卡埃""卡尔氏""克"等。生于美国佐治亚州。美国社会主义者、出版商。1886年在芝加哥创办Charles

H. Kerr 出版公司，出版大量社会主义、无政府主义著作。1900 年出版美国最有影响的社会主义杂志《国际社会主义评论》。

克拉夫（1820—1892）

【克拉夫】

即安妮·杰迈玛·克拉夫（Anne Jemima Clough，1820—1892），女。中译名有"安那·克拉夫"等。生于英国利物浦。英国女权主义者，教育家。积极倡导妇女接受高等教育。1880 年参与创办剑桥纽纳姆学院，任第一任院长。

克拉克（1847—1938）

【克拉克】

即约翰·贝茨·克拉克（John Bates Clark，1847—1938），中译名有"苦拉克"等。生于美国罗德岛州。美国经济学家。1894 年任美国经济学会会长。1895 年任哥伦比亚大学教授。倡导静态与动态两种经济分析方法，对现代经济学有广泛影响。著有《财富的哲学：经济原理新阐述》《财富的分配：工资、利息和利润的理论》等。

克拉克（1852—1901）

【克拉克】

即威廉·克拉克（William Clarke，1852—1901），中译名有"格拉克""乌伊利耶摩科拉科"。生于英国诺维奇。英国社会主义者，记者，费边社重要成员。著有《社会主义的工业基础》等。

克拉斯诺夫（1869—1947）

【克拉斯诺夫】

即彼得·尼古拉耶维奇·克拉斯诺夫（Пётр Николаевич Краснов，1869—1947），中译名有"克剌斯诺夫""克兰斯诺夫"等。生于俄国圣彼得堡。俄国白卫军将军。十月革命后发动反对苏维埃叛乱。1919 年逃亡德国，投靠德国法西斯。1947 年被处以绞刑。著有《从双头鹰到红旗》等。

克拉斯诺晓科夫
（1880—1937）

【克拉斯诺晓科夫】

即亚历山大·米哈伊洛维奇·克拉斯诺晓科夫（Александр Михайлович Краснощёков，1880—1937），中译名有"克拉斯讷劫哥夫""克拉斯诺什切科夫"等。生于俄国基辅（今属乌克兰）。俄国社会民主党人，苏联政治家。1917年加入布尔什维克，历任远东共和国会议主席兼外交部部长、苏联财政部副人民委员、最高经济委员会主席团成员等职。著有《对工业的融资和贷款》等。

克拉苏（约公元前115—前53）

【克拉苏】

即马库斯·李锡尼乌斯·克拉苏（Marcus Licinius Crassus，约公元前115—前53），中译名有"格拉卡斯"等。生于古罗马共和国。古罗马军事家，政治家。罗马共和国末期声名显赫的罗马首富，与恺撒、庞培并称"罗马前三头"。

克拉辛（1870—1926）

【克拉辛】

即列昂尼德·波里索维奇·克拉辛（Леонид Борисович Красин，1870—1926），中译名有"喀拉新""喀那新""克兰辛"等。生于俄国西伯利亚库尔干。苏联政治家，外交官。1890年加入俄国社会民主工党（布）。1903年支持列宁，1904年底与列宁发生分歧。1909年离开布尔什维克。1918年恢复布尔什维克党员身份。历任苏俄最高国民经济委员会主席团委员、工商业人民委员、交通人民委员、对外贸易人民委员、驻英国全权代表等职。1926年在伦敦病逝。著有《俄罗斯出口的近期前景》《苏联的对外贸易》等。

克莱顿（1802—1885）

【克莱顿】

即约翰·克莱顿（John Crichton，1802—1885），中译名有"依尔耐""依尔耐伯爵三世"等。生于爱尔兰弗马纳郡。爱尔兰政治家。爱尔兰贵族、第三代厄恩伯爵。

克莱恩（1845—1915）

【克莱恩】

即瓦尔特·克莱恩（Walter Crane，1845—1915），中译名有"格列恩"等。生于英国利物浦。英国艺术家，图书插画家。曾为社会主义团体的杂志《正义》《公平》《号角》等提供每周漫画。主要作品有《仙后》《牧羊人日历》等。

克莱夫（1725—1774）

【克莱夫】

即罗伯特·克莱夫（Robert Clive，1725—1774），又译"克莱武"等。生于英国希罗普郡。英国国务活动家，将军，殖民者。首先在印度建立殖民统治。1757年指挥普拉西战役。1758年、1764年两次出任孟加拉总督，建立对孟加拉统治的东印度公司。后因统治集团内部矛盾而自杀。

克朗普顿（1753—1827）

【克朗普顿】

即塞缪尔·克朗普顿（Samuel Crompton，1753—1827），中译名有"科仑普通""特伦布吞"等。生于英国博尔顿。英国缪尔纺纱机（骡机）的发明者。

克雷连柯（1885—1938）

【克雷连柯】

即尼古拉·瓦西里耶维奇·克雷连柯（Николай Васильевич Крыленко，1885—1938），中译名有"克里伦柯""克路意凌谷""蒯林克"等。生于俄国斯摩棱斯克。苏联国务政治活动家，军事家，十月革命起义的主要组织者之一。历任苏维埃政府陆海军人民委员、苏维埃共和国第一任最高军事统帅等职。

克里默（1838—1908）

【克里默】

即威廉·兰德尔·克里默（William Randal Cremer，1838—1908），中译名有"克来马"等。生于英国汉普郡。英国工联主义运动者，和平主义运动活动家。1860年参与创建木工和细木工联合会。同年11月参加第一届工联伦敦理事会，担任理事。1864年参加组建第一国际，并当选为第一国际总委员会委员和名誉总书记。1903年获诺贝尔和平奖。

【克里斯藤森】

克里斯藤森（1875—1945）

即亚瑟·伊曼纽尔·克里斯藤森（Arthur Emanuel Christensen，1875—1945），生于丹麦哥本哈根。丹麦东方学家，伊朗语言学家，民俗学学者，历史学家。1919年任哥本哈根大学教授。著有《奥马尔·海亚姆的鲁巴亚特批判研究》《伊朗人的历史》《民俗学和寓言主题词典计划》等。

【克里索斯托姆】

克里索斯托姆（347—407）

即约翰·克里索斯托姆（John Chrysostom，347—407），中译名有"金口约翰""克里索斯顿""克里索斯托"等。生于叙利亚安提阿。希腊传教士。397年任君士坦丁堡大主教。

【克利福德】

克利福德（1845—1879）

即威廉·金顿·克利福德（William Kingdon Clifford，1845—1879），中译名有"克利佛德"等。生于英格兰埃克塞特。英国数学家，哲学家。1871年任伦敦大学教授，1874年成为英国皇家学会会员。提出物质和能量只是不同类型的空间曲率的观点，预示爱因斯坦的广义相对论。著有《论物质的空间理论》《动力学元素》（2卷）等。

【克利斯提尼】

克利斯提尼（约公元前570—约前508）

克利斯提尼（Cleisthenes，约公元前570—约前508），中译名有"克里斯提尼""克挪衣设勒士"等。生于希腊雅典。古希腊雅典政治活动家。主持克利斯提尼改革。

【克列孟梭】

克列孟梭（1841—1929）

即乔治·克列孟梭（Georges Clemenceau，1841—1929），中译名有"克莱孟沙""克勒满梭""克勒曼索""克雷蒙梭""克里满梭""克里曼索""克里孟素""克利蒙梭""克列满叟""克列曼索""克列孟梭""克烈门梭""枯利曼松""枯列蒙梭""库来满氏""库黎曼梭"等。生于法国旺代省。职业医生。法国激进派领袖，第二帝国时期属左翼共和派。1906年、1917年两次担任法国内阁总理，巴黎和会的三巨头之一。执政期间因维护大资产阶级利益，镇压工人运动和民主运动，作风强悍，有"老虎首相"之称。著有《暮年沉思》《胜利的得失》等。

【克列斯廷斯基】

克列斯廷斯基（1883—1938）

即尼古拉·尼古拉耶维奇·克列斯廷斯基（Николай Николаевич Крестинский，1883—1938），生于俄国莫吉廖夫（今属白俄罗斯）。苏联国务活动家，外交家。1901年参加革命，1903年加入俄国社会民主工党。十月革命后任北方公社司法委员。1919—1921年任俄共（布）中央委员会书记。1922年起任苏联驻德国全权代表。

【克林兹】

克林兹（1869—1949）

即约翰·罗伯特·克林兹（John Robert Clynes，1869—1949），中译名有"克莱尼斯""克莱司""克莱因斯""克林司"等。生于英国兰开夏郡。英国政治活动家，英国工党领袖之一。第一次世界大战期间持社会沙文主义立场，推行反对工人运动的反动政策，为资产阶级效劳。著有《回忆录》（2卷）。

【克鲁宾斯基】

克鲁宾斯基（1869—1945）

即瓦西里·尼古拉耶维奇·克鲁宾斯基（Василий Николаевич Крупенский，1869—1945），中译名有"克鲁滨斯基""克鲁平斯基"等。生于俄国贝萨拉比省。俄国外交官。1916年任俄国驻日本大使。

克鲁克斯（1832—1919）

【克鲁克斯】

即威廉·克鲁克斯爵士（William Crookes，1832—1919），中译名有"威廉克鲁克思"等。生于英国伦敦。英国物理学家，化学家，辐射计的发明者，铊元素发现者和命名者。1864年参加《科学季刊》工作。其研制的阴射线管为1895年X射线的发现和1897年电子的发现提供了基本实验条件。1859年创办《化学新闻》。著有《唯灵论者》等。

克鲁克斯（1852—1921）

【克鲁克斯】

即威廉·克鲁克斯（William Crooks，1852—1921），中译名有"哥洛克司""格洛克斯"等。生于英国伦敦。英国政治家，工团主义者，费边社成员。曾任英国国会议员，以反贫穷和反不平等运动著称。著有《英国工人捍卫家园》等。

克鲁泡特金（1842—1921）

【克鲁泡特金】

即彼得·阿列克谢耶维奇·克鲁泡特金（Пётр Алексеевич Кропоткин，1842—1921），中译名有"卑托陆科洛贺托希公""哥乐波度金""科洛贺契""科洛贺托契""克娄剖特京""克夔剖特京""克鲁巴特金""克鲁泡金""克陆普金""克罗颇特庚""克洛扑德金""克若泡特金""客鲁伯金""苦鲁巴金""苦鲁巴特金""苦鲁泡特金""乐波轻"等。生于俄国莫斯科。俄国无政府主义的主要活动家和理论家之一，无政府共产主义的创始人，公爵。其代表作《互助论》（全称《互助：一个进化的因素》）在20世纪初被介绍到中国，曾轰动一时，影响了李大钊、陈独秀、毛泽东、恽代英等许多进步知识分子。《互助论》是克氏对达尔文社会进化论的颠覆，用无政府主义观点写成的一部社会发展史；认为人类依靠互助的本能，就能够建立和谐的社会生活，毋须借助权威和强制；用没有权威和强制的社会代替有国家和权力支配的社会；主张通过伦理革命，改造人的思想，从而培养善势力，以铲除恶势力，建立起无阶级、无压迫的美好共产主义。主张"由平民自己建立各种团体会社""以办理社会所应需的事，去除一切强权，而以各个人能享平等幸福为主。"著有《近世科学和无政府主义》《伦理学的起源和发展》等。

克鲁普斯卡娅（1869—1939）

【克鲁普斯卡娅】

即娜杰日达·康斯坦丁诺夫娜·克鲁普斯卡娅（Надежда Константиновна Крупуская，1869—1939），女。笔名有萨布林、列宁、N.K.、阿尔塔莫诺夫、奥涅金、菲什、七鳃鳗、雷布基纳、夏尔科、卡佳、弗雷、加利略等。中译名有"哥姆列特乌里阿罗拉""克鲁布斯加""克鲁布斯加牙""克鲁普斯珈""克罗泼斯喀亚"等。生于俄罗斯圣彼得堡。列宁的夫人和亲密战友。俄国革命者，苏联无产阶级政治活动家，杰出的教育家，苏联教育和共产主义青年教育的组织者和思想家。被誉为"苏联国母"。1901年移居德国，任《火星报》秘书。1905年与列宁一起回到俄国，任中央委员会书记。1917年任列宁筹备和指挥十月革命的助手。一生致力于研究马克思主义的教育科学，并为苏维埃教育领导工作做出突出贡献。其著述被翻译整理为《克鲁普斯卡娅教育文选》（上下）在国内出版。

克伦斯基（1838—1912）

【克伦斯基】

即费奥多·米哈伊洛维奇·克伦斯基（Фёдор Михайлович Керенский，1838—1912），中译名有"费德克伦斯基""克廉斯基"等。生于俄国奔萨省（今奔萨州和莫尔多瓦共和国的大部分）。亚历山大·弗多罗维奇·克伦斯基的父亲。教师。1861年任辛比尔斯克体育馆馆长。

克伦斯基（1881—1970）

【克伦斯基】

即亚历山大·费奥多罗维奇·克伦斯基（Александр Фёдорович Керенский，1881—1970），中译名有"巴尔庆斯基""葛伦斯基""开林斯基""凯林斯克""克兰–斯基""克连斯基""克林斯基""克临斯基""克伦茨基""克伦次基""克伦基斯""克伦斯奇""克位斯基""刻楞斯岐"等。生于俄国辛比尔斯克。俄国政治活动家。1912年任俄国第四届国家杜马代表。1914年加入俄国社会革命党。1915年起成为国家杜马中的左翼劳动派的党团领袖。1917年两度出任临时政府首相。十月革命时,逃出彼得格勒,发动武装叛乱。失败后于1918年流亡法国。1940年移居美国。

【克伦威尔】

克伦威尔(1599—1658)

即奥利弗·克伦威尔(Oliver Cromwell,1599—1658),中译名有"格郎威尔""格罗威尔""克林威尔""克罗母耶路""克罗母耶路"等。生于英国亨廷顿郡。英国国务活动家。17世纪英国资产阶级革命时期资产阶级和资产阶级化贵族的领袖。1649年主导处决英国国王查理一世,建立英吉利共和国。1653年任护国公,成为英国事实上的国家元首。

【克罗格】

克罗格(1847—1916)

即吉娜·克罗格(Gina Krog,1847—1916),女。中译名有"琴娜克洛格"等。生于挪威弗拉克斯塔德。挪威自由派政治家,妇女运动活动家。1884年与哈格巴特·伯纳共同创立挪威妇女权利协会。1885年创立挪威妇女投票协会。1887年起任挪威女权主义期刊《新大陆》的编辑,直到1916年去世。1897年与弗雷德里克·玛丽·奎瓦姆一起成立挪威全国妇女选举权协会。1904年创立挪威全国妇女理事会,是国际妇女理事会的一个区域分支机构。撰有《关于我国妇女事务发展和近期任务的几句话》等。

【克罗齐】

克罗齐(1866—1952)

即贝奈戴托·克罗齐(Benedetto Croce,1866—1952),中译名有"克罗渐""克罗瑟"等。生于意大利佩斯卡塞罗利。意大利文艺批评家,历史学家,哲学家。著有《黑格尔哲学中的活东西和死东西》《历史唯物主义与马克思的经济学》等。

克洛茨（1868—1930）

【克洛茨】

即路易·卢西安·克洛茨（Louis-Lucien Klotz，1868—1930），中译名有"克鲁兹""克罗兹"等。生于法国巴黎。法国新闻工作者，政治家。1895年创办《法兰西日报》。第一次世界大战期间任法国财政部部长。

克尼斯（1821—1898）

【克尼斯】

即卡尔·古斯塔夫·阿道夫·克尼斯（Karl Gustav Adolf Knies，1821—1898），中译名有"古尼斯氏"等。生于德国马尔堡。德国经济学家，历史学派的主要代表人物之一。1865年任海德堡大学教授。著有《从历史方法的角度看政治经济学》等。

克努特（995—1035）

【克努特】

即克努特（Cnut，995—1035），中译名有"卡纽特"等。生于丹麦。"北海帝国"的统治者。1016—1035年任英格兰、丹麦、挪威三国国王，历史学家称之为北海帝国。

【克斯特纳】

即弗里茨·克斯特纳（Fritz Kestner，1879—1914？），中译名有"凯斯特纳""克斯托那氏""克斯特涅尔"等。德国经济学家。著有《强迫加入组织》，列宁在《帝国主义是资本主义的最高阶段》中曾引用此书，以论证资本主义垄断组织卡特尔的一些现象和特征。

克谢诺丰托夫（1884—1926）

【克谢诺丰托夫】

即伊万·克谢诺丰托维奇·克谢诺丰托夫（Иван Ксенофонтович Ксенофонтов，1884—1926），生于俄国莫斯科。俄国革命家。1904年加入布尔什维克。1919—1920

年为全俄肃反委员会副主席，兼任全俄肃反委员会特别法庭庭长和全俄中央执行委员会最高法庭副庭长。著有《苏联社会保障的状况和发展》等。

【孔德】

孔德（1798—1857）

即奥古斯特·孔德（Auguste Comte，1798—1857），中译名有"殃德""瓦格斯特坑特"等。生于法国蒙比利埃市。圣西门的弟子。法国哲学家，社会学家，实证主义和社会学的创始人。著有《实证哲学教程》（共6卷）、《实证政治体系》（共4卷）等。

【孔狄亚克】

孔狄亚克（1715—1780）

即埃蒂耶纳·博诺·德·孔狄亚克（Étienne Bonnot de Condillac，1715—1780），中译名有"龚迪拉""康迪拉克""康特""苛利""苛托""可默特""可托""孔第拉克""拉额斯托可托"等。生于法国伊泽尔省。法国启蒙时代思想家，哲学家，知识学家。1768年当选为法兰西皇家科学院院士。著有《商业与政府》《微积分语言》《感觉的特质》《人类知识的起源》等。

【孔多塞】

孔多塞（1743—1794）

即玛丽·让·安东·尼古拉·卡里塔·孔多塞侯爵（Marie-Jean-Antoine-Nicolasde Caritat Marquis de Condorcet，1743—1794），中译名有"恭多塞""龚独尔斯""康德西""康陀尔奢""孔道西""孔德思""孔多瑟""孔特尔塞""孔驼塞"等。生于法国里贝蒙。法国数学家，经济学家，启蒙时代思想家。1769年当选为法兰西皇家科学院院士。1792年为法兰西第一共和国的主要奠基人，参加起草吉伦特宪法。罗伯斯比尔执政后被剥夺公民权。1794年3月27日被捕，两天后死于狱中。著有《图尔戈特生活》《伏尔泰生活》等。

孔子（公元前 551—前 479）

【孔子】

孔子（公元前551—前479），字仲尼。春秋时期鲁国人。中国古代伟大的思想家，教育家，儒家学派创始人，世界著名的文化名人之一。其言论被后世编纂为《论语》。

【库德里亚夫采夫】

即彼得·菲力波维奇·库德里亚夫采夫（Пётр Филиппович Кудрявцев，1863—1935），中译名有"克德利耶折夫"等。生于俄国奔萨省（今奔萨州和莫尔多瓦共和国的大部分）。毕业于喀山大学。俄国地方自治局卫生事业活动家，医生。

库德里亚夫采夫（1863—1935）

【库恩】

即库恩·贝拉（Kun Béla，1886—1939），中译名有"白阿昆""白拉孔""白拉库因""贝拉赓""伯拉抗""坎恩"等。生于匈牙利特兰西瓦尼亚（今属罗马尼亚）。匈牙利共产主义革命家，匈牙利共产党创始人，匈牙利苏维埃共和国的主要创建者和领导者之一。1919年出任匈牙利苏维埃共和国外交人民委员，后兼任军事人民委员。创办《红色报纸》。1920年移民莫斯科，任共产国际执行委员会成员。在苏联大清洗中被害，后被平反。著有《从革命到革命：匈牙利共产党人的任务》《共产党人想要什么？》等。

库恩（1886—1939）

【库尔曼】

即理查德·冯·库尔曼（Richard Von Kuhlmann，1873—1948），中译名有"基尔曼""科尔曼""屈尔曼"等。生于土耳其君士坦丁堡（今伊斯坦布尔）。德国外交家，实业家。1917年12月3日—1918年3月3日率领德国代表团参加《布列斯特—立托夫斯克条约》的谈判与签订。

库尔曼（1873—1948）

【库尔奈】

即弗雷德里克·埃蒂耶纳·库尔奈（Frédéric Étienne

245

库尔奈（1837—1885）

Cournet，1837—1885），中译名有"孤乃"等。生于法国巴黎。法国政治活动家，布朗基主义者，新闻工作者。19世纪60年代加入第一国际。1870年9月4日后任国民自卫军第224营营长。1871年参加巴黎工人1月22日起义。2月当选为国民议会议员，后辞职。巴黎公社成立后被选为公社委员，历任治安委员会委员、治安代表、第二届执行委员会委员、军事委员会委员。巴黎公社失败后，流亡英国，缺席被判处死刑。

【库尔斯基】

库尔斯基（1874—1932）

即德米特里·伊万诺维奇·库尔斯基（Дмитрий Иванович Курский，1874—1932），生于俄国基辅（今属乌克兰）。苏联司法事业的创始人之一。1900年毕业于莫斯科大学法律系。1904年加入俄国社会民主工党（布）。历任苏联第一任总检察长、俄罗斯联邦司法人民委员、俄罗斯联邦检察官等职。著有《家庭与新生活：关于新家庭和婚姻法草案的争议》等。

【库克】

库克（1860—1947）

即约瑟夫·库克（Joseph Cook，1860—1947），中译名有"爵塞夫"等。生于英国斯塔福德郡。澳大利亚政治家。1913年任澳大利亚总理，领导英联邦自由党。

【库伦】

即阿里克斯·库伦（Alex Cullen），中译名有"阿连"等。生平不详。

【库诺】

库诺（1862—1936）

即亨利希·库诺（Heinrich Cunow，1862—1936），中译名有"古诺夫""枯脑"等。生于德国什未林。德国社会民主党的理论家，历史学家，社会学家，民族志学家。早期倾向马克思主义，后蜕变成修正主义者，第一次世界大战期间持社会沙文主义的立场。1917—1923 年任德国社会民主党理论刊物《新时代》杂志编辑。著有《史前时代的技术》《马克思的历史、社会和国家理论》等。

【库诺】

库诺（1876—1933）

即威廉·卡尔·约瑟夫·库诺（Wilhelm Carl Josef Cuno, 1876—1933），中译名有"古诺"等。生于普鲁士萨克森。德国政治家，商业界领袖，律师，经济学家，德国人民党人。历任哈帕格航运公司总经理、汉堡—美国轮船公司经理等职。1922 年 11 月组阁，任魏玛共和国总理，持保守主义和经济自由主义的立场。

【库瓦耶夫】

为伊万诺沃—沃兹涅先斯克地区瓦库耶夫纺织品印染公司老板。

【库西宁】

库西宁（1881—1964）

即奥托·威廉莫维奇·库西宁（Отто Вильгельмович Куусинен，1881—1964），生于芬兰劳卡。芬兰裔苏联革命家，共产国际活动家，芬兰共产党创始人之一。1905 年加入芬兰社会民主党。1911—1917 年任芬兰社会民主党执行委员会主席，参与领导芬兰革命。1918 年 8 月加入俄共（布），参与创建芬兰共产党。1921—1939 年任共产国际执行委员会委员和书记。著有《芬兰革命与自我批评》等。

【库兹涅佐娃】

即玛利亚·费奥多罗夫娜·库兹涅佐娃（Мария Федоровна Кузнецова），女。生卒年不详。俄国人。毕业于东方学院。维经斯基夫人。维经斯基使团成员，国际妇女书记处驻华代表。1920 年 9 月上海外国语学社成立后，任俄文教员。

邝摩汉（1884—1932）

【邝摩汉】

邝摩汉（1884—1932），名振翎，字摩汉，号石溪，别署石溪词客。江西寻乌人。近现代政治经济学家，翻译家，教育家，马克思主义早期传播者。早年毕业于日本早稻田大学，加入中国同盟会，参加辛亥革命。1918年再次赴日本东京帝国大学研究社会经济，受日本马克思主义的影响，开始翻译日文的马克思主义著述。1919年翻译河上肇的《社会主义之进化》《经济原论》。1920年6月翻译河上肇的《马克思剩余价值论》。同年11月，由又新日报社出版的著作《社会主义总论》，诠释社会主义的起源、定义、要素、分类、学说等。1922年2月与胡鄂公、熊得山、汪剑农、彭泽湘等人组建"中国共产主义同志会"，2月15日在北京与胡鄂公、熊得山等联合创办《今日》杂志，宣传马克思主义。他在该杂志第1卷第2、3、4号上发表了《绝对的剩余价值研究》《相对的剩余价值研究》等文章，介绍《资本论》第1篇，成为我国最早传播《资本论》的学者之一。1923年初春经瞿秋白等协调，与胡鄂公、熊得山等参加中国共产党，"中国共产主义同志会"取消，不久脱党。1924年1月列宁逝世后，他与李春涛、杜国庠等编辑出版纪念列宁的专集《列宁纪念册》，印刷量达数万册。曾在中国文化大学、中央陆军军官学校、武汉大学等任职。译著有《最新经济思潮史》等，其作品被编入《石谿词辑注》。

奎尔奇（1886—1954）

【奎尔奇】

即托马斯·奎尔奇（Thomas Quelch，1886—1954），中译名有"克维哥""奎尔其"等。生于英国。英国共产主义运动活动家，英国社会党人。1920年7月出席共产国际第二次代表大会，被选为共产国际执行委员会委员。著有《战争及其结果》等。

魁奈(1694—1774)

【魁奈】

弗朗索瓦·魁奈(François Quesnay,1694—1774),中译名有"佛兰琐亚""克勒""刻涅""蒯芮""揆内""魁斯雷"等。生于法国梅雷。法国资产阶级古典政治经济学奠基人之一,法国重农学派创始人。马克思在著作中多次提到魁奈,对魁奈在其《经济表》中所传达的思想给予极高评价,认为"这是一个极有天才的思想,毫无疑问是政治经济学至今所提出的一切思想中最有天才的思想"。马克思在写作《资本论》时使用改造魁奈的《经济表》,赞扬魁奈"使政治经济学成为一门科学"。著有《农业国经济管理的一般原则》《第一经济问题》《第二经济问题》等。

L

拉波波特（1865—1941）

【拉波波特】

即沙尔·拉波波特（Charles Rappoport，1865—1941），中译名有"拉波波尔""拉波播尔""拉扑扑尔"等。生于俄国杜克什塔斯（今属立陶宛），后侨居法国。法国激进共产主义政治家，记者，作家。最初是改良主义的社会主义者，在哲学上是康德主义者，后转变成共产主义者。1920年图尔代表大会后，加入法国共产党，不久后当选为法国共产党中央委员会委员。著有《历史的起源、学说和社会主义者》《马克思的唯物主义和康德的唯心主义》《饶勒斯传：人、思想家、社会主义者》等。

拉伯克（1834—1913）

【拉伯克】

即约翰·拉伯克（John Lubbock，1834—1913），中译名有"刘博克""卢贝""卢伯克""鲁伯克""罗仆克""奴威利耶"等。生于英国伦敦。英国生物学家，银行家，政治活动家，民族学家，达尔文主义者。1865年作为自由党候选人当选为英国国会议员。首先提出"旧石器时代"和"新石器时代"两个名词。著有《史前时代》《论文明的起源》《人生的乐趣》等。

拉布里奥拉（1843—1904）

【拉布里奥拉】

即安东尼奥·拉布里奥拉（Antonio Labriola，1843—1904），中译名有"拉布里阿拉""拉佛里俄""罗布洛拉""罗普利阿拉"等。生于意大利卡西诺。意大利哲学家，政论家，意大利第一批马克思主义宣传者之一。1892年参加组建意大利社会党。1893年参加第二国际苏黎世代表大会。他受到恩格斯的高度赞扬,称"他是一个严肃的马克思主义者"。他的《纪念〈共产党宣言〉》一书被梅林称为可以同恩格斯的《社会主义从空想到科学的发展》一书相媲美。著有《唯物史观论丛》等。

【拉布里奥拉】

拉布里奥拉（1873—1959）

即阿图罗·拉布里奥拉（Arturo Labriola，1873—1959），中译名有"拉不律阿拉""拉布洛拉""拉普略拉""亚尔罗·拉布里阿拉"等。生于意大利那不勒斯。意大利政治活动家，法学家，经济学家，意大利工团主义运动的领袖之一。1902年创办《先锋社会主义者》杂志，杂志社成为意大利工团主义的活动中心。曾任意大利劳工部部长、国会议员。

【拉德诺】

生平不详。英国基督教社会主义运动的赞助者。曾在巴黎研究傅立叶学说。

【拉狄克】

拉狄克（1885—1939）

即卡尔·伯恩哈多维奇·拉狄克（Карл Бернгардович Радек，1885—1939），中译名有"拉得克""拉笛克""拉特克""腊德克""腊狄克""腊狄客""撩得克拉""那得喀"等。生于奥匈帝国加利西亚伦贝格（今乌克兰利沃夫）。苏联政治家，宣传家，共产国际活动家。1903年起参加加里西亚、波兰和德国的社会民主主义运动。1917年加入俄国社会民主工党（布），十月革命后在外交人民委员部工作。在俄共（布）第八次至第十二次代表大会上当选为中央委员。曾任共产国际执行委员会书记，1923—1924年任共产国际执委会东方部部长。1926年任莫斯科中山大学校长。著有《共产国际第三次代表大会评注》《十月革命》《列宁与中国革命》等。

拉尔金（1894—1976）

【拉尔金】

即威廉·帕沙·拉尔金（William Paschal Larkin，1894—1976），中译名有"拉金"等。生于爱尔兰罗斯康芒郡。牧师，学者。1910年加入方济会嘉布遣会，以帕斯卡尔为教名，1920年被任命为牧师。1921—1923年任科克大学经济与商业助理教授，后任教授。著有《马克斯派社会主义》，中译本由李凤亭翻译，1922年6月商务印书馆出版。

拉法格（1842—1911）

【拉法格】

即保尔·拉法格（Paul Lafargue，1842—1911），笔名保尔·洛朗。中译名有"波尔·拉花尔格""拉发尔盖""拉发格""拉发其""拉富嘉""罗弗格""泡尔拉法球"等。生于古巴圣地亚哥（时为法国殖民地），法国人。职业医生。马克思女儿劳拉的丈夫。法国工人运动和国际工人运动活动家，政论家，法国工人党和第二国际的主要创建人之一。他与劳拉·拉法格一起把马克思和恩格斯的许多著作译成法文，并在法国和西班牙传播马克思主义。曾指导新成立的法国工人党活动，并捍卫马克思主义，反对任何改良主义倾向。著有《忆马克思恩格斯》，其著述被整理为《拉法格文选》。

拉法格（1845—1911）

【拉法格】

即劳拉·拉法格（Laura Lafargue，1845—1911），女。中译名有"拉发克"等。生于比利时布鲁塞尔。马克思的第二个女儿、法国马克思主义理论家保罗·拉法格的妻子。法国社会主义活动家。曾把马克思和恩格斯的许多著作译成法文，并在法国和西班牙传播马克思主义。

拉斐尔（1483—1520）

【拉斐尔】

即拉斐尔·齐奥（Raffaello Sanzio，1483—1520），中译名有"赖斐尔"等。生于意大利乌尔比诺。意大利画家。将文艺复兴时期艺术家从事理想美的事业推到高峰。代表作有《西斯廷圣母》《雅典学派》等。

拉甫罗夫（1823—1900）

【拉甫罗夫】

即彼得·拉甫罗维奇·拉甫罗夫（Пётр Лаврович Лавров，1823—1900），中译名有"拉夫罗夫""拉甫洛夫""拉甫诺夫""拉罗夫""拉洛夫""拉维诺夫""拉札罗夫""那屋娄夫"等。生于俄国普斯科夫省。俄国革命民粹派的思想家，社会学家，政论家。1862年加入民粹派团体。1866年被捕，次年被流放到沃洛格达省，在那里写了《历史信札》（1868—1869）。1870年从流放地逃到巴黎，加入第一国际，参加巴黎公社。1871年5月受巴黎公社的委托至伦敦，在那里与马克思和恩格斯相识。1873—1876年编辑《前进》杂志，1883—1886年编辑《民意导报》，后参加编辑民意社文集《俄国社会革命运动史资料》（1893—1896），是社会学主观学派的代表。1889年参加第二国际。著有《国际史论丛》《1873—1878年的民粹派宣传家》等。

拉加代尔（1874—1958）

【拉加代尔】

即休伯特·拉加代尔（Hubert Lagardelle，1874—1958），中译名有"拉葛德尔""拉加德勒""拉加尔杜""拉卡德""拉卡特尔""挪加尔特"等。生于法国上加龙勒比尔戈。法国小资产阶级政治活动家，无政府工团主义者。1896年加入法国工人党。1899年创办《社会主义运动》杂志，宣传社会主义和工团主义理论。1910年后退出工人运动，转而拥护法西斯主义。著有《土地问题与社会主义》《法国工会的演变》等。

拉柯夫斯基（1873—1941）

【拉柯夫斯基】

即克里斯蒂安·格奥尔吉耶维奇·拉柯夫斯基（Христиан Георгиевич Раковский，1873—1941），化名因萨罗夫，真名克拉斯乔·格奥尔基耶夫·斯坦切夫。中译名有"拉阿夫斯基""拉苛夫斯基""那柯夫斯基"等。生于保加利亚科泰尔。苏联政治家，外交官。19世纪90年代初起参加保加利亚、罗马尼亚、瑞士、法国的社会民主主义运动。第

一次世界大战期间成为中派分子。1917年加入俄国布尔什维克党。1918年起任乌克兰人民委员会主席。1923年起从事外交工作。1927年因托洛茨基事件被开除出党。1935年恢复党籍。1938年因参加"右派与托派同盟"的活动被判刑。著有《致托洛茨基的信》等。

【拉科维察】

拉科维察（1843—1865）

即瓦拉琴·扬科·格雷戈尔·冯·拉科维察（WalachenJanco Gregor von Racowitza，1843—1865），中译名有"洪拉克威查""拉克维兹""哇拉生"等。生于罗马尼亚克拉约瓦。罗马尼亚瓦拉几亚贵族。拉萨尔的情人德尼格斯的未婚夫。1864年在与斐迪南·拉萨尔决斗中，将拉萨尔射成重伤致其身亡。

【拉克】

拉克（1873—1958）

即约翰·鲁道夫·拉克（Johann Rudolf Rocker，1873—1958），生于德国美因茨。德国无政府主义作家，活动家。认为改造社会"只有不同的经济方法"，而无政府主义者的第一个目标是"确保人的个人和社会自由"。著有《民族主义与文化》《无政府工团主义》等。

【拉林】

拉林（1889—1972）

即伊万·瓦西里耶维奇·拉林（Иван Васильевич Ларин，1889—1972），生于俄国萨拉托夫。苏联农业科学院院士，草原学家，植物学家。著有《天然饲料研究的简要指南》《苏联干草场和牧场的饲料植物》等。

【拉马克】

拉马克（1744—1829）

即让·巴蒂斯特·拉马克（Jean-Baptiste Lamarck，1744—1829），中译名有"拉马尔克""腊马克""陆谟克"等。生于法国皮卡第。法国自然科学家，博物学家，生物学的奠基人之一。最先提出生物进化学说，进化论的倡导者和先驱。著有《动物哲学》《无脊椎动物自然史》等。

拉美特利(1709—1751)

【拉美特利】

即朱利安·奥夫鲁瓦·德·拉美特利(Julien Offray De La Mettrie, 1709—1751),中译名有"拉麦得利""拉梅特利""拉美特里""拉米脱利""拉未特力克""腊墨德黎"等。生于法国圣马洛。法国启蒙思想家,哲学家,法国机械唯物主义代表人物。著有《心灵的自然史》《人是机器》《伊壁鸠鲁的体系》等。

【拉蒙德】

即伊丽莎白·拉蒙德(Elizabeth Lamond, ? —1891),中译名有"拉门德"等。生于苏格兰爱丁堡。苏格兰学者。曾编《略论英国政策》,1893年再版时改书名为《论英国本土的公共福利》。

拉蒙特(1870—1948)

【拉蒙特】

即托马斯·威廉·拉蒙特(Thomas William Lamont, 1870—1948),中译名有"拉门德""纳门德"等。生于美国纽约州。美国银行家。1920年春代表摩根财团访问中国。

【拉姆赛】

即乔治·拉姆赛(George Ramsay, 1800—1871),中译名有"拉谟塞伊""拉姆色"等。生于苏格兰班夫。英国经济学家,资产阶级古典政治经济学最后代表人物之一。著有《论财富的分配》等。

拉普拉斯(1749—1827)

【拉普拉斯】

即皮埃尔·西蒙·拉普拉斯(Pierre Simon Laplace, 1749—1827),中译名有"拉伯辣斯""拉朴来斯"等。生于法国诺曼底。法国天文学家,数学家,物理学家。1773年当选为法兰西皇家科学院院士,天体力学的主要奠基人,天体演化学的创立者之一,提出拉普拉斯变换、拉普拉斯定理和拉普拉斯方程等,被认为是有史以来最伟大的科学家之

255

一。著有《天体力学》《概率论哲学》《宇宙体系论》等。

拉萨尔（1825—1864）

【拉萨尔】

即斐迪南·拉萨尔（Ferdinand Lassalle，1825—1864），中译名有"法黎德里拉撒""非路寄南独拉杀路列""斐纪讷路色莱""斐里特里拉萨尔氏""富亚得南拉塞""拉路些尔""拉罗氏""拉撒尔""拉撒勒""拉萨儿""拉萨而斐碟南""拉塞尔""拉杀尔安""拉沙儿""拉沙尔""拉沙勒""拉沙列""拉沙路""拉士梭尔""拉梭列""辣色来""莱沙尔""赖萨勒""勒赦孺""路色莱""罗拉尔""拿沙耳""那沙路立""那沙路列""那沙露立""南拉塞""若撒来"等。生于德国布雷斯劳（今波兰弗罗茨瓦夫）。德国工人运动中的机会主义主要代表，全德工人联合会的创始人之一，拉萨尔主义创始人。1848年投身于欧洲革命活动，与马克思、恩格斯结识，并参与马克思主办的《新莱因报》工作。19世纪60年代初参加德国工人运动，曾发表《工人纲领》（1862）和《公开答复》（1863）等小册子，鼓吹争取普选权实现工人阶级解放，在德国工人中具有很大的名声和影响。他鼓吹"人民自由的国家"，反对马克思的无产阶级专政；鼓吹"争取普选"，反对无产阶级暴力革命；用"铁的工资规律"反对剩余价值理论；鼓吹"国家帮助建立工人合作社"，反对剥夺地主和资本家的生产资料和财富；支持普鲁士王朝统一德国。著有《爱非斯的晦涩哲人赫拉克利特的哲学》《工人纲领》《给筹备莱比锡全德工人代表大会的中央委员会的公开答复》等。

拉斯基（1893—1950）

【拉斯基】

即哈罗德·约瑟夫·拉斯基（Harold Joseph Laski，1893—1950），生于英国曼彻斯特。英国政治学家，经济学家，英国工党领导人之一，社会民主主义和政治多元主义的重要代表人物。著有《政治学原理》等。

拉斯金(1819—1900)

【拉斯金】

即约翰·拉斯金(John Ruskin,1819—1900),中译名有"拉思金""拉斯根""拉斯契""辣斯金""辣斯肯""罗斯金"等。生于英国伦敦。英国作家,哲学家,社会活动家。著有《建筑的七盏灯》《威尼斯的石头》等。

拉特瑙(1867—1922)

【拉特瑙】

即瓦尔特·拉特瑙(Walther Rathenau,1867—1922),中译名有"赖铁讷""赖铁讷暗杀"等。生于德国柏林。犹太裔德国实业家,政治家,哲学家。组织领导第一次世界大战时期德国的战时工业生产,1921年任建设部部长。1922年任外交部部长,同年代表德国与苏联签订《拉帕洛条约》,6月24日回国途中被德国右翼民族分子暗杀。

拉瓦锡(1743—1794)

L

【拉瓦锡】

即安托万-洛朗·德·拉瓦锡(Antoine-Laurent de Lavoisier,1743—1794),中译名有"拉伏收"等。生于法国巴黎。法国物理学家,化学家。被后世尊称为"现代化学之父"。提出"氧化学说",并从实验的角度验证且总结质量守恒定律。提出规范的化学命名法。撰写第一部真正现代化学教科书《化学基本论述》。

拉维莱(1822—1892)

【拉维莱】

即埃米尔·路易·维克多·德·拉维莱(Émile Louis Victor de Laveleye,1822—1892),中译名有"拉费尼""拉佛雷""拉威列"等。生于比利时布鲁日。比利时经济学家,历史学家,国际法学会的创始人之一。1864年任比利时列日大学教授,其经济学思想接近"讲坛社会主义者",为新历史学派成员。著有《政治经济学的新动向》《当今的社会主义》等。

【拉维斯泰因】

即威廉·万·拉维斯泰因（Willem van Ravesteijn，1876—1970），中译名有"斯坦""王拿味"等。生于荷兰鹿特丹。荷兰共产党创始人。1900年加入荷兰社会民主工党。1918年创建荷兰共产党。1922年代表荷兰共产党参加共产国际第四次代表大会，在大会上作关于远东殖民地问题的报告。1926年被开除出荷兰共产党。曾翻译巴尔扎克等人的作品。著有《世界大战》《共产主义在荷兰的兴起》等。

拉维特（1800—1877）

【拉维特】

即威廉·拉维特（William Lovett，1800—1877），中译名有"洛凡脱"等。生于英国康沃尔。职业手工业者。英国小资产阶级民主主义者，英国宪章运动领袖。曾就读伦敦技工学院。历任家具木工协会主席、伦敦合作工会协会司库、促进合作知识协会秘书等职。拥护"道德力量"，主张和资产阶级合作。

拉希德（约766—809）

【拉希德】

即哈伦·拉希德（Harun Rashid，约766—809），中译名有"哈龙亚尔·拉西"等。生于阿拔斯哈里发吉巴尔雷伊（今伊朗德黑兰省雷伊）。阿拉伯帝国阿拔斯王朝最著名的哈里发（政治宗教领袖）。因与法兰克的查理曼大帝结盟而蜚声西方。

拉扎里（1857—1927）

【拉扎里】

即科斯坦蒂诺·拉扎里（Costantino Lazzari，1857—1927），中译名有"拉撒里""拉萨里""拉萨律""罗萨利"等。生于意大利克雷莫纳。意大利政治家，工人运动活动家，意大利工人党和意大利社会党的创始人和领导人之一。1920年、1921年分别参加共产国际第二次、第三次代表大会。

拉扎列夫（1895—1974）

【拉扎列夫】

即尼古拉·瓦西里耶维奇·拉扎列夫（Николай Васильевич Лазарев，1895—1974），疑中译名有"腊萨联夫"等。生于俄国圣彼得堡。苏联毒理学家，药理学家。著有《工业中的化学有害物质》等。

腊斯特（1903—1949）

【腊斯特】

即威廉·腊斯特（William Rust，1903—1949），中译名有"鲁时题"等。生于英国伦敦。职业工人。英国共产主义运动活动家，少共国际活动家，编辑。当工人时加入英国共产党。1922年在英国共青团第一次全国代表会议上当选为执行委员会委员。1923年作为共产主义青年团代表，任英共执行委员会委员。1925年当选为英共政治局委员。同年10月被捕入狱，被判处一年监禁。1928年参加少共国际第五次代表大会，当选为执行委员会委员。后作为少共国际代表出席共产国际第六次代表大会，并当选为共产国际执行委员、主席团成员。曾作为少共国际代表出访美国。1930年被任命为新创办的共产党报纸《工人日报》编辑。1931年辞去编辑职务，作为英共驻共产国际书记处的代表，居住莫斯科。1932年底回到英国。1941年起再次任《工人日报》编辑。

莱昂内（1875—1940）

【莱昂内】

即恩里科·莱昂内（Enrico Leone，1875—1940），中译名有"勒奥尼""利昂""列阿尼"等。生于意大利坎帕尼亚。意大利经济学家，政治家，记者，工团主义活动家，理论家。著有《社会经济学与社会主义关系通论》等。

莱布尼茨（1646—1716）

【莱布尼茨】

即哥特弗里德·威廉·莱布尼茨（Gottfried Wilhelm Leibniz，1646—1716），中译名有"拉比尼都""来伯尼""来伯尼斯""来卜尼支""来布尼之""莱白尼兹""莱

百尼茨""莱布尼""莱布涅兹""利卑立塞"等。生于神圣罗马帝国莱比锡。德国自然科学家，数学家，唯心主义哲学家。著有《单子论》《人类理智新论》等。

莱恩（1812—1897）

【莱恩】

即塞缪尔·莱恩（Samuel Laing，1812—1897），中译名有"拉因""兰格""列恩"等。生于苏格兰爱丁堡。英国法学家，政治活动家，政论家。1842年任英国铁路公司高级行政职务，1852年作为自由党候选人当选英国国会议员。著有《英国和外国铁路报告》《人类起源》等。

【莱尔】

即伦纳德·亚瑟·莱尔（Leonard Arthur Lyall，1867—1940），中译名有"赖发洛""兰雅"等。生于英国伦敦。英国汉学家。1886年来华，在上海海关大楼任中国海关帮办，曾在北京、芜湖、上海、杭州、南京等地任职。曾将《论语》《中庸》《孟子》译成英文。

莱金（1861—1920）

【莱金】

即卡尔·莱金（Carl Legien，1861—1920），中译名有"迦尔·列基仁""雷基""雷锦""列金""列勤"等。生于普鲁士王国马林堡（今波兰马尔堡）。德国右派社会民主党人，德国工会领袖之一。1913年任国际工会联合会第一任主席。第一次世界大战期间成为社会沙文主义者，宣扬劳资合作。

莱克维斯（1861—1949）

【莱克维斯】

即阿诺德·莱克维斯（Arnold Lequis，1861—1949），中译名有"列葵斯"等。生于德国迪伦堡。德国将军。1918年奉临时政府命令，发动圣诞节进攻，镇压参加1918年德国十一月革命的水兵。

莱蒙托夫（1814—1841）

【莱蒙托夫】

即米哈伊尔·尤里耶维奇·莱蒙托夫（Михаил Юрьевич Лермонтов，1814—1841），中译名有"莱蒙德夫""勒门德富""李门托夫""列尔门托夫""列尔孟讬夫""列尔孟托夫""楼芒多夫""特满託夫"等。生于俄国莫斯科。俄国诗人。被别林斯基誉为"民族诗人"。作品有小说《当代英雄》、长诗《童僧》《恶魔》等。

莱塞普斯（1805—1894）

【莱塞普斯】

即费迪南德·德·莱塞普斯子爵（Ferdinand Marie, Comte de Lesseps，1805—1894），中译名有"莱塞普""累塞普斯""台列散普""台列色布"等。生于法国凡尔赛。法国外交官，工程师，实业家。因建苏伊士运河，卷入巴拿马丑闻而闻名。著有《苏伊士运河历史》（共5辑）等。

【莱塔勒尔】

即欧仁·莱塔勒尔（Eugène Tailleur，1869—1927），别名利斯。生于法国巴黎。法国经济学家。著有《前卫政治与金融》等。

莱维（1883—1930）

【莱维】

即保尔·莱维（Paul Levi，1883—1930），笔名哈特施坦。中译名有"保尔·策维""保罗·利维""波尔""尔·汉茨泰""派尔·汉茨泰"等。生于德国黑兴根。德国社会主义者，律师。1906年加入德国社会民主党。1917年为齐美尔瓦尔德左派成员。1918在德国共产党成立大会上被选入中央委员会。1920年参加共产国际第二次代表大会。1921年2月因持极右立场而退出中央委员会，同年4月因进行反党派别活动被开除出党。1922年又回到德国社会民主党。

莱温斯基（1885—1930）

【莱温斯基】

即简·斯坦尼斯瓦夫·莱温斯基（Jan Stanislaw Lewinski,

1885—1930），中译名有"琉印斯启"等。生于波兰弗沃茨瓦韦克。波兰经济学家。著有《政治经济学的制定者》《政治经济学原理》等。

莱辛（1729—1781）

【莱辛】

即哥特霍尔德·埃夫拉伊姆·莱辛（Gotthold Ephraim Lessing，1729—1781），中译名有"来兴""勒森""勒新""雷生""列新"等。生于德国卡门茨。德国作家，评论家，文学史家，启蒙思想家。作品有《少年》《死去的朱登》等。

莱兴海姆（1814—1868）

【莱兴海姆】

即雷诺·莱兴海姆（Leonor Reichenheim，1814—1868），中译名有"略诺尔·来恨海姆氏"等。生于德国贝恩堡。犹太人。德国企业家。1858年任普鲁士众议院议员。1861年为进步党的联合创始人。

莱因施（1869—1923）

【莱因施】

即保罗·萨缪尔·莱因施（Paul Samuel Reinsch，1869—1923），中译名有"芮恩施""若荫倩"等。生于美国密尔沃基。美国政治学家，外交官。1892年毕业于威斯康星大学。1913—1919年任美国驻华公使，后受聘为北京政府法律顾问。著有《19世纪末的世界政治》《民政》《公共国际工会》《美国驻华外交官》等。

莱因斯坦（1866—1947）

【莱因斯坦】

即鲍里斯·莱因斯坦（Boris Reinstein，1866—1947），中译名有"鲍黎士"等。生于俄国罗斯托夫。苏联共产主义者，政治家。曾在共产国际工作，后移居美国。担任《苏联》杂志英文版编辑。

赖尔(1797—1875)

【赖尔】

即查尔斯·赖尔（Charles Lyell，1797—1875），中译名有"拉哀尔""来约尔"等。生于苏格兰安格斯。英国地质学家，地质学渐进论的奠基人。1861年为英国皇家学会主席。著有《地质学原理》等。

【赖特才】

赖特才（1890—1963），家名世铨。广东蕉岭人。近现代政治人物。广东高等师范学校毕业。历任国民党中央宣传部代理秘书、国民党国防最高委员会法治委员、国民政府参事、总统府参事等职。

兰茨贝格(1869—1957)

【兰茨贝格】

即奥托·兰茨贝格（Otto Landsberg，1869—1957），中译名有"奥托·兰茨堡""来治伯尔""兰德斯堡""兰士俾格"等。生于德国雷布尼克（今属波兰）。德国律师，政治家，外交官。1890年加入德国社会民主党。曾任德国国会议员、人民代表委员会委员，是弗里德里希·艾伯特的重要谋士。

兰金(1880—1973)

【兰金】

即珍妮特·兰金（Jeannette Rankin，1880—1973），女。生于美国蒙大拿州。妇女运动的先驱。1917年当选美国众议院议员。长期从事妇女运动与和平运动。

兰克斯特(1814—1874)

【兰克斯特】

即埃德温·兰克斯特（Edwin Lankester，1814—1874），中译名有"拉克斯托""兰卡斯特"等。生于英国萨福克郡。达尔文密友。英国外科医生，博物学家。作为英国第一位公共卫生学家，为伦敦控制霍乱做出重大贡献。著有《水生动物饲养》《使用显微镜半小时》等。

263

兰利（1834—1906）

【兰利】

即塞缪尔·皮尔庞特·兰利（Samuel Pierpont Langley，1834—1906），中译名有"朗格里"等。生于美国马萨诸塞州。美国天文学家，飞机制造先驱。1867年任匹兹堡大学天文学教授和阿勒格尼天文台台长。1881年发明测辐射热计，用于精密测定微量的热。1891年任史密森学会第三任秘书。

兰普雷希特（1856—1915）

【兰普雷希特】

即卡尔·戈特哈德·兰普雷希特（Karl Gotthard Lamprecht，1856—1915），中译名有"兰蒲瑞西""兰普雷赫特""朗蒲黑特""朗蒲勒黑特"等。生于普鲁士萨克森省。德国历史学家。主要研究德国艺术和经济史，提出文化史概念，开创结构史学的方法论。著有《中世纪德意志经济生活》《德意志史》等。

兰塞姆（1884—1967）

【兰塞姆】

即亚瑟·兰塞姆（Arthur Ransome，1884—1967），中译名有"兰姆塞""兰森""兰松""郎塞""朗塞"等。生于英国利兹。英国作家，记者。1919年2—3月作为英国《曼彻斯特卫报》记者，旅居苏俄六周，将其所见所闻撰写为《一九一九旅俄六周见闻记》于同年6月出版。该书留下了十分珍贵的客观、公正的访问苏俄记录。此书旋即被译成中文，初于1919年10、11月在北京《晨报》上连载，1920年4月由晨报社以"晨报社丛书第一种"发行单行本。此书是中国最早介绍苏俄革命与建设的图书之一，受到中国读者的欢迎，使国人看到一个真实的苏俄。著有《燕子号与亚马逊号》《向北极进发》《布尔河畔的黑鸭子》《雾海迷航》《蟹岛夺宝》等。

兰斯堡（1872—1937）

【兰斯堡】

即阿尔弗勒德·兰斯堡（Alfred Lansburgh，1872—1937），

中译名有"佛兰斯堡""冷士堡""龙思伯"等。生于英国伦敦。德国经济学家。1908—1935年为《银行》杂志的出版人,在该杂志上发表过有关金融资本的著作。列宁在文章中多次提到兰斯堡,称他是资产阶级低能儿中最能干的人。著有《论货币:银行董事给儿子的信》《冯·盖尔德》等。

【兰斯伯里】

兰斯伯里(1859—1940)

即乔治·兰斯伯里(George Lansbury,1859—1940),中译名有"兰司柏烈""兰斯别利""乔治兰斯北里"等。生于英国萨福克郡黑尔斯沃思。英国政治家,社会改革家,英国工党领袖之一。1892年加入社会民主联盟。1906年加入工党。1910—1912年和1922—1940年为下议院工党议员。1912—1922年编辑出版《每日先驱报》。1929—1931年任公共工程大臣。1931—1935年任工党主席。著有《我在俄国看到的》等。

【兰特佐】

兰特佐(1869—1928)

即乌尔里希·冯·布罗克多夫-兰特佐(Ulrich von Brockdorff-Rantzau,1869—1928),中译名有"伦佐"等。生于普鲁士石勒苏益格。德国外交官。曾任魏玛共和国第一任外交部部长,作为德国代表参加巴黎和会,签署《凡尔赛和约》,后任德国驻苏联大使。著有《关于凡尔赛的文件和想法》等。

【兰辛】

兰辛(1864—1928)

即罗伯特·兰辛(Robert Lansing,1864—1928),中译名有"蓝辛""欧白脱"等。生于美国纽约。美国法学家,律师,政治家。伍德罗·威尔逊时期的美国国务卿。第一次世界大战期间,与日本谈判签订《兰辛—石井协定》。曾任《美国国际法杂志》副主编。著有《和平谈判:个人叙事》《和会四巨头及其他》等。

【蓝公武】

蓝公武(1887—1957),原名庆章,字志先。笔名知非等。祖籍广东大埔,江苏吴江人。近现代教育家,民主人士。长期从事新闻工作,历任北京《国民公报》社长、《时事新报》总编辑和北京大学教授等职。受十月革命影响,五四运动期间介绍俄国革命及社会主义思想。1919年7月,在《每周评论》第33号发表《问题与主义》,参与问题与主义论战。1921年2月在《改造》第3卷第6号发表《社会主义与中国》,宣传社会主义并探讨其在中国的适用性。1945年秋到达晋察冀解放区,历任察哈尔省政府教育厅厅长、华北人民政府副主席等职。中华人民共和国成立后,历任最高人民检察署副检察长、第一届全国人大常委会委员等职。逝世后,根据其临终遗愿,被追认为中国共产党党员。译著有《纯粹理性批判》等。

蓝公武(1887—1957)

朗格(1828—1875)

【朗格】

即弗里德里希·阿尔伯特·朗格(Friedrich Albert Lange, 1828—1875),中译名有"拉契""兰格""蓝格""朗治""伦其""伦兀"等。生于德国瓦尔德。德国社会经济学家,哲学家,新康德主义者,小资产阶级民主主义者。1864年任德国工人协会联合会常设委员会委员。1867年参加第二国际洛桑代表大会。1870年、1872年分别担任苏黎世大学、马尔堡大学教授。著有《唯物主义史及其现代意义批判》《劳工问题的当前和未来意义》等。

【朗星】

《德国斯巴达克团宣言》的译者。

劳合·乔治(1863—1945)

【劳合·乔治】

即大卫·劳合·乔治(David Lloyd George, 1863—1945),中译名有"雷得佐治""雷和乔治""鲁意乔治""路德·乔治""路易乔治""路易治治""路易佐治"等。生于英国曼彻斯特。英国国务活动家，外交家。1916—1922年任英国首相。1919年出席巴黎和会，与克里孟梭（法国总理）、威尔逊（美国总统）并称为巴黎和会三巨头，操纵和会。1926年开始领导英国自由党。著有《战争回忆录》《和约真相》等著作。

【老子】

老子（公元前571—前471）

老子（公元前571—前471），字伯阳，谥号聃，又称李耳。春秋时期陈国苦县（今河南鹿邑）人。道家学说创始人，先秦时代的哲学家。著有《道德经》。

【乐志华】

乐志华，生卒年不详。浙江宁波人。百洛赛外资企业的工人。1923年2月百洛赛诬其偷窃大洋，被上海英租界巡捕房抓去严刑拷打，以致落下终身残疾。同乡张元济闻讯，拍案而起，四处奔走呼吁各界声援，提起诉讼后，被判无罪。

【勒柏辛斯基】

勒柏辛斯基（1868—1944）

即潘捷莱蒙·尼古拉耶维奇·勒柏辛斯基（Пантелеймон Николаевич Лепешинский，1868—1944），中译名有"列伯辛斯基"等。生于俄国莫吉廖夫省。苏联政治活动家，作家，博物专家，苏联公共教育的组织者之一。1898年加入俄国社会民主工党。十月革命后任人民教育委员会委员、土耳其斯坦副教育人民委员、历史博物馆馆长、革命博物馆馆长等职。著有《奋斗与创造》等。

【勒德伯】

勒德伯（1850—1947）

即乔治·勒德伯（Georg Ledebour，1850—1947），中译名有"莱德布尔""莱德蒲儿""莱德普尔""赖特卜埃""累德堡""丽德布尔""列德波尔""列德傅"等。生于德国下萨克森州。德国工人运动活动家，德国独立社会民主党创

267

建人和领袖之一。1900年任德国国会议员。第一次世界大战期间是中派分子，主张恢复国际联系，曾出席齐美尔瓦尔德代表会议，为齐美尔瓦尔德右派。德国社会民主党分裂后，1916年加入德意志帝国国会的社会民主党工作小组，该小组于1917年成为德国独立社会民主党的基本核心。曾参加1918年德国十一月革命。1920—1924年在国会中领导了一个人数不多的独立集团。1931年加入社会主义工人党。希特勒上台后流亡瑞士。

勒德洛（1821—1911）

【勒德洛】

即约翰·马尔科姆·福布斯·勒德洛（John Malcolm Forbes Ludlow，1821—1911），中译名有"勒德罗""勒德诺""李德乐""李托乐""利夺活""刘德罗""刘台罗""留德罗""柳多罗""卢德洛""鲁德龙""鲁伦"等。生于印度尼马赫，英国人。英国经济学家，律师，英国基督教社会主义代表人物，英国工人学院联合创始人。1850年创办《基督教社会主义报》，并任主编。合著有《工人阶级的进步（1832—1867）》等。

勒鲁（1797—1871）

【勒鲁】

即皮埃尔·勒鲁（Pierre Leroux，1797—1871），中译名有"卑意陆列洛""俾尔·鲁卢""俾路""来尔氏""列罗""卢尔""片爱雷河""儒罗彼"等。生于法国巴黎。法国政论家，哲学家，政治经济学家，空想社会主义者，基督教社会主义的创始人之一。勒鲁将社会主义一词引入法国政治话语。著有《论平等》等。

【雷博】

即玛丽·罗什·路易·雷博（Marie Roch Louis Reybaud，1799—1879），中译名有"雷伯""黎波氏""列布"等。生于法国马赛。法国政治家，作家，政治经济学家。著有《现代社会主义者研究》《共和国10年研究》等。

雷博（1799—1879）

【雷德格雷夫】

即亚历山大·雷德格雷（Alexander Redgrave，1818—1894），中译名有"列德格列夫"等。出生地不详。英国官员。曾任工厂视察员。

【雷克洛斯】

雷克洛斯（1830—1905）

即埃利塞·雷克洛斯（Élisée Reclus，1830—1905），中译名有"烈可侣""邵可侣"等。生于法国吉伦特省。法国地理学家，作家，无政府主义者，自由联盟和世界语的支持者。曾为第一国际成员，被巴枯宁排挤后，加入汝拉联合会。与克鲁泡特金和格雷夫一起参加《革命报》。1894年为布鲁塞尔自由大学比较地理系主任。著有《大地》（2卷）、《世界地理》（19卷）、《人与大地》（6卷）、《鲁伊索史》《蒙塔涅史》《自由联盟》等。

【雷殷】

雷殷（1886—1972）

雷殷（1886—1972），原名恺泽，字惠南、渭南，民国初年被袁世凯通缉时改名雷殷。广西邕宁人。近现代政治人物。1907年加入中国同盟会。辛亥革命后，历任广西临时议会议员、广西省民政厅厅长、北京国民大学校长等职。著有《帝国主义与中国》《世界战祸之由来》等。

【黎元洪】

黎元洪（1864—1928）

黎元洪（1864—1928），字宋卿。湖北黄陂人。民国时期政治家，企业家。1911年武昌起义，被推举为湖北军政府都督。1912年1月任中华民国临时政府副总统。1916年6月袁世凯死后，继任大总统，后被迫辞职。1922年6月再次出任大总统。任职前后还经营金融、纺织、矿业等企业。

【李伯尔】

李伯尔（1880—1937）

即米哈伊尔·伊萨科维奇·李伯尔（Михаил Исаакович

Либер，1880—1937），中译名有"黎倍儿""利贝尔""里柏尔""勤柏尔"等。生于俄国维尔纳（今属立陶宛维尔纽斯）。崩得和孟什维克领袖之一。1898年加入俄国社会民主工人党。1902年当选崩得中央委员。1903年率领崩得代表团出席俄国社会民主工人党第二次代表大会，在会上采取极右的反火星派立场，会后成为孟什维克。1907年在俄国社会民主工人党第五次（伦敦）代表大会上代表崩得被选入中央委员会，是崩得驻中央委员会国外局的代表。斯托雷平反动时期是取消派分子，1912年是"八月联盟"的骨干分子。第一次世界大战期间成为社会沙文主义者。1917年俄国二月革命后任彼得格勒工兵代表苏维埃执行委员会委员和第一届中央执行委员会主席团委员，采取孟什维克立场，支持资产阶级临时政府，敌视十月革命。后脱离政治活动，从事经济工作。

【李卜克内西】

李卜克内西（1826—1900）

即威廉·李卜克内西（Wilhelm Liebknecht，1826—1900），中译名有"来朴尼慈""梨布克尼希""李百克来特""李勃克勤得""李固纳德""李溺奇""李普克尼希""里布克莱西""里布勒德""里布奈西""里布克勒""利卜克渥希度""利科渥渥卑托""利列科渥卑度""利列科渥希托""乌伊陆卫摩利列克渥卑托"等。生于德国吉森。马克思和恩格斯的朋友和战友、卡尔·李卜克内西的父亲。德国工人运动和国际工人运动活动家，语文学家，政论家。第一国际成立后，为德国支部组织者之一。1869年与奥古斯特·倍倍尔共同创建德国社会民主工党（爱森纳赫派），任党中央机关报《人民国家报》编辑。1875年积极促成爱森纳赫派和拉萨尔派的合并。在反社会党人非常法施行期间是地下党的领导人之一。1890年起任党的中央机关报《前进报》的主编，直至逝世。撰写的《马克思传》1920年被翻译成中文，发表在《星期评论》上，收入于《马克思纪念册》中，发行2万份，产生较大影响。

李卜克内西（1871—1919）

【李卜克内西】

即卡尔·李卜克内西（Karl Liebknecht，1871—1919），中译名有"加尔·李卜克内西""加尔里布克内希""迦尔·李卜克内西""喀尔·李普克尼希""喀尔利勃克里希特""卡尔李爱普芮西脱""李伯克奈希""李勃克莱区""李勃内喜""李卜克纳西""李卜克奈西""李卜克耐希""李卜尼希""里白讷希特""里伯烈西脱""里勃克勒西""里布格勒""里布克奈西""里布克奈西特""里布奈西""利波克里喜特"等。生于德国莱比锡。威廉·李卜克内西之子。德国工人运动和国际工人运动的著名活动家，德国社会民主党左翼领袖之一，德国共产党创建人之一。1875年5月与全德工人联合会成立德国社会主义工人党。1918年底组建德国共产党。1900年加入社会民主党，积极反对机会主义和军国主义。1912年当选为帝国国会议员。第一次世界大战期间持国际主义立场，反对本国政府的掠夺战争。1914年12月2日是国会中唯一投票反对军事拨款的议员。1916年因领导五一节反战游行示威被捕入狱。1918年10月出狱，领导一九一八年德国十一月革命，与卢森堡一起创办《红旗报》。同年底领导建立德国共产党。1919年1月柏林工人斗争被镇压后，于15日被捕，当天与罗莎·卢森堡一起惨遭杀害。列宁称其为"真正无产阶级的新国际的最有名望的代表"。1922年1月在他和罗莎·卢森堡遇难三周年之际，人民出版社出版《李卜克内西纪念》小册子，以纪念他们。大革命时期，国内革命媒体在他们每年纪念日时均发表纪念文章，各地展开纪念活动，成为中国共产党纪念这两位国际共产主义战士和传播马克思主义的重要形式。

李卜克内西（1884—1964）

【李卜克内西】

即索菲亚·李卜克内西（Sophie Liebknecht，1884—1964），原名索菲亚·莱斯（Sophie Ryss），女。中译名有"李卜克内西底夫人""索菲亚·鲍丽夫娜"等。生于俄国顿河畔罗斯托夫。卢森堡的密友、卡尔·李卜克内的第二任妻子。德国社会主义者，女权主义者。卡尔·李卜克内西被害后，移居伦敦。1934年迁居苏联。著有《个人素描中的回忆》。

李春蕃（1904—1985）

【李春蕃】

李春蕃（1904—1985），笔名马丽英、丽英、列英、福英、陆渊等，1927年大革命失败后改名柯柏年。广东潮州人。中国共产党早期党员，马克思主义著作翻译家，外交家。1924年在上海参加中国共产党。1925年2月翻译列宁的《帝国主义浅说》(《帝国主义是资本主义的最高阶段》节译)，初在上海《民国日报》副刊《觉悟》上连载，后由新文化书社集结成书出版。同年8月翻译马克思的《哥达纲领批评》(今译《哥达纲领批判》)由上海书店出版。1926年任《岭东日日新闻》副主编，在副刊《革命》上翻译马克思的《一八四八年六月巴黎无产阶级之失败》，列宁的《国家与革命》，后命名《国家论》由浦江书店出版。在《人民周刊》翻译《共产主义原理》。大革命失败后，译有恩格斯的《社会主义从空想到科学的发展》、列宁的《帝国主义论》《农业税的意义》《国家与革命》、考茨基的《社会革命论》、狄慈根的《辩证法的逻辑》等。

李春涛（1897—1927）

【李春涛】

李春涛（1897—1927），曾用名景山、赤鳞。广东潮州人。李春蕃（柯柏年）之堂兄。国民党左派。1918年9月就读于日本早稻田大学，1921年6月毕业。回国后参加五卅运动。历任《政治周报》编辑、《岭东民国日报》社社长等职。在其领导下，《岭东民国日报》发表马克思、列宁的著作。1924年参加编辑《列宁纪念册》。四一二反革命政变后，被国民党反动派杀害。其著述被收入《李春涛文集》。

李达（1890—1966）

【李达】

李达（1890—1966），又名庭芳、李特，字永锡，号鹤鸣。笔名立达、江春、鹤、胡炎等。湖南零陵（今永州）人。中国共产党主要创始人之一，马克思主义理论家，哲学家，教育家。早年留学日本。1918年回国后，任《新青年》《共产党》等刊物编辑、人民出版社社长、中国共产党第一次、第二次全国代表大会代表。在理论战线上发表大量宣传马克思主义的文章，1919年五四运动后连续发表《什么叫社会主义？》《社会主义的目的》《讨论社会主义并质梁任公》《马克思派社会主义》《俄国的新经济政策》等文，介绍世界无产阶级政党及其活动，宣传科学社会主义。翻译或撰写《唯物史观解说》《社会主义底妇女观》《现代社会学》《劳农俄国研究》《社会问题总览》等著作，积极投入批判非马克思主义思潮的斗争中，组织出版马克思、列宁主义丛书。1923年因思想与工作等方面问题，离开了党。长期从事教学与理论工作，坚持宣传马克思主义。1949年12月由毛泽东、李维汉等作历史证明人、刘少奇为介绍人，重新入党，无候补期。中华人民共和国成立后，长期担任武汉大学校长。其著述被整理为《李达全集》（20卷）。

李大钊（1889—1927）

【李大钊】

李大钊（1889—1927），学名耆年，原字寿昌，后改守常。笔名孤松、常、明明、冥冥、S.等。直隶（今河北）乐亭人。中国共产主义运动先驱，马克思主义传播者，中国共产党主要创始人之一，伟大的思想家，教育家。早年毕业于日本早稻田大学。1918年任北京大学图书馆主任，后任经济、历史等系教授。参与编辑《新青年》，并和陈独秀创办《每周评论》。1918—1919年发表《庶民的胜利》《Bolshevism的胜利》《我的马克思主义观》，揭开马克思主义在中国的传播大幕。他以北京大学为大本营，以《新青年》《晨报》《每周评论》为重要阵地，发表《由经济上解释中国近代思想变动的原因》《再论问题与主义》《马克思的经济学说》《唯物史观在现代社会学上的价值》《马克思的中国民族革命观》等百余篇文章,系统宣传马克思主义。1920年与陈独秀等积极创建中国共产党,是中国共产党第三、四届中央委员。1922年后多次与孙中山会面,帮助改组国民党,推动第一次国共合作。1924年1月出席中国国民党第一次全国代表大会,当选国民党中央执行委员。1927年4月28日被奉系军阀杀害。其著述被整理为《李大钊全集》(5卷)。

【李凤亭】

李凤亭,本名李祚辉。生卒年不详。笔名"止止"。湖南常德人。近代书法家,作家。早年留学日本。1920年在《太平洋》发表《时代思潮的杂评》。1921年毕业回国,曾任泰东书局法学部文学部主任,后执教安徽公立法政专门学校。译著有《贫乏论》《马克斯派社会主义》等。

李根源(1879—1965)

【李根源】

李根源(1879—1965),字雪生、养溪、印泉,别号高黎贡山人。云南腾冲人。近现代政治家,军事将领,国民党元老,爱国民主人士。毕业于日本陆军士官学校。1911年参加重九起义,任云南军政府军政部部长兼参议院议长。先后参加二次革命、护国战争。1916年11月参与筹组"政学会"。后任北洋政府农商总长。中华人民共和国成立后,历任西南军政委员会委员、中国人民政治协商会议全国委员会委员等职。著有《吴郡西山访古记》《云南通志》等。

李汉俊(1890—1927)

【李汉俊】

李汉俊(1890—1927),原名书诗,又名人杰。笔名汗、漱石、先进、均、镜湖等。湖北潜江人。中国共产党主要创始人之一,中共早期理论家,工人运动先驱。1902年赴日留学,1918年毕业于日本东京帝国大学。同年底回国,任

《星期评论》《新青年》《劳动界》等刊物编辑。1920年6月与陈独秀等组建中国共产党第一个组织即中共上海早期组织,曾任代理书记。1921年筹备、参加中国共产党第一次全国代表大会。1919—1922年撰写、翻译宣传马克思主义文章近100篇,如《世界思潮之方向》《劳动者运动之指导伦理》《劳农制度研究》《中国底乱源及其归宿》《研究马克思学说的必要及我们现在入手的方法》等文,热情地宣传马克思主义,高举反对中国基尔特社会主义的大旗,讴歌俄国十月革命,介绍苏俄社会主义。1920年9月翻译出版的《马格斯资本论入门》,成为继《共产党宣言》之后的马克思主义在中国早期传播的热销书。1924年脱党。1927年12月17日被国民党以"共产党罪名"杀害。其著述被整理为《李汉俊文集》。

李鸿章(1823—1901)

【李鸿章】

李鸿章(1823—1901),本名章桐,字渐甫、子黻,号少荃(泉),晚年自号仪叟,别号省心。安徽合肥人。晚清重臣,北洋水师的创始人和统帅,洋务运动的主要领导人之一。官至东宫三师、文华殿大学士、北洋通商大臣、直隶总督,爵位一等肃毅伯。代表清政府签订《马关条约》《辛丑条约》等不平等条约。其著述被整理为《李文忠公全集》。

【李焕章】

李焕章,生平不详。1923年京汉铁路总工会郑州分会秘书主任。

李璜(1895—1991)

【李璜】

李璜(1895—1991),字幼椿,号学钝、八千。四川成都人。近现代学者,政治活动家,中国青年党创始人之一。1916年毕业于上海震旦学院。1919年参加少年中国学会,后留学法国。1923年12月与曾琦等建立中国青年党。1924

年10月与曾琦、左舜生等人在上海创办《醒狮》周报，故中国青年党亦称"醒狮派"，反对苏俄，反对中国共产党。先后任教于武昌大学、北京大学、成都大学等。著有《学钝室回忆录》等。

李季（1892—1967）

【李季】

李季（1892—1967），名原博、卓之，字懋猷，号协梦、移山郎、季子等。湖南平江人。马克思主义在中国早期传播者，中共早期组织成员，翻译家。1918年毕业于北京大学英文系。1920年参加北京大学马克思学说研究会。同年秋在上海加入中共上海早期组织，开始从事社会主义、马克思主义经典的翻译工作，翻译的《社会主义史》《社会主义之思潮及运动》对马克思主义在中国早期传播产生巨大作用，影响了毛泽东等一批革命青年由激进民主主义者转变成马克思主义者。曾留学德国、苏联。后长期从事教学、翻译工作。翻译有《价值、价格及利润》《通俗资本论》等，著有《我的生平》《中国社会史论战批判》《马克思传》（上中下）等。

李济深（1885—1959）

【李济深】

李济深（1885—1959），字任潮。广西苍梧人。民主革命家，爱国主义者，国民党革命委员会的创始人之一。历任国民革命军第四军军长、国民革命军总司令部参谋长、广东省政府主席等职。1948年任国民党革命委员会主席。中华人民共和国成立后，历任中华人民共和国中央人民政府副主席、全国人民代表大会常务委员会副委员长、中国人民政治协商会议全国委员会副主席等职。著有《李济深自述》等。

李继桢（1897—1956）

【李继桢】

李继桢（1897—1956），又名记今。湖南绥宁人。毛泽东同学。近现代爱国主义者，教师。国立西北大学文史系毕业。

曾任西北军军部秘书，为冯玉祥创办《陆海空军日报》。1926年与夏丏尊合译《社会主义与进化论》，由商务印书馆出版。1931年回到湖南，在长沙、常德等地中学担任语文和数学教员。中华人民共和国成立后，历任湖南省文物管理委员会委员、湖南省人民政府参事等职。著有《无机斋读书记》（2卷）等。

李嘉图（1772—1823）

【李嘉图】

即大卫·李嘉图（David Ricardo，1772—1823），中译名有"笛维德·李嘉图""哩喀德""黎加多""黎加托""黎加託""李加德""李加图""李嘉德""李卡多""李楷图氏""里加得氏""里加德""里卡德""里卡忒""理嘉图""立卡度""利加度""利喀多""利卡""利卡多"等。生于英国伦敦。英国经济学家，资产阶级古典政治经济学最著名的代表人物。著有《政治经济学及赋税原理》等，其著述被翻译整理为《李嘉图著作和通信集》在国内出版。

李景林（1885—1931）

【李景林】

李景林（1885—1931），字芳宸、芳苓，号广古川。直隶（今河北）枣强人。民国时期军事将领。1907年毕业于保定陆军军官学校。1924年直奉战争中任军长，后任直隶军务督办，兼任直隶省长。1930年为山东国术馆创始人。

李可夫（1881—1938）

【李可夫】

即阿列克谢·伊万诺维奇·李可夫（Алексей Иванович Рыков，1881—1938），中译名有"李查诺夫""李果夫""李墨夫""里谷夫"等。生于俄国萨拉托夫。苏联政治活动家。1899年加入俄国社会民主工党。十月革命后，历任内务人民委员、最高国民经济委员会主席、苏共中央政治局委员、人民委员会主席等职。

【李劳工】

李劳工（1901—1925），原名克家。广东海丰人。广东地区农民运动家。跟随彭湃从事农民运动，任广东省农会执行委员、农业部负责人，后任东征军驻海陆丰后方办事处主任、海丰县农民自卫军大队长。1925 年就义于海丰田墘。

李立三（1899—1967）

【李立三】

李立三（1899—1967），原名隆郅，名凤。曾用名、笔名李能至、李成、柏山、李明、李敏然、唯真等。湖南醴县人。无产阶级革命家，中国共产党早期领导人之一，工人运动领袖之一。历任中共中央政治局常委兼秘书长、宣传部部长、全国人民防空委员会秘书长、全国总工会副主席等职。早年在长沙读中学。1919 年 12 月抵达法国勤工俭学。1921 年 12 月在上海加入中国共产党，从事工人运动，曾任安源路矿工人俱乐部主任，与刘少奇等领导安源路矿工人大罢工。1925 年 6 月 1 日任上海总工会委员长。1926 年 9 月抵达汉口，担任全国总工会汉口办事处主任。1927 年领导收回汉口英租界斗争，同年 8 月参加领导八一南昌起义。后历任湖北省总工会执行委员、中共湖北省总工会党团书记、全国总工会代理委员长、中共五届政治局委员等职。20 世纪 30 年代一度实际领导中国共产党，1930 年 9 月被免去中共中央政治局常委，离开中央领导岗位，在苏联滞留 15 年。1946 年回国。中华人民共和国成立后，长期担任中央劳动部部长、第四届全国政协常委等职。翻译《国家与革命》等大量俄文马克思列宁主义著作，其中 1948 年翻译出版我国第一部俄文版《毛泽东选集》。著有《劳动常识》《李立三赖若愚论工会》等。

李烈钧（1882—1946）

【李烈钧】

李烈钧（1882—1946），原名烈训，字协和，号侠黄。江西武宁人。近现代政治人物，军事家。1907 年加入中国同盟会。1912 年任江西都督。1913 年 7 月在江西湖口宣布独立，发动讨伐袁世凯的二次革命。大革命时期，任国民党中央执行委员会委员、江西省政府主席、南京国民政府常务委员兼军事委员会常务委员等职。著有《孙大元帅戡乱记》《李烈钧将军自传》《李烈钧言论集》等，其著述被整理为《烈火千钧任平生：李烈钧文集》。

【李梅羹】

李梅羹（1901—1934），原名李兴炽，又名李弥耕，曾用名鼎和、默耕。笔名墨耕、梅耕、赤心等。湖南浏阳人。中国共产党早期党员，马克思主义早期传播者，媒体人。1918年秋考入国立北京医学专门学校，后转入北京大学德文系学习。1919年参加五四运动。1920年3月参加北京大学马克思学说研究会，学习马克思主义，促使其思想发生质的变化。翻译德文版《共产党宣言》《资本论》（第一卷）等。同年11月出席北京社会主义青年团成立大会，成为北京首批团员，随后参加《先驱》编辑工作。1921年8月至1922年7月参加中共北京地委的领导工作，任财务委员。1922年1月翻译季诺维也夫的《国际劳动运动中之重要时事问题》，由人民出版社以"康民尼斯特丛书第三种"出版。1922年2月翻译的列宁著作《劳农政府之成功与困难》（今译《苏维埃政权的成就和困难》）由人民出版社以"列宁全书第五种"出版。1923年5月参与《京汉铁路流血记》的编辑工作。6月中共北京区委成立后，曾任区委秘书兼区委党报《工人周刊》外文秘书、编委，还兼任《劳动通讯社》编辑。他还是长辛店劳动补习学校的筹办人之一，并任该校教员。曾参加中国劳动组合书记部北方分部的工作，参与组织长辛店、唐山等地的工人运动工作。1925年受中共北方区委的派遣，赴苏联莫斯科东方劳动者共产主义大学学习，同时从事翻译工作。1926年回国后，在上海任中共中央宣传部翻译室主任。1928年6月参加中国共产党第六次全国代表大会，任大会德文翻译组组长。1934年8月12日病逝。

李梅羹（1901—1934）

【李培天】

李培天(1895—1975),字子厚。云南宾川人。现代政治人物。毕业于日本明治大学政治经济科。回国后翻译、出版日本河上肇的《近世经济思想史论》,对马克思主义政治经济学在中国的传播起到一定作用,《中国青年》《民国日报》副刊《觉悟》和文化书社推荐此书。历任国立北京法政专门学校教务长、云南澄江县知事、国民政府蒙藏委员会常务委员、云南省政府委员兼民政厅厅长等职。1948年在香港参加了国民党革命委员会。中华人民共和国成立后,任民革中央财经委员会主委兼云南民革筹备委员会召集人。1975年逝世于台湾。

李普曼(1889—1974)

【李培学】

李培学,生平不详。道清铁路工会负责人。

【李普曼】

即沃尔特·李普曼(Walter Lippmann,1889—1974),中译名有"李布猛""利布曼"等。生于美国纽约。美国作家,政论家。著有《舆论学》等。

李启汉(1898—1927)

【李启汉】

李启汉(1898—1927),原名李森,又名志生,字仙槎。湖南江华人。中国共产党早期领导人。上海社会主义青年团最早的团员之一,香港海员大罢工、省港大罢工领导人。1921年中国劳动组合书记部成立后,负责主编《劳动周刊》。1925年1月22日中国共产党中央职工运动委员会成立,任委员长,5月当选为中华全国总工会执行委员兼组织部部长。1927年4月22日被国民党广州当局杀害。曾在《工人之路》上发表了《世界革命的潮信到了》《帝国主义的阴谋》《工商携手》《代表大会的精神》等文章,宣传无产阶级工人运动的理论。

李求实（1903—1931）

【李求实】

李求实（1903—1931），原名李国玮（亦作国伟），字北平。笔名伟森、求实、卓如、南平等。湖北武昌人。中国共产党早期党员，媒体人。1917年考入武昌高等商业专科学校，积极投入新文化运动，参加恽代英创建的互助社。1919年投身五四爱国运动。1920年春参加利群书社，9月随恽代英到安徽宣城第四师范学院就读。1921年7月在湖北黄冈参加具有无产阶级政党性质的共存社团体。1922年7月加入中国社会主义青年团，同月入党，改名李求实。1923年参加京汉铁路大罢工，同年在中国社会主义青年团第二次代表大会上，当选为团中央候补委员，年底参加《中国青年》任编辑。1924年仲夏到莫斯科东方劳动者共产主义大学学习，任中国班党支部委员兼团支部书记。1925年回国投入五卅运动。大革命时期，在《中国青年》《新建设》、上海《民国日报》副刊《觉悟》《少年先锋》《东方杂志》等报刊发表《十月革命的礼物》《我们的功罪——斥醒狮派诸领袖》《"反文化侵略运动"释疑》等文章，宣传马克思主义和国民革命，引导进步青年投入反帝反封建的革命斗争中去。其著述被整理为《李求实文集》。

李石曾（1881—1973）

【李石曾】

李石曾（1881—1973），原名煜瀛，字石曾，以字行。笔名真民、真、石僧，晚年号扩武。直隶（今河北）高阳人。早期无政府主义者，社会教育家。早年入巴黎大学，组织华法教育会、勤工俭学会。1907年与张静江、吴稚晖等成立新世纪社，发行《新世纪》，宣传无政府主义。1920年创办中法大学。历任总统府资政、国民党中央评议委员等职。著有《石僧笔记》，遗稿有《扩武自述》《石僧随笔》等。

【李书渠】

李书渠（1901—1976），字伯刚。湖北天门人。中国共产党早期党员。五四运动中代表勺庭中学出席武汉学生联合会

李书渠（1901—1976）

成立大会，主编《学生周刊》。1920年参加利群书社，主持书社营业工作。1921年7月加入具有无产阶级政党性质的团体共存社。同年秋由包惠僧介绍加入中国共产党，参加中国劳动组合书记部武汉分部工作，与陈潭秋等人在武昌徐家棚开办粤汉铁路工人补习学校、职工子弟学校和平民夜校。翌年春任粤汉铁路工人俱乐部秘书。历任中共武汉地委兼区委宣传委员，武汉工团联合会教育主任等职。编辑《武汉星期评论》。1923年2月参加京汉铁路工人大罢工。二七惨案发生后，遭军阀通缉，调往江西任安源路矿工人俱乐部教育部主任。1924年脱党。1926年10月从京返汉，在湖北省政务委员会教育科工作。1927年春任国民革命军独立第十四师政治部代理主任。1947年在汉重新加入中国共产党。中华人民共和国成立后，任中共武汉市委统战部副部长。遗稿有《自述》。

李斯特（1789—1846）

【李斯特】

即弗里德里希·李斯特（Friedrich List，1789—1846），中译名有"菲力特力·李士特""弗黍德里李士德""李师""里斯德氏""里斯忒""利司特"等。生于德国罗伊特林根。德国资产阶级庸俗经济学家，保护关税政策的维护者。著有《美国政治经济学大纲》《政治经济学的自然体系》《政治经济学的国民体系》等。

李泰国（1832—1898）

【李泰国】

李泰国（Horatio Nelson Lay，1832—1898），中译名有"黎民"等。生于英国肯特郡。中国海关第一任总税务司。

李提摩太（1845—1919）

【李提摩太】

本名蒂莫西·理查德（Timothy Richard，1845—1919），字菩岳，因中文名"李提摩太"而闻名。生于英国威尔士卡马森郡。英国传教士，教育家。1870年12月来华，1916年5月回国。在华45年主要从事传教、教育、著述、办报刊和社会服务等。被公认为有史以来在中国生活过的最有影响力的西方人士之一。参与晚清的变法，致力于中西文化交流，其翻译的《百年一觉》产生很大影响。1899年与蔡尔康合作翻译的《大同学》，是公认的"马克思"这一中文译名首次出现的作品。他还将《西游记》的一部分译成英文。1902年代表英国政府创办山西大学，这是中国最早的三所现代大学之一。著有《亲历晚清四十五年》等。

李维诺夫（1876—1951）

【李维诺夫】

即马克西姆·马克西莫维奇·李维诺夫（Максим Максимович Литвинов，1876—1951），中译名有"李德维诺夫""立特温诺夫""利脱伊诺夫"等。生于俄国比亚韦斯托克（今属波兰）。苏联革命家，外交官。1898年加入俄国社会民主工党。1900年任该党基辅委员会委员。狱中参加火星派，1902年8月越狱逃往国外。作为《火星报》成员，曾负责向国内运送《火星报》的工作。是俄国革命社会民主党人国外同盟的领导成员，出席该同盟第二次代表大会。1903年俄国社会民主工党第二次代表大会后，成为布尔什维克成员。1905年参加布尔什维克第一份合法报纸《新生活报》的出版工作。1908年起任布尔什维克伦敦小组书记。1914年6月起为俄国社会民主工党中央委员会驻社会党国际局的代表。十月革命后历任苏联外交部部长、驻美大使等职。

李慰农（1895—1925）

【李慰农】

李慰农（1895—1925），原名李尔珍，又名李味农，化名锄斧、王伦。安徽巢县人。中国共产党早期党员，中国早期工人运动领袖之一。1919年秋赴法勤工俭学。1922年6月参加旅欧中国少年共产党，后转为中国共产党党员。1923年底从法国转往苏联，进入莫斯科东方劳动者共产主义大学深造，参加中共旅莫支部活动。1925年从苏联回国被分配到山东工作，领导青岛工人运动。同年7月29日，在青

岛牺牲，是在青岛为革命献身的第一位共产党人。1927年由新青年社出版的郑超麟译、布哈林著的《农民问题》，在扉页中写着"贡献这个译本给我的成仁的同志李慰农——译者"，以纪念其牺牲。

李沃夫（1861—1925）

【李沃夫】

即格奥尔基·叶夫根尼耶维奇·李沃夫（Георгий Евгеньевич Львов，1861—1925），中译名有"尔伏夫""尔伏扶""勒窝夫""黎沃夫""利沃夫""礼华夫""李哦夫""留阿夫""留渥夫""沃夫"等。生于德国德累斯顿。俄国公爵，政治家，大地主，地方自治人士，俄国立宪民主党人。1917年任俄国资产阶级临时政府首任总理。十月革命后逃往法国。

李燮和（1873—1927）

【李燮和】

李燮和（1873—1927），名柱中，字燮和，号铁仙，别号代钧。湖南安化人。民国时期政治人物，民主革命家。1906年先后加入光复会、中国同盟会，为光复会元老、光复军北伐总司令。1915年加入"筹安会"。袁世凯逝世后，退出政坛。

李彦青（1886—1924）

【李彦青】

李彦青（1886—1924），山东临邑人。曹锟的亲信。北洋直系官员。曾任总统府庶务长、北京管钱局督办。1924年被冯玉祥处死。

李震瀛（1900—1937）

【李震瀛】

李震瀛（1900—1937），又名李宝森、李泊之，化名震因、振因、二八。直隶天津人。中国共产党早期党员。1919年参加五四运动，任天津学生联合会干事，不久参加觉悟社和《觉悟》杂志，以及北京大学马克思学说研究会。1921年7月加入中国共产党，担任中国劳动组合书记部干事、《劳动周刊》编辑。1922年7月参加中国共产党第二次全国代表大会。1923年2月1日参与主持在郑州召开的京汉铁路总工会成立大会,担任京汉铁路总工会秘书长。二七惨案遭到通缉,被派到中共北方区从事工人运动。1926年9月至1927年春,参加组织领导上海三次工人武装起义,担任第一次武装起义的总指挥。1927年4月下旬到武汉参加中国共产党第五次全国代表大会,当选候补中央委员。大革命失败后,历任中共山东省委常委兼职工运动委员会书记、中共全国总工会成员、中共长江局委员兼中共湖北总工会书记、中共江苏省委第二书记等职。1937年病逝。

【李征五】

李征五(1875—1933)

李征五(1875—1933),名厚禧,字征五。浙江宁波人。近代企业家,社会活动家。世代经商,早年兴办实业,历任宁波旅沪同乡会理事长、上海《商报》总经理、上海总商会会长等职。长期支持革命事业。武昌起义后,被推为上海光复军统领。后参与二次革命,反对袁世凯称帝。与孙中山、蒋介石交好,资助国民革命。

【李之龙】

李之龙(1897—1928)

李之龙(1897—1928),字在田,号赤显。湖北沔阳(今仙桃市)人。中国共产党早期党员,国民革命军海军中将。早年毕业于武昌外国语专门学校。1915年考入烟台海军军官学校。1919年参加五四运动。1921年12月加入中国共产党,曾任中共汉口地委执行委员。1924年入黄埔军校第一期。毕业后留校,发起中国青年军人联合会。1925年代理海军局局长(中将衔)。1926年3月,蒋介石制造中山舰事件,将其关押3月余。关押期间,于1926年5月18日在《广州民国日报》上刊登《李之龙启事》,内称:"兹为避开纠纷,便利工作起见,特郑重声明退出中国共产党及一切与之龙有关系的社会团体,以单纯的国民党资格,受吾师蒋介石先生之指导,以谋三民主义之实现。"6月获释,参加北伐抵达武汉,任中央俱乐部(今汉口民众乐园)主任。蒋介石发动四一二反革命政变后，发表《"三二〇"反革命真相》加以声讨。1928年2月因策动广州海军起义被捕，于2月8日遇害。著有《实践健身术》等。

【李中】

李中（1897—1951）

李中（1897—1951），原名声澣，字印霞。湖南湘乡人。中国共产党早期工人党员。1913年入湖南省立第一师范学校，参加毛泽东组织的湖南省立第一师范学校的学友会。1920年在上海江南造船厂做工。同年11月组织成立第一个无产阶级工会组织——上海机器工会，起草《机器工会章程》，孙中山、陈独秀、李汉俊等人到会祝贺。1920年秋加入上海社会主义青年团、中共上海早期组织。在中国劳动组合书记部机关报《劳动界》发表《一个工人的宣言》。1921年转为正式党员。积极参加工人运动。四一二反革命政变时被捕，经各方营救后获释，脱离中国共产党。后返乡从事教育工作。

【李中来】

李中来，生卒不详。陕西人。1900年5月率义和团占据涿州，同年8月率众在天津北仓抗击八国联军。

【李仲武】

李仲武（1899—1938）

李仲武（1899—1938），原名李继忠，又名李宗武。贵州贵筑（今贵阳）人。中国共产党早期党员。1917年入北京俄文专修馆。1920年10月受其姑父梁启超主编的《晨报》派遣，与瞿秋白、俞颂华作为特派记者赴苏俄，传回大量苏俄报道，促进了中国人民了解真实的苏俄。1921年9月兼任莫斯科东方劳动者共产主义大学中国班翻译，不久后转任学员。1922年12月加入中国共产党。1924年8月回国任共产国际、苏联顾问团翻译。1932年受聘于国立北平大学法学院俄文系，讲授《社会学》。大革命失败后，脱离中国共产党。1937年全面抗日战争爆发后，任苏联援华志愿者航空队的俄文翻译。1938年3月因飞机失事遇难。

【李众华】

李众华，生卒年、籍贯不详。东南大学学生。1925年东南大学"三九事件"后，曾与朱少逸等13人致信曾琦，责问其立场。

【李准】

李准（1871—1936）

李准（1871—1936），原名继武，亦名木，字直绳、志莱，号恒斋、默斋，别号任庵、平叔。四川邻水人。晚清维护南海诸岛主权最得力的海军高级将领。历任候补道员、总兵、广东水师提督等职。镇压洪全福起义、钦廉起义、黄花岗起义。曾被革命党人温生才、刘思复、陈敬岳等多次暗杀未果。在广东水师提督任内，先后率舰巡查东沙群岛和西沙群岛。著有《广东水师国防要塞图说》，至今仍是用以证明我国对东沙、西沙等海岛主权的重要文献。史料笔记有《任庵自编年谱》等。

【李宗仁】

李宗仁（1891—1969）

李宗仁（1891—1969），字德邻。广西桂林人。民国时期高级将领，新桂系首领。历任国民党第二届中央监察委员会候补委员、国民政府军事委员会委员、国民革命军第七军军长等职。率部参加北伐战争，屡立战功。1948年任中华民国副总统。1949年任中华民国代总统。1965年从海外归国。据其口述整理出《李宗仁回忆录》（上下册）。

【里博】

里博（1839—1916）

即泰奥杜尔·阿尔芒·里博（Théodule-Armand Ribot，1839—1916），中译名有"黎波"等。生于法国甘冈。法国科学心理学的创始人。提出了著名的"里博定律"。曾任索邦大学、巴黎大学教授。1875年创办《哲学评论》杂志。著有《心理学的遗传》《情感心理学问题》等。

里彻（1824—1911）

【里彻】

即莱昂·里彻（Léon Richer，1824—1911），中译名有"理查尔""列翁·利谢"等。生于法国奥恩。法国自由思想家，记者，女权主义者。1869年创办《妇女权利》杂志。1881年任共济会成员。1882年与玛利亚·德莱斯梅创建法国妇女权利同盟，被誉为"法国女权主义的真正创始人"。著有《离婚》《妇女法典》等。

里德（1710—1796）

【里德】

即托马斯·里德（Thomas Reid，1710—1796），中译名有"黎德"等。生于苏格兰金卡丁郡。苏格兰启蒙哲学家，苏格兰常识学派创始人。1752年任阿伯丁国王学院教授。1764年后任格拉斯哥大学教授。著有《常识原理对人类心灵的探究》《人类智力论文集》《人类能动性论文集》等。

【里德】

即约翰·里德（John Reed，1887—1920），中译名有"李德""里特"等。生于美国俄勒冈州。美国记者，作家，美国社会主义劳动工党创始人。1910年从哈佛大学毕业后，进入新闻界。1917年作为随军记者去苏俄采访，撰写著名的《震撼世界的十天》，蜚声中外。列宁为该书新版作序，称赞："我以极大的兴趣全神贯注地读完了约翰·里德的《震撼世界的十天》一书，由衷地把这部著作推荐给各国工人。我希望这本书能发行千百万册，译成各种文字，因为它真实地、异常生动地记述了那些对于理解什么是无产阶级革命、什么是无产阶级专政具有重要意义的事件。"著有《东欧的战争》《墨西哥起义》等。

里德（1887—1920）

里夫斯（1857—1932）

【里夫斯】

即威廉·彭伯·里夫斯（William Pember Reeves，1857—1932），中译名有"里维斯""立夫司"等。生于新西兰利特尔顿。新西兰政治家，历史学家，诗人。1892—

1896年任新西兰劳工部部长。1896—1905年任新西兰驻伦敦总代表。著有《工业调解和仲裁法》《新西兰的历史》等。

里塞尔（1853—1932）

【里塞尔】

即雅科布·里塞尔（Jacob Riesser，1853—1932），中译名有"黎塞""李萨氏""里斯"等。生于德国法兰克福。德国经济学家，银行家。1905年起出版《银行文汇》杂志，发表为帝国主义和金融资本辩护的著述。著有《战争的财务准备和进行》等。

里希特（1838—1906）

【里希特】

即欧根·里希特（Eugen Richter，1838—1906），中译名有"李希特""李希特尔""利嘻拉陆""利许它""威根理虚特""乌里慈德"等。生于德国杜塞尔多夫。德国自由思想党领袖之一，记者。1869年进入普鲁士议会。德意志帝国建立后，在帝国议会中与中央党领袖温特霍斯特一起反对俾斯麦的内政、财政和经济政策。作为自由主义的代言人，反对国家干涉经济和社会福利制度，赞成合作自助和放任主义，反对扩军。著有《德国进步党和国家自由党》《政治ABC书籍》等。

【里希特】

即海因里希·莫里兹·卡尔·里希特（Heinrich Moriz Karl Richter，1841—1923），中译名有"李齐德""李希特尔"等。生于奥匈帝国布拉格（今属捷克）。奥地利历史学家，政论家，自由党人。1866年任维也纳贸易学院教授。著有《启蒙时代的片段》等。

里亚布申斯基（1871—1924）

【里亚布申斯基】

即帕维尔·巴甫洛维奇·里亚布申斯基（Павел Павлович Рябушинский，1871—1924），中译名有"利亚步新斯奇"

等。生于俄国莫斯科。俄国莫斯科大银行家，企业主。1917 年为科尔尼洛夫叛乱的策划者和领导人。曾积极参与创建资产阶级的进步党，出版反映大资产阶级利益的《俄国晨报》。

【理查森】

理查森（1828—1896）

即本杰明·沃德·理查森（Benjamin Ward Richardson，1828—1896），中译名有"李者逊""理查德森"等。生于英国莱斯特郡。职业医生。英国生理学家，卫生学家，医学史作家。著有《现代生活的疾病》等。

【利奥波德】

利奥波德（1846—1930）

即利奥波德·马克西米利安·约瑟夫·玛利亚·阿努尔夫（Leopold Maximilian Joseph Maria Arnulf，1846—1930），中译名有"勒禾波尔公""勒禾波耳公"等。生于德国慕尼黑。德国陆军元帅，巴伐利亚亲王。

【利奥十三】

利奥十三（1810—1903）

利奥十三（Leo XIII，1810—1903），原名卓阿基诺·文钦佐·佩奇（Gi-acchino Vinconzo Pecci），中译名有"路易十三"等。生于意大利罗马省。罗马第 256 任教皇。撰写许多关于社会和政治问题的教皇通谕。1891 年发表《新事物通谕》（又称《劳工通谕》），攻击社会主义的"谬误"，但也谴责资本主义社会少数人对多数人财产的剥夺和对财富的乱用，并对广大劳工阶层的贫困表示同情。

【利夫曼】

利夫曼（1874—1941）

即罗伯特·利夫曼（Robert Liefmann，1874—1941），中译名有"列夫孟"等。生于德国汉堡。德国经济学家。1904 年任德国弗赖堡大学教授。著有经济与社会问题的著作，为资本主义制度辩护。著有《卡特尔、公司和信托》等。

利利娜（1882—1929）

【利利娜】

即兹拉塔·约诺夫娜·利利娜（Злата Ионовна Лилина，1882—1929），女。笔名吉娜·列维娜。中译名有"利林娜""莲尼拉""列尼拉"等。生于俄国维尔纳省。格·叶·季诺维也夫的妻子。苏联政治活动家。曾任俄罗斯联邦国家出版社负责人。1902年加入俄国社会民主工党。1908年侨居国外，为《明星报》《真理报》《女工》杂志撰稿。曾任布尔什维克伯尔尼支部书记。十月革命后回国，积极参与妇女无产阶级运动和教育工作，曾在人民教育委员会工作。著有《劳动学校的红历》《列宁的教学方法》等。

【利林塔尔】

即梅塔·斯特恩·利林塔尔（Meta Stern Lilienthal，1875—1948），女。笔名Hebe。中译名有"李莲塔尔"等。生于美国纽约。德裔美国政治活动家，社会主义者，女权主义者，作家，编辑。1927年在美国组织普莱恩菲尔德世界友谊委员会。历任《纽约人民日报》副主编、《人民日报》（德语版）妇女版编辑。著作《将来之妇女》曾于1926年被译成中文由上海书店出版。译著有倍倍尔的经典著作《妇女与社会主义》。

【利维】

即赫尔曼·利维（Hermann Levy，1881—1949），笔名林特。中译名有"莱维""列飞教授"等。生于德国柏林。德国经济学家。曾任海德堡大学和柏林高等技术学校教授。著有《全球经济的基本面》《英国经济史上经济自由主义的基础》等。

利文斯通（1813—1873）

【利文斯通】

即戴维·利文斯通（David Livingstone，1813—1873），中译名有"李文司顿""利嘻加司托""温哥斯顿"等。生于苏格兰南拉纳克郡。苏格兰探险家，传教士。莫西奥图尼亚瀑布（维多利亚瀑布）的发现者。著有《剑桥讲座》等。

【连年坎普夫】

连年坎普夫（1854—1918）

即帕维尔·卡尔洛维奇·连年坎普夫（Павел Карлович Ренненкампф，1854—1918），中译名有"连宁坎普夫""林内康普""伦嫩埃普夫"等。生于俄国爱沙尼亚省。沙俄将军。1900—1901年在中国残酷镇压义和团起义。后参加日俄战争和第一次世界大战。1918年被苏俄政府处决。

【梁冰弦】

梁冰弦（约1890—1962），笔名两极、海隅孤客。广东南海（今属佛山市）人。无政府主义者，编辑。辛亥革命时期曾加入中国同盟会。后受刘师复影响，成为无政府主义团体晦鸣学社的活跃分子。辛亥革命后，在新加坡主编《正声》杂志，并翻译《世界工会》等一系列刊物。1918年回沪，创办大同书局，及《劳动》月刊，鼓吹劳工运动。1919年在漳州创办《闽星》半周刊，宣传无政府主义。1920年在广州创办《劳动者》《闽星日刊》。在打造"闽南的俄罗斯"的旗帜下，宣传无政府主义、社会主义以及俄国十月革命和马克思主义的基本观点。发表的《俄罗斯社会革命之先锋李宁史略》是我国最早宣传列宁生平的资料之一。1925年与郑佩刚一起创办出版合作社，编辑出版《吴稚晖学术论著》。1931年编辑出版《晦鸣周报》。1949年移居香港。著有《解放别录》等。

【梁启超】

梁启超（1873—1929）

梁启超（1873—1929），字卓如，号任公、又号饮冰室主人。广东新会人。近现代著名思想家，哲学家，政治活动家。1889年中举。1895年协助康有为发动"公车上书"，要求清政府变法。第二年在上海创办《时务报》。1898年与康有为等发动戊戌变法，世以"康梁"并称。变法失败后逃亡日本，创办《清议报》《新民丛报》，创建广智书局。主张君主立宪，与资产阶级革命派就中国建设什么样的政治制度展开论战。1915年袁世凯称帝，策动"护国军"反袁。他是最早引介马克思主义的中国人之一。1902年在《新民丛报》称赞"麦喀士"（今译马克思）是"社会主义之泰斗"。在《中国之社会主义》等文中引介马克思主义唯物史观和经济理论，并站在个人角度运用社会主义理论和马克思主义理论分析中国历史与社会。1920年在关于社会主义大讨论时，主张在中国实行基尔特社会主义，反对用革命的手段改造中国社会，反对走科学社会主义道路，这场论争促进马克思主义在中国进一步广泛传播。1925年任清华研究院教授。一生著述弘博，涉及史学、哲学、政治学、经济学、宗教（尤其佛学）、语言学、西学、国学、地理学及自然科学等。其著述被整理为《梁启超全集》（20集）。

梁士诒（1869—1933）

【梁士诒】

梁士诒（1869—1933），字翼夫，号燕孙。广东三水人。近代政治人物。1894年考中清光绪进士，授翰林院编修。辛亥革命后历任袁世凯总统府秘书长、交通银行总理、财政部次长、北京政府国务总理等职务，旧交通系首领。著有《外人实行以经济亡我之危机》等文。

梁漱溟（1893—1988）

【梁漱溟】

梁漱溟（1893—1988），原名焕鼎，字寿铭。笔名寿名、瘦民、漱溟。祖籍广西桂林，生于北京。蒙古族。近现代著名学者，思想家，教育家，社会活动家，爱国民主人士。1912年任京津同盟会刊物《民国报》编辑、记者，开始以"漱溟"为笔名发表文章。1913年初读幸德秋水的《社会主义之神髓》，年末写出《社会主义粹言》。1916年执教北京大学，1918年发起组织哲学研究会。1920年10月由北京财政部印刷局出版《东西文化及其哲学》。1923年同张君劢等组成人生派（玄学派），与胡适等科学派展开"科学与人生观"的论战。陈独秀评论这场论战，批驳人生派的唯心主义基本观点，肯定科学派有一定的进步意义，但指出这两派都是从唯心主义论述科学与人生，是"五十步笑百步"，同样陷入唯心史观泥淖。其著述被整理为《梁漱溟全集》（8册）。

梁赞诺夫（1870—1938）

【梁赞诺夫】

即达维德·鲍里索维奇·梁赞诺夫（Давид Борисович Рязанов，1870—1938），笔名阿尔佛雷德、鲍里索夫、布克沃德、伊万诺夫、马尔可夫、N.R.等。中译名有"赖善诺夫""耶赞诺夫"等。生于俄国敖德萨（今属乌克兰）。苏联革命家，马克思主义理论家，翻译家。1901年起为《火星报》《前进报》撰稿。1917年十月革命前加入布尔什维克党。1921年任苏联马克思恩格斯研究院第一任院长，被称为在研究马克思恩格斯遗产方面最渊博、最权威的专家之一。他主导了对马克思和恩格斯著作的首次大规模编辑与出版工作。列宁曾评价梁赞诺夫"在学术上是极有价值的，但他那种'非党性'的立场是完全不能容忍的"。在保护马克思恩格斯的遗产方面作出贡献。著有《马克思与恩格斯》等。

廖仲恺（1878—1925）

【廖仲恺】

廖仲恺（1878—1925），原名恩煦，又名夷白。祖籍广东惠阳（今惠州），生于美国旧金山。近代民主革命家，国民党左派领袖。早年留学日本，毕业于日本中央大学政治经济学科。其间在胡汉民堂弟胡毅生的介绍下，结识孙中山。1905年加入中国同盟会。1906年在《民报》发表《社会主义史大纲》《无政府主义与社会主义》等文章介绍社会主义、马克思主义。1917年随孙中山参加护法运动，并发表文章赞扬十月革命。长期与孙中山一起从事革命活动，是孙中山改组国民党、实行国共合作的积极参与者和忠实支持者。译著有《全民政治》等。其著述被整理为《廖仲恺集》。

列宾(1844—1930)

【列宾】

即伊里亚·叶菲莫维奇·列宾(Илья Ефимович Репин,1844—1930),中译名有"联萍"等。生于俄国丘古耶夫省(今属乌克兰)。俄国画家。19世纪后期批判现实主义的画家之一。代表作有《伏尔加河上的纤夫》等。

列德莱(1884—1970)

【列德莱】

即哈利·惠灵顿·列德莱(Harry Wellington Laidler,1884—1970),生于美国纽约。美国社会主义作家,政治家,编辑。1903年加入美国社会党。1914年毕业于哥伦比亚大学。历任美国工业民主联盟的执行董事、校际社会主义社团秘书、《社会主义评论》编辑等职。著有《社会主义之思潮及运动》,该书1923年被翻译成中文出版,对马克思列宁主义在中国早期传播起到积极作用。

列尔(1868—1958)

【列尔】

即约瑟夫·埃尔默·列尔(Joseph Elmer Lehr,1868—1958),中译名有"勒尔"等。生于美国密歇根州。美国律师,政治家。毕业于伊利诺伊大学,1909—1912年任美国威斯康星州参议院议员。

列宁(1870—1924)

【列宁】

即弗拉基米尔·伊里奇·乌里扬诺夫(Владимир Ильич Ульянов,1870—1924),原姓乌里扬诺夫,列宁是他参加革命后的笔名,中译名有"兰宁""蓝丁""蓝宁""雷力恩""雷林""雷宁""黎雷氏""黎里尼氏""黎林""黎林尼""黎凌""黎宁""李雷""李林""李年""李宁""里林""里林氏""里宁""利宁氏""律银""冽宁""烈宁""烈银""林莲氏""尼哥拉斯烈银""乌拉地弥尔""乌里诺夫""伊利奇""依里其""意利起""意林"等。生于俄国辛比尔斯克(今乌里扬诺夫斯克)。伟大的马克思主义者,全世界无产阶级和被压迫民族的伟大导师和领袖,列

宁主义的缔造者，苏联共产党的创始人，苏维埃社会主义共和国联盟的主要缔造者，苏联人民委员会主席。作为共产国际和苏联共产党的领袖，直接参与指导中国革命。其东方革命理论是新民主主义理论体系的直接思想来源，1924年1月21日病逝。其著述被翻译整理为《列宁全集》《列宁专题文集》《列宁选集》等在国内出版。

【列诺得尔】

列诺得尔（1871—1935）

即皮埃尔·列诺得尔（Pierre Renaudel，1871—1935），中译名有"莱纳特尔""莱诺藉里""莱诺脱尔""雷劳特尔""雷老德尔""雷诺忒尔""列诺得利"等。生于法国滨海塞纳省。法国政治家，新闻工作者，记者，法国社会党右翼领导人之一。1899年参加社会主义运动。1906—1915年任《人道报》编辑。1914—1919年和1924—1935年为法国众议员。第一次世界大战期间成为社会沙文主义者。反对法国社会党参加共产国际，主张社会党人参加资产阶级政府。1927年辞去法国社会党领导职务。1933年被开除出党。著有《伯尔尼国际：既成事实与文件》等。

【林伯渠】

林伯渠（1886—1960）

林伯渠（1886—1960），原名林祖涵，字邃园，号伯渠，以号行。湖南安福（今临澧县）人。伟大的马克思主义者，无产阶级革命家，教育家。早年入常德西路师范就读。1904年春公费留学日本东京弘文学校，次年加入中国同盟会。1906年回国后，参加反对清朝的革命活动。民国初期，参加讨袁护国、护法战役等革命斗争，任孙中山大元帅府参议。1920年与堂兄林修梅在广州创办《革新评论》，传播共产主义思想。同年底经陈独秀、李大钊介绍参加中共上海早期组织。在大革命时期积极推动第一次国共合作，历任国民党中央执行委员会常务委员、农民部部长、国民政府军委会秘书长、国民革命军第六军党代表兼政治部主任等职。1927年参加八一南昌起义。起义失败后，受党中央派遣,去莫斯科中山大学学习。抗日战争时期曾任陕甘宁边区政府主席。其著述被整理为《林伯渠文集》。

林德哈根(1860—1946)

【林德哈根】

即卡尔·阿尔伯特·林德哈根(Carl Albert Lindhagen,1860—1946),中译名有"林脱哈格""灵德哈根"等。生于瑞典斯德哥尔摩。瑞典法学家,政治家。长期担任瑞典国会议员。初为瑞典自由党人,1909年起为瑞典社会民主党人。第一次世界大战期间持和平主义和国际主义立场,领导瑞典社会民主党内的反对派组织。1917年5月参加建立瑞典左派社会民主党(1921年易名瑞典共产党)。1921年因反对共产国际第二次代表大会被开除出党,随后重新加入瑞典社会民主党。

林房雄(1903—1975)

【林房雄】

原名后藤寿夫(ハヤシ フサオ,1903—1975),笔名林房雄。日本大分市人。日本昭和时期小说家,文学批评家。早年考入东京帝国大学法学院,主持马克思主义研讨会,参加无产阶级文学运动。曾与赤松克麿翻译苏联经济理论家马林诺夫斯基(波格丹诺夫)的名著《政治经济学大纲》,中译本于1927年1月21日由新青年社出版,汉口长江书店为总代售处。1930年林氏被捕入狱,思想发生变化。出狱后脱离无产阶级文学运动,成为狂热的军国主义者,并参加侵华战争。作品有《陀斯妥耶夫斯基的生活》《浪漫主义者的笔记》《青年》《儿子的青春》《妻子的青春》《大东亚战争肯定论》等。

林癸未夫(1883—1947)

【林癸未夫】

林癸未夫(ハヤシキミオ,1883—1947),旧姓藤井。日本冈山县人。日本大正、昭和时期的经济学家。早年就读日本早稻田大学,获经济学博士。1920年赴欧美考察,次年回国后在早稻田大学政治经济系讲授社会和工业政策。历任早稻田大学教授、图书馆馆长、政经学部部长等职。宣扬国家社会主义，从事劳动运动史研究。著有《社会政策新原理》《国际劳动运动史》《工业经济政策》《社会问题论文集》《国家社会主义原理》等。

【林虎】

林虎（1886—1960）

林虎（1886—1960），原名荫清，字隐清。广西陆川人。近现代军事将领。早年加入中国同盟会，参加过二次革命、护国运动。1919年任粤桂边防军总司令。1923年被北京政府任命为广东潮梅护军使兼粤军总指挥、广东督办、善后会议委员。1925年3月部队被广东革命政府击溃后退出军界。中华人民共和国成立后，历任广西省人民政府参事室参事、广西省政协副主席、全国政协常委等职。

【林焕】

林焕，生卒年不详。广东海丰人。广东"六人农会"成员之一。

【林晋亭】

林晋亭（1873—1941）

林晋亭（1873—1941），原名树声。广东海丰人。陈炯明秘书。近代政治人物，媒体人。曾主编《香江杂志》，鼓吹革命。参加二次革命、护国运动。曾任广东省政府审计处处长等职。后与彭湃一起领导学生反抗海丰统领林干材。抗日战争期间避居澳门。著有诗集《香狱吟》等。

【林可彝】

林可彝（1893—1928）

林可彝（1893—1928），原名瑞鼎，字可彝。福建罗源县人。中国共产党早期党员，媒体人。1913年9月入福建政法专门学校。1916年毕业后东渡日本，先后留学于早稻田大学、明治大学。留日期间，研读大量马克思主义著作和进步书刊，发表《日人捣乱东南亚和平论》《日人捣乱东亚和平论》等文章，怒斥日本侵略中国、破坏东亚和平的阴谋，表达强烈的爱国主义精神。1920年回国，先后在北京朝阳大学、平民大学、文化大学等5所大学任教,从事马克思主义研究和宣传工作。在《今日》《自治周刊》《向导》《晨报》《劳工日报》《平民校刊》和上海的《东方杂志》《学林》等报刊上发表《唯物论与唯物史观》《政党与中国社会改革运动》《俄国为什么改行新经济政策》等数十篇文章,宣传马克思主义。1923年赴苏联入莫斯科东方劳动者共产主义大学。同年夏加入中国共产党。1924年回国投身国民革命。1928年1月在武昌英勇就义。

林肯(1809—1865)

【林肯】

即亚伯拉罕·林肯(Abraham Lincoln,1809—1865),生于美国肯塔基州。职业律师。美国政治家。美国共和党领袖之一。美国第19届总统。1863年发布《解放黑奴宣言》,废除美国的奴隶制度。

林奈(1707—1778)

【林奈】

即卡尔·冯·林奈(Carl von Linnaeus,1707—1778),中译名有"林内"等。生于瑞典艾尔姆胡尔特市。瑞典博物学家。动植物双名命名法的创立者。著有《自然系统》《植物基金会》等。

【林沛】

林沛,生卒年不详。广东海丰人。广东"六人农会"成员之一。任海丰总农会庶务。

林赛(1879—1952)

【林赛】

即亚历山大·邓洛普·林赛(Alexander Dunlop Lindsay,1879—1952),中译名有"林德瑟"等。生于英国格拉斯哥。英国政治哲学家,教育家。1906年任教于牛津大学。1922年任教于格拉斯哥大学。1949年任北斯塔福德大学学院(今基尔大学)的创始校长。著有《卡尔·马克思的〈资本论〉导论》等。

林甦（1894—1934）

【林甦】

林甦（1894—1934），又作林苏，名铿，字镜清，号得钦，又名雇农。广东海丰人。广东农民运动领导人之一。1921年参加彭湃组织的社会主义研究社。1922年参加海丰农民运动。1923年任海丰县总农会执委兼宣传部部长。1924年加入中国共产党。1924年7月协助彭湃创办广州农民运动讲习所。1925年任广东省农会秘书、海丰县农民自卫军党代表、代理大队长。1934年4月赴中央苏区途中被捕，就义于梅县。著有《哭彭湃同志》等文。

林素园（1890—1967）

【林素园】

林素园（1890—1967），原名兴群，号放庵。祖籍福建长乐，生于福建福州。近现代作家，学者。早年就读于福建优级师范学堂，1915年留学日本早稻田大学。回国后任北平民国大学教授。与高一涵、沈钧儒等创办《自治周刊》。长期从事教育工作，曾任北京女子师范大学校长等职。作品有《素园诗稿》《台湾纪要》等。

【林祥谦】

林祥谦（1892—1923），名元德。福建闽侯人。中国共产党早期工人党员，工人运动先驱。1921年参加中国劳动组合书记部武汉分部，组织江岸工人俱乐部。1922年1月京汉铁路江岸工人俱乐部成立，被选为干事。1922年夏加入中国共产党，不久当选为京汉铁路江岸分工会委员长。1923年2月1日在郑州召开京汉铁路总工会成立大会。因遭军阀镇压，回到汉口，组织领导京汉铁路江岸工人参加京汉铁路大罢工。2月7日反动军阀在江岸镇压工人，用死威逼林祥谦下令复工，因拒绝下令而被杀害。

林祥谦（1892—1923）

林修梅（1880—1921）

【林修梅】

林修梅（1880—1921），名祖坤，字浴凡，号祖垄。湖南安福（今临澧县）人。林伯渠的堂兄。近代民主革命家，民国军事家。1905年夏湖南陆军武备学堂毕业。次年赴日本入陆军士官学校，其间参加中国同盟会。1908年12月回国入四川新军，任管带。1911年参加辛亥革命。五四运动后，开始接触马克思主义、社会主义，先后发表了《社会主义的我见》《社会主义与军队》《精神生活》等著作和演说，赞扬社会主义，揭露私有制的毒害，指出"我相信马克思的共产主义，在中国今日社会情形，最为适合"。历任湖南讨袁军岳州要塞司令、湖南护国军参谋长、湘南护法军第二纵队司令、湘西讨桂军总司令、广州军政府总统府代理参军长等职。1921年因病在广州逝世，被追认为陆军上将。其著述被整理为《林修梅遗著》。

【林育南】

林育南（1898—1931）

林育南（1898—1931），又名毓兰，号湘浦、香浦，笔名双林、林根。湖北黄冈人。中国共产党早期党员，工人运动先驱。1917年10月参加进步团体互助社。1919年参加武汉地区的五四运动，成为运动的中坚分子。1920年9月考入北京医学专科学校。1921年8月与恽代英在湖北黄冈成立具有无产阶级政党性质的团体共存社，不久加入中国共产党。1924年9月至1925年1月任中国社会主义青年团中央执行委员、编辑部编辑、总编辑，负责编辑《中国青年》。在《中国青年》等刊物上发表文章，宣传马克思主义和工人运动的理论。历任全国总工会上海办事处秘书长、中央工人部秘书、湖北省委代理书记、全国苏维埃区域代表大会中央准备委员会秘书长、中国共产党第五届中央候补委员等职。1931年2月7日壮烈牺牲。其著述被整理为《林育南文集》。

林育英（1897—1942）

【林育英】

林育英（1897—1942），字祚培，化名林仲丹、张植三、张至善、张新甫、张志山、张春山、林春山、李春生、张开照、陈子贞、李福生、李复生、林武、张浩等。湖北黄冈人。林育南堂兄。中国共产党早期党员，工人运动先驱。五四时期在恽代英、林育南的影响下，投身爱国运动。1920年春参加利群书社，创办利群毛巾厂。1921年7月在湖北黄冈参加具有无产阶级政党性质的团体共存社。1922年6月加入中国社会主义青年团，10月在林育南、恽代英介绍下入党，到大冶铁矿厂、汉阳钢铁厂等地开展宣传活动，在工人中建立党组织。1924年赴莫斯科东方劳动者共产主义大学学习。1925年夏回国，历任中共上海沪东区委书记、国民政府军事委员会特务队队长、中共汉口市委书记等职。1933年再赴苏联，出任中华全国总工会驻赤色职工国际代表和中国共产党驻共产国际代表团成员。1935年11月回国，向中共中央传达共产国际七大精神，并以共产国际代表身份在争取张国焘率第四方面军北上中起到重要作用，为党和红军的团结立下大功。抗日战争全面爆发后，出任八路军一二九师政治委员、中共中央职工运动委员会副书记兼工人学校校长。1942年在延安病逝。

林云陔（1883—1948）

【林云陔】

林云陔（1883—1948），原名林公竞，字毅公。广东省信宜人。民国时期政治家，民主革命家，银行家。1909年赴广州，考入两广方言学堂，加入中国同盟会。参加辛亥革命，后被孙中山选派美国留学，初入纽约州阿尔便法学院学习，后入圣理乔斯大学学习法律、政治，获硕士学位。1918年回国，应胡汉民之约赴上海，任《建设》杂志编辑，发表《社会主义国家之建设概略》《近代社会主义之思潮》《阶级斗争之研究》等文，宣传孙中山式的社会主义。1920年随孙中山赴广州，历任大元帅府秘书、中央银行行长、广州市政委员会委员长（市长）、国民党第五届中央监察委员、国民政府蒙藏委员会副委员长、国民政府审计部部长、审计长等职。译著有《布尔色维克底俄国》等。

【林植夫】

林植夫（1891—1965）

林植夫（1891—1965），名葆睽，号翁康。福建闽侯人。中国民主同盟委员。1920年日本东京帝国大学毕业。回国后从事社会科学书籍翻译，任商务印书馆编辑。1925年参加独立青年党活动，编辑《独立青年》杂志，又参加《孤军》的编辑和政治活动。全面抗战爆发后加入新四军，任军部秘书和政治部敌工部部长。皖南事变后，代表新四军军部与国民党谈判。中华人民共和国成立后，历任民盟中央委员、民盟福建省委员会主任委员等职。著有《林业浅说》《林业大意》等。

【凌楚藩】

凌楚藩，生卒年不详。湖南人。河南郑州铁路工人领袖。参与领导1923年京汉铁路工人大罢工。

【刘伯垂】

刘伯垂（1887—1936）

刘伯垂（1887—1936），名芬，号笏祥、百锤、馨笏、恶紫。湖北鄂城（今湖北省鄂州市）人。中国共产党早期党员，中共武汉早期组织创始人之一。清末留学日本，就读明治大学法科，其间参加中国同盟会。辛亥革命后回国，曾任南京临时政府法制院参事、广东军政府高等审判厅厅长。参与创办《惟民》周刊，宣传唯物史观和苏俄革命经验。1920年经陈独秀介绍，参加中共上海早期组织，同年秋被派往武汉，与李汉俊一起介绍董必武、陈潭秋、包惠僧等入党，组建中共武汉早期组织。1921年参与创办《武汉星期评论》。此后参加武汉地区党团、工人运动、湖北地区国共合作的领导工作。历任国民党汉口执行部工农部部长、国民党中央执行委员会秘书处秘书长、湖北省政府委员、省政府司法厅厅长等职。1931年脱党。译著有《社会革命与农民运动》《无产阶级论》《总同盟罢工论》等。

【刘昌群】

刘昌群（1902—1947）

刘昌群（1902—1947），名仕衡、仲云、仲雯，号仲夏。湖北黄陂（今属武汉市）人。中国共产党早期党员。1921年12月发起成立武汉社会主义青年团，任书记。1922年春加入中国共产党。同年任《反响》旬刊编辑，宣传马克思主义。历任中共武汉区委执行委员会委员、中国社会主义青年团第三届中央执行委员会候补委员、第四届中央执行委员会委员、湖北省团委书记等职。1928年脱党。1947年在香港病逝。著有《经济的帝国主义》等。

【刘大白】

刘大白（1880—1932）

刘大白（1880—1932），原名金庆棪，字伯桢、大白，号清斋、别号白屋，笔名汉胄。辛亥革命后，改名刘靖裔。浙江绍兴人。近现代诗人，文学史家，教育家，编辑。清代举人。1913年东渡日本，加入中国同盟会。五四新文化运动中，力倡新诗运动。在上海《民国日报》副刊《觉悟》发表新诗《劳动节歌》《八点钟歌》《五一劳动歌》《卖布谣》等，在该刊"随感录"栏目里发表具有社会主义色彩的短文《防堵思想的结果》《谈社会主义与进化论的注意》等，歌颂劳工和宣传社会主义思潮。在复旦大学执教期间，编辑《黎明》周刊，发表大量政论性文章。一生诗作和著述颇丰，被整理为《刘大白诗选》《刘大白选集》等。

【刘华】

刘华（1899—1925）

刘华（1899—1925），字剑华。四川宜宾人。中国共产党早期党员。1920年到中华书局印刷厂当学徒。1923年入上海大学学习，不久加入中国共产党。1924年参加建立沪西工友俱乐部，被选为副主任。1925年2月与邓中夏一起领导沪西工人大罢工，并取得胜利。后被选为日商内外棉纱厂工会委员长、上海总工会副委员长、全国总工会执行委员。同年参加并领导五卅运动。11月在租界被捕，后被引渡给孙传芳，被秘密杀害。

刘揆一（1878—1950）

【刘揆一】

刘揆一（1878—1950），字霖生，号谦唐。湖南衡山人。爱国民主人士。1903年发起组织华兴会。1907年加入中国同盟会。曾任北京政府工商总长等职。后在天津创办《公民报》，反对袁世凯复辟帝制。著有《黄兴传记》等。

【刘谦】

刘谦（？—1920），化名费德尔、费奥德罗夫。旅俄华工。曾任俄国共产华员局阿穆尔州中国部书记。1920年7月用"中国共产党"的正式名称给中国共产主义者写信。同年夏，归国拜访孙中山。10月5日以"中国共产党代表"名义给阿穆尔州委发送报告。1920年12月6日，俄国共产华员局的会议讨论并决定组织共产党支部，以及联络上海、天津的青年组织的相关事宜，决定派遣刘谦来华开展活动。

刘清扬（1894—1977）

【刘清扬】

刘清扬（1894—1977），女。笔名念吾。天津人。中国共产党最早的女党员之一，妇女运动先驱。早年参加中国同盟会。1919年直隶女子师范学校毕业后，旋即投入天津五四爱国运动。同直隶女师的同学郭隆真、邓颖超等发起成立天津女界爱国同志会，当选为会长。任天津各界联合会常务理事。9月与周恩来、马骏、郭隆真、邓颖超等创办觉悟社。11月10日任全国各界联合会主席。1920年11月同张申府去法国勤工俭学。1921年2月经张申府介绍，加入中国共产党，并与张申府介绍周恩来入党。成立党小组，在留法中国学生中开展革命活动。1923年冬回国。1924年1月与邓颖超创办《妇女日报》。1924年6月与李大钊、王荷波、罗章龙、彭述之出席在莫斯科召开的共产国际第五次代表大会。大革命失败后脱党，从事民主与妇女运动。中华人民共和国成立后，历任政务院文化教育委员会委员、全国政协常委、河北省政协副主席、全国妇联副主席、中国红十字会副会长等职。

【刘仁静】

刘仁静（1902—1987），又名敬云、亦宇、竟人等，字养初。湖北应城人。恽代英学生。中国共产党早期党员，中国共产主义青年团早期领导人之一。1917年与恽代英等发起成立进步团体互助社。1918年考入北京大学。1919年参加五四运动，随后参加李大钊发起的马克思学说研究会，为中共北京早期组织成员。1921年7月出席中国共产党第一次全国代表大会。1922年5月在《晨报副刊》上发表《俄国革命之马克思主义基础》，11月与陈独秀出席共产国际第四次代表大会。参与创办团机关刊物《先驱》。曾任中国社会主义青年团中央书记。1926年7月起任《中国青年》周刊主编，在《向导》《中国青年》等刊物发表大量传播马克思主义，探索中国革命道路的文章，如《列宁主义与中国青年》《世界革命与世界经济》等。大革命失败后，因参加托派活动，被开除出党。中华人民共和国成立后，长期担任人民出版社特约编辑，后任国务院参事室参事。

刘少奇（1898—1969）

【刘少奇】

刘少奇（1898—1969），原名刘绍选，字渭璜。化名为刘卫黄、刘少基、刘湘、刘士奇、赵元启、陶尚行、胡服等。湖南宁乡县人。伟大的无产阶级革命家，政治家，理论家，工人运动先驱，党和国家主要领导人之一，中华人民共和国缔造者之一。早年就读私塾。1919年在长沙参加五四运动。1920年冬参加社会主义青年团，至沪入上海外国语学社。1921年5月经李汉俊推荐，与任弼时、萧劲光等前往苏俄，历时近3个月抵达莫斯科，入莫斯科东方劳动者共产主义大学，系统地学习马克思列宁主义，其间由团员转为中国共产党党员。1922年春回国，立即投入青年运动和工人运动，参加领导安源路矿工人大罢工。1925年到广州参加总工会工作。1926年底到武汉，从事工人运动，其间编写《工会经济问题》《工会基本组织》等小册子，为工人运动早期读本。历任中共湘区区委委员、汉冶萍总工会委员长、中华全国总工会副委员长、中共五届中央委员等职。其著述被整理为《刘少奇选集》。

【刘师复】

刘师复（1884—1915）

刘师复（1884—1915），原名绍彬，又名思复，字子麟、寓生，学名绍元，别号抱蜀老人。笔名丹水、蓼土、净慧居士等。广东香山（今中山市）人。近代无政府主义派的创始人，无政府主义理论家。1904年赴日本留学。1905年加入中国同盟会。在香港创办《东方报》，宣扬无政府主义。1911年响应武昌起义，在东江一带组织民军。1909年被营救出狱后，致力宣扬无政府主义。1912年在广州创办晦鸣学社、心社。1913年创办《晦鸣录》（后更名为《民声》）宣传无政府主义，并任环球世界语广州分会会长。1914年在上海成立无政府共产主义同志社。1915年在上海病逝。著有《师复文存》《师复集外文》《伏虎集》等。

【刘师培】

刘师培（1884—1919）

刘师培（1884—1919），又名光汉、无畏，字申叔，小字闰朗，原字鲁源，号左盦。江苏仪征人。近代经学家，早期无政府主义者。1907年6月携夫人发起成立女子复权会和社会主义讲习会，宣传无政府主义、社会主义理论。曾组织翻译《共产党宣言》，并于1908年发表《〈共产党宣言〉序》。1915年参与成立筹安会。1917年任北京大学教授，参加《国故》月刊社，为国粹派代表人物。著有《群经大义相通论》《楚辞考异》《中国中古文学史》等，后人点校整理《仪征刘申叔遗书》，辑有《刘申叔遗书补遗》。

【刘石心】

刘石心（1895—1992）

刘石心（1895—1992）。广东香山（今中山市）人。刘师复胞弟。早期无政府主义者。早年就读广东陆军速成学堂。广东公立农业专门学校毕业。1920年任《苏门答腊报》编辑。1918年3月与梁冰弦在北京创办无政府主义刊物《劳动》。1919年冬应陈炯明邀请，到潮州任教育局秘书，12月创办《闽星》周刊。1920年1月创办《闽星》日刊。在打造"闽南的俄罗斯"旗帜下，宣传无政府主义、社会主义以及十月革命和马克思主义的基本观点。同年9月共产国际代表米诺尔（斯托扬诺维奇）与区声白、梁冰弦、刘石心等7位无政府主义者商讨建党问题，无果。同年10月在广州创办《劳动者》周刊，宣传劳动神圣，翻译国际歌，标题为《劳动歌》。1921年到法国里昂中法大学留学两年。回国后历任广东省农工厅、建设厅秘书，浙江省建设厅秘书长，南京国民政府建设委员会秘书长，广州市社会局局长等职务。1940年初受命在云南保山创办国立华侨中学并任校长。1944年弃政从商。1966年从香港回到内地，定居北京。

刘文海（1894—1983）

【刘文海】

刘文海（1894—1983），字静波。陕西渭南人。毕业于复旦公学。近现代政治人物，学者。1913年7月4日抵达伦敦，入英国韦尔大夏学院就读。1918年就读美国威斯康辛大学，1921年获政治学硕士。回国后先后任东南大学教授、西北大学教务长、东北大学政治系主任。历任国民政府审计院审计、审计部第一厅厅长等职。著有《西行见闻记》《近世大国家主义》等。

【刘文松】

刘文松（1887—1943），字鹤青。湖北黄陂（今属武汉市）人。早期工人运动活动家。1923年任京汉铁路总工会郑州分会负责人。1923年参与领导京汉铁路工人大罢工而被捕。出狱后，继续从事工运活动。历任平汉路铁道大队长兼总工会委员、平汉铁路管理局机务处办事员兼工会常务理事、国民党平汉铁路特别党部委员、执行委员、常务委员等职。抗日战争爆发后，任铁路破坏队少将指挥官，破坏日军交通线。

刘岳峙（1877—1950）

【刘岳峙】

刘岳峙（1877—1950），字梅斋。湖南衡山人。民国政治人物。早年参加中国同盟会。历任湖南省政务厅厅长、财政厅厅长，国民党湖南省党部常委和农民部部长等职。1926年任湖南国民党右派组织"左社"负责人。1927年2月被国民党湖南省党部清洗出党。1927年"宁汉战争"后跟随李宗仁、白崇禧的"西征军"抵武汉。后任国民党武汉政治分会委员，再次任湖南省政府委员兼财政厅厅长等职。

刘泽荣（1892—1970）

【刘泽荣】

刘泽荣（1892—1970），字绍周。广东高要人。旅俄华工领袖。第一任留俄华工联合会执委会主席。1917年4月联络留学生、华侨成立中华旅俄华侨联合会，被推选为会长。十月革命后创办《旅俄华工大同报》，供苏俄红军中的中国战士和华工阅读。1918年底中华旅俄华侨联合会召开第二次大会，决定改名为"旅俄华工联合会"，担任主席。1919年3月参加共产国际第一次代表大会，1920年7月列席共产国际第二次代表大会。会后，从事共产国际殖民地委员会工作，成为该委员会19名委员之一。1920年7月22日致信列宁，表达希望苏俄政府能够接待北洋政府代表团的想法。9月5日至11月中旬，张斯麟率领的北洋政府代表团到莫斯科等地访问，受到列宁接见。著有《俄汉大辞典》等。

刘子通（1885—1924）

【刘子通】

刘子通（1885—1924），湖北黄冈人。中共湖北早期组织成员。早年留学日本，其间参加中国同盟会。1911年参加辛亥革命。1918年先后在湖北省立第一师范、武昌中华大学、湖北女子师范学校、武汉中学等执教，结识董必武、陈潭秋、恽代英等，思想上逐渐趋向马克思主义。1921年春，经陈潭秋介绍加入中国共产党，与黄负生等编辑《武汉星期评论》。同年秋到湖北女子师范学校任教，在学生中宣传进步思想，受到进步学生的欢迎。1922年2月被校方以"宣传赤化""煽动学潮"为名解聘，引起湖北女师学潮，坚持斗争5个月。其间在进步学生中开办妇女读书会，与李汉俊、陈潭秋等宣讲《共产党宣言》等。后被湖北军阀通缉被迫离鄂，在北京教育部谋事。1924年3月在黄州病逝。著有《我们应有最低限度的三种觉悟》《改良湖北教育意见书》等。

龙勃罗梭（1836—1909）

【龙勃罗梭】

即切萨雷·龙勃罗梭（Cesare Lombroso，1836—1909），中译名有"朗巴罗梭""龙布罗梭""龙布诺梭""隆布罗索"等。生于奥匈帝国维也纳。意大利犯罪学家，精神病学家，刑事人类学派创始人。历任精神病院院长、大学教授等职。著有《犯罪人论》《天生犯罪人》等。

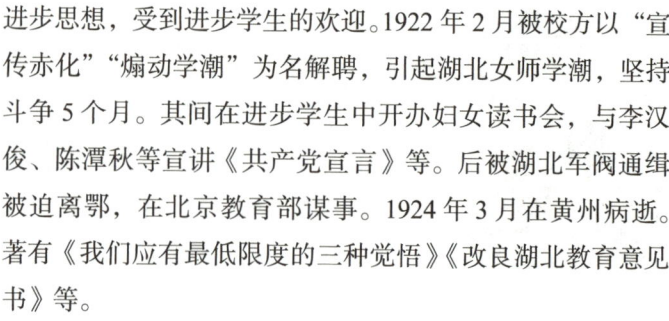

龙格（1876—1938）

【龙格】

即让·罗朗·弗雷德里克·龙格（Jean-Laurent-Frederick Longuet，1876—1938），中译名有"蓝格""郎该特""郎格特""朗格""浪基得""伦垓""伦喀""罗盖""约翰·郎加""约翰龙格"等。法国人，生于英国伦敦。沙尔·龙格和燕妮·马克思之子。法国社会党和第二国际领袖之一，政论家。19世纪末20世纪初积极为法国和国际的社会主义报刊撰稿。1914—1924年当选为法国众议员。第一次世界大战期间领导法国社会党中派和平主义少数派，是法国中派报纸《人民报》的创办人和编辑之一。反对法国社会党加入共产国际，反对建立法国共产党。1920年起是法国社会党中派领袖之一。1921年任第二半国际执行委员会委员。1923年起为社会主义工人国际领导人之一。因赞成考茨基的观点，被列宁称为"法国的考茨基"。

龙济光（1868—1925）

【龙济光】

龙济光（1868—1925），字子诚。彝族。云南蒙自人。民国时期军阀，陆军上将。历任广西提督、广东安抚使、都督兼署民政长，两广巡阅使等职。反对孙中山的护法运动，是袁世凯复辟帝制的支持者。

【卢贝兹】

即维克多·勒·卢贝兹（Victor Le Lubez，1834—？），中译名有"勒·鲁贝培""鲁尔培""吕贝"等。出生地不详，在泽西岛长大。法国民主主义者，社会主义者。第一国际筹建时期，是英法两国工人的联系人，曾邀请马克思参加第一国际成立大会。1864年任国际总委员会委员、法国通讯书记。1865年伦敦代表会议的参加者。1866年因从事阴谋活动和诽谤国际工人协会，被国际日内瓦代表大会开除出总委员会。

卢格（1802—1880）

【卢格】

即阿尔诺德·卢格（Arnold Ruge，1802—1880），中译名有"鲁格""鲁求""鲁兀""路盖""路斯氏""露格""罗齐""儒格""鸦诺尔德·卢格"等。生于德国卑尔根。德国政论家，青年黑格尔分子，资产阶级激进派。1837年创办《哈雷年鉴》（后改名为《德国年鉴》），成为青年黑格尔派的宣传中心。1843—1844年同马克思一起在巴黎出版《德法年鉴》，不久与马克思分道扬镳。1848年任法兰克福国民议会议员。《莱茵报》撰稿人。19世纪50年代是侨居英国的德国小资产阶级流亡者的领袖之一。1866年后成为民族自由党人。著有《人文主义的小屋》《战争》等。

卢卡斯（1808—1885）

【卢卡斯】

即普罗斯伯·卢卡斯（Prosper Lucas，1808—1885），中译名有"约克"等。生于法国圣布里厄。法国昆虫学家，医生。著有《从哲学和生理学论自然遗传》，该书被达尔文赞誉在遗传的变异问题上是"最充实的和最优秀的著作"。著有《环境自由》等。

【卢那察尔斯基】

即阿纳托利·瓦西里耶维奇·卢那察尔斯基（Анатолий Васильевич Луначарский，1875—1933），中译名有"寄纳卞斯基""卢那查尔斯基""卢那却尔斯基""卢纳洽斯基""鲁那察尔斯基""鲁那察尔斯岐""鲁挪却斯基""路纳察尔斯基""罗兰霍尔斯脱""那尔查儿斯基"等。生于俄罗斯帝国波尔塔瓦省（今属乌克兰）。苏联文艺批评家，哲学家，政治活动家。在哲学上宣扬造神说和马赫主义，曾受到列宁的批判。19世纪90年代初参加俄国革命运动。1895年加入俄国社会民主工党，党的第二次代表大会后成为布尔什维克。曾先后参加布尔什维克的《前进报》《无产者报》《新生活报》编辑部。斯托雷平反动时期脱离布尔什维克，参加前进集团。第一次世界大战期间持国际主义立场。1917年俄国二月革命后参加区联派，在俄国社会民主工党（布）第六次代表大会上随区联派集体加入布尔什维克党。十月革命后到1929年任教育人民委员，后任苏联中央执行委员会学术委员会主席。1930年起为苏联科学院院士。著有《唯心主义与唯物主义》《资产阶级文化与无产阶级文化》及剧本《浮士德与城》《解放了的堂吉诃德》等。

卢森堡（1871—1919）

【卢森堡】

即罗莎·卢森堡（Rosa Luxemburg，1871—1919），女。笔名尤尼乌斯。中译名有"勒得堡""鲁克森布尔孤""露沙卢森堡""罗查·卢克闪布克""罗撒·卢森堡""罗萨娄森堡""罗萨鲁森堡""罗刹鲁森堡""罗扎""洛柴鲁克詹布苦"等。生于波兰扎莫什奇。德国、波兰和国际工人运动活动家，德国社会民主党和第二国际左翼领袖和理论家之一，德国共产党创建人之一。1869年8月与奥古斯特·倍倍尔等组建德国社会民主工党（爱森纳赫派）。1875年5月与全德工人联合会成立德国社会主义工人党。1893年参与创建波兰王国社会民主党，为党的领袖之一。1898年移居德国，参加德国社会民主党的活动，反对伯恩施坦主义和米勒兰主义。1907年在伦敦参加俄国社会民主工党第五次代表大会，在会上支持布尔什维克。第一次世界大战期间持国际主义立场，是建立国际派（后改称斯巴达克派和斯巴达克联盟）的发起人之一。参加领导1918年德国十一月革命，同年底参与领导德国共产党成立大会，作党纲报告。1919年1月柏林工人斗争被镇压后，于15日与卡尔·李卜克内西一起被反革命军队逮捕和杀害。1922年1月在她和卡尔·李卜克内西遇难三周年之际，人民出版社出版《李卜克内西纪念》小册子，以纪念他们。大革命时期，国内革命媒体在他们每年纪念日时均发表纪念文章，各地展开纪念活动，成为中国共产党纪念这两位国际共产主义战士和传播马克思主义的重要形式。著有《社会改革还是革命？》《资本积累》等。其著述被翻译整理为《卢森堡文选》在国内出版。

【卢梭】

卢梭（1712—1778）

即让-雅克·卢梭（Jean-Jacques Rousseau，1712—1778），中译名有"尔少""卢骚""庐骚""鲁脱挪""路那""路索""罗骚"等。法国人，生于瑞士日内瓦。法国启蒙运动的主要代表人物，民主主义者，小资产阶级思想家，自然神论哲学家。著有《论人类不平等的起源和基础》《社会契约论》《爱弥儿》《忏悔录》等。

【卢歇尔】

卢歇尔（1872—1931）

即路易斯·卢歇尔（Louis Loucheur，1872—1931），中译名有"卢舍尔""卢希尔"等。生于法国鲁贝。法国政治家，实业家。初参加保守的共和联邦，后为民主共和联盟和独立激进党的成员。1917年任法兰西第三共和国军备部部长，后历任工业重建部部长、财政部部长、工商部部长等职。

鲁巴诺维奇(1860—1920)

【鲁巴诺维奇】

即伊里亚·阿道福维奇·鲁巴诺维奇（Илья Адольфович Рубанович，1860—1920），中译名有"路班诺维汉""罗巴奴卫芝"等。生于俄国敖德萨（今属乌克兰）。俄国政治活动家。早年积极参加民粹主义运动。19世纪80年代侨居巴黎。1893年在巴黎加入老民意党人小组。1902年俄国社会革命党成立后即为该党积极成员。曾参加《俄国革命通报》杂志的工作，该杂志从1902年起成了社会革命党正式机关刊物。1904年任社会革命党驻社会党国际局代表。第一次世界大战期间成为社会沙文主义者。十月革命后反对苏维埃政权。

鲁比诺(1875—1936)

【鲁比诺】

即艾萨克·马克斯·鲁比诺（Isaac Max Rubinow，1875—1936），中译名有"卢比诺""罗毕络""罗毕奴"等。生于白俄罗斯格罗德诺，1893年移民美国。美国社会保障运动先驱，社会保险理论家。著有《社会保险，特别参考美国条件》等。

【鲁滨孙】

即鲁滨孙·克鲁索（Robinson Crusoe）。英国作家丹尼尔·笛福小说《鲁滨孙漂流记》中的主人公。

【鲁德涅夫】

即斯捷潘·费多罗维奇·鲁德涅夫（Степан Фёдорович Руднев，？—1909），中译名有"鲁多涅夫氏"等。出生地不详。俄国统计学家。曾任莫斯科省地方自治局统计处副处长。著有《欧俄农民的副业》等。

鲁登道夫(1865—1937)

【鲁登道夫】

即埃里希·弗里德里希·威廉·鲁登道夫（Erich Friedrich Wilhelm Ludendorff，1865—1937），中译名有"卢登德尔夫""卢登多夫""路登道尔夫"等。生于普鲁士王国波森省（今波兰波兹南克鲁谢维亚）。德国将军，军事理论家，政治家。著有《我的战争记忆（1914—1918）》。

鲁迪尼（1839—1908）

【鲁迪尼】

即安东尼奥·斯塔阿巴·迪·鲁迪尼（Antonio Starabba di Rudinì，1839—1908），生于意大利巴勒莫。意大利政治家。曾两度任意大利首相。

鲁迅（1881—1936）

【鲁迅】

鲁迅（1881—1936），原名周树人，幼名豫山，学名周樟涛，字豫才。鲁迅为其笔名。浙江绍兴人。近现代伟大的文学家，思想家，新文化运动的先驱之一，中国现代文学奠基人。1898年到南京就学。1902年赴日本学医，后弃医从文。1909年回国后，从事教育和文学创作。《新青年》重要撰稿者。1918年5月发表的《狂人日记》是我国新文学的第一篇白话小说，讨伐以封建礼教为主体的封建文化，是新文化运动、中国现代文学和中国现代文化史上的里程碑。其著述被整理为《鲁迅全集》（20卷）。

陆辅舟（1882—1931）

【陆辅舟】

陆辅舟（1882—1931），浙江平湖人。近现代纺织专家。毕业于东京高等工业专门学校，曾任恒丰纱厂、大生纱厂厂长。

陆荣廷（1859—1928）

【陆荣廷】

陆荣廷（1859—1928），本名陆亚宋，字干卿。广西武鸣人。旧桂系军阀首领。1912年任广西都督。1917年任两广巡阅使。1918年任护法军政府总裁。

陆徵祥（1871—1949）

【陆徵祥】

陆徵祥（1871—1949），亦作陆征祥，字子欣、子兴，晚年自号慎独老人。上海人。民国时期政治人物，天主教神父。

1912年3月任北洋政府外交总长，同年6月任国务总理。早年毕业于北京同文馆。1919年率代表团赴法国参加巴黎和会。著有法文回忆录《回忆与随想》，后人编有《陆征祥往来书简》。

陆志韦（1894—1970）

【陆志韦】

陆志韦（1894—1970），名保琦。浙江吴兴（今湖州）人。近现代语言学家，心理学家，教育家，诗人。1913年毕业于上海东吴大学。1915年赴美留学。1920年获博士学位后回国。先后任教于南京高等师范学校、东南大学、燕京大学。1934年任燕京大学校长。著有《证广韵五十一声类》《古音说略》等。其著述被整理为《陆志韦集》《陆志韦近代汉语音韵论集》。

陆宗舆（1876—1941）

【陆宗舆】

陆宗舆（1876—1941），字润生（又作闰生）。浙江海宁人。民国时期政治人物。1912年任北洋政府财政部次长、总统府财政顾问。曾任驻日公使，在对日谈判中持妥协立场。1919年五四运动后被斥为亲日派、卖国者，6月10日被免职。其部分著述被整理为《陆宗舆笔记》。

路德（1483—1546）

【路德】

即马丁·路德（Martin Luther，1483—1546），中译名有"卢拉路""鲁勒鲁""路得""路铁陆""路铁路""马丁路得"等。生于德国艾斯莱本。德国神学家，宗教改革运动的活动家，德国新教路德宗的创始人，德国市民等级的思想家，温和派的主要代表。著有《九十五条论纲》《关于农民十二条的和平告诫》等。

路维杜尔（1743—1803）

【路维杜尔】

即弗朗索瓦·多米尼克·杜桑·路维杜尔（Francois Dominique Toussaint Louverture，1743—1803），中译名有

"阿乌突尔"等。生于法属圣多明各（今海地）。海地革命领袖和民族英雄。1791年率大批奴隶参加海地反法国殖民侵略起义。1797年被推举为起义军总指挥。1801年海地自治，被选为终身执政。1802年与法军谈判时被捕，1803年在法国汝堡监狱逝世。

路易（1754—1793）

【路易】

即路易十六（Louis XVI，1754—1793），中译名有"鲁易"等。生于法国巴黎。法国波旁王朝第五位国王。在1793年法国大革命中被处死，是法国历史上唯一、欧洲历史上第二位被执行死刑的国王。

路易莎（1821—1893）

【路易莎】

即路易莎·马克思（Louise Marx，1821—1893），女。中译名有"路易色"等。生于德国特里尔。马克思的二妹。德国书商。

路易十八（1755—1824）

【路易十八】

即路易·斯坦尼斯拉夫·格扎维埃（Louis Stanislav Xavier，1755—1824），生于法国巴黎。路易十五的孙子、王太子路易·斐迪南的第四子、路易十六和查理十世的兄弟。法国波旁王朝第一任国王。

路易十四（1638—1715）

【路易十四】

路易十四（Louis XIV，1638—1715），生于法兰西王国圣日耳曼。法国波旁王朝国王，纳瓦拉国王。自号"太阳王"，在位时间长达72年，是法国在位时间最长的独裁君主。

路易十五（1710—1774）

【路易十五】

路易十五（Louis XV，1710—1774），生于法国巴黎。太阳王路易十四曾孙、勃艮第公爵路易之子。法国波旁王朝国王。被称作"宠儿路易"。

317

路易斯（1817—1878）

【路易斯】

即乔治·亨利·路易斯（George Henry Lewes，1817—1878），中译名有"勒维斯""乔治·柳诗"等。生于英国伦敦。英国资产阶级实证论哲学家，孔德主义者，生理学家，作家。1865年任《双周评论》杂志编辑。著有《哲学传记史》《孔德的科学哲学》等。

伦纳（1870—1950）

【伦纳】

即卡尔·伦纳（Karl Renner，1870—1950），中译名有"勒纳""里纳尔""伦纳尔""伦奈尔""伦兀""纶纳尔""他尔·伦那麦斯"等。生于奥匈帝国波希米亚（今属捷克共和国）。奥地利社会民主党右翼领袖，奥地利马克思主义理论家。1907年任《奋斗》杂志主编。奥匈帝国解体后，先后担任奥地利总理、奥地利总统。著有《私法的制度及其社会功能》《国家与民族》等。

伦施（1873—1926）

【伦施】

即保尔·伦施（Paul Lensch，1873—1926），中译名有"伦趋"等。生于德国波茨坦。德国社会民主党右派的代表人物之一。德国社会沙文主义者，扩张主义的积极鼓吹者，曾任《莱比锡人民报》编辑、主编。著有《世界革命的三年》等。

罗宾斯（1873—1954）

【罗宾斯】

即雷蒙德·罗宾斯（Raymond Robins，1873—1954），中译名有"列孟特洛宾斯""鲁滨斯""陆萍斯""罗宾士""洛宾斯"等。生于美国纽约。美国经济学家，作家，军官。1917年作为美国红十字协会驻俄国代表团领导人，访问苏俄，多次与列宁交谈。

罗伯蒂（1843—1915）

【罗伯蒂】

即叶夫根尼·瓦连廷诺维奇·德·罗伯蒂（Евгений

Валентинович Де Роберти，1843—1915），中译名有"路朴得"等。生于俄国波多利亚（今属乌克兰）。西班牙裔俄国哲学家，社会学家，经济学家，实证主义者。著有《政治经济研究》等。

【罗伯斯比尔】

罗伯斯比尔（1758—1794）

即马克西米利安·弗朗索瓦·玛丽·伊西多尔·德·罗伯斯比尔（Maximilien François Marie Isidore de Robespierre，1758—1794），中译名有"罗德斯""贺卫斯卑陆""劳排诗皮""路皮斯必尔""罗柏斯比尔""罗倍司比""罗伯卑尔""罗伯士比""罗伯司比""洛伯斯比""洛海斯卑陆"等。生于法国阿图瓦阿拉斯。法国资产阶级革命活动家，雅各宾派领袖，法国革命政府首脑。

【罗得斯】

罗得斯（1853—1902）

即塞西尔·约翰·罗得斯（Cecil John Rhodes，1853—1902），中译名有"罗德斯""罗德士""赊是庐住""些须路罗""些须路罗德"等。生于英格兰赫特福德郡。英国政治活动家。英国殖民政策的积极推行者，列宁指斥他是"英布战争的罪魁"。

【罗海臣】

生平不详。汉口江岸铁路工人。1923年参加京汉铁路工人大罢工。

【罗家伦】

罗家伦（1897—1969）

罗家伦（1897—1969），字志希。笔名毅。祖籍浙江绍兴，生于江西进贤。近现代教育家，思想家，历史学家，社会活动家。1917年入北京大学，与傅斯年等组织新潮社，创办《新潮》杂志，投身五四新文化运动，起草《北京学界全体宣言》，提出"外争国权，内除国贼"的口号。1919年5月26日以"毅"为笔名，在《每周评论》上发表《五四运动的精神》，第一次使用"五四运动"名词。历任清华大学校长、武汉大学教授、中央政治学校教务主任、教育长、国立中央大学校长等职。著有《新人生观》《科学与玄学》《逝者如斯集》（自传）等，主编《中华民国开国五十年文献》《革命文献》（部分）等。

【罗将柯】

罗将柯（1859—1924）

即米哈伊尔·弗拉基米罗维奇·罗将柯（Михаил Владимирович Родзянко，1859—1924），中译名有"罗齐扬科""罗翔柯""罗赞科""罗兹安科""洛齐安科""洛西恩古"等。生于俄国叶卡捷琳诺斯拉夫省（今俄罗斯第聂伯罗彼得罗夫斯克）。俄国大地主，俄国十月党领袖之一，君主派分子。1911—1917年为第三、四届国家杜马主席。十月革命后投靠科尔尼洛夫和邓尼金，妄图联合一切反革命势力颠覆苏维埃政权。1920年起为白俄流亡分子。

【罗杰斯】

罗杰斯（1823—1890）

即詹姆斯·埃德温·索罗尔德·罗杰斯（James Edwin Thorold Rogers，1823—1890），中译名有"劳稽""络哲司"等。生于英国汉普郡。英国经济学家，历史学家，自由主义政治家。被称为"索罗尔德·罗杰斯"。主要研究维多利亚时代社会经济问题。1862—1867年任牛津大学政治经济学教授。1880—1886年任英国下议院议员。著有《英国农业和价格史》（7卷）等，马克思写作《资本论》时曾参考此书。

【罗兰】

即罗兰夫人（Madame Roland，1754—1793），原名玛莉·简·菲利普（Marie-Jeanne Phlipon），女。中译名有"马当·德·洛兰"等。生于法国巴黎。法国政治家罗兰的夫人。法国大革命时期政治家，吉伦特党领导人之一。

罗兰（1754—1793）

罗兰（1866—1944）

【罗兰】

即罗曼·罗兰（Romain Rolland，1866—1944），中译名有"洛门罗兰"等。生于法国克拉姆西。法国人道主义作家。1915年获得诺贝尔文学奖。作品有《约翰·克利斯朵夫》等。

【罗列尔】

阿德诺·罗列尔（Arnold Roller），德国人。德国工团主义者。

罗曼诺夫（1878—1918）

【罗曼诺夫】

即米哈伊尔·亚历山德罗维奇·罗曼诺夫（Михаил Александрович Романов，1878—1918），中译名有"梅查尔""米哈而""米哈尔大公""米哈伊尔大公"等。生于俄国圣彼得堡阿尼奇科夫宫。俄国沙皇亚历山大三世最小的儿子、尼古拉二世的弟弟。俄国大公。

罗曼斯（1848—1894）

【罗曼斯】

即乔治·约翰·罗曼斯（George John Romanes，1848—1894），中译名有"罗马内斯""罗漫士"等。生于加拿大金斯顿。达尔文的学生。苏格兰进化生物学家，生理学家。著有《动物智能》《达尔文和达尔文之后》等。

罗绮园（1894—1931）

【罗绮园】

罗绮园（1894—1931），曾用名易、易元等。广东番禺（今属广州市）人。中国共产党早期党员，广东农民运动主要领导人，编辑。1916年考入上海同济大学，攻读文科。1921年加入中国社会主义青年团，1922年加入中国共产党。曾任广东省农民协会常务委员、广州农民运动讲习所第二届主任、中共广东区委农委书记、中共中央宣传部副部长等职。参与主编《珠江评论》《中国农民》《犁头》等。撰有《基督教与共产主义》《国民革命与农民运动之关系》

等文章。1931年7月被捕后叛变投敌，仍被枪决。1931年8月28日中共中央通过决议，决定永远开除罗绮园党籍。

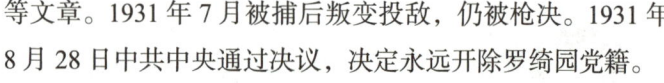
罗斯（1744—1818）

【罗斯】

即乔治·罗斯（George Rose，1744—1818），因是乔治·亨利·罗斯（George Henry Rose，1771—1855）的父亲，故又称"老乔治·罗斯""老乔治洛斯"等。生于苏格兰布莱钦。英国政治家，国务活动家，托利党人。历任英国议会议员、海军大臣、财政大臣等职。

罗斯（1866—1951）

【罗斯】

即爱德华·阿尔萨斯沃斯·罗斯（Edward Alsworth Ross，1866—1951），中译名有"爱德华洛斯""罗西"等。生于美国伊利诺伊州。美国社会学家，优生学家，早期犯罪学研究的主要代表。著有《社会控制》《社会心理学》等。

罗斯伯里（1847—1929）

【罗斯伯里】

罗斯伯里（Rosebebery，1847—1929），原名阿奇博尔德·菲力浦·普里姆罗斯（Archibald Philip Primrose），中译名有"罗斯柏列"等。生于英国伦敦。英国自由主义政治家。第五代罗斯伯里伯爵。1894—1895年任英国首相。

罗斯柴尔德（1744—1812）

【罗斯柴尔德】

即梅耶·阿姆斯洛·罗斯柴尔德（Mayer Amschel Rothschild，1744—1812），中译名有"罗斯契尔德""骆士阶德"等。生于德国法兰克福。犹太裔德国银行家。罗斯柴尔德家族创始人，被誉为"国际金融业之父"。

罗斯福（1858—1919）

【罗斯福】

即西奥多·罗斯福（Theodore Roosevelt，1858—1919），中译名有"罗斯维"等。生于美国纽约。美国政治家，军事家，外交家。美国第29、30届总统，世称"老罗斯福"。

罗素(1792—1878)

【罗素】

即约翰·罗素(John Russell,1792—1878),中译名有"罗素伯一世"等。生于英国伦敦。哲学家伯特兰·罗素的祖父。英国国务活动家。19世纪中期辉格党领袖、自由党政治家。1861年前以约翰·罗素勋爵为其通称,曾任英国首相。

罗素(1872—1970)

【罗素】

即伯特兰·阿瑟·威廉·罗素(Bertrand Arthur William Russell,1872—1970),中译名有"巴郎罗素""勒塞尔""佩尔脱兰罗塞尔"等。生于英国蒙茅斯郡。英国哲学家,数学家,逻辑学家,历史学家,文学家,分析哲学的主要创始人,世界和平运动的倡导者和组织者。政治上主张基尔特社会主义。1920年他访问中国,在北京等地讲学一年后回到欧洲,写出《中国问题》一书。该书受孙中山赞誉,称他为"唯一真正理解中国的西方人"。1950年获诺贝尔文学奖。著有《罗素自传》。其著述被翻译整理为《罗素文集》在国内出版。

罗素夫人(1867—1951)

【罗素夫人】

即艾丽丝·皮尔索尔·史密斯(Alys Pearsall Smith,1867—1951),女。生于美国费城。罗素的第一任妻子。美国贵格会教徒。

罗雪尔(1817—1894)

【罗雪尔】

即威廉·格奥尔格·弗里德里希·罗雪尔(Wilhelm Georg Friedrich Roscher,1817—1894),中译名有"贺希野路""贺希野路""劳遂尔""劳遂尔""列儿脩儿""罗塞尔""罗舍""罗师专""罗希爱""罗夏""罗协""罗谢耳""洛西路""洛西野陆""洛歇""威尔黑母""维廉洛歇"等。生于德国汉诺威。德国庸俗经济学家,德国政治经济学中的历史学派创始人。1848年任莱比锡大学教授。著有《德国国家民族》等。

【罗耶】

即克莱门斯·罗耶（Clémence Royer，1830—1902），女。中译名有"劳叶""罗耶尔"等。生于法国南特。法国科学家，哲学家，女权主义者，翻译家，社会评论家。1862年将达尔文的《物种起源》译成法文。著有《人与社会的起源》《善良与道德法：伦理与目的论》等。

罗耶（1830—1902）

【罗亦农】

罗亦农（1902—1928），原名善扬，又名觉，字慎斋，号振纲。湖南湘潭人。中国共产党早期领导人之一，杰出的无产阶级革命家，工人运动领袖。1919年夏到上海，通过《新青年》《劳动界》等进步杂志，阅读大量宣传马克思主义的文章。1920年8月经陈独秀介绍，加入上海社会主义青年团，旋入上海外国语学社。1921年春入莫斯科东方劳动者共产主义大学学习，同年冬转入中国共产党，并被推选为中共旅莫支部书记。1922年1月出席远东各国共产党及民族革命团体代表大会。1923年任莫斯科东方劳动者共产主义大学中国语言组书记，兼任翻译。1925年3月回国从事工人运动，组织和领导省港工人大罢工及上海工人三次武装起义。4月任中共中央驻粤临时委员会委员。1927年4月参加中国共产党第五次全国代表大会，当选中央委员。8月参加八七会议，当选中央临时政治局委员；同年11月，中共中央政治局扩大会议当选中央政治局委员、常务委员，不久，被任命为中共中央组织局主任。历任中共广东区委宣传部部长、中共江浙区委书记、中共江西省委书记、中共湖北省委书记、中共中央长江局书记等。1928年4月被捕，4月21日遇难。其著述被整理为《罗亦农文集》等。

罗亦农（1902—1928）

【罗易】

罗易（1887—1954）

即马纳本德拉·纳特·罗易（Manabendra Nath Roy，1887—1954），原名纳伦德拉·纳特·巴塔查尔亚

(Narendra Nath Bhattacharya),中译名有"鲁依""鲁易""罗亦"等。生于印度西孟加拉。印度革命家,哲学家,政治理论家,活动家。曾任共产国际执行委员会委员和主席团候补委员。1926年出席共产国际执行委员会第七次全会,参与起草《关于中国问题的提纲》。会后受共产国际派遣来华。1927年2月抵达广州,4月到武汉任共产国际驻中国首席代表。4—5月出席中国共产党第五次全国代表大会,代表共产国际作报告。7月被共产国际召回。回到莫斯科后,撰文攻击共产国际,并向德共布兰德右倾机会主义集团靠拢。1928年受到共产国际批判。1929年被共产国际开除。著有《中国革命的前途和性质》《国民革命和社会主义》《非资本主义发展和社会主义,民主专政和无产阶级专政》等。

罗章龙(1896—1995)

【罗章龙】

罗章龙(1896—1995),原名敖阶。笔名文虎、沧海、景云、真君等,化名知名。湖南浏阳人。中国共产党早期党员,中国共产党早期政治活动家,早期工人运动先驱。1917年11月以"沧海"为笔名在《太平洋》发表《革命后之俄罗斯政变》一文。1918年4月与毛泽东等发起组织新民学会。早年就读于北京大学,参加五四运动。1920年参与发起中共北京早期组织。任职中共北方区委和中国劳动组合书记部负责人期间,领导陇海铁路工人大罢工、长辛店铁路工人大罢工、开滦五矿工人大罢工及京汉铁路工人大罢工。历任中共第三届中央委员、中央局委员,第五届中央委员,第四届、六届中央候补委员,中共中央工委书记,中华全国总工会委员长等职。1926年10月编有《革命战士集》。1931年初因犯分裂党的错误,被开除党籍。编著有《京汉工人流血记》《中国国民经济史》《中国职工运动状况(1928年—1930年)》《椿园载记》等,译著有《康德传》等。

洛贝尔图斯 – 亚格措夫
（1805—1875）

【洛贝尔图斯 – 亚格措夫】

即约翰·卡尔·洛贝尔图斯 – 亚格措夫（Johann Karl Rodbertus-Jagetzow，1805—1875）。中译名有"迦尔·罗德俾尔士""拉伯尔塔斯""劳倍德氏""鲁得柏尔士""路德伯秋斯氏""罗柏吐司""罗贝尔""罗贝图""罗得北尔求士""罗德百尔士""罗德倍""罗德比尔士""罗德伯尔都斯""罗德伯尔都斯氏""罗德培尔斯""罗德佩尔斯""罗挖柏芝""洛白达斯""洛柏特斯""洛柏图斯""洛伯特斯""洛度卫度他斯""洛度卫陆他斯""洛度卫陆他斯耶契兹""洛托伯泰斯氏""骆勃尔司""雅契慈柯""亚格搓夫"等。生于德国格赖夫斯瓦尔德。德国庸俗经济学家，政治活动家，资产阶级化的普鲁士容克的思想家。早年在柏林攻读法学，毕业后任法官，经营庄园。历任州议员、汉斯曼内阁文教大臣、普鲁士国民议会议员等职。主张国家社会主义和讲坛社会主义，企图通过普鲁士君主政体实现社会主义，表明资产阶级改良主义的立场。著有《关于德国国家经济状况的认识——五大原理》《工人阶级的主张》《生产过剩与危机》《关于我国国家经济状况的认识》等。

洛克（1632—1704）

【洛克】

即约翰·洛克（John Locke，1632—1704），中译名有"乐克氏""乐客""陆克""罗克""洛高洛克""正鲁"等。生于英国萨默塞特郡。英国唯物主义经验论哲学家，政治学家，启蒙思想家，经济学家，早期天赋人权理论的代表。著有《人类理解论》《政府论》等。

洛克菲勒（1839—1937）

【洛克菲勒】

即约翰·戴维逊·洛克菲勒（John Davison Rockefeller，1839—1937），中译名有"咯咯惠拉""劳克饭禄""卢克勃罗""路克非拉""罗克匪勒""罗克佛拉""洛格飞""洛加化""洛介尔斯""洛克斐莱尔""约翰罗基弗拉""约翰罗克匪勒""约翰洛克弗拉""赵德陆克晦拉"等。生于美国纽约。美国石油大王，洛克菲勒财团的创始人。1870年1月创办美孚石油公司，垄断美国的石油工业。

洛朗（1793—1877）

【洛朗】

即保尔-马蒂厄·洛朗（Paul-Mathieu Laurent，1793—1877），中译名有"罗兰""罗连""罗伦"等。生于法国布尔圣昂代奥。法国律师，记者，历史学家，政治家。1829年7月创办周刊《圣西门教义杂志》。1830—1832年任《世界报》编辑。著有《多芬尼历史简历》《拿破仑史》等。

洛里亚（1857—1943）

【洛里亚】

即阿基尔·洛里亚（Achille Loria，1857—1943），中译名有"鲁里亚""罗黎雅""罗里亚""罗利亚""罗锐亚""洛利亚"等。生于意大利曼图亚。意大利社会学家，经济学家，庸俗政治经济学的代表人物。他是最早批评马克思主义的人之一，其观点受到恩格斯的批判。著有《社会的经济基础》《卡尔·马克思》等。

洛帕廷（1845—1918）

【洛帕廷】

即格尔曼·亚历山德罗维奇·洛帕廷（Герман Александрович Лопатин，1845—1918），中译名有"赫尔曼罗巴金""洛巴丁"等。生于俄国诺夫哥罗德。尼·加·车尔尼雪夫斯基的学生。俄国民粹派革命家。1870年为第一国际总委员会委员。19世纪70年代在国外居住期间，与马克思和恩格斯关系密切。他和尼·弗·丹尼逊是《资本论》首部俄文本的译者。

洛普欣（1864—1928）

【洛普欣】

即阿列克谢·亚历山德罗维奇·洛普欣（Алексей Александрович Лопухин，1864—1928），中译名有"洛扑金"等。生于俄国奥廖尔市。俄国政治人物。1902—1905年任俄罗斯帝国警察局局长、国务委员等职。

【洛思罗普】

即哈丽特·洛思罗普（Harriett Lothrop，1844—1924），女。笔名玛格丽特·西德尼。中译名有"罗斯路卜"等。生于美国康涅狄格州。美国作家。1902年将《雇佣劳动与资本》译成英文在纽约出版。

【洛斯基尔】

即乔治·海因里希·洛斯基尔（George Heinrich Loskiel，1740—1814），中译名有"罗斯彻尔""罗斯克尔"等。生于拉脱维亚林达。美国传教士，作家。著有《北美洲印第安人传教团》《激情与奥斯特格桑》等。

【洛索夫】

即奥托·冯·洛索夫（Otto von Lossow，1868—1938），中译名有"洛沙"等。生于巴伐利亚王国（今属德国）。德国军事将领。曾任驻巴伐利亚的国防军司令。

【洛佐夫斯基】

即索罗蒙·阿布拉莫维奇·洛佐夫斯基（Соломон Абрамович Лозовский，1878—1952），原名索罗蒙·阿布拉莫维奇·德里佐（Соломон Абрамович Дридзо），中译名有"陋族扶基氏""罗梭甫斯基""罗作夫斯基""洛若夫斯基""洛蜀乌斯基""洛索夫斯基"等。生于俄国叶卡捷琳诺斯拉夫省（今俄罗斯第聂伯罗彼得罗夫斯克）。苏联外交官，国际职工运动的领导人。1901年加入俄国社会民主工党。长期从事工运工作，担任赤色职工国际总书记。历任共产国际主席团成员、苏共中央委员、国家出版局局长、外交部副部长等职。著有《世界劳工运动现状》等。

【吕勒】

即卡尔·海因里希·奥托·吕勒（Karl Heinrich Otto Rühle，1874—1943），中译名有"卢安尔""鲁勒"等。生于德国

萨克森州。德国左派社会民主党人，政论家，教育家，作家。1900年加入德国社会民主党，曾与卡尔·李卜克内西、罗莎·卢森堡等人创办《国际》杂志，提出反对世界大战的革命国际主义。1912年被选为德国国会议员。1916年参加斯巴达克斯联盟。著有《卡尔·马克思：他的生平和著作》等。

吕一鸣（1897—1947）

【吕一鸣】

吕一鸣（1897—1947），原名闪大俭，字雨农。在北京、天津上学及革命活动期间曾用名吕学孔、吕蕴儒、郑意（正义）。河南怀庆（今博爱县）人。中国共产党早期党员。1919年参加五四运动，1920年在天津参加抵制日货运动，同年参加社会主义青年团。1921年加入中国共产党，并与于树德在天津创办中共最早的工人业余学校，宣传革命思想。1922年代表天津参加在广州举行的中国社会主义青年团第一次全国代表大会，与赵树深等人在天津组成进步社团——绿波社。1923年在天津成立宣传进步文化的爱智会，受到李大钊亲自指导，宣传共产主义思想，并与刘清扬等一起参加由邓颖超组织的女星社。1924年以文化名人身份在北京《晨报》等刊物发表进步文章。1931年参加中共北京特科，长期从事隐蔽战线工作。1947年12月25日在北平逝世。译著有《社会主义学说大要》《唯物史观略解》《社会主义的妇女观》等。

M

【麻振武】

麻振武（1893—1927），字蔚文，亦作允文，绰号麻老九。陕西商县人。近代政治人物。1911年投郭坚部下参加辛亥革命。1922年郭坚被杀后，归附镇嵩军首领刘镇华。1927年镇守大荔，对抗北伐军，城破后败逃，死于乱军中。

【马布利】

马布利（1709—1785）

即加布里埃尔·博诺·德·马布利（Gabriel Bonnot de Mably，1709—1785），中译名有"布利""马百里""马伯来""马布里""马利士""马普利""麦勃来"等。生于法国格勒诺布尔。法国历史学家，政治活动家，启蒙思想家，空想平均共产主义的代表人物。其著述被整理为《马布利选集》等。

【马超俊】

马超俊（1885—1977）

马超俊（1885—1977），字星樵。广东台山（今属江门市）人。中国同盟会会员。早年参加黄花岗起义、辛亥革命、二次革命、护国运动等。孙文主义学会的发起组织者之一。历任广东省政府委员兼农工厅厅长、国民党广州市党部执委兼工人部部长等职。著有《中国劳工运动史》《比较劳工政策》等，后人编有《马超俊、傅秉常口述自传》。

马尔蒂斯（1844—1901）

【马尔蒂斯】

即萨尔瓦多·科内蒂·德·马尔蒂斯（Salvatore Cognetti de Martiis，1844—1901），中译名有"马迪氏"等。生于意大利巴里。意大利经济学家。1878年任都灵大学教授。著有《古代社会主义》等。

马尔丁诺夫（1865—1935）

【马尔丁诺夫】

即亚历山大·萨莫伊洛维奇·马尔丁诺夫（Александр Самойлович Мартынов，1865—1935），中译名有"马尔起诺夫"等。生于俄国莫斯科。俄国经济派领袖之一，孟什维克活动家。19世纪80年代参加民意党小组。1886年被流放西伯利亚，加入俄国社会民主工党。1900年侨居国外，参加经济派的《工人事业》杂志编辑部，反对《火星报》。1903年在俄国社会民主工党第二次代表大会上，参加孟什维克。1905年革命失败后，为取消派。第一次世界大战时持中派立场。十月革命后脱离孟什维克，加入俄共（布）。

马尔可夫（1897—1980）

【马尔可夫】

即帕维尔·亚历山德罗维奇·马尔可夫（Павел Александрович Марков，1897—1980），生于俄国图拉。苏联戏剧理论家，文学评论家。1921年毕业于莫斯科大学。曾在莫斯科艺术剧院进行导演和教学工作。1939年起任教于俄罗斯戏剧艺术学院，参与主编戏剧百科全书。其著作《当代苏俄戏剧》于1924年6月由润荪、人鬯翻译成中文，天津南洋书店出版。著有《最新的戏剧趋势（1898—1923）》，主编《戏剧百科全书》等。

【马尔萨斯】

即丹尼尔·马尔萨斯（Daniel Malthus，1730—1800），中译名有"德尼马尔萨士"等。生于英格兰米德尔塞克斯郡。托马斯·罗伯特·马尔萨斯的父亲。

马尔萨斯(1766—1834)

【马尔萨斯】

即托马斯·罗伯特·马尔萨斯（Thomas Robert Malthus，1766—1834），中译名有"麻庐沙士""马查士""马尔查士""马尔达""马尔萨士""马尔塞思""马尔塞斯""马尔沙斯""马尔梭士""马尔泰司""马耳达""马耳德""马耳萨司""玛尔梭士"等。生于英国萨里郡。英国经济学家，传教士，人口理论的主要代表人物。1798年发表《人口学原理》。马克思、恩格斯曾批判其"人口对生产造成压力"的观点。其著述被翻译整理为《马尔萨斯文集》在国内出版。

马尔托夫(1873—1923)

【马尔托夫】

即尤利·奥西波维奇·马尔托夫（Юлий Осипович Мартов，1873—1923），原名为尤利·奥西波维奇·策德鲍姆（Юлий Осипович Цедербаум）。中译名有"尔·马尔托夫""马安夫""马尔多夫""马尔太""马尔秃夫""马尔脱夫""马讬夫""马托夫""马妥夫""麦尔特夫""仆布罗夫"等。生于奥斯曼帝国伊斯坦布尔。孟什维克领袖之一。1895年参加彼得堡工人阶级解放斗争协会。1900年参与创办《火星报》，并任编辑。1903年在俄国社会民主工党第二次代表大会上带头反对列宁建党原则，成为孟什维克的领袖之一。第一次世界大战期间是中派分子。十月革命后，反对布尔什维克，但反对用武力推翻苏俄。1920年夏侨居德国。曾参与组织第二半国际。

马尔西(1877—1922)

【马尔西】

即玛丽·埃德娜·托比亚斯·马尔西（Mary Edna Tobias Marcy，1877—1922），女。中译名有"迈尔司"等。生于美国伊利诺伊州。美国社会党左翼领导人，社会主义作家，诗人。1903年加入美国社会党，任美国著名社会主义杂志《国际社会主义评论》编辑、主编。1910—1911年在《国际社会主义评论》上发表题为《卡尔·马克思的社会主义和经济学初级课程》等文章，普及马克思主义的主要思想。

1911年撰写的《经济学漫谈》由美国芝加哥查尔斯·H. 克尔出版公司（Charles H. Kerr Co-operative）出版。该书通俗诠释《资本论》，被译成法文、意大利文、波兰文等多国文字，销量高达200多万册。中译文以《马格斯资本论入门》为书名，于1920年9月以"社会主义研究小丛书"第二种出版，影响广泛。李大钊、陈独秀在文章中大力推荐。中共北京早期组织和中共武汉早期组织均把该书作为学习马克思主义的必读材料。

【马焕新】

马焕新（约1900—1986），广东海丰人。近现代政治人物。早年参加工人运动、学生运动，为海丰县学生联合总会副会长。曾参加海丰总农会，任教育委员。

马君武（1881—1940）

【马君武】

马君武（1881—1940），原名道凝，又名同，后改名和，字厚山，号君武。祖籍湖北蒲圻（今赤壁市），广西桂林人。近现代政治活动家，教育家。早年考入广西体用学堂。1901年入上海震旦大学，同年冬留学日本。1902年翻译英国社会主义者托马斯·柯卡普名著《社会主义史》中的"无政府主义"章节，以《俄罗斯大风潮》为书名由少年中国学会总发行。这是《社会主义史》首部中文节译本。1903年在《译书汇编》第11期上发表《社会主义与进化论比较》，介绍马克思和科学社会主义学说，并附《共产党宣言》《英国工人阶级状况》《哲学的贫困》《政治经济学批判》《资本论》等经典著作的目录。1905年参与组建中国同盟会，是中国同盟会章程八位起草人之一，《民报》的主要撰稿人。辛亥革命后，参与起草《中华民国临时约法》《临时政府组织大纲》，旋即担任中华民国临时政府实业部次长。历任孙中山革命政府秘书长、广西省省长、北洋政府司法总长、教育总长等职。1924年淡出政坛，投入教育事业，先后担任大夏大学（今华东师范大学）、国立北京工业大学、中国公学、国立广西大学等校校长。与主张"思想自由，兼容并包"的蔡元培同享盛名，有"北蔡南马"之誉。其著述被整理为《马君武集》(2册)。

马克·吐温（1835—1910）

【马克·吐温】

塞缪尔·兰亨·克莱门（Samuel Langhorne Clemens，1835—1910）的笔名。生于美国佛罗里达州。美国作家，演说家。美国批判现实主义文学的奠基人。著有《马克·吐温自传》。其著述被翻译整理为《马克·吐温作品集》在国内出版。

马克拉柯夫（1869—1957）

【马克拉柯夫】

即瓦西里·阿列克谢耶维奇·马克拉柯夫（Василий Алексеевич Маклаков，1869—1957），中译名有"马克拉确夫""马拉古夫"等。生于俄国莫斯科。俄罗斯立宪民主党和俄罗斯共济会的领导之一。以倡导俄罗斯立宪而闻名。著有《旧俄罗斯没落中的政府与社会舆论》等。

马克思（1777—1838）

【马克思】

即亨利希·马克思（Heinrich Marx，1777—1838），生于德国萨鲁斯。马克思的父亲。德国律师，基督新教徒，特里尔的司法参事。

马克思（1818—1883）

【马克思】

即卡尔·亨利希·马克思（Karl Heinrich Marx，1818—1883），中译名有"嘎儿马尔克""加尔·马克思""加尔马古斯""加尔马尔克""加尔马克斯""加尔孟古""加尔鸣科""加兰马科""加陆·马克斯""加陆加斯""加陆马陆科斯""加路鲁·玛罗科斯""加路孟古斯""加罗梅特思""嘉玛古士""咖尔吗科""咖尔吗克司""喀儿·马克思""卡尔尔马尔克""卡尔马尔克斯""卡尔马格""卡尔马格斯""卡尔马极斯""卡尔氏""卡尔焉尔克斯""卡玛""凯洛马尔克斯""楷尔·麦克""克豆买鲁克斯""克尔马克思""麻克士""麻娄克司""麻路葛斯""马尔格士""马尔格斯""马尔古士""马尔喀""马尔克""马尔克斯""马格司""马格斯""马古士""马古斯""马可斯""马克""马克士""马克司""马克斯""马客偲""马陆加斯""马陆科斯""马路可司""马路司司""马露科斯""马露可士""马露可司""马露司司""马斯""玛尔克""玛克斯""玛鲁柯士""埋蛤司""麦尔克斯""麦喀士""麦喀氏""麦克司""圣克斯""高露可司""加尔·玛士""加尔玛尔克氏""加尔玛克氏""卡尔麻娄克司""卡耳·麻苦斯""马儿克""马路可士""马露斯科""麦克士""麦克斯"等。生于德国特里尔市。马克思主义创始人之一,全世界无产阶级和劳动人民的伟大导师。1883年3月14日病逝于伦敦。其著述被翻译整理为《马克思恩格斯全集》《马克思恩格斯文集》《马克思恩格斯选集》等在国内出版。

马雷斯（1864—1933）

【马雷斯】

即列夫·尼古拉耶维奇·马雷斯（Лев Николаевич Маресс，1864—1933），中译名有"马勒斯"等。生于俄国莫斯科。俄国统计学家，经济学家。著有《农民经济中面包的生产和消费》等。

马林（1883—1942）

【马林】

即亨利克·马林（Henriyks Maring，1883—1942），化名"И.Б.""菲力浦""孙铎""西蒙""西蒙斯"等。中译名有"希夫廖特"等。生于荷兰鹿特丹。荷兰共产主义者，国际共产主义运动活动家。1920年6月以印度尼西亚共产党代表的名义出席共产国际第二次代表大会，任民族殖民地委员会秘书。1921年6月以共产国际执委会派驻远东代表的身份来到上海，参加中国共产党第一次全国代表大会。后两次来华，促进第一次国共合作。以"孙铎"的笔名在

《向导》上发表《俄国革命五周年纪念》《中国国民运动的过去及将来》等十多篇文章。

【马隆】

马隆（1841—1893）

即贝努瓦·马隆（Benoît Malon，1841—1893），中译名有"马龙""马鲁""马伦""玛龙"等。生于法国卢瓦尔省。职业染整工。法国政论家，小资产阶级社会主义者。1865年加入第一国际法国支部。1871年任法国第三共和国国民议会议员，后辞职。巴黎公社时被选为巴黎公社委员会成员、公共工程委员会成员。起义失败后被判死刑，逃亡意大利，后迁居瑞士。1880年大赦后回到巴黎。1882年法国工人党分裂，成为可能派的领袖之一。1885年创立法国独立的社会主义党。著有《法国无产阶级的第三次失败》等。

【马马耶夫】

马马耶夫（1894/1895–1938）

即伊万·基里洛维奇·马马耶夫（Иван Кириллович Мамаев，1894/1895—1938），中译名有"马马也夫""马迈耶夫"等。生于俄国萨拉托夫省。苏联政治活动家。1920—1921年为俄共（布）中央西伯利亚东方民族处驻中国代表。1921年任共产国际远东书记处中国科书记。1924—1927年任苏联驻华军事顾问，参加北伐。精通中文和英文。

【马尼洛夫】

马尼洛夫，果戈理的小说《死魂灵》中的一个人物。特指那种抱着一切非实际的、无意义的、善良的希望和幻想的人。

【马努伊洛夫】

马努伊洛夫（1861—1929）

即亚历山大·阿波罗诺维奇·马努伊洛夫（Александр Аполлонович Мануйлов，1861—1929），中译名有"麦牛洛夫""孟牛洛夫"等。生于俄国敖德萨（今属乌克兰）。俄国社会活动家，科学家，经济学家，教育家。历任莫斯科大学校长、俄国国务会议成员、第一届临时政府教育部部长等职。1896年把马克思的《政治经济学批判》翻译成俄文。

马萨里克（1850—1937）

【马萨里克】

即托马斯·加里格·马萨里克（Tomáš Garrigue Masaryk，1850—1937），中译名有"马查利克""马萨里克""马沙利""马沙利克"等。生于捷克霍多宁。捷克斯洛伐克政治家，社会学家，哲学家。1891年任奥匈帝国议会议员。1918年任捷克斯洛伐克政府首任总统。

马斯洛夫（1867—1946）

【马斯洛夫】

即彼得·巴甫洛维奇·马斯洛夫（Пётр Павлович Маслов，1867—1946），中译名有"马斯罗夫""麦斯洛夫"等。生于俄国奥伦堡省。俄国经济学家，俄国社会民主党人。著有《土地问题》等。

马素（1883—1930）

【马素】

马素（1883—1930），字绘斋。祖籍广州，生于上海。孙中山的私人秘书。民国时期政治人物，外交官。1912年任《民国西报》法文总编。1915年任国民党在美国、加拿大、墨西哥的代表。1920年任广州军政府驻华盛顿外交代表。1925年因开展反对"联俄、联共、扶助农工"新三民主义政策的分裂活动，被国民党中央执行委员会开除出党。1926年在上海创办《独立周刊》。

马特（688—741）

【马特】

即查理·马特（Charles Martel，688—741），中译名有"马尔特尔"等。生于法国埃斯塔勒。法兰克王国领袖。715年任法兰克王国宫相，即实际统治者。

337

马歇尔（1842—1924）

【马歇尔】

即阿尔弗雷德·马歇尔（Alfred Marshall，1842—1924），中译名有"马尔察亚""马奢""马西亚氏""马夏尔""马学尔"等。生于英国伦敦。英国经济学家，剑桥学派的创始人。1885 年任剑桥大学政治经济学教授。著有《经济学原理》《工业经济学》等。

马雅可夫斯基（1893—1930）

【马雅可夫斯基】

即弗拉基米尔·弗拉基米罗维奇·马雅可夫斯基（Владимир Владимирович Маяковский，1893—1930），中译名有"马霞夸夫斯基"等。生于俄国库塔伊西省（今属格鲁吉亚）。苏联诗人，剧作家。其著述被翻译整理为《马雅可夫斯基全集》（全12卷）、《马雅可夫斯基选集》（5卷）、《马雅可夫斯基诗选》（3卷）等在国内出版。

【马炎文】

马炎文，生卒年不详。字息深。祖籍江苏南通。全国商会联合会代表。

【马耶夫斯基】

即叶夫根尼·马耶夫斯基（Евгений Маевский，1875—1918），原名维肯季·阿尼采托维奇·古托夫斯基（Викентий Аницетович Гутовский），中译名有"马勒斯基"等。出生地不详。俄国社会民主党人（孟什维克），文学家。工人反资本斗争社的创建者。1918 年因抵抗高尔察克政变被捕，后被害。

马寅初（1882—1982）

【马寅初】

马寅初（1882—1982），名元善，字寅初。浙江嵊州人。经济学家，教育学家，人口学家。历任北京大学教授、教务长、校长、名誉校长等职。被誉为当代"中国人口学第一人"。一生专著颇丰，特别对中国的经济、教育、人口等方面有杰出贡献。其著述被整理为《马寅初全集》(15卷)。

马育航(1881—1939)

【马育航】

马育航(1881—1939),字用行,号继猷。广东海丰人。近现代政治人物。1910年加入中国同盟会。后组织创办《海丰自治报》、"正气书报社"等,介绍新思潮。历任海丰高等小学校长、陈炯明幕僚长、国民政府参议员等职。抗日战争期间成为汉奸,任伪中华民国维新政府立法院咨议,1939年被暗杀。

马约罗夫(1890—1941)

【马约罗夫】

即伊利亚·安德烈耶维奇·马约罗夫(Илья Андреевич Майоров,1890—1941),中译名有"加姆扣夫"等。生于俄国喀山。玛丽亚·亚历山大诺夫娜·斯皮里多诺娃的丈夫。俄国社会革命党左派。历任第三届全俄中央执行委员会委员、农业人民委员部副人民委员等职。

马哲民(1899—1980)

【马哲民】

马哲民(1899—1980),又名念一、之栩,字浚,号铁肩。笔名颂五、一鸥等。湖北黄冈人。近现代学者,教育家,中国共产党早期党员。早年东渡日本,就读于早稻田大学经济学专业。1919年回国,投身五四运动,在上海参加马克思学说研究会。1920年在《汉声报》上发表文章,宣传马克思主义。1921年加入中国社会主义青年团,与陈潭秋创办中外通讯社。1922年春作为新闻界代表,被派往苏联出席远东各国共产党及民族革命团体代表大会。会后由陈潭秋、刘子通介绍加入中国共产党。旋即在莫斯科中山大学学习。1923年与夏之栩主编《妇女旬刊》。1926年回国参加北伐,任国民革命军第十五军政治部文书股长。同年与董必武、宛希俨创办《汉口民国日报》,并任编辑。大革命失败后脱党,从事教育工作。著有《国际帝国主义论》《社会经济概论》《社会进化史》《新社会学》等。

马志尼(1805—1872)

【马志尼】

即朱塞佩·马志尼(Giuseppe Mazzini,1805—1872),中译名有"阿芝""麻志尼""马迪尼""马季泥""马齐尼""马兹伊""马兹意""玛先尼""玛志尼"等。生于法兰西帝国热那亚(今属意大利)。意大利革命家,民主主义者,民族解放运动民主派的领袖。一八四八年意大利革命的参加者,1849年为罗马共和国临时政府首脑,1850年是伦敦欧洲民主派中央委员会组织者之一。晚年反对巴黎公社和第一国际,阻碍意大利独立工人运动的发展。列宁把他列为马克思主义以前的非无产阶级社会主义的代表人物。著有《论人的责任》等。

迈尔(1814—1878)

【迈尔】

即朱利叶斯·罗伯特·迈尔(Julius Robert Mayer,1814—1878),中译名有"马牙"等。生于德国海尔布隆。德国医生,化学家,物理学家,热力学的创始人之一。1842年撰写《论无机界的力》一文,提出能量守恒定律并计算出热功当量。著有《热力学》等。

【迈耶尔】

即齐格弗里德·迈耶尔(Sigfried Meyer,1840—1872),中译名有"马伊牙""密叶也尔"等。生于德国,1866年侨居美国。马克思和恩格斯的战友。德裔美国工程师,社会主义者,德国和美国工人运动活动家,第一国际、全德工人联合会会员,纽约共产主义者俱乐部会员和第一国际在美国支部的组织者之一。1864年自费在德国出版《共产党宣言》。

麦金利(1843—1901)

【麦金利】

即威廉·麦金利(William Mckinley,1843—1901),中译名有"麦坚尼""麦金莱""麦荆莱"等。生于美国俄亥俄州。美国政治家。美国第28届总统。任内提出由国务卿海约翰训令驻英、俄、德、法、意、日等六国大使,向各驻在国政府递交关于中国的门户开放照会,强调各国在中国机会均等，利益均沾。他是狂热的扩张主义者，不断对外发动战争，使美国步入殖民强国之列。1901年被无政府主义者刺杀身亡。

麦卡杜（1863—1941）

【麦卡杜】

即威廉·吉布斯·麦卡杜（William Gibbs McAdoo，1863—1941），中译名有"马克亚多"等。生于美国佐治亚州。美国总统威尔逊的女婿。美国政治家，律师，美国民主党人。1913年任美国财政部部长。1914年创立联邦储备委员会。

麦凯尔（1859—1945）

【麦凯尔】

即约翰·威廉·麦凯尔（John William Mackail，1859—1945），中译名有"麦克凯尔"等。生于苏格兰比特岛。苏格兰学者，作家，英国教育体系的改革家。历任牛津大学教授，英国历史、哲学和语言研究促进学院院长等职，以维吉尔和莫里斯的传记作家闻名于世。著有《维吉尔的乔治》《俄罗斯给世界的礼物》等。

麦克库洛赫（1789—1864）

【麦克库洛赫】

即约翰·拉姆赛·麦克库洛赫（John Ramsay McCulloch，1789—1864），中译名有"马克拉德氏""马库洛克""麦克库洛赫""模克洛克"等。生于苏格兰威格敦郡。英国资产阶级经济学家，统计学家，李嘉图经济学说的庸俗化者。《苏格兰人报》联合创始人。1818年在《爱丁堡评论》工作。1828年任伦敦大学政治经济学教授。同年负责编辑出版《国富论》。著有《政治经济学原理》等。

麦克伦南（1827—1881）

【麦克伦南】

即约翰·弗格森·麦克伦南（John Ferguson Mclennan，1827—1881），中译名有"马克黎南""马克列南""马克列喃""麦克来纳""麦克林兰""麦连拿"等。生于苏格兰因佛内斯。苏格兰法学家，历史学家，民族学家。1849年阿伯丁国王学院毕业后进入剑桥大学三一学院。其作品对英国原始社会史和民族学研究都有重大影响。他指出了外婚制的流行及其重大意义，并认定母权制的世系制度是人类社会最初的制度。著有《原始婚姻：对婚姻仪式中捕获形式的起源的探究》等。

麦克马洪（1808—1893）

【麦克马洪】

即玛利·埃德米·帕特里斯·莫里斯·德·麦克马洪（Marie Edme Patrice Maurice de Mac-Mahon，1808—1893），中译名有"马克马韩""马克曼"等。生于法国索恩-卢瓦尔省。法国政治活动家，将军，波拿巴主义者。法兰西第三共和国第2届总统。在克里米亚战争与意大利马坚塔战役中扬名，升为法国元帅，并受封为马坚塔公爵。1871年参与对巴黎公社起义的镇压。

麦克唐纳（1821—1881）

【麦克唐纳】

即亚历山大·麦克唐纳（Alexander MacDonald，1821—1881），中译名有"阿列契沙科马科度那陆度""马克但那"等。生于英国兰开夏郡。苏格兰矿工，教师，工会领袖。1855年领导成立苏格兰煤炭和铁矿石矿工协会，曾任全国矿工联盟主席等职。

麦克唐纳（1866—1937）

【麦克唐纳】

即詹姆斯·拉姆塞·麦克唐纳（James Ramsay MacDonald，1866—1937），中译名有"马克都纳""马克多纳""玛克顿纳""麦丹路""麦克唐纳""麦克唐纳德""麦克唐纳尔""墨克都纳尔""讷塞马克但那"等。生于苏格兰马里郡。英国工党创建人和领袖之一，第二国际机会主义首领之一。曾两度任工党政府首相。著有《社会主义：批评与建议》等。

麦耶（1839—1899）

【麦耶】

即鲁道夫·赫尔曼·麦耶（Rudolf Hermann Meyer，1839—1899），中译名有"卢塔甫麦耶尔""路德夫·买耶""迈尔""迈耶""枚雅""唯姆雅""希尔曼·买亚"等。生于德国勃兰登堡。德国经济作家。著有《世纪末资本主义》《第四等级的解放斗争》等。

麦哲伦（1480—1521）

【麦哲伦】

即斐迪南·麦哲伦（Ferdinand Magellan，1480—1521），中译名有"马格兰""麦斯伦""墨哲仑"等。生于葡萄牙波尔图。葡萄牙探险家，航海家，殖民者。1519年率领船队开始第一次环球航行，途中于1521年逝世，1522年航行由船员完成。

曼德维尔（1670—1733）

【曼德维尔】

即伯纳德·曼德维尔（Bernard Mandeville，1670—1733），中译名有"满德维尔""孟特维尔"等。生于荷兰鹿特丹。职业医生。荷兰散文作家，哲学家，经济学家。作品有《蜜蜂的寓言》等。

曼恩（1856—1941）

【曼恩】

即汤姆·曼恩（Tom Mann，1856—1941），中译名有"杜姆满""多满""多曼""曼门恩""门恩""汤麦""汤曼""汤蒙""汤姆曼"等。生于英国福尔斯希尔。英国工人运动活动家，英国社会民主同盟成员，新工联的领导人之一。1893年参加创建英国独立工党，曾任总书记。第一次世界大战时持国际主义立场。1920年加入英国共产党。1927年作为共产国际代表团成员访华。

曼纳海姆（1867—1951）

【曼纳海姆】

即卡尔·古斯塔夫·埃米尔·曼纳海姆（Carl Gustaf Emil Mannerheim，1867—1951），中译名有"马汉达""满纳海

M

343

门""曼奈尔海姆"等。生于芬兰大公国阿斯凯宁。芬兰独立运动的民族英雄,芬兰探险家。1933年任芬兰元帅。1944年任芬兰共和国第六任总统。著有回忆录《艾琳纳伦根》等。

曼宁(1808—1892)

【曼宁】

即亨利·爱德华·曼宁(Henry Edward Manning, 1808—1892),中译名有"正蔓宁"等。生于英格兰赫特福德郡。英国传教士。1865年任威斯敏斯特大主教。1875年任罗马天主教会的英国红衣主教。

曼塔舍夫(1849—1911)

【曼塔舍夫】

即亚历山大·伊万诺维奇·曼塔舍夫(Александр Иванович Манташев, 1849—1911),中译名有"曼塔修夫"等。生于俄国第比利斯(今为格鲁吉亚共和国首都)。俄国大企业家。1899年在巴库创办"曼塔舍夫公司"大型石油企业,1912年在英国投资公司的帮助下,该司与另外几家俄国资本的石油公司联合组成"俄国石油总公司"。

毛奇(1848—1916)

【毛奇】

即赫尔穆特·约翰内斯·路德维希·冯·毛奇(Helmuth Johannes Ludwig von Moltke, 1848—1916),俗称"小毛奇"。中译名有"莫尔特克""培克思梯恩"等。生于德国比恩多夫。德国总参谋长,陆军元帅。德国制定第一次世界大战的决策者之一,并主持参战初期的施里芬计划。

毛泽东(1893—1976)

【毛泽东】

毛泽东(1893—1976),字咏芝,后改为润之,小名石三伢子。别(笔)名二十八画生、子任等,化名李得胜。湖南湘潭人。伟大的无产阶级革命家,战略家,理论家,军事家,伟大的马克思主义者,中国共产党、中国人民解放军、中华人民共和国的主要缔造者,马克思主义中国化的伟大开拓者,中国社会主义现代化建设事业的伟大奠基者。早年就读湖南省第一师范学校。1918年与蔡和森等发起组织进步团体新民学会,确定学会的共同目的是"改造中国与世界"。积极参加新文化运动与五四运动。1920年阅读《共产党宣言》《社会主义史》和《阶级争斗》等马克思主义书籍,世界观发生根本性改变,信仰马克思主义,旗帜鲜明地指出"唯物史观是吾党哲学的根据"。1921年7月参加中国共产党第一次全国代表大会,历任中国共产党第三届中央执行委员、中央局委员兼秘书、第五届候补委员等职。大革命时期将马克思列宁主义与中国革命实践相结合,发表《中国社会各阶级的分析》《湖南农民运动》等文章,成为早期马克思主义中国化的代表作。其著述被整理为《毛泽东早期文稿》《毛泽东选集》《毛泽东文集》《毛泽东军事文集》等。

毛泽民(1896—1943)

【毛泽民】

毛泽民(1896—1943),字咏莲,后改为润莲,化名周彬。湖南湘潭人。毛泽东的大弟。杰出的无产阶级革命家,中国共产党早期出版家,中国共产党卓越的财经工作领导人。1921年冬加入中国共产党。1925年2月随毛泽东到湘潭、湘乡开展农民运动,同年9月进广州农民运动讲习所学习。同年底到上海任中共中央出版发行部经理,领导上海书店和印刷厂的工作。与上海书店经理徐白民等人一起努力,经营范围日益扩大,书店在沪西、沪东、沪北开办分销处,在长沙、湘潭、广州、潮州、太原、安庆、青岛、重庆、宁波等地建立分店或代办处,在符拉迪沃斯托克(海参崴)、香港、巴黎也设立代售处,使书店成为大革命时期传播马克思主义与革命思想的主要阵地。1926年2月3日书店被军阀政府查封后,又负责筹建汉口长江书店,并任《汉口民国日报》经理。大革命失败后,历任中华苏维埃共和国国家银行行长、中华苏维埃工农民主政府国民经济部部长、新疆省财政厅厅长等职。1943年9月27日遇难。

茅原华山（1870—1952）

【茅原华山】

茅原华山（カヤハラ カザン，1870—1952），本名茅原廉太郎（カヤハラレンタロウ），日本东京人。日本明治、大正和昭和时期的社会政治评论家，记者。曾任《第三帝国》《日本评论》等编辑。其著述被整理为《茅原华山文集》（日文版）。

梅岑佐夫（1827—1878）

【梅岑佐夫】

即尼古拉·弗拉基米洛维奇·梅岑佐夫（Николай Владимирович Мезенцов，1827—1878），中译名有"梅岑才夫""梅津采夫"等。生于俄国圣彼得堡。俄罗斯政治人物，中将。历任沙俄宪兵司令、第三厅厅长等职。1878年遇刺身亡。

梅尔海姆（1871—1925）

【梅尔海姆】

即阿尔方斯·梅尔海姆（Alphonse Merrheim，1871—1925），中译名有"梅尔黑姆""梅莱姆"等。生于法国拉马德莱娜。法国工会活动家，工团主义者。第一次世界大战初期反对社会沙文主义和帝国主义战争，是法国工团主义运动左翼领导人之一。

梅兰希通（1497—1560）

【梅兰希通】

即菲利普·梅兰希通（Philipp Melanchthon，1497—1560），中译名有"梅浪喜东"等。生于德国布莱藤。马丁·路德的助手和继任者。德国人文主义者，宗教改革家。1518年任维滕贝格大学希腊语教授。从1519年起和马丁·路德共事，并将路德的思想系统化。他是路德派新教学校改革的组织者，被尊称为"日耳曼导师"。著有《奥古斯塔纳忏悔录》《洛西公社》等。

梅利尼昌斯基（1886—1937）

【梅利尼昌斯基】

即格里戈里·纳坦诺维奇·梅利尼昌斯基（Грнгорий Натановнч Мельничанский，1886—1937），中译名有"梅

尔尼羌斯基"等。生于俄国赫尔松省（今属乌克兰）。苏联政治家。1902年加入俄国社会民主工党，十月革命后任莫斯科工会理事会主席、全俄工会中央理事会主席团委员、工农国防委员会委员等职。

梅利诺（1856—1930）

【梅利诺】

即弗朗西斯科·萨维里奥·梅利诺（Francesco Saverio Merlino，1856—1930），中译名有"梅里诺""美耳丽奴""墨利农"等。生于意大利那不勒斯。意大利律师，无政府主义活动家，自由主义社会主义理论家。著有《社会主义还是垄断？》《联合国手法的必要性》等。

梅列日科夫斯基（1866—1941）

【梅列日科夫斯基】

即德米特里·谢尔盖耶维奇·梅列日科夫斯基（Дмитрий Сергеевич Мережковский，1866—1941），中译名有"梅雷日科夫斯基""美列兹加夫斯基"等。生于俄国圣彼得堡。俄国作家，历史学家，宗教哲学家。作品有《拿破仑》《但丁》等。

梅林（1846—1919）

【梅林】

即弗兰茨·埃德曼·梅林（Franz Erdmann Mehring，1846—1919），中译名有"法兰士·密林格""梅林格""梅林卡""梅林克""墨尔林""墨林"等。生于德国波美拉尼亚。德国工人运动活动家，历史学家，政论家，德国社会民主党左翼领袖，德国共产党创建人之一。历任《新时代》杂志编辑、戏剧团体"自由人民舞台"秘书、《柏林人民报》《莱比锡社会报》主编、普鲁士议会议员等职。最初信仰资产阶级民主主义，结识倍倍尔和威廉·李卜克内西后，逐渐转向社会主义。1880年开始研究马克思的著作。1891年加入德国社会民主党。1916年与卡尔·李卜克内西和卢森堡一起为斯巴达克斯同盟主要领导人。列宁评价梅林"不仅是愿意当马克思主义者的人，而且是善于当马克思主义者的人"。著有《德国社会民主党史》《中世纪结束以来的德国史》《马克思传》等。

【梅隆】

即让·弗朗索瓦·梅隆（Jean Francois Melon，1675—1738），中译名有"马龙""麦隆""麦伦"等。生于法国蒂勒。法国政治经济学家。被认为是重农主义运动的先驱之一。著有《商业政治》等。

梅契尼可夫（1845—1916）

【梅契尼可夫】

即伊利亚·伊里奇·梅契尼可夫（Илья Ильич Мечников，1845—1916），中译名有"麦奇尼克夫""梅奇尼科夫""梅溪尼古夫""门漆尼高夫"等。生于俄国伊凡诺夫卡（今属乌克兰）。俄国微生物学家，免疫学家，免疫系统研究的先驱者之一。因发现乳酸菌对人体的益处，被人们称为"乳酸菌之父"。1908年获诺贝尔生理学或医学奖。著有《传染病中的免疫》《人的本质：乐观哲学研究》等。

梅特涅（1773—1859）

【梅特涅】

即克莱门斯·温策尔·洛塔尔·冯·梅特涅（Klemens Wenzel Lothar von Metternich，1773—1859），中译名有"麦的力""麦特尼希公""梅特业""美德尼比""美的路易"等。生于德意志科布伦茨。奥地利国务活动家，外交家。曾任奥地利外交大臣、首相，为神圣同盟的核心人物。

美舍利亚科夫（1865—1942）

【美舍利亚科夫】

即尼古拉·列昂尼多维奇·美舍利亚科夫（Николай Леонидович Мещеряков，1865—1942），中译名有"麦希塞里亚可夫"等。生于俄国扎赖斯克。苏联社会运动的历史学家，评论家，媒体人。1901年加入俄国革命社会民主党国外同盟。1902年作为《火星报》代办员返回莫斯科，任俄国社会民主工党莫斯科委员会委员。十月革命后历任

《真理报》编委、国家出版社编辑委员会主席等职。著有《波波夫的把戏》《合作与社会主义》《食品税与合作》等。

【美夜须姬】

美夜须姬（ミヤスヒメ），日本神话人物。日本象征着天皇所持武力的三大神器之一的草薙剑的第七代拥有者。

【门格尔】

门格尔（1841—1906）

即安东·门格尔（Anton Menger，1841—1906），中译名有"安通孟格""安托明格儿""安托明格克""孟葛""孟斋""棉卡""敏格尔"等。生于波兰马尼乌夫。经济学家卡尔·门格尔的兄弟。奥地利法学家，社会理论家。长期任维也纳大学法学教授、法学院院长和校长。著有《劳动全部产品权》《民法与穷人》等。

【蒙森】

蒙森（1817—1903）

即特奥多尔·蒙森（Theodor Mommsen，1817—1903），中译名有"蒙生""孟生"等。生于丹麦席莱苏维格伽尔丁（今属德国）。德国历史学家，法学家，政治家，考古学家，记者。1858年被任命为柏林科学院院士。1861年为柏林大学罗马历史教授。1902年因著作《罗马史》而获得诺贝尔文学奖。开创金石学，即研究物质文物中的铭文。著有罗马铭文集《拉丁语料库》等。

【孟德尔】

孟德尔（1822—1884）

即格雷戈·乔治·孟德尔（Gregor Johann Mendel，1822—1884），中译名有"门德尔"等。生于奥地利帝国西里西亚（今属捷克）。奥地利遗传学理论学家。1865年因发现遗传定律，成为遗传学的奠基人，被称为"现代遗传学之父"。著有《植物杂交种实验》等。

孟德斯鸠（1689—1755）

【孟德斯鸠】

即沙尔·路易·德·瑟贡达·孟德斯鸠（Charles Louis de Secondat Montesquieu，1689—1755），中译名有"蒙的斯鸠""孟德司鸠""孟德斯基""木铁司由"等。生于法国吉伦特省。法国哲学家，社会学家，经济学家。18世纪资产阶级启蒙运动的主要代表，立宪君主制的理论家，货币数量论的拥护者，早期资产阶级天赋人权理论的创始人之一。与伏尔泰、卢梭合称"法兰西启蒙运动三剑客"。其著述被翻译整理为《孟德斯鸠文集》在国内出版。

孟子（约公元前372—前289）

【孟子】

孟子（约公元前372—前289），姬姓，名轲，字子舆，后人尊称"孟子"，与孔子并称"孔孟"。战国时期邹（今山东邹城）人。古代著名思想家，教育家，哲学家，政治家。儒家学派代表人物，被称为"亚圣"。著有《孟子》。

米尔巴赫（1871—1918）

【米尔巴赫】

即威廉·冯·米尔巴赫（Wilhelm von Mirbach，1871—1918），中译名有"米尔巴哈""米尔泊赫"等。生于奥地利上奥地利州。德国外交家。历任德国驻雅典大使、德国外交部驻布加勒斯特代表。1918年参加《布列斯特—里托夫斯克和约》谈判。后任驻莫斯科大使。1918年7月6日被俄国社会革命党人刺杀。

米格内特（1796—1884）

【米格内特】

即弗朗索瓦·奥古斯特·玛利·米格内特（François Auguste Marie Mignet，1796—1884），中译名有"米尼厄""米涅"等。生于法国普罗旺斯。法国记者，历史学家。1830年为《国民报》创办人之一。著有《圣路易斯的埃塞苏尔斯机构》《法兰西革命史》（2卷）等。

米海洛夫斯基（1842—1904）

【米海洛夫斯基】

即尼古拉·康斯坦丁诺维奇·米海洛夫斯基（Николай Константинович Михайловский，1842—1904），中译名有"美海洛夫斯基""米哈罗夫斯基""尼古拉米哈罗夫斯基"等。生于俄国卡卢加省。俄罗斯文学评论家，社会学家，作家，民粹派理论家之一。1879年接近民意党人，列宁评价他"是代表19世纪最后30多年的俄国资产阶级民主派观点并且发扬这种观点的主要人物之一"。1892年起任《俄国财富》杂志的主编之一，领导自由主义民粹派反对马克思主义的斗争。著有《文学回忆录》《俄罗斯对法国象征主义的反思》等。

米开朗琪罗（1475—1564）

【米开朗琪罗】

即米开朗基罗·博那罗蒂（Michelangelo Buonarroti，1475—1564），中译名有"米开兰才鲁""米开朗基罗"等。生于佛罗伦萨共和国卡普雷西（今意大利托斯卡纳）。意大利画家，雕塑家，建筑师，诗人。代表作有《大卫》《创世记》等。

米勒兰（1859—1943）

【米勒兰】

即亚历山大·米勒兰（Alexandre Millerand，1859—1943），中译名有"美以兰""弥尔兰""米而郎""米尔兰""米兰当""米勒""米列兰""米路兰""米野拉""密勒兰""密雷兰""密列兰"等。生于法国巴黎。法国国务活动家，法国社会党和第二国际的机会主义代表人物。1898年组成法国独立社会主义者联盟。次年私自入阁担任工商业部长，引起工人运动和社会主义运动的分裂。1904年被开除出法国社会党。历任法国政府公共工程部长、内阁总理兼陆军部长、总统、法国上议院议员等职。俄国十月革命后，参与策划帝国主义国家武装干涉苏维埃俄国的事件。

米留科夫（1859—1943）

【米留科夫】

即帕维尔·尼古拉耶维奇·米留科夫（Павел Николаевич Милюков，1859—1943），中译名有"梅刘可夫""弥留柯夫""米兰古夫""米里可夫""米立郭夫""米刘谷夫""米留柯夫""米留可夫""米留克夫""米旅廓夫"等。生于俄国莫斯科。俄国立宪民主党领袖，俄国历史学家，政论家。1917年俄国二月革命后任第一届临时政府外交部部长。十月革命后反对苏俄政府。1920年起为白俄流亡分子，在巴黎出版《最新消息报》。著有《俄罗斯文化史随笔》等。

米柳亭（1816—1912）

【米柳亭】

即德米特里·阿列克谢耶维奇·米柳亭（Дмитрий Алексеевич Милютин，1816—1912），中译名有"波留""棉利果夫"等。生于俄国莫斯科。俄国政治家，军事改革家，陆军元帅。1861年任俄罗斯帝国陆军大臣。著有《军事统计学的初步经验》《保罗一世统治时期1799年俄法战争史》等。

米柳亭（1884—1937）

【米柳亭】

即弗拉基米尔·巴甫洛维奇·米柳亭（Владимир Павлович Милютин，1884—1937），中译名有"缪卿"等。生于俄国库尔斯克省。苏联党和国务活动家，经济学家。最初为孟什维克，1910年起为布尔什维克。历任苏维埃政府农业人民委员、最高经济委员会副主席等职。著有《苏联农业政策》《苏联经济发展史》等。

【闽周】

闽周（1887—1956），又名周荫人，字樾恩。直隶（今河北）武强县人。福建军务督办。1925年任五省联军闽军总司令。

明仁斯基（1874—1934）

【明仁斯基】

即维亚切斯拉夫·鲁道福维奇·明仁斯基（Вячеслав Рудольфович Менжинский，1874—1934），中译名有"曼新斯基""缅任斯基"等。生于俄国圣彼得堡。波兰裔俄国革命家，作家，苏联政治家。1926—1934年任苏联国家政治保卫局（格伯乌）主席。精通10多种语言。作品有《杰米多夫的小说》等。

【摩尔】

即塞缪尔·摩尔（Samuel Moore，约1830—1912），中译名有"穆尔""撒迈耳马"等。出生地不详。马克思和恩格斯的朋友。英国法学家。第一国际会员，与爱德华·艾威林合作将《资本论》第一卷译成英文，并将1888年德文版《共产党宣言》的大部分内容翻译成英文。

【摩尔顿】

即约翰·查默斯·摩尔顿（John Chalmers Morton，1821—1888），中译名有"穆尔顿"等。生于英国伍德斯特。英国农学家，作家。曾为皇家农业协会会员。1844年任《农业报》编辑。著有《农场劳工手册》《奶牛养殖手册》等。

摩尔根（1818—1881）

【摩尔根】

即路易斯·亨利·摩尔根（Lewis Henry Morgan，1818—1881），中译名有"留威斯莫尔干""模尔甘""模耳江""摩尔安""摩尔甘""摩尔干""摩尔刚""莫尔甘""莫尔干""莫尔根""莫刚""莫根"等。生于美国纽约州。美国法学家，民族学家，考古学家，原始社会史学家，人类学家。是进化论的代表人物，自发的唯物主义者。著有《古代社会》《美国海狸和他的作品》等。

摩根（1837—1913）

【摩根】

即约翰·皮尔庞特·摩根（John Pierpont Morgan，1837—

1913），中译名有"戴摩尔根""毛尔干""莫尔刚"等。生于美国康涅狄格州。美国金融家。美国摩根家族代表人物，金融巨头，美国最大银行——摩根公司的首脑。

【摩莱里】

摩莱里（1717—1778）

即埃蒂安-加布里埃尔·摩莱里（Étienne-Gabriel Morelly，1717—1778），中译名有"贺里""毛勒里""毛利来""模列""摩雷里""莫勒利""莫利雷"等。生于法国维特里勒弗朗索瓦。法国思想家，哲学家，作家，空想平均共产主义的代表人物之一。著有《自然法典》等。

【摩莱肖特】

摩莱肖特（1822—1893）

即雅各布·摩莱肖特（Jacob Moleschott，1822—1893），中译名有"摩莱萧特""莫列各德""莫列莎德""侔雷斯珂"等。生于荷兰斯海尔托亨博斯。荷兰生理学家，哲学家，庸俗唯物主义的代表之一。曾在海德堡大学、苏黎世大学、都灵大学和罗马大学任教。著有《克莱斯劳夫·德·莱本斯》《生理学》等。

【摩西】

摩西

摩西（Mosaic），中译名有"梅瑟""摩采""莫才"等。生于利末部落。《圣经》中称他为犹太民族政治领袖和宗教领袖、先知、犹太教的奠基人。据《出埃及记》记载，他受到法老的通缉，率领受难的希伯来人逃离埃及抵达西奈山，受上帝之意写下《十诫》，传命子民遵守。传说著有《摩西五经》。

【莫迪利亚尼】

莫迪利亚尼（1872—1947）

即维多利奥·埃曼努埃勒·莫迪利亚尼（Vittorio Emanuele Modigliani，1872—1947），中译名有"摩底格林尼""莫迪利扬尼"等。生于意大利利沃诺。艺术家阿梅迪奥·莫迪利亚尼的兄弟。意大利律师，改良主义者，意大利社会党最早的党员之一。曾是意大利众议院中派人物。

莫尔（1478—1535）

【莫尔】

即托马斯·莫尔（Thomas More，1478—1535），中译名有"马尔士氏""么亚""摸亚""摩阿氏""摩亚""姆耶""睦喀""慕尔""穆尔""叟妥玛斯摩亚""特玛斯·摩亚""托马斯摩亚"等。生于英国伦敦。英国律师，法官，社会哲学家，作家，政治家。欧洲早期空想社会主义学说的创始人，被马克思、恩格斯称赞为共产主义英雄。1516年出版的《乌托邦》（全称《关于最完美的国家制度和乌托邦新岛既有益又有趣的金书》）为空想社会主义的开山之作。其空想社会主义是马克思主义重要理论来源之一。其著述被整理为《圣托马斯·莫尔全集》。

莫尔（1813—1849）

【莫尔】

即约瑟夫·莫尔（Joseph Moll，1813—1849），中译名有"摩尔""越飞"等。生于德国科隆。职业钟表匠。德国工人运动和国际工人运动活动家，正义者同盟领导人之一。1836年在巴黎加入正义者同盟（1847年6月改组为共产主义同盟）。在马克思影响下，取代魏特林成为该组织的意识形态领袖。1840年为伦敦德国工人教育协会的创始人之一。1848年欧洲革命爆发后，回到科隆，成为科隆工人联合会主席。

莫尔加利（1865—1944）

【莫尔加利】

即奥迪诺·莫尔加利（Oddino Morgari，1865—1944），中译名有"阿格宁尼""莫地格里那"等。生于意大利图灵。意大利社会党活动家，媒体人。1896年12月意大利社会党中央机关报《前进报》创刊，任编辑。在1905年的齐美瓦尔德代表大会上持中派立场。

莫雷尔（1809—1873）

【莫雷尔】

即贝内迪克特·奥古斯丁·莫雷尔（Bénédict Augustin Morel，1809—1873），中译名有"莫尔"等。生于奥地利

355

维也纳。法国精神病学家。著有《精神疾病特质》等。

【莫里哀】

莫里哀（1622—1673）

让·巴蒂斯特·波克兰（Jean Baptiste Poquelin，1622—1673）的艺名。中译名有"摩利埃尔""莫利哀"等。生于法国巴黎。法国喜剧作家，戏剧活动家，演员。法国芭蕾舞喜剧的创始人。其著述被翻译整理为《莫里哀喜剧全集》在国内出版。

【莫里斯】

莫里斯（1805—1872）

即约翰·弗雷德里克·丹尼逊·莫里斯（John Frederick Denison Maurice，1805—1872），中译名有"菲特列·戴尼生·穆列斯""弗来得力克马里士""弗雷地里克·莫里斯""马立司""马利士""马利司""玛里士""麦列志""茅念士""摩里斯氏""摩利斯""莫利斯""木罗斯""朴列特利科贺列斯"等。生于英国萨福克。英国神学家。英国基督教社会主义创始人。1854年任伦敦工人学院院长。1866年任剑桥大学教授。著有《神学杂志》《社会道德》等。

【莫里斯】

莫里斯（1834—1896）

即威廉·莫里斯（William Morris，1834—1896），中译名有"麻利斯""摩黑士""摩里斯""摩利斯""磨利斯""穆烈斯""威谦穆理斯""韦廉谟利""维里安·摩利斯""维廉莫理斯"等。生于英国埃塞克斯。英国作家，艺术家，早期社会主义活动家，空想社会主义者。工艺美术运动创始人，1884年为英国社会主义同盟创始人之一。作品有《社会主义歌集》等，与贝尔福德·巴克斯合著《社会主义：它的成长与成果》等。

【莫里斯】

莫里斯（1868—1948）

即亨利·克里滕登·莫里斯（Henry Crittenden Morris，

1868—1948），中译名有"摩利斯"等。生于芝加哥伊利诺伊州。美国历史学家，法学家。著有《殖民史》《芝加哥第一国民银行史》等。

【莫罗佐夫】

即尼古拉·亚历山德罗维奇·莫罗佐夫（Николай Александрович Морозов，1854—1946），中译名有"摩罗苏夫"等。生于俄国雅罗斯拉夫尔省。俄国革命活动家，作家。流亡日内瓦和伦敦期间与马克思相识。1882年因从事政治活动而被监禁。后从事物理、化学、天文学和历史的研究和教学工作。1932年成为苏联科学院荣誉院士。著有《恐怖主义斗争》《风暴和风暴中的启示》等。

莫罗佐夫（1854—1946）

【莫尼】

即里奥·乔治·里扎·莫尼（Leo George Chiozza Money，1870—1944），中译名有"孟烈""孟尼""莫勒""漆柯萨迈赖"等。生于意大利热那亚，19世纪90年代移居英国。英国政治家，经济理论家，记者，作家。著有《富与穷》《货币的财政词典》等。

莫尼（1870—1944）

【莫泊桑】

即昂利·勒奈·阿尔伯·吉·德·莫泊桑（Henri René Albert Guy de Maupassant，1850—1893），中译名有"莫泊三"等。生于法国滨海塞纳省。法国作家。作为19世纪后半叶批判现实主义的作家，与俄国契诃夫、美国欧·亨利并称为"世界三大短篇小说巨匠"。其著述被翻译整理为《莫泊桑作品选》《莫泊桑小说全集》等在国内出版。

莫泊桑（1850—1893）

【莫塞利】

即恩里科·阿古斯蒂诺·莫塞利（Enrico Agostino Morselli，1852—1929），中译名有"莫序拉"等。生于意大利摩德纳。职业医生。意大利实证主义神经精神病学派的积极推

莫塞利（1852—1929）

动者。曾任都灵大学教授。著有《精神疾病符号学指南》《精神障碍诊断与统计手册》。

莫斯特（1846—1906）

【莫斯特】

即约翰·约瑟夫·莫斯特（Johann Joseph Most，1846—1906），中译名有"贺陆特""贺斯托""莫斯多""墨斯托""穆司特""希幼贺斯托""约翰摩斯特""约翰莫司特""约翰莫斯特""约翰木斯得""约翰木斯托"等。生于德国奥格斯堡。职业书籍装订工。德国社会民主党人，无政府主义者，政论家，编辑。1879年在英国伦敦创办《自由》周刊。1882年后侨居美国，继续在纽约发行《自由》周刊，宣传无政府主义。

莫扎特（1756—1791）

【莫扎特】

即沃尔夫冈·阿玛多伊斯·莫扎特（Wolfgang Amadeus Mozart，1756—1791），中译名有"摩扎地""穆柴尔塞"等。生于奥地利萨尔兹堡。奥地利古典主义音乐作曲家。重塑并定义古典音乐。代表作有《唐璜》《费加罗的婚礼》等。其作品被翻译整理为《钢琴奏鸣曲全集》在国内出版。

墨索里尼（1883—1945）

【墨索里尼】

即贝尼托·墨索里尼（Benito Mussolini，1883—1945），中译名有"闵索灵尼""莫索利尼""慕沙里尼""慕索里尼"等。生于意大利普雷达皮奥。意大利法西斯党党魁，意大利法西斯独裁者。曾任意大利王国首相，第二次世界大战的主要战犯之一，1945年4月被处决。

墨子（约公元前468—前376）

【墨子】

墨子（约公元前468—前376），名翟。春秋战国时期思想家，政治家，墨家学派创始人。其言论被后世编纂为《墨子》。

慕瑞（1779—1846）

【慕瑞】

即休·慕瑞（Hugh Murray，1779—1846），中译名有"莫那"等。生于苏格兰北贝里克。英国地理学家，政论家。1816年任爱丁堡皇家学会院士。1816—1817年任《苏格兰》杂志编辑。著有《世界地理大全》等。

缪伯英（1899—1929）

【缪伯英】

缪伯英（1899—1929），女。乳名玉桃。湖南长沙人。何孟雄的妻子。妇女运动先驱，中国共产党第一位女党员。早年入湖南省立第一女子师范学校附属小学。1919年7月考入北京女子高等师范学校理化系，其间受新文化运动熏陶，同年底参加北京工读互助团。1920年3月北京大学马克思学说研究会成立，经何孟雄介绍入会。同年11月参加北京社会主义青年团，旋即入党，投身工人运动。任中国劳动组合书记部秘书、《工人周刊》编辑。创办工人夜校、工人俱乐部，进行马克思主义普及宣传。1922年参加北京女权运动同盟会，推动妇女争取政治和经济上的平等权利。1923年2月任中共北方区委妇女部部长，参加京汉铁路大罢工，参加编印《京汉工人流血记》。1925年回到长沙，任中共湘区执行委员会妇女运动委员会书记、省妇女运动委员会主任。次年发动湖南群众声援北伐战争。大革命失败，与何孟雄到上海，任中共沪东区委妇女运动委员会主任。1929年10月病逝于上海。

缪勒（1801—1858）

【缪勒】

即约翰内斯·佩特·缪勒（Johannes Peter Müller，1801—1858），中译名有"谟拉""约哈尼斯·米拉"等。生于德国科布伦茨。德国生理学家。1824年任波恩大学教授。1833年任柏林大学教授。著有《沃勒松根生理学手册》（40卷）。

缪勒(1876—1931)

【缪勒】

即赫尔曼·缪勒(Hermann Müeller,1876—1931),中译名有"苗列"等。生于德国曼海姆。德国社会民主工党政治家。曾两度出任魏玛共和国总理。

【木下尚江】

木下尚江(1869—1937)

木下尚江(キノシタナオエ,1869—1937),中译名有"木下直江"等。日本长野县人。日本社会主义者,记者,律师。1900年加入社会主义协会。1901年参与创建日本社会民主党。1903年与幸德秋水等人创办平民社,出版《平民新闻》,传播社会主义启蒙思想。1906年参加日本社会党。与石川三四郎等人共同出版《新纪玄》杂志,倡导基督教社会主义。著有自传《赞格》等。

【穆方】

穆方(1817—1890)

即弗朗茨·克里斯托夫·伊格纳斯·穆方(Franz Christoph Ignaz Moufang,1817—1890),中译名有"孟芬"等。生于德国美因茨。德国天主教神学家,教区行政官。著有《16世纪的德语天主教教理问答》《罗马之战及其对意大利和世界的影响》等。

【穆罕默德】

穆罕默德(约570—632)

即穆罕默德·本·阿卜杜拉·伊本·阿布杜·穆塔里布·伊本·哈希姆(Abu al-Qasim Muhammad Ibn Abd Allah Ibn Abd al-Muttalib Ibn Hashim,约570—632),中译名有"马罕谟德""摸罕默德""谟罕默德""谟罕默特""摩罕默德""摩汉默德"等。生于麦加。政治家,宗教领袖。穆斯林认可的伊斯兰先知。631年阿拉伯半岛各部落大多数皈依伊斯兰教,整个半岛大体上统一。后人把他传教中陆续宣布的安拉"启示",汇集编纂为《古兰经》。

穆济波
（1895—1976/1978）

【穆济波】

穆济波（1895—1976/1978），名世清，字洛俊。四川合江人。吴宓好友。民国时期学者，语文学家。早年成都国立高等师范学校毕业。1918年毕业后任《直觉报》《星期日周报》主编。加入少年中国学会。后成为《新蜀报》编辑。先后在东南大学附中、西北大学、武汉第四中山大学、河南大学、西北师范大学等校任教，对我国早期语文教育事业贡献颇大。著有《初级国语读本》《初级文言读本》等。

穆拉维约夫（1809—1881）

【穆拉维约夫】

即尼古拉·尼古拉耶维奇·穆拉维约夫（Николай Николаевич Муравьёв，1809—1881），中译名有"莫拉卫夫"等。生于俄国圣彼得堡。巴枯宁的舅父。俄罗斯国务活动家，政治家，外交家，探险家。曾任西伯利亚总督。在俄罗斯帝国向阿穆尔河流域和日本海沿岸的扩张中发挥重要作用。1858年与清朝官员义山签订《爱贡条约》。

穆拉维约夫（1880—1918）

【穆拉维约夫】

即米哈伊尔·阿尔捷米耶维奇·穆拉维约夫（Михаил Артемьевич Муравьёв，1880—1918），中译名有"姆那耶夫""木拉维埃夫"等。生于俄国科斯特罗马省。俄国军事将领，左派革命党人。十月革命期间转向苏维埃政权，任彼得格勒城防司令、东方面军总司令。后随着左派革命党人背叛苏维埃政权，于1918年7月10日在辛比尔斯克发动叛乱，失败拘捕时被击毙。

穆勒（1773—1836）

【穆勒】

即詹姆斯·穆勒（James Mill，1773—1836），中译名有"弥尔""弥鲁""詹姆斯·密尔"等。生于苏格兰诺斯沃特布里奇。约翰·穆勒之父。英国资产阶级经济学家，历史学家，哲学家。李嘉图理论的庸俗化者，在哲学方面是边沁的追随者。著有《英属印度历史》《心灵现象分析》《麦金托什的片段》等。

穆勒（1806—1873）

【穆勒】

即约翰·斯图亚特·穆勒（John Stuart Mill，1806—1873），中译名有"菲黎""吉姆士弥尔""弥尔""米尔""米耳""米勒""米陆""密儿""密尔""密勒""蜜尔""蜜约翰""穆勒约翰""约翰·弥勒""约翰·斯楚亚特""约翰·斯求华特·密尔""约翰斯智亚德密尔""芝路""租斯周亚德弥尔"等。生于英国伦敦。詹姆斯·穆勒之子。英国资产阶级经济学家，实证论哲学家，政治经济学古典学派的模仿者，功利主义代表人物之一。其名著《论自由》被严复于1903年译成中文，以《群己权界论》为书名由上海商务印书馆出版，成为中国民主主义启蒙的经典。著作有《功利主义》《政治经济学原理》《约翰·穆勒自传》等。

穆勒（1807—1858）

【穆勒】

即哈里雅特·泰勒（Harriet Taylor Mill，1807—1858），女。生于英国伦敦。约翰·穆勒的夫人。英国妇女运动先锋。与约翰·穆勒合作完成《论婚姻和离婚的早期论文》。著有《妇女的选举权》等。

穆藕初（1876—1943）

【穆藕初】

穆藕初（1876—1943），名湘玥，字藕初。上海浦东人。爱国实业家。早年留学美国，专攻农学、纺织。创办德大纱厂、厚生纱厂、豫丰纱厂等企业。

N

拿破仑(1769—1821)

【拿破仑】

即拿破仑·波拿巴(Napoléon Bonaparte,1769—1821),也称拿破仑一世。中译名有"第一拿破仑""拏变态""拿破崙""拿翁""那破仑""小拏破伦""小拿破崙"等。法国人。生于科西嘉岛。法兰西军事家,法兰西第一帝国缔造者,法兰西第一帝国皇帝。著有《科西嘉岛的信件》《博凯尔的晚餐》等。

【纳乌莫夫】

纳乌莫夫(С. Н. Наумов,1890—1966),出生地不详。化名卡拉乔夫。乌克兰共青团组织的创始人之一。1918年加入苏联红军。1925年4月来到中国,在冯玉祥的部队工作。1925年11月在广州顾问组工作,任黄埔军校政治总顾问。北伐战争期间在国民革命军总政治部任职,曾参与筹建黄埔军校武汉分校。1926年在中国同志的帮助下撰写《中国共产党历史概述》,记载中国共产党早期历史,是研究中共创建至大革命时期历史的重要外文文献。1927年5月回国,在军队中从事科研和教学工作,曾任苏联国防部军事出版社总主编。著有《黄埔军校》等。

内尔曼(1886—1969)

【内尔曼】

即图尔·内尔曼(Ture Nerman,1886—1969),中译名有"富列·纳尔曼""图雷·涅尔曼"等。生于瑞典诺尔雪平。瑞典左派社会民主党人,新闻工作者,作家,翻译家。

1916年任瑞典社会民主党左派机关报《政治报》主编，长期担任瑞典议员。第一次世界大战期间持和平主义立场。1917年5月参加建立瑞典左派社会民主党（1921年易名瑞典共产党）。曾将大量德文版马克思主义文献翻译成瑞典语。作品有《卡尔·李卜克内西和罗莎·卢森堡：一首纪念诗》《为了拯救》等。

【内马克】

即阿尔弗雷德·内马克（Alfred Neymarck，1848—1921），中译名有"奈马尔克""涅易马克氏""纽玛克"等。生于法国马恩省。法国经济统计学家。著有《政治经济词汇》《金融家》（2卷）等。

【内斯比特】

内斯比特（1858—1924）

即伊迪丝·内斯比特（Edith Nesbit，1858—1924），女。其婚后姓名为伊迪丝·布兰德（Edith Bland），即布兰德夫人。中译名有"纳士俾特"等。生于英国伦敦。英国作家，政治活动家，费边社联合创始人之一。著有《护身符的故事》《寻宝者的故事》《会买单》等。

【尼布甲尼撒】

尼布甲尼撒（约公元前634—前562）

即尼布甲尼撒二世（Nebuchadnezzar II，约公元前634—前562），中译名有"勒蒲卡德勒莎""纳卜加托纳杂尔王"等。生于巴比伦。巴比伦王，军事家。

【尼采】

尼采（1844—1900）

即弗里德里希·威廉·尼采（Friedrich Wilhelm Nietzsche，1844—1900），中译名有"飞烈德黎""奈哲尔""尼裁""尼彩""泥采"等。生于普鲁士王国萨克森州。德国哲学家，政治思想家。被认为是西方现代哲学的开创者。著有《悲剧的诞生》《超越善恶》《尼采自传》等。其著述被翻译整理为《尼采文集》在国内出版。

尼古拉二世（1868—1918）

【尼古拉二世】

即尼古拉·亚历山德罗维奇·罗曼诺夫（Николай Александрович Романов，1868—1918），中译名有"罗门诺夫尼古拉士""尼古拉第二""尼古拉斯""尼古拉斯二世""尼古拉斯罗曼诺夫""意苛拉斯二世"等。生于俄国圣彼得堡。亚历山大三世的儿子。俄国末代沙皇。1894年即位，1917年俄国二月革命时被推翻。1918年7月17日被苏俄政府处决。

尼古拉四世（1227—1292）

【尼古拉四世】

尼古拉四世（Pope Nicholas IV，1227—1292），原名吉罗莫拉·马希（Girolamo Masci），中译名有"尼可纳四世"等。生于意大利阿斯科利皮切诺。罗马第191任教皇。

尼古拉一世（1796—1855）

【尼古拉一世】

即尼古拉一世·巴甫洛维奇（Николай I Павлович，1796—1855），中译名有"尼哥拉""尼古拉斯一世""意苛拉斯"等。生于俄国皇村。保罗一世的第三子。俄国沙皇。

尼基京（1876—1939）

【尼基京】

即阿列克谢·马克西莫维奇·尼基京（Алексей Максимович Никитин，1876—1939），中译名有"尼基丁""尼吉丁"等。生于俄国下诺夫哥罗德。俄国孟什维克成员，法学家。历任临时政府邮电部部长兼内政部部长、莫斯科军事革命委员会主席、莫斯科工人苏维埃主席等职。

尼克尔森（1850—1927）

【尼克尔森】

即约瑟夫·希尔德·尼克尔森（Joseph Shield Nicholson，1850—1927），中译名有"尼可孙""尼克尔逊"等。生于英格兰北林肯郡。英国经济学家。著有《历史进步与理想社会主义》等。

【尼克尔斯基】

尼克尔斯基（1898—1938）

即弗拉基米尔·阿布拉莫维奇·涅伊曼（Владимир Абрамович Нейман，1898—1938），化名"尼克尔斯基""瓦西里""瓦西里耶夫""维克多·亚历山德罗维奇·伯格"等。中译名有"李可洛斯基""尼柯尔斯基"等。生于俄国巴尔古津斯基。共产国际远东书记处驻华代表，远东共和国情报人员。1921年加入俄国共产党。同年参加中国共产党第一次全国代表大会。1921—1925年在中国东北从事外交工作。

【倪忧天】

倪忧天（1895—1978），原名倪中虚。浙江省鄞县（今宁波鄞州区）人。中国共产党印刷事业的开拓者。1911年到杭州入浙江官纸印刷局学习排字。1913年在《之江日报》当技工。1917年进浙江印刷公司任缮校，开始受到新文化思想的影响。1919年参加五四运动。1920年7—8月间，浙江印刷公司工作互助会成立，任总干事长。12月以互助会的名义创办《曲江工潮》。1922年1月在莫斯科出席远东各国共产党及民族革命团体代表大会。1922年回国到上海，在《民国日报》任工场管理员，并任《民国日报》同志会总干事。1923年春加入中国共产党。1924年在中国国民党第一次全国代表大会上被选为候补中央执行委员。1925年6—7月间，创办中国共产党在上海的印刷厂——国华印刷所（崇文堂印务局），印刷《向导》《中国青年》《前锋》等革命刊物和大量的马克思列宁主义图书及革命图书。1927年1月到汉口筹建长江印刷所（又称競新印刷所）。大革命失败后，到上海长期经营红色印刷事业。1978年5月因病去世。

【鸟羽田藏】

鸟羽田藏（トッパタゾウ），生卒年不详。日本人。汉口日商东孚洋行大班。1924年4月21日逼死华商贾邦敏，却被日领署宣布无罪。

聂士成（1836—1900）

【聂士成】

聂士成（1836—1900），字功亭。安徽合肥人。清朝将领。曾参与中法战争、中日甲午战争等，战功卓著。历任管代、总兵、提督、武卫前军总统等职。1900年在抗击八国联军的天津保卫战中，中炮阵亡，被追赠为太子少保，谥号忠节。

【涅克拉索夫】

涅克拉索夫（1821—1878）

即尼古拉·阿列克谢耶维奇·涅克拉索夫（Николай Алексеевич Некрасов，1821—1878），中译名有"奈克拉沙夫""奈克拉梭夫""奈克来索甫""耐克拉淑夫""尼古拉莎夫""涅克拉骚夫"等。生于俄国涅米罗夫（今属乌克兰）。俄国作家，政治家，出版商。与别林斯基、车尔尼雪夫斯基等激进民主主义者合作，将杂志《现代人》《祖国纪事》办成宣传民主自由的主要刊物。1868年起任《祖国笔记》编辑。列宁称他为"老俄罗斯民主主义者"。其著述被翻译整理为《涅克拉索夫文集》（3卷）在国内出版。

【涅克拉索夫】

涅克拉索夫（1879—1940）

即尼古拉·维萨里奥诺维奇·涅克拉索夫（Николай Виссарионович Некрасов，1879—1940），中译名有"密加拉琐夫""奈克拉左夫""奈克来索甫"等。生于俄国圣彼得堡。俄国政治家，工程师，俄国立宪民主党左派领袖之一。1906年任托木斯克理工大学教授。1917年任临时政府铁道部部长、财政部部长等职。十月革命后，曾在苏俄政府中央消费合作总社工作。

【涅美茨】

即安东尼·涅美茨（Anton Neèmec，1858—1926），中译名有"尼安曼支"等。出生地不详。捷克斯洛伐克工人领袖。历任捷克社会民主工人党驻社会党国际执行局代表、捷克斯洛伐克社会民主工人党主席等职。

涅恰耶夫（1847—1882）

【涅恰耶夫】

即谢尔盖·根纳季耶维奇·涅恰耶夫（Сергей Геннадиевич Нечаев，1847—1882），中译名有"南察爱甫"等。生于俄国莫斯科。职业教师。无政府主义者，民粹主义运动的积极分子。1867年为圣彼得堡大学医学院旁听生，开始参加大学生小组的政治活动。1869年11月20日因枪杀大学生（革命者）伊凡诺夫而逃到国外从事政治活动，主张恐怖主义。著有《革命者教义问答》等。

【牛顿】

即艾萨克·牛顿（Isaac Newton，1642—1727），中译名有"奈端""牛登""牛董""牛端""牛敦""纽敦""纽顿""意野托"等。生于英国林肯郡。英国物理学家，天文学家，数学家，经典力学的创始人。其著述被翻译整理为《牛顿自然哲学著作选》在国内出版。

牛顿（1642—1727）

【纽马奇】

即威廉·纽马奇（William Newmarch，1820—1882），中译名有"牛曼""纽曼"等。生于英国瑟斯克。英国经济学家，银行家，统计学家。是自由贸易的拥护者，1869年任科学促进协会经济部主席。著有《约克指南》等，与托马斯·图克合著《价格史》（最后两卷）。

纽曼（1805—1897）

【纽曼】

即弗朗西斯·威廉·纽曼（Francis William Newman，1805—1897），生于英国伦敦。英国政论家，语文学家，资产阶级激进主义者。1846年任伦敦大学教授。马克思曾引用其《政治经济学讲义》。译著有《伊利亚特》等，著有《信仰的阶段》《现在被称为新马尔萨斯主义的腐败》等。

纽文胡斯（1846—1919）

【纽文胡斯】

即斐迪南·多梅拉·纽文胡斯（Ferdinand Domela Nieuwenhuis，1846—1919），中译名有"德美拉·纽仁裕自""杜梅拉·纽仁依士""杜美拉纽殷非士""度那拉意野由列斯""尼乌文胡斯""纽温蓄斯""欧恩黑斯""意由野列斯"等。生于荷兰阿姆斯特丹。荷兰工人运动活动家，荷兰社会民主党创始人之一。荷兰议会中的第一位社会主义者议员，后转到无政府主义立场。

诺比林（1848—1878）

【诺比林】

即卡尔·爱德华·诺比林（Karl Eduard Nobiling，1848—1878），中译名有"加陆拿利科""咖尔诺卑灵克""揩而诺比林""拿俾零""诺般灵喀""诺弊林克""诺避灵格""诺撒灵"等。生于德国波森省。德国无政府主义者。因1878年6月2日行刺德皇威廉一世而扬名。

诺克斯（1853—1921）

【诺克斯】

即菲兰德·蔡斯·诺克斯（Philander Chase Knox，1853—1921），以主教菲兰德·蔡斯的名字命名。生于美国宾夕法尼亚州。美国律师，政治家。历任参议员、司法部部长、美国国务卿等职。

诺斯克（1868—1946）

【诺斯克】

即古斯塔夫·诺斯克（Gustav Noske，1868—1946），中译名有"罗时开""罗斯克""拿斯克""那士基""脑斯盖""诺司克""诺斯喀"等。生于德国勃兰登堡。德国社会民主党右翼领袖之一。1918年镇压德国十一月革命。第一次世界大战时期成为社会沙文主义者。1919任魏玛共和国国防部部长，是杀害卡尔·李卜克内西和罗莎·卢森堡的主谋之一，因镇压柏林起义而臭名昭著。

诺斯克利夫子爵（1865—1922）

【诺斯克利夫子爵】

即阿尔弗雷德·查尔斯·威廉·哈姆斯沃思（Alfred Charles William Harmsworth，1865—1922），也称塔内特岛的诺斯克利夫男爵。中译名有"诺斯克利夫公"等。生于爱尔兰都柏林。英国现代新闻事业创始人。1896年创办《每日邮报》。1903年创办《每日镜报》。1905—1908年收购《伦敦晚报》《每周快报》《观察家报》《泰晤士报》等，并成功将《泰晤士报》转型为现代报纸，是英国报纸和出版业巨头。

诺维科夫（1849—1912）

【诺维科夫】

即雅科夫·亚历山德罗维奇·诺维科夫（Яков Александрович Новиков，1849—1912），中译名有"诺佛苛""诺伊哥"等。生于土耳其伊斯坦布尔。俄国社会学家，经济学家，历史学家。反对社会达尔文主义，反对阶级斗争理论。著有《国际政治》《现代社会的加利》《良知与社会自愿》《欧洲联邦》等。

诺伊斯（1811—1886）

【诺伊斯】

即约翰·汉弗莱·诺伊斯（John Humphrey Noyes，1811—1886），中译名有"纳也士""诺斯""诺叶士""兹幼哈列利"等。生于美国佛蒙特州。美国乌托邦社会主义思想家。1848年为美国空想社会主义社团"奥奈达社"的创立者。著有《圣经共产主义》《科学传播》《美国社会主义史》等。

O

欧里庇得斯（公元前480—约前406年）

【欧里庇得斯】

欧里庇得斯（Euripides，公元前480—约前406年），中译名有"奥依利毕特司""欧里比德""欧列批提斯"等。生于希腊萨拉米斯岛。古希腊剧作家。与埃斯库罗斯、索福克勒斯被誉为希腊三大悲剧家。一生创作90多部剧本。著有《美狄亚》《希波吕托斯》《特洛伊妇女》《酒神的伴侣》等。其著述被翻译整理为《欧里庇得斯悲剧集》在国内出版。

区声白（1892—1945）

【区声白】

区声白（1892—1945），广东佛山人。无政府主义者。1917年7月创办《自由录》，为主要撰稿人，宣传无政府主义。同年入广州世界语夜校，接受世界语启蒙教育。1920年毕业后，到岭南大学讲授中国文学史，并利用《进化》《民声》等杂志，宣传无政府主义、世界语。1921年一度参加中共广州早期组织，但不久因见解不同而退出。1921年前后与陈独秀、李达、施存统等马克思主义者展开论争，其论争的主要观点集中记录在《新青年》第9卷第4号的《区声白致陈独秀书》《陈读秀答区声白的信》《区声白答陈独秀书》《陈读秀再答区声白书》《区声白再答陈独秀书》《陈读秀三答区声白书》等6封长信中。论战促进马克思主义在中国早期传播与中国共产党的创建。1921年赴法国留学，创办《工余》杂志，继续鼓吹无政府主义。1925年回国后长期任中山大学教授。抗日战争爆发后投靠汪伪政权。编有《无所谓宗教》等。

欧文（1771—1858）

【欧文】

即罗伯特·欧文（Robert Owen，1771—1858），中译名有"阿浑""阿湩""阿温""阿文""阿泽""奥文""奥乌文""奥衍""奥永""俄为烟""俄嫣""俄英""恶文""鄂温""耳老格忒阿泽""拉野""朗博得乌温""朗博得为温""娄卑尔特翁""鲁帕多瓦维氏""罗巴俄温""罗巴特""罗巴特温氏""罗拔都俄乌烟""罗拔涡文""洛巴特·奥恩""洛拔德哇威""洛褒德乌文""洛排特奥威""洛威托·拿尼""洛威托·拿夷""洛卫托拉野""拿意""讴文""沤文""欧汉""殴矮""斯薄德屋温""温文""倭翁""涡文""握恩""渥文""乌温""乌文""屋温""屋烟"等。生于英国威尔士蒙哥马利郡。英国空想社会主义的主要代表。1817年提出"八小时劳动、八小时娱乐、八小时休息"的口号，并接受社会主义，开始追求"新社会观"。1825年在美国开展乌托邦社区生活试验。1828年领导发展合作社和工会运动，支持童工立法和免费男女同校。其空想社会主义思想是马克思主义理论来源之一。其著述被翻译整理为《欧文选集》在国内出版。

P

帕尔乌斯（1869—1924）

【帕尔乌斯】

即亚历山大·李沃维奇·帕尔乌斯（Алексáндр Львóвич Пáрвус，1869—1924），中译名有"巴维斯""派耳武思""派仍威思"等。生于俄罗斯贝拉齐诺。德国马克思主义理论家，德国社会民主党活动家。1885年赴苏黎世留学。1888年进入瑞士巴塞尔大学学习，1891年获博士学位。后加入德国社会民主党，与罗莎·卢森堡结识。1898年初在《萨克森工人报》上连续撰文批判伯恩施坦的机会主义。1900年在慕尼黑与列宁首次相见，商讨出版《火星报》，并为之撰稿。参加俄国1905年革命，同托洛茨基一起提出"不断革命"论。第一次世界大战期间成为社会沙文主义者。著有《世界市场和农业危机》《实践中的机会主义》《革命的奸商》等。

帕克赫斯特（1887—1973）

【帕克赫斯特】

即海伦·帕克赫斯特（Helen Parkhurst，1887—1973），女。中译名有"柏克赫斯特""帕克赫司特"等。生于美国威斯康星州。美国教育家。1925年曾访华，宣扬道尔顿制教育法，是该法的创始人。著有《道尔顿制教育》等。

帕麦斯顿子爵（1784—1865）

【帕麦斯顿子爵】

即亨利·约翰·坦普尔（Henry John Temple，1784—1865），第三代帕麦斯顿子爵，绰号帕姆。中译名有"巴美斯顿""巴美尊""帕麦斯顿"等。生于英国伦敦。英国国

373

务活动家，殖民者。初为托利党人，19 世纪 30 年代起为辉格党领袖，历任英国军务大臣、内政大臣、外交大臣、英国首相等职。1806 年毕业于剑桥大学。主张自由贸易和经济自由原则，支持资本主义工业的发展。是对华两次鸦片战争的主要策划者，迫使清政府先后签订《南京条约》《天津条约》。马克思评论帕麦斯顿政府时说："战争已成为帕麦斯顿独裁的首要条件""跟圣洁的主教和邪恶的鸦片走私商在一起的，还有大茶商，他们也大都直接或间接从事鸦片贸易"。

帕内尔（1846—1891）

【帕内尔】

即查尔斯·斯图尔特·帕内尔（Charles Stewart Parnell，1846—1891），中译名有"巴涅尔""派耐尔""派内尔"等。生于爱尔兰威克洛郡。爱尔兰民族主义者，自治运动领袖。1875 年任英国国会议员。

帕尼娜（1871—1956）

【帕尼娜】

即索菲亚·弗拉基米罗夫娜·帕尼娜（Софья Владимировна Панина，1871—1956），女。中译名有"巴尼娜""帕宁娜""潘妮娜""潘妮娜伯爵夫人"等。生于俄国莫斯科。俄国政治活动家，慈善家，俄国立宪民主党中央委员。1903 年出资建造了一所为工人阶级提供艺术和文化欣赏的利戈夫斯基人民之家。1906 年列宁在此地发表了他在俄国的第一次群众集会讲话。1917 年任临时政府国家福利部副部长、教育部副部长。反对布尔什维克，遭到苏维埃政府的政治审判，后支持邓尼金白卫军，失败后逃亡国外。

帕平（1647—1712）

【帕平】

即丹尼斯·帕平（Denis Papin，1647—1712），中译名有"巴宾""巴觐""帕潘"等。生于法国奇特奈。法国物理学家，数学家，发明家。1679 年发明高温蒸汽快速烹调食品的密封锅。1698 年在德国制造了第一台蒸汽机。著有《新法力杆》等。

【帕斯基】

即谢尔盖·马尔科维奇·帕斯基（Сергей Маркович Перский，1870—1938），中译名有"朴斯基"等。生于俄国兰切尔尼戈夫（今属乌克兰）。俄国和法国作家，文学评论家，翻译家。将俄罗斯文学译成法语的主要翻译者之一。他于法国医学院毕业后留在巴黎法兰西学院担任俄罗斯文学教师。1903—1914 年为乔治·克列孟梭（Georges Clemenceau）的《极光报》《自由人报》工作，长期任乔治·克列孟梭的秘书。十月革命后发表大量反布尔什维克、苏联的文章。作品有《黑色教皇》《三驾马车》等。

帕托（1869—1935）

【帕托】

即埃米尔·帕托（Émile Pataud，1869—1935），中译名有"拔图""泊都"等。生于法国巴黎。法国无政府工团主义者。坚决反对资产阶级国家及其政党，主张总罢工是社会革命的绝对武器。在任电气工业工人联盟秘书期间，常用停电来罢工，成为罢工领导者。著有《革命之名评论》等。

帕西（1822—1912）

【帕西】

即弗雷德里克·帕西（Frédéric Passy，1822—1912），中译名有"巴息"等。生于法国巴黎。法国经济学家，社会活动家。1889 年为国际和平联盟和各国议会联盟的创始人之一，被授予诺贝尔和平奖。鼓吹自由贸易，赞成人类不干预自然规律的自由运行，在国际贸易中所产生的金融争端用国际仲裁来消除，防止战争。著有《经济随笔》《战争与和平》《马尔萨斯及其学说》《劳动史》《论版权》《政治经济学教程》等。

潘公展（1895—1975）

【潘公展】

潘公展（1895—1975），原名有猷，字干卿，号公展。浙江吴兴（今湖州市）人。近现代编辑，教育家，学者。1912年就读于上海圣约翰大学外语系。五四运动时期，先后为《时事新报》副刊《学灯》和《国民日报》副刊《觉悟》的特约撰稿人。曾任《商报》《申报》编辑。1921年2月25日在《东方杂志》发表《近代社会主义及其批评》。1927年后任国民党中央政治会议上海临时政治委员会委员、上海市政府农工商局局长等职。著有《中国学生救国运动史》《罗素的哲学问题》，主编《五十年来的中国》等。其部分作品被整理为《潘公展（有猷）先生诗词言论选集》。

潘克赫斯特（1858—1928）

【潘克赫斯特】

即埃米琳·潘克赫斯特（Emmeline Pankhurst，1858—1928），女。中译名有"班霍斯德夫人""班枯亚斯夫人""榜加斯妇人""胖克哈斯特夫人"等。生于英国曼彻斯特。英国政治活动家。女权运动代表人物，被誉为"妇女选举权之母"。1905—1914年领导英国妇女联盟采取激进政策。经与英国政府谈判，带领妇女社会政治同盟协助政府参加第一次世界大战。1918年英国政府承认女性在战争中的贡献，开始承认妇女的投票权利。著有《自由或死亡》《妇女从未恼恨生为女儿身》《争取人类自由的最后一战》等。

潘涅库克（1873—1960）

【潘涅库克】

即安东尼·潘涅库克（Antonie Pannekoek，1873—1960），中译名有"班涅可""派纳柯克"等。生于荷兰瓦森。荷兰工人运动活动家，天文学家，第二国际理论家，荷兰共产党的创始人之一。1907年参与创办荷兰社会民主工党左翼机关报《论坛报》。第一次世界大战期间持国际主义立场。1916年任齐美尔瓦尔德左派理论刊物《先驱》杂志主编。

1918年参与创建荷兰共产党。1919年参加共产国际。列宁在《共产主义中的"左派"幼稚病》中,将他作为左倾思潮的主要代表加以批评。1921年退出荷兰共产党和共产国际,从事自然科学的研究和教学。著有《工人委员会》《作为哲学家的列宁》等。

【庞巴维克】

庞巴维克(1851—1914)

即欧根·冯·博姆-庞巴维克(Eugen von Böhm-Bawerk,1851—1914),中译名有"巴霭尔""柏穆巴白克""薄姆包维克""波莫罢威克""伯姆·巴爱克""博姆巴维克"等。生于奥匈帝国莫拉维亚布伦(今捷克布尔诺)。奥地利经济学家,奥地利学派的代表人物之一。曾在维也纳大学、海德堡大学、莱比锡大学和耶拿大学就读,1884年任职英斯布鲁克大学。三次出任奥地利财政大臣。主张边际效用价值论,用边际效用论代替马克思的劳动价值论,以利息时差论否定和代替马克思的剩余价值论,并反对马克思的资产阶级剥削理论。著有《资本与利息》《利息理论的历史和批判》《资本实证论》《马克思主义体系的终结》等。

【庞蒂】

庞蒂(1908—1961)

即莫里斯·梅洛·庞蒂(Maurice Merleau Ponty,1908—1961),生于法国罗什福尔。法国哲学家,思想家,存在主义的代表人物,知觉现象学的创始人之一。曾在里昂大学、巴黎高等师范学院、巴黎大学任教。1952年当选法兰西学院院士。主张所有意识都是知觉意识的知觉为先观点,解释马克思唯物史观的存在与思维、物质与意识的辩证关系。著有《知觉现象学》《行为的结构》《人道主义和恐怖》《意义与无意义》《辩证法的探险》《可见的与不可见的》等。

庞人铨（1897—1922）

【庞人铨】

庞人铨（1897—1922），字寿纯，号龙庵。湖南湘潭人。湖南工人运动领导者之一，革命烈士。早年就读于湖南甲种工业学校，毕业后在湘潭织布厂工作。1920年9月与黄爱组建湖南劳工会，任出版部主任兼驻会干事。1921年1月1日创办并主编劳工会刊物《劳工》。同年10月20日创办并主编劳工会会刊《劳工周刊》。在毛泽东和何叔衡的指引下接受马克思主义。1921年底由毛泽东介绍加入中国社会主义青年团。1922年1月17日与黄爱同时被捕遇害。《劳动周刊》于2月17日出版《黄爱、庞人铨纪念特刊号》，于3月4日该刊第16期发表其遗著《为纱厂问题敬告熊秉三君》。1927年8月上海黄庞六周年筹备会编印《庞人铨烈士遗著戏剧集》。

培根（1561—1626）

【培根】

即弗朗西斯·培根（Francis Bacon，1561—1626），中译名有"巴科""柏根""倍根""裴根"等。生于英国伦敦。英国政治活动家，法学家，历史学家，自然科学家。英国启蒙运动的倡导者，实验科学的奠基人之一，近代归纳法的创始人。提出唯物主义经验论，其经验主义、形而上学的唯物主义，对包括马克思主义哲学在内的后世哲学影响深远。马克思、恩格斯评价其是"英国唯物主义的第一个创始人""整个实验科学的真正始祖"。其著述被翻译整理为《培根随笔全集》《培根经典散文选》《培根论说文集》《培根随笔》《培根论人生》等在国内出版。

佩德罗（1825—1891）

【佩德罗】

即佩德罗二世（Dom Pedro，1825—1891），中译名有"皮德路里"等。生于巴西里约热内卢。巴西政治家，巴西帝国第二位皇帝。通晓阿拉伯语、梵语、希伯来语等多种外国语言，爱好历史、收藏等。1881年与清政府在天津签订《中巴和好通商条约》。

佩尔采尔(1811—1899)

【佩尔采尔】

即佩尔采尔·莫里茨（Moritz Perczel，1811—1899），中译名有"白泽尔"等。生于匈牙利托尔纳县。匈牙利政治活动家，将军。参加匈牙利1848—1849年革命，革命失败后流亡土耳其、英国。1867年回到匈牙利，退休后撰写回忆录。

【佩尔洛夫蒂埃】

佩尔洛夫蒂埃(1867—1901)

即费尔南德·佩尔洛夫蒂埃（Fernand Pellovtier，1867—1901），中译名有"白洛提尔""贝鲁蒂爱""飞蝶南·批尔梯亚""佩路提埃"等。生于法国巴黎。法国工团主义理论家，工会组织者，记者。1892年1月任《西部民主报》主编。1895年任法国劳动交易所联合会秘书。早期支持马克思主义，后反对马克思主义的阶级斗争理论，主张自由主义原则。著有《苦难交易所史》《法国工人生命》《工人公社史》等。

【佩魁尔】

佩魁尔(1801—1887)

即查尔斯·康斯坦丁·佩魁尔（Charles Constantin Pecqueur，1801—1887），中译名有"贝魁尔""壁加"等。生于法国诺尔省。圣西门的学生。法国经济学家，社会主义理论家，政治家。19世纪20年代对空想社会主义理论产生兴趣。19世纪30年代后期最早提出倡导生产、分配和交换资料集体所有制的法国社会主义，被誉为"法国集体社会主义之父"。其唯物主义方法论被马克思赞扬和引用，但其唯物主义仅限于经济学、社会学和历史分析，是一种形而上的唯物主义。著有《商业与工业一体化》《经济改革》《社会经济与政治新发展》等。

【佩列韦尔泽夫】

佩列韦尔泽夫
(1871—1944)

即帕维尔·尼古拉耶维奇·佩列韦尔泽夫（Павел Николаевич Переверзев，1871—1944），中译名有"柏勒佛尔采夫"等。生于俄国库尔斯克省。职业律师。俄国劳动派分子,接近社会革命党人。早年毕业于圣彼得堡大学法学院。1917年任临时政府第二任司法部部长。反对布尔什维克。1920年移居国外。

【佩罗夫斯卡娅】

佩罗夫斯卡娅(1853—1881)

即苏菲亚·利沃夫娜·佩罗夫斯卡娅(Софья Львовна Перовская,1853—1881),女。中译名有"白洛夫司克""彼罗夫斯卡亚""皮洛甫斯卡伊""沙勃罗克""苏非亚""苏菲亚""苏斐亚""苏斐亚赫罗夫斯珈""苏裴雅""苏维亚配罗夫斯凯耶""索菲娅""薛非亚""薛非亚培娄屋司加牙"等。生于俄国圣彼得堡。俄国圣彼得堡总督(陆军上将)之女。俄国革命家,民粹主义者,民意党领导人之一。1881年组织刺杀沙皇亚历山大二世未遂,4月3日被判绞刑。

【佩特】

佩特(1839—1894)

即沃尔特·佩特(Walter Pater,1839—1894),中译名有"裴德"等。生于英国伦敦。英国作家,艺术家,唯美派大师。1864年执教牛津大学。1867年开始为《威斯敏斯特评论》撰稿。1894年获格拉斯哥大学荣誉法学博士。其作品对现代主义文学影响较大。作品有《文艺复兴时期:艺术与诗歌研究》《伊壁鸠鲁的马吕斯》《想象中的肖像》《享乐主义者马利乌斯》《鉴赏》等。

【佩特留拉】

佩特留拉(1879—1926)

即西蒙·瓦西里耶维奇·佩特留拉(Симон Васиильевич Петлюра,1879—1926),中译名有"彼得留拉""配德刘拉"等。生于俄国波尔塔瓦(今属乌克兰)。俄国反革命首领之一。1917年十月革命后开始组织反革命的乌克兰民族主义割据政权,成立"乌克兰人民共和国",自任领袖。失败后流亡法国,组织"乌克兰民族共和国"流亡政府,鼓吹乌克兰文化认同。1926年5月25日被犹太无政府主义者刺杀身亡。著有《论乌克兰主义的实际任务》等。

配第(1623—1687)

【配第】

即威廉·配第(William Petty,1623—1687),中译名有"贝戴""彼得""帕持""帕蒂""威利安柏提""威利安伯提""威廉卑提""威廉伯提"等。生于英格兰汉普郡罗姆西。英国政治经济学家,统计学家,资产阶级古典政治经济学的创始人。被马克思誉为"英国资产阶级古典政治经济学之父"。最先提出劳动价值论,并在此基础上考察工资、地租、利息等的含义,把地租看作剩余价值的基本形态,马克思批判地吸收其有益的思想,成为马克思主义的经济理论来源之一。著有《赋税论》《献给英明人士》《政治算术》《爱尔兰政治剖析》《货币略论》等。

彭迪(1875—1937)

【彭迪】

即阿瑟·约瑟夫·彭迪(Arthur Joseph Penty,1875—1937),中译名有"边提""边悌""邠第""潘蒂""彭得""彭第""彭蒂"等。生于英国约克郡。英国建筑师,作家,基尔特社会主义理论的创始人之一,费边社委员。主张行会社会主义和分配主义。著有《基尔特制度的复兴》《基尔特与农业的复兴》《对后工业形态的研究》等。

彭汉章(1890—1927)

【彭汉章】

彭汉章(1890—1927),号仲文。四川三台县人。民国时期政治军事人物。1926年响应北伐,任国民革命军第九军军长。1927年进军汉口时遭唐生智逮捕,被处决。

彭璜(1896—1921)

【彭璜】

彭璜(1896—1921),字殷柏、荫柏。湖南湘乡人。中共湖南早期组织成员,湖南早期学生运动领袖。早年毕业于湖南长沙商业专门学校。投身湖南五四运动,任湖南学生联合会会长。1920年2月主编《天问》,提出"民众自决"口号,反对湖南军阀张敬尧。同年8月文化书社成立,被推荐为书社筹备员,任湖南俄罗斯研究会干事。在《大公报》

上发表《对于发起俄罗斯研究会的感言》，推进留俄勤工俭学运动。1921年1月初在新民学会会员的集会上，主张学习苏俄，将马克思主义运用于中国，组织无产阶级政党，赞成布尔维什主义。1921年秋逝世。

【彭湃】

彭湃（1896—1929）

彭湃（1896—1929），乳名天泉，原名汉育，化名何海、王子安、孟安等。广东海丰人。无产阶级革命家，中国共产党早期农民运动的先驱。早年留学日本，就读早稻田大学政治经济科。1921年夏加入中国共产党，是广东东江地区及全省农民运动的领导者，主办第一届、第五届农民运动讲习所，为中华全国农民协会临时执行委员会委员、秘书长，领导建立了海陆丰苏维埃政府。其著作《海陆丰农民运动》，成为中共早期农民运动的重要文献，是农民运动的必读书籍之一。毛泽东称他为"农民运动大王"。历任中共第五届中央执行委员会、第六届候补中央政治局委员。1929年8月30日在上海龙华英勇就义。同年10月8日在苏联远东出版的《工人之路》头版显著位置报道其牺牲的新闻，并刊登邓中夏撰写的《呜呼！彭湃同志之死》悼念文章。1930年12月21日共产国际执行委员会东方处的一封致电中，专门介绍其生平。其著作被整理为《彭湃文集》。

【彭述之】

彭述之（1895—1983）

彭述之（1895—1983），曾化名（张）次南、陶伯、区伯等。湖南邵阳人。中国共产党早期领导人之一。曾任《向导》《新青年》主编。历任中共中央执行委员会委员、中央局委员、中宣部部长等职。1921年加入中国共产党，8月被派到莫斯科东方劳动者共产主义大学学习，为中共莫斯科支部的负责人之一。他深入研究列宁的东方革命理论，自诩为"中国的列宁"。1924年在《向导》《新青年》发表《十月革命与列宁主义》《十月革命第七周年之苏俄与资本主义世界》《谁是中国国民革命之领导者》等文。1925 年 8 月回国，负责党的宣传工作。他对中国国民革命根本问题进行了探索，其中发表的《中国革命的根本问题》一度成为党内的指导理论，产生过积极与消极的影响，受到瞿秋白的严厉批判。1927 年 1 月在《向导》发表《列宁主义是否不适合于中国的所谓"国情"？》等文章。同年在中国共产党第五次全国代表大会上继续当选为中央委员。大革命失败后，因与陈独秀等参加分裂党的活动，被开除党籍。曾翻译布哈林的《唯物史观》，其著述被整理为《彭述之选集》在海外发行。

彭一湖（1887—1958）

【彭一湖】

彭一湖（1887—1958），名蠡，字忠恕。笔名伊甫。湖南岳阳人。近现代社会活动家，中国民主建国会发起人之一。1909 年赴日本早稻田大学攻读经济学，加入中国同盟会。回国后参加辛亥革命，任《晨报》编辑。1919—1921 年在《太平洋》《时事月刊》发表《社会主义论》《对俄通商问题与我国》等文。1920 年翻译《马克思派的社会主义》《空想的与科学的社会主义》，作为马克思研究丛书由共学社出版。中华人民共和国成立后，历任全国政协委员、中国民主建国会中央常务委员。

蓬巴杜（1721—1746）

【蓬巴杜】

即蓬巴杜夫人（Madame de Pompadour，1721—1746），女。中译名有"彭帕特儿"等。生于法国巴黎。法国皇帝路易十五的情妇。

皮埃尔（1658—1743）

【皮埃尔】

即圣·皮埃尔（Saint Pierre，1658—1743），中译名有"散比尔"等。生于法国芒什省。法国思想家，作家，神父。其关于政治、法律和社会制度的尖锐批评，对卢梭和康德产生了重要影响。著有《欧洲永久和平方案》《论政治理性》等。

【皮博迪】

即乔治·福斯特·皮博迪（George Foster Peabody，1795—1869），中译名有"丕波德"等。生于美国马萨诸塞州。美国企业家，金融家，慈善家。被誉为"现代慈善业之父"，摩根集团的创始人之一。1837年迁往英国伦敦。1862年在伦敦创立皮博迪信托公司，设立信托基金。

皮博迪（1795—1869）

【皮达可夫】

皮达可夫（1890—1937）

即格奥尔吉·列昂尼多维奇·皮达可夫（Георгий Леонидович Пятаков，1890—1937），中译名有"雀塔柯夫"等。生于俄国基辅（今属乌克兰）。苏联政治活动家，乌克兰共产党的创始人和领导人。1912年加入布尔什维克，同年被流放至西伯利亚。1915年与列宁一起编辑《共产党人》杂志。1917年俄国二月革命后与尼古拉·布哈林交往甚密。十月革命爆发后与扬·鲍里索维奇·加马尔尼克领导基辅布尔什维克起义。

【皮尔尼亚克】

即鲍里斯·安德列耶维奇·皮尔尼亚克（Борис Андреевич Пильняк，1894—1938），中译名有"毕尔涅克"等。生于俄国莫扎伊斯克。俄国、苏联作家，苏联文学奠基人之一。1921年创作小说《荒年》，编年史式地记录十月革命时期形形色色人的生活，该书被认为是"十月革命全景图"。作品有《红木》《不灭的月亮的故事》《中国的故事》《果实的成熟》等。

皮尔尼亚克（1894—1938）

【皮尔森】

皮尔森（1839—1909）

即尼古拉斯·杰拉德·皮尔森（Nicolaas Gerard Pierson，1839—1909），中译名有"彼得森""皮尔生""辟亚孙"等。生于荷兰阿姆斯特丹。荷兰经济学家，政治家。历任荷兰中央银行行长、财政部部长、总理等职。他在社会主义计算辩论中发挥过重要作用，批评过卡尔·考茨基。著有《社会主义社会中的价值问题》等。

皮尼奥（1741—1799）

【皮尼奥】

即皮埃尔·约瑟夫·乔治·皮尼奥（Pierre Joseph Georges Pigneau，1741—1799），中译名有"百多禄""派伯奥"等。生于法国埃纳省。法国传教士。1765年被派往交趾支那（今越南南部）传教，1774年被升任交趾支那主教。因协助阮安（后来的越南嘉隆皇帝）在泰山发动叛乱，并助其在越南建立阮朝而闻名。

皮斯（1857—1955）

【皮斯】

即爱德华·雷诺兹·皮斯（Edward Reynolds Pease，1857—1955），中译名有"爱德华庇斯""辟司"等。生于英国布里斯托尔。英国社会主义者，费边社的创始人和领导人之一。1886年在英国成立全国劳工联合会，试图寻求一种渐进的社会主义方法。1890年为费边社秘书，编辑《费边新闻》。1913年他修订的《社会主义史》（第5版），于1920年由李季翻译为中文在新青年社出版。此书对马克思主义在中国早期传播影响很大。著有《费边社的历史》《市政饮料贸易案例》等。

片山潜（1895—1933）

【片山潜】

片山潜（カタヤマセン，1895—1933），日本冈山县人。共产国际活动家，日本共产党的创始人和领导人之一。1884年12月到美国半工半读。1906年1月创建日本社会党。1919年在美国参加美国共产党，并担任领导。1921年在共产国际第三次代表大会上当选为执行委员。1922年创建日本共产党。著有《同志列宁》，收录于1924年6月北京中华民国国民追悼列宁大会刊行的《列宁纪念册》。其著述被整理为《片山潜著作集》（3卷）（日文版）等。

朴镇淳（1897—1938）

【朴镇淳】

朴镇淳（박진순，1897—1938），又名朴镇顺、朴致顺、朴晋淳、米哈伊尔朴、朴伊里雅。旅居俄国的朝鲜人。朝鲜

民族解放运动家，社会主义活动家。历任共产国际执委会委员、韩人社会党秘书长等职，是高丽共产党（上海派）负责人。作为朝鲜代表团成员参加了1922在莫斯科举行的远东各国共产党及民族革命团体代表大会。1922—1925年在莫斯科大学学习，并在莫斯科多所大学讲授哲学。

【蒲尔藤蒲尔】

蒲尔藤蒲尔，生卒年、出生地不详。俄国人。布尔什维克党员。

【蒲鲁东】

蒲鲁东（1809—1865）

即皮埃尔-约瑟夫·蒲鲁东（Pierre-Joseph Proudhon, 1809—1865），中译名有"巴尔登""柏路登""撥鲁亨""勃洛敦氏""不尔等""不路""布尔东""布尔敦""布留""布鲁东""布鲁敦""布鲁顿""布路顿""布露度""布儒登""己尔""拍尔多儿""皮尔兜姆""泼老特哄""蒲尔东氏""蒲鲁来""蒲路东""蒲儒登""朴罗东""浦鲁东""普尔顿""普东""普鲁东""普鲁敦""溥尔同"等。生于法国贝桑松。法国政论家，经济学家，社会学家，小资产阶级思想家，无政府主义理论的创始人之一。他从小资产阶级立场批判资本主义所有制，把小商品生产和交换理想化，主张建立"人民银行""交换银行"，反对任何国家和政府，否定任何权威和法律，宣扬阶级调和，反对政治斗争和暴力革命。马克思在《哲学的贫困》等著述中，对他"用文火烧掉私财"来代替暴力革命的唯心史观和形而上学方法论观点进行了全面的批判。列宁称蒲鲁东主义是不能领会工人阶级观点的市侩和庸人的痴想。其著作中文版有《贫困的哲学》《什么是所有权对权利和政治的原理的研究》等。

【普恩加莱】

普恩加莱（1860—1934）

即雷蒙·普恩加莱（Raymond Poincaré, 1860—1934），中译名有"摆阿色""克来孟沙""潘加莱""彭加利""扑安开雷""朴因凯赍""朴荫开雷""普恩开赍""普恩莱""普恩赛"

等。生于法国巴勒迪克。法国政治家。1913—1920 年任法国总统。曾三度任法国总理。第一次世界大战期间坚持把帝国主义战争进行到底，反对俄国十月革命和苏维埃政权，是 1918—1920 年帝国主义武装干涉苏维埃俄国的主要组织者之一。

【普尔】

即欧雷斯特·库克·普尔（Ernest Cook Poole，1880—1950），生于美国芝加哥。美国记者，作家。因其对 1905 年俄国革命、1917 年俄国二月革命和十月革命的俄罗斯作了公正客观的报道而闻名。是第一届普利策小说奖的获得者。作品有《海港》《他的家人》等。

普尔（1880—1950）

【普吉特】

即埃米尔·普吉特（Émile Pouget，1860—1931），中译名有"朴格""朴格特"等。生于法国阿韦龙省。法国无政府共产主义者。主张无政府工团主义，反对军国主义。1895 年创办《社会报》。1901—1908 年任法国劳工总联合会副秘书长。1909 年创办《革命报》。后退出工团主义运动。著述有《佩纳尔神父年鉴》《什么是工会？》《工会主义的基础》等。

普吉特（1860—1931）

【普拉克西特勒斯】

普拉克西特勒斯（Praxiteles，前 370—前 330），中译名有"泼拉克西得来司""普拉克西特利斯""普拉克西特列斯""普拉西特"等。生于古希腊雅典。古希腊雕塑家。主要作品有《蛇颈鱼的阿佛洛狄忒》《刺胞的阿佛洛狄忒》等。

普拉克西特勒斯（前 370—前 330）

【普拉廷】

即弗里茨·普拉廷（Fritz Platten，1883—1942），中译名有"柏拉登""布拉顿""迫辣登""普雷丁""普鲁丁"等。生于瑞士圣加仑。瑞士职业革命家，国际主义者，瑞士共产党创建人之一。1905 年前往俄国从事革命活动。1912 年任瑞士社会民主党书记。是俄国二月革命后，协助列宁结束

普拉廷（1883—1942）

流亡瑞士返回俄国的关键人物。1919年出席共产国际成立大会,为大会主席团委员。1921年任瑞士共产党书记。

【普雷尔】

普雷尔(1839—1899)

即弗雷赫尔·冯·普雷尔(Freiherr von Prel,1839—1899),生于德国兰茨胡特。德国哲学家,作家。主张将超心理学研究和康德的先验唯心主义结合起来,认为神秘体验是普遍的和主观的,努力将达尔文的生物进化学说应用于意识领域,并作为世界的哲学原则。著有《希梅尔河畔的达赛因》《神秘哲学》《灵性》《康德神秘的世界》等。

【普利什凯维奇】

普利什凯维奇(1870—1920)

即弗拉基米尔·米特罗法诺维奇·普利什凯维奇(Владимир Митрофанович Пуришкевич,1870—1920),中译名有"泼列许开维思区""普列许开维思区"等。生于俄国比萨拉比亚(今属摩尔多瓦共和国)。俄国大地主,黑帮分子,君主派人物。1905年俄国革命期间帮助建立"黑百人"民兵组织,多次袭击革命团体。长期担任国家杜马代表,是右翼政党俄罗斯人民联盟和米迦勒天使长同盟的组织者之一。1917年俄国二月革命后主张恢复君主制。十月革命后竭力反对苏维埃政权。出版了《去莫斯科!》《布拉戈维斯特》杂志。作品有《在暴风雨的日子里》等。

【普利斯特利】

普利斯特利(1733—1804)

即约瑟夫·普利斯特利(Joseph Priestley,1733—1804),中译名有"必烈士雷""璞里斯列""普里斯特利"等。生于英格兰约克郡。英国化学家,唯物主义哲学家,资产阶级激进派思想家。1774年发现氧气。主张形而上学,试图将有神论、唯物主义和决定论结合起来,是功利主义的主要理论来源之一。一生发表了150多部作品,著有《物质与精神论》《神学文库》《历史与一般政策讲座》《哲学必要性学说图解》等。

普列奥布拉任斯基
（1886—1937）

【普列奥布拉任斯基】

即叶夫根尼·阿列克谢耶维奇·普列奥布拉任斯基（Евгений Алексеевич Преображенский，1886—1937），生于俄国奥廖尔省。苏联马克思主义经济学家，国务活动家。1903年加入俄国社会民主工党，倾向布尔什维克。1917年俄国二月革命后，作为布尔什维克领导人推动奥廖尔省革命斗争。十月革命后当选为俄共（布）中央委员，历任俄共（布）中央委员会书记、党的机关报《真理报》编辑。1919年与布哈林合著《共产主义的ABC》，被列宁称赞为"极有价值"传播马克思的经典。1926年新青年社出版了该书中文版，成为大革命时期宣传马克思列宁主义的经典之一。著有《新经济学》《新经济政策时期的经济危机》《从新经济政策走向社会主义》《新经济学：对苏维埃经济进行理论分析的尝试》等。

普列汉诺夫（1856—1918）

【普列汉诺夫】

即格奥尔吉·瓦连廷诺维奇·普列汉诺夫（Георгий Валентинович Плеханов，1856—1918），笔名"沃尔金"。中译名有"白拉格诺夫""勃里杰诺夫""不列克洛夫""布哈诺""布来浩罗夫""布勒哈诺""布列加诺夫""拍雷息脑""泼来加诺夫""泼莱哈诺夫""泼勒哈诺夫""蒲勒哈诺夫""蒲列哈诺夫""蒲列罕诺夫""蒲列加罗夫""朴雷哈诺夫""朴雷恰诺夫""朴列哈诺夫""朴列汉诺夫""浦列哈诺夫""普里哈劳""普列哈""普列哈夫""普列哈诺夫""普烈哈诺夫"等。生于俄罗斯沃罗涅日省。俄国早期马克思主义理论家，第二国际政治活动家，孟什维克领袖之一。1883年组织俄国第一个马克思主义团体——劳动解放社。翻译、引介马克思和恩格斯的著作，批判民粹主义、合法马克思主义、伯恩施坦主义、马赫主义等，对马克思主义在俄国的传播起到重要作用。1900年参与创建《星火报》。1890年初逃亡国外，开始长达37年的流亡生活。斯托雷平反动时期领导孟什维克护党派。第一次世界大战期间成为社会沙文主义者。1917年俄国二月革命后返回俄国,支持资产阶级临时政府,反对列宁的《四月提纲》。对十月革命持否定态度,但拒绝支持反革命。其著述被翻译整理为《普列汉诺夫哲学著作选集》《普列汉诺夫美学论文选》《普列汉诺夫文选》等在国内出版。

【普列维】

普列维（1846—1904）

即维亚切斯拉夫·康士坦丁诺维奇·普列维（Вячеслав Константинович Плеве，1846—1904），中译名有"勃列夫""不列夫""布勒而夫"等。生于俄国卡卢加省。俄国政治家。1902年任俄国内务大臣兼宪兵总监。极力推行俄罗斯化政策，限制各省地方自治的活动。鼓励反犹太人的宣传，酿成惨杀犹太人的基什涅夫大惨案。1904年7月被社会主义革命党人索佐诺夫刺死。

【普林尼（老）】

普林尼（老）（23—79）

即盖乌斯·普林尼·塞扎都斯（Gaius Plinius Secundus，23—79），也称老普、大普林尼。生于罗马帝国科莫（今属意大利）。古罗马政治活动家，作家，博物学家。著有《自然史》（今译《博物志》）等。

【普林尼（小）】

普林尼（小）（61—约113）

即盖尤斯·普林尼·采西利尤斯·塞扎都斯（Gaius Plinius Caecilius Secundus，61—约113），也称小普林尼。生于罗马帝国科莫（今属意大利）。古罗马政治家，作家，法官。一生撰写数百封信，其中247封被流传下来，具有重要的历史价值。其书信被翻译编入《哈佛百年经典》在国内出版。

【普林西普】

普林西普（1894—1918）

即加夫里洛·普林西普（Gavrilo Princip，1894—1918），中译名有"普林西波"等。波斯尼亚人，生于奥地利奥伯拉尔。塞尔维亚民族主义者，黑手社成员。1914年6月28日枪杀了在萨拉热窝视察的奥匈帝国太子斐迪南大公夫妇，制造萨拉热窝事件，成为第一次世界大战的导火线。

普鲁塔可（约46—120）

【普鲁塔可】

普鲁塔可（Plutarchus，约46—120），中译名有"扑鲁达克""普鲁达克"等。生于希腊维奥蒂亚。罗马帝国时代的希腊作家，哲学家，历史学家。历任地方法官、大使和德尔斐牧师等职。著有《平行生活》《莫拉利亚》等。

普罗柯波维奇（1871—1955）

【普罗柯波维奇】

即谢尔盖·尼古拉耶维奇·普罗柯波维奇（Сергей Николаевич Прокопович，1871—1955），中译名有"芭烈澳斯基"等。生于俄国圣彼德堡。俄国政论家。经济学派的代表人物，伯恩施坦主义在俄国最早的传播者之一。1917年任第二届联合临时政府工商业部部长。1922年被驱逐出境，移居柏林。著有《俄罗斯经济文集》《苏联国民经济》（2卷）、《世界经济前景》（未完成）等。

普罗提诺（约204—270）

【普罗提诺】

普罗提诺（Plotinus，约204—270），中译名有"柏鲁丁纳斯""普洛丁"等。生于罗马帝国埃及。希腊唯心主义哲学家，新柏拉图主义奠基人。主张有神论，把最高精神本体作为万物之源，人生的最高目的就是返回精神本体，与之合一。其思想对中世纪神学、哲学，尤其是基督教教义影响甚大。著有《九角星》《恩尼德》，其著述被翻译整理为《九章集》在国内出版。

【普平】

即勒内·普平（René Pupin，1878—1964），中译名有"皮般"等。生于法国巴黎。法国经济学家。著有《法兰西的财富》等。

普希金（1799—1837）

【普希金】

即亚历山大·谢尔盖耶维奇·普希金（Александр Сергеевич Пушкин，1799—1837），中译名有"布雪金""朴思砭""浦希金""普式金""普斯金""普西根""普昔金"等。生于俄国莫斯科。俄罗斯著名作家。被誉为"俄罗斯文学之父""俄罗斯诗歌的太阳""青铜骑士"，俄罗斯浪漫主义文学杰出代表，俄国现实主义文学的奠基人，现代标准俄语的创始人。其作品被翻译整理为《普希金全集》（10卷）在国内出版。

溥仪（1906—1967）

【溥仪】

爱新觉罗·溥仪（1906—1967），字浩然。北京人。清朝末代皇帝。年号宣统。1912年2月12日退位。1932年3月9日，他在长春宣布就任"执政"，伪满洲国成立。1934年3月改称伪满洲帝国皇帝。1945年日本投降，被苏军俘虏。1950年8月初被押解回国，在抚顺战犯管理所学习、改造。1959年12月特赦后任全国政协委员。著有《我的前半生》等。

Q

齐燮元（1885—1946）

【齐燮元】

齐燮元（1885—1946），原名齐英，又名苏齐，字抚万，号耀珊。直隶（今河北）宁河人。民国时期政治人物，直系军阀。1917年任江苏军务督办、苏皖赣巡阅副使。1924年发动江浙战争。抗日战争全面爆发后，成为汉奸。

【契尔施基】

即齐格弗里特·契尔施基（Siegfried Tschierschky，1872—1937），中译名有"齐耶施基""斯世基"等。生于德国柏林。德国经济学家，律师，德国卡特尔运动的主要代表之一。著有《卡特尔组织》《德国纺织工业政策》《卡特尔与信托》《斯佩尔和纳赫泰尔之夜》等。

契诃夫（1860—1904）

【契诃夫】

即安东·巴甫洛维奇·契诃夫（Антон Павлович Чехов，1860—1904），中译名有"柴霍甫""乞呵夫"等。生于俄国罗斯托夫州。俄国批判现实主义作家，世界现代戏剧的奠基人之一。后期作品批判农村资产阶级的贪婪和残酷，驳斥民粹派对农村公社的美化，把矛头指向工业资本主义。作品有《变色龙》《装在套子里的人》《在黄昏》《库页岛旅行记》等。其著述被翻译整理为《契诃夫作品选》《契诃夫短篇小说选》《契诃夫书信集》《契诃夫独幕剧集》等在国内出版。

契切林（1872—1936）

【契切林】

即格奥尔吉·瓦西里耶维奇·契切林（Георгий Васильевич Чичерин, 1872—1936），中译名有"翟趣林""蒂吉林""姬采林""齐基耶""齐捷林""齐齐额林""齐其林""奇怯林""奇燮林氏"等。生于俄国坦波夫。有蒙古血统。俄罗斯革命家，苏联外交官。历任苏联外交人民委员、全俄中央执行委员会委员和苏联中央执行委员会委员、联共（布）中央委员等职。1905年加入俄国社会民主工党，是孟什维克拥护者。1918年转入布尔什维克，代表苏联政府签署了《布列斯特—立托夫斯克和约》。其演讲与论文编入《国际政治问题文集》（俄文版）等。

钱介磐（1889—1938）

【钱介磐】

钱介磐（1889—1938），原名城，又名亦石，字介磐。笔名曙生、浪沫、啸秋、史庐、谷荪、白沙、石颠、巨涛、楚囚等。湖北咸宁人。冼星海的岳父。中国共产党早期党员，理论家，社会活动家。被董必武称为"红色教育家"。1909年夏入汉口商业学堂，开始接触资产阶级民主革命思想。1916年考入国立武昌高等师范学校（武汉大学前身）预科，一年后入博物部学习。积极投身新文化运动，其间结识恽代英等进步青年，在《光华学报》《国立武昌高等师范学校周刊》《新空气》等进步刊物发表《人类天演谭》等文章。1920年毕业后任武汉中学教师。1924年4月由董必武、陈潭秋介绍加入中国共产党，投身国民革命，历任国民党湖北省党部执行委员会常委、省党部中共党团书记等职。同年10月11日创办《武汉评论》，常以石颠为笔名发表时评，宣传第一次国共合作的政治主张，进行革命宣传。大革命失败后，赴苏联入莫斯科中山大学特别班学习。1930年回国，从事文化统战工作，任左翼社会科学家联盟党团书记。先后参与编辑或主编《新中华》《世界知识》《中华公论》《辞海》等杂志，翻译恩格斯名著《德国农民战争》，编写《中国怎样降到半殖民地》《世界思想家列传》等。在

上海法政学院、暨南大学主讲《中国外交史》《现代教育原理》《近代世界政治史》《中国近代经济史》等课程，运用马克思列宁主义基本原理联系中国实际，创新这些课程体系。1938年1月29日病逝。

钱智修（1883—1947）

【钱智修】

钱智修（1883—1947），字经宇。浙江嵊县人。近现代国学家，博古文学家，编译家。新文化运动时期批判流行的全盘西化论、东方文化说，在东西文化调和论的基础上提出"互助的文化观"，强调对传统文化的坚持和发扬，注重文化的承续与革新。1920年7月接任杜亚泉任《东方杂志》主编，长达12年。参与编辑《辞源》《中国人名大辞典》《中国古今地名大辞典》。著有《功利主义与学术》《现今两大哲学家学说概略》等，译著有《近代社会主义》等。

乔利（1857—1933）

【乔利】

即约翰·乔利（John Joly，1857—1933），中译名有"乔礼"等。生于爱尔兰奥法利郡。爱尔兰物理学家，地质学家。1897年任都柏林大学地质学教授。1914年发明提取镭的方法，率先将其用于癌症治疗。著有《地球地质年龄的估计》等。

乔利蒂（1842—1928）

【乔利蒂】

即乔瓦尼·乔利蒂（Giovanni Giolitti，1842—1928），中译名有"基倭列器""奇俄林机氏"等。生于意大利皮埃蒙特。意大利政治家。1892—1921年间五次担任意大利首相。主张中间派自由主义，通过广泛社会改革，试图维护现有的社会秩序及制度。

乔治（1839—1897）

【乔治】

即亨利·乔治（Henry George，1839—1897），中译名有"卜利芝欲芝""海利希幼兹""黑利祚止""亨利·佐治""亨利乔奇""爵而治""乔治·亨利""卫利兹幼陆兹""轩利佐治""哲而治""卓尔基亨利""兹幼陆兹"等。生于美国费城。美国政论家，资产阶级经济学家。1871年任《旧金山每日晚报》编辑。其理论认为土地占有是不平等的主要根源，主张土地国有，征收地价税归公共所有，废除一切其他税收，使社会财富趋于平均的单一税理论和政策。该观点曾在欧美一些国家盛行一时，颇有影响。该理论对孙中山影响很大，是他民生主义思想的主要理论来源。著有《进步与贫困》等。

乔治·桑（1804—1876）

【乔治·桑】

即乔治·桑（George Sand），原名阿芒丁－吕西尔－奥罗尔·杜班（Amantine-Lucile-Aurore Dupin，1804—1876），女。中译名有"乔治·山德""乔治散""乔治桑特""乔治珊德""哲尔治""佐治·桑""佐治士山的"等。生于法国巴黎。法国作家，记者。欧洲浪漫主义时代作家之一。早年同情穷人和工人阶级，倡导妇女权利。1848年法国二月革命后成为共和党人，晚年反对巴黎公社。作品有《卢克雷齐娅·弗洛里亚尼》《玫瑰与布兰奇》《印第安纳》《生活史》等。

【乔治五世】

即乔治·弗雷德里克·恩斯特·阿尔伯特·温莎（George Frederick Ernest Albert Windsor，1865—1936），中译名有"乔治第五""英皇佐治""佐治爱木儿""佐治五世"等。生于英国伦敦。英国国王，印度皇帝、温莎王朝的缔造者。

乔治五世（1865—1936）

切尔诺夫（1873—1952）

【切尔诺夫】

即维克多·米哈伊洛维奇·切尔诺夫（Виктор Михайлович Чернов，1873—1952），中译名有"策耳诺夫""拆尔诺夫""赤尔诺夫""杰洛夫""捷尔话夫""捷尔诺夫""齐尔诺夫""启惠尔诺夫""钱尔诺夫斯""乔尔诺夫""周诺夫"等。生于俄国萨拉托夫省。俄国社会革命党领袖和理论家之一。1894年被捕，在狱中学习康德的《纯粹理性批判》、兰格的《唯物主义史》、马克思的《资本论》等。在俄国社会革命党的机关报《革命俄国》发表大量文章，与马克思主义者论争，为民粹主义辩护，企图证明马克思的理论不适用于农业。第一次世界大战期间成为社会沙文主义者。反对十月革命。1920年流亡国外，继续参加反对布尔什维克的活动。著有《经济唯物主义学说的哲学缺陷》《彼得格勒的革命日子》《土地与法律》等。

秦良玉（1574—1648）

【秦良玉】

秦良玉（1574—1648），女。字贞素。四川忠州（今重庆忠县）人。明朝末年名将，民族英雄。先后参加抗击清军、奢安之乱、张献忠之乱等战役。中国历史上唯一一位女将，被单独立传载入《明史·将相列传》。

秦梦虎（1900—1941）

【秦梦虎】

秦梦虎（1900—1941），字冠洲，号寅卿。河南焦作人。中国共产党早期党员。1923年2月加入中国共产党，曾任道清铁路工会秘书。1925年春参与创办铁路工人夜校，传播革命思想。同年9月被焦作党组织派到黄埔军校学习。

秦平（1859—1928）

【秦平】

即亨利·海德·秦平（Henry Hyde Champion，1859—1928），中译名有"钱皮恩""狭辟阿"等。生于印度普纳。英国记者，社会主义活动家，英国独立工党的主要领导人之一。1882年加入英国社会主义运动，任社会民主联盟的助理秘书，为英国社会主义报纸《正义》撰稿。1888年创办《工党选举人》报纸。1893年移居澳大利亚。1895年创办 The Champion 周报。著有《问题的根源》等。

琼斯（1790—1855）

【琼斯】

即理查·琼斯（Richard Jones，1790—1855），中译名有"爵恩斯""耶门斯""约恩斯""约门斯氏"等。生于英国肯特郡。英国经济学家。资产阶级古典政治经济学的最后代表。1816年毕业于剑桥大学，批评大卫·李嘉图和T. R. 马尔萨斯关于经济地租和人口的理论观点，主张将科学的归纳法应用于经济学。著有《论财富分配和税收来源》《政治经济学入门讲座》等。

丘吉尔（1874—1965）

【丘吉尔】

即温斯顿·丘吉尔（Winston Churchill，1874—1965），中译名有"邱吉尔""邱乞尔""运斯坦·查尔其"等。生于英格兰牛津郡。英国国务活动家，保守党领袖。历任英国陆军大臣、英国联合政府首相。1908—1910年任英国贸易委员会主席期间，提倡社会改革，主张八小时工作制。著有《马拉坎德野战部队的故事》《萨夫罗拉》《世界危机》等。国内出版有《丘吉尔自传》《丘吉尔论民主国家大不列颠的诞生》《第一次世界大战回忆录》（全5卷）、《第二次世界大战回忆录》（全6卷）、《从战争到战争》等。

瞿鲁巴（1870—1928）

【瞿鲁巴】

即亚历山大·德米特里耶维奇·瞿鲁巴（Алекса́ндр Дми́триевич Цюру́па，1870—1928），中译名有"楚鲁巴"等。生于俄国赫尔松州（今属乌克兰）。苏联政治家。1898年加入俄国社会民主工党。1917年任俄国社会民主工党乌法委员会的成员，省粮食委员会和市杜马的主席。十月革命时负责向彼得格勒运输面包的后勤保障。苏联共产党第一至四届中央执行委员会委员。著有《论列宁与粮食工作》等。

瞿秋白（1899—1935）

【瞿秋白】

瞿秋白（1899—1935），名瞿双、瞿爽、瞿霜，号雄魄、熊伯。笔名巨缘、屈维它、双林、秋蕖、维、维摩、热、血、沸、腾、了等，化名瞿子源、斯特拉霍夫等。江苏常州人。卓越的无产阶级革命家，理论家，宣传家，中国共产党早期主要领导人之一，中国无产阶级革命文学事业的重要奠基者之一。1917年9月进入北京俄文专修馆学习。1919年参加五四运动。同年底创办《新社会》，开始了媒体生涯。1920年10月在北京《晨报》的邀请下，作为中国首批记者之一到苏俄采访，发回《共产主义之人间化》《俄罗斯之经济问题》等大量通讯报道，宣传苏俄政府与人民。1921年5月经张太雷介绍加入中国共产党，参加共产国际工作。1923年1月回国，负责《新青年》《前锋》《向导》等刊物，传播马克思列宁主义，尤其是马克思主义哲学。1924年前后在《新青年》《列宁特刊》《东方杂志》等期刊发表《评罗素之社会主义观》《列宁主义概论》《历史的工具——列宁》《李宁与社会主义》等文，翻译、编写《社会哲学概论》《社会科学概论》《无产阶级之哲学——唯物论》等著作，对开辟马克思列宁主义在中国早期传播的苏俄渠道做出了特殊贡献。中国共产党第三、四、五届中央委员，中国共产党第四、五届中央常委。1927年八七会议，任中共临时中央政治局常委，主持中央工作。1928年6月至1930年在莫斯科任共产国际执行委员、中共中央驻共产国际代表团团长。1930年8月回国，遭到王明等人的打击，离开中共中央，在上海从事左翼文化战线工作，与鲁迅结下深厚友谊，撰写上百万字的文艺批评和杂文，对无产阶级文化事业建设做出了大量开拓性、奠基性的贡献。其著述被整理为《瞿秋白文集》。

R

饶勒斯(1859—1914)

【饶勒斯】

即让·饶勒斯(Jean Jaurès,1859—1914),中译名有"觉列士""觉列斯""觉乃斯""鸠尔斯""祺乌莱""柔来""柔莱""柔莱司""柔莱斯""柔勒""柔勒死""柔列""扬·柔列""约来斯""照烈""兹可列""佐勒斯""佐列斯""佐烈斯"等。生于法国卡斯特尔市(今朗格多克)。法国社会党领袖,历史学家,哲学家。原属资产阶级共和派,19世纪90年代初开始转向社会主义,是"独立社会主义者联盟"领导。1902年参与组建改良主义的法国社会党(联合会统一组织)。1904年创办该党机关报《人道报》。1905年领导法国社会党,与盖得、拉法格领导的法兰西社会党合并为法国统一社会党(工人国际法国支部),为党的领袖。第一次世界大战爆发前,坚决反对殖民扩张、军国主义和帝国主义战争。1914年7月31日被沙文主义者刺杀。主要著作有《社会主义的法国革命史》《社会主义研究》等。

热里雅鲍夫(1851—1881)

【热里雅鲍夫】

即安德列·伊万诺维奇·热里雅鲍夫(Андрей Иванович Желябов,1851—1881),中译名有"柴果仆夫""热里雅鲍夫""沙尔耶波夫"等。生于俄国塔夫里达省(今属乌克兰)。俄国民意党的组织者和领袖。多次组织谋刺亚历山大二世的活动。1881年4月被处以绞刑。列宁将其与罗伯斯庇尔、加里波第等革命者相提并论。

400

任弼时(1904—1950)

【任弼时】

任弼时(1904—1950),原名培国,曾用名陈林,号二男。笔名辟世、辟时、避世、任鸿隽、P.S等。俄文名布林斯基(Бринский)。湖南湘阴(今汨罗)人。伟大的马克思主义者,杰出的无产阶级革命家,政治家,组织家,中国共产党和中国人民解放军的卓越领导人。1920年参加毛泽东等人筹建的俄罗斯研究会,并由该会推荐赴上海外国语学社。1920年8月加入中国社会主义青年团。1921年5月赴莫斯科劳动者东方共产主义大学学习。1922年转为中国共产党党员。1924年秋回国,任中国社会主义青年团江浙皖区委委员。1925年3月,以"辟世"的笔名和"一峯"(即张若名)编著《马克思主义浅说》,通俗易懂地诠释马克思列宁主义。该书问世不到一年,再版9次,成为畅销书。同年7月任中国共产主义青年团中央代理总书记。1924—1925年在《中国青年》《新青年》等期刊发表《列宁与十月革命》《列宁主义的要义》《马克思主义概略》《列宁与青年》等文,及翻译列宁的《中国战争》,推动马克思列宁主义广泛传播。1927年5月出席中国共产党第五次全国代表大会,当选中央委员。1945年在中国共产党第七次全国代表大会上当选中共中央书记处书记,成为党的第一代中央领导集体的重要成员。1950年10月27日病逝于北京。其著述被整理为《任弼时选集》。

任卓宣(1896—1990)

【任卓宣】

任卓宣(1896—1990),原名任君彰(又作启彰),笔名青锋、叶青。四川南充人。中国共产党早期党员,国民党政论家。1920年赴法勤工俭学。1922年与周恩来、陈延年等发起组织旅欧中国少年共产党,创办《少年》,发表许多介绍马克思主义的文章。1923年加入中国共产党,任中国共产党旅法支部书记。1925年留学莫斯科中山大学,后任中共旅莫支部负责人之一。1926年底奉命回国,历任中共广东区委宣传部部长、中共中央党报委员会委员,兼任黄埔军校政治教官、中共湖南省委书记等职。主编中共广东区委机关刊物《人民周刊》和内部刊物《我们的生活》，发表《我们对于十月革命应有底认识》《历史上的第一次阶级革命：巴黎公盟》等多篇宣传革命的文章。1927 由国光书店出版其所著《共产主义问答》，专门向人们讲解"什么是共产主义"的问题。1928 年被捕后叛变，曾任国民党中央宣传部副部长。著有《胡适批判》《怎样研究三民主义》《三民主义与社会主义》等。

日班科夫（1853—1932）

【日班科夫】

即德米特里·尼古拉耶维奇·日班科夫（Дмитрий Николаевич Жбанков，1853—1932），中译名有"栖班科夫"等。生于俄国下诺夫哥罗德省。职业医生。俄国地方自治局卫生事业活动家，民族志学家。对工厂进行过卫生和统计调查，研究流行病的传播。列宁曾引用他的著作。著有《论小学体罚》《农民生活和生活方式》《地方自治局医学》《流行病学》《统计学》《厕所研究总计划的经验》等。

日置益（1861—1926）

【日置益】

日置益（ヒオキ エキ，1861—1926），日本三重县人。日本外交官。1888 年东京大学法科毕业后入职外务省。1900 年来华任驻华使馆头等参赞。1914—1916 年任日本驻华公使，怂恿袁世凯称帝，代表日本大隈重信内阁，向袁世凯提出企图灭亡中国的"二十一条"。

茹奥（1879—1954）

【茹奥】

即莱昂·茹奥（Léon Jouhaux，1879—1954），中译名有"列翁·茹奥""乳沃""修何""朱奥"等。生于法国潘坦。法国劳工领袖，国际工会运动活动家。历任法国劳动总联合会书记、国际劳工局理事会理事、国际工会联合会（后称世界工会联合会）副主席等职。1951 年获诺贝尔和平奖。

阮啸仙（1897—1935）

【阮啸仙】

阮啸仙（1897—1935），原名熙朝，字建备，号瑞宗，别号晁曦。广东河源人。中国共产党早期党员，广东青年运动和早期农民运动的领导人之一。1918年1月进入广东省立第一甲工业学校。1919年参加五四运动，参与发起组织广东省中等以上学校学生联合会。1920年加入广东马克思主义研究会。1921年加入中国共产党。1922年与刘尔崧等创办爱群通讯社，向劳动大众传播新文化、马克思主义。曾任中国社会主义青年团广州地委书记、中共广东区委委员兼农民运动委员会书记、中共广东区委委员长、国民党中央农民部组织干事等职。1924年与彭湃等在广州创办农民运动讲习所，任第一届至第六届教员、第三届主任。1927年在中国共产党第五次全国代表大会上当选中共中央监察委员，5月14日被任命中共中央农民运动委员会委员。1935年3月在战斗中牺牲。其著述被整理为《阮啸仙文集》。

S

【撒拉】

《圣经》中的人物、亚伯拉罕之妻。

【萨尔贡】

萨尔贡（约公元前 2334 年—前 2279 年）

萨尔贡（Sargon，约公元前 2334 年—前 2279 年），中译名有"莎尔公"等，也称阿卡德的萨尔贡、萨尔贡大帝。阿卡德帝国的创建者。

【萨尔贡二世】

萨尔贡二世（公元前 765 年—前 705 年）

萨尔贡二世（Sargon II，公元前 765 年—前 705 年），中译名有"沙鲁金""莎尔公"等。生于伊拉克尼姆鲁德。亚述帝国国王。在其统治时期，亚述帝国打败了以色列王国、埃及，并镇压了埃及支持的叙利亚人和腓尼基人的起义，使亚述帝国进入巅峰时期。

【萨法洛夫】

萨法洛夫（1891—1942）

即格奥尔吉·伊万诺维奇·萨法洛夫（Георгий Иванович Сафаров，1891—1942），生于俄国圣彼得堡。俄国、苏联无产阶级革命家，共产国际活动家。1921—1922 年任共产国际驻远东全权代表。在远东各国共产党及民族革命团体代表大会上，发表长篇演讲《第三国际与远东民族问题》，阐释列宁的东方革命理论。1926—1927 年任苏联驻华全权代表处一等秘书。1929—1934 年任共产国际执委会东方书记处副主任。著有《论共产主义的科学基础》《殖民革命》《列宁主义基础》等。

萨孟武（1897—1984）

【萨孟武】

萨孟武（1897—1984），名本炎，字孟武。福建福州人。近现代政治学家，教育家。早年入京都帝国大学法学部政治系。长期从事教育、编辑工作。1923年在《学艺杂志》第5卷第8号上发表《马克思之资本复生产论》，此文被收录于1926年商务印书馆出版的《唯物史观研究》论文集中。中华人民共和国成立前夕到台湾，曾任台湾大学法学院院长。著有《中国政治思想史》《中国社会政治史》等。

萨姆纳（1876—1933）

【萨姆纳】

即海伦·劳拉·萨姆纳（Helen Laura Sumner，1876—1933），女。中译名有"萨姆拉""萨穆列尔"等。生于美国威斯康星州。美国经济学家。主要研究劳工，特别是妇女和儿童相关的问题。1905年与托马斯·S.亚当斯合著《劳动问题》。著有《平等选举权》《美国的童工立法》《波士顿的工作儿童：现代法律监管体系下的童工研究》等。

萨瑟兰（1758—1833）

【萨瑟兰】

即乔治·鲁森·高尔，萨瑟兰公爵一世（George Granville Leveson-Gower，1st Duke of Sutherland，1758—1833），中译名有"少泽兰"等。生于英国伦敦。英国特伦森子爵、古尔伯爵、斯塔福德（萨瑟兰）侯爵，政治家，外交家。

萨文柯夫（1879—1925）

【萨文柯夫】

即波里斯·维克多罗维奇·萨文柯夫（Борис Викторович Савинков，1879—1925），笔名B.N.、本杰明、苏博廷、D.E.等。中译名有"萨微柯甫""萨文科夫""沙平可夫"等。生于俄国哈尔科夫（今属乌克兰）。俄国社会革命党领袖之一，作家。1917年任临时政府驻最高总司令大本营的委员、陆军部副部长等职。反对十月革命。著有《苍白的马》《故事》《与布尔什维克的斗争》《在监狱里》等。

【萨伊】

即让·巴蒂斯特·萨伊（Jean-Baptiste Say，1767—1832），中译名有"Say""塞依""色伊""瑟依""谢氏"等。生于法国里昂。法国资产阶级经济学家，庸俗政治经济学早期代表人物之一。他是最早研究企业家精神，并将企业家概念化为经济组织者和领导者的经济学家之一。1795—1800年任《十年哲学、文学家和政治》编辑。主张竞争、自由贸易和解除对商业的限制。提出萨伊定律，阐释亚当·斯密的学说。著有《政治经济学概论》等。

萨伊（1767—1832）

萨佐诺夫（1860—1927）

【萨佐诺夫】

即谢尔盖·德米特里耶维奇·萨佐诺夫（Сергей Дмитриевич Сазонов，1860—1927），中译名有"萨梭诺夫""萨左诺夫"等。生于俄国梁赞省。俄国政治家，外交官。1910—1916年任沙俄外交大臣，促成第一次世界大战爆发。反对十月革命，参加邓尼金白卫军，反对苏维埃红色政权。

【塞茨】

即卡尔·塞茨（Karl Seitz，1869—1950），中译名有"塞慈"等。生于奥地利维也纳。奥地利政治家，奥地利社会民主党人。1901年任国会议员。1919—1920年任奥地利联邦第1届总统。1923—1934年任维也纳市长等职。

塞茨（1869—1950）

塞登（1845—1906）

【塞登】

即理查德·约翰·塞登（Richard John Seddon，1845—1906），中译名有"息当"等。生于英国兰开夏郡。新西兰政治家。1862年移居澳大利亚，1866年返回新西兰。1893年起任新西兰第15任总理直至去世，是新西兰任职时间最长的政府总理。

【塞尔策】

即托马斯·塞尔策（Thomas Seltzer，1875—1943），中译名有"萨尔茨""谢尔兹"等。生于俄国，早年移居美国。俄裔美国翻译家，编辑，出版商。1897年毕业于宾夕法尼亚大学，精通波兰语、意大利语、德语、意第绪语和法语。1911—1918年任《群众》编辑。译著有《监察长》五幕喜剧》《永恒：关于生与死、宗教和进化论的世界大战思想》等，编有《最好的俄罗斯短篇小说》等。

塞肯多夫（1626—1692）

【塞肯多夫】

即维特·路德维希·冯·塞肯多夫（Veit Ludwig von Seckendorff，1626—1692），中译名有"则垦多夫"等。生于德国埃尔朗根。德国政治家，学者，德国重商主义代表人物。著有《宗教改革路德会历史与辩护评论》等。

塞拉蒂（1872/1876？—1926）

【塞拉蒂】

即扎钦托·梅诺蒂·塞拉蒂（Giacinto Menotti Serrati，1872/1876？—1926），中译名有"撒拉基""塞拉提"等。生于意大利萨沃纳。意大利社会党领导人之一。1914年任意大利社会党机关报《前进报》主编。第一次世界大战时持国际主义立场。1920年率领意大利代表团出席共产国际第二次代表大会。1924年加入意大利共产党，当选为共产国际执行委员会中央委员。

塞利格曼（1861—1939）

【塞利格曼】

即埃德温·罗伯特·安德森·塞利格曼（Edwin Robert Anderson Seligman，1861—1939），中译名有"塞里格门""色理苦曼""舍利格满""写利格曼""薛礼门"等。生于美国纽约。美国经济学家。1891年任哥伦比亚大学教授。1931年任《社会科学百科全书》主编。其著作《经济史观》中译本于1920年10月由上海商务印书馆出版。著有《资本主义与社会主义》《赋税的转嫁与负担》《累进税理论与实践》等。

塞涅卡（约公元前 4—65）

【塞涅卡】

即鲁齐乌斯·安奈乌斯·塞涅卡（Lucius Annaeus Seneca，约公元前 4—65），中译名有"塞内加""塞内卡""赛耐加""孙里加""锡尼加""辛尼加"等。生于西班牙科尔多瓦。古罗马政治活动家，哲学家，作家。50 年任尼禄皇帝的导师及顾问。62 年因躲避政治斗争而引退，65 年被迫自杀。著有《道德书简》《自然之歌》《论福利》等。

塞奇（1818—1878）

【塞奇】

即皮埃特罗·安杰洛·塞奇（Pietro Angelo Secchi，1818—1878），中译名有"赛奇""斯奇"等。生于意大利勒佐。意大利天文学家，意大利耶稣会会士。主要从事太阳系和恒星光谱的研究。1833 年加入意大利耶稣会。1839 年在耶稣会学院任物理和数学讲师。1849 年任罗马学院的天文学教授和天文台台长。著述有《论物理力的统一性》《太阳报：现代重大发现的介绍》等。

塞万提斯（1547—1616）

【塞万提斯】

即米格尔·德·塞万提斯·萨维德拉（Miguel de Cervantes Saavedra，1547—1616），中译名有"塞尔凡德斯""塞芬梯""谢尔凡蒂"等。生于西班牙阿尔卡拉德。西班牙作家。代表作《堂吉诃德》。其著述被翻译整理为《塞万提斯全集》（8 卷）等在国内出版。

桑巴（1862—1922）

【桑巴】

即马赛尔·桑巴（Marcel Sembat，1862—1922），中译名有"沁巴""塞姆巴""桑巴诺德尔""色巴得"等。生于法国波尼埃尔。法国社会党改良派领袖之一，新闻工作者。1893 年当选为法国众议院议员。1890—1897 年为《小共和国报》《社会主义评论》《巴黎日报》《灯笼》等报纸撰稿。第一次世界大战期间成为社会沙文主义者，1914 年任法国"国防政府"公共工程部部长。著有《如果不是和平就做国王》《胜利之路》等。

桑巴特（1863—1941）

【桑巴特】

即韦尔纳·桑巴特（Werner Sombart，1863—1941），中译名有"巴尔脱""倍聂尔曹穆巴尔梯""崇巴尔特""戎巴达""散漠笛儿""桑姆尔特""桑姆巴""桑姆巴特""杀母铁路""钟马特""锺巴特""宗巴脱""佐姆巴特"等。生于德国哈尔茨。德国庸俗经济学家，社会学家，新闻工作者。初期为讲坛社会主义者，晚年转向法西斯主义立场。1888年与M.韦伯等创立德国社会学会，并合办《社会科学与社会政策》杂志。著有《现代资本论》《美国为什么没有社会主义》《社会主义与社会》《德意志社会主义》等。

桑田熊藏（1868—1932）

【桑田熊藏】

桑田熊藏（クワダ クマゾウ，1868—1932），日本鸟取县人。日本法学家。1893年毕业于东京帝国大学法科，1896年与金井延等共同创办"日本社会政策学会"，主张"劳资合作论"。1920年任日本中央大学教授。1904—1932年任贵族院议员，曾是中央社会事业协会、济生会、日本红十字会等组织的主要负责人。著有《欧洲劳动问题概况》《工业经济论》《工厂法和社会保险》等。

色诺芬（约公元前430—约前355）

【色诺芬】

色诺芬（Xenophon，约公元前430—约前355），中译名有"塞罗风""塞诺芬"等。生于古雅典。古希腊历史学家，哲学家，奴隶主阶级的思想家。著有《希腊史》《远征记》等。

森户辰男（1888—1984）

【森户辰男】

森户辰男（モリト タツオ，1888—1984），日本广岛县人。日本社会活动家，经济学家。1914年毕业于东京帝国大学，并留校任教，其间参加该校马克思主义研究小组。1920年因发表《克鲁泡特金的社会思想之研究》一文而离职。著有《战争与文化》《社会主义思想史》等书。

【僧格林沁】

僧格林沁（1811—1865），博尔济吉特氏。蒙古科尔沁旗（今属内蒙古）人。清末将领，蒙古亲王。1855年攻陷连镇，击溃太平天国北伐军。1859年率部抗击英法联军，在大沽口战役中重创侵略军。1860年镇压捻军起义。著有《科尔沁郡王奏稿》（4册）。

僧格林沁（1811—1865）

【沙赫特】

即贺拉斯·格里莱·亚尔马·沙赫特（Horace Greeley Hjalmar Schacht，1877—1970），中译名有"斯甲乞"等。生于丹麦廷列夫。德国经济学家，银行家，自由主义政治家，德国民主党联合创始人之一。著有《马克的稳定》等。

沙赫特（1877—1970）

【沙克尔顿】

即大卫·詹姆斯·沙克尔顿爵士（Sir David James Shackleton，1863—1938），中译名有"莎克列顿"等。生于英国兰开夏郡。职业工人。英国工会会员。1900年英国劳工代表委员会成立后，为英国议会的第三名劳工议员。1910年温斯顿·丘吉尔力邀其任新劳工部常任秘书。

沙克尔顿（1863—1938）

【沙培尔】

即尤斯图斯·威廉·爱德华·冯·沙培尔（Justus Wilhelm Eduard von Schaper，1792—1868），中译名有"谢伯尔""谢迫尔"等。生于德国布伦瑞克。职业律师。普鲁士政治活动家。历任德国特里尔行政区长官、莱茵省总督、威斯特伐利亚总督等职。

沙培尔（1792—1868）

【沙森巴赫】

即约翰内斯·沙森巴赫（Johannes Sassenbach，1866—1940），中译名有"莎森伯"等。生于德国林德拉尔。德国政治家，作家，工会领袖，出版商。1890年加入德国社会民主党。1891年当选为马鞍联盟主席，并担任编辑。1895

沙森巴赫（1866—1940）

年组织第一次社会主义学者会议，创办《社会科学学院》杂志。著有《我们想要什么》《工会中的教育工作和图书馆工作》等。

莎士比亚（1564—1616）

【莎士比亚】

即威廉·莎士比亚（William Shakespeare，1564—1616），中译名有"沙士皮尔""莎士比""莎士比耳""莎氏比亚""索士比亚""狭斯丕尔""些斯比亚""雪克斯忕""叶斯璧"等。生于英国斯特拉特福。英国著名戏剧家，诗人，欧洲文艺复兴时期最重要最伟大的作家之一。代表作有《罗密欧与朱丽叶》《奥赛罗》《哈姆雷特》《李尔王》等。其著述被翻译整理为《莎士比亚经典戏剧全集》《新译莎士比亚全集》等在国内出版。

山川菊荣（1890—1980）

【山川菊荣】

山川菊荣（ヤマカワキクエ，1890—1980），女。原名森田菊荣。日本东京人。日本社会主义者山川均的妻子。日本社会主义者，日本妇女问题研究专家。其著述对马克思主义在中国早期传播有较大影响，1919年9月在上海《民国日报》副刊《觉悟》发表的《世界思潮之方向》，是一篇较早论述十月革命对世界影响的论文，指出革命知识分子应该走列宁主义指引的方向。她的《妇人与社会主义》《社会主义妇女观》《妇女自觉史》被翻译并介绍到中国，对妇女解放运动产生积极影响。

山川均（1880—1958）

【山川均】

山川均（ヤマカワヒトシ，1880—1958），日本冈山县人。日本社会主义者，经济学家，日本共产党创建人之一。1900年3月同守田文治创办《青年福音》小杂志，信仰基督教，5月入狱被判刑3年半。在狱中读到英国古典政治经济学著作，转变立场，认识到社会经济是社会发展的根本动力。1904年出狱，1906年加入日本社会党。1920年参与创立日本社会主义同盟。1922年创建日本共产党,任总务干事。1923年鼓吹取消主义,擅自宣布取消日本共产党,成为党内右倾机会主义代表。1928年经日本共产党第三次代表大会通过被开除出党。其著述《列宁传》《资本制度浅说》《劳农俄国研究》等被翻译并介绍到中国,对马克思主义在中国早期传播影响较大。其著述被整理为《山川均全集》(日文版)。

【山路爱山】

山路爱山(1865—1917)

山路爱山(ヤマジ アイザン,1865—1917),日本江户(今东京)人。日本明治、大正时期的历史学家,评论家。信仰基督教。1890年入庆应大学任教。创办《三田文学》《独立评论》等杂志。1905年8月参与创建日本国家社会党。著有《孔子论》《读史论集》等。

【山崎今朝弥】

山崎今朝弥(1877—1954)

山崎今朝弥(ヤマザキ ケサヤ,1877—1954),日本长野县人。日本社会主义者,律师。1903年赴美国深造,与赤羽一、岩佐作太郎、幸德秋水等人相识,创办杂志《普通法》,从事社会主义宣传和教育。主办《解放》杂志,曾刊载片山潜从国外寄回日本的许多重要论文。1920年和大杉荣等成立日本社会主义同盟。曾任日本老农党、日本劳动组合总联合等团体的顾问。著有《大安销售律师》《地震、宪法、火灾、警察》《日本社会运动史》等。

【邵力子】

邵力子(1882—1967)

邵力子(1882—1967),初名景奎,又名凤寿,字仲辉。笔名力子。浙江绍兴人。近现代民主人士,社会活动家,政治家,教育家。1908年参加中国同盟会。1910年与于右任等人成立《民立报》。1915年参与创立《民国日报》,任总主笔,从事反袁宣传。1919年在《民国日报》开辟副刊《觉悟》,使之成为宣传新文化新思想及传播马克思主义、社会主义的主要阵地之一。1920年5月与陈独秀等人在上海组织"马克思学说研究社"。同年8月参加中共上海早期组织。1922年10月与于右任等人创办上海大学,任副校长。1924年2月任国民党上海执行部秘书。1925年10月任黄埔军校政治部主任。1926年8月接受陈独秀等人建议,自动脱离中国共产党。中华人民共和国成立后,历任全国人大常委、政协常委、民革常委等职。其著述被整理为《邵力子文集》(上下)。

邵飘萍(1886—1926)

【邵飘萍】

邵飘萍(1886—1926),原名新城,又名镜清,后改为振清,字飘萍。笔名萍、阿平、素昧平生等。浙江金华人。无产阶级新闻战士,中国新闻理论的开拓者与奠基人。早年入浙江高等学堂。1911年11月任《汉民日报》主笔,从事新闻工作。1914年赴日本,组织东京通讯社。1916年回国任《申报》《时事新报》等报编辑、主笔。1918年10月创办《京报》。同时与蔡元培等创立"北京大学新闻学研究会",揭开我国新闻学教育和研究的序幕,并在北京大学开设新闻学,毛泽东听其课并受其影响。1920年编著的《新俄国之研究》《综合研究各国社会思潮》是最早介绍苏俄、各国社会主义的著作之一。1925年秘密加入中国共产党。1926年4月26日被奉系军阀张作霖杀害。其著述被整理为《邵飘萍新闻学论集》《邵飘萍选集》(上下)。

邵元冲(1890—1936)

【邵元冲】

邵元冲(1890—1936),字翼如,名庸舒。浙江绍兴人。近现代民主革命家,政治家。辛亥革命后从日本回国,任上海《民国新闻》总编辑。1914年加入中华革命党,任《民国》杂志编辑。1917年任孙中山广州军政府机要秘书。1919年赴美国哥伦比亚大学、威斯康星大学留学,后赴苏联学习军事,再赴德国游学。1923年11月在莫斯科结识正在访问苏联的蒋介石。回国后任黄埔军校政治教官及政治部代主任、北京《民国日报》社社长等职。1926年在西山

413

会议派非法召开的中国国民党第二次全国代表大会上被选为中央执行委员，后任国民党中央青年部部长。西安事变中遇难。著有《各国革命史略》《孙文主义总论》《西北揽胜》等，后人整理了《邵元冲日记》，其著述被整理为《邵元冲先生文集》等。

舍尔比利埃（1797—1869）

【舍尔比利埃】

即安东·埃利泽·舍尔比利埃（Antoine-élisée Cherbuliez，1797—1869），中译名有"克标利慈"等。生于瑞士日内瓦。西斯蒙第的追随者。瑞士自由主义经济学家。1829年创办并编辑捍卫功利主义的哲学期刊。把西斯蒙第的理论和李嘉图理论的某些原理融合在一起。马克思在《剩余价值理论》中专门撰写一章论述他在经济学说史上的地位。著有《宪法保护》《穷人或富人》《悲惨、道德和体质等原因研究》《士气和身体上的学习》等。

舍尔古诺夫（1867—1939）

【舍尔古诺夫】

即瓦西里·安德列耶维奇·谢尔古诺夫 (Василий Андреевич Шелгунов，1867—1939)，中译名有"舍尔诺夫"等。生于俄国圣彼得堡。俄国、苏联政治家，社会活动家。"彼得堡工人阶级解放斗争协会"的组织者和活动家之一。1886年参加革命活动。1893年遇见列宁，在圣彼得堡斗争联盟与列宁一起工作。1895年被捕，1897年被流放。1898年加入俄国社会民主工党。1910年起先后参加创办《明星报》《真理报》。参加了1905年第一次俄国革命和十月革命。自1922年起为老布尔什维克全联盟协会主席团成员。

舍伐利埃（1806—1879）

【舍伐利埃】

即米歇尔·舍伐利埃（Michel Chevalier，1806—1879），中译名有"密瑟尔""夏万里""雪发理""谢瓦利埃"等。生于法国上维埃纳。法国工程师，政治家，经济学家，编辑。

1830年为《环球报》编辑。1841年任法兰西学院政治经济学教授,主张自由贸易论。著有《法国的内在材料》《美国的社会、礼仪和政治》等。

舍夫勒（1831—1903）

【舍夫勒】

即阿尔伯特·埃伯哈德·弗里德里希·舍夫勒（Albert Eberhard Friedrich Schäffle, 1831—1903），今译"塞甫列""塞复列""赛夫赖""沙法勒""沙佛利""奢夫尔""石慈佛尼""狎夫尔""显甫尔""谢夫莱""谢夫赖博士""雪佛尔""雪富列""雪勿列""叶柏尔"等。生于德国符腾堡州。德国社会学家,政治经济学家,编辑。著有《社会身体的建构与生活》《社会主义的精髓》《社会民主主义的不可能性》等。

舍拉（1568—？）

【舍拉】

即安东尼奥·舍拉（Antonio Serra, 1568—？），中译名有"安托泥奥·舍剌""塞拉""塞若"等。生于意大利科森扎。意大利经济学家,哲学家,重商主义的早期代表。著有《论各国的财富与贫穷》《布雷夫·特拉塔托》等。

申加廖夫（1869—1918）

【申加廖夫】

即安德列·伊万诺维奇·申加廖夫(Андрей Иванович Шингарёв, 1869—1918)，中译名有"辛加列夫""辛卡列夫""新加赖克""盛加略夫"等。生于俄国沃罗涅日省。职业医生。俄国立宪民主党人,地方自治活动家。1891年毕业于莫斯科大学。1903—1906年任沃罗涅日省地方自治委员会卫生部门负责人,曾被选为俄国国家杜马代表。1917年任临时政府农业部部长,发起通过粮食垄断法。十月革命后被捕,1918年被处决。著有《濒危村庄：沃罗涅日乌耶兹德两个村庄的卫生和经济研究经验》《俄罗斯的财务状况》等。

【神武天皇】

神武天皇（ジンムテンノウ，公元前660—前582），日本第一代天皇，又称为"始驭天下之皇"。根据《古事记》，于公元前660年建元神武，建立大和王权，被奉为日本开国之祖与天皇世系之起源。

神武天皇（公元前660—前582）

【沈性仁】

沈性仁（1895—1943）

沈性仁（1895—1943），女。又名景芳。浙江嘉兴人。出身名门大家。陶孟和的妻子。近现代翻译家。1913年赴日本长崎活水女学求学，后因父病回国，入北京女子高等师范继续学业。1920年11月与陶孟和合译、陈独秀校阅的《欧洲和议后之经济》出版。此书为中共上海早期组织的"新青年丛书第八种"，对马克思主义在中国早期传播起到一定作用。1922年《努力周刊》创刊，曾担任编辑。1925年因翻译荷裔美国科普作家房龙的《人类的故事》，而在中国掀起经久不衰的"房龙热"。1943年病逝于兰州。金岳霖赞美她为"性如竹影疏中日，仁是兰香静处风。"据统计她翻译的作品共18部，其中文学作品15部，非文学作品3部。

【沈玄庐】

沈玄庐（1883—1928）

沈玄庐（1883—1928），又名崇焕，本名宗传，字叔言，改名定一，又字剑侯，号玄庐。浙江萧山人。民国时期政治人物。早年留学日本，加入光复会和中国同盟会。1911年参加辛亥革命。1916年回国曾任浙江省议会议长。1919年6月与戴季陶等在上海创办《星期评论》，组织发表大量社会主义、马克思主义的文章和文学作品，使该刊与《新青年》成为马克思主义早期传播的两颗明星。1920年8月加入中共上海早期组织。11月在杭州发起悟社，宣传社会主义，发展学生和知识分子入党。1921年9月在家乡组织成立萧山衙前农民协会，为中国共产党领导的第一个农民协会。1924年当选为国民党第一届中央候补执行委员。后参加入西山会议派，走向反共道路。1928年8月因国民党派系内斗遇刺身亡。其著述被整理为《沈定一集》。

【沈雁冰】

沈雁冰（1896—1981）

沈雁冰（1896—1981），原名德鸿，字雁冰。笔名P生、茅盾、郎损、蒲牢、沈余、微明等。浙江桐乡人。中国共产党早期党员，作家，社会活动家，五四新文化运动先驱者之一，我国马克思主义文艺理论的播种者。1913年考入北京大学预科。1916年毕业后任职上海商务印书馆编译所。1921年加入中国共产党，任《新青年》《共产党》月刊编辑，其间在《东方杂志》《新青年》《共产党》等期刊撰写翻译大量宣传马克思主义的文章，如《俄国人民及苏维埃政府》《俄国的新经济政策》《共产党的出发点》《美国共产党党纲》《美国共产党宣言》等，最早翻译列宁的《国家与革命》。1921年1月任《小说月报》主编，介绍俄罗斯进步文学和苏俄革命文学。撰写《无产阶级艺术》《文学者的新使命》等文章，用马克思主义观点阐释文学艺术的概念、阶级性、内容与形式等，指出无产阶级文学艺术是以无产阶级精神为中心创造的一种适应于新世界的艺术。无产阶级文学艺术是改造社会的"最有力的战斗机关"。其著述被整理为《茅盾全集》（40卷）。

【沈怡】

沈怡（1901—1980）

沈怡（1901—1980），原名沈景清，字君怡。浙江嘉兴人。近现代政治人物。1919年加入少年中国学会。1921年公派赴德留学。1945年任南京特别市市长。

【沈泽民】

沈泽民（1900—1933）

沈泽民（1900—1933），原名德济。笔名明心、罗美、则人、成则人、朗生、风、李清扬等。浙江桐乡人。沈雁冰（茅盾）之弟。中国共产党早期党员，作家，翻译家，早期女权主义理论的重要译者。早年就读南京河海工程专门学校。1920年7月赴日本东京帝国大学求学，接触马克思主义。1921年1月回国，由沈雁冰介绍加入中共上海早期组织。1922年5月出席中国社会主义青年团第一次全国代表大会。1923年底任上海大学社会学教授，主编《国民日报》副刊《觉悟》。1925年参加五卅运动，任《热血日报》编辑。10月赴苏联留学。后入莫斯科中山大学学习，并任该校政治经济学教师。1922年翻译的《第三国际议案及宣言》由人民出版社出版，是我国最早传播列宁的东方革命理论的著作。其著述被整理为《沈泽民文集》。

沈仲九（1887—1968）

【沈仲九】

沈仲九（1887—1968），又名铭训、中天、信爱。浙江绍兴人。近现代学者，编辑。1918年任《教育潮》主编，在该报发表《德莫克拉西的教育》《怎么样对付新旧思想》《青年的自觉》《随感录》等多篇文章，传播进步思想。其中1919年在《教育潮》第1卷第5号发表的《我底人生观》一文影响甚大。1920年6月27日俞秀松给他写信提到："你那篇《我底人生观》，不知唤醒多少梦，就是我得益于这篇文章也不小。"1923年8月，受聘于上海大学中文系。1951年作为特约编审参加中华书局《辞海》的修订工作，负责社会科学方面的词目。校对有《明通鉴》（共8册）。

升曙梦（1878—1958）

【升曙梦】

升曙梦（ノボリ ショウム，1878—1958），本名直隆。生于日本鹿儿岛，日本学者，翻译家，俄国文学的研究者。毕业于尼古拉神学校。发表大量俄国、苏俄文学作品，其中许多作品如《近代俄罗斯文学底主潮》《革命俄罗斯文学》《劳农俄罗斯的文化政策与其设施》等论文与《新俄文学的曙光期》《新俄罗斯的无产阶级文学》《新俄的演剧运动与跳舞》等著作被翻译成中文，在大革命时期发表，向中国人民介绍了俄国、苏俄革命文学与马克思主义文艺理论，对我国现代左翼文学思潮产生了重大影响。著有《俄国近代文艺思想史》《俄国革命与社会运动》等。

【圣福若瑟】

圣福若瑟（1852—1908）

圣福若瑟（St. Joseph Freinademetz，1852—1908），中译名有"富治南特美士"等。意大利人。生于奥匈帝国蒂罗尔郡（今属意大利）。天主教圣言会传教士。1881年到山东南部传教，后被教廷列为天主教圣人。

【圣茹斯特】

圣茹斯特（1767—1794）

即安东·路易·莱昂·德·圣茹斯特（Antoine-Louis Léon de Saint-Just，1767—1794），中译名有"圣·朱斯特"等。生于法国涅夫勒省。罗伯斯比尔的追随者和密友。法国资产阶级革命活动家，雅各宾派领袖，政治哲学家。1794年因为罗伯斯庇尔辩护，被绞死。著有《法兰西革命与宪法精神》《革命精神》等，作品收录于《圣茹斯特全集》（2卷）。

【圣西门】

圣西门（1760—1825）

即昂利·圣西门（Henri Saint-Simon，1760—1825），中译名有"撒西们""萨孙嘉孟氏""塞西沙门""赛西门""三细蒙""散诗茫""散西门""桑诗门""桑西门""桑西蒙""桑西梦""桑喜蒙""沙希贺""山席孟""舍伍式西盟""沈西门""沈西孟""圣斯猛""圣锡孟""圣西孟""盛斯猛""孙希孟""翁笃西孟""西贺""西孟氏""锡孟氏""希和""仙士门""谢蒙""逊斯民"等。生于法国巴黎。法国空想社会主义代表人物。其思想对近代政治、经济学、社会学和科学哲学产生重大影响。创立了圣西门主义，主张财产共有，废除继承权，并赋予妇女选举权。其空想社会主义是马克思主义的理论来源之一。其著述被翻译整理为《圣西门选集》在国内出版。

【胜田主计】

胜田主计（ショウダカズエ，1869—1948），日本爱媛县松山市人。日本大正、昭和时期的财政官僚，政治活动家。1895年毕业于东京帝国大学法学院。1914年任上议院议员。1916年任财务大臣。1939年任内阁委员。第一次世界大战期间利用外汇繁荣经济，积极发展财政，策划并进行对华经济侵略。

胜田主计（1869—1948）

【盛宣怀】

盛宣怀（1844—1916）

盛宣怀（1844—1916），字杏荪，又字幼勋、荇生、杏生，号次沂，又号补楼、别署愚斋，晚年自号止叟。江苏武进（今常州）人。清末、民国时期的政治家，企业家，教育家，洋务运动的代表人物之一。1895年创办北洋大学（天津大学前身）。1896年在上海创办南洋公学（上海交通大学、西安交通大学、台湾交通大学的前身）等。一生注重档案留存管理编辑，其藏书被编入《愚斋图书馆藏书目录》《盛氏图书馆善本书目》（4卷）。曾任招商局督办、邮传部大臣、汉冶萍公司董事长等职，大力推动现代企业的发展。著有《愚斋存稿》《盛宣怀未刊信稿》《盛宣怀日记》（又名《愚斋东游日记》）等。

【施存统】

施存统（1899—1970）

施存统（1899—1970），原名复亮、伏量，别号伏图。笔名光亮、CT、张亮，化名方国昌、方子田等。浙江金华人。近现代社会活动家，经济学家，中国共产党、中国社会主义青年团早期领导人之一。1917年就读于浙江省立第一师范学校，在校期间发表反封建的《非孝》一文，舆论哗然，引起轰动一时的"一师风潮"。1920年6月参加中共上海早期组织，成为中国共产党最早的五位党员之一。同年到日本留学，接触马克思主义和日本社会主义者，成为中共日本早期组织的负责人，是马克思主义在中国早期传播的活跃人物。据统计，仅1921年，就在《共产党》《民国日报》副刊《觉悟》等期刊发表《我们要怎么样干社会革命？》《〈社会主义研究〉介绍》《唯物史观在中国的应用》等50多篇文章，翻译《马克斯学说概要》《资本制度浅说》《马克斯底共产主义》等著作，尤其是把被列宁赞扬为诠释马克思主义经济学"最出色的一本"的《经济科学大纲》介绍到中国，影响深远。1922年当选为中国社会主义青年团中央书记，曾任武汉中央军校政治部主任。1927年8月脱离中国共产党。其著述被整理为《施存统文集》。

施蒂纳（1806—1856）

【施蒂纳】

即麦克斯·施蒂纳（Max Stirner，1806—1856），原名约翰·卡斯帕尔·施米特。中译名有"马克斯奇奈耳""麦斯·士梯拿""施提列""士奇尔勒""司梯尔""斯底亚那""斯蒂那""斯蒂纳""斯丁拉""斯鸿泥耳""斯启纳""斯撒奈耳""斯泰泥""斯特拉""斯特鲁氏""斯体奈""斯悌纳""斯铁尔""苏持列尔""苏提列尔"等。生于巴伐利亚公国（今属德国）。德国哲学家，著作家，青年黑格尔派，资产阶级个人主义和无政府主义的思想家。主要研究黑格尔的社会异化和自我意识概念。对左派黑格尔主义有破坏性影响，其著作成为个人主义无政府主义的奠基文本。其哲学对青年马克思产生重大影响，后马克思与他激烈论战，是马克思从唯心主义向唯物主义思想转变的重要转折点。著有《自我和它自己的》《施蒂纳的批评家》《唯一者及其所有物》《哲学反动派》《艺术与宗教》等。

【施尔德尔】

即齐格蒙德·施尔德尔（Sigmund Schilder，1872—1932），中译名有"施尔德""斯齐拉""细耳达氏""希尔德"等。德国经济学家。曾任商业博物馆秘书。著有《世界经济趋势》等。

【施罗德】

即威廉·冯·施罗德（Wilhelm von Schröder, 1640—1688），中译名有"士勒得""施罗特"等。生于巴伐利亚公国（今属德国）。德国重商主义者。1659 年在耶拿大学学习法律，肄业。1662 年为英国皇家学会院士。1673 年皈依天主教，成为维也纳皇帝利奥波德一世的宫廷摄影师。提倡重商主义，主张引导国家走向经济繁荣。著有《王室金库和租金室》等。

【施略普尼柯夫】

施略普尼柯夫（1885—1937）

即亚历山大·加甫里洛维奇·施略普尼柯夫（Александр Гаврилович Шляпников, 1885—1937），化名雅各布·诺埃。中译名有"别莱宁""守里蒲尼可夫""亚历山大"等。生于俄国穆罗姆。俄国革命家，苏联政治家。1901 年加入俄国社会民主工党。1903 年参加布尔什维克。1908 年初出国，在英、德、法等国当工人，精通德语和法语。1914 年回国，在彼得格勒当工人，同年 9 月再次出国，负责建立中央委员会国外局同中央委员会俄国局和彼得堡委员会之间的联系。参加十月革命和全俄苏维埃第二次代表大会，担任第一届苏维埃政府劳动人民委员。1921—1922 年为俄共（布）中央委员。1923 年从事外交工作。著有《1917 年》等，回忆录《十七年》等。

施米特（1823—1886）

【施米特】

即爱德华·奥斯卡尔·施米特（Eduard Oscar Schmidt, 1823—1886），中译名有"斯其米"等。生于德国托尔高。德国动物学家，达尔文主义者。1847 年在耶拿大学任教。1857 年任格拉茨大学教授。1872 年任斯特拉斯堡大学教授。支持达尔文进化论思想。著有《亚得里亚海的海绵》《动物学》等。

【施密特】

施密特（1851—1916）

即欧仁·亨利·施密特（Eugen Heinrich Schmitt, 1851—

1916），中译名有"斯美提"等。生于奥匈帝国兹诺伊莫（今属捷克）。匈牙利哲学家。支持匈牙利农业社会主义运动，帮助发动农民起义。赞成无政府主义和非暴力观点，呼吁反抗国家和教会的权力。著有《精神的宗教》《列夫·托尔斯泰及其对我们文化的意义》等。

【施穆勒】

施穆勒（1838—1917）

即古斯塔夫·冯·施莫勒（Gustav von Schmoller，1838—1917），中译名有"科陆他斯""施莫勒""粟慕拉""西孟拉""西孟勒""西谟勒""西摩拉氏""希可托列陆""喜马拉""谢茂如""休摩拉""修摩勒""许莫拉""许牧莱"等。生于德国符腾堡州。德国经济学家，德国新历史学派的创始人。1864任哈勒大学教授。1872任斯特拉斯堡大学教授。1882年任柏林大学教授。反对古典经济学的公理演绎方法，赞成归纳法。在经济史和社会学学科领域产生深远影响。著有《论法律和国民经济的基本问题》《国家社会和社会科学方法论》《一般国民经济学研究》等。

【施仁荣】

施仁荣（生卒年不详）

施仁荣，生卒年不详。字少明。浙江余姚人。中国社会党党员，学者。早年就读浙江高等学堂（今浙江大学前身之一），通晓英、法文。曾任浙江英文专修学校、中国公学大学部英文教师、商务印书馆编译所英文编辑等职。1912年在中国社会党绍兴支部刊物《新世界》第1、3、5、6、8期上连载他翻译的《理想社会主义与实行社会主义》，这是恩格斯《社会主义从空想到科学的发展》（缺第三章）最早的汉译本。

【施泰因】

施泰因（1815—1890）

即洛伦茨·冯·施泰因（Lorenz von Stein，1815—1890），中译名有"罗连士·夫安·士他英""罗烈弗士台""洛列希列斯他伊""斯太恩""斯泰因""斯坦因""斯特恩"等。

生于德国施勒斯维希。德国法学家,国家法专家,历史学家,庸俗经济学家。是普鲁士政府的密探。1842年发表的《现代法国的社会主义和共产主义》是德国的第一部社会学著作,奠定德国社会学的基础。他解释了无产阶级和阶级斗争的概念,分析中产阶级自由主义者对暴力革命的恐惧,主张改良主义。著有《现代法国的社会主义和共产主义》《1789年至今的法国社会运动史》《国家和法律》等。

【施泰因豪森】

即乔治·施泰因豪森(Georg Steinhausen,1866—1933),中译名有"施台浩生""施坦豪森"等。生于德国哈维尔河畔。德国历史学家,德国字母研究的先驱。1903年创办《档案文化》杂志。著有《德国人民文化》《文化研究》《德国的政治衰落及其更深层次的原因》等。

施陶斯(1877—1942)

【施陶斯】

即埃米尔·格奥尔格·冯·施陶斯(Emil Georgvon Stauss,1877—1942),中译名有"西特罗士"等。生于德国符腾堡州。德国金融家,银行家。1898年在德意志银行任职。1920年起在德意志石油公司董事会任职。1926年任巴伐利亚发动机制造厂股份有限公司(简称BMW)董事长。

施特雷泽曼(1878—1929)

【施特雷泽曼】

即古斯塔夫·施特雷泽曼(Gustav Stresemann,1878—1929),中译名有"史德来史门"等。生于德国柏林。德国政治家。1897年入柏林大学学习,1901年入莱比锡大学学习,取得经济学博士。1923年任德国魏玛共和国总理。1926年诺贝尔和平奖获得者之一。

【施廷内斯】

即胡戈·施廷内斯(Hugo Stinnes,1870—1924),中译名有"胡果"等。生于德国米尔海姆。德国实业家,政治家。

在德意志帝国晚期和魏玛共和国早期，被认为是欧洲最有影响力的企业家之一。

施托尔希（1766—1835）

【施托尔希】

即安德列·卡尔洛维奇·施托尔希（Андрей Карлович Шторх，1766—1835），原名亨利希·弗里德里希·冯·施托尔希（Heinrich Friedrich von Storch），又名"海因里希·斯托奇"，中译名有"斯托芝"等。生于俄国里加（今拉脱维亚首都）。俄国经济学家，目录学家，统计学家，历史学家。资产阶级古典政治经济学的模仿者。1784—1787年在耶拿和海德堡大学学习。1804年任圣彼得堡科学院院士。编有《1801—1806年五年期间俄罗斯文学系统综述》《俄罗斯帝国历史与统计》等。

施瓦布（1853—1898）

【施瓦布】

即迈克尔·施瓦布（Michael Schwab，1853—1898），中译名有"米哈叶尔·瑞瓦布""米歇尔·施瓦布""米歇尔·史瓦布"等。生于德国弗兰肯，1879年移民美国。德裔美国劳工组织者，无政府主义者。1886年参与组织芝加哥工人运动。1887年被判终身监禁，后被赦免。晚年放弃无政府主义，反对暴力革命。著有《被告原告：芝加哥无政府主义者在法庭上的著名演讲》等。

施韦泽（1833—1875）

【施韦泽】

即约翰·巴蒂斯特·冯·施韦泽（Johann Baptist Von Schweitzer，1833—1875），中译名有"阿伊兹野""施韦策""石卫次""斯哇且尔""物守维宰尔""希乌阿伊兹野陆""希野阿伊兹野路""郗渭川""野亚卫列斯科列渥野乌亚伊兹野陆""遮·卑福居瑞域埃尔"等。生于德国法兰克福。德国律师，新闻工作者，拉萨尔派的核心人物。1864年为《社会民主党报》创办人、编辑。1867年任全德工人联合会主席。1872年因与普鲁士当局勾结而被开除出全德工人联合会。著有《弗里德里希·巴巴罗萨》《阿尔西比亚德斯》《时代精神与基督教时代精神》《资本收益和工资》等。

【施洋】

施洋（1889—1923)

施洋（1889—1923），原名吉超，号万里，字伯高，后改名洋。湖北竹山人。职业律师。中国共产党早期党员，中国早期工人运动领袖。享有"劳工律师"之称。1915年考入湖北法政学校。1917年以甲等第一名的成绩毕业，从事律师职业。1920年4月发起组织"平民教育社"。1922年6月经许白昊、项英介绍加入中国共产党，7月参与筹建全国最早的地方总工会——武汉工团联合会（10月10日改为湖北全省工团联合会），并任法律顾问。此后，以律师身份支持硚口英美烟厂工人和人力车夫罢工等工人运动。1923年2月1日京汉铁路总工会成立大会在郑州召开时，他以湖北全省工团联合会、京汉铁路总工会法律顾问的身份参加。随后回到武汉，参与领导2月4日的京汉铁路大罢工，2月7日晚被军阀萧耀南逮捕入狱，2月15日清晨在洪山脚下英勇就义。1924年殉难一周年时，林育南主编《施洋先生纪念录》，上海《民国日报》刊发施洋纪念号。其著述被整理为《施洋烈士文集》。

【石井菊次郎】

石井菊次郎（1866—1945）

石井菊次郎（イシイ キクジロウ，1866—1945），日本千叶县人。日本外交官。东京帝国大学法律系毕业后，进入外务省。1891年首次被派往巴黎担任随员，1897年被派往中国北京。义和团运动期间，任日本与各外国干涉主义军队的外交联络员。1915年任日本外务大臣。1917年11月2日与美国国务卿兰辛签订《石井—兰辛协定》(《日美共同宣言》)。协定是日本与美国拿中国主权做交易，破坏中国主权利益。著有回忆录《外交余录》等。

石原修(1885—1947)

【石原修】

石原修(イシハラオサム,1885—1947),日本兵库县人。日本产业卫生、劳动卫生的先驱。1908年大学毕业后进入东京帝国大学(今东京大学)。1909年为内政部(后为农业和商业部)"工厂卫生调查"的兼职医生。1913年发表论文《女工与结核病》《从卫生的角度看女工的现状》,论文促进了1916年《工厂法》的实施。1926年任大阪医科大学及大阪帝国大学教授。著有《袖珍卫生检验法》《职业健康新手稿》等。

史蒂文森(1840—1914)

【史蒂文森】

即弗朗西斯·玛蒂尔达·范·德·格里夫特·奥斯本·史蒂文森(Frances Matilda Van de Grift Osbourne Stevenson,1840—1914),女。中译名有"斯蒂芬逊"等。生于美国印第安纳州。罗伯特·路易斯·史蒂文森的妻子。美国作家。作品有《尼克斯》《奇龙,中国渔夫》《普林格尔小姐的邻居》《在法律的判决下:一条狗的故事》等。

史蒂文森(1850—1894)

【史蒂文森】

即罗伯特·路易斯·史蒂文森(Robert Louis Stevenson,1850—1894),中译名有"史蒂芬""士提反""斯迭芬孙"等。生于苏格兰爱丁堡。英国小说家。作品有《金银岛》《化身博士》《绑架》《卡特丽娜》等。

【史蒂文斯】

即弗雷德里克·威廉·史蒂文斯(Frederick William Stevens,1839—1928),中译名有"史蒂芬""史提芬"等。生于美国曼哈顿。美国银行家,律师。1861年入读哥伦比亚大学法学院。1871—1928年任美国化学国家银行董事。1880—1908年为纽约公共图书馆流通委员会成员。

【史丁纳】

史丁纳(Stirnes),生卒年不详。德国煤矿大王。第一次世

界大战后曾公开宣称拒绝德国战后赔款。

【史密斯】

即詹姆斯·埃利沙马·史密斯（James Elishama Smith，1801—1857），中译名有"斯密斯"等，常被称为牧羊人史密斯。生于英国格拉斯哥。英国记者，编辑，作家。1832年移居伦敦，思想从千禧年主义转变为社会主义。翻译《圣西门》，编辑罗伯特·欧文的《危机》杂志。1843年创办《家庭先驱报》周刊。作品有《历史与文明的神圣戏剧》《来临的人》等。

史密斯（1819—1874）

【史密斯】

即爱德华·史密斯（Edward Smith，1819—1874），中译名有"斯密士"等。生于英国德比郡。职业医生。英国作家。1843年获得医学博士学位。1860年成为英国皇家学会院士。1863年成为伦敦皇家内科医学院院士。著有《消费：早期和可补救的阶段》《卫生医务人员手册》《健康：家庭和学校手册》等。

史密斯（1845—1932）

【史密斯】

即亚瑟·亨德森·史密斯（Arthur Henderson Smith，1845—1932），中文名明恩溥。中译名有"斯魏磁""斯魏士"等。生于美国康涅狄格州。美国传教士。因在中国传教及撰写介绍中国的书籍而闻名。1872年来到中国，在天津学习2年语言后，在山东邦庄村定居。著有《中国特色》《中国乡村生活》《中国的提升》等。

史文彬（1887—1942）

【史文彬】

史文彬（1887—1942），号志卿，又名志青。化名史志清、石志清。山东青城人。职业工人。中国共产党早期党员，北方工人运动领袖。1907年在济南某铁工厂做白铁工。1912年考入长辛店铁路机厂当工人。1921年5月1日长辛店铁路机车工人俱乐部（工会）成立，被推举为委员长。1921年秋加入中国共产党。1922—1923年2月任长辛店铁路机厂中共支部书记。1923年参与领导长辛店铁路工人罢工和京汉铁路工人大罢工，任京汉铁路总工会筹委会副委员长，同年2月被北洋军阀逮捕。1924年11月经党组织营救出狱。

【矢野龙溪】

矢野龙溪（1851—1931）

矢野龙溪（ヤノリュウケイ，1851—1931），号龙溪，原名文雄。日本丰后国（今大分县）人。日本明治时期自由民权运动活动家，作家，记者。1876年任《邮政报》记者。1884—1886年游历欧洲、美国，撰写关于异国风情的西方报告文学。1897年甲午战争后，被派至北京担任外交官。1899年对社会主义产生兴趣，1901年与田川大吉郎、加藤正郎等人成立社会问题研究小组。1902年宣布转变为社会主义者。在《近事报》《妇女报》杂志上发表《出言记》等多篇社论。著有《新社会》《闲谈集》《龙溪随笔》等。

【室伏高信】

室伏高信（1892—1970）

室伏高信（ムロフセコウシン，1892—1970），日本神奈县人。泛亚细亚主义思想家，政论家，记者。在《新报》《时事新报》《朝日新闻》任政治部记者。其著作《土还》中提出的主张带有很大的无政府主义色彩，对我国五四时期的青年知识分子产生一定影响。在1931年11月完成的《满蒙论》中，对日本国内的侵略思潮进行了系统驳斥。他向日本国民提出日本侵略中国必将引发世界大战的灾难进而危及日本生存的警告，指出"当一个国家与世界为敌的时候，只能害人害己，错认时代只有灭亡"。他以日本利益为基点提出了"排英亲美论"。著有《室伏高信全集》（15卷）。

【叔本华】

叔本华（1788—1860）

即亚瑟·叔本华（Arthur Schopenhauer，1788—1860），

中译名有"菊本化爱""索宾霍儿""索宾霍耳""索品哈""琐朋哈乌尔""萧宾霍尔""箫宾浩尔""学列哈乌肉路""学彭哈瓦氏"等。生于德国但泽（今属波兰格但斯克）。德国主观唯心主义哲学家，唯意志论、非理性主义和悲观主义的鼓吹者，普鲁士容克的思想家。著有《作为意志和表象的世界》《附录与补遗》等，其著述被翻译整理为《叔本华全集》在国内出版。

舒尔曼（1854—1942）

【舒尔曼】

即雅各布·古尔德·舒尔曼（Jacob Gould Schurman，1854—1942），中译名有"休门"等。生于加拿大弗里敦。加拿大裔美国教育家，外交官。1878年获得伦敦大学硕士学位。1880年任阿卡迪亚学院教授。1886年任康奈尔大学教授，1892年成为该校校长。1921—1925年任美国驻华公使。1892年创立《哲学评论》杂志。著有《康德伦理学和进化伦理学》《达尔文主义的伦理意义》《信仰上帝》《不可知论与宗教》等。

舒米亚茨基（1886—1938）

【舒米亚茨基】

即鲍里斯·扎哈罗维奇·舒米亚茨基（Борис Захарович Шумяцкий，1886—1938），化名切尔沃内、伊利亚·西林等。生于俄国西伯利亚。苏联革命家，外交官，记者。1903年加入俄国社会民主工党。1905年组织领导克拉斯诺亚尔斯克工人武装起义，起义失败后遭沙俄政府通缉。1906年被派到哈尔滨，从事革命活动。1913年回到俄国，正式加入俄国社会民主工党布尔什维克派。1914年起在《真理报》工作。1921年任共产国际远东全权代表，负责指导中共早期组织和筹备中国共产党第一次全国代表大会、远东各国共产党及民族革命团体代表大会等。1923年6月在共产国际第三次代表大会上，与张太雷起草书面报告，详尽地报告了中国革命形势和马克思主义传播及中国共产主义运动。该报告是中共创建时期的重要文献之一。1926—

1928年任莫斯科东方劳动者共产主义大学校长。历任联共（布）中央委员会远东局主席、远东共和国外交部部长、共产国际执委会驻远东全权代表等职。

【舒新城】

舒新城（1893—1960）

舒新城（1893—1960），原名玉山，学名维周，字心怡，号遁庵、畅吾庐，曾用名舒建勋。湖南溆浦人。现代教育家，出版家，辞书编纂家。1917年毕业于湖南高等师范学校。创办《湖南教育月刊》。1923年11月由恽代英介绍加入少年中国学会。1924年10月赴成都任高等师范学校教授。1925年返南京专门从事著述。1928年应中华书局总经理陆费逵之聘，任《辞海》主编。著有《现代心理学之趋势》《近代中国留学史》《教育通论》《人生哲学》《道尔顿制研究集》《中华百科辞典》《近代中国教育思想史》《舒新城日记》等。

【司徒拔】

司徒拔（1876—1947）

即雷金纳德·爱德华·司徒拔（Reginald Edward Stubbs，1876—1947），中译名有"古它普斯"等。生于英格兰牛津郡。英国殖民者。1919—1925年任香港总督。1925年省港大罢工爆发时，对工人运动持强硬立场，导致运动愈演愈烈。同年10月英国政府将他调离，由熟悉中国文化的金文泰接任。

【司徒卢威】

司徒卢威（1805—1870）

即古斯塔夫·司徒卢威（Gustav Struve，1805—1870），中译名有"司徒夫""斯徒夫""斯特鲁维"等。生于德国慕尼黑。职业律师。德国政论家，小资产阶级民主主义者，共和主义者。1848年参加德国巴登地区革命运动，后逃亡瑞士、美国。在美国编辑《德国观察家》。1858年编辑《共和国社会报》。作品有《世界史》等，著有《曼达拉斯·万东根》《德国联邦法典》等。

司徒卢威（1870—1944）

【司徒卢威】

即彼得·伯恩哈多维奇·司徒卢威（Пётр Бернгардович Струве，1870—1944），中译名有"士忒鲁夫""司居拿惑德""斯卢夫""斯特鲁维""斯特鲁味""斯秃夫""苏杜夫"等。生于俄国彼尔姆省。俄国经济学家，哲学家，合法马克思主义派主要代表人物，俄国立宪民主党领袖之一。1894年出版的第一部著作《俄国经济发展问题的评述》，在批判民粹主义的同时，对马克思的经济学说和哲学学说提出"补充"和"批评"。1898年编辑马克思《资本论》第一卷。20世纪初同马克思主义和社会民主主义彻底决裂，转到自由派阵营。1902年起任《解放》编辑。反对十月革命，参与反对布尔什维克的斗争，成为白卫军反革命政权成员。著有《俄国经济发展问题的评述》《经济与价格》《理想主义的问题》等。

司托夫人（1811—1896）

【司托夫人】

即哈丽特·比彻·斯托（Harriet Beecher Stowe，1811—1896），女。中译名有"哈丽特·斯托夫人""施托夫人""斯托夫人"等。生于美国康涅狄格州。美国小说家。其作品《汤姆叔叔的小屋》蜚声中外，该著作最早中译本的书名为《黑奴吁天录》，由林纾、魏易于1901年翻译出版。

斯宾诺莎（1632—1677）

【斯宾诺莎】

即巴鲁赫（贝奈狄克特）·德·斯宾诺莎（Baruch [Benedictus] de Spinoza，1632—1677），中译名有"斯比诺沙""斯宾罗莎""斯宾那萨""斯宾那莎""斯宾挪莎""斯宾诺查""斯宾诺杂""斯宾诺寨""斯宾懦石"等。生于荷兰阿姆斯特丹。荷兰唯物主义哲学家，无神论者，近代西方理性主义哲学的代表人物之一。著有《笛卡儿哲学原理》《神学政治论》《伦理学》《知性改进论》等。

斯宾塞（1820—1903）

【斯宾塞】

即赫伯特·斯宾塞（Herbert Spencer，1820—1903），中译名有"哈卫托斯野沙""赫巴德斯宾塞尔""施本思""司本赛尔""斯本司""斯宾尔""斯宾塞尔""斯盆沙"等。生于英国德比。英国哲学家，社会学家，实证论的代表人物，社会有机体论的创始人，社会达尔文主义者。提出一套把适者生存的进化理论应用于社会学，尤其是教育及阶级斗争方面的学说。他于1837年出版的《社会学研究》是阐释社会达尔文主义的普及本，旨在向社会各界宣传人文社会科学可以像自然科学一样成为科学的道理。严复将该著作节译、评论、再创作，取名《群学肄言》于1898年在《国闻报》的旬刊《国闻汇编》上发表。该书引导中国先进知识分子运用西方社会学来开辟救亡图存之新路，并且开启中国社会学的先河。其著述被翻译整理为《斯宾塞教育论著选》《斯宾塞政治著作选》《斯宾塞的快乐教育》在国内出版。

斯大林（1879—1953）

【斯大林】

即约瑟夫·维萨里昂诺维奇·斯大林（朱加施维里）（Иосиф Виссарионович Сталин [Джугашвили]，1879—1953），中译名有"裴额修拉伊里""施达林""施泰林""史达林""史单林""斯达林""斯德林"等。生于俄国第比利斯（今格鲁吉亚首都）。苏联共产党和苏维埃社会主义共和国联盟领导人，国际共产主义运动著名政治活动家，1922年起担任联共（布）中央总书记。长期担任苏联共产党、共产国际实际领导人。其所著《列宁主义概论》中文全译本于1927年由新青年社出版，该书对中国共产党人影响很大，其思想指导过中国革命。其著述被翻译整理为《斯大林全集》（13卷）、《斯大林选集》（2卷）、《斯大林文选》（2卷）、《斯大林文集》等在中国出版。

斯蒂尔（1672—1729）

【斯蒂尔】

即理查德·斯蒂尔爵士（Richard Steele，1672—1729），中

译名有"斯梯尔"等。生于爱尔兰都柏林。英国散文家，剧作家，政治家。1709年创办《闲话报》，以笔名艾萨克·比克斯塔夫（Isaac Bickerstaff）撰写大量文章。1711年与密友约瑟夫·艾迪生（Joseph Addison）共同创办《旁观者》。1713年创立《卫报》。著有《基督教徒的英雄》《葬礼》等。

斯蒂芬森（1781—1848）

【斯蒂芬森】

即乔治·斯蒂芬森（George Stephenson，1781—1848），中译名有"司迪芬生""斯德芬逊氏""斯蒂芬孙""欲芝司拉卜那"等。生于英格兰诺森伯兰郡。英国土木工程师，机械工程师。铁路机车的发明人，被誉为"铁路之父"，对欧洲工业革命影响巨大。

斯柯别列夫（1885—1938）

【斯柯别列夫】

即马特维·伊万诺维奇·斯柯别列夫（Матвей Иванович Скобелев，1885—1938），中译名有"斯柯别列夫""斯科比列夫""斯可别诺夫"等。生于俄国莫斯科。俄国、苏联政治活动家。初为孟什维克成员，是俄国社会民主党杜马党团领袖之一。第一次世界大战期间成为中派分子。1917年参加临时政府任劳动部部长。十月革命后脱离孟什维克。1922年加入布尔什维克。历任彼得格勒苏维埃副主席、全俄工兵代表苏维埃第一届中央执行委员会副主席、苏联对外贸易人民委员部驻法国的全权代表等职。

斯科罗帕茨基（1873—1945）

【斯科罗帕茨基】

即帕维尔·彼得罗维奇·斯科罗帕茨基（Павел Петрович Скоропадский，1873—1945），中译名有"司阁绿巴独丝基将军""司阁绿巴独斯基""斯科罗帕茨基将军"等。生于德国威斯巴登。乌克兰反革命首领。1912年任沙皇尼古拉二世的少将、副官。1918年4月29日在德国支持下，推翻"乌克兰人民共和国"，成立"乌克兰国"，宣布自己为最高执政者。德国投降后镇压反对其统治的起义，同年12月14日被迫弃职，逃往瑞士和德国。1945年4月在反法西斯盟军的轰炸中受伤死亡。

【斯科特】

即沃尔特·斯科特（Walter Scott，1771—1832），中译名有"史哥得""司各脱""司卡特""斯各特"等。生于苏格兰爱丁堡。英国历史学家，作家。西欧文学中历史小说的开创者。作品有《艾芬豪》《罗伯·罗伊》《韦弗利》《老死亡》《中洛锡安之心》《拉默穆尔的新娘》等。

斯科特（1771—1832）

【斯科特】

即约翰·沃·斯科特（John Waugh Scott，1878—1974），中译名有"斯各德"等。生于英国拉纳克郡。英国学者。1905年在格拉斯哥大学任教。1920年任卡迪夫大学教授。在《卡尔·马克思论价值》一书中，企图推翻马克思的价值论。著有《康德论道德生活》《失业者的自给自足》《工团主义》《哲学现实主义》等。

【斯克尔顿】

即奥斯卡·道格拉斯·斯克尔顿（Oscar Douglas Skelton，1878—1941），中译名有"斯克顿"等。生于加拿大安大略省。加拿大政治经济学家，自由党人，国际事务专家。1908年获得芝加哥大学政治经济学博士学位。鼓励加拿大人从大英帝国获得自治权。著有《社会主义：批判性分析》《联邦以来的加拿大经济史》《威尔弗里德·劳里尔爵士的一天：我们自己的时代编年史》《铁路建设者：陆上公路编年史》等。

斯克尔顿（1878—1941）

斯克良斯基（1892—1925）

【斯克良斯基】

即埃夫拉伊姆·马尔科维奇·斯克良斯基（Эфраим Маркович Склянский，1892—1925），中译名有"斯葛李扬斯基"等。生于俄国基辅（今属乌克兰）。苏联军事活动家。1913年加入布尔什维克。1917年俄国二月革命后当选德文斯克第五集团军士兵委员会主席。1917年参加十月革命。苏俄国内战争期间任陆海军人民委员部部务委员和副主席。历任共和国革命军事委员会副主席、劳动国防委员会委员、全俄中央执行委员会委员、苏联中央执行委员会委员等职。

【斯克沃尔佐夫】

即亚历山大·伊万诺维奇·斯克沃尔佐夫（Александр Иванович Скворцов，1848—1914），中译名有"斯库卫尔挫夫"等。生于俄国莫斯科。俄国经济学家，农学家。1905年任新亚历山大研究所所长。他虽不是社会主义者，但坚持劳动价值论。著有《蒸汽机运输对农业的影响》《经济评述》《政治经济学原理》等。

【斯克沃尔佐夫】

斯克沃尔佐夫（1870—1928）

是伊万·伊万诺维奇·斯克沃尔佐夫-斯捷潘诺夫（Иван Иванович Скворцов-Степанов，1870—1928）的笔名。中译名有"斯迪潘诺夫""斯捷潘诺夫""斯克再鲁皂夫""斯切潘诺夫""斯退派诺夫"等。生于俄国莫斯科。俄国、苏联政治家，历史学家，经济学家，媒体人。1898年加入俄国社会民主工党。1904年加入布尔什维克，支持列宁，深受列宁主义影响。1907—1909年编译马克思《资本论》（1—3卷）俄文译本，得到列宁称赞。十月革命后历任财政人民委员、全俄工人合作社理事会副主席、中央消费合作总社理事会理事、国家出版社编辑委员会副主任、中央列宁研究院院长等职。1918年任《真理报》编辑。1925年任《消息报》主编。著有《神秘的宗教》《生活教会》等。

斯库尔克拉夫特（1793—1864）

【斯库尔克拉夫特】

即亨利·斯库尔克拉夫特（Hery Rowe Schoolcraft，1793—

1864），中译名有"斯克尔克拉夫特"等。生于美国纽约。美国地理学家，人类学家，教育家，探险家。因研究五大湖区的印第安人文化而出名，也是密西西比河源头的发现者。1838年创办美国第一份公共教育期刊《教育杂志》。著有《密西西比河谷中部游记》《青铜人》《纽约土著地名和地理术语报告》等。

【斯穆茨】

即扬·克里斯蒂安·斯穆茨（Jan Christian Smuts，1870—1950），中译名有"史末资""斯马茨""斯茂齿""斯默次"等。生于南非西开普省。南非政治家，军事家，哲学家。曾两度任南非联邦总理。在建立和定义国际联盟、联合国和英联邦方面发挥了关键作用。撰写《联合国宪章》序言的初稿，是唯一一位同时签署两次世界大战和约的人。是白人至上主义者，支持种族隔离。1941年被任命为陆军元帅。著有《整体主义与进化论》等。

斯穆茨（1870—1950）

【斯诺登】

即菲力浦·斯诺登（Philip Snowden，1864—1937），中译名有"司劳登""司诺登""司诺顿""斯拿屯"等。生于英国约克郡。英国独立工党右翼代表人物，工党领袖之一。1906年为英国下议院工党议员。1924、1929年两度任英国工党政府财政大臣。1931年任枢密院掌玺大臣。著有《斯诺登自传》（2卷）。

斯诺登（1864—1937）

【斯帕戈】

即约翰·斯帕戈（John Spargo，1876—1966），中译名有"施巴戈""斯怕尔哥""施罢戈""土巴可""斯巴哥""斯巴可""斯伯哥""斯帕哥氏""斯派哥"等。生于英国康沃尔郡，1901年移居美国。美国政治活动家，作家，历史家，手工艺家。1908年撰写卡尔·马克思的长篇传记，被公认为当时最好的英文版传记。1909年任美国社会党执行委员

斯帕戈（1876—1966）

会委员。1917年参与创建美国劳工和民主联合会、民族主义党。反对布尔什维克，反对共产主义。其著作《布尔什维主义底心理》于1921年被商务印书馆翻译成中文出版。著有《马克斯全传》《布尔什维主义：政治和工业民主的敌人》《孩子们的苦泣》《社会民主主义：现代社会主义的理论与策略》等。

斯潘（1878—1950）

【斯潘】

即奥斯马尔·斯潘（Othmar Spann，1878—1950），中译名有"施班""施潘""斯班"等。生于奥匈帝国维也纳（今奥地利首都）。奥地利保守哲学家，科学家，经济学家。激烈反对自由主义和社会主义，创立了斯潘主义。著有《1921年的真实状态》《盖斯特斯之书》《自然哲学》等。

斯皮里多诺娃（1884—1941）

【斯皮里多诺娃】

即玛丽亚·亚历山德罗夫娜·斯皮里多诺娃（Мария Александровна Спиридонова，1884—1941），女。中译名有"玛丽女士""玛丽施妣丽德诺瓦""玛丽施庇里德诺瓦""史批利特诺夫""斯比利德诺娃""斯皮里妥诺伐""斯辟利多洛哇"等。生于俄国坦波夫省。俄国社会革命党领袖之一。1906年因行刺沙皇官员被判苦役。1917年俄国二月革命后成为左派社会革命党人领袖，开始与布尔什维克合作。1918年3月改变政治立场，反对布尔什维克。

斯皮斯（1855—1887）

【斯皮斯】

即奥古斯特·斯皮斯（August Spies，1855—1887），中译名有"斯帕斯"等。生于德国黑森州，1872年移居美国。美国室内装潢师，激进劳工活动家，编辑，无政府主义者。为1886年芝加哥工人运动组织者之一。次年被判死刑。

斯切克洛夫（1873—1941）

【斯切克洛夫】

即尤里·米哈伊洛维奇·斯切克洛夫（Юрий Михайлович Стеклов，1873—1941），中译名有"司台克罗夫""斯对克洛夫""斯节克诺夫""斯切克罗甫"等。生于俄国敖德萨（今属乌克兰）。俄国革命家，政治家，历史学家，编辑。敖德萨第一批社会民主主义小组的组织者之一。1873年参加俄国社会民主主义运动。1903年后成为布尔什维克。1909—1914年在布尔什维克报纸《社会民主党》《红星》《真理报》《启蒙》等发表文章。1917年俄国二月革命后当选为彼得格勒苏维埃执行委员会委员，后历任俄共中央执行委员会、苏共中央执行委员会主席团委员、苏共中央执行委员会学术委员会副主席、《消息报》编辑、《苏维埃建设》主编等职。著有《卡尔·马克思：他的生活和工作》《社会主义战士》等。

斯塔尔（1858—1933）

【斯塔尔】

即弗雷德里克·斯塔尔（Frederick Starr, 1858—1933），中译名有"斯达尔"等。生于美国纽约。美国学者，人类学家，教育家，民粹主义者。1885年获得拉斐特学院地质学博士学位。1892年任芝加哥大学人类学助理教授。著有《刚果自由邦的真相》《在印第安墨西哥》《日本收藏家和他们收集的东西》等。

斯塔尔夫人（1766—1817）

【斯塔尔夫人】

即安妮·路易丝·杰曼·德·斯塔尔－荷尔斯泰因（Madame de Stael, 1766—1817），女。中译名有"马当·德·斯他耶尔""司答尔夫人""斯达尔夫人""斯台耳夫人"等。生于法国巴黎。法国作家，政治理论家。法国浪漫主义文学运动的先驱，与雨果、歌德并称为浪漫主义代表人物。著有《法国大革命》《十年流亡记》《德拉曼大帝》等。

斯塔姆勒（1856—1938）

【斯塔姆勒】

即卡尔·爱德华·朱利叶斯·西奥多·鲁道夫·斯塔姆勒（Karl Eduard Julius Theodor Rudolf Stammler, 1856—1938），中译名有"施丹勒""施塔姆勒""史塔摩勒尔""史塔摩勒克尔""士探拉""守塔姆拉""司达姆勒耳""斯达唔拉""斯日穆拉""许多穆列"等。生于德国阿拉斯菲尔德。德国法学家,哲学家,新康德主义法学派首创人。其思想受新康德哲学的极大影响,借用康德的形而上学个人主义来发展他的形而上学集体主义观点,但反对马克思主义,否认经济的决定作用及阶级斗争观点。著有《根据唯物主义历史观的经济与法律》《正当权利学说》《正义论》《法学理论》《法律哲学论文和讲座》等。

斯坦博利斯基(1879—1923)

【斯坦博利斯基】

即亚历山大·斯托伊梅诺夫·斯坦博利斯基(Александр Стоименов Стамболийскиий,1879—1923),中译名有"斯丹博利斯基""斯丹蒲黎斯基"等。生于奥匈帝国斯拉沃维察(今属保加利亚)。保加利亚农民联盟领导人。1919年10月任联合政府总理。1920年组织农民联盟政府。1923年在赞可夫军事政变时遇难。

斯坦顿(1815—1902)

【斯坦顿】

即伊丽莎白·卡迪·斯坦顿(Elizabeth Cady Stanton,1815—1902),女。中译名有"斯坦顿夫人""斯坦通""耶里萨别斯加特士坦顿"等。生于美国纽约。美国作家,活动家,美国女权运动领袖。1848年提出美国第一个要求妇女选举权的运动纲领。积极参与社会改革活动,倡议废奴主义,晚年倾向费边主义。著有《妇女选举权史》(3卷)、回忆录《八十及更长时间》等。

斯坦顿(1873—1946)

【斯坦顿】

即查尔斯·斯坦顿(Charles Butt Stanton,1873—1946),生于英国康沃尔郡。英国政治家。1915年任英国国会议员。1928年加入英国自由党。

斯陶宁（1873—1942）

【斯陶宁】

即索瓦尔德·奥古斯特·马里诺斯·斯陶宁（Thorvald August Marinus Stauning，1873—1942），中译名有"司托宁""斯他宁格""斯坦宁""斯陶宁格"等。生于丹麦哥本哈根。丹麦社会民主党和第二国际右翼领袖之一，政论家。曾两度出任丹麦总理。

斯特德（1849—1912）

【斯特德】

即威廉·托马斯·斯特德（William Thomas Stead，1849—1912），中译名有"司提德""斯特"等。生于英国恩布尔顿。英国新闻工作者。1880年为英国自由派报纸《蓓尔美尔公报》编辑。1890年参与创办《评论之评论》。倡导"新闻政府"，因撰写关于儿童福利、社会立法和英国刑法改革的报告文学而闻名。1904年创办《每日报》。支持和平运动，多次被提名诺贝尔和平奖。著有《便士诗人》《俄罗斯的真相》《如果基督来到芝加哥！》《布斯夫人》等。

【斯特德】

即亨利·斯特德（Henry Stead，1875—1923），中译名有"显理司提德"等。生于英国达灵顿。威廉·托马斯·斯特德的长子。

斯特伦（1880—1948）

【斯特伦】

即弗雷德里克·斯特伦（Fredrik Strom，1880—1948），中译名有"斯茨罗姆""斯特勒姆"等。生于瑞典哈尔姆斯塔德。瑞典左派社会民主党人，作家，政论家，瑞典共产党创始人和领导人之一。早年加入瑞典社会民主党，1911年起任书记。第一次世界大战期间坚持国际主义立场，反对帝国主义战争，为齐美尔瓦尔德左派，支持和拥护俄国十月革命。1921年参与创建瑞典共产党，并当选为党的书记。著有《俄国革命史》（5卷）等。

斯通(1818—1893)

【斯通】

即露西·斯通（Lucy Stone，1818—1893），女。生于美国马萨诸塞州。美国演说家，废奴主义者，妇女参政论者。1847年在俄亥俄州奥伯林学院毕业后，任马萨诸塞州反奴隶制协会的宣讲人。1855年与俄亥俄州废奴主义者H.B.布莱克韦尔结婚，婚后保留自己的姓氏。1869年在波士顿参与创办美国女权运动协会及《妇女杂志》周刊。

斯图尔格赫(1859—1916)

【斯图尔格赫】

即卡尔·冯·斯图尔格赫（Karl von Stürgkh，1859—1916），中译名有"施图尔克""斯曲克"等。生于奥匈帝国格拉茨。奥地利政治家。1911年任奥地利总理兼教育部部长。1914年七月危机期间成为对塞尔维亚发动战争的坚定支持者之一，他加剧了第一次世界大战爆发。1916年被奥地利社会民主党人弗里德里希·阿德勒射杀。

斯图亚特(1712—1780)

【斯图亚特】

即詹姆斯·斯图亚特（James Denham Steuart，1712—1780），中译名有"斯达威氏""突亚德"等。生于英国爱丁堡。英国资产阶级经济学家，重商主义的最后代表人物之一，货币数量论的反对者。马克思在《剩余价值理论》中称该书是"货币主义和重商主义体系的合理的表达者"。著有《政治经济学原理研究：或自由国家内政学概论》等。

斯托克(1835—1909)

【斯托克】

即阿道夫·斯托克（Adolf Stöcker，1835—1909），中译名有"史多勘""司托克""斯忒杜克尔"等。生于德国萨克森省。德国政治改革家，路德宗神学家。1874年被德皇恺撒·威廉一世任命为宫廷牧师。1878年创立德国最早的"基督教社会工作者党"，1881年更名为"基督教社会党"。

斯托雷平（1862—1911）

【斯托雷平】

即彼得·阿尔卡迪耶维奇·斯托雷平（Пётр Аркадьевич Столыпин，1862—1911），中译名有"司徒列宾""司托里滨""斯特里宾""斯托利宾""斯托柳宾"等。生于德国萨克森州。俄国国务活动家，大地主。1906—1911年任俄国大臣会议主席兼内务部部长。1907年发动"六三政变"，结束1907年革命，开始"斯托雷平反动时期"。在任期间实行土地改革，培植富农阶层作为沙皇制度在农村的支柱。1911年9月被俄国社会革命党人刺死。

【斯托帕尼】

即斯托帕尼（Vadim Aleksandriĉ Stopani，1893—1921），中译名有"司笃巴尼"。生于俄国高加索地区。旅俄意大利人。1916年开始学习世界语。1919年冬到上海任《上海俄文生活日报》记者。1920年任上海新华学校世界语教师。

斯托扬诺维奇（1886—1938）

【斯托扬诺维奇】

即康斯坦丁·阿列克谢耶维奇·斯托扬诺维奇（Константин Алексеевич Стоянович，1886—1938），生于俄国奥伦堡省。原名康斯坦丁·阿列克谢耶维奇·米亚钦（Константин Алексеевич Мячин），化名米诺尔。俄国、苏联革命家。1918年因奉布尔什维克当局命令，将尼古拉斯二世转移至"乌拉尔红色首都"叶卡捷琳堡而名噪一时。同年被捕。1919年初被释放后逃往哈尔滨。1922年任远东通讯社和罗斯塔社驻广州分社记者。1927年返回苏联。

斯维尔德洛夫（1885—1919）

【斯维尔德洛夫】

即雅可夫·米哈伊洛维奇·斯维尔德洛夫（Яков Михайлович Свердлов，1885—1919），笔名安德列、安德列·乌拉尔斯基、马克斯、马赫罗维、米哈伊尔·佩尔米亚科夫、米哈雷奇、斯米尔诺夫等。中译名有"施佛洛夫""斯勃特洛夫""斯茨尔夫""斯佛特洛夫""斯浮德洛

443

夫""斯浮特洛夫""斯佩尔却罗夫""斯威德洛夫""斯威德诺夫"等。生于俄国下诺夫哥罗德。列宁的亲密战友。俄国、苏联政治家，俄国共产党（布）与苏维埃俄国领导人之一。1901年加入俄国社会民主工党。1912年为《真理报》领导人之一。十月革命胜利后任全俄罗斯苏维埃代表大会中央执行委员会主席。他坚定地支持列宁，捍卫和贯彻马克思主义原则，在反对孟什维克取消派及《布列斯特—立托夫斯克和约》问题上，同"左"派共产主义集团及托洛茨基破坏行为作坚决斗争。1919年因患西班牙流感在莫斯科逝世。著有《德国社会民主党的分裂》《资本主义的崩溃》《沙皇流亡十年》《图鲁汗起义》等。

【斯温胡武德】

斯温胡武德（1861—1944）

即佩尔·埃温德·斯温胡武德（Pehr Evind Svinhufvud，1861—1944），中译名有"斯菲武夫尔""斯威蓄伏德""斯温胡夫德"等。生于俄罗斯帝国芬兰大公国萨克斯马基。芬兰右翼政治家，律师，法官。是1917年12月6日芬兰宣布独立的关键人物，芬兰独立后曾任芬兰共和国总理、总统。

【寺内正毅】

寺内正毅（1852—1919）

寺内正毅（テラウチ マサタケ，1852—1919），中译名有"寺内伯"等。日本山口县人。日本政治家。1887年为陆军学院指挥官。1894年负责中日甲午战争期间所有部队的物资运输。1900年任陆军副参谋长，在义和团运动期间前往中国督军。1916年任日本内阁首相，对外援助段祺瑞政权，提供西原借款，出兵西伯利亚。对内改革教育制度，扩充军备，导致米价暴涨。"米骚动事件"后被迫辞职。

【宋教仁】

宋教仁（1882—1913）

宋教仁（1882—1913），字钝初，号渔父。笔名犟斋。湖南桃源人。近代民主革命家，政治家，中国同盟会领导人之一。武昌起义后制定《鄂州约法》。1912年8月将中国同盟会与统一共和党等小党派合组成国民党，为代理理事长。1913年中华民国国会大选，国民党大获全胜，3月20日以党首身份赴京组阁之际，在上海火车站被刺，3月22日不治身亡。其著述被整理为《宋教仁集》。

苏格拉底（约公元前470—前399）

【苏格拉底】

苏格拉底（Socrates，约公元前470—前399），中译名有"利枯拉基士""苏格拉底司""苏格腊底""梭格拉底"等。生于古希腊雅典。柏拉图的老师。古希腊唯心主义哲学家，奴隶主贵族的思想家，西方哲学的奠基者之一。其著述被翻译整理为《苏格拉底对话录》在国内出版。

苏汉诺夫（1882—1940）

【苏汉诺夫】

即尼古拉·尼古拉耶维奇·苏汉诺夫（Николай Николаевич Суханов，1882—1940），中译名有"斯哈诺夫""苏哈诺夫"等。生于俄国莫斯科。俄国经济学家，政论家。1903年加入俄国社会革命党，自认为是个"彻头彻尾的马克思主义者"，但在关于土地问题上，提出关于使农民经济稳定和减少农业雇佣工人阶级的民粹主义主张。1917年加入孟什维克，批评布尔什维克和列宁的《四月提纲》。1922—1923年发表《革命札记》（共七卷），宣扬俄国没有实现社会主义经济前提的主张，受到列宁的尖锐批判，称"他们都自称马克思主义者，但是对马克思主义的理解却迂腐到无以复加的程度"。1931年因参加孟什维克地下组织被判刑。著有《论我们的土地纲领》《我们的左翼团体和战争》《革命札记》（共7卷）等。

苏潘（1847—1920）

【苏潘】

即亚历山大·乔治·苏潘（Alexander Georg Supan，1847—1920），中译名有"苏判""苏泮""索平"等。生于奥匈帝国蒂罗尔州。德国地理学家。1866年就读格拉茨大学。1884年任《米泰伦根》编辑。1889年任《哥达年鉴》统计日历编辑。1909年任布雷斯劳大学地理系主任。著有《自然地理学基础》《一般政治地理学指南》等。

【苏新甫】

苏新甫（1889—1936），名绍德，字新甫，又名苏馨甫。安徽安庆人。媒体人。曾任《新青年》经理。1923年10月任中共中央出版委员会委员。1926年年底至1927年任汉口长江书店经理，负责具体业务。大革命失败后，避难外地。1936年病故。

【速津姬】

速津姬（ハヤツヒメ），女。生卒年不详。今又译"速见媛""速津媛"等。景行天皇在位期间，任硕田国速见村（大分县）女首长。曾协助景行天皇平定熊袭叛乱。其所管辖地被称为速见媛国，开启九州地区女首长的传统。

【孙百刚】

孙百刚（1900—1982），原名孙以毅，字百刚。浙江杭州人。郁达夫好友。职业教师。作家，翻译家。1921年入日本东京高等师范。1926年在温州中学教书。曾翻译《社会主义初步》《出家及其弟子》《新村》《各国教育制度及概况》等。编著有《郁达夫外传》《郁达夫文集》等。

【孙棣三】

孙棣三（1888—1950），浙江长兴（今属湖洲市）人。编辑。早年参加中国同盟会。1920年6月8日与戴季陶、沈玄庐等创办《星期评论》。该刊是五四时期与《新青年》齐名的传播社会主义、马克思主义的核心刊物。著述有《粤汉铁路完成与武汉之勃兴》等。

【孙伏园】

孙伏园（1894—1966），原名福源，字养泉。笔名伏、伏庐、柏生、桐柏、松年等。浙江绍兴人。鲁迅的学生。现

孙棣三（1888—1950）

孙伏园（1894—1966）

代散文作家，著名副刊编辑。早年在山会初级师范学堂（现为绍兴文理学院）、北京大学学习。1921年任北京《晨报》副刊编辑，鲁迅名作《阿Q正传》即在该报首次连续发表，后主编《京报》副刊。1927年3月任《中央日报》副刊编辑，人称"副刊大王"。《中央日报》副刊宗旨是成为"一百种杂志的代替品"，实现"大报之副刊化的企图"，担当"学术的日报之雏形"，其形式朴素，内容丰富，并办有星期日特刊《上游》。该刊虽仅发行159期，但成为大革命时期的革命舆论重要战地。其刊载了斯大林、布哈林等苏联、共产国际领袖有关中国革命的论述，在第7号上首次发表毛泽东的《湖南农民运动考察报告》。《中央日报》副刊着力传播马克思主义的文艺理论，刊登《无产阶级的文化与文艺》《文学与革命》《何谓革命文化》《什么叫革命文艺》《论革命文艺》等文章。1928年主编《当代》，旋即赴法国留学。中华人民共和国成立后，任国家出版署版本图书馆馆长。著有《伏园游记》《鲁迅先生二三事》等，其著述被整理为《孙伏园散文选集》。

【孙中山】

孙中山（1866—1925）

孙中山（1866—1925），名文，幼名帝象，字载之、德明，号日新，又号逸仙。化名中山樵。广东香山县（今中山市）人。中国伟大的革命先行者，思想家。最早接触社会主义、马克思主义的中国人之一。1894年11月在檀香山创建兴中会，举起反对封建专制、建立民主共和的大旗。1896—1897年在旅欧期间，阅读《共产党宣言》《资本论》等。1905年访问布鲁塞尔第二国际书记处时，曾要求第二国际接纳他为正式成员。同年9月在日本成立中国同盟会，创立三民主义，参考亨利·乔治有关单一税观点，创立以"平均地权"为核心的民生主义，将民生主义与英语"socialism"相通，坚称自己"实为社会主义家"。中华民国成立后出任临时大总统。随后领导二次革命、护法战争。苏俄政府建立后，在致列宁的电报中热情表示"中国革命党对贵国革命党所进行的艰苦斗争，表示十分钦佩，并愿中俄两党团结共同斗争"。晚年以俄为师，改组国民党，重新解释三民主义，实行"联俄、联共、扶助农工"三大政策。其著述被整理为《孙中山全集》《国父全集》等。

【梭伦】

梭伦（约公元前638—约前560年）

梭伦（Solon，约公元前638—约前560年），中译名有"苏龙""梭罗""索龙"等。生于雅典。雅典政治活动家，诗人。相传为古希腊七贤之一。

【所罗门】

所罗门（约公元前1010—前931）

传说古代犹太王国的国王（Solomon，约公元前1010—前931），中译名有"苏罗门"等。生于耶路撒冷。古以色列联合王国第二任君主大卫的儿子。犹太民族历史上最伟大的君王，世界上最传奇的君王之一。在位期间把首都耶路撒冷建成圣城，成为犹太教的膜拜中心，被基督教、伊斯兰教奉为圣地。

【索菲娅】

索菲娅（1816—1886）

即索菲娅·马克思（Sophie Marx，1816—1886），女。中译名有"索妃"等。生于德国特里尔。马克思的姐姐。

【索科宾】

即塞缪尔·索科宾（Samuel Sokobin，1893—1986），中译名有"索克宾""索克斌"等。生于美国新泽西州。美国外交人员。1920年前后来华，曾任美国驻张家口、哈尔滨、福州等地领事馆领事。

【索柯尔尼柯夫】

即格里戈里·雅柯夫列维奇·索柯尔尼柯夫（Григорий Яковлевич Сокольников，1888—1939），中译名有"索柯里尼科夫"等。生于俄国波尔塔瓦省。苏联党和国务活动家。1905年加入俄国社会民主工党。1917年俄国二月革命后，任俄国社会民主工党莫斯科委员会和莫斯科区域局委员、《真理报》编辑部委员。十月革命后，历任财政人民委员部部务委员、俄共（布）政治局候补委员、共产国际执行委员会候补委员等职。著有《苏维埃俄罗斯的国家信用》《金融建设问题》《货币改革》等。

索雷尔（1847—1922）

【索雷尔】

即若尔日·索雷尔（Georges Sorel，1847—1922），中译名有"梭勒尔""梭列""索来尔""索列""索列尔""佐治·梭列尔"等。生于法国瑟堡。法国土木工程师，政治理论家，历史学家，记者，工团主义理论家。曾赞扬十月革命，为《俄罗斯苏维埃政府局》撰稿，称列宁是"自马克思以来最伟大的社会主义理论家"。其所著《为列宁》，由袁振英翻译，于1920年11月刊载于《共产党》。著有《士气问题》《暴力论》《马克思主义的解体》等。

索洛维约夫（1846—1879）

【索洛维约夫】

即亚历山大·康斯坦丁诺维奇·索洛维约夫（Александр Константинович Соловьёв，1846—1879），中译名有"婴嫛咮夫""梭洛威夫"等。生于俄罗斯彼得堡省。俄国革命者。曾任沙俄政府官员。1879年1月14日刺杀俄罗斯沙皇亚历山大二世未成功，当场被捕，不久被处决。

索洛维约夫（1853—1900）

【索洛维约夫】

即弗拉基米尔·谢尔盖耶维奇·索洛维约夫（Владимир Сергеевич Соловьёв，1853—1900），中译名有"梭罗维埃夫""梭洛菲埃夫""索罗维约夫"等。生于俄国莫斯科。俄国宗教哲学家，作家。作品有《普罗米修斯》《在阿尔卑斯山》《我被秋天的笑容照亮了》《亡魂》等。

449

T

泰戈尔（1861—1941）

【泰戈尔】

即拉宾德拉纳特·泰戈尔（Rabindranath Tagore，1861—1941），中译名有"太戈儿""太戈尔""泰果尔"等。生于印度加尔各答。印度著名作家，社会活动家，哲学家，印度民族主义者。1913年凭借《吉檀迦利》成为第一位获得诺贝尔文学奖的亚洲人。其著述被翻译整理为《泰戈尔诗集》《泰戈尔回忆录》《泰戈尔作品集》《泰戈尔书信集》等在国内出版。

泰勒（1832—1917）

【泰勒】

即爱德华·伯内特·泰勒（Edward Burnett Tylor，1832—1917），中译名有"泰禄尔""泰洛阿"等。生于英国伦敦。英国人类学家，民族学家，人类学和民族学中进化论的创始人。1912年受封为爵士。1875年获得牛津大学民法博士学位。1883年任牛津大学博物馆管理员。1896年成为牛津大学第一位人类学教授。著有《原始文化》《人类学：人及其文化研究》等。

泰纳（1828—1893）

【泰纳】

即伊波利特·阿道尔夫·泰纳（Hippolyte Adolphe Taine，1828—1893），中译名有"丹纳""泰尾""特纳""特纳氏"等。生于法国沃齐耶。法国文艺理论家，史学家，哲学家，法国实证主义的代表人物。1871年在牛津大学任教。著有《英国文学史》（5卷）、《比利牛斯之旅》《当代法国的起源》（6卷）等。

谭平山（1886—1956）

【谭平山】

谭平山（1886—1956），原名谭鸣谦，又名谭彦祥，字诚斋，号聘三、诚齐。广东高明（今广东佛山市高明区）人。民主革命家，政治活动家，中共广东早期组织主要创始人之一，国民党革命委员会主要创始人、领导人之一。早年加入中国同盟会。1917年考入北京大学哲学系。在《新青年》影响下参加新潮社，参与创办《新潮》《政衡》杂志。1919年5月在《新潮》上发表《"德谟克拉西"之四面谈》，热情介绍《共产党宣言》《资本论》。投身五四爱国运动。1920年8月发起建立广东社会主义青年团组织，10月创办《广东群报》，介绍十月革命和马克思主义，对广州地区马克思列宁主义早期传播做出了重要贡献。在《新青年》第9卷第4号开辟的"论无政府主义"专栏上，公开批判无政府主义思想。中国共产党第一次全国代表大会后被指定为中共广东区执行委员会书记。1926年11月代表中共中央参加共产国际执行委员会第七次扩大全会，并发言阐释"中国民族革命，只有在中国无产阶级的领导下，才能取得胜利"等观点。在大革命时期，历任中国共产党第三、四届中央执行委员，第五届中央政治局委员；任国民党第一、二届中央执行委员会常务委员、中央党部秘书长兼组织部部长、武汉国民政府农政部部长等职。大革命失败后，参加领导南昌起义，起义失败后被开除党籍。后参与组织中华革命党和国民党临时行动委员会（中国农工民主党前身），反对蒋介石独裁统治。中华人民共和国成立后，历任中央人民政府委员、全国人民代表大会常务委员会委员、国民党革命委员会副主席等职。其著述被整理为《谭平山文集》。

【谭其茳】

谭其茳（1880—1941），字芗陶。笔名创之、创生。四川荥经县人。近现代政治人物。早年就读公立四川大学堂（今四川大学）。1905年夏东渡日本，入实科学校，学习法政，兼习实科，1907年毕业。1905年在东京参加中国同盟会。1907年3月以"创生"为笔名翻译日本幸德秋水的《社会主义神髓》，由奎文馆书局出版。此书是日本最先传播社会主义的小册子，其中译本是最早在中国系统宣介社会主义、马克思主义的书，产生持久的影响。1909年回国，在兰州创设芎石书社。1912年在甘肃参加辛亥革命，在天水组织甘肃军政府。1912年任国民党四川支部长兼《四川民报》主编。著有《创之文稿》若干卷。

谭寿林（1896—1931）

【谭寿林】

谭寿林（1896—1931），曾用名覃树立，号祝封。笔名曼殊、勉予等。广西贵县（今贵港县）人。中国共产党早期党员，中国工人运动先驱，媒体人。1921年9月考入北京大学文科预科。在校期间，结识共产党员黄日葵等人，随后加入中国社会主义青年团。1924年加入中国共产党。在李大钊领导的中共北方区委和中国劳动组合书记部北京分部工作，主要负责编辑《工人周刊》，从事秘密革命活动。1926年1月担任中共梧州地委书记，梧州《民国日报》主任等职，主要从事工人运动。先后担任全国海员工会秘书长、全国总工会秘书长等领导职务。在上海期间，负责中共中央机关报《红旗报》的编辑业务，创作许多革命文学作品，用曼殊、勉予等笔名发表《狱中生活》《俘虏的生还》等文章，揭露反动军阀和国民党右派的阴谋。1931年5月30日在南京雨花台被杀害。其著述被整理为《谭寿林文集》。

谭嗣同（1865—1898）

【谭嗣同】

谭嗣同（1865—1898），字复生，号壮飞、华相众生、海寒冥氏、寥天一阁主，斋名莽苍苍斋。湖南浏阳人。近代资产阶级政治家，思想家，"戊戌六君子"之一。1898年初创建南学会，与唐才常、熊希龄等主办《湘报》，宣传变法，抨击清政府。9月参与变法，失败后被捕，在狱中题诗"望门投止思张俭，忍死须臾待杜根。我自横刀向天笑，去留肝胆两昆仑"，英勇就义。其著述被整理为《谭嗣同全集》。

【谭植棠】

谭植棠（1893—1952）

谭植棠（1893—1952），曾用名昌泰，化名谭天，乳名"亚定"。广东高明（今广东佛山市高明区）人。谭平山族侄，与谭平山、谭天度被誉为"革命三谭"。中国共产党早期党员，农民运动先驱。1917年考入北京大学历史系，阅读《新青年》《每周评论》等书刊，学习李大钊的《庶民的胜利》《Bolshevism的胜利》等文，开始接受马克思主义。1920年3月与谭平山南下于上海创办《政衡》杂志。1921年3月与陈独秀、谭平山等成立中共广州早期组织，负责宣传工作，并兼任党组织机关报《广东群报》经理，以此为阵地，宣传马克思主义、宣传新文化新思想。1924年7月广州农民运动讲习所成立后，被聘为第一、二、三届农讲所教员。1925年担任第四届农讲所主任时，亲自讲授《共产主义和共产党》等课程，还聘请彭湃讲授《海丰农民运动》、阮啸仙讲授《怎样做农民运动》等课程，为培养农民骨干、开展农民运动做出突出贡献。四一二反革命政变后，遭国民党通缉，回家乡治病，与党脱离关系。后人编有《谭植棠研究史料》。

【汤澄波】

汤澄波（1902—1969）

汤澄波（1902—1969），广东番禺（今属广州市）人。翻译家。毕业于岭南大学。1923年创办《广州文学旬刊》，担任《广州民国日报》编辑。1926年任中央军事政治学校（即黄埔军校）第四期政治教官，为黄埔军校编纂政治讲义丛书《各国革命运动概论》《中国国民党与农民运动》等，并经政治主任教官恽代英审定供学生学习。同年10月翻译出版斯大林所著的《列宁主义之理论及实施》。1927年翻译《资本论概要》《英国社会主义史》《美国社会史》等著作。1969年病逝于香港。译著有《小说的研究》等。

汤姆森（1856—1940）

【汤姆森】

即约瑟夫·约翰·汤姆森（Joseph John Thomson，1856—1940），中译名有"汤姆生"等。生于英国曼彻斯特。英国物理学家。以电学和磁学方面的著作而闻名。在哲学观点上是自发的唯物主义者。1897年发现电子。1906年获诺贝尔物理学奖。1918年任剑桥三一学院院长直至1940年去世。著有《动力学对物理和化学的应用》《电和磁学最新研究笔记》《通过气体放电》等。

汤普森（1775—1833）

【汤普森】

即威廉·汤普森（William Thompson，1775—1833），中译名有"汤卜逊""汤姆蒲生""陶扑孙""特谟孙""特穆荪""统皮梭""托慕生""威廉多姆森""威廉汤姆森""威廉汤孙""维廉汤姆逊"等。生于爱尔兰科克。欧文的信徒。爱尔兰经济学家，空想社会主义者。从功利主义发展成对资本主义剥削的早期批评者之一。主张财富平均分配，创造"剩余价值""竞争"等术语，被马克思推广，对马克思主义政治经济学产生影响。著有《爱尔兰南部教育状况》《对最有利于人类幸福的财富分配原则的探究：应用于新提出的自愿财富平等制度》等。

汤普森（1853—1937）

【汤普森】

即埃利胡·汤普森（Elihu Thomson，1853—1937），中译名有"利汤姆生"等。生于英国曼彻斯特，1858年移居美国费城。英裔美国工程师，发明家。1890年发明高频发电机。1892年创办的汤姆森—休斯敦国际电气公司与爱迪生电灯公司合并为美国通用电气公司。1909年为首位爱迪生奖章获得者。

汤因比（1889—1975）

【汤因比】

即阿诺德·约瑟夫·汤因比（Arnold Joseph Toynbee，1889—1975），中译名有"邓璧"等。生于英国伦敦。英国历史学家。20世纪思辨历史哲学的代表。1919年任巴黎和会代表。后在伦敦大学任希腊文与历史学教授。曾两次来华，高度赞扬中国历史与文明，预言"中华文明将引领世界"。著有《历史研究》（12卷）、《国际事务调查》（8卷）等。

【唐伯焜】

唐伯焜，生卒年不详。四川巴县人。四川省较早的中国共产党党员之一。1922年4月受陈独秀和中国社会主义青年团中央委托回到重庆，主持和联络筹建重庆社会主义青年团组织。译著有《妇女问题》等。

唐才常（1867—1900）

【唐才常】

唐才常（1867—1900），字伯平、黻丞，后改佛尘，号洴澼子。湖南浏阳人。清末思想家，革命家。1897年与谭嗣同创办时务学堂。1989年创办《湘报》，宣传维新变法。戊戌变法失败后流亡日本。1900年8月21日遇难。遗稿中有《觉弥斋内言》《沈阳二杰遗文》，其著述被整理为《唐才常集》。

唐恩（1871—1947）

【唐恩】

即费多尔·伊里奇·唐恩（Фёдор Ильич Дан，1871—1947），本名费多尔·伊里奇·古尔维奇，笔名别尔谢涅夫、格列科夫一世、D. F.丹尼洛夫、杰雷沃、孟什维克、纳德、娜杰日达F. D.等。中译名有"达恩""丹""丹因""但""欧特洛""谭""特恩""铜姆"等。生于俄国圣彼得堡。俄国孟什维克的领袖和理论家之一。1894年参加俄国社会民主主义运动，加入彼得堡工人阶级解放斗争协会。编辑孟什维克取消派的《社会民主党人呼声报》。第一次世界大战期间成为社会沙文主义者。1917年俄国二月革命后，任彼得格勒苏维埃执行委员会委员和第一届中央执行委员会主席团委员。十月革命后反对苏维埃政权。1922年被驱逐出境。著有《两年的流浪（1919—1921）》等。

【唐廷枢】

唐廷枢（1832—1892）

唐廷枢（1832—1892），初名唐杰，字建时，号景星、镜心。广东香山县（今珠海市）人。近代企业家，慈善家，近代工业化先驱，洋务运动的代表人物之一。1873年任轮船招商局总办。1876年负责开平煤矿筹备工作。1881年主持修筑唐胥铁路。1889年创建唐山细棉土厂。他精通英文，译著有《英语集全》等。

【陶孟和】

陶孟和（1887—1960）

陶孟和（1887—1960），原名履恭，字孟和。祖籍浙江绍兴，天津人。社会学家，教育学家，中国社会学、社会教育学的奠基人，社会科学研究事业的开拓者。早年留学日本、英国。1912年与梁宇皋合著《中国的乡村与城镇生活》，该书于1915年在伦敦出版，由英国哲学家、社会学家霍布豪斯（Leonard Trelawney Hobhouse）作序，这是中国社会学最早的著作之一。1913年获经济学博士。1914—1927年任北京大学教授、系主任、文学院院长、教务长等职。其间编辑《新青年》，从第2卷（1917年）至第8卷（1920年），共发表《社会》《我们政治的生命》《战后的欧洲》《怎样解决中国的问题》《女子问题》等10余篇文章，提倡研究社会问题和调查社会实际情况。1920年11月与妻子沈性仁合译凯恩斯的《欧洲和议后之经济》出版。此书为共产党上海早期组织策划的"新青年丛书第八种"。1922年10月马克思经典《工资、价格和利润》，由李季翻译、陶孟和校阅介绍到中国。曾翻译《社会进化史》、校对《社会主义与社会改良》等书籍，对马克思主义在中国早期传播发挥一定作用。后在燕京大学、中华教育文化基金会社会调查部、北平社会调查所、中央研究院社会科学研究所、《中国社会经济史季刊》等机构任职。1948年当选为中央研究院院士。中华人民共和国成立后，任政协全国委员会常务委员、中国科学院副院长等职。著有《社会与教育》《中外地理大全》《孟和文存》等，其著述被整理为《陶孟和集》。

陶行知（1891—1946）

【陶行知】

陶行知（1891—1946），本名陶文濬，字世昌。安徽歙县人。现代伟大的教育家，思想家，爱国民主人士，中国人民救国会和中国民主同盟的主要领导人之一。1914年留学美国，师从杜威。1917年回国后任南京高等师范学校教务主任。同年底与蔡元培等发起成立中华教育改进社，推动教育改革。1922年任《新教育》主编，并发表《我们对于新学制草案应持之态度》《中国建设新学制的历史》等文。1923年与晏阳初等发起成立中华平民教育促进会，开展平民教育。1925年3月创刊中国第一份专为农民发行的报纸《农民》旬刊。其著述被整理为《陶行知文集》《陶行知教育文集》。

特拉赫滕贝格（1888—1951）

【特拉赫滕贝格】

即雅科夫·特拉赫滕贝格（Яков Трахтенберг，1888—1951），中译名有"特拉亨伯格""特列顿堡"等。生于俄国敖德萨（今属乌克兰）。犹太俄罗斯籍数学家，工程师。主张和平主义。第二次世界大战期间发明了一套心算系统，被称为"特拉赫滕贝格系统"快速心算法。著有《双指法特拉赫滕贝格系统》等。

特赖奇克（1834—1896）

【特赖奇克】

即亨利希·冯·特赖奇克（Herinrich von Treitschke，1834—1896），中译名有"德拉豈开""斯蒂格曼""斯提格曼""特赖奇克""特雷茨克"等。生于德国德累斯顿。德国历史学家，政论家，历史编纂学家。普鲁士主义、种族主义和德国对外扩张政策的思想家和鼓吹者。赞同征服其他国家和消灭"劣等"民族。1884年与汉斯·德尔布吕克（Hans Delbrück，1848—1929）主编的《普鲁士年鉴》第53卷，发表《马克思的经济观点》一文，对马克思的《资本论》进行肤浅的批判。著有《政治学》（2卷）、《我们要求法国做什么》等。

特里罗戈夫（1834—1891）

【特里罗戈夫】

即弗拉基米尔·格里戈里耶维奇·特里罗戈夫（Владимир Григорьевич Трирогов，1834—1891），中译名有"谷索哥洛夫""特里罗果夫"等。生于俄国克里米亚。俄国经济学家，语言学家，统计学家，政治家。俄国第一个微观研究农民公社农业生活的人。著有《村社与赋税》等。

特列波夫（1855—1906）

【特列波夫】

即德米特里·费奥多罗维希·特列波夫（Дмитрий Фёдорович Трепов，1855—1906），中译名有"居列波夫"等。生于俄国圣彼得堡。俄国少将。1896年任莫斯科警察局局长。1905年任圣彼得堡总督，镇压俄国革命。

特鲁尔斯特拉（1860—1930）

【特鲁尔斯特拉】

即彼得·耶莱斯·特鲁尔斯特拉（Pieter Jelles Troelstra，1860—1930），中译名有"德洛蔼尔斯太""居洛斯居拉""特鲁尔斯特拉""托洛埃斯达"等。生于荷兰吕伐登。荷兰右派社会党人，荷兰社会民主工党创建人和领袖之一。第一次世界大战期间持社会沙文主义立场。受十月革命影响曾呼吁荷兰进行社会主义革命，但革命被政府迅速镇压。

梯也尔（1797—1877）

【梯也尔】

即阿道夫·梯也尔（Adolphe Thiers，1797—1877），中译名有"彻尔""典亚""丢叶耳""奇埃尔氏""契爱尔""使且尔""提厄耳""亚典""爷亚""智爹尔""兹野陆"等。生于法国马赛。法国国务政治家，历史学家。历任法兰西王国内阁首相兼外交大臣、法兰西第三共和国首任总统。1870年镇压巴黎公社。著有《法国革命史》(10卷)、《执政与帝国史》等。

梯叶里（1795—1856）

【梯叶里】

即雅克·尼古拉·奥古斯坦·梯叶里（Jacques-Nicolas-Augustin Thierry，1795—1856），中译名有"特利""提厄里"等。生于法国布卢瓦。法国历史学家，作家。其著述被翻译整理为《法国史信札》在国内出版。

【田诚】

田诚，生卒年、出生地不详。中国共产党早期党员。《向导》前期重要作者。1921年6月撰写的《共产主义与智识阶级》，在中国共产党第一次全国代表大会前夕公开出版，明确提出在中国建立共产党，批判无政府主义等各种谬论，指出革命知识分子要与无产阶级相结合，为中国共产党正式诞生制造舆论，对马克思主义在中国早期传播具有重要价值。

田岛锦治（1867—1934）

【田岛锦治】

田岛锦治（タジマキンジ，1867—1934），日本江户（今东京）人。日本经济学家。1919年任京都帝国大学经济学院第一任院长。著有《日本当前的社会问题》《经济原理》等。

【田所辉明】

田所辉明（タドコロ テルアキ，1900—1934），日本北海道人。山川均的学生。日本大正、昭和前期的社会活动家，日本劳农党、共产党党员。《社会主义研究》《前卫》编辑。早稻田大学政治科肄业。参与创办《建设者》杂志（后更名为《青年运动》）和《穆桑沙新闻》。主要著作有《欧洲社会运动史》《社会运动辞典》等，翻译《无产者经济学》等。

【童炳荣】

童炳荣，生卒年不详。广东大埔人。现代政治人物。毕业于广东大学。历任共青团广东区委执行委员、组织部副部长等职。在《广州民国日报》《向导》等报刊上发表文章，宣传革命。

图克（1774—1858）

【图克】

即托马斯·图克（Thomas Tooke，1774—1858），中译名有"托克"等。生于俄国喀琅施塔得。英国资产阶级经济学家。资产阶级古典政治经济学的代表人物，货币数量论的批评者。以撰写货币和经济统计而闻名。著有《1793—1856年间的价格史和流通状况》（6卷）、《价格史》（6卷）、《货币原则探究》等。

图拉蒂（1857—1932）

【图拉蒂】

即菲力浦·图拉蒂（Filippo Turati，1857—1932），中译名有"都拉底""都辣底""斐里布·杜拉梯""曲例笛""图喇特""屠拉第""屠拉梯""土拉笛"等。生于意大利科莫省。意大利社会学家，犯罪学家。意大利社会党创建人之一，后为该党右翼改良派领袖。1877年毕业于博洛尼亚大学法律系。1891年创办《社会评论家》。第一次世界大战时期持社会沙文主义立场。1921年意大利社会党分裂为共产党和统一社会党后，成为统一社会党领袖。1926年秘密移居法国。著有《社会问题》等。

屠格涅夫（1818—1883）

【屠格涅夫】

即伊万·谢尔盖耶维奇·屠格涅夫（Иван Сергеевич Тургенев，1818—1883），中译名有"此尔给牛布""都介涅夫""杜尔格奈夫""屠盖涅夫""脱格尼夫""志鲁克利乌""郅尔克纳夫""诸开尼葛""缁格尼弗""滋鲁根爱甫"等。生于俄国奥廖尔省。俄国批判现实主义作家，翻译家。1836年毕业于圣彼得堡大学。1838年移居德国柏林。参加黑格尔的讲座，对德国唯心主义及"绝对精神"等学说产生兴趣。其小说《父与子》对俄国民意党人产生较大影响。其著述被翻译整理为《屠格涅夫全集》在国内出版。

土耳其皇（1861—1926）

【土耳其皇】

即穆罕默德六世，全名穆罕默德·瓦西代丁·本·阿卜杜勒·麦吉德·本·马哈茂德（Mohaned Wahidin bin Abdul Megid' bin Mahmoud 或 Mehamed Vahideddin，1861—1926），生于奥斯曼帝国伊斯坦布尔。奥斯曼帝国末代苏丹。擅长文学、音乐和书法。

【土田杏村】

土田杏村（1891—1934）

土田杏村（ツチダ キョウソン，1891—1934），本名茂（ツトム）。日本佐渡市人。日本哲学家，社会思想家，文化批评家。1918年毕业于京都帝国大学。1919年创办《文化》杂志。持批评马克思主义立场，晚年倾向于民族主义。著有《象征哲学》《精神彼岸》《马克思思想与现代文化》等，其著述被整理为《土田杏村全集》（共15卷）（日文版）。

【托德】

即鲁道夫·伊曼纽尔·特劳戈特·托德（Rudolf Immanuel Traugott Todt，1839—1887），笔名鲁道夫·莫尔斯。中译名有"德他""都多""托特""托特牧师""託脱"等。生于德国勃兰登堡州。德国新教牧师，督学。曾研究马克思和拉萨尔等人的著作，在马克思主义社会分析和新约的基础上发展了一种基督教社会伦理观点，内容更接近激进社会主义。著有《激进的德国社会主义和基督教社会》等。

托尔克（1817—1893）

【托尔克】

即卡尔·威廉·托尔克（Carl Wilhelm Tölcke，1817—1893），中译名有"特耳克""屠基"等。生于德国绍尔兰州。德国律师，新闻工作者，德国社会民主党政治家，拉萨尔派核心人物。1865年任德国工人联合会主席。

托尔斯泰（1828—1910）

【托尔斯泰】

即列夫·尼古拉耶维奇·托尔斯泰（Лев Николаевич Толстой，1828—1910），中译名有"道司道""德尔士多""杜尔斯特""杜耳斯泰""多路斯多""斯多德""託尔

斯泰""托耳斯拖""托路司托伊""脱尔斯泰""詑尔斯泰"等。生于俄国图拉省。俄国批判现实主义作家,思想家,哲学家。其作品对俄国产生很大影响,列宁称赞其是"俄国革命的镜子",是具有"最清醒的现实主义"的"天才艺术家"。著有《安娜·卡列尼娜》《战争与和平》《复活》等,其著述被翻译整理为《列夫·托尔斯泰文集》(17卷)、《托尔斯泰自述》等在国内出版。

托伦(1828—1897)

【托伦】

即昂利·路易·托伦(Henri Louis Tolain,1828—1897),中译名有"讬连""托兰"等。生于法国巴黎。职业雕刻工。蒲鲁东的追随者。法国工会和社会主义运动的领导成员,第一国际的创始人之一。1864年撰写了一篇捍卫工人权利的《六十人宣言》,被马克思视为法国工人运动的里程碑。1864年为国际巴黎支部领导人之一。1871年为国民议会议员。巴黎公社时期投向凡尔赛分子,1871年被开除出第一国际。

托洛茨基(1879—1940)

【托洛茨基】

即列夫·达维多维奇·勃朗施坦(Лев Давидович Бронштейн,1879—1940),化名托洛茨基,笔名佩罗、安提德·奥托。中译名有"德洛知基""独伊茨起""杜罗慈基""杜罗慈斯""杜罗斯基""杜洛茨基""杜洛慈基""杜洛次基""杜洛斯基""杜洛斯克""杜汝斯基""杜士楷士""怯罗斯克""却罗斯克""特罗兹基""特罗资奇""突罗次克""讬洛兹基""托尔斯基""托辣士奇""托辣斯基""托伦斯克""托罗次基""托罗斯基""托罗斯克""托洛次基""脱罗斯基""脱洛次基""脱洛基""脱洛斯基""脱洛兹基""伊茨起""证罗次基"等。生于俄国赫尔松省(今属乌克兰)。犹太裔俄国社会活动家,政治家,理论家,苏联共产党的领导人之一,苏联红军的主要缔造者。1897年俄国加入俄国社会民主工党。初为火星派少数派。

第一次世界大战持中派立场。1917 年俄国二月革命后加入布尔什维克，后任彼得格勒工兵代表苏维埃委员会主席，指挥十月武装起义。十月革命后，任外交人民委员、陆海军人民委员、共和国革命军事委员会主席、俄共（布）中央政治局委员和交通人民委员等职。其所著的回忆十月革命到布列斯特条约经历的《俄国革命记实》中译本于 1922 年 1 月由人民出版社出版。其著述被整理为《托洛茨基全集》。

托洛茨基夫人（1882—1962）

【托洛茨基夫人】

即娜塔丽娅·伊万诺夫娜·谢多娃（Ната́лья Ива́новна Седо́ва，1882—1962），女。列夫·托洛茨基的第二任妻子。曾编著过马克思主义相关书籍。1940 年移居墨西哥。著有托洛茨基传记《父与子》。

托马斯（1878—1932）

【托马斯】

即阿尔伯特·托马斯（Albert Thomas，1878—1932），中译名有"阿尔倍脱·汤麦司""阿尔伯·托马""阿尔伯道马斯""汤麦斯""陶慕斯""托马""亚尔柏托马""亚尔佩尔妥玛"等。生于法国马恩河畔。法国右派社会党人，政治活动家，历史学家，新闻工作者。1901 年起为法国社会党议会党团领袖之一，《人道报》助理编辑。第一次世界大战期间成为社会沙文主义者。1919 年为伯尔尼国际的组织者之一。1920—1932 年任国际联盟国际劳工组织的主席，致力于制定国际劳工法。著有《工团主义》等。

托马斯（1884—1968）

【托马斯】

即诺曼·托马斯（Norman Thomas，1884—1968），中译名有"陶慕斯"等。生于美国俄亥俄州。美国政治家。1918 年加入美国社会党。1928—1948 年先后 6 次作为美国社会党候选人参加美国总统竞选，均未成功。早期对十月革命表示钦佩，后期反对苏联、反社会主义。著有《征服战争》

《什么是工业民主？》《良心是犯罪吗？》等。

陀思妥耶夫斯基（1821—1881）

【陀思妥耶夫斯基】

即费奥多尔·米哈伊洛维奇·陀思妥耶夫斯基（Фёдор Михайлович Достоевский，1821—1881），中译名有"德士脱意夫斯基""笃思讬叶夫斯基""杜恩托益夫斯基""杜思托益夫斯基""讬斯讬尔夫斯基""托斯托埃夫斯基""陀思妥夫斯奇""陀思妥斯奇""陀斯泰夕斯克""陀斯托也夫斯基"等。生于俄国圣彼得堡。俄国作家，思想家，哲学家。宣扬基督教，反对无神论，反对革命斗争的暴力方式。著有《罪与罚》《白痴》《穷人》等。其著述被翻译整理为《费·陀思妥耶夫斯基全集》（22卷）在国内出版。

W

【洼田文三】

洼田文三（クボタ ブンゾウ，1873—1929），日本鹿儿岛县人。日本驻天津总领事。著有《西方劳工问题》《支那外交通史》等。

【瓦尔德克-卢梭】

瓦尔德克–卢梭（1846—1904）

即皮埃尔·马里·勒内·厄尔内·瓦尔德克–卢梭（Pierre Marie Rene Ernest Waldeck-Rousseau，1846—1904），中译名有"瓦尔德庐梭""华尔德""卢骚"等。生于法国卢南特。法国共和党政治家。1881年任莱昂·甘必大内阁中内政部长。1884年提出《瓦尔德克–卢梭法》，促成法国工会的合法化。1899年为法国第68任总理。演讲集有《讨论谈判代表》等。

【瓦尔登】

瓦尔登（1887—1948）

即帕维尔·鲍里索维奇·瓦尔登（Павел Борисович Вальден，1887—1948），中译名有"华尔登大佐"等。生于俄国辛比尔斯克。苏俄、苏联军事家。苏联陆军坦克部队少将。

【瓦尔加】

瓦尔加（1879—1964）

即瓦尔加·叶甫根尼·萨姆伊洛维奇（Евгений Самуилович Варга，1879—1964），中译名有"华尔嘉"等。生于匈牙利布达佩斯。1920年定居苏俄。苏联马克思主义

465

经济学家，国际共产主义运动活动家。1920年加入苏联共产党，参加共产国际工作。1927—1947年任苏联世界经济和世界政治研究所所长，从事马克思主义政治经济学的研究。著有《二十世纪的资本主义》《帝国主义经济和政治的基本问题》等。

瓦尔特斯豪森（1809—1876）

【瓦尔特斯豪森】

即萨尔托里乌斯·冯·瓦尔特斯豪森（Sartorius von Waltershausen，1809—1876），中译名有"瓦忒豪孙"等。生于德国哥廷根。德国地质学家。著有《冰岛自然地理概览》《冰岛地质图集》等。

瓦尔特斯豪森（1852—1938）

【瓦尔特斯豪森】

即奥古斯特·萨尔托里乌斯·冯·瓦尔特斯豪森（August Sartorius von Waltershausen，1852—1938），生于德国哥廷根。德国经济学家。德国帝国主义的辩护士。1885年任苏黎世大学政治学院教授。1888年任斯特拉斯堡经济学教授。著有《德国文化在美国的未来》《美利坚合众国的现代社会主义》《美利坚合众国贸易差额》等。

瓦尔维尔（1754—1793）

【瓦尔维尔】

即雅克·皮埃尔·布里索·德·瓦尔维尔（Jacques Pierre Brissot de Warville，1754—1793），中译名有"勃来梭德槐佛尔""华维尔""窪尔伯尔"等。生于法国沙特尔。法国政治家，吉伦特派领导人。1793年10月被雅各宾派送上断头台。著有《刑事法理论》《美国南方黑人杂记》《关于法国大革命及其同时代人的回忆录》等。

瓦格纳（1835—1917）

【瓦格纳】

即阿道夫·瓦格纳（Adolf Wagner，1835—1917），中译名有"阿特而夫华纳教授""华克那氏""华克男""滑克奈氏""窪葛礼""瓦格列""瓦格洛""瓦格涅儿""瓦固那""瓦克纳""瓦苦拿""哇科渥陆""威纪那""魏格尔""亚托尔夫华格纳"等。生于德国埃尔朗根。德国资产阶级庸俗经济学家,讲坛社会主义者。反犹太主义的基督教社会党创始人,政治经济学中社会法学派的代表。主张平均地权论,制定增加国家支出定律,即"瓦格纳定律"。著有《政治经济学教程》《财政学》等。

瓦利谢夫斯基(1849—1935)

【瓦利谢夫斯基】

即卡兹米尔·费利科维奇·瓦利谢夫斯基(Казимир Феликсович Валишевский,1849—1935),中译名有"瓦里谢斯基""瓦里兹泽夫斯基"等。生于波兰华沙。波兰历史学家,作家。著有《彼得大帝》《未知的波兰》等。

瓦尼(1855—1903)

【瓦尼】

即伊西里奥·瓦尼(IcilioVanni,1855—1903),中译名有"万尼""维尼基"等。生于意大利奇塔德拉皮耶韦。意大利哲学家,社会学家,意大利社会学实证主义创始人之一。受康德思想的启发,对维科的历史主义学说进行实证主义解读,创立"批判实证主义"。著有《报告和海洋报告》《社会学和实证主义批判家的理论》等。

瓦特(1736—1819)

【瓦特】

即詹姆斯·瓦特(James Watt,1736—1819),中译名有"华忒""华特""华脱""滑脱""惹姆斯瓦特""哇芝托""瓦得""瓦德""渥脱""伊托礼"等。生于苏格兰伦弗鲁郡。英国商人,工程师,发明家。万能蒸汽发动机的设计者,1776年制造出第一台具有实用价值的蒸汽机。

瓦扬(1840—1915)

【瓦扬】

即爱德华·弗洛里蒙·玛丽·瓦扬(Édouard Florimon Marie Vaillant,1840—1915),中译名有"哀都亚·威兰""爱罗维爱""凡来脱""范鞅""威兰""魏阳""乌伊阿""以查尔·俾兰"等。生于法国维尔森。法国政治家，法国社会党创始人之一，第二国际左翼领袖之一。19世纪60年代成为布朗基派最早的成员。1871年参加巴黎起义，任国民自卫军中央委员会委员。第一次世界大战时成为社会沙文主义者。

【宛希俨】

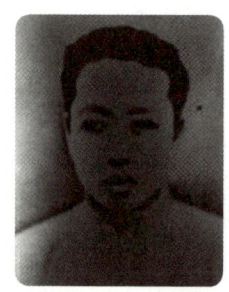

宛希俨（1903—1928）

宛希俨（1903—1928），字畏如。笔名斯年。湖北黄梅人。中国共产党早期党员，社会活动家。1922年考入东南大学教育系，同年加入中国社会主义青年团。在校期间与吴致民、李子芬、梅龚彬等人利用寒暑假返乡，发起组织黄梅平民教育促进会、社会主义青团小组、少年黄梅学会，开展群众运动。1923年7月加入中国共产党，被选为中共南京地方执委会委员。1925年初任中共南京党支部书记，领导工人罢工，声援五卅反帝斗争。同年底被派赴汉口，协助董必武筹办《楚光日报》，担任主编。1926年任中共武汉地委执行委员兼宣传部部长，组织创办《汉口民国日报》，任总编辑。曾将毛泽东的《湖南农民运动考察报告》一文，以"湖南农村斗争内容之分析"为标题，在报纸上节录。1928年4月4日壮烈牺牲。

【汪精卫】

汪精卫（1883—1944）

汪精卫（1883—1944），名兆铭，字季新。笔名精卫。祖籍浙江山阴（今绍兴），广东三水人。近代政治人物，大汉奸。1904年作为官费生考入东京法政大学。次年参加中国同盟会，为《民报》主要撰稿人，与梁启超等资产阶级改良派展开论战，宣传孙中山的三民主义、社会主义。1910年4月因谋杀清朝摄政王被捕，名声大噪。出狱后，追随孙中山参加反清斗争。1919年在上海参与创办《建设》杂志。1922—1923年孙中山筹备改组国民党，他任国民党中央执行委员兼宣传部部长。1925年3月孙中山病危，他代为起草遗嘱。1925年7月广东政府改组，当选国民政府常务委员会主席兼军事委员会主席。1926年因中山舰事件被迫出国。1927年4月回国,以"左派领袖"身份出任国民党中央常委、政治委员会主席团委员、军事委员会主席团委员和武汉国民政府常委等职,主持武汉国民政府工作。7月发动七一五反革命政变,造成大革命彻底失败。1939年投靠日本帝国主义,组建卖国的汪伪政权,成为大汉奸。其著述被整理为《汪精卫先生文集》等。

汪瑞闿(1873—1941)

【汪瑞闿】

汪瑞闿(1873—1941),字颉荀。安徽盱眙(今属江苏)人。近现代政治人物。1914年任江西民政长。

汪寿华(1901—1927)

【汪寿华】

汪寿华(1901—1927),原名何纪元,又名何景亮、何寄元、何今亮、何松林、宋林、孔伯生,字介尘。浙江诸暨人。中国共产党早期工人运动领导人之一。1917年就读浙江省立第一师范学校,其间阅读《新青年》《星期评论》等进步书刊,开始接受马克思主义。1920年9月经俞秀松等人介绍,加入上海社会主义青年团。1921年被派往符拉迪沃斯托克(海参崴)工作学习,其间创立海参崴工人俱乐部。1923年加入中国共产党。1925年初赴上海参加中国共产党第四次全国代表大会,作关于职工运动的报告。自1926年5月始,多次领导发动上海各行业工人大规模罢工斗争,参与领导上海工人的三次武装起义。曾任中共江浙区委常委、上海特别市临时政府常务委员、上海总工会委员长等职。四一二反革命政变前夕,被秘密杀害。

王德威尔得(1866—1938)

【王德威尔得】

即埃米尔·王德威尔得(Émile Vandervelde,1866—1938),中译名有"埃密尔·环达文尔""凡大维陪尔特""范但尔凡尔德""黄得勃特""汪德伯特""汪德尔特""汪德里特""汪德威尔德""汪脱尔文特""温达维儿多"等。生于比利时伊克塞尔。比利时政治家,比利时工人党领袖,第二国际的机会主义代表人物。1886年加入比利时工人党。1900年起任第二国际的常设联络和情报机构社会党国际局主席。第一次世界大战时成为社会沙文主义者。后参加比利时政府,1918年任司法大臣,1925年任外交部部长。1935年任公共卫生部部长。著有《比利时的社会主义》《中国革命始末:布尔什维克与国民党》等。

【王尔德】

王尔德(1854—1900)

即奥斯卡·王尔德(Oscar Wilde,1854—1900),生于爱尔兰都柏林。英国作家,唯美主义艺术运动的倡导者。其著作《社会主义与个人主义》中译本文于1921年5月出版。其著述被翻译整理为《王尔德全集》(6卷)在国内出版。

【王光辉】

王光辉(1895—1974)

王光辉(1895—1974),号彦夫。湖南湘潭人。湖南早期工人运动领导者,湖南工会创始人之一。1912年考入湖南甲种工业学校。1920年与黄爱、庞人铨等人发起组织湖南劳工会。1922年1月作为湖南劳工会代表赴莫斯科参加远东各国共产党及民族革命团体代表大会。同年政治思想发生转变,于1923年加入中国国民党。1925年加入西山会议派。马日事变后拥蒋反共。

【王光祈】

王光祈(1892—1936)

王光祈(1892—1936),字润玙。笔名若愚。四川温江人。近现代社会活动家,音乐家。1914年入中国大学攻读法律。曾任《四川群报》《川报》驻京记者和《京华日报》编辑。1917年结识李大钊,为《每周评论》的主要撰稿人之一。1918年与李大钊、曾琦等发起组织少年中国学会,被推为该会执行部主任。五四运动爆发当日下午,将游行情况用专电发回成都,向《川报》提供大量报道,促使四川地区五四运动兴起。1919年底为工读互助团发起人之一。1920年4月赴德国法兰克福学习政治经济学，同时担任北京《晨报》、上海《申报》《时事新报》的驻德特约通讯员，在《每周评论》等报刊上发表《国际的革命》《无政府共产主义与国家社会主义》等介绍社会主义的文章。其著述被整理为《王光祈文集》(全5册)。

【王国源】

王国源（1897—1977）

王国源（1897—1977），字任泉。四川南充人。媒体人。1917年6月赴日本留学，入读广岛高等师范史地科。1923年冬回国，在上海结识瞿秋白，受其委托翻译日本社会主义者的《俄国新经济政策》，并于1926年9月出版。曾任《四川民报》《巴蜀日报》社长。中华人民共和国成立后，任四川文史研究馆馆员。

【王尽美】

王尽美（1898—1925）

王尽美（1898—1925），原名瑞俊，字灼斋，亦名烬梅、烬美。山东莒县（今诸城）人。中国共产党创始人之一，中共山东早期组织的缔造者和组织者。1919年参加北京马克思学说研究会，为外埠通讯会员。1920年11月与邓恩铭等人发起成立励新学会，创办《励新》半月刊，研究和传播新思想、新文化。1921年5月与邓恩铭发起创建中共济南早期组织。同年7月赴上海出席中国共产党第一次全国代表大会，会后任中共山东区支部书记、中国劳动组合书记部山东分部主任。9月与邓恩铭等在济南成立马克思学说研究会，组织会员学习《共产党宣言》《马克思主义浅说》《工钱劳动和价值》等著作。1922年1月赴莫斯科参加远东各国共产党及民族革命团体代表大会，受到列宁接见。7月在上海出席中国共产党第二次全国代表大会。与邓中夏一起负责中国劳动组合书记部的领导工作，参与制定《劳动法大纲》。11月在山海关领导建立党组织，先后领导山海关、秦皇岛等地的罢工运动，是开滦五矿同盟罢工总指挥部的

成员之一。1923年在《工人周刊》发表《中国的兵患与匪患》《杂感：吴佩孚还想武力统一吗》等文，揭露帝国主义侵略中国的罪行和北洋军阀的黑暗统治。其著述被整理为《王尽美文集》。

【王敬轩】

王敬轩，钱玄同虚构的人物。1918年初钱玄同以"王敬轩"之名给《新青年》编辑部写信，反对白话文。刘半农复信予以反驳，从而营造出新旧文学论争的气氛。

【王俊】

王俊（1877—1940）

王俊（1877—1940），河北宛平（今属北京）人。中国共产党早期工人党员。1920年入读中共北京早期组织创办的劳动补习学校。1921—1922年当选为长辛店工人俱乐部交际委员，被发展为中国共产党党员。1922年底和陈独秀、刘仁静一起到苏联参加共产国际第四次代表大会。同年6月到广州参加中国共产党第三次全国代表大会，会后赴苏联学习。回国后与党组织脱离联系。

【王克敏】

王克敏（1876—1945）

王克敏（1876—1945），字叔鲁。浙江杭州人。现代政治人物，银行家，外交官。早年留学日本。三度出任北京政府财政部部长。抗日战争时期投靠日本傀儡政权汪伪南京政府，成为汉奸。

【王乐平】

王乐平（1884—1930）

王乐平（1884—1930），名者塾，字乐平。山东诸城人。国民党左派，改组派领导人之一。1906年入山东高等学堂就读。1907年加入中国同盟会。1909年夏复入山东省立法政学堂。1912年任《齐鲁日报》主编。1919年10月在济南创办齐鲁通讯社（后改为齐鲁书社），任社长。该社出售《马格斯资本论入门》《俄国革命史》《社会科学大纲》等著作及《新青年》《每周评论》等进步刊物。该社后来成为中共济南早期组织的重要活动基地。1920年冬陈独秀函约他在济南组建中共山东早期组织，他将王尽美、邓恩铭推荐给陈独秀。1922年1月同王尽美等中国共产党人出席共产国际召开的远东各国共产党及民族革命团体代表大会。同年5月回国建平民学会，创办《十日》。1924年1月出席中国国民党第一次全国代表大会，会后主持国民党山东党务，建立有中国共产党人参加的国民党山东临时党部。1926年1月出席中国国民党第二次全国代表大会，当选为国民党候补中央执行委员。后任湖北政务委员会委员兼电信局局长。1928年6月主办《前进》刊物，宣传改组国民党，反对蒋介石叛变革命。1930年2月18日不幸被杀害。他生前是否参加过中国共产党，存有争议，主流看法为他是拥护三民主义的信徒，而非马克思主义者。著有《秦陇纪程》等。

【王天培】

王天培（1889—1927）

王天培（1889—1927），原名伦忠，字植之，号东侠。贵州天柱人。近现代将领，北伐名将。1926年率部北伐，被任命为国民革命军第十军军长兼左翼前敌总指挥。行军途中发表《告本军全体武装书》，坚持国共合作，捍卫三民主义，拒绝内战，坚持北伐，掩护共产党人，保护革命火种。1927年9月2日被蒋介石秘密杀害于杭州西湖。

【王惟俭】

王惟俭，生卒年、出生地不详。铁路工人领袖。1923年举行声援京汉铁路工人大罢工的同情罢工。

【王文俊】

王文俊（1901—1990）

王文俊（1901—1990），本名王宝璜，字渭珍，别名文俊。湖北黄冈人。近现代政治人物，学者。早年毕业于汉口外国语专科学校。1920年冒用已故同学王文俊的毕业文凭报考北京大学外语系，自此以王文俊为学名。同年8月翻译《苏维埃研究》作为"新文化运动丛书",由北京新知书社出版。该书出版后受到读者欢迎,对广大国人了解苏俄、了解马克思主义从理念到实践的过程具有积极意义。1932年公费赴德国柏林大学留学。1937年获德国柏林大学博士学位。历任民国时期湖北省政府委员兼教育厅厅长,北京大学、台北师范大学教授等职。1938年创办青海湟川中学。1990年在美国病逝。曾翻译德国斯勃朗格的《文化形态学研究》。著有《青海兴学记》等。

【王一飞】

王一飞(1898—1928)

王一飞(1898—1928),又名王兆鹏、亦飞。笔名(王)伊维。浙江上虞人。中国共产党早期党员,翻译家,中共早期军委会领导人之一。1920年经陈独秀介绍,入上海外国语学社学习,不久参加上海社会主义青年团。1921年赴莫斯科东方劳动者共产主义大学学习。1922年春转入中国共产党。1924年参加少共国际第四次代表大会、共产国际第五次代表大会。1925年回国后,向陈独秀建议成立中央军事委员会,得到采纳,并参与筹建中央军委。同时代理中共上海(江浙)区委书记兼宣传部部长。同年6月翻译《新社会观》,由平民书社出版。该书因简要介绍自第一国际以来世界共产主义运动的基本情况,及俄国革命与苏维埃俄国的情况,向中国人民展示一个崭新的社会而备受欢迎。新青年社、上海书店、国光书店、长江书店一再印刷发行。四一二反革命政变后,协助周恩来主持军事工作。1927年4月翻译出版《共产国际党纲草案》。8月参加南昌武装起义。1928年1月因叛徒告密被捕牺牲。其著述被整理为《王一飞传略·文存》。

【王右木】

王右木(1887—1924)

王右木(1887—1924),原名王丕昌,又名王燧。四川江油人。四川最早的马克思主义传播者,四川党团组织的创建人和领导人之一。1914年考入日本东京明治大学经济系，1918年获经济学士学位。其间参加中国留日学生反对"二十一条"的爱国学生运动，加入留日学生组织神州学会，结识李大钊、李达、李汉俊等先进知识分子。1918年回四川。1920年底在成都组织成立马克思主义读书会，向会员讲解宣传《共产党宣言》《唯物史观》《资本论》等。1921年冬指导成立四川社会主义青年团。1922年2月创办《人声》报，"直接以马克思主义的基本要义，解释社会上的一切问题"，培养钟善辅、刘亚雄、童庸生、阳翰笙等革命力量。1923年秋组建四川第一个中共组织——中共成都独立小组，任书记。1924年9月在贵州土城不幸牺牲。

【王云五】

王云五（1888—1979）

王云五（1888—1979），原名云瑞，名鸿桢，字云五、日祥，号岫庐。笔名出岫、之瑞、龙倦飞、龙一江等。祖籍广东香山县（今中山市），出生于上海。现代学者，出版家。1912年底任北京英文报纸《民主报》主编，及北京大学、国民大学、中国公学大学部等高校英语教授。1920年在五四新文化运动的推动下，主编综合性图书"公民丛书"，组织翻译、撰写西方自然科学与社会科学图书，其中包括《社会主义通论》《妇人之胜利》《社会主义之思想与行为》《科学的社会主义》（即恩格斯的《社会主义从空想到科学的发展》）等宣传社会主义、马克思主义的著作。1921年任商务印书馆编译所所长，后任总经理。倡议编辑百科小丛书，发明四角号码检字法和中外图书统一分类法。1928年主编《中山大辞典》，出版《百科全书》《万有文库》，影印《丛书集成》。编著《王云五大词典》《王云五小词典》等。为中国近代编译出版、文化传播事业做出杰出贡献。抗日战争全面爆发后，进入政界，历任教育司长、教育厅长、国民参政会第一、二、三、四届参议员和第四届主席团主席，民国政府经济部部长、国大代表、政务委员兼财政部部长等职，曾两度出任行政院副院长。1949年4月去台湾。著有《岫庐八十自述》《商务印书馆与新教育

年谱》《岫庐最后十年自述》等。

【王长保】

王长保（？—1925），籍贯不详。中国共产党早期党员，京汉铁路工人。1925年8月在协助调解豫丰纱厂罢工中被流氓殴打重伤致死。

【王正廷】

王正廷（1882—1961）

王正廷（1882—1961），原名正庭，字儒堂，号子白。浙江奉化人。民国时期外交家，政治家。中国参加巴黎和会全权代表之一，极力反对《凡尔赛和约》。1921年就任中国大学校长。1922年被选为国际奥委会委员，被誉为"中国奥运之父"。著有《中国近代外交概要》《王正廷自传：顾往观来》等。

【王淄尘】

即王子澄（1879—1941），名淄尘。笔名煮尘。浙江绍兴人。媒体人，中国社会党人。清末在绍兴创设《白话报》。1911年5月在上海发行中国社会党绍兴支部的刊物《新世界》杂志，第1、3、5、6、8期上，以"理想社会主义和实行社会主义"为题，刊登施仁荣翻译的恩格斯重要著作《社会主义从空想到科学的发展》（缺第三章）一书，这是该书在中国最早的译本。同年在该刊陆续发表多篇有关社会主义的文章。其中《社会主义大家马尔克之学说》一文，是当时介绍马克思主义的重要文章。1912年6月发表的《答亚泉》，联系中国的现实状况，驳斥杜亚泉的所谓"社会主义不宜行于中国"的观点，指出"社会主义必宜行中国"，是中国救亡的"至针"。8月发表《社会主义与社会政策》，进一步阐释社会主义与社会政策的区别，强调社会主义是从根本上改造社会，创建一个新社会，"以谋人类全体永久之幸福"。1914年任绍兴禹域新闻总编辑，并为杭州《之江日报》撰写评论及小说。1927年任职国立浙江大学秘书处。撰有《四书读本上中庸》《广解论语读本》等。

威尔科克斯（1850—1919）

【威尔科克斯】

即埃拉·惠勒·威尔科克斯（Ella Wheeler Wilcox，1850—1919），女。中译名有"惠勒""维尔科克司"等。生于美国威斯康星州。美国作家。其作品中有 14 首诗被美国人民选为最喜爱的诗歌，其中《孤独》流传最广。主要作品有《激情诗歌》《世界与我》《双重生活》等。

威尔斯（1866—1946）

【威尔斯】

即赫伯特·乔治·威尔斯（Herbert George Wells，1866—1946），中译名有"威尔士""卫尔斯"等。生于英国肯特郡。英国小说家，政治家，社会学家，历史学家，记者。被誉为"科幻小说之父"。曾先后三次访问莫斯科，受到列宁接见，成为"坚定的亲俄派"。著有《时间机器》《隐形人》《世界大战》《生物学教科书》（2 卷）等。

威尔希尔（1861—1927）

【威尔希尔】

即亨利·盖洛德·威尔希尔（Henry Gaylord Wilshire，1861—1927），中译名有"威尔协"等。生于美国俄亥俄州。美国土地开发商，出版商，社会主义者。1900 年创办《挑战》杂志，1904 年改为《威尔希尔月刊》，再改为《威尔希尔杂志》。1913 年任《工团主义者》编辑。著有《社会主义不可避免》《工团主义：它是什么》等。

威尔逊（1805—1860）

【威尔逊】

即詹姆斯·威尔逊（James Wilson，1805—1860），生于苏格兰罗克斯堡郡。英国经济学家，政治活动家，自由贸易论者。1843 年创办《经济学人》并任编辑。该报倡导自由贸易，马克思评价它是"资产阶级利益的缩影"，列宁认为其是"为英国百万富翁发声的杂志"。著有《谷物法的影响》《货币、商业和制造业的波动》等。

威尔逊(1856—1924)

【威尔逊】

即伍德罗·威尔逊(Woodrow Wilson,1856—1924),中译名有"沃德洛夫维尔逊"等。生于美国弗吉尼亚州。美国政治家,行政学奠基人。美国第32、33届总统。任内镇压工人运动,推行扩张主义。1918年1月倡议建立国际联盟,提出结束第一次世界大战的"十四点和平纲领"。1919年获得诺贝尔和平奖。其政治主张被后人称为威尔逊主义。著有《国会政府:美国政治研究》《论国家的历史与实践的政治因素》《美国的宪法政府》《新自由》等。

威廉二世(1859—1941)

【威廉二世】

即弗里德里希·威廉·维克多·阿尔伯特·冯·霍亨索伦(Friedrich Wilhelm Viktor Albert von Hohenzollern,1859—1941),中译名有"德皇""霍亨淑伦""凯撒·威廉二世""威廉德皇""威廉第二""维尔哈姆""维廉二世"等。生于德国柏林。普鲁士国王和德国皇帝。1914年挑起第一次世界大战。一九一八年德国革命爆发,被迫退位后逃亡荷兰。

威廉斯基-西比里亚科夫
(1888—1942)

【威廉斯基-西比里亚科夫】

即弗拉基米尔·德米特里耶维奇·威廉斯基-西比里亚科夫(Владимир Дмитриевич Виленский-Сибиряков,1888—1942),生于俄国西伯利亚托姆斯克。俄国革命家,苏联历史学家。1919年任苏俄驻远东全权代表、工农红军总参谋部学院政治委员。1922年任苏联驻中国外交使团成员,同时也是共产国际驻华代表。1922年秋起从事新闻工作。苏联军事学院创始人之一。著有回忆录《西伯利亚反动的黑色一年》等。

威廉四世(1795—1861)

【威廉四世】

即弗里德里希-威廉四世(Frederick-William IV,1795—1861),中译名有"弗勒得力威廉姆第四世""威廉第四"

等。生于德国柏林。弗里德里希·威廉三世（1770—1840）之子普鲁士王国国王。

【威廉五世】

威廉五世（1548—1626）

即威廉五世（Wilhelm V，1548—1626），生于巴伐利亚公国（今属德国）。巴伐利亚公爵阿尔布雷希特五世的儿子。巴伐利亚公爵。

【威廉一世】

威廉一世（约1028—1087）

威廉一世（William Ⅰ，约1028—1087），中译名有"普王""威里亚""威廉"等。生于法兰西诺曼底公国。原系法国诺曼底公爵。1066年黑斯廷斯之役，率军数千人，穿过英吉利海峡，征服英格兰王国，自己加冕成为新国王，史称威廉一世（号称"征服者"）。自此其后裔承袭英国君主。

【威斯曼】

威斯曼（1853—1905）

即赫尔曼·冯·威斯曼（Hermann von Wissmann，1853—1905），中译名有"维斯曼"等。生于德国法兰克福。德国探险家，殖民者。1880—1882年组成探险队从安哥拉出发探险非洲。1885年证实开赛河的适航性。1888—1890年镇压德属东非地区的阿拉伯人起义。1895—1896年任德属东非总督。

【威斯特华伦】

威斯特华伦（1819—1890）

即埃德加·冯·威斯特华伦（Edgar von Westphalen，1819—1890），中译名有"埃德加尔""惠斯德灰伦""亚德高"等。生于德国莱茵省。马克思的妻弟、同学。德国法学家，作家，共产主义政治家。1846年为布鲁塞尔共产主义通信委员会委员。为躲避政治迫害，侨居美国得克萨斯州，后回德国，为马克思联络人。著有《来自哈维尔兰》等。

【韦拔群】

韦拔群（1894—1932），曾用名韦秉吉、韦秉乾、韦萃等。壮族。广西东兰人。中国共产党早期农民运动领袖，中国人民军队早期将领，广西右江革命根据地、百色起义和中国工农红军第七军的领导者和创始人之一。早年就读于广西法政学堂。1916年在广西参加护国战争。后入贵州讲武堂学习，毕业后到黔军任参谋。1920年离开黔军到广州加入"改造广西同志会"，次年回东兰从事农民运动，先后组织"改造东兰同志会"（后称农民自治会）和"国民自卫军"（后称农民自卫军），把农民运动和武装斗争逐渐结合起来。1925年初入广州农民运动讲习所学习，结业后回东兰继续从事农民运动，主办农讲所，培养骨干，发展农会和农民武装，把农民运动推向整个右江地区。1926年领导成立东兰县革命委员会，任主任，同年冬加入中国共产党。1929年12月参与领导百色起义，建立右江苏区，历任右江苏维埃政府委员、中国工农红军第七军第三纵队司令员等职。1932年10月19日凌晨被杀害于广西东兰赏茶洞（现巴马瑶族自治县香刷洞）。2009年被评为100位为中华人民共和国成立做出贡献的英雄模范人物之一。

韦伯（1859—1947）

【韦伯】

即西德尼·詹姆斯·韦伯（Sidney James Webb，1859—1947），中译名有"史德尼·威志布""韦白""韦勃""韦卜""韦布""卫布""魏卜""西陀尼韦勃""希度意乌野列""希托意乌野列"等。生于英国伦敦。英国经济学家，社会活动家，工联主义理论家。费边社的创建人和领导人之一。早年在瑞士、德国留学。1892年后与妻子比阿特丽斯·波特合著《工会主义史》《工业民主》《苏维埃共产主义：新的文明》等。1895年帮助创立伦敦经济学院，1912年任该校公共行政学教授。1913年与妻子比阿特丽斯·波特共同创办《新政治家》杂志。

著有《社会主义者的论据》《工党与新社会秩序》《合作社的宪法问题》等。

韦列夏金（1842—1904）

【韦列夏金】

即瓦西里·瓦西里耶维奇·韦列夏金（Васи́лий Васи́льевич Вереща́гин，1842—1904），中译名有"喊哪奢金""韦雷什查金"等。生于俄国诺夫哥罗德省。俄国艺术家。主要作品有《尤利西斯杀死求婚者》《战争神化》《留下》等。

韦奇伍德（1730—1795）

【韦奇伍德】

即乔赛亚·韦奇伍德（Josiah Wedgwood，1730—1795），中译名有"威治瓦""威兹武者"等。生于英国斯塔福德郡。达尔文的外祖父。英国企业家，废奴主义者，陶艺家。被誉为"英国陶瓷制造业之父"。1759年创立韦奇伍德陶瓷厂，生产以"韦奇伍德"命名的瓷器。作为一名杰出的废奴主义者，因制作废除奴隶贸易协会的印章"我不是男人和兄弟吗？"而被世人铭记。

【韦斯顿】

即约翰·韦斯顿（John Weston），生卒年、出生地不详。中译名有"威斯顿"等。职业木匠。英国工人运动活动家，欧文主义者。1864年任第一国际总委员会委员，1865年为伦敦代表会议代表。

韦斯特马克（1862—1939）

【韦斯特马克】

即爱德华·亚历山大·韦斯特马克（Edvard Alexander Westermarck，1862—1939），中译名有"威斯特马克""维士德马力""维司他麦""卫士达马克""卫司特马克"等。生于芬兰赫尔辛基。芬兰民族学家，哲学家，生物学家。1892年任赫尔辛基大学社会学讲师。1906年晋升为道德哲学教授。1907年任伦敦大学社会学教授。主要从事婚姻史、道德观念的比较研究。著有《伦理相对论》《关于性与道德

的三篇论文》《西方文明中婚姻的未来》《基督教与道德》《我一生的回忆》等。

【维尔霍夫斯基】

维尔霍夫斯基（1886—1938）

即亚历山大·伊万诺维奇·维尔霍夫斯基（Александр Иванович Верховский，1886—1938），中译名有"威尔好斯基"等。生于俄国圣彼得堡。俄国、苏俄将领。1917年任俄国资产阶级临时政府战争部部长。最初反对布尔什维克，反对苏维埃政权。1918年6月被捕。同年冬获释后加入苏俄红军，自1922起任苏联红军军事学院院长，专职军事教学。著有《俄罗斯在各地》《论军事科学工作》《论纵深战术》等。

【维尔杰列夫斯基】

维尔杰列夫斯基（1873—1947）

即德米特里·尼古拉耶维奇·维尔杰列夫斯基（Дмитрий Николаевич Вердеревский，1873—1947），中译名有"惠尔得列乌斯基"等。生于俄国圣彼得堡。俄国将领。1917年任俄国资产阶级临时政府海军部部长。1906—1909年与《海洋收藏》杂志合作，赞成舰队不参与政治生活。后在尼古拉耶夫海事学院任教。1917年因拒绝参与反对十月革命的活动，被免去舰队指挥权。主张和平，支持俄国退出第一次世界大战。

【威尔施泰特】

威尔施泰特（1872—1942）

即理查德·梅尔廷·威尔施泰特（Richard Martin Willstätter，1872—1942），中译名有"威尔休德它"等。生于德国卡尔斯鲁厄。德国化学家。因对叶绿素和植物色素的研究成就于1915年获诺贝尔化学奖。1924年因抗议反犹太主义，辞去慕尼黑大学的职位。著有自传《来自我的生活》等。

【维尔特】

维尔特（1822—1900）

即麦克斯·维尔特（Max Wirth，1822—1900），中译名有"蔚耳司""沃思"等。生于德国布雷斯劳（今属波兰）。德国记者，经济学家。1873年后任《经济学人》的维也纳记

者。马克思讽刺他为"普通庸俗的经济学家和宣传家"。著有《德国商业史》《经济危机史》等。

【维赫利亚耶夫】

维赫利亚耶夫（1869—1928）

即潘捷莱蒙·阿列克谢耶维奇·维赫利亚耶夫（Пантелеймон Алексеевич Вихляев，1869—1928），中译名有"威希里睢厄夫"等。生于俄国弗拉基米尔省。俄国统计学家，农学家，俄国社会革命党人，自由主义民粹派分子。1917年任俄国资产阶级临时政府农业部副长。在俄国社会革命党的中央机关报《人民的事业》上发文，为该党的土地纲领作解释和辩护。1919年起任莫斯科国立大学经济系教授、统计系主任等职。著有《土地权》《草原地区的人口和手工艺》等。

【维吉尔】

维吉尔（公元前70—前19）

即普卜利乌斯·维吉尔·马洛（Publius Vergilius Maro，公元前70—前19），中译名有"维基"等。罗马诗人。主要作品有《牧歌集》《农事诗》《埃涅阿斯纪》等，其中《埃涅阿斯纪》长达12册，是代表古罗马文学最高成就的巨著之一。

【维经斯基】

维经斯基（1893—1953）

即格列高里·纳乌莫维奇·维经斯基（Григорий Наумович Войтинскиий，1893—1953），原名札尔欣。在华期间化名吴廷康，笔名魏琴、卫金等。中译名有"格里戈里""格里戈里耶夫""帕斯屋尔斯奇""威金斯克""倭金斯基""倭挺斯基"等。生于俄国维切布斯克州。苏联政治家，共产国际活动家，汉学家。1919年加入俄共（布）。1922年4月被俄共（布）远东局外事处派遣来华（全权代表）。在《新青年》《劳动界》等杂志上撰文《中国劳动者与劳农议会的俄国》《中国无产阶级的斗争》等，以共产国际名义资助中共上海早期组织创办《劳动界》，建立又新印刷厂，出

版中文版《共产党宣言》,成立"俄华通讯社"等,宣传马克思主义、苏俄及共产国际的东方革命战略,资助并帮助中国筹建共产党。1921年1月回国。从1923年到1927年6月,前后6次来华,负责共产国际和中国共产党之间的联系。其在华活动被整理为《维经斯基在中国的有关资料》,1982年由中国社会科学出版社出版。

维科（1668—1744）

【维科】

即乔万尼·巴蒂斯塔·维科（Giovanni Battista Vico, 1668—1744）,中译名有"韦柯""维哥""维柯""维克"等。生于意大利那不勒斯。意大利哲学家,历史学家,美学家,法学家。意大利文艺复兴时期人文科学的辩护者,社会科学和符号学基础的第一个解释者。著有《新科学》《普遍法》《论意大利最古老的智慧》等。

维克斯蒂德（1844—1927）

【维克斯蒂德】

即菲利普·亨利·维克斯蒂德（Philip Henry Wicksteed, 1844—1927）,中译名有"威喀斯戴特"等。生于英国利兹。英国经济学家,古典学家,神学家,文艺评论家。1894年发表《关于分配规律协调的论文》一文,试图从数学视角证明边际效用价值理论的合理性,以区别于马克思主义劳动价值论。著有《经济科学字母表》《政治经济学常识》等。

维纳维尔（1862—1926）

【维纳维尔】

即马克西姆·莫伊谢耶维奇·维纳维尔（Максим Моисеевич Винавер, 1862—1926）,中译名有"格生维那惠尔"等。生于俄国华沙（今波兰首都）。俄国律师,社会活动家,民法学家,俄国立宪民主党创始人之一。1886年起任助理律师,1904年7月正式成为宣誓律师。1905年为俄国立宪民主党（人民自由党）的创始人和领导人之一。1913年出版《民法通报》。1917年任《人民自由党公报》

编辑。1917年俄国二月革命后，被选为彼得格勒制宪会议议员。1919年移居法国，反对苏俄政府。1922年与米留科夫一起创办文学日刊《集体农庄》（Zveno），并任"巴黎俄罗斯出版"协会（巴黎俄文版）主席。著有《政府合同》《律师随笔》《股份公司性质的民法和公法时刻》等。

维诺库罗夫（1869—1944）

【维诺库罗夫】

即亚历山大·尼古拉耶维奇·维诺库罗夫（Александр Николаевич Винокуров，1869—1944），中译名有"维努库洛夫"等。生于俄国叶卡捷琳诺斯拉夫（今俄罗斯第聂伯罗彼得罗夫斯克）。俄国、苏联政治活动家。1893年起加入俄国布尔什维克。1894年毕业于莫斯科大学医学院。十月革命后，历任社会保障人民委员、全俄中央执行委员会委员、苏联最高法院院长等职。

维特（1849—1915）

【维特】

即谢尔盖·尤利耶维奇·维特（Сергей Юльевич Витте，1849—1915），中译名有"波采""佛铁氏""威特""威特伯爵""维地氏""卫德"等。生于俄国第比利斯（今格鲁吉亚首都）。俄国国务活动家。历任俄罗斯帝国交通大臣、财政大臣、内务大臣、第一任俄罗斯帝国大臣会议主席等职。著有《货物运输铁路关税原理》《维特伯爵回忆录》等。

维维安尼（1863—1925）

【维维安尼】

即让·拉斐尔·阿德里安·勒奈·维维安尼（Jean Raphaël Adrien René Viviani，1863—1925），中译名有"威维亚""威卫尼""薇薇安尼""维维安尼"等。生于阿尔及利亚。法国第三共和国政治家。1914年任法国第三共和国内阁总理。作为反犹太主义者，主张保护社会主义者和工会工人的权利。

魏邦平（1884—1935）

【魏邦平】

魏邦平（1884—1935），字丽堂，号邦平。广东香山（今中山市）人。近现代军事政治人物，粤军将领。1909年毕业于日本陆军士官学校骑兵科。1919年在广州镇压五四爱国运动。1922年被孙中山任命为广州卫戍司令。1923年任讨贼联军总司令。1925年因涉嫌参与刺杀廖仲恺案件而被迫出走海外。

【魏德迈】

即约瑟夫·魏德迈（Joseph Weydemeyer，1818—1866），笔名汉斯。中译名有"黄登孟亿"等。生于德国威斯特伐里亚的闵斯特城，1851年流亡美国。马克思恩格斯的朋友和战友。德国和美国工人运动活动家，马克思主义理论宣传家，新闻工作者。1839年柏林陆军大学毕业。1845—1846年春，由"真正的社会主义"者转变为马克思主义者。1847年加入共产主义者同盟，在科隆地区建立同盟组织。1848年德国三月革命爆发后，领导威斯特伐利亚民主革命运动。6月任法兰克福国民议会左翼机关报《新德意志报》副主编。1850年创立共产主义者同盟美茵河畔法兰克福支部，当选为法兰克福区部委员会主席。1851年创办《德文报纸》《革命》。1852年春在《纽约转机报》上连载、发表马克思恩格斯的文章。1852年成立美国第一个马克思主义组织，宣传马克思主义。1853年成立美国工人联盟。著述有《论无产阶级专政》《经济学概论》《流亡者中的革命鼓动》《政治经济学评述》等。

魏德迈（1818—1866）

魏格尔（1892—1953）

【魏格尔】

即卡尔·西奥多·魏格尔（Karl Theodor Weigel，1892—1953），中译名有"魏克尔"等。生于德国图林根州。德国法律学家，资产阶级自由派政治家。1930年任《基尔报》编辑。后加入纳粹党。著有《法律、国家、刑罚的最后基础》等。

【魏森格伦】

即保罗·魏森格伦（Paul Weisengrün，1868—？），中译名有"保罗歪生谷柳恩""华善兀安""怀生谷恩""婆尔华善兀安"等。出生地不详。德国马克思主义研究者。著有《马克思主义与社会问题的本质》《马克思主义的终结》等。

魏斯曼（1834—1914）

【魏斯曼】

即奥古斯特·魏斯曼（August Weismann，1834—1914），中译名有"华士曼""韦师满""卫士满""卫资曼"等。生于德国法兰克福。德国动物学家，遗传学先驱。1883年提出有名的"种质论"，主张生物体由质上根本相异的两部分——种质和体质组成。著有《达尔文理论的正当性》等。

魏特林（1808—1871）

【魏特林】

即威廉·克里斯蒂安·魏特林（Wilhelm Christian Weitling，1808—1871），中译名有"奥依秃林克""伐亦忒零""威廉黄得令""维尔海尔母威特灵格""维脱林格""乌奋托里""乌依陆卫陆磨乌依托利科"等。生于德国马格德堡。职业裁缝。德国工人运动活动家，正义者同盟领导人，空想平均共产主义理论家。恩格斯评论他的共产主义思想"没有很好加工的，只是出于本能的、往往有些粗陋的共产主义"。1850年创办社会主义周刊《工人共和国报》。著有《现实的人类和理想的人类》《和谐与自由的保证》《一个贫苦罪人的福音》等。

魏野畴（1898—1928）

【魏野畴】

魏野畴(1898—1928)，原名魏凤标，号明轩，化名魏子云。陕西省兴平县人。中国共产党早期党员。1919年参加五四运动。1920年初参与创办《秦钟》杂志，以"唤起陕西人之自觉心"。同年冬，加入中国社会主义青年团。1921年毕业于北京高等师范大学。1923年初经李大钊等介绍，加入中国共产党。历任中共陕西省委军委书记、皖北革命军

事委员会总指挥等职。1928年4月8日领导和发动皖北"四九"起义,4月10日壮烈牺牲。生前还曾参与创办、主编《共进》《西北人民》等刊物,宣传马克思主义和中国共产党的主张、政策。著有《中国近世史》,翻译《美国史》等,后人编有《魏野畴 传略·回忆·遗文》等。

【温克里德】

即阿诺德·温克里德(Arnold Winkelried,?—1386),中译名有"闰克里德"等。生于瑞士下瓦尔登州。瑞士民族英雄。根据16世纪瑞士史料记载,是瑞士森帕赫战役的传奇英雄。

温特曼(1864—1956)

【温特曼】

即格哈德·欧内斯特·温特曼(Gerhard Ernest Untermann,1864—1956),中译名有"昂特曼""黄特曼""翁特曼""乌恩特曼""乌脱曼"等。生于德国勃兰登堡。德裔美国海员,社会主义作家,翻译家。1900年任美国社会主义杂志《国际社会主义评论》编辑。1903年任《诉诸理性》副主编。《资本论》的第一位美国译者。翻译诸多社会主义作品,如李卜克内西和倍倍尔的回忆录以及恩格斯的《家庭、私有制和国家的起源》等。1921年起任社会主义日报《密尔沃基领袖》的外国编辑。著有《科学与革命》《世界革命》《马克思经济学:马克思资本论三卷本通俗介绍》等。

温特沃斯(1593—1641)

【温特沃斯】

即托马斯·温特沃斯(Thomas Wentworth,1593—1641),中译名有"温特沃思""温特渥斯"等。生于英国伦敦。英国政治家。英国资产阶级革命时期君主派代表人物。1640年被封为斯特拉福德伯爵。同年11月因在爱尔兰招募军队,与苏格兰人重启战事,被以叛国罪逮捕。

文公直（1898—？）

【文公直】

文公直（1898—？），原名文克俭，字公直，号萍水若翁。笔名文砥。江西萍乡人。清末名臣文廷式之子。近现代编辑，作家，中国同盟会成员。早年入军校。曾参加讨袁、护法等运动。1922年被诬入狱，获救后任《太平洋午报》编辑。著有《最近三十年中国军事史》《碧血丹心于公传》等。

文翰（1803—1863）

【文翰】

即乔治·博纳姆（Samuel George Bonham，1803—1863），中译名有"般含""般咸""蒙咸""濮亨""文安"等。生于英国肯特郡。英国殖民者。1848年任英国第三任香港总督兼驻华全权公使兼驻华商务总监。太平天国定都天京后，从上海到天京（今南京），一面声明"中立"，一面递交《南京条约》，企图诱胁太平天国承认英国侵略特权。

文廷式（1856—1904）

【文廷式】

文廷式（1856—1904），字道希（亦作道羲、道溪），号云阁（亦作芸阁），别号纯常子、罗霄山人、芗德。江西萍乡人。近代词人，学者，维新思想家。著有《云起轩词钞》等，其著述被整理为《文廷式集》。

翁桂清（1887—1968）

【翁桂清】

翁桂清（1887—1968），又名翁经哲，字明轩。海南万宁人。近现代政治人物。广东法政学堂、日本明治大学毕业。1923年任海丰县长，后历任粤海关监督、滇缅铁路总务处长、粤东盐务局长、汕头市长等职。

翁同龢（1830—1904）

【翁同龢】

翁同龢（1830—1904），字叔平、瓶生，号声甫，晚号松禅、瓶庵居士。江苏常熟人。晚清政治家，书法家，学者。先后任清朝同治、光绪两位皇帝的老师，历任刑部、工部、

军机大臣兼总理各国事务衙门大臣等职。主张维新变法图强。参与创办京师大学堂。遗著有《翁文恭公日记》《瓶庐诗稿》等,后被整理为《翁同龢集》。

沃德(1727—1800)

【沃德】

即阿特马斯·沃德(Artemas Ward,1727—1800),中译名有"埃美斯瓦特"等。生于美国马萨诸塞州。美国政治领袖,少将。1748年毕业于哈佛大学。1779年被选为马萨诸塞州众议院议员。

沃德(1841—1913)

【沃德】

即莱斯特·弗兰克·沃德(Lester Frank Ward,1841—1913),中译名有"勒泰斯·倭朵""利他哀夫欧尔德""瓦特""乌特""吴德"等。生于美国伊利诺伊州。美国植物学家,古生物学家,社会学家。1905年任美国社会学协会会长。作为美国共和党辉格党人,支持废除奴隶制,反对斯宾塞的自由主义,主张国家对个人援助的福利国家观点。著有《动态社会学》《文明的心理因素》等。

沃尔夫(1727—1759)

【沃尔夫】

即詹姆斯·沃尔夫(James Wolfe,1727—1759),中译名有"瓦尔夫"等。生于英格兰肯特郡。英国军官,殖民者。1759年率军攻占加拿大魁北克城,歼灭法国军队,奠定英国在加拿大殖民地的霸权。他在这次战役中阵亡。

沃尔弗(1809—1864)

【沃尔弗】

即威廉·弗里德里希·沃尔弗(Wilhelm Friedrich Wolff,1809—1864),中译名有"哇尔夫""瓦尔夫""袜尔甫""威廉·和尔夫""沃尔弗""乌拉陆列"等。生于德国施韦德尼茨(今属波兰)。职业教员。马克思和恩格斯的密友。德国无产阶级革命家,政论家。1848年当选为共产主义者联盟中央委员会成员,任同盟机关刊物《共产主义杂志》主编。1849年流亡瑞士，1851年移居英国。马克思在1867年的《资本论》第一卷中题写"献给我的不能忘记的朋友勇敢的忠实的高尚的无产阶级先锋战士威廉·沃尔弗"。

沃尔弗（约1810—1875）

【沃尔弗】

即路易吉·沃尔弗（Luigi Ferdinand Wolff，约1810—1875），中译名有"胡尔夫""沃尔夫"等。生于德国奥格斯堡。德裔意大利革命者，军官。19世纪60年代初期为伦敦意大利工人组织共进会会员。早期倾向于空想社会主义。1860年任意大利革命运动先锋朱塞佩·马志尼的秘书。1864年参加第一国际成立大会，任第一国际总委员会委员。其政治主张体现马志尼的思想，但未获得马克思的认同。1871年被揭露为波拿巴警探，后被开除出第一国际。

沃尔弗（1862—1937）

【沃尔弗】

即尤利乌斯·沃尔弗（Julius Wolff，1862—1937），中译名有"乌尔夫"等。生于奥匈帝国。德国资产阶级经济学家，庸俗政治经济学的代表。著有《战前的法国国家财富》《国际支付系统》等。

【沃尔弗海姆】

即弗里茨·沃尔弗海姆（Fritz Wolffheim，1888—1942），中译名有"沃尔夫海姆""沃夫海门""沃夫海姆"等。生于德国柏林。德国左派社会民主党人，政论家。1918年加入德国共产党。抨击德国的帝国主义，主张利用德国民族主义与苏联结盟，重新对协约国发动战争，这一想法被列宁拒绝。1919年参与组织德国共产主义工人党；1920年被该党开除。著有《民主与组织》《共产主义反对斯巴达克主义》等。

沃龙佐夫（1847—1918）

【沃龙佐夫】

即瓦西里·巴甫洛维奇·沃龙佐夫（Василий Павлович Воронцов，1847—1918），笔名"瓦·沃"。中译名有"奥纶托夫""窝轮图奥夫""沃伦佐夫""乌纶图莫夫"等。生于俄国叶卡捷琳诺斯拉夫省（今俄罗斯第聂伯罗彼得罗夫斯克）。俄国经济学家，社会学家，政论家，自由主义民粹派的思想家。曾为《俄国财富》《欧洲通报》等杂志投稿。认为俄国没有发展资本主义的条件，俄国工业的形成是政府保护政策的结果；把农民村社理想化，力图找到一种维护小资产者不受资本主义发展之害的手段。19 世纪 90 年代发表文章，反对俄国马克思主义者，主张同沙俄统治者和解。列宁尖锐批评其自由民粹主义思想。著有《资本主义在俄罗斯的命运》《资本主义社会中的生产和消费》等。

沃罗夫斯基（1871—1923）

【沃罗夫斯基】

即瓦茨拉夫·瓦茨拉沃维奇·沃罗夫斯基（Вацлав Вацлавович Воровский，1871—1923），笔名"Faun""Profan""P. Orlovsky"等。中译名有"福尔夫斯基""沃洛夫斯基"等。生于俄国莫斯科。苏联无产阶级革命家，马克思主义文艺理论家，国务活动家。在俄国马克思主义文艺批评史上，与普列汉诺夫、卢那察尔斯基并称为先驱者，被列宁称为"主要布尔什维克作家"之一。1899 年加入俄国社会民主工党，成为《火星报》成员，从事马克思主义文艺评论及宣传工作。1919 年后任国家出版社负责人。著有《俄罗斯知识分子和文学》等。

沃洛达尔斯基（1891—1918）

【沃洛达尔斯基】

即弗拉基米尔·沃洛达尔斯基（Владимир Володарский，1891—1918），真名莫伊塞·马尔科维奇·戈德斯坦（Моисей Маркович Гольдштейн）。生于俄国沃伦省（今属乌克兰）。俄国革命活动家，马克思主义者，媒体人。1905 年加入崩得，后为孟什维克。1913 年移居美国，后与托洛茨基、布哈林在纽约出版周报《新和平》。1917 年随区联派并入布尔什维克。参加十月革命，是出色的演说和鼓动家。十月革命后从事出版、宣传和鼓动工作，创建并主编《红色日报》，大力宣传列宁主义。1918年6月20日在彼得格勒被俄国社会革命党人杀害。

【沃洛戈茨基】

沃洛戈茨基（1863—1925）

即彼得·瓦西里耶维奇·沃洛戈茨基（Пётр Васи́льевич Вологóдский，1863—1925），中译名有"夫洛高得斯基"等。生于俄国叶尼塞省。俄国政治活动家，反革命首领之一。1884年就读圣彼得堡大学法学院。1916任《西伯利亚生活》编辑。参与创建托木斯克俄国社会革命党，十月革命后参与组织反苏维埃的西伯利亚临时政府，任西伯利亚临时政府部长会议主席。反对马克思主义，反对苏俄政府。1920年冬移居中国。著有《掌权与流亡：一位反布尔什维克政府总理和一位移民在中国的日记》等。

【沃斯通克拉夫特】

沃斯通克拉夫特（1759—1797）

即玛丽·沃斯通克拉夫特（Mary Wollstonecraft，1759—1797），女。中译名有"俄士通克拉德""扶尔斯顿克剌夫脱""华拉东格兰""马克利亚乌尔司敦克拉佛德""马利·倭吞跏扶""玛丽俄士通克拉德""梅丽华尔司东克拉夫脱""米利·俄尔斯通克拉夫特"等。生于英国伦敦。英国作家，哲学家，妇女权利倡导者。呼吁女性具有与男性同等受教育权等权利。著有《女权辩护》等。

【乌尔卡尔特】

乌尔卡尔特（1805—1877）

即戴维·乌尔卡尔特（David Urquhart，1805—1877），中译名有"乌夸德""乌哼特"等。生于苏格兰克罗马蒂。英国外交家，政论家，政治活动家，托利党人，亲土耳其分子。在外交政策上敌对俄国。1855年创办《自由新闻》（1866年更名为《外交评论》）。著有《英国、法国、俄罗斯和土耳其》《东方精神》等。

【乌兰德】

即约翰·路德维希·乌兰德（Johann Ludwig Uhland，1787—1862），中译名有"乌兰"等。生于德国符腾堡州。德国诗人，语言学家，文学史学家。因叙事谣曲和浪漫曲而闻名。主要作品有《春天的信念》《沉重的梦》《好战友》等。

乌兰德（1787—1862）

【乌里茨基】

乌里茨基（1873—1918）

即莫伊塞·索洛蒙诺维奇·乌里茨基（Моисей Соломонович Урицкий，1873—1918），中译名有"乌里斯克"等。生于俄国基辅（今属乌克兰）。俄国革命活动家，苏联政治人物。自1898年起成为俄国社会民主工党成员。1917年被选为俄国社会民主工党（布）中央委员会委员，在《真理报》等党刊工作。1918年3月起任彼得格勒肃反委员会主席，同年8月被俄国社会革命党人杀害。

【乌斯宾斯基】

乌斯宾斯基（1843—1902）

即格列勃·伊万诺维奇·乌斯宾斯基（Глеб Иванович Успенский，1843—1902），笔名 G. Bryzgin。中译名有"乌司潘斯基""乌斯屏斯基"等。生于俄国图拉。俄国作家，政论家，革命民主主义者。1862年在托尔斯泰教学杂志开始文学活动，1868年开始与《国内笔记》长期合作。列宁赞赏其作品，并在著作中多次使用他作品中的形象。作品有《拉斯特里亚耶娃街的礼仪》《挺直》《蒸鸡》等。

【乌瓦罗夫】

乌瓦罗夫（1856—1927）

即米哈伊尔·谢苗诺维奇·乌瓦罗夫（Михаил Семёнович Уваров，1856—1927），中译名有"乌法罗夫氏"等。生于俄国圣彼得堡。职业医生。俄国、苏联医学理论家，学者。1881年毕业于圣彼得堡医学外科学院。1886年在赫尔松省担任卫生医生。1890年起编辑《赫尔松省医疗和卫生编年史》。1896年起主编《公共卫生、法医学和实用医学通报》。1896年发表《论外出做零工对俄国卫生状况的影响》论文。

一生撰写100多部著作，其著作《论厕所工艺对俄罗斯卫生状况的影响》被列宁引用于《俄国资本主义的发展》一书。著有《特维尔省的卫生状况》等。

吴健彰（1791—1866）

【吴健彰】

吴健彰（1791—1866），名天显，号道甫，小名阿爽，又被称为"爽官"（Samqua）。广东香山（今中山市）人。清朝买办商人，清朝政治人物。鸦片战争后参加与外商商议禁止鸦片入口的具体事宜。后至上海经营鸦片走私、茶叶贸易、典当业等。1848年任上海道台，兼江海关监督。任职期间与英、法、美等国代表初步确立近代海关税务司制度和租界制度。1853年倡行"借师助剿"，勾结外国侵略者镇压太平天国运动和上海小刀会。

吴景濂（1873—1944）

【吴景濂】

吴景濂（1873—1944），自署抱冰老人。辽宁宁远人。近现代政治家。曾赴日本考察教育和新政，主张维新图强救国。在家乡开馆布学，研授新学，培养学生。民国初期组建统一共和党，后与中国同盟会等党派合组中国国民党，四次出任国会议长。其著述被编入《北洋军阀史料·吴景濂卷》。

吴佩孚（1874—1939）

【吴佩孚】

吴佩孚（1874—1939），字子玉。山东蓬莱人。北洋直系军阀首领。1919年支持五四爱国运动，高谈"劳工神圣"，并拒绝在巴黎和会上签字，表现出爱国气节。1920年任直鲁豫三省巡阅副使。1923年镇压京汉铁路大罢工，制造二七惨案。1927年5月被国民革命军彻底打败，退出历史舞台中心。1935年拒绝与日本人合作，拒做汉奸。著有《春秋正议释证释》《易箴》《大丈夫论》等，其著述被整理为《吴佩孚文存》。

【吴隼】

吴隼（1902—1961），字叔寅。笔名秋尘、鹿鸣。江苏吴县（今苏州市吴中区）人。媒体人。现代有影响的画报主编之一。1922年考入北京平民大学新闻系。著有《入山集》等。

【吴雨铭】

吴雨铭（1898—1959），又名汝铭、雨溟、汝明、汝名、雨名、慰名等。湖南长沙人。中共北京早期组织成员。京汉铁路总工会筹备会副总干事，京汉铁路工人大罢工领导者之一。1920年3月参加北京大学马克思学说研究会。1921年1月被中共北京早期组织派往长辛店工人文化补习学校任常驻教员，同年加入中国共产党。1923年领导京汉铁路工人大罢工。1927年任中共汉口市委书记。同年参加中国共产党第五次全国代表大会，当选为中共中央候补委员。1931年因参与罗章龙分裂活动被开除党籍，后叛变。1926年发表《人生的出路》《中华全国铁路总工会第三次代表大会所得教训》等文。

【吴稚晖】

吴稚晖（1865—1953）

吴稚晖（1865—1953），原名朓，学名纪灵（又作寄蛉），后改名敬恒，字稚晖，号朓盦、朓庵。笔名燃、燃料、夷、吴朓、X与X等，晚年自称老人。江苏武进（今常州）人。近现代政治人物，无政府主义代表人物之一，国民党元老。1898年到南洋公学任教，1902年赴日本留学，1903年在《苏报》撰文抨击清政府，1904年入英国爱丁堡大学。1907年刊行《新世纪》周刊及《世界画刊》，宣传无政府主义，成为最早传入中国的社会主义刊物之一。1912年与李石曾、蔡元培等人开办留法俭学会，开展留法勤工俭学运动。1913年6月参与创办《公论》日刊。1915年组织世界编辑社。1916年秋回国到上海任《中华新报》主笔。1921年任法国里昂中法大学校长，拒绝留法勤工俭学学生入校，勾结法国当局与北洋军阀政府将蔡和森、李立三等104名学生代表驱逐回国。1925年在西山会议上参与反共活动，反对中国共产党、苏俄，力倡清党。著有《客座谈话》《上下古今谈》《荒古原人史》《稚晖文存》等，台湾地区出版有《吴稚晖先生选集》（上下册）、《吴敬恒选集》（共13册）等。

伍尔曼（1720—1772）

【伍尔曼】

即约翰·伍尔曼（John Woolman，1720—1772），中译名有"乌耳曼"等。生于美国纽泽西州。美国商人，记者，贵格会传教士，基督教废奴主义核心人物。致力于废奴运动，倡导反对奴隶制和奴隶贸易、虐待动物、经济不公正和压迫，以及征兵。著有《约翰·伍尔曼日记》《关于保留黑人的一些考虑》等，其著作被整理为《约翰·伍尔曼文集》（英文版）。

【武把】

武把，生卒年、出生地不详。北京长辛店铁路工人。参加1923年京汉铁路工人大罢工。

武者小路实笃（1885—1976）

【武者小路实笃】

武者小路实笃（ムシャノコジ サネアツ，1885—1976），日本东京人。日本作家，画家，日本新村运动的发起者。1918年创办《新村》，1925—1936年创办《大调和》《独立人》杂志。1919年3月周作人在《新青年》第6卷第3号发表《新村运动》，首先介绍武者小路实笃的新村运动。继而在《新青年》、上海《民国日报》副刊《觉悟》等报刊发表《新村的精神》《新村的理想与实际》《访日本新村记》等，竭力鼓吹武者小路实笃的新村理念与实践，对中国先进知识分子一度影响很大，于1920年形成新村运动，昙花一现。主要作品有《没见过世面的人》《幸福者》《友情》等，其著述被整理为《武者小路实笃全集》（25卷）（日文版）。

X

西川光次郎（1876—1940）

【西川光次郎】

西川光次郎（ニシカワ コウジロウ，1876—1940），中译名有"西川光二郎"等。日本兵库县人。日本社会活动家，社会主义者，日本社会民主党成员。1897年参与创办《劳动世界》。1898年建立社会主义研究社。1901年与片山潜、幸德秋水等参与创建日本社会民主党。同年著《社会党》在东京出版。此书由周子高翻译，于1903年2月在广智书局出版。该书引介了欧美社会党、社会主义思潮和马克思主义，与《近世社会主义》《社会主义》一起作为在中国最早有影响的介绍社会主义、马克思主义的著作。1904年出版《平民新闻》周刊，主张社会主义。1906年与山口义三出版半月刊《光》。与片山潜等参与发行《劳动世界》。1907年出版《社会新闻》，翌年与片山潜分离，创办《东京社会新闻》。1909年因反对东京铁道公司车票涨价问题而被捕，后转向精神修养研究。著有《心怀语》等。

西格勒（1868—1913）

【西格勒】

即西庇阿·西格勒（Scipio Sighele，1868—1913），中译名有"西盖勒""西祁尔"等。生于意大利布雷西亚。意大利社会学家，心理学家，犯罪学家。著有《集体犯罪》《犯罪之人》《民族主义与政党》等。

西吉斯蒙德（1368—1437）

【西吉斯蒙德】

西吉斯蒙德（Sigismund von Luxemburg，1368—1437），中

译名有"西基司曼特"等。生于巴伐利亚公国（今属德国）。卢森堡王朝的神圣罗马帝国皇帝。

西科蒂（1863—1939）

【西科蒂】

即埃托雷·西科蒂（Ettore Ciccotti，1863—1939），中译名"契科奇""契科奇氏""锡科提"等。生于意大利波坦察。意大利历史学家，政治家。1900年任意大利众议院议员。1924年任意大利参议院议员。1891年为《社会评论家》撰稿人。是马克思、恩格斯著作的意大利语翻译者。著有《古代世界奴隶制的日落》等。

西门子（1816—1892）

【西门子】

即维尔纳·冯·西门子（Werner von Siemens，1816—1892），生于德国汉诺威。德国电气工程师。世界著名企业——德国西门子公司的创始人，德国社会民主主义的倡导者，主张工业发展不会被用来支持资本主义发展。

西门子（1839—1901）

【西门子】

即格奥尔格·冯·西门子（Georg von Siemens，1839—1901），中译名有"施曼士"等。生于德国托尔高。德国政治活动家，工业家，金融家。1870年任德意志银行的第一任总裁。多次担任普鲁士议会议员和德国国会议员。

西尼耳（1790—1864）

【西尼耳】

即纳索·威廉·西尼耳（Nassau William Senior，1790—1864），中译名有"西尼尔""西尼亚""细尼约亚"等。生于英国伯克郡。英国庸俗经济学家。1825年任牛津大学经济学教授。1830年为英国政府顾问。《季度评论》《爱丁堡评论》《伦敦评论》《北英国评论》撰稿人，其思想对当时的英国政治事务影响力极大。倡导"节欲论"，反对缩短工作日。著有《关于工资率的三讲》《财富生产讲座》等。

西皮亚金(1853—1902)

【西皮亚金】

即德米特里·谢尔盖耶维奇·西皮亚金(Дмитрий Сергеевич Сипягин,1853—1902),中译名有"适比干""西皮亚金""雪并竞"等。生于俄国基辅(今属乌克兰)。俄国政治家。沙皇政府内务大臣。1902年4月2日被俄国社会革命党战斗组织成员斯·瓦·巴尔马晓刺杀。

西奇威克(1838—1900)

【西奇威克】

即亨利·西奇威克(Henry Sedgewick,1838—1900),中译名有"西季威克""西卫克""希兹乌伊科""锡继威克""屑地域""薛知微"等。生于英国约克郡。英国功利主义哲学家,经济学家。维多利亚时代最有影响力的伦理哲学家之一。1883年任剑桥大学教授。著有《伦理学的方法》《实用伦理学》等。

西斯蒙第(1773—1842)

【西斯蒙第】

即让·沙尔·莱奥纳尔·西蒙德·德·西斯蒙第(Jean-Charles-Léonard Simonde de Sismondi,1773—1842), 中译名有"西思蒙第""西斯门狄""西斯蒙地""西斯孟德""西斯孟底"等。生于瑞士日内瓦。瑞士经济学家,历史学家,政治经济学中浪漫学派的代表人物,小资产阶级社会主义者。著有《政治经济学研究》等。

【西脇玉峰】

西脇玉峰(ニシワキギョクホウ),生卒年、出生地不详。日本汉学家。主要研究先秦诸子哲学。著有《六一集》《通俗论语》(10卷)等。

希尔(1838—1916)

【希尔】

即詹姆斯·杰罗姆·希尔(James Jerome Hill,1838—1916),中译名有"奚尔君"等。生于加拿大埃拉莫萨镇。加拿大裔美国金融家,美国铁路建设先驱。19世纪末将美国铁路线路扩展到美国西北部。著有《进步的公路》等。

希尔德布兰德（1812—1878）

【希尔德布兰德】

即布鲁诺·希尔德布兰德（Bruno Hildebrand，1812—1878），中译名有"卑陆特列拉度""霍代蒲兰""西德布兰氏""喜尔得布蓝"等。生于德国图林根州。德国历史学家，经济学家，自由和爱国运动的活动家。1863年为《经济与统计学杂志》创办人。在《自然经济、货币经济和信用经济》中提出按交换方式将人类社会的经济发展划分为自然经济、货币经济和信用经济三个阶段，主张自由制度和宪政国家。著有《现在和未来的经济学》等。

【希尔德布兰德】

即格尔哈德·希尔德布兰德（Gerhard Hildebrand，1877—1949），中译名有"黑丽德布朗特""西尔得白兰特""希德布兰德""希尔德白朗德"等。生于美国堪萨斯州。德国经济学家，政论家，德国社会民主党党员。在《社会修正主义》杂志上发表多篇文章，被列宁斥为"机会主义者"。1912年因持机会主义立场被开除出党。著有《工业统治和工业社会主义的破碎》等。

希尔德布兰德（1889—1977）

【希尔德布兰德】

即迪特里希·冯·希尔德布兰德（Dietrich Richard Alfred von Hildebrand，1889—1977），中译名有"西尔得白兰特"等。生于意大利佛罗伦萨，德国人。德国哲学家，作家。因公开反对纳粹主义而闻名。主张现实主义现象学，反对先验唯心主义。著有《爱的本质》《社区的形而上学》《在基督里的转变》等。

希尔奎特（1869—1933）

【希尔奎特】

即莫里斯·希尔奎特（Morris Hillquit，1869—1933），中译名有"冒烈斯希尔恢特""希尔篦""希尔基""希尔侃得""希尔奎德""希尔葵""希尔蒐""希尔亭""希尔莠""伊尔辉登"等。生于俄国里加，1886年移居美国。美

501

国政治活动家，劳工律师。起初追随马克思主义，后倒向改良主义和机会主义。1888年加入美国社会主义工人党。同年10月当选美国希伯来工会联合会第一通讯书记。1901年参与创立美国社会党。第一次世界大战时持中派立场。反对十月革命，反对共产主义运动。著有《美国社会主义史》《社会主义理论与实践》《忙碌生活中的松散叶子》（回忆录）等。

【希法亭】

希法亭（1877—1941）

即鲁道夫·希法亭（Rudolf Hilferding，1877—1941），中译名有"赫鲁发丁氏""黑儿佛丁""路德夫·希尔华的克""希尔菲丁""希尔斐定""希尔费丁""希尔夫亭""希尔弗丁""希耳罚定氏""希耳法定氏""希法丁""希法定""希菲丁""希佛庭""希弗庭""喜尔科丁"等。生于奥地利维也纳。职业医生。奥地利社会民主党、德国社会民主党和第二国际领袖之一，奥地利马克思主义理论家。1902年以后加入奥地利社会民主党、德国社会民主党。在《新时代》杂志上发表《驳庞巴维克对马克思的批判》等文章。1910年其所著《金融资本：资本主义最新发展的研究》引起理论界的轰动，列宁批判和发展了该书的理论，并指出了其理论缺陷。第一次世界大战时持中派立场，1917年参加德国独立社会民主党的组建。十月革命胜利后，公开反对十月革命和苏联。1920年加入德国国籍。著有《历史问题》等。

【希罗多德】

希罗多德（约公元前484—前425）

希罗多德（Herodotus，约公元前484—前425），中译名有"海洛特他""海洛特他司""嘿罗朵塔斯"等。生于土耳其博德鲁姆。古希腊历史学家，作家。因著有《历史》（9卷）而闻名。

【席尔马赫】

席尔马赫（1865—1930）

即凯瑟·席尔马赫（Käthe Schirmacher，1865—1930），女。中译名有"希尔马赫"等。生于德国但泽（今属波兰，更名为格但斯克）。德国女权主义者，政治家，作家，记者。是资产阶级妇女运动激进派的领导人物之一，后转变为保守民族主义，成为反民主和反犹太主义者。1899年是国际进步妇女协会创始人之一。1904年为国际妇女选举权联合会（IWSA）发起人之一。著有《现代女权运动》《自由主义者》等。

席勒（1759—1805）

【席勒】

即约翰·克里斯托弗·弗里德里希·冯·席勒（Johann Christoph Friedrich von Schiller，1759—1805），中译名有"失勒""石乐""西尔列尔""西劳""西娄尔""希勒""席劳""席勒尔""修尔来尔"等。生于德国马尔巴赫。德国作家，历史学家，美学家。德国文学史上著名的"狂飙突进运动"的代表人物。作品中文版有《席勒戏剧故事选》《席勒散文选》《席勒美学文集》等。

【狭穗彦王】

狭穗彦王（サホヒコノミコ，？—公元前25），中译名有"狭穗彦"等。日本垂仁天皇的皇后狭穗姬命的哥哥。日本皇族。因唆使妹妹狭穗姬命暗杀天皇未遂，于是发动叛乱，失败后在稻城自杀，史称"狭穗彦王叛乱"。

【狭穗姬命】

狭穗姬命（サホヒメノミコト，？—公元前25），女。中译名有"狭穗姬"等。皇子誉津别命的生母。日本垂仁天皇的第一任皇后。因与兄长狭穗彦王一起发动叛乱而自杀身亡。

霞飞（1852—1931）

【霞飞】

即约瑟夫·雅克·塞泽尔·霞飞（Joseph Jacques Césaire Joffre，1852—1931），中译名有"佐飞里"等。生于法国里韦萨尔特斯。法国军事家。第一次世界大战初期的法军统帅。上海法租界有以他名字命名的"霞飞路"（今淮海中路）。

503

夏丏尊（1886—1946）

【夏丏尊】

夏丏尊（1886—1946），本名夏铸，字勉旃，后改丏尊，号闷庵。浙江绍兴人。现代作家，语文学家，出版家，翻译家。1922年2月与李继桢翻译日本作家高畠素之的《社会主义与进化论》，由商务印书馆出版。1923年翻译意大利作家亚米契斯的名著《爱的教育》。1924年冬与匡互生、朱光潜等人共同在上海组织成立立达学会，创办立达中学。1928年任开明书店编译所所长。其著述被整理为《夏丏尊选集》《夏丏尊全集》等。

夏重民（1885—1922）

【夏重民】

夏重民（1885—1922），广东花县（今属广州市）人。近现代民主革命家，媒体人。1902年东渡日本，进入早稻田大学。其间加入中国同盟会。1911年回国任上海《天铎报》主笔、中国同盟会广东支部部长。1914年加入中华革命党，任《新国民报》主笔。1917年冬在广州重办《天民报》。1918年赴香港创办《香江晨报》。1919年赴上海创办《上海晨报》。1920年接收《中国新报》，并改组为《广州晨报》，任社长。1922年被陈炯明暗杀，后孙中山专门撰文《祭夏重民先生》以纪念他。

【向警予】

向警予（1895—1928），女。原名俊贤。笔名振宇。湖南溆浦人。中国无产阶级革命家，中国早期妇女运动领导人。1919年下半年加入新民学会。10月与蔡畅等人组织湖南女子留法勤工俭学会。12月与蔡和森、蔡畅及蔡母葛健豪等30余人赴法勤工俭学。1920年5月在《少年中国》撰文《女子解放与改造的商榷》，批驳改良主义的错误主张，明确指出"财产私有制"是"万恶之源"，把妇女解放与社会改造联系起来。1920年7月6—10日在法国召开新民学会会议，与蔡和森提出"马克思主义及俄式革命"的建党主张。1921年底回国。1922年初加入中国共产党，任党中央

第一任妇女部部长，主编《妇女周报》，用马克思主义理论阐述妇女问题。1925年受党中央派遣赴莫斯科东方劳动者共产主义大学学习。1927年3月回国后，在中共汉口市委宣传部和市总工会宣传部工作。10月任中共湖北省委党报《大江报》主笔，编辑党刊《长江》，指导武汉地下党的工作和工人运动。其著述被整理为《向警予文集》《向警予纪念文集》等。

向忠发（1880—1931）

【向忠发】

向忠发（1880—1931），字仲发。化名许白英、杨特生、余达强。笔名忠发、志忠、科发、拜发、独中、独用、特生、之夫。祖籍湖北汉川，上海人。中国共产党早期领导人之一。历任中共武汉区委委员、中共湖北区委委员、湖北总工会委员长、中华全国总工会执行委员、中共第五届中央委员、共产国际执行委员会委员和主席团委员等职。早年在汉口造纸厂、武汉轮船公司、汉冶萍公司等当工人。1922年夏参加工人运动，任汉冶萍总工会副委员长，同年冬加入中国共产党。1923年参加京汉铁路工人大罢工。1928年以中共代表团名义出席共产国际执行委员会第九次全会，任代表团秘书长，并参与起草《共产国际关于中国问题的决议案》。在中共第六届一中全会上当选中共中央政治局主席、中共中央政治局常委会主席。1931年6月被捕，旋叛变，6月23日仍被枪决。

项英（1898—1941）

【项英】

项英（1898—1941），原名德隆。化名江俊、江钧、张成，笔名夏英。湖北江夏人（今属武汉）。工人运动领袖，中国共产党早期领导人之一，新四军的创建人和主要领导人之一。历任中共中央执行委员、中央政治局常委、中华全国总工会委员长、中共中央长江局书记、中共苏区中央局代理书记、中华苏维埃共和国临时中央政府副主席等职。早年通过阅读《劳动周刊》，了解十月革命及五四运动，坚定共产主义信念，走上了革命道路。1921年12月起在武汉江岸筹建铁路工人俱乐部。1922年加入中国共产党,之后改名项英。同年10月领导汉口扬子江机器厂罢工,并取得胜利。1923年参与领导京汉铁路大罢工。1925年参与领导五卅运动。1926年回武汉秘密从事党和工会工作,任武汉工人纠察队总队长,参与收回汉口英租界和反夏斗寅叛变的斗争。大革命失败后,到上海从事地下工作。1934年10月中央主力红军转移后,临危受命,任中央分局书记,与陈毅一起率领3万余人,留在中央苏区,掩护主力西征,坚持游击战争。他们在强敌反复残酷的"围剿"下,过着野人般的生活,九死一生,被誉为"从坟墓里回来的"英雄。抗日战争全面爆发后,负责组建新四军,担任中共中央东南分局书记、中央军委新四军分会书记、新四军副军长等职。1941年皖南事变中牺牲。其著述被整理为《项英文集》(上下册)。

肖(1872—1938)

【肖】

即托马斯·肖(Thomas Shaw,1872—1938),中译名有"汤姆·萧"等。生于英格兰兰开夏郡。英国工会会员,工党领袖。曾任国际纺织工人协会联合会秘书、劳工和社会党国际联合会秘书等职。支持工会,反对共产主义,但赞成与苏联建立友好的政治和贸易关系。

萧伯纳(1856—1950)

【萧伯纳】

即乔治·伯纳德·萧伯纳(George Bernard Shaw,1856—1950),中译名有"巴拿德·梭""伯拉硕""沙乌""萧伯讷""兹幼露兹卫陆那陆度希幼"等。生于爱尔兰都柏林。爱尔兰剧作家,评论家,政治活动家。初对马克思主义感兴趣,花大量时间阅读《资本论》,后热衷渐进主义,参加费边社,成为重要成员。1925年获诺贝尔文学奖。一生作品颇丰。主要作品有《易卜生主义的精华》《人与超人》《圣女贞德》《我公平的夫人》等,其著述被翻译整理为

《萧伯纳戏剧全集》在国内出版。

【萧楚女】

萧楚女（1893—1927）

萧楚女（1893—1927），原名树烈，又名萧秋，学名楚汝，字秋，乳名朝富。笔名楚女、初遇、抽玉、匪石、丑侣、汉阳狂士等。湖北汉阳人。中国共产党早期理论家，青年运动的领导人之一。早年任《湖广新报》编辑，主张用白话文宣传新文化。1915年在武汉创办《崇德报》，1917年任《大汉报》主笔，抨击封建道德，传播新文化。五四运动后开始接受马克思主义。1920年加入利群书社，成为该社的主要成员之一。1921年加入共存社。1922年加入中国共产党。并任《新报》主笔，常用笔名"楚女"发表文章，感染很多进步青年。1923年初赴四川省立第四师范学校任教，传播革命思想，组织读书会，秘密成立万县地区最早的中国社会主义青年团组织。1923年任重庆女子第二师范学校国文教员。同时兼任《新蜀报》主笔，负责社论及时评。1925年到上海参加中国社会主义青年团中央工作，主编《中国青年》。为《向导》《学生杂志》等报刊撰写大量文章，批驳国家主义派和戴季陶主义宣扬的阶级调和及阶级斗争熄灭论，捍卫马克思主义。1925年8月任中共豫陕区委宣传部部长，主编《中州评论》。1926年到广州协助毛泽东编辑《政治周报》，并任广州农民运动讲习所专职教员，主讲《帝国主义》《中国民族革命运动史》《社会问题与社会主义》三门课，并编写《社会主义概要讲授大纲》《帝国主义讲授大纲》《中国民族革命运动史讲授大纲》等教材。协助毛泽东指导学生研究农民问题，将研究成果编印为《农民问题丛刊》。1926年底调任黄埔军校政治教官，是《黄埔日刊》主要撰稿人，他在该报"政治解答"栏目撰稿千余条，解答黄埔军校学生们提出的各种政治问题。1927年4月22日在广州被国民党反动派杀害。其著述被整理为《萧楚女文存》。

【小川乡太郎】

小川乡太郎（1876—1945）

小川乡太郎（オガワ ゴウタロウ，1876—1945），日本冈山县人。日本大正、昭和时期的财政学者，政治家。1913年毕业于日本东京帝国大学，获博士学位。曾任京都大学教授、拓殖大学学监、工商大臣、铁道大臣等职。著有《财政总论》《税收总论》《社会问题与财政》等。

【小林丑三郎】

小林丑三郎（1866—1930）

小林丑三郎（コバヤシウシサブロ，1866—1930），日本群马县人。日本明治、昭和时期政治家，经济学家。历任日本大藏省法制局参事官、台湾总督府财务局长、众议院议员等职。1894年毕业于东京帝国大学。曾在东京帝国大学、明治大学、专修大学等校讲授财政学。著有《财政学提要》《经济思潮史》《比较财政学》《庶民金融论》等。

【小山清次】

小山清次（コヤマ セイジ，1889—1945），出生地不详。日本《大阪时事新报》特派员，中国问题研究专家。毕业于庆应大学经济学部。1921年1月下旬采访孙中山。1923年3月随同日本皇太子访问香港。1932年针对上海事变在《大阪时事新报》发表《支那，因何而战？上海事变背后的背后》。著有《中国工人研究》等。

【谢彬】

谢彬（1887—1948）

谢彬（1887—1948），名作法，字兰桂，号晓钟。笔名谢彬。湖南衡阳人。近现代经济学家，教育家，边疆史地学家。1905年加入中国同盟会。1912年入日本早稻田大学攻读政治经济学，其间结识孙中山。1916年前往新疆考察，历时15个月写成《新疆游记》，是介绍西北边疆知识的专著，孙中山亲笔作序。1919年主编《民心周报》《醒狮》周刊。1920年任中华书局特约编辑，并任教于大夏大学。1924年拥护孙中山改组国民党，实行"联俄、联共、扶助

农工"三大政策,从事政治运动。1926年参加北伐,先后任国民革命军第六军、第八军秘书长等职。著有《中国关税史》《中俄划界痛史》《新疆游记》《西藏问题》等。

【谢持】

谢持（1876—1939）

谢持（1876—1939），幼名桂林,后改振新、振心,字铭三、慧生,后改愚守。四川富顺人。国民党右派。曾任国民党中央监察委员。1924年提出《弹劾共产党案》,公开反共立场。1925年与邹鲁等人发起西山会议,为西山会议派核心人物之一,从事反共活动。

【谢德曼】

谢德曼（1865—1939）

即菲力浦·谢德曼（Philipp Scheidemann，1865—1939），中译名有"非廉勃蟹达曼""解德蛮""赛德曼""沙德曼""奢德曼""施特满""史德曼""硕德曼""硕特麦""西亚德满""希德曼""歇特门""谢致孟""薛特曼""雪德曼"等。生于德国卡塞尔。德国社会民主党右翼领袖之一,媒体人。1895年起活跃于各种社会民主党报纸,曾任《中德日报》《法国日报》《奥芬巴赫》《卡塞勒人民报》编辑。1909年起每周日都以笔名亨纳·皮芬德克尔撰写"方言故事"。反对十月革命及布尔什维主义。著有《一个社会民主党人的回忆》《崩溃》《和平万岁》等。

【谢晋青】

谢晋青（1893—1923），原名谢开勋,字晋卿、荩卿,号敬止。江苏睢宁人。近现代学者。曾为南社社员。曾入江苏省第七师范学校（徐州）就读。1920年留学日本,就读东京大学,其间任《民国日报》东京特派记者,在副刊《觉悟》上发表大量中日关系的文章,在《中日亲善两面观》《政党政治底劣点败露》等文章中,揭露日本军国主义侵略中国的罪行。1921年9月回国,先后在江苏省第七师范学校、徐州中学执教,并从事研究和翻译工作。其所著《日

本民族性之研究》于 1922 年在《东方杂志》上分 3 期连载，后列入"东方文库"丛书出版。1922 年 12 月将日本学者三浦藤作的《西洋伦理学史》译成中文，后经高一涵校正，由上海商务印书馆于 1925 年底出版。著有《二十二年之胶州湾》《诗经之女性的研究》等。

谢勒（1796—1874）

【谢勒】

即路德维希·尼古拉乌斯·冯·谢勒（Ludvig Nicolaus von Scheele, 1796—1874），生于德国伊策霍。德裔丹麦政治家。曾任丹麦外交大臣。

谢列达（1871—1933）

【谢列达】

即谢苗·帕夫努季耶维奇·谢列达（Семён Пафнутьевич Середа, 1871—1933），中译名有"塞列达"等。生于俄国切尔尼戈夫省（今属乌克兰）。俄共（布）党员。曾任苏俄、苏联政府要员。1888 年开始接触马克思主义文学。1903 年加入俄国社会民主工党。1919 年成为《劳动农民之声》编辑委员会成员。1921 年起任最高国民经济委员会和国家计划委员会主席团委员、俄罗斯联邦中央统计局副局长等职。著有《因 1921 年作物歉收而遭受的俄罗斯联邦东南部经济的恢复和生产力的发展》等。

谢林（1775—1854）

【谢林】

即弗里德里希·威廉·约瑟夫·冯·谢林（Friedrich Wilhelm Joseph von Schelling, 1775—1854），中译名有"菲希德谢林""罗底""塞林""奢林格""硕零""斯林"等。生于德国符腾堡州。德国教育家，唯心主义哲学家，德国古典哲学的代表。1802 年起与黑格尔共同编辑出版《哲学批判杂志》，发表关于自然哲学的论文，后与黑格尔哲学对立，主张实证哲学。著有《先验唯心论体系》《自由散文》等。

谢马什柯（1874—1949）

【谢马什柯】

即尼古拉·亚历山德罗维奇·谢马什柯（Николай Александрович Семашко，1874—1949），中译名有"萨麦许戈""塞玛士哥""塞玛士哥""色马西柯""谢马什柯"等。生于俄国奥廖尔省。苏联政治家，医生。1893年加入俄国社会民主工党。十月革命胜利后，任苏俄、苏联卫生人民委员、苏联医学科学院院士等职。

【谢麦斯科】

谢麦斯科（Г. Ф. Семешко），生卒年不详。又名洪诺尔斯基。俄国东正教牧师，苏俄媒体人。《上海俄文生活日报》创办人和主编。1919年6月在上海创办俄文日报《上海新闻》，不久停刊。9月创办《上海俄文生活报》。

谢苗诺夫（1890—1946）

【谢苗诺夫】

即格里戈里·米哈伊洛维奇·谢苗诺夫（Григорий Михайлович Семёнов，1890—1946），中译名有"谢米诺夫"等。生于俄国外贝加尔湖。俄国军事将领。反对俄罗斯联邦的反革命首领之一。在日本支持下于1917—1920年间在远东成为白卫军领袖之一，反对苏维埃政权。失败后逃入中国东北，侨居朝鲜、日本、中国北方地区，继续从事反苏维埃活动。1945年8月被驻东北苏军捕获，1946年被处决。

谢姆柯夫斯基（1882—1937）

【谢姆柯夫斯基】

即谢苗·尤利耶维奇·谢姆柯夫斯基（Семён Юльевич Семковский，1882—1937），真名为谢苗·尤利耶维奇·勃朗施坦（Семён Юльевич Бронштейн）。中译名有"绥姆柯夫斯基""谢姆科夫斯基"等。生于白俄罗斯莫吉廖夫。俄国孟什维克成员，哲学家，作家，编辑。1908年为维也纳《真理报》编辑委员会成员。1917年为孟什维克中央委员。1920年与孟什维克决裂，后来长期从事科研和教学工作。撰写了100多部科普著作。列宁在一些著作中批评他的机

会主义及折中主义观点。著有《唯物主义哲学研究》《辩证唯物主义和相对性原理》等。

谢瀛洲（1894—1972）

【谢瀛洲】

谢瀛洲（1894—1972），字仙庭。广东省从化县人。近现代法学家，政治人物。曾任中山大学教授、陆军军官学校政治部（肇庆）总教官、司法行政部次长兼司法行政部法官训练所所长、北平法科学院院长、广东省政府委员、教育厅厅长等职。著有《共产与民主》《五权宪法大纲》等。

辛普森（1877—1930）

【辛普森】

即伯特伦·伦诺克斯·辛普森（Bertram Lenox Simpson，1877—1930），中译名有"辛博森"等。英国人，生于浙江宁波。中国海关税务司辛盛的次子。英国作家，政务活动家，编辑。曾任伦敦《每日电讯报》驻北京记者、《北京领导人》编辑、《远东时报》辛迪加主席、黎元洪总统府顾问等职。曾任职中国海关，以"B. L. Putnam Weale"（有时简称"Putnam Weale"）的笔名撰写有关中国的文章。著有《远东的新调整》《满洲与俄国人：1903年秋天的满洲来信》《东方的休战及其后果》等。

新妻伊都（1890—1963）

【新妻伊都】

新妻伊都（ニイズマイト，1890—1963），女。别名新妻伊都子，父姓铃木，本名伊都子。日本神奈川县人。日本大正、昭和时期的社会活动家，职业妇女运动活动家。历任关东妇女同盟执行委员长、众议院议员、社会党妇女局局长、劳动省妇女少年局第一任妇女课长等职务。曾留学美国圣弗兰西斯科。参与创办《妇女杂志》，主办《家庭新闻》。著有《妇女参政之话》等。

信夫淳平（1871—1962）

【信夫淳平】

信夫淳平（シノブジュンペイ，1871—1962），日本鸟取县

人。日本外交官，法律学者。曾任日本早稻田大学教授、科学院院士、中华民国顾问等职。1894 年毕业于东京高等商业学校（现一桥大学）。著有《外政新论》《国际政治论丛》《近世外交史》《战时国际法讲义》等。

【幸德秋水】

幸德秋水（1871—1911）

幸德秋水（コウトクシュウスイ，1871—1911），本名传次郎。笔名伊吕波庵。秋水是其导师中江宗民所取。日本高知县人。日本思想家，社会主义者，无政府主义者。曾任《自由新闻》《中央新闻》记者。1898 年在《万朝报》发表《社会腐败的原因及其救治（方法）》，主张对社会组织实行根本改革，指出唯有社会主义才是解救之策。发表《现今的政治与社会主义》等文，积极宣传社会主义。1901 年与片山潜一起创立日本社会民主党。1903 年与堺利彦成立平民社，并出版日本第一张社会主义报纸《平民新闻》周刊。1904 年与堺利彦翻译《共产党宣言》，第一次向本国人介绍《共产党宣言》，出版当日便遭禁。1909 年与管野须贺创办《自由思想》遭禁。1910 年因"大逆事件"被捕，1911 年被处以死刑。其著作《社会主义神髓》被公认为日本明治时期研究社会主义理论的最高成果。其中第七章内容基本上依据《共产党宣言》《社会主义从空想到科学的发展》而写成。1920 年陈望道将此书翻译成中文版由又新印刷所出版。该书对中国先进知识分子产生很大影响。著有《基督教消灭论》《二十世纪之怪物帝国主义》等，其著述被整理为《幸德秋水全集》（日文版）。

【熊得山】

熊得山（1891—1939）

熊得山（1891—1939），原名熊学峻，字子奇。留日时改名康年，后又改名得山。湖北江陵人。早期马克思主义传播者，社会学家，教育家，编辑。清末留学日本，肄业于明治大学。先后加入共进会和中国同盟会。辛亥革命爆发时，在保定与胡鄂公响应武昌起义，曾任北方革命总司令部秘书。1922 年 2 月与胡鄂公、邝摩汉等人组建中国共产主义同志会。2 月 15 日在北京与胡鄂公、邝摩汉等人联合创办《今日》杂志,任主编。首译《哥达纲领批判》《社会主义未来国》等文,宣传马克思主义。1923 年初春经瞿秋白等协调,与胡鄂公、邝摩汉等参加中国共产党。不久脱党。20 世纪 30 年代加入中国社会科学家联盟和中国互济会,曾任教于广西师专、广西大学。病逝于桂林大埠大冈埠村。著有《社会问题》《中国社会史论》等,译著有《唯物史观经济史》《欧洲经济通史》《西方美术东渐史》等。

熊希龄(1870—1937)

【熊希龄】

熊希龄(1870—1937),字秉三,号明志阁主人、双清居士,法号妙通。湖南凤凰县人。清末民初政治人物,学者,教育家,实业家,慈善家。1898 年创办《湘报》。1913 年任内阁总理兼财政部部长。其著述被整理为《熊希龄集》(共 8 册)。

休汉(1875—1955)

【休汉】

即杰西·华莱士·休汉(Jessie WallanceHuhan,1875—1955),女。中译名有"休恩""蓄恩""蓄思"等。生于美国纽约。美国教育家,社会主义活动家,激进的和平主义者。1907 年加入美国社会党。1913 年撰写《社会主义事实》介绍社会主义知识,对当时知识分子影响较大。著有《社会主义的事实》《什么是社会主义?》《国际政府研究》等。

休谟(1711—1776)

【休谟】

即大卫·休谟(David Hume,1711—1776),中译名有"侯模氏""谦谟""嚣谟"等。生于苏格兰爱丁堡。英国哲学家,主观唯心主义者,不可知论者,历史学家,经济学家。以哲学经验主义、怀疑主义和自然主义而闻名,反对先天观念的存在,认为人类所有的知识都完全来自经验,主张经验主义。著有《人性论》《英格兰史》《政治话语集》等,著作中文版有《休谟说情感与认知》《休谟政治论文集》《休谟经典文存》《休谟经济论文选》等。

【休斯】

休斯（1862—1952）

即比利·休斯（William Morris Hughes，1862—1952），中译名有"蓄斯"等。生于英国伦敦，1884年移民澳大利亚。澳大利亚政治家。澳大利亚工党重要成员，澳大利亚第7任总理。著有《伟大的冒险》《澳大利亚和今天的战争》等。

【修斯】

修斯（1862—1948）

即查尔斯·埃文斯·修斯（Charles Evans Hughes，1862—1948），中译名有"好司大佐""休士""休士氏"等。生于美国纽约。美国政治家，法学家。美国第44届国务卿、第11任首席大法官。著有《诺里斯诉阿拉巴马州案》等。

【徐白民】

徐白民（1895—1963）

徐白民（1895—1963），字凌虚，又名麟书。浙江诸暨人。中国共产党早期党员，媒体人。1915年考入浙江省立第一师范。五四运动中被推举为该校学生代表，出席杭州中等以上学校学生代表会议，当选杭州学生联合会评议员。1920年春积极参加杭州的"一师风潮"。1921年2月在一师附小任教，8月应沈玄庐之邀到萧山衙前，协助创办农村小学，开展农民运动。1922年加入中国社会主义青年团，曾任团杭州地委委员、经济部部长。11月出任《责任》周刊主编。1923年1月加入中国共产党，5月以绍兴县立女子师范教师为掩护，参与组建中共绍兴早期组织。10月奉命到上海在华界小北门民国路振业路里第11号（现为黄浦区人民路1025号）创办党的公开出版机构上海书店，任经理。上海书店印刷发行《向导》《新青年》《中国青年》等革命刊物，翻印发行《共产党宣言》《社会科学讲义》《马克思主义浅说》《唯物史观》等书籍，成为大革命时期传播

马克思主义的主阵地。1926年2月3日淞沪警察厅以"煽动工团，妨害治安性质"为由，将其查封。四一二反革命政变时，曾任中共上海地方兼区执行委员会委员、上海国民党委员会成员。后在杭州被捕。1932年10月出狱，与党组织失去联系，以后从事教育。著有《上海书店回忆录》等。

【徐芀】

徐芀（1904—2006），女。又名徐凌影。江苏无锡人。近现代编辑。曾任《东方时报》《商报》副刊编辑。北京平民大学新闻系毕业，民国时期天津报界为数不多的女编辑之一。曾执教南开中学。

徐其湘（1898—1925）

【徐其湘】

徐其湘（1898—1925），亦名其骧，乳名依细，谱名竹漪，字可园，号六几。福建连江县人。早期基尔特社会主义者，媒体人。1914年考入国立北京大学法科专业。1920年12月与李大钊等发起北京大学社会主义研究会。曾任上海《时事新报》编辑主任，在《东方杂志》《时事新报》等发表一系列论文，宣传基尔特社会主义，并与陈独秀、李汉俊等展开论战。他与郭梦良、黄卓翻译考茨基的《人生哲学与唯物史观》于1922年10月由商务印书馆出版，李大钊作序，介绍此书的主要内容与结构，称赞"现在我的朋友徐六几、郭梦良君参酌英、日译本，把此书译成汉语，裨益学者实在不浅，幸读者诸君注意。"撰有《地方的基尔特社会主义》《中华基尔特社会主义国宪法导言》等文。

徐绍桢（1861—1936）

【徐绍桢】

徐绍桢（1861—1936），字固卿。祖籍浙江钱塘，广东番禺人。民国时期政治人物，民主革命家。历任孙中山革命政府广东省省长、大本营内政部部长。著有《学寿堂日记》《三国志质疑》等，其著述被整理为《徐绍桢集》。

徐世昌（1855—1939）

【徐世昌】

徐世昌（1855—1939），字卜五，号菊人，又号弢斋、东海、涛斋、水竹邨人。直隶（今河北省）天津人。晚清、民国初期政治家。曾任清朝军机大臣、第四任中华民国大总统等职。1921年4月被法国巴黎大学授予荣誉博士学位。著有《欧战后之中国》《东三省政略》《水竹村人集》（又名《徐大总统诗集》）等。

徐锡麟（1873—1907）

【徐锡麟】

徐锡麟（1873—1907），字伯荪，别号光汉子。浙江绍兴人。清末革命家。1903年留学日本。次年加入光复会。1905年与陶成章在绍兴创办大通学堂。1907年与陈伯平、马宗汉发动安徽巡警学堂起义，击毙巡抚恩铭，后因寡不敌众被俘就义。其著述被整理为《徐锡麟集》。

【徐彦之】

徐彦之（1897—1940），字子俊。山东郓城人。近代编辑，教育家。中国男女同校的首倡者之一。1918年与李大钊等共同发起少年中国学会，任北京总会常务委员会委员、交际股股长等职。1919年初与傅斯年、罗家伦等发起创办新潮社，任总经理，并创刊《新潮》杂志。1919年1月与山东旅京学生王统照等人创办《曙光》杂志。撰有《北京大学男女共校记》等，译文有《英国罗素：哲学问题》等。

徐则陵（1886—1972）

【徐则陵】

徐则陵（1886—1972），名养秋，字则陵。江苏金坛人。近现代教育家，历史学家。曾任《新教育》主编。1917年夏赴美国深造。1920年回国任南京高等师范学校教授兼教育科主任。1923年后任教育科主任，讲授教育史课程。毕生致力于教育史研究。著有《汉代教育史》《五十年世界进化概论》等。

【许白昊】

许白昊(1899—1928),原名权民,字北浩。笔名许可、白天、复旦等。湖北应城人。中国共产党早期党员,工人运动活动家。早年就读于武昌甲种工业学校机械科,后到上海、杭州工厂做修机匠,继而考入浙江省立工业学校。1919年弃学去上海从事劳工运动。1921年8月加入中国劳动组书记部。1922年1月出席远东各国共产党及民族革命团体代表大会。1922年春回国加入中国共产党,5月赴广州出席第一次全国劳动大会和中国社会主义青年团第一次全国代表大会。随后组织发动武汉工人运动,任汉阳钢铁厂工会秘书、湖北省工团联合会秘书兼组织部副主任等职。1923年2月赴郑州参加京汉铁路总工会成立大会,发动湖北各工团声援二七工人大罢工。1926年5月第三次全国劳动大会上当选中华全国总工会执行委员,10月湖北省总工会成立,任总工会执行委员兼秘书长、经济斗争委员会委员长。1927年4—5月出席中国共产党第五次全国代表大会,当选中共中央监察委员和中央工人运动委员会委员。1928年5月2日在上海英勇就义。

【许伯纳】

即奥托·许伯纳(Otto Hübner,1818—1877),中译名有"胡伯纳""休布涅""许布纳尔"等。生于德国莱比锡。德国经济学家,统计学家。地理统计年鉴《世界各国地理统计表》编者和出版者。著有《政治经济学导论》等。

许新凯(1900—1952)

【许新凯】

许新凯(1900—1952),又名许兴凯。蒙古族,北京人。中国共产党早期党员。历任河南滑县县长、《阵中日报》总编辑、国立西北联合大学教授等职。早年就读北京师范大学,在李大钊指引下参加马克思学说研究会。1922年6月加入中国共产党。1921—1922年在《共产党》月刊、《新青年》《民国日报》副刊《觉悟》等刊物上发表《今日中国社会究竟怎样的改造？》《共产主义与基尔特社会主义》《再论共产主义与基尔特社会主义》等文，成为批判基尔特社会主义的中坚力量。1926年北京师范大学毕业后，留学日本东京帝国大学文学部史料编纂所。著有《日帝国主义与东三省》《日本政治经济研究》等。

雪莱（1792—1822）

【雪莱】

即珀西·比希·雪莱（Percy Bysshe Shelley，1792—1822），中译名有"巴士·壁先·沙列""戈氏女婿""塞雷""雪来""雪勒"等。生于英格兰霍舍姆市。英国诗人。革命浪漫主义的代表人物，无神论者，深受空想社会主义思想的影响。其著述被翻译整理为《雪莱全集》（7卷）在国内出版。

荀子（约公元前313—前238）

【荀子】

荀子（约公元前313—前238），名况，字卿，被尊为荀卿，又称孙卿。战国时期思想家，哲学家，教育家。儒家学派的代表人物，先秦时代百家争鸣的集大成者。继承发展儒家学说，主张"性恶论"。主要作品收录在《荀子》中。

Y

雅各布斯（1854—1929）

【雅各布斯】

即阿莱塔·雅各布斯（Aletta Jacobs，1854—1929），女。中译名有"亚列他稼雇万斯""耶克普士"等。生于荷兰萨佩米尔。职业医生。荷兰妇女选举权活动家。1879年为荷兰第一个女医学博士。1882年创办世界上第一家节育诊所。主张妇女经济独立，自愿计划生育等观点。1887年为《社会周刊》撰稿人。著有《女人：她的结构和内脏》《妇女利益：三个当前问题》等，译著有《妇女与经济学》《妇女与劳工》等。

雅科比（1805—1877）

【雅科比】

即约翰·雅科比（Johann Jacoby，1805—1877），中译名有"雅科比""亚可比"等。生于德国柯尼斯堡。德国政论家，资产阶级民主主义者。呼吁解放犹太人，认为应赋予犹太人平等权等自然权利。著有《劳工运动的目标》《社会问题》等。

雅罗斯拉夫斯基（1878—1943）

【雅罗斯拉夫斯基】

即叶梅利扬·米哈伊洛维奇·雅罗斯拉夫斯基（Емельян Михайлович Ярославский，1878—1943），原名米内·伊兹拉列维奇·古贝尔曼（Миней Израилевич Губельман），中译名有"亚洛斯拉夫斯基"等。生于俄国外贝加尔州。俄国政治活动家，历史学家，政论家，媒体人。历任《火星报》记者、《社会民主党》《德里文斯卡娅真理报》《真理报》《布尔什维克》《马克思主义历史学家》《别兹博日尼克报》《历史杂志》编辑。十月革命后负责党务工作，1921年创建《西伯利亚之光》杂志。著有《论宗教》《信徒和非信徒的圣经》等。

雅内（1823—1899）

【雅内】

即保罗·亚历山大·勒内·雅内（Paul Alexandre René Janet，1823—1899），中译名有"耶讷"等。生于法国巴黎。法国哲学家，作家。在《当代社会主义的起源》（1883年法语版）一书中提出了社会主义的定义。著有《家庭：道德哲学讲义》等。

亚当·斯密（1723—1790）

【亚当·斯密】

亚当·斯密（Adam Smith，1723—1790），中译名有"阿当斯密斯""蒯讷密斯""师米德""师米德阿当""师米德亚当""师密亚丹""司密亚丹""斯米特""斯宓""斯密士""亚丹·斯密司""亚丹斯米士""亚丹斯密""亚丹斯密士""亚当史密斯""亚当士密""亚当斯密""亚当斯密士""亚当斯密司""亚斯密"等。生于苏格兰法夫郡。英国经济学家，资产阶级古典政治经济学著名的代表人物。所著《国民财富的性质和原因的研究》（又名《国富论》），成为第一本阐述现代产业和商业发展的历史巨著，为现代经济学的开山之作。马克思认为"在亚·斯密那里，政治经济学已发展为某种整体，它所包括的范围在一定程度已经形成"。马克思和恩格斯在批判地继承斯密和李嘉图的古典政治经济学的基础上，阐述劳动价值理论和剩余价值理论，创立了政治经济学的科学体系。严复以该书1880年英文版为底本，译成中文名《原富》，于1901—1902年由上海南洋公学（上海交通大学前身）译书院出版。1931年商务印书馆出版郭大力和王亚南的译本，改书名为《国富论》。其著述被翻译整理为《亚当·斯密全集》（7卷）在国内出版。

521

亚当斯（1735—1826）

【亚当斯】

即约翰·亚当斯（John Adams，1735—1826），中译名有"哑丹士""约翰亚当"等。生于英属美洲马萨诸塞州。美国政治家，律师，外交官，作家。毕业于哈佛大学。曾任美国第1届副总统、第3届总统。1776年7月4日《独立宣言》签署者之一，同华盛顿、杰斐逊和富兰克林齐名，为美国的开国元勋之一。著有《政府思想》《关于政府的思考》等。

亚当斯（1744—1818）

【亚当斯】

即阿比盖尔·亚当斯（Abigail Adams，1744—1818），女。中译名有"约翰亚当"等。生于英属美洲马萨诸塞湾省。美国总统约翰·亚当斯的夫人。美国政治人物，女权运动先驱，作家。其作品被整理为《亚当斯夫人书简》等。

亚当斯（1860—1935）

【亚当斯】

即劳拉·简·亚当斯（Laura Jane Addams，1860—1935），女。中译名有"亚丹""亚丹姆斯""亚丹斯"等。生于美国伊利诺伊州。美国改革家，社会学家，作家。美国芝加哥赫尔之家的创始人。1931年获诺贝尔和平奖。著有《民主和社会伦理学》《和平的新理想》等。

【亚尔莫林斯基】

即阿夫拉姆·亚尔莫林斯基（Авраам Ярмолинский，1890—1975），生于俄国海辛市（今属乌克兰），1913年移居美国。小说家巴贝特·多伊奇的丈夫。俄裔美国作家，翻译家。1916年获纽约城市学院学士学位。1921年获哥伦比亚大学博士学位。在哥伦比亚大学和纽约市立学院任教。著有《伟大的俄罗斯短篇小说宝库——从普希金到高尔基》《俄罗斯文学的想象》等。

亚尔莫林斯基（1890—1975）

亚里士多德（公元前384—前322）

【亚里士多德】

亚里士多德（Aristoteles，公元前384—前322），中译名有"阿理斯多德""阿立斯他答尔""雅里士多德""雅里士多德勒""亚里大得力""亚里士多得""亚里司多德""亚里斯多德""亚理斯多德""亚力山大德""亚利斯度多尔""亚利斯多德""亚利斯特特尔""亚利土拖道"等。生于古希腊斯塔吉罗斯。柏拉图的学生、亚历山大大帝的老师。古希腊哲学家，奴隶主阶级的思想家。其研究对逻辑、形而上学、数学、物理学、生物学、植物学、伦理学、政治学、农业、医学、舞蹈和戏剧等贡献重大，马克思称他是"古代最伟大的思想家"。其著述被翻译整理为《亚里士多德全集》（10卷）在国内出版。

亚历山大（1688—1744）

【亚历山大】

即亚历山大·波普（Alexander Pope，1688—1744），中译名有"蒲柏""亚力山大波甫"等。生于英国伦敦。英国诗人，翻译家，讽刺作家。翻译作品有《伊利亚特》《奥德赛》等，主要作品有《锁的强奸》《邓西亚德》《批评论文》等。

亚历山大（1866—1887）

【亚历山大】

即亚历山大·伊里奇·乌里扬诺夫（Александр Ильич Ульянов，1866—1887），中译名有"里扬诺夫""乌利亚诺夫"等。生于俄国下诺夫哥罗德州。列宁的哥哥。俄国民粹派革命家。1887年因刺杀沙皇亚历山大三世被处决。

亚历山大二世（1818—1881）

【亚历山大二世】

即亚历山大二世·尼古拉耶维奇（Александр II Николаевич，1818—1881），中译名有"亚力山大第二"等。生于俄国莫斯科。俄国皇帝，俄国近代化的先驱。19世纪在俄国进行史无前例的改革，如废除农奴制、金融改革、高等教育改革、军事改革等，为俄罗斯19世纪后半期的中

523

兴奠定基础，但由于改革的不彻底，激发一系列尖锐社会矛盾，遭到多次暗杀。

【亚历山大三世】

亚历山大三世（1845—1894）

即亚历山大三世·亚历山德罗维奇（Александр III Александрович，1845—1894），生于俄国圣彼得堡。亚历山大二世的次子。俄国罗曼诺夫王朝的第17位沙皇。鉴于官员们对亚历山大二世改革持负面评价，他更倾向保守政策，是反改革的保守派，并缔结法俄同盟。

【亚历山大一世】

亚历山大一世（1777—1825）

即亚历山大·帕夫洛维奇（Александр I Павлович，1777—1825），中译名有"亚烈山大一世"等。生于俄国圣彼得堡。保罗一世之子。俄国罗曼诺夫王朝的第14位沙皇。以组织欧洲反法同盟，战胜拿破仑一世而闻名于世。

【亚历山德罗夫】

亚历山德罗夫（1836—1893）

即彼得·阿基米莫维奇·亚历山德罗夫（Пётр Акимович Александров，1836—1893)，中译名有"亚列山特罗夫"等。生于俄国奥廖尔省。俄国律师，检察官。"193人案件"政治审讯的辩护人。1878年为俄国革命者 В. Н. 查苏利奇辩护，由于其出色辩护，法庭宣判被辩护人无罪。

【亚历山德罗维奇】

亚历山德罗维奇（1857—1905）

即谢尔盖·亚历山德罗维奇（Сергей Александрович，1857—1905），中译名有"德罗维奇""塞奇司大公""谢尔盖"等。生于俄国塞洛。亚历山大二世的第五子。俄罗斯大公爵。历任莫斯科总督、国务委员、俄罗斯历史博物馆馆长等职。1905年在莫斯科被刺杀。

【亚瑟】

即亚瑟·克拉顿·布洛克（Arthur Clutton-Brock，1868—

亚瑟（1868—1924）

1924），生于英国威布里奇。英国散文家，评论家，记者。《泰晤士报》艺术评论家，《论坛报》《晨报》撰稿人及评论家。作品有《基督教研究重印》《艺术随笔》《书上随笔》等。

【烟山专太郎】

烟山专太郎（1877—1954）

烟山专太郎（ケムヤマセンタロウ，1877—1954），中译名有"木山仙太郎"等。日本岩手县人。日本政治学家，历史学家，画家。日本俄国史研究的开创者。1898年为《外交时报》撰稿人。1902年其所著《近世无政府主义》，由金一（初名懋基）将关于俄国虚无党历史的部分内容翻译成中文，以《自由血》书名，于1904年由上海东大陆图书译印局和镜今书局出版。该书不仅使俄国无政府民粹主义在中国得到传播，而且受到革命党人的关注，加剧革命党人对暴力革命和政治暗杀的热衷。《苏报》《江苏》《浙江潮》等革命刊物先后发表许多鼓吹暗杀的文章。1948年为日本早稻田大学名誉教授。其著述颇丰，《现代文明史》《俄国侵略黑龙江地方史》《西洋最近世史》《世界大势史》等在中国留学生和读者中产生重要影响。译著有《现代文明史》《欧洲近代外交史》等，著有《西洋最近世史》《世界大势史》等。

【严复】

严复（1854—1921）

严复（1854—1921），乳名体乾，初名传初，又名宗光，字又陵，又字几道，后名复，晚号愈懋老人。祖籍河南固始，福建侯官人（今属福州市）。近代资产阶级思想启蒙家，翻译家，教育家。曾任清朝学部名辞馆总编辑、京师大学堂校长等职。是筹安会六君子之一。早年毕业于福建船政学堂和英国皇家海军学院。曾创办《国闻报》，系统地向中国介绍了西方民主和科学。曾将赫胥黎的《进化论与伦理学》部分内容译成中文，以《天演论》为书名出版，传播社会进化论思想，指导维新运动。将亚当·斯密的《国富论》

译成中文，以《原富》为书名，于 1902 年出版。该书对中国接受西方思想产生很大影响，启蒙近代知识分子向西方学习先进学说，寻求挽救民族危亡的真理。译著有《群学肄言》《群己权界论》《社会通诠》《法意》《穆勒名学》等，其著述被整理为《严复全集》。

盐泽昌贞（1870—1945）

【盐泽昌贞】

盐泽昌贞（シオザワ マササダ，1870—1945），日本茨城县人。日本经济学家。1907 年任日本早稻田大学教授。1923 年任早稻田大学校长。曾任日本帝国学士院会员。译著有《美国各州市的税收理论》《殖民政策》等，著有《国民经济学原理》《欧洲社会运动新动向》等。

颜惠庆（1877—1950）

【颜惠庆】

颜惠庆（1877—1950），字骏人，上海人。晚清、民国时期政治家，外交家。美国弗吉尼亚大学毕业。1905 年任上海《南方报》英文版编辑、商务印书馆编辑，并编撰中国首本《英华标准双解大辞典》。参与筹办清华学堂，编译《编译捷径》《英汉成语词林》《经济学课本》等书。1919 年任中国巴黎和会代表团顾问。1926 年辞官后，兴办实业。资助编写《中国红十字会 20 周年纪念册》。著有英文自传《东西方万花筒》，其日记被整理成《颜惠庆日记》。

燕妮（1814—1881）

【燕妮】

即燕妮·马克思，原名约翰娜·珍妮·贝尔塔·朱丽叶·冯·威斯特华伦（JohannaJenny Bertha Julie von Westphalen，1814—1881），女。中译名有"爱斯法伦""惠弥·夫安·威斯脱花连""坚妮""鹣尼""马夫人""衍尼""燕妮·威廉斯""燕妮·威斯特华伦"等。生于德国萨尔茨韦德尔。马克思的妻子、战友和助手。德国戏剧评论家，政治活动家。著有《伦敦人世界剧院》《英国莎士比亚研究》等。

扬松（1886—1938）

【扬松】

即雅科夫·达维多维奇·扬松（Яков Давидович Янсон，1886—1938），中译名有"扬森""杨生"等。生于俄国库尔兰省。苏联政治家，外交家。历任远东共和国外交部部长、苏联驻日贸易代表、莫斯科学院出版社负责人等职。1938年被枪杀，1955年被平反。

杨闇公（1898—1927）

【杨闇公】

杨闇公（1898—1927），名尚述、尚达，字闇公，又名琨。重庆潼南县人。共产主义运动先驱者，四川党团组织主要创建人。1917年东渡日本，次年入日本士官学校学习军事，开始接触、阅读马克思主义著述。1919年五四运动的消息传到日本后，参加留日中国学生和华侨举行的集会和请愿示威，故被日本警视厅以所谓"违反治安罪"判处8个月徒刑，出狱后于1920年秋被迫回国。1922年在成都加入中国社会主义青年团。1924年1月与吴玉章等人在四川建立共产主义组织，研究社会主义，开展马克思主义的宣传和反帝反封建的革命活动。与成都地区的社会主义青年团一起开展工人、农民和学生运动，其活动遭到反动军阀的破坏和武力威胁。同年5月被迫离开成都到重庆，参加中国社会主义青年团重庆地区的组织活动，同年冬加入中国共产党。创办《爝光》，宣传革命真理。历任中国社会主义青年团重庆地委书记、中共四川省委书记、中共重庆地委军事委员会书记，领导重庆地区五卅运动、泸顺起义等。1927年4月遇难。其著述被整理为《杨闇公文集》。

杨昌济（1871—1920）

【杨昌济】

杨昌济（1871—1920），又名怀中，字华生。湖南长沙人。毛泽东岳父。近代教育家，伦理学家。1913年回国，任教于湖南公立第一师范学校。先后在《新青年》《东方杂志》发表论文，介绍西方哲学、伦理学、教育学思想，提倡民主与科学，宣传新道德。1918年6月应蔡元培之聘，任北

京大学伦理学教授。五四运动时发表《告学生》，寄予对青年热切期望，并参加发起北京大学哲学研究会。曾热忱帮助毛泽东、蔡和森、萧子升等一批进步青年。其著述被整理为《杨昌济文集》。

杨道玵（1897—？）

【杨道玵】

杨道玵（1897—？），原名维埙。广东香山（今中山市）人。黄埔军校第四、五期政治教官。早年入复旦大学，1920年4月与黄华表等在上海发起成立平民学社，该社以"研究和宣传改造社会的方法"为宗旨，宣传劳工神圣、合作主义，反对暴力革命。主编《经济学概论》等。

杨德甫（1880—1974）

【杨德甫】

杨德甫（1880—1974），湖北宜昌人。近代工人运动活动家。1903年留学日本东京帝国大学，1905年加入中国同盟会。1921年参加中共武汉早期组织动员的工会运动，作为骨干参与筹建工人俱乐部。1922年1月22日成立江岸京汉铁路工人俱乐部，当选俱乐部主任。1923年2月任京汉铁路总工会执行委员长，参与领导武汉地区的京汉铁路工人大罢工。1924年被捕后叛变。

杨东莼（1900—1979）

【杨东莼】

杨东莼（1900—1979），原名人杞，乳名岂匏。化名罗东莼。湖南醴陵人。中国共产党早期党员，近现代历史学家，翻译家，教育家，社会活动家。早年就读于长沙长郡中学，1919年考入北京大学。1920年参与发起北京大学马克思学说研究会。同年与邓中夏、罗章龙等人组织北京大学平民教育演讲团，任职于中国劳动组合书记部，从事铁路工人斗争。1922年回乡任西山县立渌江中学校长。1923年加入中国共产党。曾任长郡中学教务主任，兼《国民日报》编辑。1926年任湖南省总工会宣传部部长，兼《工人日报》社长，是湖南工人运动的领导者之一。大革命失败后到日本，研

究唯物论并从事翻译工作，其间翻译恩格斯《费尔巴哈论》、摩尔根《古代社会》等著作。抗日战争时期与党失去联系，1961年9月重新加入中国共产党。中华人民共和国成立后，历任广西师范大学校长、广西大学校长、华中师范学院院长、国务院副秘书长、中央文史研究馆馆长、全国政协文史委员会副主任等职。译著有《新唯物论的认识论》《狄慈根哲学著作选》等，著有《中国学术史讲话》《本国文化史大纲》等，其著述被整理为《杨东莼文集》。

杨笃生（1872—1911）

【杨笃生】

杨笃生（1872—1911），原名毓麟，改名守仁，号叔壬，字笃生，别署三户遗民、椎印寒灰、蹈海生等。湖南长沙人。近代民主革命家，媒体人。1902年留学日本，与同乡创办《游学译编》。出版《新湖南》，鼓吹湘省独立。1906年加入中国同盟会。1907年创办《神州日报》，任总主笔，用寒灰笔名，撰写社论、时事短评，揭露清政府专制统治和帝国主义侵略中国的阴谋。1909年赴英留学，任《民立报》特约通讯员，向国内读者介绍西方各党派的活动情况。1911年因广州起义失败，愤而在英国利物浦投海殉国。其著述被整理为《杨毓麟集》。

杨端六（1885—1966）

【杨端六】

杨端六（1885—1966），原名杨勉，后易名杨超。祖籍江苏苏州，湖南长沙人。近现代经济学家，媒体人。1912年任《国民日报》报社经理。1913年赴英留学。1920年回国任教于中国公学，并任《东方杂志》编辑。同年10月作为翻译陪同英国哲学家罗素到湖南演讲，同时作关于社会主义问题的演讲，毛泽东将其整理，刊登在1921年10月31日的长沙《大公报》第十版。11月在《太平洋》第2卷第7号发表《马克思学说评》。1930年后一直受聘于武汉大学。著有《六十五年来中国贸易统计》《货币与银行》《中国近百年金融史》等。

【杨虎】

杨虎（1889—1966），字啸天。安徽宁国人。孙中山秘书。近现代政治人物，国民党元老，陆军中将。1915年举行反袁起义。1917年参加孙中山护法运动。1927年参与蒋介石发动的四一二反革命政变，拥蒋反共，负责清党工作，逮捕杀害大批共产党人。解放战争时期，在上海参加爱国民主运动。中华人民共和国成立后任政务院顾问。

【杨明斋】

杨明斋（1882—1938），名好德，字明斋。山东平度人，旅苏华侨。中国共产党早期革命活动家。1901年在俄国做工谋生。1908年参加布尔什维克党领导的工人运动，被推选为华工代表。1917年加入布尔什维克党，后被保送进入莫斯科东方劳动者共产主义大学系统学习马克思列宁主义。1919年到天津，以华侨联合会负责人身份从事秘密活动。1920年4月到上海，作为维经斯基的翻译兼助手，参加中国共产党创建工作，后转为中国共产党党员。他租下上海霞飞路渔阳里六号的楼房，把中俄通讯社、外国语学社和中国社会主义青年团中央机关都设在此处，并任外国语学社社长。与李汉俊具体安排刘少奇、任弼时、萧劲光等20余人赴苏俄学习。1921年6月赴苏参加共产国际第三次代表大会。1924年出版《评中西文化观》，以历史唯物主义为武器，批判梁漱溟"意欲决定论"、梁启超"发扬国故"、章士钊"农村立国主义"等唯心主义文化观和复古倒退思想，指出中国只有打破闭关自守，吸收马克思主义，走社会主义道路，才能实现文化复兴。该书是中国学术界最早以马克思主义世界观和唯物史观来研究中国问题的系统性论著，是早期马克思主义中国化的重要理论成果。1925年夏在广州任苏联顾问团翻译。同年10月为中国革命和国共两党培养干部，选送并率领包括张闻天、王稼祥、乌兰夫、伍修权等在内的第二批学员百余人赴苏联莫斯科中山大学学习，后在中山大学负责总务工作。大革命失败后，奉命

经上海秘密回国,到京津地区工作。译著有《十月革命给了我们甚么》,著有《中国社会改造原理》等。

杨匏安(1896—1931)

【杨匏安】

杨匏安(1896—1931),原名麟焘,又名锦焘,笔名匏庵、王纯一。广东香山人(今属珠海市)。中国共产党早期党员,马克思主义在中国早期传播者。早年东渡日本横滨求学。1916年回国后在广州时敏和道根中学任教,兼任《广东中华新报》《东方杂志》记者。1917年12月28日在《广东中华新报》发表《李宁胜利之原因》,是最早赞扬十月革命的文章之一。其间在该报上发表40多篇文章,系统介绍西方各种流派的哲学观点与社会学说。1919年11月在《广东中华新报》发表长篇《马克斯主义——一称科学的社会主义》,与李大钊的《我的马克思主义观》南北呼应。后连续发表《共产主义》《马克斯主义浅说》《无产阶级与民治主义》等文章,成为岭南地区传播马克思主义的翘首。1921年加入中国共产党。1927年出席中国共产党第五次全国代表大会,当选中国共产党中央监察委员。历任《青年周刊》编辑、《广东群报》撰稿人、社会主义青年团广东区委代理书记、中共广东区委监察委员、国民党中央组织部代部长、国民党广东省党部常委、国民党中央常委等职。1929年编译20多万字的《西洋史要》。其著述被整理为《杨匏安文集》。

杨其珊(1871—1933)

【杨其珊】

杨其珊(1871—1933),又名杨其鑫。广东陆丰人。中国共产党早期党员,海陆丰农民运动领袖。1922年夏跟随彭湃创办农会,开展农民运动。1923年任海丰县总农会副会长,后任惠州农民联合会执行委员、广东省农会执行委员。1925年出席广东省第一次农民代表大会,加入中国共产党。广东四一五政变后,参与领导海陆丰三次起义。1933年9月20日在陆丰激石溪牺牲。

【杨嗣震】

杨嗣震(1895—1927),幼名宜鹏,学名三阳,曾用名志白。祖籍江西九江,湖北黄梅人。彭湃的同学。中国共产党早期党员。1917年留学日本早稻田大学,1919年以后研究社会主义学说。1920年与彭湃、李春涛等留日同学组织进步团体赤心社,学习《共产党宣言》《社会主义问题研究》等,革命觉悟不断提高。1921年8—9月间,由施存统介绍,参加中国共产党。1922年回国后受聘海丰第一高小,不仅在课堂上宣传马克思主义,还利用校会、朝会等各种场合向学生灌输进步思想,为东江地区革命斗争培养骨干,协助彭湃组织海丰历史上第一个五一纪念节,谱写《五一节歌》,对当地马克思主义传播产生较大影响。同年7月29日与彭湃秘密成立海丰县第一个农会组织,并秘密组建海丰县社会主义青年团。1924年到潮州榕江中学任英文主任,宣传革命理论。负责主编榕江中学校刊《榕声》,宣传革命理论,许多学生在他的教育熏陶下,思想发生转变,走上革命道路。1925年在《陆安日刊》陆续发表《孙中山经济学说与马克思主义之关系》《社会主义之研究》等文章,批驳种种反共谬论,宣传马克思主义历史观、唯物观。1926年参加北伐战争。1927年南昌起义后,秘密潜回潮汕,策应起义军南下广东时,被国民党当局逮捕,同年9月遇害。

杨嗣震(1895—1927)

杨贤江(1895—1931)

【杨贤江】

杨贤江(1895—1931),又名庚甫,字英甫。笔名李浩吾、李膺扬、柳岛生、叶公朴、直夫、耕牛、李谊等。浙江余姚人。中国共产党早期党员,马克思主义教育理论家。1917年毕业于浙江省立第一师范学校。1919年10月经邓中夏介绍,参加少年中国学会。1921年在商务印书馆编译所任《学生杂志》编辑,其间结识沈雁冰、董亦湘等共产党员,在他们影响下走上马克思主义道路。次年5月加入中国共产党。在《学生杂志》开辟"通讯""答问"栏目,解答学生的各种问题，引导学生走上革命道路。1927年参与上海第三次工人武装起义组织工作。4月下旬秘密到武汉，在武汉国民革命军总政治部工作，任机关报《革命军日报》总编辑。年底东渡日本避难，以翻译和写作为生。其著述被整理为《杨贤江全集》(6卷)。

杨之华(1901—1973)

【杨之华】

杨之华(1901—1973)，女。又名杨音、芝化，曾用名文尹。化名杜宁。浙江萧山(今属杭州市)人。瞿秋白的妻子。中国共产党妇女运动领导人之一，妇女活动家。1920年初在上海星期评论社工作。1922年加入中国社会主义青年团，参加萧山早期农民运动。1924年考入上海大学社会系，在向警予领导下深入工厂从事女工工作。1924年由瞿秋白、向警予介绍加入中国共产党，在沪西纱厂任工人夜校教员，宣传马克思列宁主义思想。1925年1月当选中共中央妇女部委员，参与上海纱厂工人罢工、五卅运动。同年10月任中共中央妇女部部长，12月创办《中国妇女》旬刊。1926年4月任中共上海区委妇女运动委员会主任，参与领导上海妇女解放运动。1927年参加上海工人第三次武装起义。后赴武汉出席中国共产党第五次全国代表大会，当选中共中央委员，从事领导妇女运动。大革命失败后，随党中央转回上海，任中共中央妇女部部长，坚持白色恐怖下的地下斗争。生前尽力搜集整理瞿秋白遗著，编著有《妇女运动概论》等，著有《回忆秋白》等。

姚作宾(1891—1951)

【姚作宾】

姚作宾(1891—1951)，四川南充人。民国时期政治人物。曾留学日本，入东京明治大学政经科学习。1919年初夏到上海，参加留日学生救国团，任该团《救国日报》编辑，后任全国学生联合会理事。1920年1月在《救国日报》发表译文《包尔舍维克之近情》等，提倡"努力研究""极合于正义"的社会主义。同月，在上海与黄介民等将新亚同盟党改名为大同党。同年5月作为全国学联代表，前往符拉迪沃斯托克（海参崴），与俄共中央西伯利亚局东方民族处负责人"一起讨论了苏俄对中国革命运动的援助问题、通过创办报纸加强我们在中国的影响问题，以及为向往苏俄的中国学生提供帮助问题"。九一八事变后，投靠日本，成为汉奸。

【耶德尔斯】

即奥托·耶德尔斯（Otto Jeidels，1882—1947），中译名有"耶德尔""耶依得斯氏""易得斯"等。生于德国法兰克福。德国银行家。1938年移民美国。著有《德国大银行与工业的关系》等。

【耶克】

即古斯塔夫·耶克（Gustav Jaeckh，1866—1907），中译名有"杰克"等。生于德国符腾堡州。德国新闻工作者，德国社会民主党人。曾任德国社会民主党左翼机关报《莱比锡人民报》编辑。著有《第一国际史》等。

野田卯太郎（1853—1927）

【野田卯太郎】

野田卯太郎（ノダウタロウ，1853—1927），日本爱知县人。日本明治、大正时期的政治家，实业家。历任众议院议员、交通部部长、商业和工业部部长等职。

【业平】

即在原业平（アリワラ ノ ナリヒラ，825—880），日本京都市人。日本平安时期的贵族，文学家，诗人。被称为六歌仙、三十六歌仙。主要作品有《古今和歌集》《勅撰和歌集》等。

叶楚伧（1887—1946）

【叶楚伧】

叶楚伧（1887—1946），原名宗源，字卓书。笔名行，别字叶叶、小凤、湘君等。江苏吴县人（今属苏州市）。国民党右派，媒体人，编辑。1909年加入南社、中国同盟会，次年在汕头、潮州等地组织诗钟社，联络革命同志，进行反清革命宣传。1912年与姚雨平、柳亚子在上海创办《太平洋报》，任总编辑，兼任《民立报》副刊主编。1916年与邵力子共同创办《民国日报》，任总编辑。1924年当选国民党第一届中央执行委员，并任国民党上海执行部常务委员兼青年妇女部部长。1925年参加西山会议，为西山会议派重要成员。先后任国民政府委员、国民党中央执行委员、常务委员和政治委员会委员、中央党部宣传部部长、江苏省政府主席、国民政府立法院副院长等职。曾创办《文艺月刊》，编刊《文艺丛书》《读书杂志》等。其著述被整理为《楚伧文存》《叶楚伧诗文集》等。

叶德辉（1864—1927）

【叶德辉】

叶德辉（1864—1927），字焕彬，一字渔水，号郋园，一号直山，自署朱亭山民、丽廎主人。祖籍江苏吴县（今属苏州市），湖南湘潭人。近代藏书家，出版家。精于版本目录学，以刻书闻名。政治立场保守，反对维新变法，赞成复辟帝制。1927年被长沙地区的革命群众作为"反革命"处决。编纂《观古堂书目丛刻》《书林清话》《古今夏时表》，其著述被整理为《叶德辉文集》。

叶塞妮娜（1900—1957）

【叶塞妮娜】

即索非亚·安德列耶夫娜·托尔斯泰亚·叶塞妮娜（Софья Андреевна Толстая-Есенина，1900—1957），女。中译名有"苏菲亚"等。生于俄国图拉省。托尔斯泰的孙女。苏联博物馆工作者。1941年任莫斯科托尔斯泰国家博物馆馆长。

叶子新（1870—1931）

【叶子新】

叶子新（1870—1931），广东海丰人。中国共产党早期农民运动者。1922年受彭湃影响，在梅陇等地开展农民运动。

1925年任第三区农会执行委员长。1927年参加海丰武装起义，任中共三区书记。后辗转香港、马来西亚等地。1931年病逝。

伊壁鸠鲁（约公元前342—前270）

【伊壁鸠鲁】

伊壁鸠鲁（Epikouros，约公元前342—前270），中译名有"爱比克来司""耶披叩刺斯""伊彼鸠鲁"等。生于希腊萨摩斯。古希腊唯物主义哲学家，无神论者。德谟克利特的追随者，创立伊壁鸠鲁主义。伊壁鸠鲁哲学对青年马克思产生很大影响，马克思的博士论文《德谟克利特的自然哲学和伊壁鸠鲁的自然哲学的差别》揭示伊壁鸠鲁原子学说中所蕴含的事物自我运动的辩证思想，这种能动的唯物主义是马克思哲学的来源之一。该论文所体现出的革命民主主义精神奠定了马克思后来的理论走向，伊壁鸠鲁的很多理论与观点也成为马克思思想发展的起点。主要作品有《致梅诺修斯的信》《致毕索克利的信》，著有《论自然》等。

【伊登】

即弗雷德里克·莫顿·伊登（Frederic Morton Eden，1766—1809），中译名有"叶登"等。生于英国阿什特德。亚当·斯密的学生。英国资产阶级经济学家。马克思在《资本论》中曾引用其观点。著有《穷人的状况》等。

伊格列西亚斯（1850—1925）

【伊格列西亚斯】

即帕布洛·伊格列西亚斯（Pablo Iglesias，1850—1925），中译名有"巴布罗·意格烈沙士""巴布洛意古列夏""伊格力西亚""易格列色""意格吕雪"等。生于西班牙加利西亚费罗尔。马克思的女婿。职业印刷工。西班牙工人运动和社会主义运动活动家，西班牙工人社会党创始人。1886年创办《社会主义者报》，任编辑和主任，并亲自做印刷商。1888年创立西班牙工人总工会。发表《战争》《工人阶级将在自由中获胜》等2000多篇报纸文章，抨击时政，宣传社会主义思想。1910年任国会议员。1921年建立西班牙工人共产党。著有《战争》《工人阶级将在自由中获胜》等。

【伊利】

伊利（1854—1943）

即理查德·西奥多·伊利（Richard Theodore Ely, 1854—1943），中译名有"亚里""伊黎""伊里""伊里氏""野利"等。生于美国纽约州。美国经济学家，作家。美国进步主义运动领袖。1885年为美国经济协会的创始人，及第一任秘书。1891年为基督教社会联盟的创始人。与赫斯合著的《经济学大纲》，被认为是经济学标准教科书。著有《近世社会主义》《现代法国和德国的社会主义》《政治经济学入门》《垄断和托拉斯》《工业社会发展研究》《国家繁荣的基础》《我们脚下的土地》等。

【伊莎贝拉一世】

伊莎贝拉一世（1451—1504）

即伊莎贝拉·卡托利卡（Isabella I Catolica, 1451—1504），女。中译名有"伊萨伯拉""依萨倍"等。生于西班牙马德里。西班牙卡斯提尔女王。她与丈夫费迪南一世完成收复失地运动。资助哥伦布开拓美洲新大陆，对开拓发展西方世界影响重大。

【伊什特万】

伊什特万（1883—1951）

即弗雷德里希·伊什特万（István Friedrich, 1883—1951），中译名有"佛列德里芝"等。生于奥匈帝国马拉茨卡。匈牙利政治家。1919年6月发动政变，迫使匈牙利革命政府委员会辞职，建立反动政府，任代理国家元首、总理。

【伊斯梅尔帕夏】

伊斯梅尔帕夏（1830—1895）

伊斯梅尔帕夏（Ismael Pasch, 1830—1895），中译名有"巴尔希""伊思美·巴夏"等。生于阿富汗萨尔波尔省。阿富

537

汗政治家，宗教活动家，作家。阿富汗 20 世纪哈扎拉改革派领导人之一。1863 年任埃及总督。

伊藤博文（1841—1909）

【伊藤博文】

伊藤博文（イトウヒロブミ，1841—1909），幼名利助，字俊辅，号春亩，原名林立介，又名博文、白文，年轻时曾暂时称为伊藤俊介。日本长州（今山口县光市）人。日本近代政治家，殖民者。历任日本内阁总理大臣、枢密院议长、贵族院院长、首任朝鲜总督等职。任内发动中日甲午战争，将朝鲜变为日本的殖民地。1910 年 3 月 26 日被朝鲜民主主义者安重根刺杀身亡。

伊藤野枝（1895—1923）

【伊藤野枝】

伊藤野枝（イトウノエ，1895—1923），女。日本福冈县人。大杉荣的妻子。日本妇女解放活动家，作家，翻译家，无政府主义者。1912 年 10 月参加女性文学团体青鞜社，其间翻译美国无政府主义者艾玛·戈德曼的《妇女解放的悲剧》。与大杉荣合著《彼得·克鲁泡特金的研究》《贫穷的荣誉》《两个革命者》等。曾在《解放》中发表《迈向自由母性》。1923 年被东京宪兵队逮捕，与大杉荣共同遇害。其著述被整理为《伊藤野枝全集》（日文版）。

易卜生（1828—1906）

【易卜生】

即亨利克·约翰·易卜生（Henrik Johan Ibsen，1828—1906），中译名有"伊卜耶"。生于挪威希恩。挪威剧作家。被认为是现代现实主义戏剧的创始人。其作品对现代戏剧的发展具有广泛而深刻的影响。新文化运动中，《新青年》发表了《易卜生主义》与易卜生代表作《娜拉》《国民之敌》等，宣传西方独立自由人格的民主主义思想，对中国读者产生较大影响。其作品被翻译整理为《易卜生全集》在国内出版。

易礼容（1898—1997）

【易礼容】

易礼容（1898—1997），字润生，号韵珊。湖南湘乡人。中共湖南早期组织成员。历任上海青年力社总干事、中国劳动协会书记长、全国总工会执委等职。早期就读湖南商业专门学校，任湖南学生联合会评议部主任，结识毛泽东。1919年6月参加新民学会，成为学会骨干。1920年9月任长沙文化书社经理，促进湖南地区马克思主义传播。1921年7月到湖北黄冈参加具有无产阶级政党性质的团体共存社的成立大会。中国共产党第一次全国代表大会后，与毛泽东等组建中共湖南支部。1923年4月任中共湘区委员会委员。1927年4月到武汉参加中国共产党第五次全国代表大会当选中央委员，同年5月任中共湖南省委委员。1928年3月被国民党通缉，在上海与党组织失去关系。中华人民共和国成立后，任全国总工会第七届常委兼劳动保护部部长、第五至七届全国政协常委等职。著有《毛泽东创办长沙文化书社》《有关新民学会的史料数则》等，其著述被整理为《易礼容纪念集》。

奕䜣（1833—1898）

【奕䜣】

奕䜣（1833—1898），号乐善堂主，满洲爱新觉罗氏。道光皇帝的第六子，咸丰帝同父异母胞弟。晚清改革家，政治家，外交家。洋务派领袖，洋务运动主要发起者。支持曾国藩、左宗棠、李鸿章等人的洋务运动。协助慈禧太后发动辛酉政变。1851年被封为恭亲王，1894年任总理衙门大臣，长期主持外交、实业。

因布里亚尼（1840—1886）

【因布里亚尼】

即维托里奥·因布里亚尼（Vittorio Imbriani，1840—1886），中译名有"殷朴安宜"等。生于意大利那不勒斯。意大利作家。主要作品有《梅洛普四世》《罗马漫步》《上帝逃离奥森尼戈》等。

尹宽（1897—1966）

【尹宽】

尹宽（1897—1966），原名王竞博，化名硕夫。安徽桐城人。中国共产党早期党员。1919年11月赴法勤工俭学。1922年6月为旅欧中国少年共产党的发起人之一，曾任旅欧中国共产主义青年团总支部执行委员，主编《共产主义研究》。1923年加入中国共产党。同年11月入苏联莫斯科东方劳动者共产主义大学学习。1924年回国赴上海任中共中央局秘书。次年参加中国共产党第四次全国代表大会，后任中共上海特别委员会委员等职。1925年参加中国共产党第五次全国代表大会，任《向导》编辑。1929年脱党，11月因参加分裂党的活动被开除党籍。

英格尔斯（1833—1900）

【英格尔斯】

即约翰·詹姆斯·英格尔斯（John James Ingalls，1833—1900），中译名有"因克尔"等。生于美国马萨诸塞州。美国政治家。曾任《自由先驱报》编辑。支持劳工，反对垄断，积极推动《州际商业法》的颁布。

英格拉姆（1823—1907）

【英格拉姆】

即约翰·凯尔斯·英格拉姆（John Kells Ingram，1823—1907），中译名有"殷格兰"等。生于爱尔兰多尼加尔郡。爱尔兰数学家，经济学家，诗人。与约翰·威廉·斯塔布斯共同提出圆倒置的几何概念。1843年在《国家报》上匿名发表《死者的记忆》政治民谣。作为实证主义者，倡导爱尔兰地方自治。著有《奴隶制和奴役史》《政治经济学史》等。

【英诺森四世】

英诺森四世（Pope Innocent IV，1195—1254），中译名有"殷诺圣四世"等。生于意大利北部利古里亚的小镇马纳罗拉。罗马第180任教皇。

尤列（1866—1936）

【尤列】

尤列（1866—1936），幼名季博，学名其洞，字推孝，又字令季，别字少纨、孝纨，号小园、吴兴季子，其第二代把姓氏"尢"改为"尤"。广东顺德人。孙中山的密友。民国时期政治人物，中国同盟会会员。与孙中山、陈少白、杨鹤龄被清政府合称"四大寇"。早年与孙中山从事革命活动，参加广州起义。1921年任孙中山总统府顾问。著有《四书章节易解》《四书新案》等。

尤登尼奇（1862—1933）

【尤登尼奇】

即尼古拉·尼古拉耶维奇·尤登尼奇（Николай Николаевич Юденич，1862—1933），中译名有"纽迭尼戚""优得里茨""犹德尼""犹德尼奇""犹乾尼次""宇登尼克""欲台里起""裕的涅蒂""约德尼池"等。生于俄国莫斯科。俄国将军，俄国白卫军首领之一。1919年任西北地区白卫军总司令。反对十月革命，参与反对布尔什维克的分裂活动。1920年起为白俄流亡分子。

尤尔（1778—1857）

【尤尔】

即安德鲁·尤尔（Andrew Ure，1778—1857），中译名有"乌尔""乌亚"等。生于苏格兰格拉斯哥。职业医生。英国化学家，资产阶级庸俗经济学家，自由贸易论者。1808年创立石榴石山天文台。著有《化学词典》《制造哲学》《地质学新体系》等。

尤列涅夫（1888—1938）

【尤列涅夫】

即康斯坦丁·康斯坦丁诺维奇·尤列涅夫（Константин Константинович Юренев，1888—1938），化名尤列涅夫，真名克罗托夫斯基，中译名有"尤烈纳弗"等。生于俄国德文斯克（今属拉脱维亚）。俄国、苏联政治家，外交官。早年加入布尔什维克党，在十月革命中发挥领导作用，成为彼得格勒苏维埃军事革命委员会的成员和红军参谋长。

541

后从事苏联外交工作。1938年苏联大清洗中遭处决，1956年被平反。著有《为党的团结而斗争》等。

尤什凯维奇（1873—1945）

【尤什凯维奇】

即帕维尔·索洛蒙诺维奇·尤什凯维奇（Павел Соломонович Юшкевич，1873—1945），中译名有"郁尔开维"等。生于俄国敖德萨（今属乌克兰）。俄国社会民主党人，孟什维克成员，数学家，马赫主义者。是经验符号论的代表人物，认为表象和概念只是人们随意创造出来的经验符号，从而否定其客观物质基础。列宁在《唯物主义和经验批判主义》中批评他"将辩证唯物主义缩小到进化论和相对主义实证主义，否认哲学的科学性质"，并指出经验符号论是"剽窃"贝克莱自然符号论的"另一个新发现"。著有《唯物主义和批判实在论》《从经验符号论来看现代唯能论》《哲学正统的支柱》等。

尤斯蒂（1717—1771）

【尤斯蒂】

即亨利希·戈特洛布·冯·尤斯蒂（Heinrich Gotelob von Justi，1717—1771），中译名有"尤斯题"等。生于德国布鲁克肯。德国官方学派的代表人物，重商主义经济学家。著有《汉德隆和希法尔特的格莱希格维奇》《自然与魏森·德·斯塔顿》《政治与金融》（3卷）等。

尤维纳利斯（约55—约127）

【尤维纳利斯】

即德齐姆斯·尤尼乌斯·尤维纳利斯（Decimus Junius Juvenalis，约55—约127），中译名有"由比那尔"等。生于意大利阿奎诺市。罗马讽刺诗人。主要作品有《讽刺》等。

尤西比乌斯（约260—340）

【尤西比乌斯】

尤西比乌斯（Eusebius，约260—340），中译名有"奥依赛别司"等。生于巴勒斯坦。基督教史学的奠基人，被称为教会史之父。著有《教会史》《君士坦丁传》等。

于树德（1894—1982）

【于树德】

于树德（1894—1982），字永滋，别号永溢。河北静海(今天津市静海区)人。近现代政治人物。曾任黄埔军校教官，早期合作社思想的传播者之一。1918年与周恩来一同前往日本留学，在京都帝国大学攻读经济学，并在日本学者河上肇的影响下接触马克思主义，其间与周恩来、安体诚等加入新中学会。1921年回国，任教于天津法政专门学校。经李大钊介绍，以新中学会代表身份赴苏联参加远东各国共产党及民族革命团体代表大会。1922年经李大钊、罗章龙介绍加入中国共产党，任中共天津早期组织组长。1926年5—9月在毛泽东任第六届广东农民运动讲习所所长期间，他讲授《农民合作概论》一课。四一二反革命政变后脱离中国共产党，从事翻译写作。在我国最早讲授合作社理论。著有《帝国主义侵略中国史》《信用合作社经营论》《合作社之理论与经营》《合作讲义》等。

余创之（1893—1927）

【余创之】

余创之（1893—1927），又名余剑之，字显庸。广东海丰人。中国共产党早期农民运动活动家之一。历任海丰县总农会执行委员兼文牍、仲裁部部长等职。1922年10月参加海丰农民运动。1925年加入中国共产党，任中共海丰地委委员。1927年参加海丰第一次农民武装起义，后在韶关被捕，12月在广州就义。

余家菊（1898—1976）

【余家菊】

余家菊（1898—1976），字景陶，又字子渊。湖北黄陂（今属武汉市）人。恽代英同学。民国时期教育家，思想家，社会活动家。国家主义学派代表人物，中国青年党领袖之一。1919年加入少年中国学会，常在该会机关刊物《少年中国》上发表文章。1922年赴英留学，1924年回国先后任教于武昌师范大学、东南大学、东北大学等。1923年10月与李璜合著论文集《国家主义的教育》。1925年写成《国

家主义教育学》一书，大力鼓吹国家主义教育，并与曾琦、李璜等创办《醒狮》周报，任教育副刊编辑。著有《英国教育要览》《国家主义概论》《教育哲学史》等，其著述被编入《中国近代思想家文库·余家菊卷》。

【俞颂华】

俞颂华（1893—1947）

俞颂华（1893—1947），名庆尧、庆垚，字颂华，以字行，笔名澹庐。江苏太仓人。媒体人。早年留学日本东京法政大学，回国后任《解放与改造》《时事新报》副刊《学灯》主编，宣传新思潮和新文化运动，曾全文转载毛泽东在《湘江评论》上发表的重要文章《民众的大联合》。1919年任《解放与改造》主编，并撰文《社会主义之批判》《社会主义之定义》，较早介绍社会主义和马克思主义。1920年作为上海《时事新报》与北京《晨报》的特派员，与瞿秋白、李仲武同赴苏俄考察，是十月革命后最早采访苏俄的中国记者之一。在莫斯科采访列宁、莫洛托夫等领导人，接触苏俄社会各界，发回大量真实、客观地有关十月革命、苏俄社会主义的报道，对中国人民了解苏俄和列宁主义起到积极作用。1921年2月与瞿秋白、李仲武在苏俄《消息报》上发表《中国记者致俄国工人和新闻工作者呼吁书》。所写的长篇通讯《苏俄之感想与见闻》在《晨报》上连续37天刊载，对当时的中国知识界了解十月革命后苏联的真实情况起到重要作用，及时有效地向国人传播列宁主义，介绍苏俄革命及建设经验。1921年5月到柏林进修。1924年归国任《东方杂志》编辑。1927年大革命随瞿秋白到武汉，在国民革命军第二十六军任秘书主任。其著述被整理为《俞颂华文集》。

【俞秀松】

俞秀松（1899—1939）

俞秀松(1899—1939)，原名寿松，字伯青（一作柏青），号长山道人。化名俞寅初、王寿成等，留学苏俄时俄文名为那利曼诺夫。浙江诸暨人。中国共产党早期党员，上海社会主义青年团发起人之一。1917年入浙江省立第一师范学校，结识施存统。1920年初到北京，参加北京工读互助团。1921年初回到上海，为星期评论社成员，到工厂开展工人运动。同年6月参加中共上海早期组织，8月为上海社会主义青年团书记，并任上海外国语学社秘书。同年底前往苏俄，先后参加共产国际第二次代表大会、远东各国共产党及民族革命团体代表大会、远东青年代表大会。1922年8月参加中国国民党，从事第一次国共合作。1925年10月再次赴苏，在此度过10年教学与工作岁月。其日记、著述被整理为《俞秀松文集》。

【虞洽卿】

虞洽卿（1867—1945）

虞洽卿（1867—1945），幼名瑞岳，名和德，字洽卿。浙江宁波人。民国时期民族资产阶级右翼代表人物。1905年领导上海总商会发起创办华商体操会。1906年赴日本考察，回国后决心发展实业。1908年创办四明银行，1909年先后创办宁绍、三北、鸿安3家轮船公司等。1924年当选上海总商会会长。1925年五卅运动之初支持罢工、罢市等活动，后与帝国主义及军阀政府妥协，破坏爱国统一战线。1927年从财政上支持蒋介石发动四一二反革命政变。

【与谢野晶子】

与谢野晶子（1878—1942）

与谢野晶子（ヨサノ アキコ，1878—1942），女。本名凤志よう，婚后改为与谢野晶子。日本大阪人。诗人与谢野铁干的妻子。日本诗人，作家，思想家。在《明星》杂志上发表多篇短歌诗，是浪漫主义文学的核心人物。1911年将《源氏物语》译成现代日语，以《新译源氏物语》为名出版。大正时期广泛活跃于女性问题、社会问题等领域，为女性解放做出重要贡献。其著述被整理为《与谢野晶子全集》(20卷)(日文版)。

羽仁元子（1873—1957）

【羽仁元子】

羽仁元子（ハニモトコ，1873—1957），女。本名松冈元子。中译名有"哈尼元子"等。日本青森县人。日本思想家，教育家。日本女性记者的先驱，自由学园创建者。1903年为《家庭之友》杂志创始人。1904年为家庭经济计账簿的设计者。1921年创办女子学校。著有《家庭故事》《育儿之诗织》，其著述被整理为《羽仁元子著作集》（21卷）（日文版）。

雨果（1802—1885）

【雨果】

即维克多·玛丽·雨果（Victor-Marie Hugo，1802—1885），中译名有"俄器""嚣俄""许峨""伊苟""犹噶"等。生于法国贝桑松。法国作家，政治家。法国浪漫主义文学的重要代表，资产阶级共和党人。晚年拥护共和主义，是西方自由、平等和博爱等民主主义思想的捍卫者。主要作品有《巴黎圣母院》《悲惨世界》《沉思》《克伦威尔》《弄臣》等，其著述被翻译整理为《雨果文集》（20卷）在国内出版。

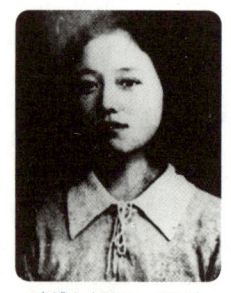

毓贤（1842—1901）

【毓贤】

毓贤（1842—1901），字佐臣。清末酷吏。极端排外人士，八国联军侵华议和时被指为排外仇教的"罪首"。1900年9月26日被革职发配新疆。1901年2月13日被处斩。

【袁溥之】

袁溥之（1904—1994），女。湖北光化（今老河口市）人。中国共产党早期党员，武汉地区妇女运动先驱，教育家。1920年考入武昌女子师范学校。1922年经陈潭秋等人介绍加入中国社会主义青年团。1925年7月经钱介磐介绍，加入中国共产党。1926年4月在中共湖北省委代表大会上，当选中共湖北省委妇委书记，创办《湖北妇女》，促进湖北地区妇女运动的发展。同年被派往莫斯科中山大学学习。曾创办东北工人学校，宣讲党的方针政策。著有回忆录《路漫漫》等。

袁溥之（1904—1994）

【袁让】

马克思经典著作《工钱劳动与资本》（1921年版，今译《雇佣劳动与资本》）的译者。疑是李汉俊。

【袁世凯】

袁世凯（1859—1916）

袁世凯（1859—1916），字慰廷、慰庭或慰亭，号容庵，因出身河南项城（今项城市）又被称作袁项城。河南项城人。清末民初政治军事人物，北洋军阀首领。曾任清朝直隶总督兼北洋大臣、内阁总理大臣、中华民国临时大总统和中华民国大总统等职。1915年12月12日复辟帝制。在反袁护国运动压力下，于1916年3月宣布取消帝制。

【袁玉冰】

袁玉冰（1899—1927）

袁玉冰（1899—1927），笔名孟冰。江西泰和人。中国共产党早期党员，江西党团组织的重要创始人之一。1919年夏与黄道等人组织鄱阳湖社（后改为江西改造社），主编社刊《新江西》。1922年9月入北京大学哲学系旁听，由李大钊介绍加入中国社会主义青年团。1924年1月由团转党。1922年1月参与创建南昌文化书社。次年2月与赵醒侬、方志敏等在江西从事建立党团组织的工作，发起成立江西民权大同盟和马克思主义学说研究会，公开宣传马克思主义和反帝反封建思想。1924年5月赴苏留学，次年8月归国，任中国共产主义青年团上海地方委员会秘书和宣传部主任。1926年10月参加上海工人第一次武装起义。年底奉调回赣，任共青团江西区委书记，主编《红灯》周刊，发表《怎样研究共产主义》《怎样研究列宁主义？》《加入列宁主义研究会》等多篇文章，指明列宁主义是中国革命的指南针，阐明研究列宁主义的重要性。历任中共江西区委宣传部部长、区党委书记等职。四一二反革命政变后，于5月16日写下《蒋介石政府危机》一文，深刻揭露蒋介石清党实质。撰有《我的希望新江西》等。

袁振英（1894—1979）

【袁振英】

袁振英（1894—1979），乳名渠铿，别名仲斌，号黄龙道人。广东东莞人。无政府主义者，中国共产党早期党员。1920年8月参加中共上海早期组织，并为上海社会主义青年团的发起人之一。后到广州，成为中共广州早期组织的成员，任《新青年》《前锋》编辑。其主要传播贡献是以"震瀛""震寰"为笔名在《新青年》《共产党》月刊上撰写、翻译40余篇宣传列宁、苏俄革命与建设的文章，如《列宁与俄国进步》《为列宁》《过渡时代的经济》《俄罗斯的新问题》《社会主义与个人主义》等。1921年8月前往法国留学，离开党组织。1924年回国，曾在广州中山大学、武汉中央军校、暨南大学等校执教。中华人民共和国成立后由周恩来提名，曾任广东省文物保管委员会委员、广东省文史馆研究馆员。其著述被整理为《袁振英研究史料》。

袁祖铭（1889—1927）

【袁祖铭】

袁祖铭（1889—1927），号鼎卿。贵州兴义人。民国时期政治人物。曾任黔军总司令、贵州省省长等职。1926年参加北伐战争，被任命为左翼军总指挥，其间因忠诚度问题，遭到投降广州国民政府的唐生智猜忌，设局将其诱杀。

远藤无水（1881—1962）

【远藤无水】

即远藤友四郎（エンドウユウシロウ，1881—1962），号无水。日本福岛县人。早年为基督徒，后为国家社会主义者。1908年创办具有社会主义性质的杂志《东北评论》。1918年参加日本老壮会。1919年创办《国家社会主义》杂志。同年将美国社会主义者玛丽·伊·马尔西的《资本论》诠释本《经济学漫谈》翻译成日文，以《通俗马克思资本论》书名，由东京文泉堂出版。1920年9月李汉俊将其转译成中文，以《马格斯资本论入门》为书名，由社会主义研究社出版，该中译本在中国产生很大影响。他翻译的《科学的社会主义》是恩格斯的《社会主义从空想到科学的发展》第三章，于

1920年1月由东京文泉堂出版。1920年8月该书被译成中文由上海群益书社、伊文思图书公司发行。1926年创建锦旗会。1929年组织国粹劳农同盟，次年改为尊王急进党。著有《日本主义的确立》《财产奉献理论》等。

【约翰（无地王）】

约翰（无地王）
（1167—1216）

即英国安茹王朝国王（John Lackland，1167—1216），生于英国牛津。英国历史上最不得人心的国王之一。外号"失地王约翰"，被迫签订《大宪章》条约。

【约瑟夫】

约瑟夫（1872—1962）

即约瑟夫·奥古斯特（Joseph August，1872—1962），中译名有"爵塞夫"等。生于奥匈帝国阿尔苏特（今属匈牙利）。匈牙利哈布斯堡王朝的王子，奥匈帝国陆军元帅。1919年发动匈牙利政变，1920年再次成为匈牙利国家元首。

【约瑟夫一世】

约瑟夫一世（1830—1916）

即弗朗茨·约瑟夫一世（Francis Joseph I，1830—1916），中译名有"弗兰茨""佛兰西斯"等。生于奥地利维也纳。奥地利帝国、奥匈帝国皇帝，在位达68年。

【岳维峻】

岳维峻（1883—1932）

岳维峻（1883—1932），号西峰。陕西蒲城人。中华民国陆军上将。早年加入中国同盟会，曾参加辛亥革命和护国战争。1931年3月被红四军俘虏，次年8月11日被枪毙。

【越飞】

越飞（1883—1927）

即阿道夫·阿布拉莫维奇·越飞（Адольф Абрамович Иоффе，1883—1927），中译名有"姚夫""郁藩""约菲""佐飞"等。生于俄国辛菲罗波尔。犹太裔苏联外交家，苏共领导人。从1908年起与托洛茨基创办《真理报》。1917年7月当选彼得格勒市杜马，领导布尔什维克派。十月革命后被派

549

往外交人民委员部工作，从1922年起任驻中国和日本特命大使。1923年1月与孙中山共同发表《孙文越飞联合宣言》，促成孙中山联俄，及第一次国共合作。著有《热那亚会议》等。

恽代英（1895—1931）

【恽代英】

恽代英（1895—1931），谱名邃轩，字子毅。笔名天逸、代英、英、子毅、但一、子怡、稚宜、FM等。祖籍江苏武进（今常州市），湖北武昌人。无产阶级革命家，理论家，青年运动的领袖之一。1913年考入武昌中华大学预科。次年先后在《新青年》《东方杂志》《光华学报》《青年进步》《妇女杂志》上发表约80篇文章（含译文），成为长江中游地区新文化运动的主将。1921年7月创建具有无产阶级政党性质的团体共存社。1921年12月加入中国共产党。1923年创办和主编《中国青年》，历任中国社会主义青年团中央宣传部部长、国民党中央执行委员、黄埔军校政治主任教官、中国共产党第五届中央委员等职。1921年1月翻译考茨基的《阶级争斗》，对毛泽东、许继慎等一批激进青年由民主主义者、空想社会主义者转变成马克思主义者起到很大促进作用，是马克思主义在中国早期传播中的一部代表性著作。1924年从事国共合作的统一战线工作，编辑《新建设》月刊，宣传马克思列宁主义，及中国共产党的政治主张，批驳国民党右派的种种谬论。其著述被整理为《恽代英全集》（9卷）。

恽震（1901—1994）

【恽震】

恽震（1901—1994），字荫棠，别字秋星。江苏常州人。电力工程专家。中国电气制造业的奠基人，中国电机工程学会的创始人。1917年考入南洋公学（交通部上海工业专门学校，后称交通大学）电机系。受《新青年》《新潮》等刊物的影响，参加在复旦大学建立的上海学生联合会，声援五四运动。1920年加入少年中国学会。1921年赴美留学。1923年回国后任教于杭州公立工业专门学校、东南大学等校。常与恽代英通信，时值恽代英在上海大学授课，恽代英的言论与思想对其影响极大。著有《电气事业概论》《无线电与中国》等。

Z

载漪（1856—1922）

【载漪】

即爱新觉罗·载漪（1856—1922），满族。北京人。清朝道光帝旻宁的孙子。袭封端郡王。作为八国联军入侵的主战派在庚子之变后被流放新疆。

曾琦（1892—1951）

【曾琦】

曾琦（1892—1951），原名昭琮，字锡瑸，后改名琦，字慕韩，号愚公、移山。四川隆昌县人。媒体人，政治活动家。国家主义派领导人，中国青年党创始人之一。早年留学日本。1918年与王光祁等创办少年中国学会。1919年赴法国留学，接受国家主义。1923年2月在巴黎与李璜等建立中国国家青年党，被选为党务主任，起草的《中国国家青年党建党宣言》在成立会上通过。1924年9月与李璜等人回国，先后在上海同济大学、法政大学等校任教，主要从事中国青年党活动。10月与李璜、左舜生等人在上海创办《醒狮》周报，分别由他及左舜生任总编辑和总经理，故该党亦称醒狮派。他们打着国家利益、民族利益的旗帜，标榜国家高于一切，鼓吹资产阶级民族主义和法西斯主义，反对阶级斗争、无产阶级专政和共产主义，反对第一次国共合作，将五四运动的口号"外争主权、内除国贼"变成反对中国共产党和反对苏联的反动口号。著有《曾慕韩先生遗著》等，其著述被整理为《曾琦先生文集》（全3册）。

曾玉良(1886—1923)

【曾玉良】

曾玉良(1886—1923),原名曾玉柱。江苏邗江(今扬州邗江区)人。京汉铁路江岸机厂工人,革命烈士。1921年投身工人运动。1923年1月任京汉铁路总工会江岸分会委员、工人纠察团副团长。1923年在二七大罢工中壮烈牺牲。

曾仲鸣(1896—1939)

【曾仲鸣】

曾仲鸣(1896—1939),福建闽县(今属福州市)人。民国时期政治人物,文学研究家。历任国民党北平扩大会议秘书长、中央政治会议副秘书长、行政院秘书长、最高国防委员会高级秘书等职。1912年赴法国留学,获文学博士学位。1925年回国后任汪精卫秘书。1938年12月18日随汪精卫等叛逃到越南河内欲投日叛国,次年3月21日在河内被国民党特工刺杀。翻译作品有《法国短篇小说集》《艺术与科学》等,主要作品有《中国文学史》《中国与和平》《法国文学丛谈》等。

【扎卡里亚斯】

即埃米尔·奥托·扎卡里亚斯(Emil Otto Zacharias,1846—1916),中译名有"扎哈里亚斯""兹阿哈利雅斯"等。生于德国莱比锡。德国动物学家,浮游生物研究者,达尔文主义的倡导者。支持进化论思想。著有《查尔斯·达尔文及其物种起源理论的文化历史意义》等。

扎卡里亚斯(1846—1916)

【詹大悲】

詹大悲(1887—1927),原名培瀚,又名瀚,字质存。湖北蕲春人。国民党左派,媒体人。1907年考入黄州府中学堂,加入证人学会,倡言革命。1908年到汉口,先后加入革命团体群治学社、振武学社,与宛思演等接办汉口《商务报》,任主笔。1910年任《大江白话报》(后改名《大江报》)主笔,鼓吹革命。1911年7月因刊登《打乱者救中国之妙

詹大悲(1887—1927)

药也》文章,被清政府以"混乱政体,扰害治安"罪名逮捕。在法庭上,痛斥清政府腐败卖国的罪行而被判处一年半的徒刑。《大江报》案使他名满天下。参加武昌起义,任汉口军政分府主任。1919年8—9月在上海《民国日报》副刊《觉悟》上发表与李汉俊合作翻译日本经济学家福田德三的《从虚伪的德莫克拉西到真正的德莫克拉西》、日本社会主义者山川菊荣的《世界思潮至方向》等文章。曾向孙中山募资,帮助董必武创办武汉中学,孕育了武汉地区马克思主义传播的火种。大革命时期,任湖北省政府委员兼财政厅长、汉口特别市党部常委兼组织部部长等职。1927年12月17日被以"赤化分子阴谋暴动罪"逮捕,当晚慷慨就义。1953年被中央人民政府追认为革命烈士。其著述被整理为《詹大悲文集》。

詹蒂莱(1875—1944)

【詹蒂莱】

即乔万尼·詹蒂莱(Giovanni Gentile,1875—1944),中译名有"俊迪勒"等。生于意大利卡斯特尔韦特拉诺。意大利新黑格尔唯心主义哲学家,教育家。早年毕业于意大利比萨大学。1917年任意大利罗马大学哲学史教授。1929年任《意大利百科全书》主编。自我标榜为"法西斯主义哲学家",为墨索里尼的文章《法西斯主义学说》第一部分的代笔人。著有《马克思的哲学》《作为纯粹行为的心灵理论》《作为知识理论的逻辑》《对历史唯物主义的批判》等,其著作被翻译整理为《社会的起源与结构》在国内出版。

詹金逊(1770—1828)

【詹金逊】

即罗伯特·班克斯·詹金逊(Robert Banks Jenkinson,1770—1828),生于英国伦敦。英国托利党政治家。第二代利物浦伯爵,历任外交大臣、内务大臣、陆军暨殖民大臣、英国首相等职。

【詹姆士】

即威廉·詹姆士（William James，1842—1910），中译名有"占姆士""詹姆斯"等。生于美国纽约。美国哲学家，心理学家。主观唯心主义者，实用主义创始人之一。1885年任哈佛大学哲学系教授。其著作被翻译整理为《威廉·詹姆士哲学论文集》《威廉·詹姆士道德哲学文集》《实用主义》等在国内出版。

詹姆士（1842—1910）

【张伯简】

张伯简（1898—1926），名庚喜，别名红鸿（洪鸿），字稚青。白族。云南剑川人。白族第一位中国共产党党员，媒体人，旅欧支部领导人之一。早年从云南省立第二中学毕业，远赴广州，开始接受马克思主义。1919年赴法勤工俭学。1921年与赵世炎等组织勤工俭学会，同年底在德国加入中国共产党。1922年6月任旅欧中国少年共产党组织委员。同年秋到莫斯科，参加共产国际第四次代表大会，入苏联莫斯科中山大学学习。1923年秋回国，在上海和蔡和森、邓中夏一起领导工人运动。同时应瞿秋白邀请，在上海大学任政治经济学教授。1924年任中央出版局书记，曾参与编辑《中国青年》《热血》，及上海书店领导工作。1926年6月任省港大罢工委员会书记。著有《社会进化史》，译著有《各时代社会经济结构元素表》，这两份文献是中国共产党早期宣传马克思主义基本原理的普及读物，成为大革命时期马克思主义传播最畅销的通俗读物之一。其著述被整理为《张伯简文辑》。

张伯简（1898—1926）

【张伯伦】

即约瑟夫·张伯伦（Joseph Chamberlain，1836—1914），中译名有"钱拍连""郑伯宁""芝耶哈利""志扬巴林"等。生于英格兰萨里郡。英国国务活动家，殖民者。历任英国商业大臣、内务大臣、殖民大臣等职，积极推行帝国主义扩张政策。著有《帝国联盟和关税改革》《激进纲领》等。

张伯伦（1836—1914）

【张德惠】

生卒年、籍贯不详。长辛店工人俱乐部副委员长。1923年6月出席中国共产党第三次全国代表大会。后因卷款潜逃,被全国铁路工人第二次全国代表大会认定为"工贼"。

张德彝(1847—1918)

【张德彝】

张德彝(1847—1918),又名张德明,字在初,一字俊峰。祖籍盛京铁岭(今铁岭市),生于北京。晚清外交家,翻译家。1870年因天津教案事件出使法国,任随行英文翻译。在法期间目睹巴黎公社革命,将其记载于著作《三述奇》中。著有《航海述奇》《再述奇》《随使法国记》等。

张东荪(1886—1973)

【张东荪】

张东荪(1886—1973),原名张万田,字东荪,晚年自号独宜老人。笔名圣心。浙江钱塘(今杭州)人。近现代哲学家,政治活动家,政论家,媒体人,基尔特社会主义代表人物。曾任中国民主同盟中央常委、秘书长等职,《庸言》《兴华》《社会主义研究》《正谊》等报刊的主笔、《时事新报》副刊《学灯》《解放与改造》主编。1920年3月与梁启超等人发起文学社,并于同年9月邀请英国哲学家罗素来华讲学,大力鼓吹基尔特社会主义。1920年曾参加过陈独秀在上海组织的马克思主义研究会,但拒绝参加中国共产党。继而与陈独秀、李汉俊等展开科学社会主义与基尔特社会主义的辩论。1924年卸任《时事新报》主编,专任中国公学教授。1927年8月与瞿世英创办中国第一个哲学研究专刊《哲学评论》。著有《新哲学论丛》《科学与哲学》《人生观》等,其著述被编入《中国近代思想家文库:张东荪卷》。

张国恩(1880—1940)

【张国恩】

张国恩(1880—1940),名眉宣、梅轩,别名梅先。湖北黄安(今红安)人。中共湖北早期组织成员。早年参加中国

555

同盟会、辛亥革命。1914年1月与董必武东渡日本学法律。1917年春与董必武在武昌合办律师事务所。1919年3月在上海与董必武共同主持湖北善后公会。结识同乡李汉俊，开始接触马克思主义，商谈社会主义救国之途。年底回湖北与董必武等创办私立武汉中学。1920年4月参与发起组织新教育社、湖北职业教育研究社和湖北平民教育促进会，并出版《新教育》。同年10月与董必武等组建中共湖北早期组织，不久自动脱党。第一次国共合作期间，与董必武一起组建国民党湖北省党部，历任国民党湖北执行委员会委员、武汉国民政府湖北省政府委员、常委兼民政厅厅长等职。大革命失败后重操律师旧业。武汉沦陷后投靠日本，1940年在南京身亡。

张国焘（1897—1979）

【张国焘】

张国焘（1897—1979），字恺荫。又名特立，化名张彪、凯音、张特、天师、国焘、焘、太柳等，因其足智多谋，被称为张孔明，转为张空明，俄文名阿莫索夫。江西萍乡人。中国共产党创始人之一，中国共产党早期领导人之一，五四运动学生领袖。曾任中国共产党组织主任、中共中央政治局常委等职。1920年5月加入北京马克思学说研究会，比较系统地学习马克思列宁主义。同年10月加入中共北京早期组织，1921年7月出席中国共产党第一次全国代表大会，当选为中央局成员，分管组织工作。会后任中国劳动组合书记部主任，兼《劳动周刊》主编，领导工人运动。在《新青年》《共产党》《劳动音》等发表文章，发动工人运动，唤醒工人觉悟，进行马克思主义宣传教育。1938年因投靠国民党被开除党籍。译著有《共产党底计划》《无产阶级革命》《共产主义左派的幼稚病》《简易经济学》等，著有《我的回忆》等。

【张厚生】

生卒年、籍贯不详。湖北汉黄镇守使署参谋长。1923年二七惨案的策划者。

张弧（1875—1938）

张謇（1853—1926）

【张弧】

张弧（1875—1938），原名毓源，字岱杉、戴三，别号超观。浙江萧山（今属杭州市）人。近现代政治人物。清末任代理福建布政使，1921年任梁士诒内阁财政总长。

【张謇】

张謇（1853—1926），字季直，号啬庵。江苏南通人。近现代实业家，政治家，教育家。主张实业救国，创办中国最早的民族轻工业。创办中国近代第一所师范学校南通师范学校、中国第一家民办博物馆南通博物苑、中国第一家气象台军山气象台，以及高等学校南通大学等。一生创办20多个企业，370多所学校，为中国近代民族工业的兴起，及教育事业的发展做出重要贡献。著有《张季子九录》《张謇日记》《啬翁自订年谱》等。

【张子余】

张子余（1892—1929），本名张中冕，又名张子余、张子余，笔名子余、洁玉、雨红等。祖籍湖北钟祥，湖北汉口人。中国共产党早期党员，媒体人。1912年东渡日本，学习政治经济学。1917年回国，参加湖北靖国军，投身护法战役。护法战役失败后，至汉口进入报界。1918年6月1日—1919年2月3日在湖南人创办的《湖广新报》任编辑。1919年6月—1923年2月4日在《大汉报》任编辑。1922年6月加入中国共产党，投身工人运动。10月参加湖北全省工团联合会会刊《真报》，鼓动工人运动，反对军阀统治。1923年2月7日《真报》被军阀政府查封，遭通缉，避难转战上海、广州等地。1924年8月被党派到符拉迪沃斯托克（海参崴）参加《工人之路》编辑部。该报1922年3月1日创刊，终刊1938年，它名义上为全俄中央职工苏维埃远东部的刊物，实际是由中国共产党人参与编辑的在海外发行的中文报刊。他初为主编助理，1925年1月任主编，1927年2月28日离开报社。这3年半的时间里，他传

承报纸宗旨,大量刊登中国大革命与中国工人在远东的要闻、报道、消息、文章和革命文艺作品,还发表《列宁指导下的世界革命》《青岛纱厂工人罢工和日本的帝国主义的末路》等文章。文章紧紧围绕世界与中国政治形势,运用马克思列宁主义进行评述,富有鼓舞性,受到远东中国无产阶级的欢迎。同年回国在武汉工作。大革命失败后,潜伏地下坚持斗争。1929年2月26日壮烈牺牲。

【张介石】

张介石,生卒年、籍贯不详。国家主义派代表人物之一。曾与曾琦、李璜、何鲁之等组织成立中国青年党,后投靠唐继尧,创办民治学院,组建民治党。

张静江(1877—1950)

【张静江】

张静江(1877—1950),谱名增澄,字静江、人杰,别号饮光、卧禅。祖籍安徽省徽州,浙江南浔(今属湖州市)人。近现代政治家,国民党元老。早年旅法考察,1906年与蔡元培、李石曾等在巴黎创建世界社。1907年创办《新世纪》周刊和《世界画报》(其妻姚蕙为发行人),宣传革命,传播无政府主义及介绍欧美文化和风景。自1907年起多次资助孙中山及中国同盟会。后资助蒋介石,成为扶持蒋介石上台的重要支柱。1926年5月中国国民党二届二中全会上当选国民党中央常务委员会主席。晚年逐渐淡出政治。

张君劢(1887—1969)

【张君劢】

张君劢(1887—1969),名嘉森,字君劢、士林,号立斋,别署世界室主人,以字行。笔名君房。江苏宝山(今属上海市)人。政治家,思想家,唯心主义哲学家,中国民主社会党领袖。1906年公费留学日本早稻田大学政治经济科,结识梁启超和张东荪等人。1909年在东京参与创办《宪政新志》。1912年参与黄远生创办的《少年中国》周刊。1913

年 1 月在梁启超的建议下，途经俄国赴德留学。1915 年底回国任上海《时事新报》总编等职。1923 年与梁漱溟等人组成人生派（玄学派），与胡适等科学派展开了关于科学与人生观的论战。陈独秀评论这场论战，批驳其人生派的唯心主义基本观点，肯定科学派有一定的进步意义，但指出这两派都是从唯心主义论述科学与人生，是"五十步笑百步"，同样陷入唯心史观泥淖。1926 年与李璜合办《新路》杂志。1951 年移居美国。著有《新儒家哲学发展史》《义理学十讲纲要》等，其著述被编入《中国近代思想家文库·张君劢卷》。

张冥飞（1894—？）

【张冥飞】

张冥飞（1894—？），名焘，字季鸿，号冥飞。湖南湘乡人，一说长沙籍。近代进步学者，小说家。精医术，曾任南方大学教授，为南社社员。1920 年所著的《劳农政府与中国》由新文化共进社出版，是我国第一部介绍十月革命及新生红色政权革命建设的著作，促进列宁主义在中国的早期传播。作品有《章太炎国学讲演集》《剑客传》《江湖剑客传》《十五度春秋》等。

【张秋白】

张秋白（？—1928），安徽安庆人。国民党元老。1922 年 1 月作为中国国民党代表，参加远东各国共产党及民族革命团体代表大会。

张秋人（1898—1928）

【张秋人】

张秋人(1898—1928)，乳名友表，学名慕翰，别号秋莼。浙江诸暨人。无产阶级革命家，中国共产党早期党员。与恽代英、萧楚女共同被誉为"广州三杰"。1920 年到上海结识陈独秀等人，开始接受马克思主义。1921 年在上海加入社会主义青年团。1922 年初加入中国共产党，并在党创办的平民女校任英语教员。由于突出的宣传才能，1926 年被派往广州任国民党中央政治委员会机关报《政治周报》编

辑，负责第 8 期到第 13 期。该报停办后，至广州农民运动讲习所任第六期教员，不久调任黄埔军校政治教官，讲授政治经济学。1927 年在杭州被捕，1928 年 2 月 8 日被杀害。译著有《列宁论》《将来之妇女》等。

【张若名】

张若名（1902—1958）

张若名（1902—1958），女。字砚庄，笔名衫陆、一峰等。直隶（今河北）清苑县人。邓颖超的同学。近代妇女运动先驱，天津觉悟社创始人之一，马克思主义在中国的早期传播者。1916 年入直隶第一女子师范。五四运动爆发，投身爱国运动，与郭隆真等发起天津女界爱国同志会，任评议委员、评议部部长，9 月与周恩来等发起爱国团体觉悟社。12 月任天津新学联评议委员会委员长，成为天津学生运动主要领袖之一。1920 年 1 月 20 日《觉悟》正式出版，她以"衫陆"署名发表《"急先锋"的女子》号召广大妇女参与妇女解放运动。同年 11 月与周恩来等一起赴法勤工俭学，接触马克思主义。1922 年 6 月参加旅欧中国少年共产党，翌年转为中共党员。他们在法国组织成立共产主义研究会，学习、传播马克思主义，并在《赤光》上把学习马克思主义的文章集册发表。随后在北京《晨报》《妇女日报》等报刊上发表文章。她以"一峯"笔名撰写马克思主义的重要文献《剩余价值》《阶级斗争》《帝国主义浅说》等，这些文章后被编入《马克思主义浅说》，1925 年 3 月由上海书局出版。该书因通俗易懂受到热烈欢迎，一年内再版 9 次，创造了出版史的奇迹，继而出版通俗本《帝国主义浅说》。留学期间经党组织同意退党。1930 年获得法国里昂大学文学博士学位。回国曾任北京中法大学教授，从事中法文化交流。中华人民共和国成立后，在云南大学中文系执教。著有《纪德的介绍》《欧洲旧现实主义的成就和缺点》等，其著述被整理为《张若名研究资料》。

张绍曾(1879—1928)

【张绍曾】

张绍曾(1879—1928),字敬舆。直隶(今河北)大城人。民国时期政治活动家,军事将领。历任北京政府陆军训练总监、陆军次长、国务总理兼陆军总长等职。武昌起义后,与吴禄贞等举兵反清。1928年被暗杀。

张申府(1893—1986)

【张申府】

张申府(1893—1986),原名崧年,字申甫。直隶(河北)献县人。张岱年之兄、刘清扬的前夫。中国共产党早期党员,中国哲学家,数学家,中国罗素研究第一人。早年入顺天高等学堂中学班。1917年北京大学数学系毕业后留校执教。1918年与李大钊等创办《每周评论》,任《新青年》编委。先后在《新青年》等杂志上翻译罗素的《我们所能做的》《哲学之价值》《梦与事实》《民主与战争》等文,评述其哲学思想,并系统研究罗素的各类著作,宣传研究罗素主义。1920年参加中共早期组织创建工作。10月与李大钊发起中共北京早期组织。1921年春介绍周恩来、刘清扬入党,发起中共旅法早期组织。后与赵世炎、陈公培在巴黎成立共产党小组。1922年与周恩来共同介绍朱德入党。1924年回国后参加黄埔军校的筹建工作,任蒋介石的德文翻译。1925年因反对联共政策而脱党。后长期从事教育工作,及民主运动。抗日战争时期是民主同盟的主要发起人之一。1948年因在《观察》发表是非不分的《呼吁和平》文章,遭到《人民日报》痛批,被民盟开除盟籍,刘清扬为此与之离婚,从此离开政治舞台。中华人民共和国成立后,在北京图书馆任研究员。著有《所忆:张申府回忆录》,其著述被整理为《张申府文集》(4卷)、《燕赵文库·张申府集》(3卷)。

张太雷(1898—1927)

【张太雷】

张太雷(1898—1927),原名张曾让,谱名张孝曾,字泰来,学名张复,自号长铗,曾改名张椿年、张春木等。笔名大雷。江苏武进(今常州市)人。无产阶级革命家,政

561

治活动家，宣传家，中国共产党早期重要领导人之一，中国共产主义青年团的创始人之一，青年运动的卓越领导人。历任青年共产国际执委会委员、中国共产主义青年团书记、中共湖北区执委会书记、中共中央政治局临时常委会常务委员、中共广东省委书记、中共南方局书记等职。1920年毕业于天津北洋大学。1920年春共产国际代表维经斯基等来华商议建党，任翻译，并为中国共产党第一次全国代表大会筹备组翻译《中国共产党宣言》草案，提交马林修改。同年10月加入中共北京早期组织。次年赴苏俄，任共产国际书记处中国科书记。1923年入莫斯科东方劳动者共产主义大学学习。1924年8月回国任上海《民国日报》主笔。在《前锋》《向导》《人民周刊》《中国青年》等刊物上发表百余篇论著，赞扬十月革命，宣传马克思列宁主义及苏俄革命建设。1926年2月主编广东区委机关刊物《人民周刊》，对蒋介石发动的中山舰事件和整理党务案给予揭露和回击。1927年领导广州起义，不幸牺牲。其著述被整理为《张太雷文集》。

张维镛

【张维镛】

张维镛，生卒年、出生地不详。贵州商人。中华全国商会联合会副会长，全国道路协会董事。1924年与胡国光在上海发起成立中国首家汽车有限公司。1925年参与由许冀公等发起创办的旅俄华侨援助会。

【张慰慈】

张慰慈（1890—1976）

张慰慈（1890—1976），字祖训。江苏吴江（今属苏州市）人。近现代政治学家，中国现代政治学研究的开拓者。1912—1917年留学美国，就读爱荷华大学政治学专业。1917年获博士学位，与胡适一同回国，受聘于北京大学，成为中国最早的政治学教授之一。1919年在《每周评论》发表《俄国新宪法》《俄国的土地法》《俄国遗产制度之废止》等文，重点研究俄国制度，对俄国的新宪法、新银行法、土地制度、婚姻制度、遗产制度等进行较为系统的研究。1920年在《新青年》上发表《美国城市自治的约章制度》论文，后相继在《努力周报》《每周评论》《国立北京大学社会科学季刊》等期刊上发表大量时政文章，介绍西方进步思想。曾任教于北京大学、法政大学、上海东吴大学、中国公学等校。著有《英国选举制度史》《市政制度》《政治学大纲》等，其著述被编入《中国近代思想家文库·张慰慈卷》。

张闻天（1900—1976）

【张闻天】

张闻天（1900—1976），原名张应皋（也作张荫皋），字闻天，化名洛甫、洛夫。江苏南汇县（今上海浦东新区）人。无产阶级革命家，理论家，马克思主义者，中国共产党早期重要领导人之一。历任中共中央宣传部部长、中央政治局委员、书记处书记等职，遵义会议中被推举为党内最高负责人。1917年入南京河海工程专门学校，阅读《新青年》，开始倾向革命，并任《南京学生联合会日刊》编辑。五四运动开始从事文艺创作和翻译，公开介绍《共产党宣言》中的"十条纲领"，较早在中国宣传马克思列宁主义。1919年加入少年中国学会。1920年7月与沈泽民一同留学日本。1921年1月回国后任中华书局编辑。1922年1月5日发表《中国底乱源及其解决》，探寻用马克思主义改造中国。不久赴美求学。1924年回国继任中华书局编辑。1925年经沈泽民、董亦湘介绍加入中国共产党。同年前往苏联，先后在莫斯科中山大学、红色教授学院学习、任教。其著述被整理为《张闻天文集》《张闻天译文集》。

张西曼（1895—1949）

【张西曼】

张西曼（1895—1949），又名百禄。笔名希曼、西望等。湖南长沙人。民主革命家，社会活动家，翻译家，马克思主义在中国早期传播者。是"近代中国俄罗斯学的奠基人"，九三学社创始人之一。1912年赴俄国圣彼得堡、莫斯科等地考察。1917年创办东华学校（今哈尔滨第三中学）。十月

革命后，返回符拉迪沃斯托克（海参崴），搜集俄国十月革命的相关著作及宣传品。1919年参加李大钊主持的社会主义研究会，并在北京大学俄文系任教。1920年撰写的《俄国诗豪朴思硜传》，是中国最早专门评介普希金生平的文章。1921年与柏烈伟合编出版《俄文文法》，并任苏俄全权代表越飞的翻译。1922年1月中译本《俄国共产党党纲》作为"康民尼斯特丛书第二种"由广州人民出版社印行初版，该书对马克思列宁主义在中国早期传播影响较大，成为马克思主义入门的必读书籍之一，至武汉国民政府时期已发行七版，对中国共产党创立和国民党改组发挥重要作用。译著有《苏俄民法》《苏俄刑法》《苏俄宪法》等，著有《中等俄文典》《新俄罗斯》等，其著述被整理为《张西曼纪念文集》。

张学良（1901—2001）

【张学良】

张学良（1901—2001），字汉卿，号毅庵，乳名双喜、小六子。祖籍直隶（今河北）大城，奉天（今辽宁）海城人。张作霖长子。民主爱国军事将领。1920年毕业于东三省陆军讲武堂，于奉系军中任职。皇姑屯事件后，继任为东北保安军总司令，拒绝日本拉拢，坚持东北易帜，为祖国统一做出贡献。1936年12月发动西安事变，积极主张国共合作，扭转中国时局，为中国全面抗战做出了巨大贡献。其著述被整理为《张学良文集》（全2册）。

【张永奎】

张永奎（1893—1977），俄文名华西里·亚历山大罗维奇。辽宁辽阳人。近现代政治人物，旅俄华工领袖。童年时被俄国医生收养。1915年考入圣彼得堡大学法律系。毕业后任圣彼得堡旅俄华侨联合会秘书。1918年底在旅俄华工联合会第一次群众大会上，当选莫斯科分会主席。1919年3月以中国社会主义工人党的名义参加共产国际第一次代表大会。

张元济（1867—1959）

【张元济】

张元济（1867—1959），字筱斋，号菊生。祖籍浙江海盐，生于广东。近现代出版家，教育家，爱国实业家。1902年进入商务印书馆，历任编译所所长、经理、监理、董事长等职。在其主持下，商务印书馆成为民国时期最具有影响的出版机构之一，出版了大量的进步文化书籍，新编现代教科书，产生了巨大影响。民国时期，出版了《综合研究各国社会思潮》《马克思经济学说》《经济史观》《社会问题详解》《妇女之过去与将来》《马克斯学说概要》《劳农俄国研究》《社会主义之思潮及运动》《妇人和社会主义》《马克思主义与唯物史观》《赤都心史》《社会主义史》《社会组织与社会革命》《资本论大纲》《价值价格及利润》（今译《工资、价格和利润》）等数十本马克思主义书籍，为传播马克思主义做出了宝贵贡献。其著述被整理为《张元济日记》《张元济文集》（10卷）。

张之洞（1837—1909）

【张之洞】

张之洞（1837—1909），字孝达、芗（香）涛，号壶公。祖籍直隶（今河北）南皮，贵州兴义人。晚清名臣，清朝洋务派代表人物。历任内阁学士、巡抚、总督、军机大臣、体仁阁大学士等职，晚清中兴四大名臣之一。主张反抗侵略，兴办洋务企业，鼓励变法图治，提倡经世致用的实学，声援《时务报》《湘学报》等。其著述被整理为《张之洞全集》（12册）。

张作霖（1875—1928）

【张作霖】

张作霖（1875—1928），字雨亭，小名张老疙瘩。奉天（今辽宁）海城人。北洋军阀奉系首领。1916年任奉天督军，1924年第二次直奉战争后控制中央政权。1927年6月任中华民国陆海军大元帅，成为北洋政府最后一任国家元首。1928年6月4日其乘坐的火车在皇姑屯被日军炸毁，后身亡，史称皇姑屯事件。

章士钊（1881—1973）

【章士钊】

章士钊（1881—1973），字行严。笔名黄中黄、青桐、秋桐。湖南长沙人。近现代学者，社会活动家。近代有影响力的政论家之一，历任北洋政府司法总长兼教育总长、同济大学教授、北京大学教授、北京农业学校校长等职。曾创办《民吁日报》，任上海《苏报》主笔，先后任《民立报》《甲寅》主编，发表大量政论文章，其主编的《甲寅》被认为是新文化运动的先声。1917年举荐李大钊、杨昌济到北京大学任教，并举荐李大钊任北京大学图书馆馆长。1923年任上海《新闻报》主笔，撰文痛斥社会腐败。1927年李大钊被奉系军阀逮捕后，他设法积极营救。其著述被整理为《章士钊全集》(10卷)、《中国近代思想家文库·章士钊卷》。

【章书谦】

章书谦，生卒年、籍贯不详。1920年自费赴德留学，加入寰球中国学生会。回国后任教于中德产科女医学校。

章太炎（1869—1936）

【章太炎】

章太炎（1869—1936），名炳麟，初名学乘，字枚叔，一作梅叔，后改名绛，号太炎，早年又号膏兰室主人、刘子骏私淑弟子等。笔名章燐、西狩等。浙江余杭（今属杭州市）人。近代民主革命家，思想家，学者。注音符号设计者，中国医学院首任院长。1899年东渡日本，结识孙中山。1903年在《苏报》发表《驳康有为论革命书》，并为邹容《革命军》作序。1906年任《民报》主笔，曾主张社会主义，与片山潜等日本社会主义者过从甚密。主张革命，与梁启超等立宪派论战，促进国人思想解放。1913年发表《驳建立孔教议》，反对尊儒教及复辟帝制。1922年在上海讲学。晚年专注于学术。其著述被整理为《章太炎全集》（20册）。

章锡琛（1889—1969）

【章锡琛】

章锡琛（1889—1969），别名雪村、昔尘、君实。浙江绍兴人。出版家，媒体人。上海商务印书馆《东方杂志》《妇女杂志》主编，上海《时事新报》副刊、《现代妇女》、上海《民国日报》副刊、《妇女》周刊编辑。1918年4月至1920年9月在《东方杂志》上发表《俄国社会主义运动之变迁》《俄国之土地分给问题》《劳农共和国与理想社会》等有关俄国社会主义建设的文章。1925年冬在郑振铎、胡愈之、吴觉农等支持下创办《新女性》杂志社，任主编，积极声援五卅运动。1926年8月创办开明书店。四一二反革命政变后，与胡愈之等联名登报向国民党提出抗议。中华人民共和国成立后，历任出版总署处长、中华书局副总编辑等职。著有《文史通义选注》《马氏文通校注》等。

章宗祥（1879—1962）

【章宗祥】

章宗祥（1879—1962），字仲和。浙江吴兴（今湖州市）人。民国时期政治人物。1899年留学日本，1905年与董康联合纂拟《刑律草案》（稿本），是中国近代法学史上第一部由国人主持起草的刑法草案。1916年6月接替陆宗舆赴日任驻日公使，1919年因巴黎和会上主张对日本占领山东采取妥协态度，被斥为亲日派、汉奸。他与曹汝霖、陆宗舆于1919年6月10日被免职。后任中华汇业银行总经理、北京通商银行总经理等职。著有《新刑律颁布之经过》《任阙斋主人自述》等，其著述被整理为《章宗祥游学游历四种》。

【赵必振】

赵必振（1873—1956），又名震，字曰生，号星庵。笔名赵振、民史氏等。湖南武陵县（今常德市武陵区）人。晚清秀才，近代翻译家。戊戌变法失败后，在家乡组织自立军，进行推翻清王朝的斗争。自立军起义失败后，亡命日本。在《清议报》《新民丛报》做校对、编辑工作，撰写文章，抨击清政府。在日本与章炳麟、陈天华等志士交往密

赵必振（1873—1956）

切，接触资产阶级民主思想和社会主义思潮，翻译日本社会主义和埃及、波斯等国历史的书籍。1903年翻译日本福井准造的《近世社会主义》，由上海广智书局出版并多次再版。此书比较系统、详细地介绍马克思的生平及其学说，被学界称赞为"中国近代第一本较系统介绍社会主义学说的译著"。后参加辛亥革命，曾在北京政府财政部任职。中华人民共和国成立后，历任湖南省文物管理委员会委员、湖南省文史研究馆馆员等职。著有《自立会纪实史料》《〈自立会人物考〉增补》等，译著有《20世纪之怪物——帝国主义》《社会改良论》等，其著述被整理为《赵必振文集》。

赵秉钧（1859—1914）

【赵秉钧】

赵秉钧（1859—1914），字智庵。河南临汝人。清末民初政治人物。长期追随袁世凯，被任命为第3任国务总理。

赵恒惕（1880—1971）

【赵恒惕】

赵恒惕（1880—1971），字夷午、彝午，号炎午。湖南衡山人。近现代政治人物。湖南军政首领，联省自治拥护者，二次革命和国民党内反孙中山派系的代表人物之一。

【赵继贤】

赵继贤（1885—1951），山东历城人。民国时期军事将领。京汉铁路管理局局长，他因处决了京汉铁路大罢工的工人领袖林祥谦、京汉铁路总工会法律顾问施洋，才酿成二七惨案。

赵南公（1882—1938）

【赵南公】

赵南公（1882—1938），原名赵荣弟。直隶（今河北）曲阳县人。民主革命家，出版家。泰东图书局的创办人之一，上海四马路商界联合会会长。新文化运动时期，创办杂志《新的小说》《新人》，并承担《评论之评论》《民铎》《家庭研究》《国民》等期刊的发行工作，开创"新潮丛书""新人丛书""小本小说"三种丛书,先后出版《〈尝试集〉批评与讨论》《政治经济学》《失业者问题》、杜威的三部演讲集《教育哲学》《哲学史》《实验伦理学》等图书。邀请鲁迅等人编辑《世界文化》月刊。1921年改组泰东图书局编辑部,聘请成仿吾、郭沫若等任编辑,出版新诗集《女神》,改译德国小说《茵湖梦》,标点元代杂剧《西厢记》。因支持创办《创造》季刊、《创造周报》《创造日》,使泰东图书局成为"创造社的摇篮"。力主出版马克思的《工资劳动与资本》、"画室"(冯雪峰的笔名)重译的日译本列宁的《卡尔·马克思》(改名为《科学的社会主义之梗概》)等,客观上促进了马克思主义传播。其日记手稿被整理为《赵南公日记》。

【赵世炎】

赵世炎(1901—1927)

赵世炎(1901—1927),又名琴荪,字琴生,号国富。笔名乐生、列父、罗敬、琴荪、施英、识因、士炎、言、炎、乐等。重庆酉阳人。中国共产党早期杰出的无产阶级革命家,马克思主义理论家,宣传家,著名的工人运动领袖。1915年考入北京高等师范学校附中,受《新青年》影响,投身新文化运动。参与编《平民》周刊、《少年》《工读》等进步刊物,宣传反帝反封建思想,主张社会主义。1920年赴法勤工俭学,在法国参加旅法共产主义小组。1922年6月参与创建旅欧中国少年共产党,任中央执委会书记。随后任中共旅欧总支部委员、中共法国组书记。1923年赴莫斯科东方劳动者共产主义大学学习。1924年回国后,历任中共北京地方执委会委员长、中共北方区执委会宣传部部长兼职工运动委员会主任等职。1924—1925年曾在《民国日报》副刊《觉悟》《政治生活》等期刊发表《世界与列宁主义》《列宁》《十月革命》《列宁的生平与教训》《列宁——实行家》《"二七"纪念与列宁主义》《列宁主义之理论与实际》等文,促进列宁主义广泛传播。1927年3月参加领导上海第三次工人武装起义。5月出席中国共产党第五

次全国代表大会，当选中央委员。后任中共江苏省委常委、代理书记。1927年7月19日壮烈牺牲。著有《说少年》《遥望莫斯科》等，其著述被整理为《赵世炎文集》。

赵醒侬（1899—1926）

【赵醒侬】

赵醒侬（1899—1926），原名性和，又名赵平、心农、兴隆、赵干等。江西南丰县人。江西革命先驱，江西党团组织的创始人。1920年7月加入上海工商友谊会，在该会刊物《上海伙友》发表《为今日问问伙友们》《还不打破旧习惯么！》等文，唤醒民众，改造社会。1921年加入中国社会主义青年团，不久由团转党。1922年受党的派遣回赣工作，着手创建中共江西地方党团组织。1月参与创建南昌文化书社，发表《南昌文化书社宣言》，并发行《中国青年》《向导》《先驱》《共产主义的ABC》《唯物史观》等革命书刊。1923年1月组建中国社会主义青年团南昌地方团，任执行委员会委员长。1923年2月与方志敏、袁玉冰等组织成立民权运动大同盟和马克思主义学说研究会，出版《青年声》周报，宣传马克思主义。1925年组织成立南昌铅印工会和海员工会，并创建江西省第一个农民协会。6月开办明星书社。8月创建黎明中学，成为培养革命干部和开展活动的秘密场所。1926年9月16日牺牲。11月28日《向导》周报刊载《悼赵醒侬同志》，称赞其是"江西党的组织者""江西民族革命运动的先锋"。其著述被整理为《赵醒侬专集》。

郑伯奇（1895—1979）

【郑伯奇】

郑伯奇（1895—1979），原名郑隆谨，字伯奇。笔名东山、虚舟、何大白、方钧、郑君平、席耐芳、华尚文、乐游、郑平子、苏萍等。陕西长安人。近现代作家。曾任少年中国学会会员。1917年赴日留学，1921年加入创造社。1926年回国，任广州中山大学教授，兼黄埔军校政治教官。1927年主编《文艺生活》。后任良友图书印刷公司编辑，主编《电影画报》《新小说》等刊。主要作品有《抗争》《轨道》等,其作品被整理为《郑伯奇文集》《郑伯奇研究资料》。

【郑超麟】

郑超麟(1901—1998)

郑超麟(1901—1998),字则连,号玉尹老人,曾化名马道甫(Марлотов)、元和、王绳祖等。笔名丝连、超麟、林伊文、林超真、曹真、绮纹、舒严、唐虞世等。福建漳平人。中国共产党早期党员。1919年中学毕业半公费赴法留学。1922年参加旅欧中国少年共产党。1923年被派到莫斯科东方劳动者共产主义大学留学,听过托洛茨基、布哈林的讲演,参加过列宁的追悼会。1924年正式转为中共党员,同年秋奉命回国,在上海中共中央宣传部工作,编辑《向导》,并任上海大学教员。1925年主编《热血日报》,参加五卅运动、中国共产党第五次全国代表大会、汉口八七会议,曾任中共湖北省委常委兼宣传部部长。1927年主编《布尔什维克》。他对列宁主义在中国早期传播最大的贡献是翻译列宁主义经典诠释本《共产主义的ABC》《列宁主义概论》《马克思主义者的列宁》《农民问题》等,这些书籍对邓小平、陈云、许继慎等革命知识分子确立马克思主义信仰影响深远,启蒙早期中国共产党人自觉把列宁主义与中国实际相结合。八七会议后随中共中央秘密回到上海,任中宣部秘书、中共中央组织局出版分配科负责人、党报委员会委员兼秘书、《布尔塞维克》编辑委员会委员、红旗编委会成员等职。1929年底因参加中国托派组织被开除出党。晚年任上海市第六届政协委员、市政协文史资料委员会委员。著有《郑超麟回忆录》《史事与回忆——郑超麟晚年文选》《怀旧集》等,其著述被整理为《郑超麟早年文选(1922—1929)》。

【郑次川】

郑次川(1887—1925),原名梦驯。浙江衢县(今浙江衢州)人。近代翻译家,学者。曾任《衢报》主笔。上海

571

中国公学毕业。1917年赴日本东京帝国大学教育系学习。1919年回国参加五四运动，后在上海商务印书馆编译所任职。1920年8月翻译出版的恩格斯《科学社会主义》一书，被编入王岫庐（王云五）主编、校订的"公民丛书"社会类第三种，这是我国首次以小册子形式出版的恩格斯著作，与陈望道译本《共产党宣言》等成为马克思主义在中国最早传播的经典著作，是马克思主义入门必读书籍之一。著有《俄罗斯一瞥》《古白话文选》《近人长篇白话文选》等。

郑凯卿（1888—1966）

【郑凯卿】

郑凯卿（1888—1966），乳名八斤，曾用名杨凯。湖北武昌（今属武汉市）人。中国共产党第一位工人党员。早年在武昌文华大学当校工。1920年2月结识陈独秀，陈独秀嘱咐他深入汉口人力车夫行、码头、武昌织布局等工人中进行调查，其调查报告在《新青年》上发表。在陈独秀的影响下，投身工人运动。1920年10月中共武汉早期组织成立，成为第一批党员。1921年10月参加中国劳动组合武汉分部的活动。1923年参加京汉铁路大罢工。罢工失败后四处避难，与党组织失去联系。1966年11月15日在湖北潜江病逝。

【郑佩刚】

郑佩刚（1890—1970），广东香山（今属中山市）人。无政府主义者，又新印刷厂负责人。

郑谦（1876—1929）

【郑谦】

郑谦（1876—1929），字鸣之，号觉公。江苏溧阳人。清末廪生。民国时期政治人物，军事将领。早年毕业于日本法政大学，先后任黑龙江省政务厅厅长、江苏省省长、北京政府陆军部参事等职。

郑太朴(1901—1949)

【郑太朴】

郑太朴（1901—1949），名松堂，字贤宗，号太朴。江苏嘉定（今属上海市）人。近现代数学家，翻译家，社会活动家，中国共产党早期党员，农工民主党早期的重要领导人。五四时期在《觉悟》上发表文章，自称"中国式的无政府主义者"，提出产业救国主张。1921年5月陈独秀在《新青年》上发表《中国式无政府主义》，施存统在《觉悟》上发表《经济组织与自由平等》《再与太朴论主义的选择》等文章，对他的无政府主义观点进行批判。这场论战对他触动颇深，使之对马克思主义的认识得到进一步提高，于1922年加入中国共产党。同年秋赴德留学，在德国哥廷根大学学习数学，除翻译数学著作外，还为由李大钊、李达、李汉俊、陈独秀、陈望道等人发起组织的新时代丛书社出版的《新时代丛书》翻译《进化（从星云到人类）》等科学普及著作，向中国读者介绍国外先进的科学成果。1924年根据党组织安排，以个人名义加入中国国民党。回国后参加北伐战争，任国民党中央农民部秘书，协助邓演达开展农民运动。大革命失败后自动脱党，任同济大学德文补习科及附设中学数学教员。译著有《自然哲学的数学原理》《平面解析几何》《数论尺规作图及周率》等，著有《物理学小史》等。

【郑振铎】

郑振铎（1898—1958），原名木官，字警民，又字铎民。笔名郭源新、落雪、西谛等。祖籍福建长乐，浙江温州人。作家，学者，文学史专家，社会活动家。1917年就读北京铁路管理传习所，大量阅读社会科学和俄国文学书籍，并结识瞿秋白，成为挚友。五四运动期间，发起组织救国演讲周刊社，创办《救国讲演周刊》。1919年11月与瞿秋白、耿济之等创办并主编《新社会》旬刊。1920年4月在该刊第17期至19期连续三期开办"劳动号"，发表《什么是劳动问题》《理想社会里的人类工作》《"五一"的纪念》等系

573

列论文，鼓吹工人运动。1921年与耿济之翻译《国际歌》。同年初与茅盾、叶圣陶等人发起成立我国第一个革命文学社团——文学研究会。1923年在《小说月报》第14卷第8期发表《关于俄国文学研究的重要书籍介绍》，系统传播无产阶级文学。1925年参与创办《公理日报》，声援五卅运动。四一二反革命政变后，与胡愈之等人致信国民党当局，强烈抗议屠杀革命群众，险遭逮捕。其著述被整理为《郑振铎全集》《郑振铎自述》。

郑志云（1901—1928）

【郑志云】

郑志云（1901—1928），幼名谭革。广东海丰人。中国共产党早期党员。五四时期组创群进会、海丰学生联合会，并发动学生张贴"毋忘国耻"标语，演出《朝鲜亡国恨》《打倒曹、章、张》《秋瑾》等话剧，以激发人民群众关心国事和反帝反封建的爱国热忱。1921年参加社会主义研究社，主编《新海丰》，宣传马克思主义。1922年加入中国社会主义青年团，成为彭湃开展农运活动的骨干力量。1924年加入中国共产党。1927年参与领导海陆丰三次农民起义，创建海陆丰苏维埃政权。1928年9月27日在惠来县被捕就义。著有《海陆丰斗争经过经验及前途》等。

芝诺（约公元前336—约前264）

【芝诺】

芝诺（Zeno of Citium，约公元前336—约前264），生于塞浦路斯岛的季蒂昂。古希腊数学家，哲学家，斯多葛学派创始人。倡导斯多葛主义，重视从顺应自然的美德生活中获得善良和内心的平静。著有《理想国》《论依照自然生活》《共和国》等。

【志津野又郎】

志津野又郎（シズノ マタロウ，1876—1942），日本福冈县人。堺利彦的表弟。日本翻译家。与堺利彦共同翻译美国作家辛克莱的小说《密探》(也称《间谍》)。

栉田民藏（1885—1934）

【栉田民藏】

栉田民藏（クシダ タミゾウ，1885—1934），日本福岛县人。日本马克思主义经济学家。1912年毕业于日本京都帝国大学，曾任日本同志社大学教授、法学部部长等职。在劳动价值学说、地租论、日本农业问题的研究上成就显著。后赴德留学，回国后潜心研究唯物主义的历史观和马克思经济学的价值理论，发表多篇论文。1923年施存统将他的著作《唯物史观》第三章《唯物史观在马克思学上的位置》翻译成中文，该文对马克思主义在中国早期传播产生一定影响。1926年翻译考茨基的《马克思恩格斯评注》。著有《马克思主义价值观研究》《关于马克思价值概念的考察》《唯物史观》《价值与货币》《社会问题》等，其著作被整理为《栉田民藏全集》（5卷）（日文版）。

周恩来（1898—1976）

【周恩来】

周恩来（1898—1976），字翔宇，乳名大鸾，曾用名飞飞、伍豪、少山、冠生等。祖籍浙江绍兴，江苏淮安人。伟大的无产阶级革命家，政治家，军事家，外交家，中国共产党、中华人民共和国和中国人民解放军的主要缔造者和领导人之一。早年在南开学校读书时，与同学共同发起敬业乐群会，办《敬业》月刊，任《校风》主编。1917年留学日本，接触到马克思主义。五四运动爆发，回到天津参加运动。1919年7月主编《天津学生联合会报》，用"伍豪"笔名在报刊上发表时评文章。9月与郭隆真、邓颖超、刘清扬等人组织成立进步团体觉悟社。1920年因在天津领导工商界和学生集会游行而被捕，在狱中宣讲马克思战斗人生、唯物史观和剩余价值理论等。同年11月赴法勤工俭学。1921年成为旅法共产主义小组和旅欧中国少年共产党骨干。为在欧洲创建党的早期组织，开辟马克思主义在中国早期传播的欧洲渠道做出了杰出贡献。1924年回国后，任黄埔军校政治部副主任、主任，并主持建立主要由中国共产党骨干组成的叶挺独立团，成为中国共产党独立创建革命军

队的雏形。其间发表《共产主义与中国》《宗教精神与共产主义》《无产阶级革命的俄罗斯》《列宁死后的苏联》等文章。1927年5月在中国共产党第五次全国代表大会上当选为中央委员，在中共五届一中全会上当选为中央政治局委员。7月12日中共中央改组，任中共中央政治局临时常务委员会委员。第一次国共合作全面破裂后，和贺龙、叶挺、朱德、刘伯承等于8月1日在江西南昌领导武装起义，任中共前敌委员会书记。其著述被整理为《周恩来选集》（上下卷）。

【周凤岐】

周凤岐（1879—1938）

周凤岐（1879—1938），原名清源，字恭先。浙江长兴人。近现代军政人物。早年经秋瑾介绍加入光复会。大革命时期任国民革命军第二十六军军长。四一二反革命政变时，率部收缴上海工人纠察队武器，屠杀中国共产党人和革命群众。1938年3月7日被暗杀于上海。

【周佛海】

周佛海（1897—1948）

周佛海（1897—1948），本名周福海，原名明繁，字子美。笔名佛海、无僻等。湖南沅陵人。近现代政治人物。1917年留学日本，入日本第七高等学校学习。其间受日本社会主义、马克思主义思想感染，参加中共日本早期组织，成为中国共产党第一次全国代表大会代表，政治立场由基尔特社会主义转向马克思主义，在《共产党》月刊、《新青年》《民国日报》副刊《觉悟》上发表了《俄国共产政府成立三周年纪念》《进化与革命》《我们为什么主张共产主义》《夺取政权》等30多篇文章，翻译《马克斯经济学原理》，主张苏俄革命道路，进行无产阶级革命。1922年到京都帝国大学深造，在中国共产党早期党员中成为河上肇唯一的入室弟子。1924年脱离中国共产党，与马克思主义信仰渐行渐远，最终走向反动。抗日战争时期是汪精卫伪政权的重要成员，成为大汉奸。著有《苦学记》《扶桑笈影溯当年》《三民主义理论体系》等，后人编有《周佛海日记全编（上下）》。

【周诠】

1922年1月出版的《俄国革命记实》的译者，生平不详。

【周震鳞】

周震鳞（1875—1964）

周震鳞（1875—1964），字道腴，晚号苦行翁。湖南长沙人。近现代教育家，政治人物。历任湖南劳军使、国民党广东支部总务长、广州国民政府委员等职。1905年加入中国同盟会，后前往日本法政大学学习。回国后任教于安徽公学、京师大学堂。辛亥革命后创办《真共和报》。著有《周震鳞自序》《议会斗争回忆录》等，其著述被整理为《周震鳞墨迹诗文选集》。

【周自齐】

周自齐（1869—1923）

周自齐（1869—1923），字子廙。祖籍山东单县，广东潮州人。外交家，政治家，教育家，经济学家，实业家。历任署理教育总长兼代国务总理等职，摄行大总统职责。1909年主持选拔庚款留美学生，并创办游美学务处肄业馆（后改名为清华学堂，即清华大学前身）。1911年4月清华学堂正式开学，任监督（校长）。1922年黎元洪复职大总统后退出政界，考察欧美实业。

【周作人】

周作人（1885—1967）

周作人（1885—1967），原名櫆寿（后改为奎绶），字星杓，又名启明、启孟、起孟。笔名遐寿、仲密、岂明，号知堂、药堂等。浙江绍兴人。鲁迅（周树人）之弟、周建人之兄。作家，翻译家，思想家。中国民俗学开拓人，新文化运动代表人物。历任国立北京大学教授、东方文学系主任、燕京大学新文学系主任、客座教授等职。1909年与鲁迅共同翻译出版《域外小说集》。在新文化运动中发表《人的文学》《平民文学》《思想革命》等思想启蒙文章，

是《新青年》重要同人作者，并任新潮社主任编辑。五四运动后，与郑振铎、沈雁冰、叶绍钧、许地山等人发起成立文学研究会，并与鲁迅、林语堂、孙伏园等创办《语丝》周刊，任主编和主要撰稿人。抗日战争时期曾任汪伪华北政务委员会教育总署督办。翻译作品有《希腊神话》《伊索寓言》《源氏物语》等，主要作品被整理为《周作人作品集》。

朱德（1886—1976）

【朱德】

朱德（1886—1976），原名代珍，字玉阶，曾用名朱建德，笔名玉垓。四川仪陇人。伟大的马克思主义者，伟大的无产阶级革命家，政治家，军事家，中国人民解放军主要缔造者之一，中华人民共和国开国元勋。1909年就读云南陆军讲武堂。同年加入中国同盟会。1911年10月参加重九起义，以响应武昌起义。1912年留校任教。1917年任滇军旅长，参加四川护法战争。受十月革命和五四运动的影响，学习俄国革命经验和世界各种新思潮，初步接触马克思主义。1922年8月赴德。11月经张申府、周恩来介绍加入中国共产党。1923年抵德国哥廷根，次年入哥廷根大学进修，阅读《共产党宣言》《马克思、恩格斯通信集》《社会主义从空想到科学的发展》《共产主义的ABC》等书。1925年因参加革命，遭德国当局逮捕。7月赴莫斯科东方劳动者共产主义大学，学习现代军事。1926年5月回国参加北伐战争。1927年参加南昌起义。新民主主义革命时期，历任中国工农红军总司令、八路军总司令、中国人民解放军总司令等职。其著述被整理为《朱德选集》《朱德研究文集》(共5册)。

朱镜我（1901—1941）

【朱镜我】

朱镜我（1901—1941），原名德安，又名得安。笔名镜吾、谷荫、朱怡庵、张焕明等。浙江省鄞县（今属宁波市）人。作家，翻译家，左翼作家联盟的发起人之一。早年入宁波甲种工业学校。1918年赴日留学，入东京帝国大学文学部，接触马克思主义。1927年回国，参加创造社，主编《文化批判》月刊，批判资本主义，宣传马克思主义，提出无产阶级革命文学口号。1928年翻译《社会主义底发展》（即恩格斯的《社会主义从空想到科学的发展》）。此书成为我国最早出版的恩格斯著作的全译中文单行本，产生了巨大影响。1928年5月参加中国共产党。著有《论现阶段的英美远东政策》《美国的参战趋势与世界大战的持久性》等，其著述被整理为《朱镜我文集》。

【朱谦之】

朱谦之（1899—1972）

朱谦之（1899—1972），字情牵。笔名闽狂、古愚、左海恨人、AA等。福建福州人。哲学家，历史学家，无政府主义者。1917年考入北京大学法预科，其间著有《政征书》《周秦诸子统述》《太极新图书》等，主张虚无主义、无政府主义。在《新中国杂志》接连发表《虚无主义哲学》《虚无主义与老子》等文。中国杂志社以《现代思潮批评》为书名将他该时期的论文集结出版。法预科毕业后，转入北京大学哲学系。五四运动时期，任《北京大学学生周刊》和宣传无政府主义的杂志《奋斗》编辑。1920年纪念五一劳动节时，在《北京大学学生周刊》上发表《劳动节的祝辞》，首次提出"劳动人民神圣"口号。著有《中国哲学史简编》《中国哲学史史料学》《日本哲学史》《日本的朱子学》等，其著述被整理为《中国近代思想家文库·朱谦之卷》《朱谦之全集》（10卷）。

【朱务善】

朱务善（1896—1971）

朱务善（1896—1971），曾用名王理堂、王一鸣、朱悟禅等，俄文名字为伯·易·欧西皮夫。湖南津市人。中国共产党早期党员。曾任科学出版社副社长。1919年4月进入北京大学，投身爱国运动，任北京大学学生会主席、北京学生联合会主席。其间参加北京大学平民教育讲演团，向国人进行文字普及，宣传新思想。1920年3月在李大钊指

导下，与罗章龙、邓中夏等发起北京马克思学说研究会，深入学习、研究马克思主义。同年11月加入北京社会主义青年团。1921年上半年经过李大钊、邓中夏介绍加入中共北京早期组织。1924年当选中共北方区委委员，任北京《民报》中文版编辑，在副刊节译列宁《帝国主义是资本主义发展的最后阶段》。1925年受党委派前往苏联，先后在莫斯科中山大学、列宁格勒军政大学学习。1935年毕业后，先后在莫斯科东方劳动者共产主义大学、苏联科学院、苏联历史学院、东方语言学院、列宁格勒大学任教师和研究员，主要从事中国史研究。1937年在苏联蒙冤入狱。1953年被平反。1955年回到别离30年之久的祖国，中共中央组织恢复并承认其中国共产党党籍。

【朱应会】

朱应会（1900—？），字季成。湖南汝城人。朱应祺之弟。学者，翻译家。早年到日本东京帝国大学留学，回国后曾在湖南大学、武昌大学、中山大学、上海大学等校任教。与其兄朱应祺合作翻译"马克斯（即马克思）研究丛书"（共10部译著，由泰东图书局于1928—1930年出版）、日本学者北泽新次郎的《劳动经济论》（泰东图书局1928年版）。独译苏联学者苏柯罗夫的《俄罗斯的革命经过》（太平洋书店1928年版）等著作。译著有《雇佣劳动与资本》等。

【朱应祺】

朱应祺（1892—？），别号子山。湖南汝城人。朱应会之兄。民国时期政治人物，翻译家。历任湖南省宪法审查员、湖南华洋筹赈会评议会的评议员、临时代理中国驻伦敦总领事馆主事等职。早年留学日本早稻田大学。与其弟朱应会合作翻译"马克斯研究丛书"（共10部译著，由泰东图书局于1928—1930年出版）、日本学者北泽新次郎的《劳动经济论》（泰东图书局1928年版）等。与其弟朱应会合译《工资、价格和利润》等。

【朱枕薪】

朱枕薪（1903—？），本名朱锡昌。江苏苏州人。记者，编辑。早年就读江苏省立第一师范学校。五四运动时期组织人社，宣传新文化。1922年以记者身份出席远东各国共产党及民族革命团体代表大会，并在《东方杂志》上发表《苏维埃俄罗斯底过去与现在》，介绍苏俄革命与建设。回国后曾在上海大学执教，任锦州《新生报》总编辑、《益世报》社论主撰、大连《泰东日报》编辑等职。1927年在《新国家》发表《中国共产党运动之始末》一文，较早记载1920年维经斯基来华的活动。20世纪20年代编译出版《俄国革命史》《劳农俄国之考察》《俄罗斯之妇女》《俄国革命论丛》等，著有《俄罗斯之赤心》等。

朱执信（1885—1920）

【朱执信】

朱执信（1885—1920），名大符，字执信。笔名蛰伸、县解、去非、前进等。祖籍浙江萧山，广东番禺人（今属广州市）。民主革命家，理论家，思想家。1904年留学日本，1906年1月撰写《德意志社会革命家小传》，介绍马克思、恩格斯活动和《共产党宣言》《资本论》片段，最早把马克思阶级斗争和剩余价值等理论介绍给中国读者。五四运动期间，协助孙中山撰写《建国方略》，并发表《革命党应该如何》等文章赞颂十月革命。在上海创办《民国日报》副刊《星期评论》以及《建设》杂志，撰写大量政论文章，宣传三民主义，介绍马克思、恩格斯生平和社会主义理论。其著述被整理为《朱执信文存》（2册）、《中国近代思想家文库·朱执信卷》。

卓恺泽（1905—1928）

【卓恺泽】

卓恺泽（1905—1928），乳名阿培。笔名坎石，化名郑百年、祝晋年等。浙江奉化（今属宁波市）人。中国共产党早期党员，编辑。历任中国共产主义青年团中央执行委员、中国共产主义青年团北京地委书记、中共北京地委书记等职。1923年8月入北京华北大学，参加中国社会主义青年团。同年12月加入中国共产党。五卅运动爆发，参加北京的爱国运动，为北京学联负责人之一，组织"惨案雪耻会"，发动学生罢课。曾担任《中国青年》《政治生活》编辑，发表《讨论国家主义并质曾琦》《戴季陶心劳日拙》《拥护广州革命政府》《反帝国主义怒涛中反革命势力膨胀》等30余篇文章，宣传马克思列宁主义与革命理论。1928年3月被委任为共青团中央特派员兼共青团湖北省委书记，赴武汉工作，4月19日在武昌出席秘密会议时被捕，4月26日英勇就义。

兹拉托夫拉茨基（1845—1911）

【兹拉托夫拉茨基】

即尼古拉·尼古拉耶维奇·兹拉托夫拉茨基（Николай Николаевич Златовратский，1845—1911），中译名有"兹拉托符腊脱斯基"等。生于俄国弗拉基米尔。俄国民粹派作家。受列夫·托尔斯泰思想的影响，对不抵抗观点产生兴趣，主张将农村社会理想化。著有《农民陪审员》等。

资耀华（1900—1996）

【资耀华】

资耀华（1900—1996），本名资朝琮，字璧如。湖南衡州府（今衡阳）人。现代金融家，银行家。17岁留学日本，26岁毕业于日本京都帝国大学经济学院，后到美国宾夕法尼亚大学沃顿工商管理学院进修，曾到美国哈佛大学工商管理学院研究和考察。1923年在《学艺杂志》第5卷第7期上发表《亚丹斯密与马克思之关系》，此文后收录于1926年商务印书馆出版的《唯物史观研究》论文集中。中华人民共和国成立后，历任上海银行总经理、中国人民银行总行参事室主任、第一至七届全国政协委员等职。著有《世纪足音》等，其著述被整理为《资耀华文存》。

紫式部（约970—1019）

【紫式部】

紫式部（ムラサキシキブ，约970—1019），本姓藤原，名字不详，式部是她的父亲为官时的官职——式部大臣。日

本平安京人。因为家族姓藤原，后嫁给藤原孝宣为妻，故称为"藤式部"。日本平安时代的作家，歌人。曾任一条天皇中宫彰子的官家兼教师，《源氏物语》的作者。《源氏物语》中女主人公紫姬为世人传诵，遂又称作紫式部。

邹鲁（1885—1954）

【邹鲁】

邹鲁（1885—1954），原名澄生，后改为鲁，字海滨。广东大埔（今属梅州市）人。政治家，教育家，学者。曾为乐群中学（大埔中学前身）、潮州师范、中山大学的创办人，及中山大学第一任校长。1905年参加中国同盟会。1911年创办《可报》，鼓吹革命排满。1914年任《民国》杂志编辑。1924年6月任广东大学校长。孙中山逝世后，为西山会议派核心人物之一，从事分裂活动。著有《中国国民党党史稿》《邹鲁回忆录》等，其著述被整理为《邹鲁校长治校文集》。

邹容（1885—1905）

【邹容】

邹容（1885—1905），原名桂文，又名威丹、蔚丹、绍陶，留学日本时改名邹容。四川巴县（今重庆巴南区）人。近代民主革命人士，资产阶级革命宣传家。1902年赴日本留学，发起组织中国学生同盟会。著有《革命军》，宣传革命思想，由上海大同书局印行，署名"革命军中马前卒邹容"，章太炎作序。后被捕入狱，病逝狱中。被孙中山追赠为大将军。著有《流血革命》等，其著述被整理为《邹容集》。

祖巴托夫（1864—1917）

【祖巴托夫】

即谢尔盖·瓦西里耶维奇·祖巴托夫（Сергей Васильевич Зубатов，1864—1917），中译名有"次巴特夫""杜巴特夫""苏巴托夫"等。生于俄国莫斯科。沙俄宪兵上校。"警察社会主义"（祖巴托夫主义）的炮制者和鼓吹者，曾任莫斯科暗探局局长。提出使工人运动脱离政治斗争、纳入纯经济斗争轨道的"祖巴托夫主义"，并在莫斯科、彼得堡、基辅、明斯克等地组建工人组织，在警察的监视下推行其主义。

左尔格（1828—1906）

【左尔格】

即弗里德里希·阿道夫·左尔格（Friedrich Adolph Sorge，1828—1906），中译名有"加那洛""索尔慈""索尔格""业夫·佐尔格"等。生于德国萨克森州，1852年6月移居美国。马克思、恩格斯的战友。美国工人运动和国际工人运动活动家。参加德国一八四八年革命。1869年后曾组织和领导第一国际美国支部。1872年任第一国际总委员会总书记。1876年参加美国工人党（1877年改名社会主义工人党）。著有《美国工人运动史》等。

左拉（1840—1902）

【左拉】

即爱弥儿·左拉（Émile Zola，1840—1902），中译名有"曹拉""佐拉"等。生于法国巴黎。法国作家。作品有《克劳德的忏悔》《马赛的神秘人》《韦里特》等。

左舜生（1893—1969）

【左舜生】

左舜生（1893—1969），名学训，字舜生，别号仲平。笔名黑头、阿斗。湖南长沙人。民国时期政治人物，历史学家，中国青年党重要人物。1919年加入少年中国学会，任《少年中国》月刊主编。1920年任中华书局编译所新书部主任，出版《新文化丛书》等。1924年创办《醒狮》周报，任总经理。后相继参与创办《铲共半月刊》《民生周报》《中华时报》《自由阵线》。先后任教于复旦大学、大夏大学、国民党中央政治学校。著有《中国近代史四讲》《近三十年见闻杂记》等。

【佐尔夫】

即威廉·亨利希·佐尔夫（Wilhelm Heinrich Solf，1862—1936），中译名有"索尔夫"等。生于德国柏林。德国学者，外交家，法学家，政治家。曾任德国外交大臣。著有《外交政策和殖民政策》《我的政治，我的政治遗产》等。

佐尔夫（1862—1936）

【佐里塔】

即阿隆索·佐里塔（Alonso Zurita，1512—1585），中译名有"亚龙佐·杜里达""芝利太氏""祖瑞塔"等。生于西班牙安达卢西亚。西班牙法学家，历史学家。著有《新西班牙新语言》等。

【佐藤信渊】

佐藤信渊（1769—1850）

佐藤信渊（サトウノブヒロ，1769—1850），别名百汤、玄界、船庵、万寿斋、龙斋等。日本出羽国雄胜郡（今日本秋田县）人。日本江户时代的科学家，思想家，经济学家。曾倾向社会主义思想，是日本西化和统一世界的早期倡导人之一。著有《乌奈混乱的秘密》《经济摘要》《农业政策本章》《内洋史》等。

【佐野文夫】

佐野文夫（サノフミオ，1892—1931），笔名大木阳一郎。日本山形县人。日本大正、昭和时期的社会活动家，日本共产党党员。早年入东京帝国大学文科哲学科。曾在日本外务省情报部任职。1923年加入日本共产党，任日本共产党总书记。翻译有布哈林的《转型期的经济学》、卢森堡的《经济学入门》、恩格斯的《费尔巴哈论》、列宁的《社会主义与战争》《帝国主义战争》《唯物主义与经验批判主义》、费尔巴哈的《黑格尔哲学批判》等。后人将其日记编辑为《生存也是一种心境》（日文版）。

【佐佐木吉三郎】

佐佐木吉三郎（1872—1924）

佐佐木吉三郎（ササキ キチサブロウ，1872—1924），日本宫城县人。日本教育家。历任东京高等师范小学督学、东京高等师范教授、东京市督学等职。1899年毕业于东京高等师范，1907—1909年赴德国留学。译著有《数字原理：算术教学的本质》等，著有《教育的美学》《修身教授法集成》《国语教授法集成》《家庭改良与家庭教育》等。

后记

《马克思主义在中国早期传播人物辞典》系以《马克思主义在中国早期传播著作丛编（1920—1927）》及《马克思主义在中国早期传播著作精粹（1920—1927）》为基础编纂而成。本辞典收录了截至目前所搜集到的250余部马克思主义早期传播原始著述中涉及的作者、译者及相关人物。

辞典编纂工作面临诸多挑战。马克思主义早期传播人物群体规模庞大，其活动跨越不同历史阶段，身处多样社会环境，思想与行动交织着时代变迁，这使得相关人物的编写存在较大难度。许多人物生平事迹不清，有些人物评价存在争议，不同史料存在矛盾。编纂团队秉持严谨的学术态度，对资料进行反复甄别筛选与多方考证，力求还原历史真实面貌。在处理外国人物译名时，系统梳理了原始著述中1500余位外国人物的多种译名，为学术研究提供基础性支持。

在编纂过程中，编纂团队以马克思列宁主义、毛泽东思想、邓小平理论、"三个代表"重要思想、科学发展观、习近平新时代中国特色社会主义思想为指导，参照《马克思恩格斯全集》《列宁全集》《列宁选集》《毛泽东年谱》《毛泽东选集》《中国共产党历史》《中国共产党的一百年》等著作的人物条目进行规范订正，凸显人物对马克思主义传播史的历史贡献。具体分工如下：田子渝总策划、最终审稿，并撰写部分中国人物词条；曾银慧负责编纂组织工作，统稿、审稿，并撰写部分词条等；魏法谱负责外国人名查核、勘误及部分词条撰写；孟瑶承担人物图片搜集、史料查实及校对工作；郑之欣承担人物图片搜集与编辑工作。此外，舒沁怡等同学参加资料核对、校对工作。

本辞典的编纂凝聚了老中青三代学者的共同努力，得到中共中央党史和文献研究院信息资料馆、马克思主义传播史展览馆、北京大学《马藏》编纂与研究中心、清华大学马克思主义传播史研究中心、湘潭大学毛泽东思想研究中心、湖北大学马克思主义早期传播研究中心、嘉兴大学红船精神研究中心等机构的支持与帮助。

中央编译出版社在辞典编纂过程中发挥了重要作用。责任编辑李媛媛及编校团队以严谨务实的工作作风和精益求精的职业素养,确保了辞典的编校质量。

华中师范大学马克思主义学院为辞典编纂提供了坚实的学术平台与出版资助,为项目实施提供了必要条件。

鉴于编纂工作的复杂性,本辞典可能存在疏漏之处,恳请读者批评指正。

2025 年 6 月 1 日于华师桂子山

图书在版编目（ＣＩＰ）数据

马克思主义在中国早期传播人物辞典 / 曾银慧，魏法谱主编． -- 北京：中央编译出版社，2025.6
ISBN 978-7-5117-4700-6

Ⅰ．①马… Ⅱ．①曾… ②魏… Ⅲ．①历史人物－世界－词典 Ⅳ．①K811-61

中国国家版本馆CIP数据核字(2024)第060313号

马克思主义在中国早期传播人物辞典

责任编辑	李媛媛
责任印制	李　颖
出版发行	中央编译出版社
地　　址	北京市海淀区北四环西路69号（100080）
电　　话	（010）55627391（总编室）　（010）55627310（编辑室） （010）55627320（发行部）　（010）55627377（新技术部）
经　　销	全国新华书店
印　　刷	佳兴达印刷（天津）有限公司
开　　本	710毫米×1000毫米 1/16
字　　数	610千字
印　　张	41
版　　次	2025年6月第1版
印　　次	2025年6月第1次印刷
定　　价	298.00元

新浪微博：@中央编译出版社　　微　　信：中央编译出版社（ID：cctphome）
淘宝店铺：中央编译出版社直销店（http://shop108367160.taobao.com）（010）55627331

本社常年法律顾问：北京市吴栾赵阎律师事务所律师　闫军　梁勤
凡有印装质量问题，本社负责调换，电话：（010）55626985